# 続・日本現代怪異事典

怪異妖怪愛好家・作家
朝里 樹

笠間書院

# はじめに

この本を手に取っていただきありがとうございます。タイトルが『続・日本現代怪異事典』となっているように、この本は『日本現代怪異事典』という本の続編に当たる本です。この『日本現代怪異事典』シリーズはその名の通り現代の怪異を集めた事典です。ここでいう現代は昭和後期（一九四五年以降）と定義しており、昭和、平成、令和の三つの時代に跨《またが》って生まれた怪異たちを集めています。

まず、ここでいう「怪異」について説明したいと思います。『広辞苑』を開いて「怪異」という言葉を見ると、以下のように記されています。

一、あやしいこと。ふしぎなこと。「―な現象」

二、ばけもの。へんげ。

このように「怪異」は不思議なこととものどちらも表すことができる言葉です。

前作に引き続き、本書では既存で使用されている「現代妖怪」やそれに類する言葉との混同を避けるため、現代怪異、もしくは怪異という言葉を現在の常識では説明しがたい、不可思議な現象・存在・物体・呪い・占いなどを包括するものとして定義しました。そのため、ここで使われる怪異の定義は本書のみに適用されることを御留意頂ければと思います。

さて、近代化が進んだ明治時代以降、夜を闇が包んでいた近世以前に比べ、この国において怪異や妖怪といった怪しいものたちはリアリティを失っていったように思えます。しかし、実はそんなことはなく、怪異たちはどんな時代にも我々の前に現れ続けているのです。

都市伝説や学校の怪談、ネット怪談、実話怪談など、現代を舞台にした、明らかに普通の人間や動物ではない、恐ろしく、不思議なものたちが出てくる話を、誰もが一度は聞いたり、読んだりしたことがあるのではないでしょうか。

本書はそんな現代怪異たちが大好きな筆者が、彼らを集め、詰め込んだ事典です。

もし興味を持たれたならば、ぜひ本書のページをめくってみてください。我々と同じ時代をともに生きる怪異たちがそこに顔を覗《のぞ》かせているはずです。

そしてこの本を通して、少しでも多くの方々が現代怪異に興味を持っていただけるなら、彼らを愛する者のひとりとして、それに勝る喜びはありません。

# 目次

column



索引

# 凡例

一、本書は現代（一九四五年・昭和二〇年以降）を舞台として語られた都市伝説、学校の怪談、ネット怪談、実話怪談などに登場する怪異のうち、基本的には明確な作者が存在せず、人々の間で事実として語り広まっていると思われるものを収集し、五十音順に並べたものである。ただし、明らかに元来は個人の創作と判明しているもの、創作が元になっているものなどについても、それが人々の間で実際に事実として語られていると思われるものについては収集対象としている。怪異の定義については「はじめに」を参照。

一、参考資料は項目ごとに記しているが、一部名称を省略しているため巻末に正式名称を記載した参考資料を一覧にしている。書籍、映画の名称は『』を、論文やウェブサイト、新聞の名称は「」を用いて記載している。

一、各項目は前半にその怪異の概要を、後半にその怪異にまつわる諸々の解説を記している。文中に登場する怪異名について、事典内に別に独立した項目が存在する場合は太字で表記している。

一、出典となる資料において、その怪異が語られていた舞台や時代、また伝承されていた地域などがはっきりと判明している場合には可能な限りその情報についても記載しているが、はっきりしない場合においては省略している。

一、現在では一般的に使用されていない言葉も、出典資料の表記に従って記載している。その際には（）を使用し、意味を説明している。

一、幽霊、亡霊、霊など言葉の使い分けについては、基本的に出典の表記に基づいている。

一、怪異、妖怪、怪といった言葉の使い分けについては、各項目の前半部分においては基本的に怪異という言葉に統一しているが、神などどうしても怪異にそぐわないものの場合は別の言葉を使用している。後半の解説部分においては、出典に基づいて使い分けているほか、近代以前に記録があり、現在妖怪として認識されているものを説明する場合、現代の怪異と表記を分ける目的で「妖怪」という表記を使っている。現代において近代以前に記録された妖怪と同名の怪異が語られている場合には、現代の記録に基づいて説明する際には怪異、近代以前の記録に基づいて説明する際には妖怪という言葉を使用することで区別している。

一、出典において固有名詞のない怪異の項目名は、その怪異の性質等に沿って便宜的に名称を設定している。その場合は「筆者命名」という言葉を項目後半の解説部分に記している。また項目名、解説部分等で似通った性質を持った怪異を一括りにする際には、民俗学研究所編『総合日本民俗語彙』以降において怪異・妖怪を分類する際に使用される「〜の怪」という括りを使用している。

一、項目中の人物の表記については「彼」「彼女」「男性」「女性」といったその人物の属性を表す名詞を使用しているが、それでは説明が分かりにくいと思われる場合、人物の表記にアルファベットを使用している。基本的に登場する順にA、B……と順番にアルファベットを当てはめているが、出典資料において既にアルファベット表記や固有名が使われている場合にはその表記をそのまま使用している。

一、WEBサイトを出典とする項目の場合、2ちゃんねる（現5ちゃんねる）といった電子掲示板の場合、怪談を掲示板上に書き込んだ人物を示す表記として「報告者」という言葉を、閲覧者が怪談を投稿する形のWEBサイトにおいて、投稿した人物を示す表記として「投稿者」をそれぞれ使用している。

# 続・日本現代怪異事典

# 【あ】

## ア〜 ［あ〜］

ネット上で語られた怪異。怪談投稿サイト「Alpha-Web こわい話」にて、二〇〇〇年一〇月三一日に書き込まれたもの。

ある少年が学校からの帰り道に踏切《ふみきり》を通った際、低い男の声で「ア〜ア〜ア！」という叫び声を聞いた。怖くなって急いで逃げたところ、さらに「ア〜!!」という声が響いたという。

## アーモンド・アイズ ［あーもんど・あいず］

神奈川県に現れたという怪異。藤沢市に住む放浪癖のある少年が行き先も決めずにバスに乗り、鎌倉市で降りたものの道に迷い、結局鎌倉駅行きのバスに乗り込んだ。車窓から外の景色を見ていると、あるバス停の標識の下で三人の子どものようなものがうずくまっていた。子どもたちは丸裸で汚れており、がりがりに痩《や》せ、腕が異常に細かった。その子どものようなものは土を掘っていたが、バスが近づくとふと顔を上げた。少年はそれと目が合った瞬間、気を失ってしまった。それらの頭は異様に大きく、てっぺんが尖っており、横向きのアーモンド形の巨大な目があり、目の中には眼球がなく、全体が金色に光っていたという。

その後、霊能者にこの子どものようなもののことを聞いたところ、「餓鬼《がき》」だと言われたと語られている。

木原浩勝・中山市朗著『新耳袋 第二夜』にある。

餓鬼は仏教において人が死後赴くという六道のうち、「餓鬼道」と呼ばれる世界に転生したものだが、民間伝承では飢え死にした人間が死後、餓鬼になるという話も残っている。一般的に餓鬼は体全体が痩せ細り、腹だけが出ているいわゆる「腹水」の症状を発症した人間の姿でイメージされることが多い。そのため、目に特徴があるという話はあまりない。グレイ型宇宙人の特徴的な目がアーモンドアイと呼ばれることがある。グレイ型宇宙人も痩せ細った体をしており、体に比べ頭部が大きいため、イメージとしてはこれに近いのだろうか。

## Ainiikune ［あいにいくね］

ＳＮＳにまつわる怪異。Ｚホールディングス株式会社傘下のＬＩＮＥ株式会社が運営・開発するアプリケーション「ＬＩＮＥ」を舞台に語られるもの。

このＬＩＮＥに登録されているＩＤ

「Ainikune」は既に亡くなっている人物のアカウントとされ、自分のアカウントでこのアカウントを登録する場合は三つのルールを守る必要があるとされる。

一つ目はこのアカウントに「こんにちは」と話しかけてはならない。

二つ目は決して自分のアカウントを削除してはいけない。

三つ目はこのアカウントに「いつ来るの？」と尋ねてはならない。

このルールを破った場合、アカウントの向こう側にいるこの世ならざる亡霊がその人間を迎えに来るという。このルールはパターンによっては変わっていることもあり、「こんにちは」は話しかけてはならないのではなく、必ず「こんにちは」と話しかけなければならないという場合が確認できる。また、ブロックする場合は「さようなら。もうまてない。さようなら」と送らなければならない、このアカウントから返信があると二週間以内に死ぬ、といったパターンもあるようだ。

チェーンメールによってこのアカウントのことが流布《るふ》しているものもあり、その場合は最後に「これを読んだものはまわさなければならない」といった典型的なメールの拡散を迫る文言が加えられている。ＩＤは素直に読めば「会いに行くね」となり、あの世から何者かがやってくることを示しているものと思われる。ただし現在このＩＤは消失しており、ＬＩＮＥ上で確認することはできなくなっている。

## 青いジュース［あおいじゅーす］

ネット上で語られた怪異。怪談投稿サイト「Alpha-Web こわい話」にて、二〇〇四年五月九日に投稿されたもの。

それによれば、ある小学校にＡとＢの二人の少年がいた。Ａは勉強はできるが運動が苦手で、Ｂは運動はできるが勉強が苦手と二人は正反対であるものの、親友だったという。そんな二人が学校から一緒に帰る途中、人気のない道端に自動販売機を見つけた。Ａはこんなところに自動販売機があったかな、と思ったが、Ｂが迷わず自動販売機に近付くのを見て、彼もそれに倣った。その自動販売機には見たことがない青いジュースが売られており、Ａはそれを見た途端寒気がしたが、Ｂは初めて見るジュースに興奮して、Ａが止めるのも聞かずそのジュースを買い、飲んでしまった。しかし、ＡはＢが青いジュースを飲む直前、その青いだけの缶に一瞬女の顔が浮かんだのを目撃し、さらに帰り道の間、その女がＢの背後に現れて彼をじっと睨《にら》み付けている様子が見えていた。

その数日後、ＡはＢが死んでしまったという連絡を受けた。死因は不明だが、Ｂは死ぬ際に大量の血を吐いたという。Ｂが死んだ数日後、Ａがその自動販売機があったところに行ってみると、自動販売機は既になく、壁にこう書いてあった。

青いジュースはあの世の味。

飲んだらあの世に連れて行かれる……。

## 青い手・赤い手［あおいて・あかいて］

トイレに現れるという怪異。トイレで「青い手、赤い手、三番目」と言って三番目の個室に入ると、青い手と赤い手が出てきて首を絞めるという。

常光徹編著『みんなの学校の怪談 緑本』に東京都からの投稿として載る。赤、青という色が出てくる怪異は色を選ばせるものが多いが、これは問答無用で攻撃を仕掛けてくるようだ。

## 青い生首［あおいなまくび］

あるライブハウスに現れた怪異。一六歳の少女がこのライブハウスにアマチュア・バンドを見に行った時のこと。少女には霊感があったが、何気なくステージを見ていると、宙に浮き、青白い光を放つ男の生首がいるのに気が付いた。少女は生首と目が合ってしまい、慌てて視線を逸らした。しかし、生首が自分をじっと見つめているように感じたため、生首から逃げるように早々にライブハウスを後にした。二年後、少女は地元のアマチュア・バンドのマネージャーになり、もう一人のマネージャーと一緒に暮らしていた。ある時、とても霊感が強いというそのマネージャーにあの生首の話をすると、険しい顔で人差し指を口の前に立て、「黙って。もう言っちゃだめ」と言った。そのマネージャーが言うには、生首が窓の外に来ているのだという。そして「タチの悪い奴だから、その話はもうしない方がいい」と言い、お経のような言葉を唱えた。しかし、少女は今も生首の気配を感じることがあるという。

「ほんとにあった怖い話」委員会編『ほんとにあったこわい話3』に京都府からの投稿として載る。

## 青白いおじいさん［あおじろいおじいさん］

ネット上で語られた怪異。怪談投稿サイト「Alpha-Web こわい話」に二〇〇〇年八月一六日に書き込まれた話に登場する。

それによれば、投稿者が高校三年生の頃、親友とともに体操部の県大会に参加した。しかし、その日の会場はいつもと違い、田んぼの中にぽつんと立つ区民体育館だった。体操部の皆で会場に向かって歩いていると、次第に親友の様子がおかしくなっていった。左足を引き摺《ず》るようにして動かし、左腕もだらりと垂れた状態になり、やがて皮膚から汗を吹き出し始めた。投稿者はその様子を見て本能的な危険を感じていたが、直後、踏切《ふみきり》の真ん中に立ち、親友の方を見つめる青白い顔の老爺《ろうや》が目に入った。その老爺は投稿者と彼の親友にしか見えておらず、他の部活仲間には見えないようだったが、そのまま電車が走り込んできて、通り過ぎるといなくなっていた。

それから投稿者の親友は部活仲間たちの忠告も聞かず、体調不良のまま体操の大会に出場した。しかし鉄棒の演技の際、最後の着地を二回転屈伸宙返りで決めようとした瞬間、手がすっぽ抜けて隣の吊《つ》り輪の支柱にぶつかった。親友はそのまま地面に落ちたが、支柱を支えるワイヤーによって左腕を切断され、床にぶつかった左足も逆の方向に折れ曲がっていた。すぐに救急車が到着し、投稿者が付き添おうと乗り込むと、親友の頭のすぐそばにあの老爺が立っていた。救命士はその存在に気付いていないようで、投稿者はただ一人、親友を見つめる青白い老爺を見ていたが、老爺の口元には薄っすらと笑みが浮かんでいた。親友が救急車の中で息を引き取るのと同時に老爺は姿を消したが、その直前、初めて投稿者の方を見て、彼を物凄い形相《ぎょうそう》で睨《にら》んでいたという。

## 赤・青・黄の石垣 [あか・あお・きのいしがき]

石垣にまつわる怪異。ある学校の横にある石垣は、夜にその前に立って青、赤、黄などと叫ぶと怪現象が起きる。青の場合は空に大きな目玉が浮かぶ、赤の場合は石垣から血が流れ、黄の場合は包丁が落ちてくるのだという。

ポプラ社編集部・渡辺節子編『映画「学校の怪談」によせられたこわーいうわさ』に三重県桑名郡からの投稿として載る。

## 赤い靴の化け物 [あかいくつのばけもの]

ネット上で語られた怪異。怪談投稿サイト「Alpha-Web こわい話」に二〇〇一年四月一二日に書き込まれた話に登場するもの。

あるところに赤い靴を履いた人間が次々と消えていくという噂《うわさ》があった。Aという少女が友達の誕生会に招かれ、白いブラウスの上にピンクのワンピースという出で立ちで、赤い靴を履いてその誕生会に向かった。Aが裸足の少女の銅像がある公園の前を通った時、後ろから「ねえ、私と遊んで」という声が聞こえてきた。振り返ると裸足の少女がいたため、Aはこれから誕生会に行くから遊べないと断ると、今度は「じゃあ赤い靴ちょうだい」と言った。それも断ると、少女は『そう赤い靴くれないの、だれも私と遊んでくれないし赤い靴もくれないのよ……。そういいわよそれじゃあ』と言って、大きな化け物と化し、Aに襲いかかって赤い靴を奪ってしまった。それからAは行方不明になったと語られている。

## 赤い靴はいてた女の子 [あかいくつはいてたおんなのこ]

童謡にまつわる怪異。「赤い靴ーはいてたー女の子ー」と、童謡「赤い靴」を歌いながら階段を上ると、何者かに突き落とされるという。

ポプラ社編集部・渡辺節子編『映画「学校の怪談」によせられたこわーいうわさ』に福島県郡山市《こおりやまし》からの投稿として載る。「赤い靴」は一九二二年に野口雨情作詞・本居長世作曲で発表された童謡。その歌詞の内容から、人身売買を歌ったものだといった都市伝説も流布《るふ》している。しかし、それを裏付ける証拠は見つかっていない。

## 赤いジャージのボブカット
[あかいじゃーじのぼぶかっと]

ネット上で語られた怪異。WEBサイト「怪談投稿」にて、二〇〇一年一二月一六日に掲載されたもの。

それによれば、当時から五年前の夏のこと。朝、目が覚めると体が動かなくなっていた投稿者は、仕事で疲れているせいだろうと首だけを動かして足下の時計を見た。時刻は五時前だったため、もうすぐ起床時間だと考えていると、体に掛かっていたタオルケットが足下に向かって動き出した。数分後、今度は空中に持ち上がったかと思うと、タオルケットを剝《は》ぎ取るかのようにして中から女の子が四つん這《ば》いになって現れた。それは肩に三本の白い線が入っている赤いジャージを着たボブカットの女の子で、目が黒い空洞になっており、口は耳元まで裂けていた。投稿者はあまりの恐怖に気を失ってしまったが、目が覚めると女の子はいなくなっていた。しかしベッドのシーツに手形の染みが残されており、その染みは洗っても落ちなかったため、シーツは捨ててしまったという。

## アカイヒトミ
[あかいひとみ]

ネット上で語られた怪異。怪談投稿サイト「Alpha-Web こわい話」にて、二〇〇二年一〇月七日に投稿されたもの。

それによれば、投稿者が一九歳の夏に実際に体験した話だという。当時、投稿者は友人数人と自動車教習所に通って免許を取得し、友人ら三人とともに早速ドライブに出かけた。その際、一人の提案で心霊スポットに行くことになり、群馬県北部にある病院跡地に向かった。病院は既に取り壊されていたものの、ぼろぼろの正門だけそのまま残されていた。

四人は車を降り、病院跡地に入ってみたが特に何もなく、帰ろうとしたところ、正門の近くで奇妙なものを見た。それは人間の眼球ほどの大きさの瞳で、キラキラと七色に輝き、真っ暗な闇夜の中で光を放っていた。初めは何か動物の目かと思っていた投稿者だったが、瞳以外に何もないことに気付き、変だなと思った瞬間、七色に輝いていた瞳が真っ赤に燃えるような色に変わり、投稿者たちに近付いてきた。

投稿者たちは慌てて逃げ出し、車に飛び乗ってエンジンを掛け、急いでその場を離れた。しかし、慌てていたために山肌にぶつかる事故を起こし、投稿者と一人の友人が二週間の入院を余儀なくされる怪《け》我《が》を負った。残りの二人は怪我をしなかったが、一人は毎晩「夢にあのアカイヒトミが出てくる」と言って精神的に参ってしまい、精神科病院に入院した。もう一人は家が不審火によって全焼し、どこかへ引っ越して行方が分からなくなったという。

## 赤い本
[あかいほん]

話を聞くと現れるという怪異。怪談投稿サイト「Alpha-Web こわい話」にて、二〇

○○年五月三〇日に投稿されたもの。

それによれば、投稿者が実際に体験した話として語られている。当時から二年前、いつものように寝床に入ったところ、夢を見た。夢の舞台は見覚えのある学校で、辺りは暗く静まり返っている。どうやらそこは卒業した小学校の夜の景色らしく、記憶を頼りに校舎を出ようと玄関に向かったところ、途中にある女子トイレに人影を見た。怖かったが、気になった投稿者がトイレに入ると、奥から三番目の個室が閉まっていた。その扉を開けると一人の少女がおり、「一緒にかくれんぼして遊んでよ」と言う。投稿者は断れば何かありそうだと考え、逃げる機会をうかがうため、自分が鬼をやることにして、少女が隠れているうちに学校を出ようと考えた。しかし玄関は固く閉ざされており、一枚の張り紙が貼ってあった。それには「図書室に急げ」と書かれていた。そのため指示に従って図書室に行くとまた張り紙があり、次はこう書かれていた。

「入ってすぐ正面にある本箱から、右へ四つ目の本棚に、赤く染まった本がある。その本を中央にある段状になった本棚の三つのうち、一つの段に入れろ」

投稿者はすぐにその指示に従って赤い本を手に取ったが、本棚は上段、中段、下段の三段に分かれており、どの段に入れようかと悩んでいると、投稿者を探しにきた少女の声が聞こえた。投稿者は慌てて赤い本をある段に入れたが、気が付けば目が覚め、いつもと同じ朝がきていた。

投稿者は学校に行き、この奇妙な夢の話をクラスの皆に話した。次の日、その話を聞いた何人かの友人が植物状態になってしまった。

この赤い本の夢は話を聞けば見てしまう上、夢から無事に起きるには条件があり、かくれんぼの際に少女に見つかると二度と夢から覚めないという。また、夢を見る人間によって舞台となる学校は違い、もし構造を知らない学校の夢を見ると、図書室を見つける前に少女に見つかる可能性があるという厄介な性質を持っている。さらに赤い本を本棚の正しい段に入れなければ無事に夢から帰ることはできないようだ。

## 赤い龍［あかいりゅう］

龍にまつわる怪異。ある姉妹が家で留守番をしている際、庭で遊んでいた時のこと。ふと空を見上げると、赤い紐《ひも》のようなものがヒラヒラとはためくように飛んでおり、それがどんどん自分たちのいる庭に向かって下りてきた。茫然と見ていると、それは次第に近付いてきて、やがて巨大な赤い龍の姿をしていることが分かった。龍はしばらく姉妹の上で浮いていたが、そのまま家の中に入って行き、やがて頭から外に出てきた。その時ちょうど尻尾が家の中に入るところで、それほど龍の体は長かったという。やがて龍は空に昇って見えなくなったが、その後、姉妹の家は火事になって焼け落ちたという。

木原浩勝著『九十九怪談 第二夜』にある。同著者の『新耳袋』シリーズには他にも火事の前兆として現れた怪異が載せられている。詳細は**コンパス人間、真っ赤な人**を参照。

## 赤いレインコートの女
［あかいれいんこーとのおんな］

雨の中に現れた怪異。ある夜のこと、一人の男性が残業帰りに車を運転し、土砂降りの国道を走っていた。あまりに視界が悪いため、速度を落としていたが、前方の街灯の下に赤いレインコートを着た女性が自転車を漕いでいるのが見えた。何の気なしに追い越したが、その先にまた、街灯の下で真っ赤なレインコートの女性が自転車を漕いでいる。不思議に思っていると、また次の街灯の下に真っ赤なレインコートと自転車が見えた。怖くなった男性は対向車がいないことを確認すると、少しでも真っ赤なレインコートから離れようとセンターラインを大きくはみ出して追い越した。その際、ちらりと振り返って女性を見た。その時、女性も顔を上げてこちらに顔を向けたが、その赤いフードの中は真っ暗で、顔がなかった。男性は思わずスピードを上げ、その場を去った。

翌日、男性は同じ道を使って帰宅していたが、その日は晴れていて恐怖はなかった。そのうち、昨日と同じ場所に近付いたが、突然何か大きな力にハンドルを取られ、そのまま電柱に向かって正面から激突した。車は大破したが、男性には怪我《けが》一つなかったという。

木原浩勝・中山市朗著『新耳袋　第八夜』にある。

## 開かずのロッカー
［あかずのろっかー］

ある学校の七不思議として伝わる怪異。その学校の女子更衣室には「開かずのロッカー」と呼ばれるロッカーがある。左から四番目のガムテープで塞《ふさ》がれているロッカーがそれで、絶対に開けてはならないと言われていた。ある時、一人の女子生徒がそれを破ってロッカーを開けてしまったところ、突然ロッカーの中から青白い腕が飛び出してきてその生徒を摑《つか》み、引き摺《ず》り込もうとした。女生徒は何とか逃れることができたが、実は昔、いじめられていた生徒がこのロッカーに閉じ込められたまま死亡するという事件があった。以来、その生徒の幽霊が復讐として他の生徒をロッカーの中に引き摺り込み、閉じ込めるようになったのだと伝えられている。

実業之日本社編『ギャー！　幽霊&怪奇体験大集合』にある。

## 赤ちゃんジジイ
［あかちゃんじじい］

小学校に現れるという怪異。放課後、体育館のステージの上に出現するとされ、その姿は体は赤ん坊だが顔は皺《しわ》くちゃの老爺《ろうや》なのだという。目撃した者が驚いて逃げると、物凄い速さでハイハイをしながら追いかけてくるともいわれている。

魔夜妖一監修『ゾゾーッ！　こわい話1000』にある。筆者命名。これに似た怪異に、顔が老婆で体が赤ん坊の「赤ちゃんババア」（『日本現代怪異事典』収録）がいる。

## 赤ちゃん人形〔あかちゃんにんぎょう〕

人形にまつわる怪異。ある少女が家族と母方の実家で祖母の遺品を整理していた時のこと。母親が子どもの時に遊んでいたという赤ちゃん人形を見つけ、家に持ち帰って少女の部屋に置くことになった。

数日後、少女が自室で寝ていると、足から腹部にかけて何かが這《は》い上がってくる感覚で目を覚ました。初めは飼い猫だと思ったが、ベッドの上での動きがおかしく、猫ではないことに気付いた瞬間、金縛りになって全身が動かなくなった。そして何者かが顔のところまできて、息が頬に当たるのを感じた直後、耳に激痛が走り、金縛りが解けた。ベッドから跳ね起き、鏡を見ると耳に歯型のようなものが残っており、ベッドの下には赤ちゃん人形が落ちていた。少女は怖くなり、赤ちゃん人形を母親の部屋で保管してくれるよう頼んだ。

その後、母親が夜になると猫が来て耳を嚙《か》まれるという話をしたが、少女にはその犯人が猫ではないことが分かっていた。なぜなら、歯のない赤ちゃん人形の口が、最近、異様に硬くなってきているからだ。

室秋沙耶美監修『本当に怖い話ＭＡＸ∞悪霊君臨』にある。

## 赤電話〔あかでんわ〕

学校に出現する怪異。ある学校では、職員室の近くに設置された緊急連絡用の赤い公衆電話を「赤電話」と呼び、不気味な噂《うわさ》が伝わっていた。その噂とは、放課後になると赤電話が独りでに鳴り出すというもので、この赤電話に出ると女のすすり泣く声や悲鳴が聞こえるという。また、自分から電話を切ってしまうと、電話機に取り憑《つ》いた悪霊に首を切られてしまう。この電話が赤いのは首を切られた生徒の返り血によるものだ、という噂もあるようだ。

実業之日本社編『ギャー！幽霊＆怪奇体験大集合』にある。この赤電話は正式名称を「委託公衆電話」といい、この学校に限らず様々な場所に設置されていた。同じように学校に設置された赤電話にまつわる怪異としては「足喰いババ」（『日本現代怪異事典』収録）というものがある。

## 赤トンボの怪〔あかとんぼのかい〕

ネット上で語られた怪異。２ちゃんねる（現５ちゃんねる）オカルト板に立てられた「∧∧∧山にまつわる怖い話Ｐａｒｔ６∧∧∧」スレッドにて、「雷鳥一号」というハンドルネームを使う人物によって二〇〇四年一月二六日に書き込まれたもの。

それによれば、報告者の友人がある日の午前中、秋の山野をハイキングしていた時のこと。赤トンボの大群が現れ、彼を包んでしまった。右も左も赤トンボという幻想的な光景であったが、唐突にトンボの群れが去り辺りを見回すと、空が見事な夕焼けに染まっていた。包まれていたのはわずかな時間であったが、半日もの時間が経過していたという。

この赤トンボに化かされた山野は現在大きな大学を建設するために切り崩され、赤トンボの数もめっきり減ってしまったと語られている。

## 赤服おばさん［あかふくおばさん］

ネット上で語られた怪異。2ちゃんねる（現5ちゃんねる）オカルト板に立てられた「死ぬ程洒落《しゃれ》にならない怖い話を集めてみない？ 96」にて二〇〇五年四月一八日に語られたもの。

その姿は赤い服を着た中年女性に見えるが、実は服に見えるものは真っ赤に焼け爛《ただ》れた皮膚で、子どもを捕まえると生きたまま焼き殺してしまう。夕暮れ時に出没し「誰がみんなを焼き殺した！」と泣き叫びながらゆっくりとした動きでどこまでも追ってくる。これから逃れるには、捕まりそうになったら唐辛子を投げ付けると良いとされる。

この話はある小学校に伝わっていた噂《うわさ》話《ばなし》だったが、スレッドに書き込まれた話では、この噂が生まれたきっかけとなったと思われる事件についても記されている。赤服おばさんと呼ばれる怪人は、元々は小学校の近くの雑木林の中に建てられた古い一軒家に住む女性（元の話ではAさんと表記される）で、家の脇には小学校への近道となる小道があり、よく小学生が利用していた。Aさんは普段は閉め切っている雨戸をほんの少し開き、その隙間からじっと小道を行く子どもたちを見つめていることがあった。その際には甲高《かんだか》い声で「こっちへ来い」と呼んだのだという。

そのうち、Aさんは気に入った子どもがいると捕まえて、孫の遊び相手にするために殺してしまう、Aさんは車が嫌いなので、追いかけられたら車の写真を見せたら良いといった噂が広がった。これには元になった出来事がある。Aさんの息子家族が車でAさん宅に遊びに行く途中、居眠り運転のトラックと接触し、車が炎上。孫二人は死亡し、息子夫婦も耳や鼻が溶けるほどの火傷《やけど》を全身に負い、その日のうちに亡くなったという。この事故がAさんにまつわる噂が流布《るふ》する要因になったようだ。

しかし、その噂が現実になる事件が起きる。Aさんが実際に子どもを誘拐して自宅に監禁。子どもを仏壇の間にある柱にガムテープで幾重にも巻き付け、首を九〇度曲げた状態で正座して、「孫たちと遊んでくれ」と丸二日間訴え続けたという。その後、Aさんは精神科病院に入院することになったが、いつの間にか病院を抜け出し、自宅に戻って仏間で首を吊《つ》った。

それ以降、Aさん宅は心霊スポットとして扱われるようになり、その家から視線を感じるという話が絶えなくなった。また悪ふざけでその家に肝試しに行った高校生が錯乱し「熱い、苦しい」「頼む、来ないでくれ」などと叫び続けていたという事件もあったた。しかしAさんの死から数カ月後、Aさんの家は不審火で全焼し、近隣の学校ではこの場所を「お化け跡地」と呼ぶようになった。また、放火によってAさんが息子たちと同じように生きたまま焼かれた、という噂も流れた。

こういった事件や噂が元になって、やがて「赤服おばさん」という怪人がこの近辺で語られるようになったのだという。

## アカマネ［あかまね］

ネット上で語られた怪異。2ちゃんねる（現5ちゃんねる）オカルト板に立てられた「死ぬ程洒落《しゃれ》にならない怖い話を集めてみない？　234」スレッドにて二〇〇九年一二月三一日に語られたもの。

それによれば、アカマネは漢字で「赤真似」と書き、その姿は赤い人型の存在だが、体が異常に大きい、目鼻など顔に凹凸がないなど、人間と一部が異なる容貌をしているという。稀《まれ》に赤以外にも緑、黄色などのアカマネが出現する場合もあるが、神出鬼没でどこに現れるかは分からない。アカマネの出現は火事の前兆として解釈されることが多い。また、知り合いの名を騙《かた》って玄関に現れる場合もあり、これが「赤真似」の名前の由来とされる。全ての人間に見えるわけではなく、見える人と見えない人にはっきりと分かれるという。

同スレッドでは実際にアカマネが出現した事例が語られており、二メートル以上もある真っ赤な人型の存在が執拗《しつよう》にインターホンを鳴らす様子が記されている。

この話は木原浩勝・中山市朗著『新耳袋　第六夜』に収録されている「訪問者」の話と酷似しているため、これが元になっているものと思われる（**真っ赤な人**の項目も参照）。

また、「死ぬ程洒落にならない怖い話を集めてみない？　219」スレッドには、この「訪問者」の話に類似した体験をしたという話が二〇〇九年七月二二日に書き込まれている。

それによれば、報告者が午後六時頃に帰宅して居間に入ると、母親が耳を塞《ふさ》いで電気も点《つ》けずにうずくまっていた。話を聞くと、何者かがずっと玄関をノックしているのだという。報告者が帰宅した際には何もいなかったが、しばらくすると本当にノックの音が聞こえてきたため、報告者は曇りガラス越しに訪問者を見た。それは背丈は小学生ほどであるものの、全身が真っ赤な人影だった。訪問者は報告者が玄関にやってきたことに気付いたためか、物凄い勢いでドアをノックし始めた。報告者は恐怖に駆られ、音を立てないように後ずさったが、訪問者の姿は見る間に変化し、まるで頭だけが伸びるようにして玄関の上にある小窓に到達した。そこに覗《のぞ》いたのは髪と眉のない真っ赤な子どもの顔で、口はだらりと開き、見開かれた目でぎょろぎょろと家の中を見始めたため、訪問者は悲鳴を上げて居間に逃げ込んだ。それからしばらくして父親が帰って来たが、既に真っ赤な訪問者の姿はなかったという。

## 赤目の少女［あかめのしょうじょ］

ネット上で語られた怪異。ＷＥＢサイト「怪談投稿」にて、二〇〇二年一月二〇日に掲載されたもの。筆者命名。

それによれば、投稿者が五歳の頃、よく一人で家の縁側に座り、おもちゃで遊んでいた。するといつの日からか、遊び始めてしばらくすると、庭を挟んだ向こう側の小さな道の方から、真っ白な着物姿の女の子がやってくるようになった。その女の子は髪も肌も着ている着物も真っ白で、目だけがウサギのように真っ赤だったという。

少女は投稿者の元まで来ると、決まって「ねえ、なにしてるの?」と尋ねてきた。しかし、投稿者は一人で遊びたかったため、邪険に「おもちゃで遊んでるんだよ！　あっちいけよ！」と答えた。少女は気にする様子もなく「ふうん、おもちゃっていうのかあ、それ」と言い、しばらく投稿者が遊ぶ様子をぼんやりと見つめ、しばらくすると帰って行ったという。

そんな日が数十日も続いたが、投稿者が大人と一緒にいる時は少女は決して現れなかった。少女は人間ではない何かだったが、不思議と怖くはなかったと語っている。

## 空缶行列［あきかんぎょうれつ］

空缶にまつわる怪異。ある民家でその家の主人が寝ていると、真夜中に空き缶が舗装された道路を転がるような音が聞こえてきた。酔っ払いが空缶を蹴飛ばしているのかと思い、やめさせようと外に出ると、人影はなく、玄関の真正面の地面にジュースの空缶が三つ、横一列に並べられていた。

奇妙だと思いながらも音は止んでいたため、家の中に戻り布団を被《かぶ》ると、またあの音が聞こえてきた。家の主人はいたずらしている者を捕まえようと外に出たが、そこにあったのは数百の空缶が一糸乱れず一列に並んでいる光景だったという。

大迫純一著『あやかし通信『怪』』にある。筆者命名。

## 空き家の獣［あきやのけもの］

ネット上で語られた怪異。2ちゃんねる（現5ちゃんねる）オカルト板に立てられたスレッド「死ぬ程洒落《しゃれ》にならない怖い話を集めてみない？　２７５」にて、二〇一一年八月三日に書き込まれたもの。

報告者が子どもだった頃、子どもたちの間では探検ごっこが流行っており、林や廃《はい》墟《きょ》、用水路など、家の近所にある様々な場所を探索していたという。そんな中、報告者たちは一軒の空き家を探検することに決め、ある休日の昼、他の子どもたちが穴を開けた勝手口から屋内に侵入した。室内は埃《ほこり》が積もっているものの、誰かに荒らされた様子もなく、置き捨てられた家具や段ボールが整然と並べられていたという。

懐中電灯を頼りに中を探検しているうち、報告者は外から見た建物の外観と室内の形が合致しないことに気付き、本棚に隠れた引き戸を見つけた。引き戸の向こうには四畳ほどの和室があったが、懐中電灯で照らした先に奇妙なものたちがいた。それは小学生より体が小さく、その割に頭が大きい。また眼球が異常に発達している一方で、鼻と口は小さく、体には汚いTシャツを纏《まと》っており、ズボンははいていなかった。全身に赤ん坊の産毛のような薄っすらとした体毛が生えており、指は四本で、異常に生臭いにおいを発していたという。

この奇妙な獣たちは突然当てられた懐中電灯の光に苦しむ様子を見せ、鳥のような声で喚《わめ》いていた。また一匹は目を掻《か》きむしり、膿《うみ》のような液体を垂らしていたという。報告者たちは慌てて逃げ出し、本棚を戻してこの獣たちを閉じ込め、そのまま空き家を出た。その後、空き家には二度と近付かなかったが、別の子どもたちがこの空き家を訪れた時には、その獣はもう既にいなくなっていたと語られている。また、この空き家は数年後に取り壊され、ラーメン屋になったという。

## 悪夢の影 ［あくむのかげ］

夢にまつわる怪異。鹿児島県に住むある少年が小学生の頃、黒い影のような得体の知れないものに追いかけられる夢を見た。夢の中で少年は逃げ切ることができたが、中学生になってから再び同じ夢を見た。少年はあの時と同じ内容であることを夢の中で自覚したが、話の展開は前回よりもさらにひどく、今度は土砂降りの雨まで降り始めた。ぬかるんだ道に足を取られ、泥だらけになりながら這《は》って逃げていると、黒い影はカタカタカタカタッと、顎を鳴らすような不気味な笑い声を発して追って来る。そして、もう少しで捕まるというところで目が覚めた。

二度目の夢が一度目の夢よりもひどい状況になっていたことを考えると、三度目に同じ夢を見た時、逃げ切れるだろうかと少年は恐れているという。

宮崎敦司監修『本当に怖い話ＭＡＸ 死神降臨』にある。同じ悪夢を複数回見て、状況が悪化していくという話は他にも「猿夢」「バリバリ」（いずれも『日本現代怪異事典』収録）がある。

## 悪夢列車 ［あくむれっしゃ］

ネット上で語られた怪異。怪談投稿サイト「Alpha-Web こわい話」にて、二〇〇二年九月三日に投稿されたもの。筆者命名。

ある会社員の男性が通勤用の電車で帰宅する際のこと。疲れからついウトウトと眠っていると、夢を見た。その夢でも男性は電車に乗っていた。四両編成の電車で、見たこともない景色の中を走っていたが、電車の中は帰宅ラッシュの真っ最中らしく、たくさんの人がいた。男性はぼんやりとしていたが、車内アナウンスで突然「次は〜くしざしーくしざしー」と聞こえてきた。妙な駅名だと思っていると、突然列車が揺れ、列車の最後尾の車両が切り離され、架け橋から落下して乗客たちは皆、尖った岩に串刺しになった。そこで男性は目を覚まし、嫌な夢を見たと汗を拭ったが、家に帰りニュースを見ていると、列車が架け橋から落ち、乗客が大勢亡くなったという事故が報じられていた。公開された被害者の顔写真は、男性が夢の中で見た四両目の客の顔と同じだった。

　数日後、男性はまた列車の中で居眠りをして、夢を見た。その夢で彼は三両目に乗っていたが、今度は「次は〜まるやきーまるやきー」という駅名のアナウンスが響いた。直後、突然列車が揺れ、三両目が切り離されたかと思うと、爆発して乗客は皆焼け死んだ。男性は目を覚まし、嫌な夢を見たと思いながら帰宅して、まずテレビのニュースを確認した。そこに列車事故のニュースがないことを確認し、ほっとしていると、突然速報が流れた。列車に仕掛けられた爆発物が爆発し、乗客が皆焼け死んだのだという。そして被害者の顔は間違いなく、夢で見た人々と一緒だった。

　それから男性は列車の中で眠らないように気を付けていたが、連日の仕事が忙しく、ある日ついうとうととして寝てしまった。夢で男性は二両編成の列車に乗っており、「次は〜ひきにくーひきにくー」というアナウンスの声を聞いた。その車両に乗っているのは男性が寝る前に見た乗客たちだった。男性は慌てて乗客たちを押しのけ、一両目の車両へと転がり込んだ。同時に二両目が切り離され、対向車線から別の列車に突っ込み、乗客は全員ひき肉になった。

　男性はそこで目を覚ましたが、そこは列車内ではなく病院だった。泣きながら家族が教えてくれたことには、彼が乗っていた列車が事故に遭《あ》い、彼だけが奇跡的に助かったのだという。男性は軽傷で、すぐに退院して仕事に復帰したが、数日後、また列車内で居眠りをしてしまった。夢の中で彼は一両編成の列車に乗っていたが、彼の耳にアナウンスの声が届いた。

「次は〜ばらばらーばらばらー、人生の終着駅でございます」

　話の内容から「猿夢」（『日本現代怪異事典』収録）から派生した話ではないかと思われるが、猿夢に登場する夢の中の電車が遊園地の子ども用のライドマシンを模した「お猿さん電車」であったのに対し、こちらは通常の電車となっている。また、猿夢では夢の影響を受けるのは夢を見た本人だけなのに対し、こちらは列車に乗る人間が複数犠牲になっているなど、多くの違いがある。

## アシガイタイヨナンデカナ

［あしがいたいよなんでかな］

　廃屋にまつわる怪異。九州地方の某所には、道路の拡張工事が行われたにもかかわらず、歩道にはみ出る形で取り残されている一軒家があった。この家は長らく空き家のままで、既に廃屋と化しており、壊されないのは幽霊屋敷だからだと噂《うわさ》されていた。

　ある時、若者たちが噂を確かめようと廃屋に探検に行った。家はあちこちぼろぼろに腐っており、中に入ろうとすると畳も腐って波打ち、カビやキノコが生えていた。先頭に立っていた若者は家に入ったものの、進んでも体重をかければ足を踏み抜くだろうと思われ、入ることを諦めた。

　翌日、その若者が仕事先で右足に重量物が落ち、複雑骨折するという事故に遭《あ》った。病院に運ばれ、ようやく落ち着いて携帯電話をチェックしていると、発信者表示のないメールが送られてきていた。開いてみると、そこには「アシガイタイヨナンデカナ」とカタカナで書かれており、着信時間は怪《け》我《が》をした時間と同じだったという。

　木原浩勝・中山市朗著『新耳袋　第九夜』にある。

## アシカ男［あしかおとこ］

　2ちゃんねる（現5ちゃんねる）のオカルト板に立てられた「不可解な体験、謎な話～enigma～ Part76」スレッドにて二〇一一年一二月一九日に語られたもの。筆者命名。

　それによれば、報告者が小学三、四年生頃のこと。当時、沖縄県に別荘を持っていた報告者の家では、夏休みになると二週間ほどそこで過ごすのが慣例だった。報告者は毎日近所の海で貝や海硝子《ガラス》を取るのが好きだった。

　そんなある日、暗くなってきたため、そろそろ帰ろうと考えながら海沿いを歩いていた時、砂浜にアシカ、もしくはアザラシのようなものがいるのを見つけた。不思議に思っていると、突然アシカがうつ伏せに寝転び、その背中が開いて細身の真っ白な肌の中年男性が全裸で出てきた。その容姿はお笑いタレント、俳優の板尾創路にそっくりだったという。その男は報告者に気付いたようで、手招きして「こんばんは、よければお話ししよう」と言ったようだったが、その声は時折ノイズがかかったような音がして聞こえづらかったとされる。声自体は普通の人間のものと変わらないが、きれいな声だったと語られている。

　報告者はこの男と様々な話をした。その内容は、男は昔少し遠い場所で暮らしていたが、環境が悪くなって出てきた、群れで暮らしていたが、やむを得ない事情で離れてしまったといったような話で、人間とは違う存在のようだった。一方的に話をしていた男は号泣し始め、「おじさんは見た目は海洋生物だけど心はミジンコなんだよ」という謎の言葉を残すなどしたが、物腰は穏やかで子ども好きという雰囲気があったという。

　報告者はこの男が可哀《かわい》そうになってきて、持っていたバケツ一杯の貝殻や海硝子をあげようとしたが、男は丁寧に断り、「元は君たちが海に落としたものだと思うから」と言って、着ていたアシカの中から小粒の宝石や貴金属のようなものを渡してくれた。男が暗くなってきたから帰った方がいいと言うため、報告者はこの男と別れて帰ったが、その日以降はいくら探しても男と出会うことはなかったという。

　スコットランドに伝わるセルキーなど、アザラシの皮を被《かぶ》る、脱ぐなどしてアザラシと人間の姿を行き来する妖精の伝承があるが、このアシカ男もそういった妖精の類だったのだろうか。

## 足魂［あしだま］

運動会に現れたという怪異。ある中学校の運動会で女子生徒がレースを行っていたが、いつも一番速いMという少女の走りがにぶかった。それを見ていた友人が、彼女の後ろから白い子犬がMを追うようにして走っているのに気付いた。友人は可愛《かわい》らしいと思いながらその様子を見ていたが、Mとその子犬が目の前を通り過ぎた時、その犬に頭も尻尾もなく、毛も生えていないことに気が付いた。ただ白い丸いものに脚が四本ついている。その白いものはMが走り終えると、いつの間にか姿を消していたという。

木原浩勝・中山市朗著『新耳袋　第七夜』にある。

## 阿修羅クイーン［あしゅらくいーん］

ネット上で語られた怪異。2ちゃんねる（現5ちゃんねる）のオカルト板に立てられた「不可解な体験、謎な話～enigma～　Part76」スレッドにて二〇一一年一二月一七日に語られたもの。

それによれば、報告者が中学二年生の冬の頃、お小遣いでブランドの化粧品を買いに行った際のこと。何を買おうか悩んでいると、女性店員がやってきて、「阿修羅クイーン」という名前の固形スティック状のフレグランスを勧めてきた。限定品だというそのフレグランスは金と銀のラメが入ったピンクと赤の派手な着色をされたデザインだったが、元々そのブランドの商品は派手なものが多かったため、報告者はあまり不思議に思わなかったという。フルーツジュースのような甘くてさっぱりした香りが気に入り、報告者はこのフレグランスを購入したが、実際に使ってみると、途中からフルーツの香りが消え、爽やかなミントの香りになることが分かった。報告者は仕様なのだろうとあまり気にせず阿修羅クイーンを愛用したが、どうしてか香りがミントのものに変わると周囲の人間がよそよそしくなることに気が付いた。しかし、同時に周囲の人間が妙に親切にしてくれるため、まあいいかと使い続けているうちに香りが変わるタイミングが分かるようになり、最終的には自分でミントの香りに変化させられるようになった。それを使い、しばらく女王気分を楽しんでいた報告者だったが、フレグランスは使い続けているうちになくなり、そのうち存在も忘れていた。

ある時、ふと思い出し、阿修羅クイーンを買った季節に同じ売店を訪れたが、店員に聞くとそんなものは販売したことがないという。そのため新しい阿修羅クイーンを買うことはできなかったが、次第にそのことも忘れ、時が過ぎた。

そんなある時、中学生時代の同窓会が開かれ、報告者が参加すると、同級生に次のような話をされた。なんでも、当時、たまに報告者の後ろに顔が三つ、腕が三対あり、全身が赤く染まった鬼のようなものが現れ、周囲の人間を睨《にら》んでいた。それを見ていると恐ろしくなり、報告者に優しくしないと、という気持ちが無意識に湧いてきたのだという。報告者はそれを聞き、当時の人々の様子について妙な納得感を得た。報告者の元にはその後も阿修羅クイーンは現れておらず、不思議なことは起きていないと語られている。

### アシュラさん［あしゅらさん］

ネット上で語られた怪異。2ちゃんねる（現5ちゃんねる）オカルト板に立てられた「死ぬ程洒落《しゃれ》にならない怖い話を集めてみない？１２９」スレッドにて二〇〇六年五月一二日に語られたもの。

それによれば、「アシュラさん」は金成羅という名前の在日朝鮮人が興した天羅教というカルト教団によって作成されたミイラだという。その姿は頭部の両側面に切断された別の人間の頭部を縫い付け、左右の脇腹にそれぞれ右腕二本、左腕二本を縫い付けているという、仏教に語られる阿修羅の姿を模したものだった。これは人工的に即身仏を生み出して呪物にするという考えの元に作り出されたものだと語られている。

また、報告者の話によれば、これを見つけたのは神主をやっていた彼の祖父で、終戦直後、ある豪商の蔵に収められていたものを引き取ったのだという。祖父は知り合いの漁師に頼み、アシュラさんを朝鮮近海の海に捨てようとしたが、アシュラさんを乗せた船は九州の西方沖で沈み、アシュラさんも行方不明になったと語られている。

複数の人間を縫い付けた即身仏という点で同じくオカルト板にて語られた「リョウメンスクナ」（『日本現代怪異事典』収録）に類似しているが、アシュラさんの話は元々「リョウメンスクナ」の話を読んでいた際に報告者の伯父がこれと似たものを知っている、として語り始めたものという体裁で書き込まれている。そのため、本当に「リョウメンスクナ」と似た「アシュラさん」という即身仏があったのか、「リョウメンスクナ」に影響を受けて創作された話なのかは定かではない。また、二〇一八年には同じくオカルト板にて対馬の海に阿修羅像の出来損ないのような化け物が出現したという話が語られた。詳細は**守り龍神**の項目を参照。

### 小豆洗い［あずきあらい］

ネット上で語られた怪異。2ちゃんねる（現5ちゃんねる）オカルト板に立てられたスレッド「∧∧山にまつわる怖い話Ｐａｒｔ19∧∧」にて二〇〇五年六月六日に書き込まれたもの。

報告者が岐阜県に高山祭を見に行った時のこと。報告者は川沿いの民宿に泊まっていたが、眠る際、うとうとしていると川のせせらぎに交じって何かをしゃきしゃきと研ぐ音と、老人の声のようなものが聞こえてきた。その日は旅館の誰かが朝餉《あさげ》の支度をしているのだろうと思い、眠りについたが、翌朝宿の人間にその話をすると、笑いながら「夜中にそんな事しません。それは小豆洗いです」と答えたという。

小豆洗いは全国に伝承のある妖怪で、川のそばで小豆を洗う音をさせるが姿は見えないと語られることが多い。また小豆を研ぐ際に「あずき研ごうか人とって食おか」などと歌うという伝承もあり、研ぐ音とともに聞こえた老人の声は小豆洗いが歌っていた声なのかもしれない。

## 頭ちぎり［あたまちぎり］

ある学校に現れたという怪異。ある夜、その学校で宿直の教師が校内を見回っていると、教室に人影があり、ボールをつく音が聞こえてきた。教室に入ると生徒が一人、背中を向けて立っていたため、電気を点《つ》けたところ、そこで見たのは頭のない男の子が血まみれの人の頭をボールのようにつく光景だった。男の子はその生首を持って、教師に対し「ねえ、僕の頭もう古いんだ。新しいのが欲しいよ」と言い、教師の頭を千切《ちぎ》ってしまった。この男の子は未《いま》だ次のボールをもらおうと姿を見せるのだという。

ポプラ社編集部・渡辺節子編『映画「学校の怪談」によせられたこわーいうわさ』に神奈川県藤沢市からの投稿として載る。筆者命名。首を使ってドリブルをしているという点では「生首ドリブル」（『日本現代怪異事典』収録）に似ているが、自分ではなく他人の頭部を使うという点はより凶悪である。同じように他人の頭をボールにしようとする怪異に**ボールを探す男の子**がある。

## 頭半分の人形［あたまはんぶんのにんぎょう］

人形にまつわる怪異。一九七〇年前後のこと。京都府与謝郡《よさぐん》伊根町《いねちょう》の辺りに住んでいた男性が大雨の中を働きに出て、足を滑らせて谷底に落ちるという事故が起きた。数日間に渡り捜索が行われたが、男性の行方は分からなかった。しかし、その妻の夢に男性が現れ、自分の落ちた場所を知らせたため、彼の遺体が見つかった。その姿は頭が半分潰れた痛々しいものだったという。

こうしたことから、男性の霊を慰め、もう事故が起こらないようにと頭が半分だけの人形が作られた。以来、眠っている人の夢にこの人形が現れるということが起きるようになり、現れた時は何かが起きる前兆だと伝えられている。

おばけ友の会編『日本全国おばけマップ』にある。

## アップルゴッド［あっぷるごっど］

占いにまつわる怪異。リンゴに「リンゴの神さまお願いします」と書いて、そのリンゴを食べ切ると、片思いしている異性と仲良くなれるという。

マイバースデイ編集部編『わたしの知ってるおまじない１０００』にある。リンゴの神様がいかなる存在なのかは不明だが、リンゴに文字を書く際は食べられるものにしよう。

## あの部屋〔あのへや〕

ある学校に伝わる怪異。その学校には「あの部屋」と呼ばれる部屋がある。「あの部屋」には窓が一つもなく、毎年大掃除の時期になると一人の少女が現れ、生徒を攫《さら》って行くのだという。

常光徹編著『みんなの学校の怪談　赤本』に愛知県からの投稿として載る。

## 暴れ包丁〔あばれぼうちょう〕

ある小学校に伝わる怪異。その小学校では、下校を知らせるチャイムが鳴った後、理科室に暴れ回っている包丁がおり、理科室に行った人間は殺されるという。

日本民話の会・学校の怪談編集委員会編『学校の怪談16　１００不思議通信スペシャル』に滋賀県高島郡からの投稿として載る。

筆者命名。

## 天城山隧道の化け物〔あまぎさんずいどうのばけもの〕

トンネルの壁に現れたという怪異。一九六四年頃、ある人物が天城峠《あまぎとうげ》を越えて天城山隧道に入った時、トンネルの壁一面に、普通の人間の二、三倍はあるかという顔が何十と並んでいた。それらの一つを指でつついてみると、すぐに消え、指を放すとまた現れる。さらにその顔はトンネルの壁に詰まれた角石に沿って現れていることが分かったが、トンネルを進もうとすると今度は目の前に二人の幽霊のような白衣の女が揺れていた。

これらの怪異はその場では何も害を加えてこなかったが、数日後、この人物が夜眠るとトンネルの壁に張り付いていた顔の怪が現れるようになった。その人物の話によれば、目を瞑《つむ》るとトンネルの壁に張り付いていた顔のうちの一つから五つほどが現れ、すごい勢いで突進してきたり、何百倍にも膨らんだりしたという。しかし、この怪異も二週間ほどで見えなくなり、特に害もなかったと語られている。

平野威馬雄著『お化けの住所録』にある。天城山隧道は川端康成の『伊豆の踊子』などに登場する有名なトンネル。現在は新しいトンネルが通ったが、天城山隧道は重要文化財に指定されていることもあり、取り壊されずに残されている。

## あまめ〔あまめ〕

ネット上で語られた怪異。2ちゃんねる（現5ちゃんねる）のオカルト板に立てられた「死ぬ程洒落《しゃれ》にならない怖い話を集めてみない？252」スレッドにて二〇一〇年一〇月三日に語られたもの。

それによれば、三重県のある山林の奥に小さな祠《ほこら》があり、古ぼけた巾着袋のような布でできた小さな袋が入っていたという。祠には「あまめが眠る。開けるな」という紙切れが貼られており、近付くと祟《たた》りがあるという噂《うわさ》があった。しかしある時、報告者の友人がこの祠を開け、中の布袋を取り出して中身を見た。それは黒く、小さな骨のようなもので、友人がそれを持ち帰ろうとした途端、何かが喉に詰まったような女性の唸《うな》り声が聞こえてきた。だが、友人はそれを無視して骨を持って帰り、翌日に顔を歪めた死体として見つかった。

実はあまめとは戦国時代、小さな村に生まれた一人の女の子で、頭に角が生えていたという。村人には鬼の子ではないかと恐れられたが、本人はいたって大人しく優しい子だったと語られている。しかし、村人が何かに噛《か》み千切《ちぎ》られて殺されるという事件が発生し、あまめの仕業に違いないと焼き殺されてしまった。それから村人の変死が続き、名のある僧侶が呼ばれ、祠が建てられてあまめの怒りは鎮められた。祠に封じられていたのは、このあまめの角で、呪いは角を祠に返すまで広がるのだと語られている。そのため、角を盗んだ報告者の友人は呪い殺され、次に狙われるのは報告者なのだという。

この話はスレッド内で創作であることが明かされており、広まる呪いは実在しない。ちなみに三重県の方言で「あまめ」は「ゴキブリ」の意味となる。これも意図したものなのかもしれない。

## アムロ・霊［あむろ・れい］

ネット上で語られた怪異。電子掲示板2ちゃんねる（現5ちゃんねる）オカルト板に立てられた「死ぬ程洒落《しゃれ》にならない怖い話を集めてみない？ 317」スレッドにて二〇一三年一一月一二日に語られたもの。

それによれば、あるマンションではエレベーターに乗ると、どこからか「おやじ」とか「いないのに」という幽霊の声が聞こえるのだという。その声は男性の低く、小さな声で、お祓いをされた後はしばらく聞こえなくなっていたが、その後エレベーター前で以前よりゆっくり、くぐもった声で「おやじ」という声を聴いた住人が現れた。

実はこの騒動は元々報告者の兄が起こしたもので、エレベーターの保守・点検の仕事をしていた彼は、普段から不真面目な性格ゆえ、その日も仕事におもちゃを持ち込んでいた。そのおもちゃはボタンを押すと「親父にもぶたれたことないのに！」とセリフを発する卵型のもので、報告者の兄は点検中、エレベーターの下にこれを落としてしまったのだという。エレベーターで聞こえる霊の声の話を聞いた兄は、次の点検の際に慌てておもちゃを回収したが、おもちゃは既に壊れており、ボタンを押しても音は鳴らなかった。しかし、報告者の兄がおもちゃを回収して以降も幽霊の声を聞いたという人物がおり、報告者の兄は自分が幽霊を呼び寄せてしまったのではないかとびくびくしているという。

この話に登場する「親父にもぶたれたことないのに！」というセリフは、テレビアニメ『機動戦士ガンダム』第九話「翔べ！ガンダム」にて主人公のアムロ・レイが発する言葉であり、彼を代表するセリフの一つとなっている。項目名も「アムロ・レイ」

のキャラクターに由来する。話に登場するおもちゃはこのセリフを発するものと思われるが、もし本当に同じセリフを話す幽霊を呼び寄せてしまったのだとしたら、その幽霊もガンダムが好きだったのかもしれない。

## アメジスト [あめじすと]

話を聞くと危険な怪異。ある少女が『アメジスト』という本がどうしても読みたくなり、本屋や図書館を回ったが、どこにも『アメジスト』はなかった。がっかりして帰る途中、おじいさんに会い、どうしたのかと聞かれたため事情を話すと、「その本なら家にあるよ。明日一二時前に教会へ取りにおいで」と言った。少女は一人では怖かったので、友達三人と一緒に教会に行った。時刻は一一時五五分で、おじいさんは本を持って待っていた。おじいさんは本を渡し、「一二時ちょうどから一二時一分までの一分間はまばたきしちゃだめだよ」と告げた。しかし、友達の一人がまばたきをしてしまい、目が開かなくなった。手術で目を開けたところ、目の中から小さな虫がぞろぞろと出てきたという。この話を聞いた人は一〇秒間に「アメジスト」とできる限り言わなければならないとされる。

常光徹編著『みんなの学校の怪談 緑本』に神奈川県からの投稿として載る。

話を聞いた後、「アメジスト」と言わなかった場合どうなるのかは分からないが、対処法だけ書かれているため、何かしらのことが起きるのだと思われる。

## 雨の日の合体人間 [あめのひのがったいにんげん]

ある小学校に伝わる怪異。その学校では雨の日の教室で一人、真ん中に立って教室の四隅を数えると、四隅から手、足、首、胴が出てきて集まり、一人の人間になって校内を歩き回るという。

常光徹編著『みんなの学校の怪談 赤本』に埼玉県からの投稿として載る。筆者命名。

## あやこさんの木 [あやこさんのき]

ネット上で語られた怪異。2ちゃんねる（現5ちゃんねる）オカルト板に立てられた「死ぬ程洒落《しゃれ》にならない怖い話を集めてみない？ 273」スレッドにて、二〇一一年七月一五日に語られたもの。

それによれば、報告者が通う小学校の校庭に「あやこさんの木」と呼ばれる大木があり、木の下にはあやこさんが埋められている、あやこさんが首吊《くびつ》りをした、といった噂《うわさ》が語られていた。ある時、この大木が伐られることになり授業中に伐採が始まったが、チェーンソーの音が響いた直後、どこからか「ぎゃあああぁぁぁあぁぁぁ」という凄《すさ》まじい声が聞こえた。しかし、あやこさんの木が伐り倒されると叫び声はやんだという。

その日の夜のこと、報告者がこの学校の前を通った時、あやこさんの木の切り株の上に体育座りをしている女の子を見た。あやこさんに違いないと思った報告者は、校庭に忍び込んでこの女の子に近付き、「どうしたの?」と声をかけた。すると女の子は顔を伏せたままぽつりと「どうして切ったの?」と尋ねた。報告者が答えられずにいると、女の子が顔を上げた。その顔は普通の女の子と変わらなかったが、見る間に怒りの形相《ぎょうそう》に変わり、切り株から降りてきて報告者に近付いた。そして目の前に立つと、「どうしてだぁぁぁぁあああぁぁ!」と叫んだ。その瞬間、「おあぁぁああぁぁぁあああぁぁ」という、木を伐った時と同じ歪んだ声が学校から聞こえてきた。報告者は女の子を突き飛ばして逃げ、校門の前に来ていたパトカーを見つけ、警察に助けを求めた。話を聞いた警察は校庭に入って女の子を抱えて出てきた。その女の子は行方不明になっていた女の子で、無事に親許に帰された。

その翌日、学校であやこさんの木のお祓いが行われ、それからは何も起きなくなったという。

## 新井さんの家 [あらいさんのいえ]

廃墟《はいきょ》にまつわる怪異。埼玉県児玉郡神川町の神流湖《かんなこ》近くにあった廃墟の通称で、心霊スポットとして知られていた。この家ではかつて「新井」という姓の一家が住んでいたが、ある時父親が狂気に陥り、家族を斧（チェーンソーとする場合もある）で惨《ざん》殺《さつ》。自らも風呂場で命を絶った。その後、この家は廃墟となったが、家に向かって声をかけると「はい」と返事がある、家の中にあるものを持って帰ると電話がかかってくる、といった噂《うわさ》が語られるようになったという。

実在する廃墟にまつわる怪談だが、この廃墟は取り壊されて現存しない。また実際に「新井」という姓の人物が住んでいたのかも定かではなく、昭和末期の地図に「新井別宅」の記載が見られるものの、最後に住んでいたのが誰なのかは判然としていない。また、一家惨殺事件が起きたという記録もない。こういった心霊スポットとされる廃墟にはよく一家惨殺、一家心中を理由として人が住まなくなった、という背景が語られることが多いため、後からそのような話が付加されたのではないかと思われる。

## 有明海の船幽霊 [ありあけかいのふなゆうれい]

公害にまつわる怪異。一九七三年六月頃、水俣病によって死の海と化した有明海に船幽霊が現れるという噂《うわさ》が広がった。この船幽霊は真夜中過ぎになると痩《や》せた漁師ばかりを乗せた巨大な漁船として海底から浮き上がり、夜明けになると海の底に消えていったという。これは水俣病によって海での漁の仕事を奪われ、その上水俣病を患った者たちの怨念なのではないかと言われている。

松永克広著『妖魔がさ迷う怨霊列島』にある。海で死んでいったものたちが化けて出る妖怪を「船幽霊」と言うことが多いが、この船幽霊は公害によって出現するという現代ならではの理由付けがなされている。

ただし水俣病の発生した水俣湾は有明海ではなく八代海に面している。一九七三年五月に「有明海で第三水俣病の発生が疑われる」という記事が朝日新聞によって報道されている。後に誤報と判明しているが、この情報が影響して有明海に出現する船幽霊の噂が発生したのかもしれない。

### アリの祟り［ありのたたり］

ネット上で語られた怪異。怪談投稿サイト「Alpha-Web こわい話」に二〇〇二年七月二七日に投稿されたもの。

それによればアリを一日に三匹以上殺すと、アリに襲われる悪夢を見るという。実際、投稿者は幼い頃アリを殺した日はいつもアリに食われる悪夢を見たのだと語っている。

子どもはもちろん、大人も結構な確率で被害に遭《あ》いそうな話である。

### 歩くラッパ［あるくらっぱ］

ネット上で語られた怪異。2ちゃんねる（現5ちゃんねる）オカルト板に立てられたスレッド「∧∧∧山にまつわる怖い話Ｐａｒｔ30∧∧∧」にて、二〇〇六年一〇月一七日に書き込まれたもの。

青森県の森林公園での話。報告者の友人が子どもの頃、公園で迷子になって泣きながら歩いていた。すると茂みからラッパの音が聞こえ、見るとラッパが開いた部分を上にしてチョコチョコ歩いている。友人は泣いていたことを忘れ、ラッパを捕まえようとしたが、なかなか捕まらない。そうしているうちに友人は、両親が自分を探している小道に飛び出したのだという。ラッパの正体は今も謎のままだと語られている。

### アワ人間［あわにんげん］

ある小学校に出現するという怪人。この学校の北側の校舎の廊下はいつもじめじめとしているが、雨の日の夕方にはアワ人間が出るという。このアワ人間は生徒と目が合うと口からシュウシュウと泡を吹き出して全身泡だらけになり、消えてしまうという。

魔夜妖一・マーク矢崎治信・夜羽るか監修『うわさの怪談 恐怖の学校Special』にある。

マイバースデイ編集部編『マジこわい!! 心霊体験大百科』にも類似した怪異が記されている。その怪異は愛知県のある小学校にて七不思議として伝わっているとされる。その小学校では放課後、誰もいない音楽室からピアノの音が聞こえることがあり、男がピアノを弾いている。これに声をかけると男は振り向くが、目、鼻、口、耳から泡を吹き出し、シュウシュウと音を立てて溶けて消えるという。

### アンガ［あんが］

ネット上で語られた怪異。2ちゃんねる（現5ちゃんねる）オカルト板に立てられ

た「死ぬ程洒落《しゃれ》にならない怖い話を集めてみない？ 119」スレッドにて二〇〇六年一月一一日に語られたもの。

　その話によれば、報告者が午後六時過ぎに帰宅中、背が異様に高く、痩《や》せ細った人間のようなものを見た（その姿がお笑い芸人の「アンガールズ」に似ていたため、報告者はそれを「アンガールズ」もしくは「アンガ」と呼称していることから、本項目は「アンガ」で統一する）。アンガは横断歩道のところに立ってじっと車を目で追っていたため、報告者は自転車でその横を通り過ぎたが、その際、振り返ってアンガの姿をじっくりと見てしまった。初めは暗くてよく見えなかったが、左腕が千切《ちぎ》れ、血が出ていることが分かった。報告者は思わず驚いて自転車を止めたが、その時、アンガが彼の方を見た。その顔は無表情だったが、恐ろしくなった報告者は急いで家に帰った。しかしそれ以来、何かが視界の端にちらつくようになり、それが何なのかを確認しようと視線を向けても何もいない、ということが何度も起こった。

　それが一週間ほど続いたため、報告者は神社にお参りに行くことにしたが、賽銭《さいせん》箱を前にした時、拝殿のガラス戸に映る、自分の背後に立つアンガの姿を見てしまった。だが、振り返っても誰もいない。報告者は急いで家に帰り、鏡の前に立ったが、今度はアンガの姿はなかった。安堵《あんど》した報告者だったが、風呂に入った際に曇りガラスを見ると、ガラスの向こうにアンガの姿があった。アンガはガラスに近付き、顔を押し付けるような仕草をした。報告者は急いで部屋に戻りカーテンを閉めたが、その際にも窓ガラスにアンガの顔が映っていたという。それは報告者が掲示板に書き込む一時間ほど前の出来事であり、今もまだアンガが背後にいる気配がすると書き込んでいる。その後、報告者がどうなったのかは不明である。

## 安全落下〔あんぜんらっか〕

　ネット上で語られた怪異。2ちゃんねる（現5ちゃんねる）オカルト板に立てられたスレッド「∧∧∧山にまつわる怖い話Part20∧∧∧」にて二〇〇五年七月二二日に書き込まれたもの。筆者命名。

　報告者が中学生の頃、山梨県の瑞牆山《みずがきやま》に父親とともに登っていた時のこと。報告者は山頂付近の岩場で枯れ枝に引っかかり、斜面に投げ出されてしまった。報告者の体はそのまま大岩に当たり、跳ねながら落ちて大きな松の木の根元にぶつかって止まった。最終的に三〇〇メートルは落ちたにもかかわらず、一切怪我《けが》はなかったという。その理由は全く不明だったと語られている。

# 【い】

## E子ちゃん［いーこちゃん］

話を聞くと呪われるという怪異。あるところにE子ちゃんという少女がいたが、友達とお菓子を半分こしている際に車に撥《は》ねられ、気の毒なことにE子ちゃんだけ死んでしまった。この話を聞いた人間は三日後にE子ちゃんに呪われる。これを避けるためには三日後の夜、枕元に半分にしたお菓子を置いておかねばならない。

常光徹編著『みんなの学校の怪談　緑本』に神奈川県からの投稿として載る。

## 飯豊連峰の怪光［いいでれんぽうのかいこう］

ネット上で語られた怪異。2ちゃんねる（現5ちゃんねる）オカルト板に立てられたスレッド「∧∧∧山にまつわる怖い話Part6∧∧∧」にて二〇〇四年一月二三日に書き込まれた怪異。

報告者が高校生の頃、山岳部の活動として福島県、山形県、新潟県の三県に跨《またが》る飯豊連峰を縦走することになった。下山する前日、夕食を食べ終え、寝る準備を始めたとき、謎の光が林を縫うようにして近付いてきた。誰かいるのかと見守っていると、光が消えた。しかし、その光は再び地面から一〇メートルほどの高さの場所に現れた。明らかに人が発している光ではなかった。さらに光は一瞬で川の上に移動し、そのまま物凄い速さで川を下るように動き、やがて見えなくなった。光の大きさは直径二〇センチほどで、ヘッドランプのような光だったが、結局正体は不明だという。

## 異界エレベーター［いかいえれべーたー］

ネット上で語られた怪異。怪談投稿サイト「Alpha-Web　こわい話」にて、二〇〇一年六月二日に投稿されたもの。筆者命名。

ある人物が夜中の一時一分にビルのエレベーターに乗った際のこと。急いでいた彼はよく見ずに一番上のボタンを押した。やがてエレベーターが到着したため降りると、辺りには見たことのない病院の景色が広がり、薄暗い照明灯が周囲を照らしていた。慌てて振り返り確認すると、そこは一二階で、再び前を見ると今度は辺り一面が血の海になっていた。男性は慌ててエレベーターの下の階を押したが、なかなか動かないため、階段を使って下りることにした。しかし階段を進む途中、突然床が消え、男性は落下。気が付くと八階の床の上に立っており、訳も分からなくなって家に急いで帰り、友人にそのことを報告したが、それを最後にこの男性は行方不明になってしまったという。

## 異界に住むモノ［いかいにすむもの］

神社にまつわる怪異。ある女性が小学校低学年の頃、家のそばにある古い神社で様々なものを見たという。それは石段を登る案山子《かかし》であったり、鳥居の中へと消えていく五つの火の玉であったり、直径二メートルほどの大きな目玉であったりした。彼らは敵意がある様子はなく、むしろ火の玉は暗い夜道を照らしてくれたり、目玉は優しく彼女を見守ってくれるような印象を抱いたという。その後、彼らは女性が小学校三年生になった頃から現れなくなった。女性は神社に現れた異界に住むモノたちは小さな子どもの時にしか見えない存在なのかもしれないと語っている。

「ほんとにあった怖い話」委員会編『ほんとにあったこわい話1』に福岡県からの投稿として載る。項目名も同書で話のタイトルとして使われているものをそのまま採用した。

## 怒り雛［いかりひな］

人形にまつわる怪異。深夜、男性が自宅に帰宅した際のこと。隣の部屋では彼の妻が既に就寝していたが、男性は自室に入り、持ち帰った仕事を机に広げてラジオのスイッチを押した。しかし、何もしていないにもかかわらず、ラジオのボリュームが勝手に小さくなっていく。ステレオを見ると、音量のつまみが独りでに回っている。ふと人の気配を感じて振り返ると、暗い中にお雛様が飾ってあった。思わず「夜中にうるさくして、ごめんなさい」と謝り、ステレオのスイッチを切ったという。

木原浩勝・中山市朗著『新耳袋　第七夜』にある。

## 生き埋め胸像［いきうめのきょうぞう］

高校に伝わる怪異。その高校の中庭には胸像があるが、実はこの胸像は昔全身があったものの、夜中に歩き回るため、胸から下を地面に埋められてしまったのだという。

「ほんとにあった怖い話」委員会編『ほんとにあったこわい話1』に新潟県新潟市のＯＬからの投稿として載る。筆者命名。

## 行き倒れの石［いきだおれのいし］

石にまつわる怪異。長野県長野市に住む小学六年生のある少年が、家の裏にある砂利採取場で虹色に変化する不気味な石を拾った。家に持って帰ると、両親に捨てろと言われたが、何となくもったいないと思い、部屋の押し入れに仕舞い込んだ。するとその夜、石が眩しい光を放ち、部屋中が昼間のような明るさになった。慌てた少年は翌日その石を学校に持って行き、体育倉庫の天井裏に隠した。少年はしばらくその石のことを忘れていたが、一週間後、警備員の死体が体育館で発見され、その死体があった場所が虹色の石を隠した天井の真下の床だった。死因は心臓麻痺だったが、その警備員は心身ともに健康で、心臓麻痺など考えられなかったという。

　さらにその三日後、同じ場所で少年の同級生二人が気絶するという事件が起き、その後も同じような事件が続いた。恐ろしくなった少年は放課後こっそり体育倉庫に入り、石を回収した。虹色だった石は血の滴《しただ》るような赤に変わっており、汗をかいたようにびっしょりと濡れていた。少年は捨てようにも誰かが拾ったら迷惑がかかると考え、家の裏庭の物置の奥に隠した。その翌日、彼の祖母が心臓麻痺で死亡した。

　葬式の日、少年は祖父に虹色の石のことを話したが、祖父は信じなかった。それでも学校で起きた事件を含めて説明していると、近くにいた父親の友人が寺の住職を紹介してくれた。そこでその寺に石を持って行くと、住職は砂利採取場が明治の初めまでは行き倒れの死体を集めた共同墓地だったと教えてくれた。そしてそれは死体の間に挟まれていた石だろうと告げ、石を除霊してくれることになった。

　三日後、石を取りに行くと、住職は強い霊が憑《つ》いていたから除霊しておいたと言い、石を返してくれた。その石はもう虹色の光を発さず、ただの石になっていたという。

　陳純監修『背すじも凍る「怖い話」』にある。

## 生き人形遊び ［いきにんぎょうあそび］

　ネット上で語られた降霊術の一種。2ちゃんねる（現5ちゃんねる）ニュース速報（VIP）板に立てられた「ひとりかくれんぼよりヤバい生き人形遊びを実行する」スレッドにて二〇〇七年一〇月一二日に語られたもの。

　その方法はまず鏡を二枚、人形（できるだけ人に近い形のもの。日本人形が望ましい）、蠟燭《ろうそく》一本、身代わり用の人形、髪の毛一本、紙に包んだスプーン五杯分の塩を用意する。そして鏡を向かい合わせにして合わせ鏡とし、その間に蠟燭と人形を置く。夜の一二時に蠟燭に火を点《つ》け、人形に向かって「新しい体を置いておきます。どうぞお使いください」と五回唱える。すると周囲で怪奇現象が起きることがあるが、それは無視して塩を持ち、人形に「私を探してください。見つけたら命をあげます」と五回唱え、別の部屋に行き、座禅を組み塩を自分に振りかける。後は人形がやってくるのを待つ。この時、身の危険を感じた場合は押し入れなどに身を隠すと良いという。

　終わらせ方は塩を持って蠟燭のある部屋に行き、「あなたの負けです。おしまい」と五回唱える。唱え終わったら蠟燭の火を消し、自分に塩を振りかけ、人形を探して同様に塩を振りかける。その後、明かりを点けて楽しく明るい雰囲気の空間を作る。その空間を一時間以上保ち、三日以内に人形を供養《くよう》してくれる神社に人形を納める。

　また注意点として絶対に一人でやること。人形が自分を探している間には声を出さないこと。決して外に出ないこと。逃げると追いかけて来るため、必ず手順を踏んで終わらせること。外が明るくなるまでに終わらせないと霊が居座ってしまうこと。動物の霊がやってくる場合もあるが、カエル、狐、蛇が来た場合は特に気を付けること、などが挙げられている。また、身代わり人形と髪の毛については、霊が自分を探している間、髪の毛を身代わり人形につけ、霊がそちらに気を取られている間にゲームを終わらせるために使うという。

## 異形なナニカ［いぎょうななにか］

ネット上で語られた怪異。2ちゃんねる（現5ちゃんねる）のオカルト板に立てられた「不可解な体験、謎な話～enigma～ Part 88」スレッドにて二〇一三年五月一七日に語られたもの。

それによれば、当時中学生だった報告者が友人たちと五人で深夜に集まってしゃべっていた時のこと。焚火をしようということになり、山の畑へと赴いた。その途中、真っ暗な山の中から「……ンッフー！　……ンッアー！　……ッカー！」という、人が呻《うめ》いているような、奇妙な音が聞こえてきた。報告者たちがその音の方向を見ると、山の斜面に人の形をした何かが見えた。それには頭があるべき部分には何もなく、ただ肉が盛り上がっているような感じで、にもかかわらずそれが笑顔のまま怒っていることが伝わってきたという。その下半身は異様に細く、小走りに山から報告者たちの方にやってくる。報告者たちは悲鳴を上げながら逃げ出し、幹線道路のコンビニまで辿《たど》り着くと、異形なナニカはもうついてきてはいないようだった。後日、報告者たちはその晩あったことをみんなで語り合ったが、なぜか四人いたはずの友人のうち、一人の名前を誰も思い出せなかった。

項目名の「異形なナニカ」は原文中で報告者らを襲う存在に対して使われた表現をそのまま採用した。

話の中では結局その一人が誰なのかは分からないまま終わるが、報告者の記憶では確かに小学校から遊んでいた記憶があったのだという。もしかしたらその人物は異形なナニカから逃げ遅れ、存在ごと消されてしまったのかもしれない。

## 池の女［いけのおんな］

池にまつわる怪異。ある家の庭に深さ三、四〇センチ、周囲数メートルの小さな池がある。この池には水が絶対に枯れることがないという伝説が伝えられている。実際、日照りが続き、水が干上がりそうになった際、突然雷鳴とともに大雨が降ってきて、水位が戻るということがあったという。この雨は周辺の地域には降らず、家の庭にだけ降り注いでいたと語られている。

また、この家には親戚一同が集まった際、目を離すと跡継ぎの子どもが溺死《できし》するという言い伝えもあった。ある時、この家で法事があった際、五歳の女の子が行方不明になり、母親が慌てて探すと池を覗《のぞ》き込んでいた。女の子を叱り、何があったのかと尋ねると、「お姉ちゃんが誘ったの」と言う。

詳しく聞いてみると、大人が法事の用意でバタバタして構ってくれないため、つまらないと思っていたところ、玄関口に知らないお姉さんが立っており、にっこりと微《ほほ》笑《え》んで「遊んであげようか」と言って、おいでおいでをしたという。周囲の大人の声がしているはずなのにその声だけがはっきりと聞こえ、女の子は誘われるがままにそのお姉さんの方に向かった。するとお姉さんはふっと姿を消し、また向こうの方に現れ、おいでおいでをする。それを繰り返し、やがて女の子は池のそばまでやってきていた。今度は池の中からお姉さんが呼んでいるような気がして池を覗いていたところで母親に呼ばれたのだという。

木原浩勝・中山市朗著『新耳袋 第三夜』にある。

## 異次元移動者「いじげんいどうしゃ」

ネット上で語られた怪異。怪談投稿サイト「Alpha-Web こわい話」に二〇〇二年八月一日に投稿されたもの。

それによれば、投稿者の通学する学校には不思議な噂《うわさ》があり、現実世界と異次元を結ぶ境界線があちこちにあるという。実際、二人の野球部員が学校の外へ飛んでしまった野球ボールを探しに行き、学校に戻ってきた際、空間の裂け目から異様に顔の長い人らしきものが一人を捕まえようとしたことがあったという。その時はもう一人が気付き、「危ない!」と叫ぶと同時に消えてしまったようだ。この学校と繋《つな》がる異次元には物体、人、あらゆる動物など様々なものが取り込まれているのだとされる。

## 異次元サッカー少年「いじげんさっかーしょうねん」

ある学校に現れるという怪異。この学校の校庭には午前三時になるとサッカーをしている少年の霊が出るという噂《うわさ》がある。これは昔、試合中に大怪我《けが》をして亡くなった少年の霊で、この霊を目撃すると、その瞬間異次元へ飛ばされて一生こちらの世界に戻って来られなくなるという。異次元へは人間以外も飛ばされており、猫や犬などが度々行方不明になっていると語られている。

マイバースデイ編集部編『学校の恐怖伝説』にある。筆者命名。

## 異次元ジジイ「いじげんじじい」

夕暮れ時に現れる怪異。この時間帯に自分の影を見ると、自分とは違う動きをしていることがあり、その影が見る見る膨らみ、黒いスーツに黒帽子の男の姿をした異次元ジジイが現れる。異次元ジジイは願い事を一つ何でも叶えてやるというが、それを信じた子どもを異次元に連れ去ってしまうのだという。

怪談クラブ監修『キャーッ! みんなの怪談』にある。同書でこの怪異が登場するコーナーはイラストや怪異のステータスが同時に掲載されているなど、その体裁から書籍用に創作した妖怪を紹介している可能性が高い。

## 異次元の黒い手［いじげんのくろいて］

海にまつわる怪異。夕方の四時に海に行き、砂浜に座って一時間待つ。そして、五時にお経を唱えると、海から黒い手が現れ、その人間を異次元へと連れ去ってしまうという。

魔夜妖一監修『ゾゾーッ！ こわい話1000』にある。

## 異次元の妖怪［いじげんのようかい］

異次元にまつわる怪異。墓場で三回口笛を吹くと夢に妖怪が現れ、異次元に連れて行こうとする。もし異次元に連れ去られると、二度と戻って来ることはできないという。

魔夜妖一監修『ゾゾーッ！ こわい話1000』にある。

## いじめっ子喰い［いじめっこぐい］

ネット上で語られた怪異。怪談投稿サイト「Alpha-Web こわい話」にて、二〇〇三年四月二〇日に投稿されたもの。筆者命名。

ある学校に三人のいじめっ子の男子生徒と、いじめられている女子生徒がいた。その日、男子生徒たちは女子生徒をロッカーに閉じ込め、そのまま家に帰ってしまった。夜になり、女子生徒はまだ一人寂《さび》しく泣いていたが、さすがに心配になった男子生徒たちが学校に様子を見に行くと、おかっぱの少女がボールのようなものをついていた。しかし、よく見るとそのボールのようなものは人の生首で、それに気付いた男子生徒たちが逃げ出すと、走って追いかけてきた。

三人は途中で別々の道に逃げたが、一人はあの女子生徒を閉じ込めたロッカーの方に行き、ロッカーを開けて彼女を助け出した。驚いている女子生徒におかっぱの少女に襲われていることを告げると、その直後教室のドアが開き、あの少女が現れた。

「み～つけた」

少女はそう言って二人に近付いてきたが、女子生徒は腰が抜けて動けず、男子生徒は彼女を負ぶって走り出した。もう少しで少女の手が男子生徒たちに届きそうになった時、少女は突然彼らを追いかけるのをやめ、こう言った。

「いらない。あなたたちまずそう。お帰り……」

そして少女は逃げた残り二人の男子生徒を探し始めた。

「私の大好物はいじめっ子。ねぇ、あなたたちの学校においしいいじめっ子、いない……？」

## 伊豆の踊り子の幽霊［いずのおどりこのゆうれい］

旅館に現れたという怪異。ある演歌歌手のマネージャーをしていた男性が、興行のため、静岡県の伊豆に赴いた際のこと。夜中、他のスタッフたちと麻雀をしていると、障子越しに誰かが横切るのが見えた。それは髪を丸髷《まるまげ》に結った細身の女性で、何度も障子の向こうを横切ったが、誰も気に留めていなかった。そのうち、一人がトイレから帰った際に障子を少し開けたままにしたところ、その女性が現れ、隙間から軽く会釈をしてきた。その姿は芸妓のように見えたが、とても美人だったという。

それからしばらくしてまたその芸妓が廊下を横切ったが、奇妙なことに気が付いた。その芸妓は毎回手前から奥へ向かって移動しているが、逆に奥からやってくることはなかった。廊下の奥は壁で、迂回して戻って来ることはできないはずなのにもかかわらず。

翌朝、旅館の女将にその芸妓のことを話すと、ごく当たり前のように「へー、滅多に出ないですけどもね。あんたたち、芸能関係の人だったから、あの子も嬉しかったんでしょうね」と語ったという。

木原浩勝・中山市朗著『新耳袋 第四夜』にある。項目名は、同書において芸妓を指して誰かが茶化すように言ったという「お前さんが見たのは伊豆の踊り子の幽霊だよ」という言葉によっているが、この芸妓の正体が何者なのかは明かされていない。幽霊なのか、それとも芸妓の姿をした元より人ならざるものなのか、謎のままである。

## いずみがもり駅

［いずみがもりえき］

ネット上で語られた怪異。2ちゃんねる（現5ちゃんねる）ニュース速報ＶＩＰ＋板に立てられた「【不思議な】電車に乗って変な場所に行った【体験】」スレッドにて二〇一二年六月二三日に語られたもの。

それによれば、報告者が地元の廃線となった駅に行った際のこと。駅舎はまだ残されていたが、懐かしさからふと次の駅まで線路があった場所を歩いてみた。しばらく行くと、そこにはやはり昔のまま残された駅舎があり、そこでベンチに座って風に吹かれていた。すると報告者はいつの間にか眠っており、気が付くと夜の八時で、街灯もほとんどなかったため、周囲は真っ暗になっていた。せめて車道のある場所に行こうと立ち上がると、遠くに光が見え、一両編成のチンチン電車のような電車がレールのない線路を走ってきていた。そのありえない光景にパニックになっていると、なぜか体が自分の意思に関係なく動き、駅の前に止まった電車に乗り込んでいたという。

車内にはお婆さんと中学生ぐらいの少年がおり、天井には扇風機が設置され、動いていた。報告者は次の駅で降りようと考えていたが、記憶では三分ほどで次の駅に着くにもかかわらず、三〇分以上走り続けた。不安になった報告者は運転手に次はいつ止まるのかと尋ねるも「危ないからちゃんと座ってください」と言うばかりで答えはなく、仕方なく一緒に乗っていた少年に尋ねると「いずみがもり」と答えたという。しかし、「いずみがもり駅」という駅名は記憶になく、混乱していると、「つぎはーいずみがもりーいずみがもりー」とアナウンスが流れた。報告者が降りようとすると運転手に乗車券の提示を求められたため、正直に持っていないと答えると、現金で一二〇円支払うことになり、そのまま電車を降りることができた。

いずみがもり駅は見覚えのない駅だったが、駅から見える星空は非常に美しく、道には灯籠のようなものが置いてあったという。スマートフォンは圏外となっており、先ほどの少年や駅近くの立ち飲み屋に電話やタクシーの有無について尋ねると、そんなものは知らないというような反応が返ってくる。気味が悪くなり、一人で道を歩いていると、地元にもかかわらず見たことがない景色が続き、車が一台も走ってこなかった。二〇分ほど歩くと見覚えのある神社が見えたが、それもいつもよりも明るく、立派になったように見えた。

散策していた報告者は、そこで和服を着た男性に出会った。男性は報告者を見て「なぜここに来た」と尋ね、「早く帰った方がいい」と告げた。事情を話すと、男性は報告者を社の中に案内し、報告者がこの世界の住人でないこと、この世界にはいくつも「穴」が開いており、その穴からたまに迷い込んでしまう人間がいること、そういった外の世界の人間はこの世界の人間に見えたり見えなかったりすることなどを話してくれた。報告者は元の世界に帰るため、男性の指示に従って泉で身を清めた後、社に入った。そこで男性に酒を掛けられ、祈禱をされたところ、意識が遠くなり、最後に男性に礼を言った直後、意識が戻った。そこはもう社の中ではなく、報告者が最初に訪れた駅だったという。

「きさらぎ駅」（『日本現代怪異事典』収録）のような電車に乗って異世界を訪れてしまう話と、異世界に迷い込んだ人間を現実に戻してくれる「時空のおっさん」（『日本現代怪異事典』収録）の話が混ざったような体験談。異世界の住人の手助けで現実世界に戻る不思議な駅の話としては、他にも「ひつか駅」（『日本現代怪異事典』収録）などがある。

## 異世界工場［いせかいこうじょう］

ネット上で語られた怪異。2ちゃんねる（現5ちゃんねる）オカルト板に立てられた「ほんのりと怖い話スレ、その10」スレッドにて二〇〇三年三月九日に語られたもの。

それによれば、某自動車メーカーの下請け鉄鋼工場で働いていた報告者が、新卒で入社したばかりの頃のこと、夕方近くに腹痛で工場外のトイレに駆け込んだ。用を済ませて工場に戻ると、ラインを回している人々が全員知らない人間になっており、機械の配置や看板も前と変わっていた。照明もいつもより暗く、自分の持ち場に戻っても周囲の人々は目を合わせるものの言葉はなく、ただ黙々と作業していた。人々のヘルメットには「〇×鉄鋼」と、この会社の二〇年前の社名が書かれていた。怖くなった報告者がトイレに戻りうずくまっていると、戻ってこない報告者を心配した先輩がやってきてくれた。トイレを出ると元の工場に戻っていたという。

**異世界タクシー**［いせかいたくしー］

自動車にまつわる怪異。ナンバープレートが「４４４４」のタクシーに乗ると、そのまま別世界に連れて行かれてしまうという。

闇月麗編著『本当に怖い話　背すじもこおる恐怖体験99話』にある怪異。筆者命名。

**異世界パジャマ**［いせかいぱじゃま］

パジャマにまつわる怪異。夜、パジャマを着る時に裾から首を入れ、襟ぐりから首を出すと行ったことのない世界に行く。パジャマを脱ぐと元の世界に戻るという。

常光徹編著『みんなの学校の怪談　緑本』に岩手県からの投稿として載る。筆者命名。

**異世界マンション**［いせかいまんしょん］

ネット上で語られた怪異。2ちゃんねる（現5ちゃんねる）オカルト板に立てられた「死ぬ程洒落《しゃれ》にならない怖い話を集めてみない？　87」スレッドにて二〇〇四年一一月六日に書き込まれたもの。筆者命名。

それによれば、報告者が自身の住むマンションの六階から一階に降りるためエレベーターを使用した際、八階に住んでいる中年の女性と、郵便配達員と一緒になった。途中までは順調に進んでいたエレベーターだったが、突然三階と二階の間で止まってしまった。エレベーターの中は明かりが灯ったままで、停電ではないようだったが、エレベーターの内線ボタンを押してもどこにも繋《つな》がらない。幸い、エレベーターは数分後に動き出したが、一階に行くはずのエレベーターは上へと動き出し、七階で止まった。ドアが開き三人はエレベーターを出たが、報告者は外の風景に足を止めた。そこは確かにマンションの七階ではあるのだが、電灯が一つも点《つ》いていないためやけに暗く、空は真っ赤に染まっている。その色は夕焼けの色とは違う、やけに鮮明な赤色だったという。また音が一切聞こえてこない無音状態で、外に見えるビルに明かりはなく真っ黒なシルエットと化していた。その赤と黒に染まった異様な風景を見た報告者は閉まりかけたエレベーターに慌てて乗り込んだ。今度はエレベーターが普通に動き、無事一階へと辿《たど》り着いたが、それからいくら待っても七階で一緒に外に出た他の二人は階段からもエレベーターからも降りてこなかった。その日以来、報告者はエレベーターに乗れなくなり、マンションも引っ越した。報告者はあのエレベーターの扉の向こうには、異界が存在していたのではないかと語っている。

また、当時から約六年後の二〇一〇年一月一三日、同じく2ちゃんねるのオカルト板に立てられた「不可解な体験、謎な話～enigma～ Part59」スレッドにて、この話の舞台と同じと思しきマンションを訪れた話が書き込まれている。

それによれば、運送のバイトをしていた報告者がマンションに配達に行き、エレベーターに乗った。そして配達先の一二階のボタンを押したところ、エレベーターは四階と五階の間で突然止まり、ぐらぐらと揺れていた。男性は地震かと思ったが、揺れはすぐに収まり、エレベーターは二、三分後に再び動き始めた。エレベーターはそのまま一二階に到着したため、男性はエレベーターを降りたが、空が夏の夕方のように真っ赤に染まっている。さらに町の様子もおかしく、音は一切聞こえず、濃い影が町を覆っていた。報告者は悲鳴を上げてエレベーターに戻り一階のボタンを押すと、そのまま無事に一階に辿り着いたが、外に出ると空は青く、真っ赤な景色は消えていたという。

## 板人形［いたにんぎょう］

山中に現れる怪異。あるカメラマンの男性が仕事仲間と仕事先に向かう途中、慣れない山の中で道に迷ってしまった。地図を見ても分からず、陽も傾いてきたため、焦っていると、向こう側にちかちかと灯りが見えた。どうやら工事現場の警備員が赤く光る誘導灯を左右に振っているようであったため、車を停めて道を尋ねた。すると「ああ、その道ならね、ここをまっすぐ行くとトンネルがあります。そのトンネルを通り抜けたらすぐ見えてきます」と運転席を覗《のぞ》き込むようにして教えてくれた。そのため、指示に従って進むとものの五分でトンネルが見えてきたため、入ると古い壁は暴走族の落書きだらけだった。その上、出口は鉄パイプや看板のようなもので塞《ふさ》がれており、彼らはボヤきながら車をバックさせた。そしてあの警備員に一言文句を言おうと車を寄せると、そこには誘導灯を左右に振っている警備員の板人形が立っていたという。

木原浩勝・中山市朗著『新耳袋　第七夜』にある。

## 一ノ倉沢の幽霊［いちのくらさわのゆうれい］

山岳にまつわる怪異。谷川岳のうち、群馬県に位置する一ノ倉沢でのこと。夜明けを待って谷川岳を登ろうと、夜中から一ノ倉沢の出合に車を停めている男性がいた。男性は友人とこの場所を訪れ、二人はドアを開けたまま話し込んでいたが、空も白み始めた頃、突然車のドアが閉まった。男性はその瞬間を見ていたが、ドアを閉めたのは明らかに友人の手ではないことが分かった。それは細くて白い、女性のような腕だったのだ。二人はあまりの恐ろしさに震え上がり、谷川岳への登攀《とうはん》を中止して家に帰ったという。

工藤隆雄著『新編　山のミステリー』に載る。

## 一輪車の怪［いちりんしゃのかい］

ある学校に伝わる怪異。その学校の運動場の倉庫の前には一輪車が並べられているが、夜一人で倉庫の前をうろつくと一輪車が走り出して追いかけられるという。

常光徹編著『みんなの学校の怪談　赤本』に大阪府からの投稿として載る。

## いっちゃん［いっちゃん］

ネット上で語られた怪異。2ちゃんねる（現5ちゃんねる）オカルト板に立てられた「ほんのりと怖い話スレ　その58」スレッドにて二〇〇九年七月二九日に語られたもの。

それによれば、報告者には妹がいたが、幼い頃、伯父の怪我《けが》や祖父の死を正確に予言するということがあった。妹はこの未来の内容は「いっちゃん」という友達が教えてくれるのだと話したが、報告者をはじめ誰もこのいっちゃんを見たことがなく、妹の想像上の友達だと考えていた。しかし、妹しかいない部屋からもう一人の声が聞こえたり、妹が泣きながら「いっちゃんを怒らせたらおもちゃを隠された」と言うので、妹の言う通り天袋やタンスの裏などを探すと、本当におもちゃが出てくることがあった。妹の話によれば、いっちゃんは一〇歳くらいの色白で可愛《かわい》い女の子だが、怒らせると怖いという。しかも、怒ると目が真っ白になって頭が膨れる、とも語っていた。

妹が一〇歳になった頃、「いっちゃんを怒らせた」「いっちゃんが消えた」「もう許してくれない」と泣きじゃくったことがあった。何をしたのか聞くと、いっちゃんが一緒に行こうと言ったから、嫌と言ったら物凄く怒り、「じゃあ、一緒じゃなく、お前が一人でいけ」と怒って消えたという。それから数日後、妹は高熱を出し、入院したものの二カ月後に死んでしまった。妹は死の数日前、「部屋の隅っこにいっちゃんがいる」と泣きながら訴えていたという。

## 井づつやのお多やん［いづつやのおたやん］

京都府京都市の祇園に伝えられている怪異。かつて祇園にあった井づつやという青楼では、奥座敷などと呼ばれている部屋に泊まっていると、真夜中に目が覚める。すると天井にお多福の顔が一つ現れ、次第に大きくなっていく。気が強い舞妓が見つめていると、天井一面を覆うほど大きくなり、「これでもか……」と声を発したという。

当時、このお多福の噂《うわさ》はたちまち広がり、その部屋に泊まるのを嫌がったり、逃げ出す舞妓も増えた。その正体は円山の古狸だなどと言われていたという。

平野威馬雄著『日本怪奇名所案内』にある。筆者命名。「お多やん」は近畿地方の一部で「お多福」を言う方言のようだ。

## 行ってもいいか［いってもいいか］

ネット上で語られた怪異。筆者命名。2ちゃんねる（現5ちゃんねる）オカルト板に立てられたスレッド「∧∧山にまつわる怖い話Ｐａｒｔ３∧∧」にて、二〇〇三年一一月一五日に「雷鳥一号」というハンドルネームを使う人物によって書き込まれたもの。

それによれば報告者の知り合いが遭遇した怪異とされる。その知り合いが雨が降る山林の野営地で休んでいた時のこと。外から「行ってもいいか。行ってもいいか」という声が聞こえてきた。その声がしつこいので、「自分たちに害がなければいい」と答えたところ、轟音が鳴り響き、野営地のすぐそばを土石流が滑り落ちていったという。

これに類似した話が柳田國男の『妖怪談義』にある。それによれば、木曽（長野県の一部）の与川の川上で一〇〇人もの杣《そま》が小屋で休んでいると、この杉林だけは残しておいてくれという山姫様の夢のお告げがあった。それにもかかわらず杣たちが伐採を行うと、やがて大雨が降って山が荒れ出し、水上から「行くぞ、行くぞ」としきりに声が聞こえた。そこで杣たちが「こいよ」と言い返すと、たちまち山が崩れ、杣たちは一人残らず押し流された。押し流された杣たちは一人を除いて全員死亡し、その生き残りがこの話を伝えたのだという。

このように何者かの声が聞こえ、それに答えたところ、自然災害が発生するという話はいくつもある。有名なのは「ヤロカ水」と呼ばれるもので、尾張（愛知県）や美濃（岐阜県）などに伝わっている。これらの話では「遣ろうか、遣ろうか」という声が聞こえたため、「いこさばいこせ」と答えたところ、洪水が襲ってきて一帯を水に沈めたと語られる。また山道で「飛びつこうか引っつこうか」という声が聞こえたため、「飛び付くなら飛び付け」と答えたところ、金銀がたんまりと入った袋が飛びついてきた。それを聞いた人間が同じ場所を同じ時刻に通ったところ、やはり「飛びつこうか引っつこうか」という声が聞こえたため、「引っ付くなら引っ付け」と答えたところ、背中いっぱいに松脂《まつやに》が落ちてきた、という話もある。話の内容からして、「行ってもいいか」もこの類の怪異かと思われる。

## 一本足の親爺 ［いっぽんあしのおやじ］

ネット上で語られた怪異。2ちゃんねる（現5ちゃんねる）オカルト板に立てられたスレッド「∧∧山にまつわる怖い・不思議な話Ｐａｒｔ56∧∧」にて語られたもの。

報告者がレンタカーで群馬県の山道を走っていると、一台のバイクが車体を躍らせながら現れ、爆音を上げながら追い抜いていった。報告者がほっとしていると、前方でバイクが事故を起こした。報告者が車から降りて近付いてみると、バイクに乗っていた若者が繰り返し何かに対し謝っている。そこで理由を聞いてみると、若者がバイクを走らせていると突然ハンドル操作が効かなくなり、慌ててバイクから飛び降りた。すると「おい！」という声が聞こえ、顔を上げると着物を着て杖をついた一本足の髭面《ひげづら》の親爺がおり、「次はないからな！」と告げ、次に目を開けると姿が消えていたと語ったという。

山の妖怪や神は一本足のものが多いため、この親爺もその一種だったのかもしれない。

## 一本足の幽霊 ［いっぽんあしのゆうれい］

戦争にまつわる怪異。一九四五年六月のこと。東北の田舎町で激しい空襲があり、夏子という若い女性が犠牲になった。その姿は爆風のために全身が膨れ上がり、黒ずんでおり、左足が付け根から失われていた。人々は周囲を探したが、夏子の左足は結局見つからず、爆弾で粉々になったのだろうということになり、左足がないまま葬式が出された。

その夜、空襲で家を失った人々は防空壕の中で眠っていたが、真夜中を過ぎた頃に防空壕の入口ですすり泣く女の声が聞こえてきた。人々が起きてその泣き声に耳を澄ませると「誰か……誰か……わたしの左足を捜し出しておくれ。片脚では天国へも地獄へも行けないよ……」と言っている。その時、誰かが「あっ、一本足の幽霊だ！」と声を上げたが、防空壕の入口の人影は、青い小さな火になって遠ざかって行った。人々は夏子の幽霊に違いないと考えたが、どうすることもできず、夏子の幽霊は夜ごとに現れるようになり、足を捜してくれるように求め、涙を流した。

そのため、人々はもういちど彼女の左足を捜すことにしたが、なかなか見つからない。その時、一羽のカラスが防空壕近くの高い崖の上の木のてっぺんから飛び立ち、輪を描いて舞っていた。人々はあそこに夏子の左足があるのかと思い、探してみると、そこに夏子の左足があった。人々は夏子の墓を掘り起こし、そっと左足を供えて二度目の葬式を上げた。それ以来、夏子の幽霊が出ることはなかったという。

石田泰照編著『子供が喜ぶ 現代のこわい話』にある。幽霊が失った足を求めてさ迷う話は多々あるが、「カシマさん」や「サッちゃん」「テケテケ」（いずれも『日本現代怪異事典』収録）と違い、他人の足を奪うことをしない点は優しい。舞台が戦時中であることを考えると、足を求める幽霊としてはかなり古いものとなる。ただし『子供が喜ぶ 現代のこわい話』の発行自体は一九七五年であるため、いつ頃から語られている話か不明なことには留意が必要である。

## 犬追い峠の怪 ［いぬおいとうげのかい］

ある峠にまつわる怪異。その峠のトンネルを抜けると、いつの間にか犬が走っているという話から名付けられた峠で、現在は新しいトンネルが掘られているが、カップルなどが怖いもの見たさにこのトンネルを訪れるのだという。

ある男性も恋人とともに自動車でこのトンネルを訪れた。車をゆっくりと走らせてトンネルの中に入ると、出口が見えてきた辺りで突然「タンタンタン～」という音が聞こえてきた。音は次第に大きくなり、何かが近付いてきていることが分かった。男性は咄嗟《とっさ》に車のヘッドライトを上向けにして遠くを照らすと、そこには犬のリードを持って小走りに走っている人間が見えた。しかし、そのリードはピンと張っているのに、犬の姿はどこにもない。男性は必死に車をバックさせ、何とかトンネルを出ると、一気にUターンして逃げようとした。すると今度は目の前を白い犬が走っており、直後、ドスンという音がして、バックミラーに女と白い犬が映っている。男性はとにかくアクセルを踏み込んだが、女の手が首筋に伸びてきたため、急ブレーキを踏んだ。直後、女と犬は消え、車も動かなくなった。男性と恋人は近くを通りかかった車に麓まで連れて行ってもらった。

　翌日レッカー車で車を修理工場まで持ち込んだところ、工場の従業員が車体に残る人間の手形と犬の足跡を発見し、「最近よく同じ車種の白い車が修理にくるな。みんな手形と足形がついているけど、どうしてなんだろ?」と言ったという。

「怖い話」編集部編『私のいちばん怖い話』にある。同書ではこの女と犬の霊が現れるのにはある条件があると記されているが、恐らくそれが特定の車種の白い車に乗っていることなのだろう。こういった特定の車が襲われる話はかつてそれと同じ車に乗っていた人間に轢《ひ》き殺されたため同じ車を狙う、という理由付けがなされることが多いが、この話は車を狙う理由は不明のままとなっている。

## 犬鬼寺［いぬおにでら］

迷惑メールの一種。「深刻な状況です、最後まで必ず読んでください。これからあなたに不幸が起きます。夜中に誰かがあなたを訪れてきてもドアを決して開けてはいけません」という文章から始まり、もしまだ家に帰っていないのであれば、何度も後ろを確認し、誰もいないことを確認しながら帰る。玄関のポストを確認し、もし切手も宛名もない手紙が届いていても見てはならない。家に入るとき、背後には十分注意する、などの文言が続く。また、家に入ったら鍵をかけ、クローゼットの中を確認する、カーテンを閉める、風呂に入っている時、天井から視線を感じたら避難する、布団に入る前に玄関、ベランダを確認するなど、外からの侵入者に注意させるような文章が並ぶ。そして、二三時以降は外へ出てはならず、暗闇から何かが狙っていることを匂わせる文章が続き、最後は「あなたを悲劇から守るには犬鬼寺の助けが必要です。犬鬼寺へすぐに向かってください。場所は緯度35度39分30・９９２秒（35・６５８６０９）、経度１３９度44分43・６０９秒（１３９・７４５４４７）から西へ約一・九キロ「犬鬼寺」に急いでいきなさい。必要があればまたご連絡致します。神宮」と締めくくられる。

　二〇一二年一月一二日に突然不特定多数の人々に届いたメールだが、チェーンメールのように拡散を目的とする内容ではない。発信元も知り合いから送られてきたというものではなく、ランダムな文字列によって構成されるメールアドレスが送信元となっていう事例が多かったようだ。記されている緯度、経度は東京タワーの位置を示しているが、そこから西に一・九キロの位置に犬鬼寺という名前の寺院は存在しない。

　メールの目的は不明だが、単純にいたずらか、業者が個人情報の収集を目的としてメールを送ったのではないかと考えられている。

## 犬鳴峠の落武者［いぬなきとうげのおちむしゃ］

　ネット上で語られた怪異。怪談投稿サイト「Alpha-Web こわい話」にて一九九九年八月三〇日に投稿されたもの。

　福岡県の犬鳴峠は心霊スポットとして知られているが、ここに落武者の霊が出現したという。ある夏の日の真夜中、何人かの若者が、幽霊が出ると噂《うわさ》の犬鳴峠の旧道に自動車で赴き、車が入れない場所を徒歩で移動することになった。一〇分ほど歩いていると、若者の一人が光る何かがこちらに向かって来るのを目撃した。そこで急いで自動車まで戻り振り返ると、刀を振り上げた落武者が襲いかかってきた。若者たちは慌てて車に乗り、峠を下りたという。

　犬鳴峠は有名な心霊スポットであり、この他にも様々な幽霊譚《たん》が語られている。

## いのちとり［いのちとり］

　自宅に現れたという怪異。Sという女性が中学生の頃、学校から帰り、一人リビングのソファーで横になっていた際のこと。まどろんでいると、ドアが開く音がして、見ると玄関に白い顔の見知らぬ幼い少女が立っていた。そこで「おうち間違ってるよ」と教えてあげたが、少女は家に入ってきたようで、いつの間にか台所に立っている。Sは「勝手に人のうち、入って来てはだめだよ」と注意したが、眠気に勝てず、ソファーに横たわりながら台所を見ると、そこに少女の姿はなく、目の前に少女の白いスカートがあった。あっと思ったが、体が動かなくなっており、さらに少女が白い手を首にかけてきた。少女は初め優しく手を首の上に乗せ、Sの顔を覗《のぞ》き込んでいた。Sの目にはなぜか目の前にいる少女の姿がぼやけてはっきりと見えなかったが、肌の白さがどんどん増していくのが分かった。そして、首にある手に心なしか力が入り、ゾクッとして少女を睨《にら》み付けた瞬間、「いのちとり」と呟《つぶや》いて、少女は消えたという。

　木原浩勝・中山市朗著『新耳袋 第五夜』にある。

## 命を吸う無花果［いのちをすういちじく］

　植物にまつわる怪異。ある家に一本の無花果の木が生えていたが、誰も手入れをしていなかった。ある年、家でおじいさんが亡くなったが、その日のうちに無花果の実が真っ赤に熟した。

　何年か後、今度はお婆さんが亡くなり、季節は真冬だというのに真っ赤な無花果の実がたくさん実った。家の者は気味が悪くなり、この木を伐った。

それからしばらくして、家の建て替えが始まり、古い家が解体された際、伐った後に残った無花果の根が地下に残っていた。その根は庭の隅から家の床下に向かって、一方向に伸びていたという。

木原浩勝・中山市朗著『新耳袋 第四夜』にある。筆者命名。

## 色問女［いろどいおんな］

色を問う怪異の一種。この女は現れると「何色が好き?」と尋ねてくるが、この時「赤」と答えると赤い血まみれにされ、「青」と答えると後ろから首を絞められて顔を真っ青にされる。助かりたい場合は「茶色」と答えると良いという。

常光徹編著『みんなの学校の怪談 緑本』に千葉県からの投稿として載る。筆者命名。

## 色問壁女［いろどいかべおんな］

色を問う怪異の一種。ある小学校の四年三組の前の壁に、四時四四分四四秒に女の顔が映る。女は「青と白と赤、どれが好き?」と問うが、この問いを無視し続ければ四分後に消える。しかし、もし答えてしまった場合、「青」と言った人は海に落とされ、「白」と言った人は紐《ひも》で首を絞められ、「赤」と答えた人は一生呪われて不幸になるという。

常光徹編著『みんなの学校の怪談 緑本』に、秋田県からの投稿として載る。筆者命名。

## 色問換気扇［いろどいかんきせん］

ある学校に伝わる怪異。その学校の三年生のトイレのドアを一三回叩《たた》いて開けると回っていなかった換気扇が回り、どこからともなく「ワッハッハッハー」と声が聞こえる。そして「赤、青、緑」と聞こえるが、これに「エメラルド」と答えると首を絞められ、「赤紫」と答えると四番目の個室のドアから女の子が出てきて「あ・そ・ぼ」と言うらしい。

常光徹編著『みんなの学校の怪談 赤本』に埼玉県からの投稿として載る。筆者命名。

色を問う怪異は多いが、最初に提示された色と全く関係ない色を言うものは珍しい。

## 色問ブランコ［いろどいぶらんこ］

ブランコにまつわる怪異。川沿いのある公園で一人でブランコを漕いでいると、隣に二、三人の人が現れることがある。この人たちは「赤と青と黒、どれが好き?」と問うが、これに「赤」と答えると殺されて血だらけになり、「青」と答えると海の中に落ち、「黒」と答えると墓地に連れて行かれてしまう。もし助かりたければ「何しに来たの」と逆に問い返せば良く、そうすればこの者たちは消えてしまう。また、この者たちは毎月六日に現れるという。

常光徹編著『みんなの学校の怪談 緑本』に兵庫県からの投稿として載る。筆者命名。

## 胃を返せ［いをかえせ］

ある学校に現れたという怪異。その学校に通う少女が放課後、二階の廊下を歩いていた時のこと。突然「胃が痛いよ〜」という声が聞こえてきた。そこで声の方に行ってみると、誰もいないにもかかわらず、「胃が痛い。胃を返して！」という声が聞こえる。少女が周囲を見回すと、突然横から手が出てきて少女の腹部を引っ張った。少女は大声を上げて助けを求めたが、辺りには誰もおらず、三分間に渡る格闘の末、何とか逃げ出すことができた。今でも「私の胃を返せ〜」という声が忘れられないという。

マイバースデイ編集部編『学校の恐怖伝説』にある。足や腕を返せと求める霊の話は多いが、内臓を奪おうとしてくる怪異は珍しい。

## イン［いん］

ネット上で語られた怪異。WEBサイト「Ｕｒｂａｎ Ｌｅｇｅｎｄｓ 噂と都市伝説」にて二〇〇〇年七月一六日から一七日にかけて投稿されたもの。

それによれば、「イン」は人間に取り憑《つ》く何者かで、憑いた人間を操り、殺人を犯させるなどする。またその人間は異常に力が強くなり、目がサメのように変わる。インが抜けるとそのまま衰弱死してしまう場合もあるようだ。

この話では精神障害の女性に取り憑き、その女性の父親を包丁で刺し殺させるインの様子が記されている。その後、女性が警察に取り押さえられた際、「わかったよ。この女の体は、諦めてやるよ……」と呟《つぶや》き、何者かと問われた際には「インだよ……」と自ら答えている様子が描写されている。

# 【う】

## 温麺ばっぱ［うーめんばっぱ］

宮城県白石市に現れたという怪異。大阪府在住の夫婦が東北地方を旅行していた際のこと。白石城を見るために白石市に寄った際、夫が白石温麺を食べたいと言い出し、妻がそれに反対したため、喧嘩《けんか》になった。そのまま二人は白石城に辿《たど》り着き、城を見学したが、夫が一足先に天守閣を出て道を歩いていると、突然腰が曲がった老婆が手に持った丼を差し出してきた。

「食べてけさいん」

老婆はそう言いながら丼を勧めてくる

が、夫は見ず知らずの老婆からもらった食べ物に手を付ける気になれず、断った。しかし、老婆はなおも勧めてくるため、逃げようとした時、上目遣いの老婆と視線が合ってしまった。その老婆の目は白く光っているように見え、直後、夫の足が動かなくなり、老婆の丼から目が離せなくなった。その丼に入っているのが温麺だと分かった直後、妻の声が聞こえ、次の瞬間には老婆も温麺も消えていた。それから妻がやっぱり昼は温麺にしようと言い出した。夫の方は既に温麺を食べたいという気持ちが失せていたものの、妻の言うことに従い、温麺を食べたという。

寺井広樹・とよしま亜紀著『宮城の怖い話——杜の都に魔が巣食う——』にある。

## うかみ様［うかみさま］

海に現れる怪異。高校生の少女が水泳部の夏の合宿で、ある海岸の合宿所に赴いた際のこと。合宿初日、少女は仲間とともに朝から日暮れ前までひたすら泳ぎ続け、夜はバーベキューを楽しんだ。片づけを終え、ふと沖の方を見ると、何か白いものが見えた。少女は胸騒ぎを覚えながらみんながいる海岸の方を見ると、こちらには焚火のようなものが見える。近付くと、それは全身が炎に包まれた人が転げ回っている姿だった。

少女は誰かが事故に遭《あ》ったのかと慌てて海岸まで走ったが、水泳部の仲間たちは全員で焚火を囲み、なにやらぼそぼそと話している。そしてそのすぐ近くで、炎に包まれた人々がのたうち回っていた。少女は大声で叫んだが、仲間たちは虚ろな顔でそれに気付く様子もない。少女はとにかく海水で火を消そうと近くにあったバケツを手に取ったが、今度は沖の方から近付いて来る白いものが見えた。それは白い帆の船で、白い着物姿の何者が大勢乗っていた。

少女が必死に叫ぶと、部活の仲間たちも正気を取り戻し、全員悲鳴を上げて合宿所に向かって走り出した。少女もそれに倣ったが、後ろから乾いた声が聞こえてきた。

「こっちに来て……。うかみ様が助けてくれるから……。うかみ様が……」

彼女たちは振り返らずに合宿所に駆け込み、戸を閉めて鍵をかけた。するとドア越しにあの声が聞こえてきたが、今度は乾いた声に交じって水を吐き出すような音も聞こえてきた。

「こっちに来て……。うかみ様が助けてくれるから……。うかみ様がぁ！」

そして、合宿所のあちこちを叩《たた》く音が聞こえてきて、全員夜明けまで一睡もできずに過ごした。やがて明るくなり、引率の教師が恐る恐る外を見るとそこには誰もいなかったが、焼け焦げたような匂いと強烈な塩の匂いが立ち込めていた。しかも、合宿所の窓やドア、壁は炭で擦《す》ったようなすけた手形でいっぱいになっていたという。

合宿は中止になり、少女は家に帰ったが、そこであの夜聞こえた「うかみ様」という名前について調べてみた。それによれば、五〇年以上も前、あの海岸で小さな新興宗教団体が集団自殺した事件があり、その宗教で信仰されていた神様が「窺見神《うかみじん》」という名前だったという。

室秋沙耶美監修『本当に怖い話ＭＡＸ∞悪霊君臨』にある。

### 動く交通標識［うごくこうつうひょうしき］

北海道で目撃される怪異。日高管内の三《みつ》石町《いしちょう》（現新ひだか町）と浦河町《うらかわちょう》の間にある富里という場所には「止まれ」の交通標識がある。この場所を一人で運転して通ると、標識がくるくると回ったり、浮かび上がったりする怪現象が起きるという。

合田一道著『北海道　幽霊の住所録』にある。同書によれば、この場所はある女性が三石にいる婚約者に会いに行く途中、ダンプカーで轢《ひ》かれた場所なのだという。

### 動く矢印［うごくやじるし］

道路に現れた怪異。ある男性が会社の同僚たちとともに栃木県日光市のいろは坂を車で走っていた際のこと。つづら折りになっている坂を走っているうちに同僚の一人が気分が悪くなったと言うため、坂道の脇に車を停めた。そこで一休みしていると、日が傾いた空の下、道路上でよく目にする路面標示の白い矢印が、坂の上から路面を滑るように流れてきて、目の前を通り過ぎて行ったという。

木原浩勝著『九十九怪談　第四夜』にある。

### 動く山［うごくやま］

ネット上で語られた怪異。2ちゃんねる（現5ちゃんねる）オカルト板に立てられたスレッド「∧∧∧山にまつわる怖い話Ｐａｒｔ14∧∧∧」にて二〇〇四年一一月一一日に書き込まれた怪異。

北海道のある沼で報告者が恋人とボートに乗っていた時のこと。ボートが止まっているにもかかわらず、まるで列車の窓から見る景色のように周りの山が動いて見えた。よく観察すると沼の周りに植えられた並木や林はそのまま、山だけが移動しているようだった。気分が悪くなり、カップルはボートを降りたが、地面に足をつけるともう山は動いていなかったという。

### 動く山小屋［うごくやまごや］

山形県の月山で発生したという怪異。一九九一年のこと、スキー場にある山小屋が、あるべき場所から五〇メートル以上離れた雪の中から見つかった。この小屋は一切壊れていなかったことなどから、雪崩や竜巻で移動した可能性はあるものの、原因は不明だという。

上村信太郎著『山の不思議事件簿』にある。

### うごめく髪の毛［うごめくかみのけ］

ネット上で語られた怪異。2ちゃんねる（現5ちゃんねる）オカルト板に立てられた「死ぬ程洒落《しゃれ》にならない怖い話を集めてみない？１４２」スレッドにて二〇〇六年九月一六日に語られたもの。

それによれば、報告者の姉（以下Ａとする）が体験した怪異として語られており、舞台は地下鉄の電車内とされている。当時、交際していた男性に浮気され、喧嘩《けんか》別れをしたＡは、その日、仕事でくたくたになって満員の終電車に揺られていた。座る席はなく、ドアに張り付くようにして立っていたＡだったが、ふと視界の端にちらつくものがあった。座席列の方を見ると、荷物置きから黒い髪の毛が垂れ下がっていた。その髪の毛は真下にいる若い男がうとうととし始めると「キリキリキリ……」という音を立てながら伸び始め、男が完全に眠りに落ちると一気に伸びてその首に巻き付こうとした。それを見てＡが思わず「あっ」と声を上げると、髪は一瞬動きを止め、縮んで元の長さに戻った。Ａは思わず荷物置きの方を見てしまったが、その髪の間から覗《のぞ》く目と視線が合ってしまった。堪《たま》らず目を逸らしたＡだったが、いつの間にか荷物置きの髪の毛はいなくなっていた。ほっとしてドアの窓に目を向けると、今度は窓の外に手が張り付いている。そして、その手の下から女の顔が這《は》い上がってきた。女はニヤニヤしながらＡに話しかけてくる。

「なんだぁ、あなたも私とおんなじなんだぁ。振られたんでしょ？　ね、でしょ？　あなたの彼氏もヒドイ男ね〜……つらかったでしょ〜。ねぇ、聞いてよ。私の彼氏もヒドい男でさぁ、あいつったら……」

そう一方的に話した後、最後には「私はもうダメだけどさ、あんたならいい男みつかるわよ」とＡを慰め、満足したのかクモのように這っていって窓から消えた。女はいつの間にか荷物置きの上に戻っており、「わかってると思うけど、邪魔はしないでよね。これはあたしとコイツの問題なんだからさ」と告げ、若い男の首に向かって髪を伸ばし始めた。

Ａはもう見ていられなかったが、若い男の方から「ゴホッ」という声だけは聞こえてきたという。駅に着き、急いで改札に向かおうと電車を降りる瞬間、後ろから「バイバイ」という声が聞こえたと語られている。

姿や行動はともかく、自分と境遇が似ていると思しき人間にはフレンドリーな態度で話しかけてくるという、なかなか不思議な化け物である。

## うしおに［うしおに］

ネット上で語られた怪異。2ちゃんねる（現5ちゃんねる）オカルト板に立てられたスレッド「∧∧∧山にまつわる怖い話Ｐａｒｔ19∧∧∧」にて二〇〇五年六月八日に語られたもの。

報告者が幼稚園に上がる前の幼い頃、千葉県の蓮沼村《はすぬまむら》（現山武市《さんむし》）にて、報告者が祖父と山に山菜取りに行ったときのこと。しばらく山を歩いていると祖父の姿が見えなくなり、報告者は慌てて自分の居場所を知らせようと呼子を鳴らそうとした。その時、牛に似た真っ黒なものが一〇メートルも離れていない場所に現れた。体は墨のように黒く、二本の角は黒光りし、内側に少し曲がっている。その口からは鋭い牙が覗《のぞ》き、目は報告者を睨《にら》んでいた。牛の怪物は地面を掻《か》き、今にも報告者に飛び掛かろうとしている気配だったが、背負い籠に付けていた動物除けの鈴が鳴ると、動きを止めた。そこで報告者が鈴を手に持ち、鳴らしてみると、次第に牛の怪物は大人しくなり、うとうとし始めた。そのまま鈴を鳴らし続けると、牛の怪物は人間のようにこっくり、こっくりとし始め、その度にどんどんと地面に沈んでいった。直後、報告者を探す祖父が現れ、家に帰ってからあの牛の怪物のことを祖父に話した。すると祖父は「それはうしおにだ」と答えた。

　それによればうしおには真っ黒な牛のような化け物で、出会った人間を角で突き殺し、ばらばらの死体にする。また、うしおにはいつどの山に出てくるかは分からないという。

　祖父は報告者に海や山に行くときは必ず魔除けを持っていけと教えた。それから何年も経ち、報告者は大人になったが、あの日以来うしおにに出会っていないという。

　うしおに、もしくは牛鬼は日本全国に見られる妖怪で、海や山に出現する話が多い。また画図として描かれる題材に選ばれることも多く、蜘蛛《くも》の体に鬼の頭がついているような姿をしたものが有名。

## 牛首村 ［うしくびむら］

村にまつわる怪異。東北地方にある廃墟《はいきょ》になった村を調査した際、大木の根元に埋まった大量の人骨と牛の頭部らしき骨が見つかった。その後の調べで、この村では天保四年（一八三三年）の晩秋、天保の大飢饉の真っただ中、人間に牛の首を被《かぶ》せて「牛」と称し、「牛追いの祭り」としてその人間を捕らえ、「牛の肉を食らう」という建前で人肉を食らっていたらしいことが分かった。この話はあまりに恐ろしいとして、調査に当たった役人は調査書を提出した後、死ぬまで誰にもこの村の話をすることはなかったという。

　ミリオン出版『実録！　都市伝説　奇妙な村』にある。同書ではもう一つ牛首村にまつわるエピソードが載せられている。

　戦前のある時期、青森県と岩手県の県境付近に森と川を挟んで隣り合う二つの村（A村とB村とする）があった。A村とB村は犬猿の仲だったが、ある時A村で首を切断された牛の死体が次々と見つかり、B村では若い女性四人が連続して失踪するという事件が起きた。互いの村はもう一つの村の仕業に違いないと考え、村同士での争いが勃発した。村人たちが村境付近で武器を持っていがみ合っていると、突然牛首の化け物が出現し、二つの村の人々は慌てて逃げ出した。

　その後、A村によって大規模な山狩りが行われたが、そこで見つかったのは頭部を切断され、牛の首に頭を挿《す》げ替えられた四人の女性の全裸死体だった。そしてそこにはもう一人、牛の頭の生皮を被ったA村の村長の息子がいた。厳格な家庭に育った彼はいつしか精神に変調を来たし、夜な夜な牛の生皮を被っては牛の首と挿げ替えた女の死体と交わっていたのだという。

やがてA村の村長が来て息子を問い詰めたが、彼は「さんこにしいな。ほたえるな。わえおとろしい。あたまあらうのおとろしい。いね。いね」などと訳の分からない言葉を言うだけで全く要領を得なかった。そのため、事件は隠蔽《いんぺい》され、村長の息子は死ぬまで土蔵に閉じ込められたという。

この事件の顚末は「話を聞いた者は全て狂い死にする」という物騒な言い伝えとともに永遠に封印されたと語られている。

これらの話についてはネット上で流布《るふ》している「牛の首」（『日本現代怪異事典』収録）の真相として語られる話が元になっており、「牛首村」という名前は『実録！都市伝説 奇妙な村』において便宜的に付けた名前であるとも記されている。

元々「牛の首」とは、「内容は不明だがこの世で最も恐ろしい話とされる」という怪談であるため、内容を明示してしまうとその前提が崩れてしまうものである。また前者の「牛追いの祭り」の話は、元々2ちゃんねる（現5ちゃんねる）オカルト板の「死ぬ程洒落《しゃれ》にならない話を集めてみないPart14」スレッドにて二〇〇二年五月二一日に書き込まれたものだが、書き込んだ本人が自分が考えた怖い話であると語っており、実際に伝承として伝わっている話ではないことが判明している。さらにその内容は星野之宣の漫画『宗像教授伝奇考』の中にある「贄《にえ》の木」という話に類似していることが都市伝説収集サイト「現代奇談」で指摘されている。

後者の話も同じく2ちゃんねるオカルト板に二〇〇三年七月二九日に書き込まれたものだが、こちらは奈良県の曽祖父に聞いた話として語られており、青森県や岩手県の話とはされていない。また、「牛の首」の真相として書き込まれたわけではなく、「牛の首」というタイトルの話を聞き、もしかしたら関連があるかもしれない、という書き方で語られている。そのため、元々「牛の首」と直接関係がある話として語られたものではないが、ネット上で流布されるにつれて牛の首の真相の一種として広まるようになったようだ。

二〇二二年には清水崇監督の映画『牛首村』が公開されているが、こちらはこれらの話を元にしているわけではなく、心霊スポットとして知られる富山県の坪野鉱泉を舞台として「牛の首」の怪談を混ぜた構成になっている。

## 牛魂［うしだま］

牛にまつわる怪異。山口県のある農家では、何頭かの牛を飼っていたが、子牛を生んだばかりの母牛の乳が出なくなった。子どもを育てられない母牛は金がかかるからと処分されることになり、裏山の山頂にある処分場へと連れて行かれた。その途中、母牛は何度も子牛の元に戻ろうとしたが、それは叶わなかった。

その夜、母を求める子牛の鳴き声が響い

ていた。農家の娘が便所に行くため、母親と外に出ると、裏山の頂上に赤く丸い形のものが明るく輝いて見える。その丸い光は突然二人の方に向かって動き出し、揺れるようにして山の斜面を下りてきた。二人が驚いていると、ぴし、ぱし、というムチを打つ音に似た大きな音を立てて近付いてくる。それが裏庭に入った途端、急にゆっくり静かになった。近くで見ると米俵ほどある大きな赤い玉で、そっと子牛のいる牛舎に入った。しばらくして中から小牛の長い長い一声が聞こえ、やがて静かになった。それを見た母親は、「牛魂」とひとこと呟《つぶや》いたという。

木原浩勝・中山市朗著『新耳袋 第七夜』にある。

## 牛の森「うしのもり」

ネット上で語られた怪異。2ちゃんねる（現5ちゃんねる）オカルト板に立てられた「死ぬ程洒落《しゃれ》にならない怖い話を集めてみない？296」スレッドにて二〇一二年六月四日に語られたもの。

それによれば、報告者の地元に「牛の森」という森があり、森から牛の鳴き声が聞こえるためにそう呼ばれているのだという。森の奥に秘密の牧場がある、黄金の牛がいるなどの噂《うわさ》が語られる森であったが、そのために好奇心旺盛な子どもが森に入って迷子になるということが多々あった。当時、小学五年生だった報告者は牛の森に猿が棲《す》みついたという噂を聞き、夏休みに友達と森の周りをうろついていたところ、猿が本当に現れた。猿は報告者たちを招くように左手を動かし、報告者たちはその様子に興奮して森に分け入った。猿は報告者たちを案内するように木から木に飛び移り、報告者が追いつくまで止まり、追いついたのを確認するとまた動き出すという行動を繰り返した。報告者たちが猿についていくと、森の奥で小さな牧場に行き着いた。その牧場は小さな公園ほどの広さで、周囲は樹で囲まれ、空は葉で覆われているのに、その場所だけはぽっかりと穴が開いているように陽の光が降り注いでいた。

牧場の柵の内側には牛が四頭おり、小さな小屋があった。猿がキーキーと鳴き出すと、小屋のドアが開いて中から猿のような顔をした老婆が現れた。老婆は報告者たちを見ると、猿と同じようにおいでおいでをするように手を動かし、報告者はそれに応じて小屋に向かおうとしたが、友達はすぐに逃げ出した。報告者は一瞬その行動を不思議に思ったが、すぐに理解した。老婆はおいでおいでをする左手とは逆の右手に、切断された牛の首を持っていたのだ。

報告者は友達の後を追って逃げ出したが、後ろから誰かが追ってくる気配がする。振り向くと、あの猿がキーキーと威嚇しながら追いかけてきていたが、危害は加えてこなかった。猿に気を取られながら走っていると、またもあの牧場が前方に現れた。二人は泣きそうになりながら逆方向に走り出したが、右の方から「お～い、森へ入っちゃダメだぞ～、すぐに出てきなさ～い」

という声が聞こえ、その方向に必死に走った。そこは森の入口で、顔見知りの男性が立っていた。報告者らは泣きながら男性の元に走り寄りしがみつくと、一緒に森を出た。猿は右手で木にぶらさがりながら左手で報告者らを招くような仕草をしていたが、男性が一喝すると驚いて森の中に消えていった。

その後、無事に家に帰ることができた報告者たちだったが、結局あの老婆が何者なのかは未《いま》だに分かっていないという。

## 後女［うしろおんな］

ネット上で語られた怪異。2ちゃんねる（現5ちゃんねる）オカルト板に立てられた「死ぬ程洒落《しゃれ》にならない怖い話を集めてみない？ 40」スレッドにて、二〇〇三年六月二日に書き込まれた話に登場する。

それによれば、報告者の祖母の兄である泰造という人物にまつわる話だという。泰造はある県の山奥にある田舎町の屋敷に住んでいた。その泰造が亡くなったため、この屋敷で葬式が執り行われたが、報告者がその屋敷の便所で用を足し、後ろを振り返ったとき、突然女が現れた。女は白い服を着て、真っ黒な長い髪を無造作に束ねており、一見後ろ姿のように見えたが、下を見ると足先が報告者の方を向いていたため、正面を向いて顎の辺りで髪を束ねていることが分かった。女は「コォォー……」というかすれた声のような音を出し、震える報告者を前に髪を束ねている紐《ひも》に手をかけようとした。直後、報告者の父親が便所に入ってきた。女が扉の方を振り向くと同時に報告者は気を失ったという。

目が覚めた後、報告者が変な女を見たとその場にいた人々に告げると、伯母がやってきて、報告者に一冊の古びた冊子を渡した。それは亡くなった泰造の覚え書きのようなもので、黄ばんだページにあの女の姿が墨で描かれていた。泰造は日常的にこの女を見ていたらしく、いつも怯《おび》えていたという。そして、この怪異のことを「後女」と呼んでいたことが書かれており、最後のページにはこう記されていたという。

「後女の真の面、真の背、目にしたとき我は死すか」

実際に泰造が後女の顔を見たために死んだのか否かは明らかにされていない。

## 後髪［うしろがみ］

ある女性の元に現れた怪異。その女性が夜、自室で課題をしていた際のこと。女性は長い髪を後ろでポニーテールに束ねていたが、ふとその髪を後ろから触られた感触があった。しかし、姿見を見ても誰もおらず、気のせいだろうと思っていると、今度は束ねた髪を下に引っ張られた。鳥肌が立つのを感じながら、髪を引っ張るものの正体を確かめようと、姿見を横目で見た。そこには、勝手に持ち上がって行く後ろ髪が映っていた。思わず「やめて」と言うと、髪は元に戻ったという。

木原浩勝・中山市朗著『新耳袋 第七夜』

にある。

江戸時代の絵師、鳥山石燕《とりやませきえん》の『今昔百鬼拾遺』には「後神」という妖怪が描かれており、「後神は臆病神の一つで、前にいると思えば突然後ろに現れ、人の後ろ髪を引くのだ」という解説が記されている。ただしこの妖怪は石燕が「後ろ髪を引かれる」という慣用句を元に創作した妖怪だと思われ、実際に「後神」という妖怪の伝承があったという話はない。

また、井原西鶴の『西鶴織留』には、伊勢（現在の三重県伊勢市）に親と子の仲が悪くなった時、親の後ろに立ってその気持ちをなだめ、親子の仲を取り持ってくれる神様として「後神」が祀《まつ》られているという話が載せられている。

しかし、今回の話に出てきた怪異はこれらとはまた別の、物理的に後ろ髪を摑《つか》んでくる何者かのようだ。

## 後にも顔を持つ女 ［うしろにもかおをもつおんな］

女の姿をした怪異。ある男性が仕事の後、友人の家に寄ってから自動車で帰宅する途中のこと。気が付くと女が一人、歩道を歩いていた。こんな夜中に一人でどうしたのだろうと考えながらよく見ると、その女は夏でもないのに白い半袖のワンピースを着て、裸足で歩いていた。男性は不思議に思いながらも車で追い越そうとしたが、女性の真横に来た時、その姿が異様なことに気が付いた。後ろ髪がばっさりと二つに分かれており、その間に顔がついているのだ。その顔は男性を見てニヤッと笑った。後になって友人や近所の人に話を聞くと、その場所で何人もの人が後ろに顔を持つ女と遭遇していたという。

フジテレビ「いきなりフライデーナイト」編『いきなり怖い話』にある。同様に頭の後ろに顔がある女の怪異に「二面女」（『日本現代怪異事典』収録）がいる。

## 後前 ［うしろまえ］

町中に現れた怪異。ある男性が夕方の商店街を歩いていた時のこと。大勢の人が行き交う中、向こうから黒く長い髪全てを顔の前に垂らした女が歩いてきた。女は真っ直ぐこちらに歩いてきたため、男性は思わず脇によけて道を譲った。そして気になって振り返ったところ、歩き去る女の髪の間に顔があり、その目が男性の方を見ていた。驚いて目を離すことができずにいると、前からサラリーマンが歩いてきて、女にぶつかったと思った瞬間、女はサラリーマンの体をすり抜けるようにして姿を消したという。

木原浩勝・中山市朗著『新耳袋 第七夜』にある。

## うずくまるもの ［うずくまるもの］

あるライターが体験したという怪異。そのライターが兵庫県神戸市に住んでいた際、夜中に近くのコンビニに買い物に行った。その帰り道、電柱の下に和服を着た女がうずくまっていた。心配になったライターは声をかけてみたが、「いえ、なんでもないんです」と返事をする。それでも声をかけると、「いえ、ほんとになんでもないんです。ありがとうございます」と言い、立ち上がってライターの方を見た。

木原浩勝・中山市朗著『新耳袋 第二夜』にある。同書では話はここで終わっており、女の容貌について語られていない。その理由として、話の続きを聞いた人間が事故を起こす、怪我《けが》をするなど散々な目に遭《あ》ったため、話さないようにしているのだと語られている。

また、同書では後日談としてタクシーに乗っていた際、ライターが再びあの女を目撃した話が載せられている。それによれば、乗っていたタクシーの運転手に、あの女は声をかけたらとんでもない目に遭うとタクシー仲間の間で伝えられているのだと教えられたという。

## うそぶき［うそぶき］

ネット上で語られた怪異。2ちゃんねる（現5ちゃんねる）オカルト板に立てられたスレッド「∧∧山にまつわる怖い・不思議な話Ｐａｒｔ53∧∧」にて二〇一一年四月三日に語られたもの。

それによれば、報告者が若い頃、新潟県と長野県の県境にある山を友人と散策していたときのこと。二人の間を口笛の音だけが通り過ぎて行った。その夜、二人が泊まった旅館でその話をすると、「うそぶき」ではないかと言われたという。うそぶきは人の声だけが聞こえる怪異だが、口笛だけというのは珍しいようだ。

新潟県の妙高高原では、人の姿はなく鼻歌だけが聞こえたという体験談も語られている。詳細は**妙高高原の鼻歌**を参照。

## 歌う幽霊［うたうゆうれい］

山にまつわる怪異。鹿児島県の屋久島では、かつて山に民家がなく、もっぱら仕事をするために入る場所とされていた。当時、一人の男が木を伐って盤木に加工し、崖から降ろす、という山仕事をしていた。ある日、彼の妻が昼飯を届けに崖の下までやってきた際、降ろそうとしていた盤木の綱が切れ、妻は下敷きになって死んでしまった。それからその場所に幽霊が現れるようになり、近付くと美しく悲しげな歌声が響いたという。

松谷みよ子著『現代民話考5 死の知らせ・あの世へ行った話』にある。

## うたて沼［うたてぬま］

ネット上で語られた怪異。2ちゃんねる（現5ちゃんねる）オカルト板の「死ぬ程洒《しゃ》落《れ》にならない怖い話を集めてみない？ 3

17」スレッドにて、二〇一三年一一月七日に書き込まれたもの。

それによれば、当時から一〇年くらい前のこと、報告者が友人二人とドライブに出かけた際、山に向かって国道を進んでいると、車が数台駐車できそうな広場があった。そこで休憩していると、そこから徒歩三〇分ほどのところに城跡があることが分かり、行ってみることにした。時刻は午後三時。夜まで時間があるため、気楽に山道を登った。途中、分かれ道があり、左に進むと城ではなく廃寺に行き着いた。寺の山門や塀、鐘などは撤去されており、本殿は形をとどめているが、鐘楼やいくつかの建物は完全に崩壊している。石畳の間からは雑草が生え、砂利が敷き詰められていたであろう場所は一部ほとんど茂みのような状態になっていた。

報告者らは先にこの廃寺を探検することにし、本殿の扉を開けて中を覗《のぞ》くと床に「うたて沼」と書かれた古びた和紙が落ちていた。それ以外は何も見つからなかったため、報告者らは紙を元あった場所へ戻して廃寺を後にした。やがて山頂に辿《たど》り着くと「〇〇城跡本丸」と書かれた看板があり、広場のようになっていた。眼下にはあの廃寺が見えたが、不思議なことに、先ほどはなかった直径数メートルの黒い穴のようなものがある。それを見ていると、ちょうど小さな動物が寺の庭に出てきた。すると突然黒い穴が動き出し、動物は穴に飲み込まれるように消えてしまった。

茫然としていると、突然その黒い穴が宙に浮き、移動し始めた。穴のように見えたそれは、真っ黒で平面の物体のようで、物体は山頂へ向かって進み始めた。途中、物体とぶつかった鳥が落ちることも通り抜けることもなく消えた。しかも物体は報告者たちの元に向かってきている。物体は報告者らが来た道を登ってきていたため、彼らはそちらとは正反対の方向に獣道を発見し、そこから逃げようとした。既に物体は彼らの一〇メートルほどの距離まで来ており、報告者は耳に気圧差を感じたときのような違和感を覚えた。

報告者らは無我夢中で逃げ、何とか舗装された所まで辿り着いたが、その瞬間、突然金属質の耳鳴りのような音が聞こえ、次いで後ろから何かが弾けるような音が響いた。振り返るとそこにはあの黒い物体はなく、爆竹を破裂させたような煙が漂っていたという。

「うたて」は「怪しい、気味が悪い」といった意味を持つ古語なので、黒い物体の名前がうたて沼だとすれば「怪しい沼、気味が悪い沼」となる。生物を呑み込むこの物体は「沼」として捉えられていたのかもしれない。

## 歌に呼ばれる霊［うたによばれるれい］

奄美大島に伝わる怪異。この島のある峠には、歌を歌うと出現する、若く美しい女の幽霊がいるという。この幽霊は歌っている間はしみじみとした顔で聞いているが、歌い終わると消えてしまうのだと語られている。その正体は大正時代、庄屋の息子と恋に落ちたものの、結ばれずに自殺した下女の娘なのだという。

平野威馬雄著『日本怪奇名所案内』にある。

### 宇宙人のような霊［うちゅうじんのようなれい］

ある学校に伝わる怪異。部活帰りの生徒が校舎南館にあるトイレに入ると、上から視線を感じた。見ると宇宙人のような顔をした霊が覗《のぞ》いていたという。

マイバースデイ編集部編『マジこわい!!心霊体験大百科』にある。

### うっさいぞ［うっさいぞ］

声の怪異。ある少年が一人で留守番をしていると話し声が聞こえてきたため、「うっさいぞ」と言った。すると「お前の方がうっさい」と声が返ってきたという。

日本民話の会学校の怪談編集委員会編『学校の怪談16　１００不思議通信スペシャル』に福岡県大牟田市《おおむたし》からの投稿として載る。

### 伝＊呪［うつりじゅ］

動画にまつわる怪異。動画投稿サイトで「伝＊呪」と検索すると呪いの動画がヒットすることがある。この動画の呪いは見た人間に伝染するため、絶対に再生してはならないという。また、この動画はサイトからすぐに削除されるが、いつの間にかまた投稿されていると語られている。

朝日新聞出版編『こわい話&ホラーゲームＢＯＯＫ』にある。

### 腕を返せ［うでをかえせ］

ある学校に伝わるという怪異。その学校は建設時、一人の作業員が最上階から落ちて死に、その際に右腕が千切《ちぎ》れてしまうという事故があった。右腕が落下した地点ではちょうどコンクリートを流し込んでいる最中で、右腕がコンクリートの中に入ってしまい、そのまま建物が建てられた。校舎が完成した後、ある教師が学校に残り、次の日の理科の実験の準備をしていたところ「腕を返せ、腕を返せ」という声がし、振り向くと窓に白い影のようなものが映っていたという。

「ほんとにあった怖い話」編集部編『戦慄の恐怖体験』に愛知県からの投稿として載る。

### 馬のおばけ［うまのおばけ］

ある小学校に出現するという怪異。その小学校はかつて牧場があった跡地に建てられているが、その牧場では怪我《けが》や病気になった馬がいると殺し、供養《くよう》もせずに牧場の一角に埋められた。そのため、時々その馬の霊が生徒に乗り移り、苦しめるようになった。馬の霊に乗り移られた生徒は熱を出し、青白い顔でまるで馬のように「ヒィ〜ン、ヒィ〜ン」と繰り返し鳴くようになるという。

平川陽一著『学校であったコワ〜イ話』

にある。

## 馬の首「うまのくび」

馬にまつわる怪異。ある土地では過去に大量の馬が殺されることがあった。それは人々の飢えを凌《しの》ぐためであったと言われているが、真相は定かではない。しかし、その土地に建った家で寝ていた人物がある夜、枕元に馬の首があるのを見たという。その首はじっと彼を見つめていたと語られている。

大迫純一著『あやかし通信『怪』』にある。

## 海から伸びる黒い手「うみからのびるくろいて」

海に現れる怪異。夕方の四時頃に海辺へ行き、五時になるまで待ってからお経を唱えると、海から黒い手が伸びてきて、その人間を捕まえて異次元へと連れて行ってくれるという。

魔夜妖一監修『ゾゾーッ！ こわい話1000』にある。海に現れる腕としては海に飛び込む人間を海中に引き摺《ず》り込む「海から伸びる白い手」（『日本現代怪異事典』収録）が有名だが、こちらは色が黒く、あの世ではなく異次元へ連れ去ること、向こうから現れるのではなく、自分で呼び出すことなどが異なる。

## 海に浮かんでいるもの「うみにうかんでいるもの」

ネット上で語られた怪異。2ちゃんねる（現5ちゃんねる）のオカルト板に立てられた「不可解な体験、謎な話～enigma～ Part17」スレッドにて二〇一一年八月七日に語られたもの。

それによれば、かつて報告者が友人からラジオ番組を録音したテープを借りた際のこと。ラジオ番組を聞き終わり、そのままテープが再生し終わって停止するのを待っていたところ、無音のはずのテープから、突然波が打ち寄せる音が聞こえた。そして抑揚のない男の声で「海に浮かんでいるものでしりとりをしてみた」という声がし、直後、小さな女の子の声で「人間」と呟《つぶや》く声が聞こえて、ラジカセの停止ボタンが跳ね上がったという。

## 海の主「うみのぬし」

2ちゃんねる（現5ちゃんねる）のオカルト板に立てられた「自分が体験した不思議なことを書き込むスレ」スレッドにて二〇一五年二月八日に語られたもの。

それによれば、報告者が五、六歳の頃のこと。きれいな海に囲まれた島に住んでいた報告者は、祖父と港に行って釣りをしていた。すると、透き通る海の中に港の半分以上の大きさがある巨大な魚が現れた。その大魚の鱗はきらきらと光を反射しており、とてもきれいだったという。大魚は港を一周して帰っていったが、報告者はあれは島の海の主だったのかなと思っていることが語られている。

## 梅狐〔うめぎつね〕

狐にまつわる怪異。Aという人物が静岡県静岡市の実家に帰った時のこと。床の間のある部屋に入ると、床柱の下にキラキラと光るものがあり、見てみると一五センチほどの狐がちょこんと柱の横に座っている。狐は体が眩《まばゆ》く光っていたが、突然立ち上がり、器用に柱をスルスルと天井近くまで登って行った。目で追うと、なんと天井一面が梅の花に埋め尽くされている。その梅の枝の間にあの光る狐がおり、身を躍らせて枝から枝へと飛び移り、その度に梅の花が落ちてくる。そのうち、狐が両足で蹴った枝が折れ、Aの目の前にぽとりと落ちた。Aがその枝を拾って再び天井を見上げると、空中で狐が消え、途端に梅の花も消えた。しかし右手に持った梅の枝は消えずに残っており、部屋の中には梅の花の香がわずかに残っていたという。

木原浩勝・中山市朗著『新耳袋 第七夜』にある。

## 裏S区の悪霊〔うらえすくのあくりょう〕

ネット上で語られた怪異。2ちゃんねる（現5ちゃんねる）のオカルト板に立てられた「死ぬ程洒落《しゃれ》にならない怖い話をあつめてみない？ 160」にて二〇〇七年三月一四日に語られたもの。

九州地方の裏S区と呼ばれる差別を受けていた地域に伝わる存在で、神とも悪霊とも表現される。この悪霊は、元々は人間の死者の霊だが、何らかの条件でこのような存在になってしまったという。悪霊を見た人物によれば、その姿は体が真ん中から左右に真っ二つになった血だらけの人間の片側のように見え、小刻みに震えながら笑うというが、これ以外にも様々な姿で目撃されているようだ。この悪霊は裏S区に住む人間を狙い、これに憑《つ》かれた人間は怪異から逃げ惑う過程で自殺するなどして高確率で命を落とすためひどく恐れられている。

またこの地区に住む特定の家系の人間には、常時その姿が見えるのだという。この悪霊が原因で死んだ者のそばに生前の写真を置くと、写真に写った顔が歪むという怪奇現象が起きるといった話や、棺桶《かんおけ》にその人間の名前を書いた紙をいくつも貼り付けたり、葬式の間、参列した人々は笑い続けるといった奇妙な風習も残る。この怪異は笑う人間を嫌うため、逃れるためには笑うことが最も有効とされる。そのためこの怪異が現れた際には裏S区ではどんな状況にあっても笑わなければならないと伝えられており、葬式で笑うのはそのためだという。また、笑いが有効ということから、取り憑いた人間から悪霊を追い出す際には笑いながらお経を唱え、殴るという方法を取る。さらに、この怪異によって死んだ人間の家の前を通る時には笑いながら通り過ぎる必要があるとされている。この笑うという行為は悪霊に対し、お前なぞ怖くない、という意思表示をするために必要なのだという。

この怪異の名前を口にすると取り憑かれ

るため、決して口外してはいけないとされていることから、怪談中でその名は示されていないが、全部で四文字で前二文字は「バラ」であるとされる。またこの怪異が出現する地域は、霊の通り道である「ナメ〇〇〇」と呼ばれていると語られるが、岡山県には「ナメラスジ」と呼ばれる魔物の通り道を指す言葉があり、これに近いものと思われる。また、先述の通り、具体的に姿が描写されたのは真っ二つになった人間の片側のような姿のみだが、それ以外の姿でも現れていたらしく、視認できる容姿は一つではないようだ。

　これに加えて同スレッドでは、「裏S区のアナザーストーリー的なもの」として裏S区の話を書き込んだ人物が別の話を書き込んでいる。

　それによれば、S区に住むKという人物に自分が体験した裏S区の悪霊の話をしたところ、Kが裏S区に行った際の話をされたという。Kは高校の友人で裏S区に住むGの家に遊びに行ったが、その家は悪臭が漂い、色が黒っぽく、壁にお札がびっしりと貼られていた。Kはこの家で夕飯をごちそうになったが、その際、裏S区にいる時にその悪口を言うと、夜中に「××××」が来るぞ（名称は不確かだが、裏S区の悪霊と同じような名前だったという）と言われ、それについて問うとよそ者は知らなくていいと言われたという。その後、Gの部屋に戻ると、「××××」は神様のようなものだから、安易に口に出してはいけないと念押しされた。それからKはGとGの兄とともに外で遊ぶことになり、Gの兄の友人の不良たちも集まったが、そこでまた「×××」の話になった。その話によれば、Hという人物の兄が憑かれたらしく、霊媒師の老婆の家に連れて行かれたとのことで、皆でその家に行ったという。その際、彼らは皆怒られて家に帰されたが、その怒られ方が笑いながら注意をし、怒られる方も笑いながら注意を受けるという奇妙なものだったという。

　翌日、Hの兄が死んだという知らせが入った。KはGの家から帰ることになったが、その帰りのバスを待っている際、バスが霊媒師の家の前を通る時、笑うようにGから言われた。その場にいた老婆からも、笑わないと死ぬとも告げられたという。Gと一緒にバスに乗り込み帰る途中、霊媒師の家を通る際には、バスに乗っている人々が一斉に笑い出し、また窓の向こうに見える喪服姿の人々も皆笑っていたと語られている。その日以降、Kは裏S区の人間と関わらないようになったという。

　また、二〇一五年二月一四日におーぷん2ちゃんねるのオカルト板に立てられた「裏S区がどこなのか探しに行こうと思うんだが」スレッドでは、この裏S区は北九州市にある門司区ではないかと考察されている。理由として、地理的状況が一致すること、新門司がかつて「裏門司」と呼ばれていたこと、新門司に「猿喰《さるはみ》区」という区域があり、「裏S区」の「S」はここから取られているのではないかと推測できること、などが挙げられている。ただしスレッド内の新門司を知る人物からは、新門司には葬式で笑う風習などはないと語られており、裏S区の話とは一致しない部分も多いため、あくまで推測でしかないことを記しておく。この地区を舞台にした創作という可能性も考えられるが、そもそも、もし現代にこのような風習が残っていれば、メディアの発達した今日においては恐らくどこかで話題になっているであろう。

## 裏返し［うらがえし］

読むと危害が及ぶとされる怪異。ネット上で語られたもので、二〇〇〇年八月三〇日に2ちゃんねる（現5ちゃんねる）オカルト板に立てられた「裏返し」スレッドにて書き込まれている。

それによれば、この話を聞いた、または読んだ者は何らかの形で裏返し、つまり体の内側と外側が逆になって死亡するとされ、そうならないためには二時間以内に同じ話を他人にしなければならないという。実際、この話を聞いたカップルが交通事故に遭《あ》い、全裸で体が裏返った状態で死んでいるのが見つかった、という話も語られている。

報告者は誰かに話す代わりにスレッドに「裏返し」の話を書き込み、誰かに話を聞かせるのではなく読ませることで呪いを回避しようとした旨が書き込まれている。「不幸の手紙」や「チェーンメール」、もしくは「カシマさん」や「テケテケ」（いずれも『日本現代怪異事典』収録）などに代表される、他人に広めることで呪いを回避する厄介な怪談がネット掲示板に適応した形で現れた例。

人が裏返しで死ぬ、というのはイメージが難しいが、映画『ザ・フライ』では物質転送装置の実験の失敗で実験台にされた猿が内側と裏側が裏返った状態で転送される場面がある。あのような姿になるということだろうか。ちなみに筆者は話を読んでも特に何も起きなかったため、もし不安に思っている方がいれば安心してほしい。

## ウラミさん［うらみさん］

ある小学校に伝わる怪異。その内容は赤いスマートフォンを持つと呪われるというもので、浦見という子どもにまつわる話だという。浦見はお気に入りの赤いスマートフォンに夢中になっていたあまり、交通事故に遭《あ》って死亡した。浦見は死の直前まで赤いスマートフォンを手放さなかった。そのためか、赤いスマートフォンを買った人間は事故に遭うようになり、残されたスマートフォンには「呪呪呪呪呪呪……」という差出人のメールが入るとされる。

魔夜妖一監修『ゾゾーッ！こわい話1000』にある。

# 【え】

## えいむ様 ［えいむさま］

話を聞くと現れる怪異。ネット上で語られたもので、2ちゃんねる（現5ちゃんねる）同人板の「怪談をしよう・第3幕」スレッドにて、二〇〇〇年七月三〇日に書き込まれたもの。

それによれば、「えいむ様」はある地方の町に伝わる神様で、長男を除く家族のみに話すことが許される存在とされる。もしその家の長男が家族以外の人間に話した場合、その人間の元にえいむ様がやってくるという。えいむ様がどのような存在かは語られておらず、報告者の「永夢」と書くのではないかという推測が書き込まれているのみ。また、えいむ様が現れた場合、どうなるのかも一切語られていない。

## ええもん見せたろか ［ええもんみせたろか］

駅に現れたという怪異。大阪府の会社に勤めていたIという男性が駅の階段を上っていた。しかしその日は階段が混んでいてなかなか上り切ることができない。その原因はすぐに判明した。サラリーマン風の男が階段の一番上に立っており、他の人々がその男を避けてプラットホームに出ていたため、人の流れが悪くなっていたのだ。迷惑な奴だと思いながらIが上がって行くと、そのサラリーマン風の男と目が合った。サラリーマン風の男はニヤッと笑うと、口を開いた。その声は周囲の雑踏に掻《か》き消されるはずが、しっかりとIの耳に届いた。

「ええもん見せたろか」

直後、サラリーマン風の男は倒れるようにして消えてしまった。男の「ええもん見せたろか」という声は、Iの耳にこびりついてしばらく離れなかったという。

木原浩勝・中山市朗著『新耳袋 第五夜』にある。

## えんべさん ［えんべさん］

ネット上で語られた神。2ちゃんねる（現5ちゃんねる）オカルト板に立てられた「死ぬ程洒落《しゃれ》にならない怖い話を集めてみない？ 247」スレッドにて二〇一〇年八月一三日に語られたもの。

それによれば、報告者が帰省した際、恐ろしい因習についての話を知らないかと親類に尋ねたところ、報告者の伯父が大学生の頃、某地方の文化調査である村落においてフィールドワークをした際に遭遇したものとして語ったものだという。

その村落では「えんべさん」もしくは「えーべさん」と呼ぶ神様を信仰する風習があった。ただしそのご神体は人為的に作り出す必要があり、何年かに一度作り替えることとなっていたが、その際に生きた猿が使われていたとされる。

　方法としては、まず甘酒を用意する。この甘酒は専用の田んぼから採った米から作られ、米の形が残っているドロドロの状態でなければならない。この甘酒を桶に入れて山中に放置すると、野生の猿がやってきて飲むため、酔った頃を見計らって捕らえる。その際、捕獲する人間は猿に顔を見られないようお面を被《かぶ》る必要があり、捕まえた猿は竹籠に入れられる。それから半月ほど、猿は甘酒だけで飼育され、体内を潔斎《けっさい》される。それが終わると竹籠の周りに犬を繋《つな》いで吠えさせ、怖がらせた後に竹籠ごと俵に入れ、土に埋める。ここまでは捕獲時と同様、お面を着けた状態で行う。一年後、生き埋めにして殺した猿の骨を掘り出し、洗って祀《まつ》る。この時は素顔で行い、猿を虐げたお面の人物と猿を土中から掘り出してやった素顔の自分は違うという筋立ての自作自演を行い、猿に恩を返すように仕向ける。そして、今まで祀っていた古いえんべさんは山に帰し、新しい骨をえんべさんとして祀る。すると農作物が獣害から守られるようになるという。

　この風習は第二次世界大戦頃には廃《すた》れたが、一部の家ではまだ残っており、今もえんべさんを祀っているという。また、話では、えんべさんの名前は「恵比寿様」が訛《なま》ったものであり、さらに元を辿《たど》れば猿ではなく旅人を使って作っていたのではないかという考察が記されている。

# 【お】

## 追いかけてくる目 「おいかけてくるめ」

ネット上で語られた怪異。怪談投稿サイト「Alpha-Web こわい話」に二〇〇一年五月一日に書き込まれた話に登場するもの。

　ある少女が放課後、学校に残っていたが、時刻は夜七時に近付き、周囲は真っ暗になっていた。少女は急いで帰ろうとしたが、何か声が聞こえてきた。あまり気にせず教室を出ると、今度は廊下の向こう側に丸くぼんやりとしたものが二つ見えた。その丸いものは目玉のようで、「誰や～？ こんな時間まで残っているやつは誰や～？」と呟《つぶや》きながら近付いてきた。少女は恐ろしくなり、慌てて校舎の外まで逃げたが、再び「誰や〜？　こんな時間まで残っているやつは誰や〜？」という声が聞こえてきた。少女はどこかに隠れようと校舎に入り、近くのトイレに飛び込んで個室の中で鍵をかけた。そこで一安心していると、今度は「ここにいるな〜？」という声が聞こえてきた。少女は息を潜《ひそ》めるが、目玉は個室を一つひとつ開けながら「いない……ここにもいない……」と呟いている。その声が一つ手前の個室まで近付いてきたとき、少女はあまりの恐ろしさに耐え切れず、気絶してしまった。

　気が付くと既にトイレの窓からは朝日が差し込んでおり、目玉もいなくなったようだった。少女は安堵《あんど》して、個室を出ようとしたが、その瞬間、天井から何かが落ちてきた。少女が恐る恐る天井を見上げると、そこにあの目があり、「みーつけた」と声がした。

　放課後の学校で何者かに追われ、トイレに逃げ込むも最後には見つかってしまうという話は怪談の定番の一つで、「ゾンビ看護師」「つめをくれ」（いずれも『日本現代怪異事典』収録）などがこの展開で語られる。

　また、この話では最後、天井から何かが落ちてきたことで目の存在に気付くが、一体何が落ちてきたのかは不明。相手が目であることを考えると、涙か何かだろうか。

## 追いかける車［おいかけるくるま］

　ネット上で語られた怪異。怪談投稿サイト「Alpha-Web こわい話」にて、一九九七年一二月二五日に投稿されたもの。

　若者たちが茨城県の国道を走っていたところ、コミュニケーションセンターの廃墟《はいきょ》の前に一台の車が停まっていた。若者たちは車の近くに自分たちの車を止め、窓から中を見たが、誰も乗っていない。また、ナンバープレートが縦に半分しかないという奇妙な形をしていた。若者たちは車を降りてもっと詳しく見ようとドアを開けたが、その途端、廃墟の前にあった車のエンジンがかかった。若者たちは恐ろしくなり、慌てて自分たちの車を出したが、その車は運転手もいないまま追いかけて来た。その上、若者たちの中で霊感が強い者がその車を見ると、青白い顔が浮かんでいるのが見えたという。結局この車は一時間ほど若者たちを追いかけ続け、いつの間にか消えていたとされる。

## 置いて池［おいていけ］

　ある池にまつわる怪異。千葉県柏市《かしわし》のある公園の一帯はかつて農村で、園内にある池には、飢饉の際に口減らしのために老人や赤子が沈められたと伝えられている。ある主婦が夜の八時頃にこの公園に赴いた際、ちょうど池の近くに来た時、「置いてけ……ここに置いてけ〜」と声が響いた。怖くなった女性は急いでその場を離れようとしたが、なぜか体が思うように動かず、いつもの二倍以上時間をかけて公園を出たが、その間中、声は鳴りやまなかったという。

後で聞いた話によれば、この池にはこの世に思いを残して沈められた者たちの霊が巣食っており、「置いてけ〜」の声は「命を置いていけ」という意味で、不用意に池に近付くと脚を引っ張られて池に引き摺《ず》り込まれるという噂《うわさ》もあるという。

宝島社『最新「霊スポット」121怨霊地図 04年版 関東一都六県』にある。筆者命名。「置いてけ〜」という言葉を発する怪異としては江戸時代から江戸の本所（現東京都墨田区）に伝わる本所七不思議の一つ、「置いてけ堀」が有名。ただしこちらは堀で釣った魚を置いていけと言うのに対し、こちらの池はストレートに命を要求してくるので、危険である。

## おいでする生き物［おいでするいきもの］

ネット上で語られた怪異。WEBサイト「怪談投稿」にて、一九九八年一二月二八日に掲載されたもの。

それによれば、ある川の横にある丘にはこの世ならざる茶色い生き物が現れ、生きた人間をおいでおいでと誘うという。

この話では投稿者の母が実際にこの生き物と遭遇したとされ、放心状態でこの生き物の方へ近付いていく母を投稿者の祖母が助け出したことが記されている。

## おいのかわの怪［おいのかわのかい］

ネット上で語られた怪異。2ちゃんねる（現5ちゃんねる）オカルト板に立てられたスレッド「∧∧山にまつわる怖い・不思議な話Part25∧∧」にて二〇〇六年三月三〇日に書き込まれたもの。

愛媛県西条市の石鎚山《いしづちさん》の麓には「おいのかわ」という場所がある。ここはほとんど人が入らない、渓流釣りには良いところだが、釣りをしていると、しゃりん、しゃりんという鈴の音が付いて回るという不思議な現象が起きるという。他にも明らかに場違いな姿をした人間に遭遇するなど、怪異の絶えない場所だと語られている。このおいのかわは石槌山付近を流れる「老ノ川」のことだろうか。

## 応援する幽霊［おうえんするゆうれい］

北海道で目撃された怪異。札幌市の滝野霊園に現れたという女性の幽霊で、「わたしは死んで何年も経つけど、あなたもがんばってください」などと小声で言っていたという。

合田一道著『北海道 幽霊の住所録』にある。

## 大赤子［おおあかご］

キャンプ場に現れた怪異。ある女性が小学生の頃、三重県のキャンプ場に行った際のこと。友人たちとかくれんぼをすることになり、彼女が最初の鬼となった。数を数え終わり、友人を探そうとしたところ、背後でガサガサという音がした。誰かがそこに隠れているのだろうと思い、草むらを掻《か》き分けてみると、そこには大きな裸の赤ん坊がいた。その全身は焼けたように真っ赤で、普通の赤ん坊の三倍ほどの大きさがある。その赤ん坊は草むらから出てくると体を曲げて二本足で立ち、不器用に歩いてきて、女性の横を通り抜けて道を渡ると、草むらの中に倒れ込むようにして消えた。女性はあまりの怖さに泣きわめていたが、その後の記憶はなく、翌朝起きると体中に水《みず》疱瘡《ぼうそう》のような赤い斑点が体中にできていた。急いで病院に行こうと車でキャンプ場を離れると、不思議なことにその斑点はすぐに消えたという。

木原浩勝・中山市朗著『新耳袋　第九夜』にある。

## 大アマガエル［おおあまがえる］

カエルにまつわる怪異。梅雨のある日、一人の小学生が登校している途中、前の晩に降った雨水が用水路から溢れているのを見つけた。そこで用水路の中を見てみると、頭から尻まで一メートルはあろうかという巨大なアマガエルが詰まっていた。みんなを呼び、これを観察したり、触ってみたりしたが、たまたま通りがかったおばさんに早く学校に行くよう叱られ、渋々その場を離れた。下校道、みんなを連れて同じ場所に行ったが、既にカエルはいなかった。ただ道路には溢れた用水路の水の跡だけが残っていたという。

木原浩勝著『九十九怪談　第二夜』にある。

## 大カルガモ［おおかるがも］

ある湖に出現したという怪異。その湖畔にある高級ホテルに泊まったカップルの、女性の方が朝、窓の外を見ていると、水辺に繋《つな》いだ白鳥ボートのすぐ先に茶色のカモによく似たボートが浮いているのが目に入った。しかし、よく見ると、異様にリアルで人が乗れそうな部分もない。不思議に思っていると、そのボートだと思ったカルガモが軽く羽ばたき、それが生きているカモだということが分かった。女性は恋人を呼んでカモのことを知らせると、恋人もやがて気付いたらしく、「でかーっ！」と大声を上げた。直後、カルガモは毛づくろいを始めたが、おかしなことに水辺にいる人々は誰一人そのカモに気付いていない様子だったという。

木原浩勝著『九十九怪談　第二夜』にある。

## 大阪の巨人［おおさかのきょじん］

ネット上で語られた怪異。2ちゃんねる（現5ちゃんねる）オカルト板に立てられたスレッド「∧∧∧山にまつわる怖い話Ｐａｒｔ12∧∧∧」にて二〇〇四年九月七日に書き込まれたもの。

それによれば、報告者が小学生の頃、遠足で大阪府のある山に行った時のこと。ロープウェイで山頂に登っていると、山の森の中に木と同じぐらいの大きさがある巨人が立っていたという。

## 大ミミズ［おおみみず］

ネット上で語られた怪異。2ちゃんねる（現5ちゃんねる）オカルト板に立てられたスレッド「∧∧山にまつわる怖い・不思議な話Part60∧∧」にて二〇一二年二月二七日に語られたもの。

それによれば、昭和から平成の頃の話。熊本県阿蘇《あそ》市と大分県九重町《ここのえまち》、両県の県境付近に当たる山で、ある少年が小雨の降る山道を歩いていたとき、アオダイショウほどの大きさがある巨大なミミズと遭遇した。少年は衝動的にこれを捕まえようとしたが、一緒にいた叔父に止められ、大ミミズに逃げられてしまった。少年は叔父に、あんなに大きいミミズを捕まえれば、みんなを驚かすことができたのに、と文句を言ったところ、叔父に「あれはまだ子どもで、大人になればお前を一飲みにできるほど大きくなるから、藪に入ってはいかん」と言われた。それで少年は怖くなり、大ミミズを追うのを諦めたという。

同スレッドではこれは報告者の知り合いの男性が子どもの頃に体験した話として語られており、他にも大ミミズは雨の日ほど山道の近く、つまり人の近くに現れやすく、雨の日は山道を外れて藪の中に入ってはならないと伝えられていたことが記されている。また、報告者の甥もこれと遭遇し、やはり蛇ぐらいの大きさだったという。

## おぎょう様［おぎょうさま］

地蔵にまつわる怪異。群馬県のさんてい峠なる峠に行く途中の道に「おぎょう様」と呼ばれる地蔵がある。一九七五〜八二年、上越新幹線の工事のためにこの地蔵がある場所のすぐ下に大穴を開けた。地元の人々はそんなことをしたらおぎょう様の祟《たた》りがあると恐れたが、果たして建設会社のプレハブが大火事を起こす、トンネルで工事中に一六人もの死者が出る、列車が開通後、トンネルを出たところで火を吹いた、などの現象が発生したという。

松谷みよ子著『現代民話考3 偽汽車・船・自動車の笑いと怪談』にある。

## 奥多摩の遭難者の霊［おくたまのそうなんしゃのれい］

山にまつわる怪異。二〇〇〇年四月のこと、ある青年がバイクで奥多摩を走っていたが、日原《にっぱら》林道を通過する頃に日が暮れたため、広場で一夜を過ごすこととし、寝袋に入り込んだ。うとうととし始めた時、人の気配に目を覚ますと、広場の入口の左手に白っぽい帽子を被《かぶ》った登山者がいる。青年はそれを確認した後、そのまま眠ってしまった。

目が覚めると夜明けで、辺りは薄青い光に包まれていた。青年は広場の入口に誰かいたことを思い出し、そこに行ってみると、鉄柱が一本立っており、ビニール袋に入った一枚の顔写真が貼ってあった。その写真の人物は昨年雲取山《くもとりやま》の方に行ったまま行方不明になった年配の男性で、写真の中には、昨夜見たのと同じ白い登山帽を被った男性が写っていたという。

松谷みよ子著『現代民話考5 死の知らせ・あの世へ行った話』にある。奥多摩の林道では謎の光に追われたという体験談もある。詳細は**奥多摩の謎の光**を参照。

## 奥多摩の謎の光［おくたまのなぞのひかり］

ネット上で語られた怪異。2ちゃんねる（現5ちゃんねる）オカルト板に立てられたスレッド「∧∧∧山にまつわる怖い話Part5∧∧∧」にて二〇〇三年一二月二六日に語られたもの。

それによれば、報告者がバイクで相模湖から奥多摩へ向かう林道を走っていたときのこと。後方から林道を上がって来る謎の光と遭遇した。恐ろしくなり、スピードを出して逃げたところ、前方に人が集まって焚火をしているのが見えた。安堵《あんど》してその人々の元に向かい、話しているうちに交ぜてもらうこととなった。

先ほどの光のことも忘れて楽しんでいると、山頂付近にあの光が現れ、男性らの元に向かってきた。焚火をしていた人々は驚いて車に乗って逃げ出し、報告者も遅れてバイクに跨《またが》り、猛スピードで林道を走り出した。だが、謎の光もまるで意思を持っているかのように男性のバイクを追跡してきて、まるで遊んでいるかのように遠のいたり近付いたりする。しばらく逃げていると、先に逃げた車が見えてきた。しかし車は大型で、明らかにバイクよりもスピードが遅く、このままではすぐに追いついてしまう。しかも追い抜けるような道幅はない。報告者はイチかバチか林道の車止めに突っ込んだ。何かが当たった音がしたが、男性の体は無事だった。あの光はどうなったのかと急いでバックミラーを覗《のぞ》くと、謎の光の興味は車の方に移ったようで、車を追いかけ、そのまま見えなくなってしまった。心配になった報告者は光に追いかけられた車を探しに行ったが、ついに見つけることはできなかったという。

## 奥目の女［おくめのおんな］

写真に現れる女。四〇代ほどの年齢の奥目の女の姿をしており、結婚式で撮られた写真に写り込む。その服装はまるで近所に買い物にでも行くかのような普通のブラウス姿で、結婚式では逆に目立つはずにもかかわらず、誰も見た覚えがなく、後日写真を見て初めてその存在に気付くとされる。そして、これが写り込んだ結婚式の新郎新婦は、近いうちに何らかの形で死んでしまうという。

陳純監修『背すじも凍る「怖い話」』に神奈川県藤沢市からの投稿として載る。

## 送り狸［おくりだぬき］

狸にまつわる怪異。高知県での話。一九五一、二年頃のこと。ある医者が山にある家に診察に行き、そこで酒を飲んで千鳥足で山道を帰っていると、後ろから狸がついてきた。医者は「こら人を脅《おど》かすな。わしを大栃《おおどち》まで守って行ってくれ」と言うと、後ろから一定の距離を保ちながらついてきて、無事に目的地まで連れて行ってくれたという。

松谷みよ子著『現代民話考11 狸・むじな』に載る。山道で人を送ってくれるという妖怪は送り犬や送り狼といったことが多いが、ここでは狸がその役割を果たしている。同書には他にも同じ高知県の話として、普段から行いの良い人が山道を歩いていると先導してくれるが、行いが悪い人だと一晩中、山道をでたらめに歩かせる送り狸の話も載せられている。

## おくりぼっこ 「おくりぼっこ」

ネット上で語られた怪異。2ちゃんねる（現5ちゃんねる）オカルト板に立てられたスレッド「∧∧∧山にまつわる怖い話Part20∧∧∧」にて二〇〇五年七月一三日、2ちゃんねる（現5ちゃんねる）オカルト板に立てられたスレッドにて書き込まれたもの。

報告者がまだ子どもの頃、ある夏に千葉県の祖父母の家に遊びに行った際のこと。弟が熱を出したため、彼は一人で祖父母の家を訪れたが、河原で遊んでいると同い年ぐらいの少年と出会った。少年は「さかいの家の者」と言ったため、報告者は「俺の家はチドリだ」と答えた。これらの名前は屋号で、この地域では互いに屋号で名乗るのが常であったが、「さかい」という屋号は聞いたことがなかったという。少年は太助と名乗り、報告者と友人になった。二人は秘密基地を作ろうと毎日のように二人で会い、遊んだ。しかし、どうしてか秘密基地のある森には太助がいないと訪れることができなかった。また、夕暮れになると太助の母親と思しき女性が太助を迎えに来ていたが、その際に口笛のような音が聞こえ、太助もまた口笛を吹いて答えていたという。加えて太助が母親と手を繋《つな》ぎ、帰って行く方向は日が沈むのとは逆方向にもかかわらず、あるはずのない夕日のような光が見えたと語られている。

それからしばらくして秘密基地が完成したが、その日は報告者が実家に帰る前日だった。太助は彼に蛍を見に行こうと提案し、報告者は太助に連れられてその夜、蛍の乱舞する美しい光景を見た。それからいつものように太助の母親が口笛を吹いてやってきて、太助と手を繋いで帰って行った。その際、報告者が彼らの方を振り返ると、二人が朱色に光る山のように大きな炎の中へ入って行く姿が見えた。そして互いに吹き合う口笛の音が消えると、炎も消えてしまったという。

家に帰ってそのことを祖父に話すと、祖父はこう説明した。「さかい」の太助と名乗った少年は弔う者のいない子どもの亡者で、「さかい」は「あの世とこの世の境」、「太助」は「助けを待っている」という意味だという。そして母親に見えたのは「おくりぼっこ」と呼ばれる存在で、子どもの亡者があの世へ行くまで笛を吹いて遊んであげる妖怪なのだという。太助は成仏《じょうぶつ》したのか、報告者の元に姿を現すことはなかった。あの秘密基地とともに、遠い場所に行ってしまったのだと語られている。

「ぼっこ」という言葉は東北地方や関東地方の一部で「子ども」を表す方言として使われ、妖怪の名前としても「座敷わらし」に類似する「座敷ぼっこ」や「倉ぼっこ」の名前に使われている。一方、「おくりぼっこ」は子どもの妖怪ではなく、子どもを世話する妖怪の名として登場する。これは「ぼっこを送る」すなわち「子どもをあの世に案内するもの」という意味で「おくりぼっこ」と呼ばれるようになったのだろう。迷える子どもたちの霊を慰めてくれる、優しい妖怪のようだ。

## おこんばんわぁ 「おこんばんわぁ」

ネット上で語られた怪異。電子掲示板2ちゃんねる（現5ちゃんねる）オカルト板に立てられた「死ぬ程洒落《しゃれ》にならない怖い話を集めてみない？ 309」スレッドにて二〇一三年二月二五日に語られたもの。

それによれば、報告者の友人が夜道を歩いていた際、地面に落ちているお面を見つけた。それは妙に生々しい人の顔のお面だったという。友人はお面を避けて横を通り過ぎようとしたが、突然「おこんばんわぁ」という声が聞こえた。横を見ると、女性の顔を象《かたど》ったお面が浮かんでいた。その見た目はラバーマスクを強引に縦に引き伸ばしたような奇妙なものだったという。友人は慌てて逃げ出したが、後ろから何度も「おこんばんわぁ」という声が聞こえてきた。しばらくしてコンビニの明かりが見えた辺りで、その声は届かなくなったという。

## お産狐 「おさんぎつね」

狐にまつわる怪異。一九六五年頃のこと、北海道歌志内《うたしない》市で、産婆の元に夜、提灯を下げて見知らぬ男がやってきた。男は妻が産気付いたのですぐに来てほしいという。産婆が急いで支度をして付いて行くと、どんどん山の方に向かっていく。ようやく家に辿《たど》り着き、無事に赤ん坊を取り上げると、さっそくお祝いの膳が出たため、これをごちそうになってから家に帰った。しかし翌朝、産婆は体中が毛だらけになっており、もらった金は葉になっていた。それで狐に化かされたことが分かったという。

松谷みよ子編『狐をめぐる世間話』にある。

## 押し入れ幽霊 「おしいれゆうれい」

押し入れに現れる怪異。夜中の一二時から二時の間に押し入れの中に入って一〇まで数え、一〇の時に後ろを振り向くと、押し入れに住んでいる幽霊が見えるという。

魔夜妖一・幻咲麗・マーク矢崎治信監修『うわさの怪談＋』にある。ドラえもんのような幽霊である。

## おシカさん［おしかさん］

老婆の怪異。一人の男性が脱サラをして、ある村に一軒の農家を買い取って移り住んだ。二、三年もすると農業も軌道に乗り出して生活できるようになり、自分の作った野菜を肴《さかな》に酒を飲むことが何よりの楽しみとなった。ある秋口のこと、ちゃぶ台で一人飲んでいると、いつの間にか縁側にひどく小柄なお婆さんがうつむいて座っていた。お婆さんはぼろぼろで薄汚れた浴衣を纏《まと》い、真っ白い髪を頭の上に丸く結い上げ、歯にはお歯黒を塗っていた。男性が「こっちに来て、一諸に一杯やりませんか」と言うと、老婆は怖い顔で「お前が来い」と言う。そこでちゃぶ台を持って行ってお婆さんにコップ酒を差し出すと、ぐっと飲み干し、ちゃぶ台に叩《たた》き付けるようにコップを置いて「まずい」と告げた。男性は気にせず、もう一杯とコップ酒を注いだが、いつの間にかお婆さんは消えていた。

その翌日も同じようなことが起きたため、知り合いの老人に話すと「おシカさんが出たか」とひどく驚いた様子だったが、おシカさんが何なのかは分からなかった。それから一カ月に一度ほどの頻度でおシカさんは現れ、酒を一杯飲み干しては何かしら嫌味を言っていなくなるようになった。

それが一年ほど続いたある日のこと。自宅に帰ると縁側からプンと酒の匂いがしたため、匂いを辿《たど》るとどうやら縁の下から漂ってくる。覗《のぞ》いてみると、礎石の一つに石臼が使われており、そこから匂いがしているようだった。そういえばおシカさんが座っているのがこの石臼の真上だったことを思い出したが、それ以降、なぜかおシカさんが訪ねてくることはなくなったという。

木原浩勝・中山市朗著『新耳袋 第八夜』にある。

## おじぎ［おじぎ］

ネット上で語られた怪異。2ちゃんねる（現5ちゃんねる）オカルト板に立てられた「死ぬ程洒落《しゃれ》にならない怖い話を集めてみない？ 205」スレッドにて、二〇〇九年一月二一日に書き込まれたもの。

それによれば、「おじぎ」は特定の地域に伝わる化け物の通称で、藪の中に潜《ひそ》んでいる。人間がおじぎのいる藪の中に入る際には頭を下げ、まるでおじぎをしているような格好をして、その顔を見ないようにしなければならないという。これが化け物が「おじぎ」と呼ばれる由来だと思われる。もしおじぎの顔を見てしまった者は体の自由を奪われ、自らの腕で頭を摑《つか》み、首を前に向かってへし折るように力を込め始める。誰か止める者が近くにいなければ、そのまま死んでしまうという。また、助ける場合には神社に連れて行くのが良いようだ。

おじぎの姿については詳しく語られていないが、報告者が藪の外からてるてる坊主のようなものが立っているのを目撃しており、これがおじぎだったのかもしれないと語っている。また、おじぎの力が発揮されるのは藪の中のようで、もし藪に入ってからおじぎを見てしまうと、頭を下げていなければどの方向を見てもおじぎの顔を見てしまい、被害に遭《あ》うのだという。

## おじぎ人［おじぎびと］

あるアパートに現れたという怪異。そのアパートは東横線の日吉駅（神奈川県横浜市）から歩いて五分ほどのところにあったが、その二階に住み始めた男性が引っ越しの手伝いに母親を呼んだ。この母親は霊能力があったが、アパートを見てすぐに男性にこのアパートはやめた方が良いと警告し、すぐに帰って行った。

その日の真夜中に目を覚ますと嫌な気配が充満しており、玄関の方を見ると見知らぬ男がいた。男はあがりかまちに正座をしておじぎを繰り返していたが、その顔は眼球が眼窩《がんか》から外れ掛かっており、顔は血まみれであるにもかかわらず、口元はだらんと笑っているように見えた。男性も母親譲りの霊能力があり、霊は見慣れていたが、それでも全身に鳥肌が立ったという。さらによく見ると、男の後ろに女が立っていた。女は岩のような物を持ち上げ、男の後頭部をガンガンと殴りつけている。その度に男の頭がカクンカクンと下方向に折れ、まるで「おじぎ」をしているような姿勢になっていた。

翌日、男性はこのアパートを退去したという。

樋口明雄編著『新「超」怖い話』にある。

## オジサレ［おじされ］

ネット上で語られた怪異。怪談投稿サイト「Alpha-Web こわい話」に二〇〇一年四月二九日に書き込まれた話に登場するもの。筆者命名。

ある夜、いきなりインターホンが鳴り、ドアを開けると血がだらだらと流れる籠を背負い、右手に鎖鎌を持ったおじさんが立っている。そのおじさんは「首をもらいにきた……」と言って、ドアを開けた人間の首を刈ってしまうという。

元の話では「ババサレ」というタイトルになっている。ババサレは話を聞いた人間の元に現れる老婆の怪異で、この話と同じようにその人間の首を刈るなどという（『日本現代怪異事典』も参照）。しかし、「ババサレ」（ババアサレなどの場合もある）という呪文を唱えることで撃退できるとされる。この「ババサレ」がすなわち「婆去れ」の意味となっているものだが、この話では現れるのがおじさんであるため、全く無意味となっている。実際、話の中でも撃退するための方法は語られていない。このため、ババサレ系統の話が変化して生まれたものと考えられる。ここではババサレの名前に倣い、「オジサレ」と項目名を設定した。

## おじゃま道草［おじゃまみちくさ］

ネット上で語られた怪異。2ちゃんねる（現5ちゃんねる）の「ほんのりと恐い話スレ、その5〜〜」スレッドにて二〇〇二年五月二六日に転載されたもの。

舞台はある一軒家で、この家に越してきた男性が度々奇妙な現象に襲われた。それによれば、一階で寝るとうなされる、誰もいない一階から話し声が聞こえる、一階から二階に上がる足音が聞こえるが誰もいない、猫が家に入って来ると玄関で何かに怯《おび》えたような様子を見せてわざわざ二階の窓から逃げ出す、といったものだった。そこで霊感のある人物がこの家に行ってみると、台所の四方にある柱の上部に何か紙を剝《は》がした跡があり、何かを封印していたことが分かった。調べると、この家には千数百年前から存在し続けている怨霊《おんりょう》がいることが分かった。怨霊はある一族に取り憑《つ》き、この土地にやってきたという。

この怨霊は一族を惨殺《ざんさつ》したが、その結果土地に縛られることになった。怨霊との関係は不明だが、ある時この家に住んでいた住人が、屋敷を増改築する際にその場所に祀《まつ》られていた道祖神《どうそじん》が邪魔に思い、井戸に投げ込んでしまった。その結果、怨霊に加えて神罰が下ることとなり、この土地は二重の強い力に縛られることになった。そのため土地に建てられた家に越してきた人間は無残な死を遂げるなど悲惨な境遇に遭《あ》い、その死者の霊がこの場所に留まり続けるという悪循環が発生していた。また、この怨霊は意識を向けただけで斬りかかってくる恐ろしい性質を持ち、周囲の霊を手下として使役する能力を有するという。この怨霊と関わった人間は不可思議な夢を見るなどの怪現象に襲われ、話を読んだだけでも周囲の浮遊霊を活発にさせてしまう。その際には「ギャーテイ、ギャーテイ、ハーラーギャーテイ、ハラソーギャーテイ、ボージーソワカー」という言葉を三回唱えるか、心の中で念じると良いと語られている。

この怪談は元々「f-anex」というサイトの「怪談と霊の話」というページに掲載されていたもの。しかし、「おじゃま道草」のページは現在リンクが切れており、読むことができなくなっている。2ちゃんねるにはこのサイトにあるものが転載されていることから、少なくとも二〇〇二年五月二六日より前から怪談自体が存在していることは確かなようだ。「おじゃま道草」というタイトルもこの「f-anex」の時点で使われているが、由来は全くの不明である。怪談中にもこの言葉を連想させるような要素は出てこない。「ほんのりと恐い話スレ、その5〜〜」スレッド内では話の内容が分からないようにわざと無関係の名前を付けているのではないか、という考察がされている。

## お知らせさま ［おしらせさま］

こっくりさんに類似した占い。紙に大きなハートを描き、その中に「YES」「NO」カタカナの五十音を書き、その場にいる人間で一本の鉛筆を握って呪文を唱えると「お知らせさま」が現れ、恋愛関係の質問に答えてくれるという。

魔夜妖一・幻咲麗・マーク矢崎治信監修

『うわさの怪談+』にある。

## 尾瀬ヶ原の幽鬼［おぜがはらのゆうき］

福島県の尾瀬ヶ原に出現したという怪異。一九七五年のこと、ある男性が濃霧に覆われた尾瀬ヶ原を歩いていたところ、足下が青白く光った。その光は揺らめきながら上昇し、彼の目の前でパチパチと焚火のような音を立てたかと思うと、七色に変化した。その光は瞼《まぶた》を閉じても消えず、怯《おび》えていると、光は男性の右側へと移動し、丸い形に変化した。既に光の色は変化しなくなっていたが、今度は無数の青虫が葉を食べているような音が聞こえてきて、光の中心部が白く研ぎ澄まされ、鏡のように光り始めた。

次の瞬間、光の鏡の中に女の顔が現れ、「どこへ行くの?」と低く澄んだ声で尋ねてきた。男性はひどく怯え、その言葉に答えることができずにいたが、女は男性の後をついてきて、さらに問う。

「あんた、峠へ行くつもりなんでしょう?」

それに男性が思わず「うるさい」と答えると、さらに「峠へは行けないわよ」と言い、自分についてこいと告げる。男性は意を決して女の顔を懐中電灯で照らしたが、女が発する光に掻《か》き消されてしまう。そしてどうしてか、女は男性の耳元でいかにも悲しそうにすすり泣き始めた。男性はその後、気を失ってしまったが、目が覚めると全身が氷漬けになったように冷たくなっており、目の前にぼんやりと女が笑っているのが見えたという。

平野威馬雄著『日本怪奇名所案内』にある。その後、男性と光の中の女がどうなったのかは語られていないが、話は女と遭遇した男性本人が語ったものとして記載されているため、無事に尾瀬ヶ原から帰ることができたようだ。

## 追っかけ幽霊［おっかけゆうれい］

ある女子大生が遭遇したという怪異。その女子大生が眠っていると、顔に息のようなものを吹きかけられ、目が覚めた。目を開けて枕元を見ると、白い着物を着た美しい女性が座っている。髪の毛も首も手も見えず、ただ合わせ目が左前の白い着物と整った顔だけが暗い部屋の中に浮かんで見えたという。その女幽霊を見た瞬間、女子大生の体が動かなくなった。顔が近いわけでもないにもかかわらず、その幽霊の息が顔に当たる。怖いと思っていると、今度は女幽霊の後ろに無精髭《ぶしょうひげ》の男の顔が浮かんだ。その途端、女幽霊も男も消えてなくなった。

次の晩にも女幽霊が現れた。しかし、今度は七人の男の顔も一緒に現れた。女幽霊は物凄く不快そうな顔をして後ろの男たちを見て立ち上がると、そのまま歩いて壁の中に消えていった。残された七人の男の顔も女幽霊の後を追うようにして、壁に消えていったという。女子大生は、幽霊も美人だと、男の幽霊が憑《つ》いて回るものなのかと呆れたと語られている。

木原浩勝著『九十九怪談 第一夜』にある。

## おつかれさま［おつかれさま］

ネット上に現れた怪異。二〇〇六年二月四日、2ちゃんねる（現5ちゃんねる）オカルト板に「絶対に見てはいけない画像」というスレッドが「いのり」という人物によって立てられた（スレッドで「いのり」と名乗っているため「いのり」と記す）。

そのスレッドの最初の書き込みには首が取れたり、髪が乱れた雛《ひな》人形が複数写った写真が添付され、「絶対に見てはいけません」と記されていた。そして、画像を見た人に対し「アレホドミタラダメトイッタデショウ」などと書き込み、災いが起きないように供養《くよう》するからコップ一杯の水を用意し、部屋の明かりを消すように言う。さらに、「昇抜天閲感如来雲明再憎」と三回書き込んで、コップの水を飲むように指示し、最後に「以上で供養は終了です。邪念は取り払われました。おつかれさまでした」と告げる。「いのり」はこのほか、画像を見るのは邪念がある人間で、邪念がない人間は画像を見ないなど様々なことを書き込むが、スレッドが立てられてから約一週間後の二月一二日の書き込みを最後にして姿を消す。

その後、二〇〇六年三月一二日に、最初に貼られた雛人形の画像は何の影響もないもので、「いのり」が供養と称してやらせた行動こそがやってはならない行動だったのではないか、という話が同スレッドに書き込まれる。

それによれば、電灯を消してコップの水を飲ませる行為は、周囲にいる霊を呼び込んで飲ませる行為であり、「いのり」が供養の終了の際に告げた「おつかれさまです」という言葉は「お疲れさま」ではなく「お憑《つ》かれさま」という意味だったのではないかと語られる。この書き込みへの「いのり」の反応はなく、真相は今も明らかになってない。

## 大人用女子トイレの女幽霊［おとなようじょしといれのおんなゆうれい］

ある小学校に七不思議の一つとして伝わる怪異。その学校の大人用の女子トイレには開かずの間があり、そこにはずっと恋人にメールを打ち続けている女幽霊がいるという。

実業之日本社編『本当にこわい！ 学校の怪談スペシャル』にある。大人用トイレとは職員トイレのことだろうか。

## 音の電車［おとのでんしゃ］

電車にまつわる怪異。ある女性が駅で電車を待っていると、ファーンという電車の警笛《けいてき》の音が聞こえた。しかし、電車の姿は見えず、ただ電車が入って来るガタン、ガタン、ゴォーという音だけがホームを通過していく。女性も他の乗客たちも電車の姿を探すが、やはり見当たらず、電車の音はそのまま通り過ぎてトンネルに入って行った。そしてトンネルの中からエコーが掛かった警笛が聞こえ、消えて行ったという。
木原浩勝・中山市朗著『新耳袋 第一夜』にある。この女性は他にも狐が化けたバスとも遭遇したという。詳細は**狐のバス**を参照。

**踊る爺さん**［おどるじいさん］
老爺《ろうや》の姿をした怪異。ある男性が友人とともに家で酒を飲んでいた際、ドアの外から妙にリズミカルで乾いた音が聞こえてきた。それは部屋の前を通り過ぎて小さくなったかと思うと、今度はまた戻ってきたのか音が大きくなった。不思議に思った男性がドアの覗《のぞ》き穴を覗くと、蛍光灯に照らされた薄暗い廊下で一人の老人が行ったり来たりしながら、両手を曲げ伸ばしして踊っている。その衣裳は頭に赤い鉢巻きをして古代の舞踏装束のような甲冑《かっちゅう》を着こみ、胸や背中、両肩から肘にかけて、無数の板のようなものが段々に重なってぶら下がっており、老人が踊る度にそれらがぶつかって音を立てていた。直後、老人が踊りを止め、肩越しに振り返ると、覗き穴を通して男性の方を見た。友人も同様に覗き穴を見たが、やはり老人と穴越しに目が合う。二人は青ざめてドアの前に立ち竦《すく》んでいたが、友人はドアにチェーンを掛け、ノブを回してドアを開けた。しかし、そこには老人の姿はなく、チェーンを外してドアを開くと、ほの暗い廊下の先、突き当たりにある非常階段の降り口に奇妙な甲冑の腕があり、ひらりひらりと二、三度振られてから消えた。覗き穴から老人を見てからドアを開けるまで一〇秒足らずしかなく、どんなに走っても通路の突き当たりまで移動できる時間はなかったという。
樋口明雄編著『続「超」怖い話』にある。これは老爺だが、踊る老婆の怪異に**ダンシングババア**がいる。

**踊る少女**［おどるしょうじょ］
大阪府東大阪市のある大学に出現するという怪異。その姿は黒い喪服を着た少女で、不思議なことに影がないという。少女は時々大学の芝生の広場で踊っているが、その出現があった日には校舎の上から飛び降りがあるとされる。しかし、人が飛び降りる姿を窓越しに目撃されたり、重いものが地面に落ちる音がするが、現場には何もないという。この少女と思しきものは同大学の和歌山キャンパスでも目撃例があり、その際にはバレエのような動きで踊っていたが、次第に首から上だけが風船のように膨らみ、最後には、ぽんっ！と音を立てて消えてしまったという。
田辺青蛙著『大阪怪談 人斬り』にある。

**踊るミイラ**［おどるみいら］
学校にまつわる怪異。一二月一二日の深

夜一二時一二分一二秒に小学校の朝礼台の上でミイラが踊るという。

「ほんとにあった怖い話」委員会編『ほんとにあったこわい話1』に大阪府堺市からの投稿として載る。

## オトロさん［おとろさん］

ネット上で語られた怪異。2ちゃんねる（現5ちゃんねる）オカルト板に立てられたスレッド「∧∧∧山にまつわる怖い話Part3∧∧∧」にて、二〇〇四年一〇月一一日に書き込まれたもの。

その話によれば、「オトロさん」は新潟県の一部地域に伝わるもので、春と夏には木の実や草を食うが、秋には肉を食い、その際には人間が犠牲になることもある。これを防ぐためにこの地域では鈴を持って山に入るという。理由は不明だが、オトロさんは基本的に人間は襲わず、鈴を持った者は人間と判断されるため、安全なようだ。報告者はオトロさんの性質からクマの生態が元になっているのではないかと書き込んでいる。

## 鬼の予言［おにのよげん］

鬼にまつわる怪異。ある男性が中学生の頃、青い鬼を見たという同級生の話を聞かされた。この鬼は何度かその同級生の元に現れており、それは決まって寝ている時で、夜中に目が覚めると必ず部屋の隅に、天井に頭が着くかという大きさの青鬼が立っているのだという。青鬼はいつも黙ったまま口を開かなかったが、ある日突然言葉を発した。

「お前は一〇年後の〇月〇日に死ぬ」

あまりの恐怖に友人である男性に打ち明けたその同級生だったが、今度はしばらくしてその妹もまた、男性に青鬼を見たという話をした。聞くと、彼女もまた鬼に死を告げられたと言うが、その日は彼女の兄が鬼に告げられた日と同じ日だった。

その時から既に二〇年が経ったが、男性は怖くて同級生たちの動向を知ることができずにいる、と語られている。

木原浩勝・中山市朗著『新耳袋 第八夜』にある。

## 斧を持つ霊［おのをもつれい］

布団にまつわる怪異。眠る時はどんなに暑くても足を布団から出してはならない。もし出していると、霊に足首をがっつり掴《つか》まれ、斧で切られてしまうという。

魔夜妖一・幻咲麗・マーク矢崎治信監修『うわさの怪談 闇』にある。

## お化けの免許証［おばけのめんきょしょう］

幽霊社会にまつわる怪異。ある町外れの空き家に色白で美しい顔の幽霊が現れるという噂《うわさ》が立った。夏のある日、出稼ぎのおじさんがこの町にやってきて、宿が見つからないため、幽霊が出ると噂の空き家に泊まることにした。空き家に近付くと、明かりらしいものが見えたため、先客がいるのかと「ごめんください」と言いながら雨戸を開けたが、誰もいない。家の奥に入り、破れ障子を開けると、色白の若い女が長い髪をだらんと垂らして座っていた。

おじさんが「お前は誰だね」と尋ねると、女は「私は、ご覧のようにこの空き家に住んでいるお化け女でございます。あなたは、怖くないのですか……」と言う。おじさんは呆れて舌打ちすると、女は「キ……キ……」と金切り声で笑い、男の顔の前に一〇本の指を突き出した。おじさんは頭のおかしな女が幽霊のふりをしているのだろうと睨《にら》み付けたが、女は「悔しいわ！　わたしは、紛れもない幽霊なのよ！　見てください！　私には、足がないでしょう！」と言いながら立ち上がった。なるほど、そこには足がない。

女は「さあ、これでも怖くないのか……オ　バ　ケ　ダ　ヨ　ー」と言いながら、一〇本の指を男の顔にくっつけた。おじさんがその指が氷のように冷たいと言うと、女は「じゃあ、私が怖いのですね」と言うため、適当に話を合わせた。すると女は「わあ、嬉しい！　これでお化けの免許証がもらえるわ！」などと言い、消えてしまった。おじさんは不思議に思いながら押し入れにあった布団を取り出し、いびきをかいて寝てしまった。

数時間後、女の激しい泣き声で目を覚ました。おじさんは迷惑そうにどうして泣いているんだと聞くと、女は「はい、私は、まだ、本物のお化けではないのです」などと鼻をすすりながら話し始めた。彼女の話によれば、お化けの世界では正式なお化けになるためには免許証が必要だが、近頃は病気で亡くなる人だけでなく、交通事故で命を落とす人が日増しに増えており、就職難が起きている。そのため、お化けの世界でも学習塾や予備校が大流行りで、自分は家庭教師を付けて、お化けの勉強をしているのだという。

そこまで話して、女はいっそうしゃくり上げて泣き始めたため、おじさんはどうすれば免許証をもらえるのか聞くと、女は、生きている人間をびっくりさせて腰を抜かさせれば良いのだと言う。そしてその試験は明日の夜にあり、もし不合格なら来年まで浪人しなければならないと話した。そこでおじさんは明日の夜、腰を抜かしてお化け女を合格させてやると言うと、女は大変喜んで、すーっと姿を消した。

あくる日、おじさんは仕事を終えると祭りに立ち寄り、自分の子どもにと「ウルトラお化けの面と服」を買って、それからあの家を訪れた。そこで改めて「ウルトラお化けの面と服」を見ると、あまりに恐ろしかったため、これは子どもにではなくお化け女にあげようと思い、お面を顔に乗せたまま眠りについた。

真夜中になり、何者かが近付いて来る音でおじさんは目を覚ました。耳を澄ますと、あのお化け女の声と男の声が聞こえる。恐らく男の方は試験官の幽霊だろうと思い、おじさんはそっと毛布を被《かぶ》って身動きしないで待っていた。やがて「あそこに寝ている男……ようし、本官が生きている人間かどうか、調べてみよう」と言い、試験官の幽霊がそっとおじさんの寝ている毛布をめくった。直後、試験官の幽霊とお化け女の悲鳴が同時に上がった。二人は「お化けだ！　助けてくれ！」と叫ぶため、起き上がって見ると尻もちをついている。おじさんが近付くと、二人とも逃げ出してしまった。おじさんは不審に思ったが、やがて自分の被っているウルトラお化けのお面が原因だと気付き、顔から外して床に叩《たた》き付けたという。

石田泰照編著『子供が喜ぶ　現代のこわい話』にある。

## おふたりさん 「おふたりさん」

まじないにまつわる怪異。まじないの方法は紙に対象となる人物の名前を書く、ということ以外は不明だが、このまじないを行うと、対象とした人物と外見だけはそっくりの別人を呼び出すことができるという。ある学校で、教師を対象にこれを行った生徒がいたが、その際には本当に外見のみがそっくりの、教師とは別の何者かが教室に現れた。その怪異は生徒たちに向かって「先生の言うことを聞かない子は……死んでもらいます」と告げ、バッグからピストルを取り出した。そこで「おふたりさん」のまじないをした生徒は、慌ててこのまじないの終わらせ方として教わっていた通り、紙に書いた教師の名前を消した。するとその教師の姿はかすれて消えてしまったという。

真宵魅鬼編著『マジこわ！　本当にあった⁉　こわ〜い話』にある。

## お前が赤ちゃん 「おまえがあかちゃん」

ある小学校に出現したという怪異。その学校で小学校四年生の少年が先生に頼まれた用事をこなしていると、いつの間にか午後五時半になっていた。冬なので外は薄暗く、びくびくしながら歩いていると、向こうからベビーカーを引いた女がやってきた。少年がひどく驚いていると、女はニタッと笑い、少年が逃げ出すと追いかけてきた。少年はトイレに逃げ込み、一番奥の個室に隠れたが、女は手前の戸から順番に開けては、「いなーい」と言って閉め、次第に近付いてきた。少年は「もうだめだ」と思ったが、いきなり静かになり、困惑していると、突然上から赤ん坊の首がポトッと落ちてきた。女が笑いながら「今度はお前がわたしの赤ちゃん……」と言ったという。

常光徹編著『みんなの学校の怪談　赤本』に東京都からの投稿として載る。筆者命名。話としては「ゾンビ看護師」（『日本現代怪異事典』収録）から派生したものと思われるが、追ってくる怪異が手術台を押す看護師ではなくベビーカーを引く女になっていたり、なぜか赤ちゃんにしようとしてくるなど、細部がかなり異なる。

## 思い出廃工場 ［おもいではいこうじょう］

工場にまつわる怪異。東京郊外の下町で生まれ育ったある男性は、子どもの頃よく工場の敷地に入り込んで遊んでいた。その工場は彼が一二歳の頃に取り壊され、塀に囲まれた跡地だけが残った。男性は小学校を卒業すると同時に引っ越して土地を離れたが、大学生の頃に友人を訪ねるため、再びその土地を訪れた。その際、あの廃工場跡を見て行こうと懐かしい道を歩いていたところ、驚いたことにあの廃工場がそのまま現れた。自分が割った窓ガラスまでそのまま残されており、ひょっとして誰かが昔と同じ風景を再現したのだろうかと感心しながら友人宅へと向かった。帰り道、もう一度工場を見ようと同じ道を歩いたが、そこには資材置き場があるだけだったという。

木原浩勝・中山市朗著『新耳袋 第九夜』にある。筆者命名。

## 親指ヒメコちゃん ［おやゆびひめこちゃん］

ネット上で語られた怪異。怪談投稿サイト「Alpha-Web こわい話」にて、二〇〇四年二月二日に投稿されたもの。

夕方にブランコで遊んでいると、知らないうちに隣に女の子が座っていることがある。とても瞳が大きく、可愛《かわい》らしい容貌をしているが、右手の親指がない。この女の子が親指ヒメコちゃんで、絶対に話しかけたり、親指を見たり、泣かしてはならない。この約束を破った者はヒメコちゃんが持つ大きなハサミで親指を切られてしまうという。

## おゆきさんのアケビ ［おゆきさんのあけび］

和歌山県橋本市の彦谷という地域に伝わる怪異。この彦谷にあるゴミ処理場の近くには、毎年秋になると白く大きな実を付けるアケビの木がある。この木は「おゆきさんのアケビ」もしくは「神隠しのアケビ」と呼ばれており、決して実を取ってはいけないと言われている。もし取ってしまった場合、それを取ったのが子どもならばその子どもが、大人ならばその人間の子どもが、二、三日のうちに必ず神隠しに遭《あ》ってしまうという。

彦谷にはこのアケビの由来が伝わっている。それによれば、江戸時代末期のこと。彦谷は高野山へ参るための通り道となっており、村には宿や茶店が多くあった。ある夏の日、彦谷の谷間の道に若い女性が倒れており、五歳ほどの男の子が「お母さん、お母さん」と泣いていた。村の人々は二人を助け、きさくじいさんという人が、二人が元気になるまで家に泊めることとした。母親の名前は「おゆきさん」といい、子どもは「小太郎」といった。二人は越前（現福井県）から小太郎の父親を捜しに高野山へ行き、結局見つからずに帰る途中だったという。二人は彦谷の村によく馴染み、平和に暮らしていたが、その年の冬、村の子どもたちと一緒に遊んでいた小太郎が、帰り道に突然消えてしまった。人々は神隠しに遭ったのだといい、最後まで小太郎は見つからなかった。

二月のある大雪の日、子どもを失くし、寝床から起き上がれないほど弱っていたおゆきさんが突然「小太郎が呼んでいる」と言い、止めるきさくじいさんを突き飛ばして寝巻のまま外へ捜しに行ってしまった。

翌朝、おゆきさんは雪の中に倒れて死んでおり、そのすぐそばの雪の中に、大きな白い実を付けた一本のアケビの木が生えていた。アケビは秋になると実をひとつ付けるようになり、人々は「おゆきさんの木」と呼ぶようになった。そしてこの実を取ると神隠しが発生するようになったことから、「神隠しのアケビ」と呼ぶようにもなったという。

堀真一郎文・きのくに子どもの村中学校わらじ組編・絵『中学生がまとめた山の村のこわい話』にある。

## 泳ぐ人 ［およぐひと］

小人の怪異。ある出版社に勤務する女性は、家を留守にすることが多いことから、部屋の隅に大きめの金属ボールを置き、そこに水を入れて飼い猫のハナの飲み水としていた。

ある日、早めに家に帰ってきて家仕事をしていると、夜遅くになって後ろから水音がした。初めはハナが水を飲んでいるのかと思ったが、足下から鳴き声がして、ハナがすぐそばにいることが分かった。では何者が水音を立てているのかと確認しに行くと、ボールの中で体長三センチほどの男が水面をクロールで泳いでいる。しかもご丁寧に黒い海パンをはき、白い帽子を被《かぶ》ってグレーのゴーグルまで着けている。ついてきたハナもまた、ボールの中を見て、泳ぐ人を目で追っていた。ハナが水面に顔を近付けると、男はぱっと掻《か》き消えて、波紋だけが残った。ハナは納得いかないのか、いつまでもボールを覗《のぞ》き込んでいたという。

木原浩勝・中山市朗著『新耳袋 第五夜』にある。

## オラガンさん ［おらがんさん］

ネット上で語られた怪異。2ちゃんねる（現5ちゃんねる）オカルト板に立てられた「ほんのりと怖い話スレ その14」にて二〇〇三年七月二日に語られたもの。

当時から二〇年近く前、報告者が母方の祖父母のいる福岡県に赴いた際のこと。お盆の時期であったため、報告者は二歳年上の従兄弟《いとこ》とともに毎日虫捕りや釣り、川遊びなどを楽しんでいた。

そんなある日、報告者は従兄弟に誘われて山の中腹にある寂《さび》れた神社を訪れた。木が鬱蒼《うっそう》と生い茂る神社の裏手には、古い井戸と三、四軒の廃墟《はいきょ》になった民家があり、民家へ続く道には注連縄《しめなわ》が張ってあったが、従兄弟が迷わず注連縄を跨《また》いで進んでいったため、報告者もそれに倣った。従兄弟は一軒の民家の通風孔を潜《くぐ》り、その軒下に入り込んだ。そして報告者をそこへ引っ張り込み、持っていた懐中電灯を点《つ》けてその明かりを頼りに奥へ這《は》って行った。そこには成人向けの漫画が山積みになっており、報告者は従兄弟とともに時間を忘れてそれを読み耽《ふけ》った。

気が付くと周囲が暗くなっていた。その時、民家の周りを歩いている誰かの気配がし、従兄弟が懐中電灯を消すと、通風孔から片足を引き摺《ず》って歩く人間の裸足と、刀のようなものが見えた。従兄弟は報告者に「逃げよう」と呟《つぶや》き、二人はその足が通風孔を通過してしばらくしてから逃げ出した。何とか軒下から這い出すと、たった今出てきたばかりの通風孔から白目の男が顔を覗《のぞ》かせ、二人を睨《にら》んでいた。別の通風孔から軒下に入ってきていたのだ。男は落ち武者のような姿で、白目からは幾筋も血を流しており、通風孔から出てこようとしたため、従兄弟に手を引っ張られ報告者は必死で逃げた。

ほうほうの体で山を下り、祖父の家まで逃げ帰ると、祖父はその話を聞いて「婆ちゃん、酒と塩をもってこい。こいつがオラガンさんに見つかったぞ」と告げた。そして報告者の服を脱がせると、バリカンで髪を剃り、日本酒を口に含んで顔に吹きかけ、手ぬぐいで拭《ぬぐ》った。それから水を全身に被《かぶ》らせて体を拭《ふ》くと、塩を全身に振りかけた。その後、服と髪の毛を焼却炉で燃やすと、もう寝るようにと言われた。

それから夏休みが終わるぐらいまで耳鳴りがあったが、体調には異常はなく、耳鳴りもやがてやんだ。結局オラガンさんが何者だったのかは分からないという。オラガンさんは「荒神さん」もしくは「荒神様」が訛《なま》ったものという説もある。

## オレンジ臭［おれんじしゅう］

ネット上で語られた怪異。2ちゃんねる（現5ちゃんねる）オカルト板に立てられた「死ぬ程洒落《しゃれ》にならない怖い話を集めてみない？ 312」スレッドにて二〇一三年六月一〇日に語られたもの。

それによれば、当時から二〇年ほど前、報告者が小学校四年生ぐらいの頃、山梨県山梨市の稲子沢にある祖父の家に遊びに行き、祖父とともにたけのこ掘りを行った際のことだという。たけのこが生えるのは祖父の家の裏山で、祖父はたけのこを見つけるのが上手く、指示された場所を掘るとザクザク採れた。とても楽しく、夢中になって掘っていると、どこからか異臭が漂い始めた。その匂いはオレンジのようで、密室で香水をひっくり返したようなひどく濃厚なものだったという。周囲を見回しても竹林が広がるばかりでそのような匂いを発する植物はなく、祖父とともに急いでその場を離れた。しかし、いくら歩いてもオレンジ臭は離れず、怖くなってきた報告者が祖父とともに二〇分ほど歩き続けた末、舗装された道路が見えてきたところでいつの間にか匂いが消えていた。

報告者はそのまま祖父とともに家に帰っ

たが、驚いたことに体感時間では最後に家族と会ってから二時間ほどしか経っていないにもかかわらず、家を出た時から丸一日経っていた。その後、報告者はあのオレンジ臭について色々な人に聞いて回ったが、結局正体は分からなかったという。

## 音楽室の女 ［おんがくしつのおんな］

ある小学校に伝わる怪異。薄暗い夕暮れ時、女生徒が誰もいないはずの音楽室からピアノの音が流れてきたのを不思議に思い、覗《のぞ》いてみた。そこには誰もおらず、ピアノの音も消えていたため、「幽霊じゃないよね」と独り言を言いながら帰ろうとした。その時、音楽室の外の廊下にある大きな鏡にドレスを着た女性が映っているのに気が付いた。途端に女生徒は動けなくなり、青白い顔の女性は鏡の中から手を伸ばして、女生徒の首を摑《つか》もうとした。直後、「おい、何やってんだ」という同級生の声が聞こえ、鏡の中の女性も姿を消した。そのおかげで女生徒は助かったのだという。

宮崎敦司監修『本当に怖い話ＭＡＸ絶叫学園』にある。

## オンザル ［おんざる］

猿にまつわる怪異。オンザルは「オニザル」が訛《なま》ったもので、山にいる動物なら何でも食ってしまう化け物だという。またその食欲は異常で、オンザルが現れた山では数年に渡り猟をしても獲物が取れなくなる。またオンザルが食べ残した獲物を持ち帰ると、それを追ってオンザルが人間を襲いに来るため、絶対に持ち帰ってはならないと伝えられている。

平川陽一著『山と村の怖い話』にある。食べかけの獲物を持ち帰るとそれを追って人間を襲いに来るという話は、ヒグマの生態としても知られている。また、山にいるものを食い尽くしてしまうという話は同じく猿の姿をしており、山に現れるという「キヒサル」（『日本現代怪異事典』収録）と類似している。

# 人形の怪異　メリーさんとティナ 1

人形にまつわる怪異に「メリーさんの電話」というものがあります。捨てられた人形が電話をかけながら次第に近付いてきて、最後には捨てた人間の後ろに現れるという怪談ですが、実はこの怪談にそっくりな行動をとる人形が、一九六三年に放映されたアメリカのテレビドラマ『トワイライト・ゾーン』の「LIVING DOLL」（日本放映時「殺してごめんなさい」）というエピソードで描かれています。

　あらすじは次のようなものです。クリスティという少女が母親のアナベルに「おしゃべりティナ」という人形を買ってもらいます。これはネジを巻くと「あたしティナっていうの。あなたがとてもとても好きよ」と言葉を話す少女の人形でした。

　しかし継父のエリックはクリスティが甘やかされているのが気に入らず、ティナに暴言を吐きます。するとティナはエリックに「あたしティナっていうの。あなたみたいな人大嫌いよ」と自我を持っているかのように語ります。さらにエリックがティナを物置小屋のゴミ箱に捨てると、しばらくしてエリックに対し電話をかけてきて「あたしティナっていうの。今にあなたを殺してやるから」と告げる。

　エリックが慌ててゴミ箱を探しに行くとティナの姿はなく、いつの間にかクリスティの元に帰ってきています。エリックはティナを破そうとしますが、万力でも潰されず、回転ノコギリの刃も通りません。

　エリックは怯《おび》え、クリスティにティナを返すものの、ティナの怒りは収まらず、階段を下りようとするエリックの足下に現れ、彼を転倒させて殺してしまいます。そしてティナはクリスティとアナベルにこう告げるのです。

「殺してごめんなさい。でもあたしをいじめたんですもの」

（コラム02に続く）

# 【か】

## 貝頭［かいがしら］

ネット上で語られた怪異。2ちゃんねる（現5ちゃんねる）に立てられた「海にまつわる怖い話・不思議な話 3」スレッドにて二〇〇三年九月五日に語られたもの。筆者命名。

それによれば、その年の夏、海のある母方の実家に遊びに行った報告者は、晩酌のつまみにウニでも採ろうと午後四時頃に海に潜《もぐ》った。しばらくしてウニや貝が手持ちの袋にある程度溜まったため、海面に突き出た岩礁に登って休憩しながら沖合の夕日を見ていた。すると逆光の中を頭まで黒いスウェットスーツを被《かぶ》り、赤いシュノーケルを着けた人が泳いできた。報告者は密漁がばれたかと思い、謝罪しながら手を振ると、その人間が海面から顔を上げた。そこにあったのは人間の頭などではなく、開いた貝殻の間から水管を出している、巨大な二枚貝だった。恐ろしくなった報告者は慌てて海に飛び込んで浜まで泳ぎ、振り返ると、その化け物は人の膝ほどもない浅瀬を顔を浸けたまま泳ぎ、追ってきていたという。報告者はすぐに家に飛び込み、温めた酒を飲んでやっと落ち着いたが、あの恐怖は今も忘れられないと語っている。

## 海僧［かいそう］

海にまつわる怪異。一九五〇～六〇年代の頃のこと。九州のある漁村で小学生の少女が家に帰り、宿題を片づけていると、大きく戸が開く音がした。驚いてそちらを見ると、ぼろぼろの身なりの僧侶がおり、「家の者は誰か！」と声を張り上げた。少女が今は留守だと言うと、僧侶は返事などどうでもいいかのように右手の海側を指して「連れて行きはしたが、返して下さる」と言い残し、左手の山の方に歩き去った。そこに両親が帰って来たが、僧侶の話をすると「うちにも来たのか！」とひどく驚いた。両親の話によれば、海辺の家々を回って一言告げると立ち去る坊主がいるとこの辺りで大騒ぎになっているという。父親がどちらに行ったのかと聞くため、少女が山の方を指さした。よく考えてみると、その方向はどの村にも通じていない道だったという。

一家があの僧侶はどこから来てどこに行ったのだろうと考えていると、陽が沈んだ入り江の中ほどに夕陽のような赤い光が見えた。村人たちもこれに気付き、大騒ぎしているようだったが、やがてその光も海の中に消えた。

翌朝、入り江に三人の漁師が流れ着いた。三人は別の村の人たちで、村の人々は「あの坊主は海から使いでやって来て、この者たちのことを伝えていたに違いない」と噂《うわさ》した。その後、あの僧侶が再び現れることはなかったという。

木原浩勝・中山市朗著『新耳袋 第九夜』にある。

## 階段怪談［かいだんかいだん］

ネット上で語られた怪異。2ちゃんねる（現5ちゃんねる）オカルト板に立てられた「死ぬ程洒落《しゃれ》にならない怖い話を集めてみない？ 307」スレッドにて二〇一三年一月一〇日に語られたもの。

それによれば、階段怪談は報告者の通っていた小学校で広まった遊びで、学校の階段の一番上の踊り場、つまり、屋上に出るドアのある踊り場と、そのひとつ下の踊り場の間にある階段の段数だけ順番に怪談を語るというもの。一つ怪談を語るごとに、「何か」が一つ階段を上がってくるとされ、この「何か」が踊り場まで上がった時、世にも奇妙なことが起こるという。また、途中で止めてはならず、その「何か」が踊り場に辿《たど》り着くまで階段の下を覗《のぞ》いてはいけないとされた。

ある時、報告者と四人の友人がこの階段怪談で遊んだところ、ちょうど階段の真ん中まで来た時、どこからか「ギシ……」という音がした。しかし、途中で止めてはならないというルールがあったため、怖がりながらも続けていると、階段を上る度にギシ……という音が聞こえ、踊り場まであと四段となった時、「気～ぃづいてるんでしょぉ～？」という女の声がした。さらに残り三段となると、今度はどこからともなく複数の笑い声が聞こえてきて、報告者ら五人は泣きながら階段怪談を続けることになる。その後、残り二段になると「アト、にだ～ん」と言う声がし、一段になると「アト、いちだ～ん」と言う声がした。そして最後の怪談が終わり、全員が踊り場に足を乗せると、「タノシカッタ？」と言う声が聞こえた。顔を上げると、五人の目の前に女がいた。その女は花柄のワンピースを着て、全身には肉が盛り上がるようにして顔がついていたという。その顔が一斉に笑い声を発したところで報告者らは校庭まで逃げ出したが、屋上を見ると、女は彼らに向かって手を振っていた。それを見た五人は再び逃げ出した。それ以降、あの女が現れることはなかったという。

## 階段の黒いシミ［かいだんのくろいしみ］

ある学校に伝わる怪異。その学校の渡り廊下の階段には黒いシミのようなものがあるが、それは片足しかないバレリーナの形に見える。その正体は交通事故で死んでしまったこの学校の女生徒で、夜になるとシミが消え、その代わりに体育館で泣きながらバレエを踊っている女の子が現れるという。また、このシミを踏むと、必ず足に怪《け》我《が》をしてしまうと伝えられている。

魔夜妖一・幻咲麗・マーク矢崎治信監修『うわさの怪談 闇』にある。片足を失くしたバレリーナをモチーフにした話は他に

「カシマさん」や「左足のないバレリーナ」（いずれも『日本現代怪異事典』収録）などがある。

## 怪ちゃん［かいちゃん］

まじないにまつわる怪異。運動会など、何かの競技で勝ちたいとき、そこらに落ちている小石を拾って「怪ちゃん、怪ちゃん、力をください」とお願いすると、力が出てきて競技に勝てるのだという。

マイバースデイ編集部編『わたしの知ってるおまじない1000』にある。これを行った際のデメリットは特に示されておらず、手軽にできるまじないとなっている。

## 海中の赤い女［かいちゅうのあかいおんな］

ネット上で語られた怪異。怪談投稿サイト「Alpha-Web こわい話」にて一九九八年六月一五日に投稿されたもの。

三人の中学生が海水浴に行った時のこと。海がひどく混んでいたため、遊泳禁止の海辺に移動して泳ぎ始めた。それからしばらくして帰ろうとした時、三人のうち一人が海の中で苦しんでいるように見えた。助けに行こうとすると、海中に赤い服を着た髪の長い女がおり、彼を引き摺《ず》り込もうとしていた。二人の友人は恐怖からその少年を助けることができず、結局彼は溺《おぼ》れ死んでしまったという。

## 海底自転車［かいていじてんしゃ］

海にまつわる怪異。趣味がダイビングのある人が三重県の海で潜《もぐ》っていた際のこと。日光が届くほどの深さの海底から魚を眺めていたところ、すぐ目の前を自転車が通り過ぎた。驚いて見ると、無人の自転車がペダルを回転させながら器用に障害物を避けて海底を走っている。あまりの不思議さに自転車を追いかけてみたが、自転車はそのまま走り続け、やがて深みへと降りて行って見えなくなったという。

木原浩勝・中山市朗著『新耳袋 第十夜』にある。筆者命名。

## 怪バルーン［かいばるーん］

ネット上で語られた怪異。怪談投稿サイト「Alpha-Web こわい話」に二〇〇二年八月一九日に投稿されたもの。筆者命名。

投稿当時より一〇年ほど前というから、一九九二年頃のこと。投稿者の母が自身の姉の家に遊びに行った際、途中にある両側が墓となっている坂道で、空を見ると、オレンジ色の広告用のバルーンのような大きな球体が四つ並んでいた。しかしバルーンが上がっていたのであれば、そこに来るまでにも見えていたはずなので、突然現れたそれにただ困惑したという。

## 海パンをはいたおっさん［かいぱんをはいたおっさん］

ある男性の元に現れた怪異。その男性は小さい頃から祖母に「あんたは絶対川で遊んだらいかんよ！　海パンをはいたおっさんに連れて行かれるから！」と言われ続けていた。不思議なことに友達から川に行こうと遊びに誘われた際には必ず祖母に止められたという。

　ある冬の日、学校で川が凍ったから遊びに行こうと誘われ、男性が出かけようとすると、やはり祖母に捕まった。男性は腹を立て、「海パンの男なんておらへん！」と抵抗したところ、祖母は小麦粉の入ったお椀を持ってきて、男性を襖《ふすま》の前に立たせて後ろから小麦粉をかけた。すると襖についた小麦粉はまるで人型にくりぬかれたようになっていた。祖母は男性に対し「この海パンの人がな、お前が川に行こうとする時に、後ろにくっついていくんやで……ほんで川に行ったらどないなると思う？」と告げた。男性は何も言い返せなかったという。この海パンの男は中学生の頃にはいなくなったが、その頃には男性はもう川に興味がなくなっていたと語られている。

　木原浩勝著『九十九怪談　第六夜』にある。

## 帰ろうよの霊［かえろうよのれい］

　ある家に現れるという怪異。その家に住むデザイナーは年末には必ず実家に帰っているが、その理由は正月に帰省を諦めて仕事をしようとすると、必ず部屋のどこかから「帰ろうよ」という女の子の声が聞こえ、それが何度も繰り返されるからなのだという。

　木原浩勝著『九十九怪談　第三夜』にある。筆者命名。

## 顔だけババア［かおだけばばあ］

　新潟県に現れた怪異。ある少女があぜ道を歩いていたところ、向こうにぼんやりとした明かりが見えた。それは遠目には提灯を持った人の影のように見えたが、その明かりが近付くにつれ、少女は向かってくる姿が異様なものであることに気付く。それは巨大な顔から直接手足が生えた老婆が提灯を持っているという姿だった。少女は恐ろしくなり、走って家へ帰ろうとしたが、なぜかいくら走っても家に辿《たど》り着かない。やっと着いた頃には、日がすっかり暮れていたという。

　魔夜妖一監修『ゾゾーッ！　こわい話１０００』にある怪異。筆者命名。

## 顔のない口［かおのないくち］

　ある町に現れたという怪異。その町に住む少女の家に回覧板が回って来て「小さいお子さんに独り歩きはさせないように」と記されていた。数週間後、少女はそれを忘れて弟に近所のスーパーまでお使いを頼んだが、すぐに外から弟の泣き声が聞こえてきた。母親と二人で弟の元に駆け付けると、弟は足から血を流しており、犬に咬まれたような傷が二カ所あった。母親が警察に通報し、警察が弟に事情を聞くと「……咬まれた」という。何に咬まれたのか聞くと、「顔のない口」と答えてまた泣き出した。意味不明な証言のように思えたが、警官二人は彼の話を真剣に聞き、記録を取っていた。そして「実は、この近辺で同じような通報が続いているんです。気を付けてください」と告げたという。

　室秋沙耶美監修『本当に怖い話 MAX∞ 逢《おう》魔《ま》ヶ《が》刻《とき》』に大阪府からの投稿として載る。

## 顔の道［かおのみち］

　山にまつわる怪異。ある男性が友人と二人で山道にドライブに行った際のこと。突然晴れていた空が曇り出したため、雨が降る前に帰ることにした。しばらく走っていると前方に古い電話ボックスが見えた。こんな山奥に珍しいと思いながら横を通り過ぎようとした時、その電話ボックスの中に髪の長い女の人影が見えた。人家もないこんな場所にどうして人が、と思い、怖くなった二人はスピードを上げたが、どれだけ走っても山道を抜けることができない。

　時刻は午後六時を過ぎ、次第に辺りも暗くなってきた。不安になっていると、また前方にあの電話ボックスが見えた。さらにスピードを上げ、その電話ボックスの横を通り過ぎた。電話ボックスには女の姿はなく、少し安堵《あんど》していると、バックミラーに何かが映った。後ろを振り返ると、そこには道路一面に張り付いた不気味な女の巨大な顔があった。女は目をぎろりと見開き、二人を睨《にら》んだ。二人は悲鳴を上げ、慌ててその場を走り去った。その後、二人は無事山を抜けることができたが、その山には二度と行っていないという。

「ほんとにあった怖い話」委員会編『ほんとにあったこわい話1』に栃木県からの投稿として載る。

## 香り［かおり］

　ネット上で語られた怪異。怪談投稿サイト「Alpha-Web こわい話」に二〇〇〇年八月七日に書き込まれた話に登場するもの。

　それによれば、投稿者は投稿時の一〇年以上前から自分について来る「香り」に悩まされているという。その香りは品があり、誰もが好むような嫌味のない香りで、誰もいない部屋で一人でいる時も、友達と一緒にいる時も、投稿者の前を通り過ぎて行くように香るのだと語られている。

## 案山子女［かかしおんな］

　田んぼに現れる怪異。ある少女が夏休みに母方の祖父母の住む田舎に遊びに行った際のこと。祖父母の家は代々続く米農家で、家の周囲には広大な田んぼがあった。この田んぼには毎年祖父が作る案山子が一本立てられていたが、その年に限り遠くの方にもう一つ案山子が見えた。少女はさほど気にせず、祖父がもう一つ作ったのだろうと考えていた。

　数日後、ふと田んぼを見ると遠くに見えた案山子の位置が母屋に近くなっているのに気が付いた。その案山子は浴衣を着て、頭にはカツラを被《かぶ》っているようだった。その日、家の人たちは農協の集まりで出払っていたため、少女は一人で留守番をしていたが、遠くで雷鳴が聞こえ、やがて夕立が降り始めた。その激しい雨の中、何かが窓にぶつかる音がした。少女が見ると、窓に案山子が倒れ掛かっている。しかし、よく見るとそれは案山子などではなく、十字架のように組み合わさった竹にずぶ濡れの女が縄で縛り付けられている姿だった。女は「あだじを助けて〜」と叫びながら全身をクネクネユラユラと動かしていたという。

室秋沙耶美監修『本当に怖い話 ＭＡＸ∞悪夢地獄』に富山県からの投稿として載る。筆者命名。

## 案山子の神様 ［かかしのかみさま］

ネット上で語られた怪異。二〇〇五年六月一三日、2ちゃんねる（現5ちゃんねる）オカルト板に立てられた「死ぬ程洒落《しゃれ》にならない怖い話を集めてみない？ １００」スレッドに体験談として書き込まれたもので、概要は以下の通り。

少年時代、田舎に住んでいた報告者は、通学の際に通る田んぼの脇道でピンク色の割烹着《かっぽうぎ》のような服を着た人間が立っているのに気が付いた。その人間は片足で立ち、腰をくねくねと動かしながら白いビニール紐《ひも》のようなものを体の周囲で回転させていた。その人間は報告者に気付いたのか、ケンケンをしながら次第に近付いてくる。奇妙なことに、その人間の顔はぶれているかのようにぼやけていてはっきりと見えなかった。これに近付かれた報告者は、絶望感に襲われるとともに目に異常な痛みが走り、その痛みと恐怖で気絶してしまった。その後、家で目覚めた報告者だったが、祖母に聞いた話によれば、彼が出会ったのは「案山子の神様」と呼ばれる存在で、人間を自分の仲間にすることがあり、もし連れて行かれると一生田んぼの中で過ごさなければならなくなるという。

最初の書き込みの二日後、二〇〇五年六月一五日には、案山子の神様が出現するようになった由来としてこんな話も書き込まれている。

かつて食糧難があった頃に、食いぶちを減らすために村にいる役立たずの人間を殺してしまうことがあった。その殺害方法は、逃げられないようにその人間の片足を切断してから白装束を着せ、田んぼに立てかけた十字に組んだ木に縛り付けるというもので、生きた案山子として獣除けも期待して行われていたようだ。縛り付けられた人間はどうにかしてそこから逃れようと手足を縛られた状態で体をくねくねと動かすが、肉食の獣に食われるか、飢えや熱中症により命を落としたとされる。ただこれが行われるようになってからというもの、村では祟《たた》りと思われることが起きたため、生きたまま案山子にされた人間を神として祀《まつ》るようになったのだという。

## 鏡手 ［かがみて］

ある学校に伝わる怪異。その学校で夜の

一二時に体育館にかけてある鏡に向かって「手」と一〇回言うと、鏡の中から一〇本の手が出てきて鏡の中に引き込まれるという噂《うわさ》があった。そこで、この噂を確かめようと六年生の少年三人が実際にこれを行ったところ、本当に鏡に連れ去られてしまったという。

常光徹編著『みんなの学校の怪談 赤本』に滋賀県からの投稿として載る。筆者命名。

## 鏡の中の化け物［かがみのなかのばけもの］

ネット上で語られた怪異。2ちゃんねる（現5ちゃんねる）オカルト板に立てられたスレッド「∧∧∧山にまつわる怖い話Part10∧∧∧」にて二〇〇四年七月一四日に語られたもの。

それによれば、この化け物はある特定の山の中で鏡を見ると現れるが、鏡の世界に見えるのみで現実世界では見えないとされる。初めは白い小さな点のような見た目だが、それは遠くにいるからで、一度見てしまうとそれ以降は鏡のほか、ガラス、光沢のある金属、水面など、反射するものに映り込む。その上、見る度にどんどん近付いてくるという。そして、すぐ背後に来る頃にはその姿も分かるようになるが、それは胎児のように白い皮膚、短い手足、丸い頭には切り裂いたかのように大きな口だけがついていると描写されている。この口は人間のものに似ているが、全く血の気がない白い唇をしており、口内には無数の米粒のような歯がびっしりと生えているとされる。この化け物を見てしまった人間は最後には後頭部に穴が開き、脳みそが全てなくなった死体として見つかることになるという。

## 鏡の中の暴走族［かがみのなかのぼうそうぞく］

京都府右京区にある東映撮影所に出現したという怪異。俳優の志垣太郎氏がこの撮影所でメイクしていた際、突然背筋がぞくりとし、見ると鏡の中を右から左へと、暴走族スタイルの男が二回も通り過ぎて行ったという。後で聞いた話によれば、この撮影所でかつて暴走族の格好をしたスタントマンが事故死したことがあったそうだ。

松永克広著『妖魔がさ迷う怨霊列島』にある。

## 鏡婆［かがみばばあ］

ある学校に伝わる怪異。その学校の三階の女子トイレの鏡の前で、夜の一二時に「おばあさーん」と言うと鏡から老婆が出現し、「なんじゃー」と言う。そして鏡の中に引き摺《ず》り込まれるという。

常光徹編著『みんなの学校の怪談 赤本』に神奈川県からの投稿として載る。

## 柿の木おじさん［かきのきおじさん］

柿の木にまつわる怪異。ある子どもが親戚のおじさんから柿の種をもらったため、さっそく庭に植えた。すると何日かしてなぜか種は「芽」ではなく「目」を出した。

それは明らかに人間の眼球で、さらに数日後、今度は人間の足や腕が土から生え始めた。そして実が付く頃には人間の体全体が柿の木の一部に埋まっている、という状態になった。

　ある日、この木を見ていた子どもの母親が気持ち悪がってノコギリで柿の木を伐ってしまった。その夜、母親が寝ていると、玄関のインターホンが鳴り、出てみると親戚のおじさんがいて、体中に包帯を巻いていた。母親が「どうしたんです。そんなに包帯を巻いて」と尋ねると、おじさんは彼女を睨《にら》み付けて「お前に切られたんだ」と告げたという。

　常光徹編著『みんなの学校の怪談　緑本』に島根県からの投稿として載る。筆者命名。

## 影のない女教師［かげのないおんなきょうし］

　女性の姿をした怪異。一九六五年頃、ある小学六年生の生徒一〇人がキャンプに行った。二日目、引率の女教師がキャンプファイアーの薪を取りに森に入ったまま帰って来なくなった。他の教師と生徒たちが真夜中まで探し回ったが結局見つからず、全員テントに戻った。すると今度は男子生徒の一人がいなくなり、教師たちは生徒を寝かして朝まで帰って来るのを待っていた。

　しかし朝もやが出始めた頃、何事もなかったように女教師が帰ってきた。女教師は道に迷ったため、じっとしていたと説明したが、その日の昼頃、今度は行方不明の男子生徒が切り刻まれた遺体で発見された。それ以来、この女教師には影がないという噂《うわさ》が流れたが、ほどなくして女教師は結婚し、学校を去って行ったという。

　松永克広著『妖魔がさ迷う怨霊列島』にある。森の中で何者かが女教師と入れ替わったのか、取り憑《つ》いたのか、それとも元々女教師が人間ではない何者かだったのかは不明である。また吸血鬼には影がないなどの伝承があるが、この女教師がいったい何者なのか、男子生徒を襲った犯人なのかは明かされていない。

## かげろう［かげろう］

　あるマンションに出現したという怪異。東京都内に住む一人の女性が自分のマンションで立ったまま大きなあくびをした際、右手の先が妙に温かい空気に触れた。その部分を見ると、天井近くに直径二〇センチほどの丸い空気の揺らぎ、かげろうのようなものがあった。その周りをぐるりと手でなぞってみると、やはりかげろうの部分だけが周囲の空気よりも暖かい。手を突っ込んでみると、そのまま突き抜けてしまい、向こう側は普通の室温に戻る。不思議なものがあるな、と思っていると、かげろうはいつの間にか消えてしまった。しかし、それ以降も年に一、二度、それは天井近くに現れるようになった。そしてどうしてかその暖かさは毎回違うのだという。

　木原浩勝・中山市朗著『新耳袋　第一夜』にある。

## カゴカキ［かごかき］

ネット上で語られた怪異。2ちゃんねる（現5ちゃんねる）オカルト板に立てられた「死ぬ程洒落《しゃれ》にならない怖い話を集めてみない？ 327」スレッドにて二〇一五年七月五日に書き込まれたもの。

カゴカキは駕籠舁と書き、駕籠を担いで人を運ぶことを生業《なりわい》としていた人々は、江戸時代には全国に存在した。岡崎城の城下町（現在の愛知県岡崎市）にもカゴカキがよく行き交っていた。そんな中で、ある時から妙なカゴカキが現れだした。

このカゴカキは中に客を乗せながら、駕籠を前で背負っている者も、左を背負っている者も、どちらも右側を向いていた。すれ違う町民が何を見ているのだろうとそちらを見ても何もない。しかし、いつ見てもこのカゴカキたちは右側を向いているのだという。また、このカゴカキが客を乗せた場所も降ろした場所も誰も知らず、客の正体も不明で、城下町でよく目撃される怪異として有名になった。

この怪異は現代でも出現するらしく、今は工場の送迎バスらしきバスの運転手の姿をしているのだという。このバスの運転手は常に右を向いたままバスを運転し、危険運転だと思ってみていると、バスの乗客である工場作業員も全員右を向いている。これと遭遇すると頭の中でお経がこだますると言われている。

カゴカキは駕籠舁の姿を模倣しているのだと思われるが、現代では同じ、人を運ぶものとしてバスの運転手に姿をアップデートしているようだ。

## がさがさ［がさがさ］

ネット上で語られた怪異。2ちゃんねる（現5ちゃんねる）オカルト板に立てられた「死ぬ程洒落《しゃれ》にならない怖い話を集めてみない？ 統合スレ」スレッドにて二〇〇八年六月八日に書き込まれたもの。

それによれば、「がさがさ」は報告者の祖母が亡くなった際、葬式に現れたとされる。葬式の夜、報告者が祖母の眠る仏間に一番近い部屋で眠っていたところ、鈴の音が聞こえ、続いて誰かが砂利を踏みしめて家に近付いてくるような音がした。報告者はそれを祖母が最後に挨拶しに来たのだと考えていたが、やがてその何かは家に入ってきたようで、報告者のすぐそばで床を擦《す》る音が聞こえてきた。呼びかけようと声を発したところ、突然布団の中に手が入ってきて、報告者の髪を摑《つか》んだという。報告者が必死に布団にしがみ付くと、髪がぶつぶつと音を立てて抜けていき、次の瞬間、掛布団が取り払われた。そこに見えたのは、全身がかさぶた、もしくは鱗のようながさがさとしたもので覆われた人型の何かだった。それは報告者の顔を覗《のぞ》き込んでいたため、報告者は必死にその存在を振り払って逃げ、仏間の祖母が眠っている棺桶《かんおけ》と壁の間に隠れた。

そのまま朝がやってきた頃にはがさがさ

はいなくなっており、もしかしたら夢だったかもしれないと考えた報告者はそのまま葬儀に参加した。やがて火葬、納骨が終わり、祖母の仏壇を拝みに行くと、再びがさがさが現れた。がさがさは報告者が夜中に逃げ込んだ棺桶と壁の間に当たる場所に、報告者と同じ姿勢で座っていたという。がさがさは特に何かをするわけでもなく、ただじっと報告者の方を見つめていた。しかし、その姿は報告者以外には見えないらしく、仏間にそれがいるのを知っているのは報告者だけなのだという。

　がさがさの正体は全くの不明だが、葬儀の際に寝ずの番の役割を担う人をきちんと決めなかったことが語られているため、これが原因で出現した可能性もある。

## 仮死魔殺子［かしまさつこ］

　言葉にまつわる怪異。「かしまさつこ」という言葉を一〇回言うと、夜中に死ぬという。

「ほんとにあった怖い話」委員会編『ほんとにあったこわい話1』に千葉県佐倉市からの投稿として載る。

『日本現代怪異事典』において同名の怪異を採用しているが、こちらは久保孝夫著『女子高生が語る不思議な話』にて北海道函館市《はこだてし》で採取された話として掲載されているもの。同書では読み仮名の表記がなかったため、「かしまあやこ」として項目名を設定したが、今回は「かしまさつこ」と読み仮名が設定されていたため、改めて収録した。

## 荷死魔辛呪［かしましんじゅ］

　学校の図書室にまつわる怪異。ある学校で図書室の本を借りると、中に貸し出した人間の名前を書くブックカードが挟まっていることがある。そこに「荷死魔辛呪」という名前があり、さらにその下に自分の名前が書かれていると、その人間は数日中に死んでしまう。

　この「荷死魔辛呪」には、同じ読み方をする「鹿島真珠」という少女の怨念が関わっているという。この鹿島さんは図書委員をしている大人びた少女だったが、いつの頃からか図書室の司書の男性と恋愛関係になった。しかし、生徒と先生という立場であったことからあらぬ噂《うわさ》を立てられ、二人はそれを苦にして自殺。その心中現場には、「荷死魔辛呪」と書かれたブックカードを挟んだ本と、遺書が残されていた。以来、「荷死魔辛呪」のブックカードは図書室に現れるようになり、図書室を訪れる生徒を呪い殺すようになったという。

　真宵魅鬼編著『マジこわ！　本当にあった⁉　こわ～い話』にある怪異。「カシマさん」（『日本現代怪異事典』収録）系統の怪異だが、幽霊そのものが出てこず、呪いの込められた物体が人に害を与える、という展開は珍しい。

## がしゃがしゃさん［がしゃがしゃさん］

ネット上で語られた怪異。2ちゃんねる（現5ちゃんねる）オカルト板に立てられた「【全米が】なんか笑える霊体験18【テラワロス】」スレッドにて二〇一一年五月一七日に語られたもの。

それによれば、「がしゃがしゃさん」は報告者の実家に現れる幽霊で、子どもにしか見えないのだという。その姿は鎧《よろい》を着た男性で、動くと「がしゃがしゃ」と鳴ることから「がしゃがしゃさん」「がしゃがしゃのおじさん」と呼ばれていた。報告者の祖父が子どもの頃にはこの家に棲《す》みついており、泥棒を追い返す、子どものお守りをする、火事の延焼を防ぐなど、家を守ってくれる霊だと語られている。その一方、怖がりでドジな一面もあり、カメラやファンヒーターにすくみ上がったり、溺《おぼ》れた子どもを助けようとして自分が溺れたりしていたという。報告者の実家は既に取り壊されたが、がしゃがしゃさんは報告者の兄の家に移住しており、今も子どもたちに目撃されているのだと語られている。

## カジリ［かじり］

ネット上で語られた怪異。2ちゃんねる（現5ちゃんねる）オカルト板に立てられたスレッド「∧∧∧山にまつわる怖い話Part7∧∧∧」にて、「雷鳥一号」というハンドルネームを使う人物によって二〇〇四年二月二六日に書き込まれたもの。

それによれば、「カジリ」とはある村に伝えられていた化け物で、その名の通り死体を掘り起こし、齧《かじ》って食らうのだという。村で死人が出た際、きちんと墓の番をしていても夜の間に棺桶《かんおけ》から死体が消え、朝には食い散らかされた死体が村はずれに投げ捨てられていたのだとされる。さらに死体を食い散らかされた家には災《わざわ》いが起こるとされ、それを避けるためにはカジリが苦手とする経文や仏具を使うと良いとされていた。そのため、その村では死体に墨で経文を書く風習があったとされる。

## 火事を知らせる狐［かじをしらせるきつね］

狐にまつわる怪異。茨城県の神栖町《かみすまち》（現神栖市）での話。この地域ではこれから火事が起こることを稲荷様山の狐が知らせる、という話が伝えられていた。一九五七年頃、ある女性が深夜まで学校の宿題をしていた時、妙な鳴き声が聞こえ、その三日後に近所で火事が発生したという。

松谷みよ子編『狐をめぐる世間話』に載る。

## 片車［かたぐるま］

車にまつわる怪異。東京都練馬区のアトリエで創作活動をしている人物が夜、聞きなれない音を聞いた。それは重く、硬い何かがきしみながら転がるような音で、だんだん近付いてくるようだった。その音が止まったかと思うとゴットンと何かが落ちたような音がして、また何かが転がるような音になった。その音は子どもの頃に見た大八車の音に似ていたが、音は片輪分しか聞こえてこない。どうやって転がっているのだろうと気になっていると、玄関前で音が止まった。辺りは静まり返っている。玄関へ行き、そっと扉を開けると、堰《せき》を切ったように車や夜の町の音だけが家に入ってきたという。

　木原浩勝・中山市朗著『新耳袋　第七夜』にある。江戸時代の『諸国百物語』や『諸国里人談』といった怪談集には「片輪車」という妖怪が登場する。前者は車輪の中央に男の顔がついた姿をした妖怪とされ、後者は片輪の車に美女が乗っているという姿をした妖怪として描かれている。この片車もこれに類する妖怪なのだろうか。

## カタシロ ［かたしろ］

　水中に現れる怪異。水に顔を付け、「あ」から「ん」まで五十音を順番に、顔を上げることなく言うことができると、カタシロという霊が水の中に出現するという。

　真宵魅鬼編著『マジこわ！　本当にあった⁉　こわ〜い話』にある。カタシロとは祭りなどの際に人の穢《けが》れや厄を託し、川や海に流す人型の紙や藁《わら》人形などを指す「形代」のことだろうか。

## 片手片足少女 ［かたてかたあししょうじょ］

　ネット上で語られた怪異。怪談投稿サイト「Alpha-Web　こわい話」にて、二〇〇二年一二月七日に投稿されたもの。筆者命名。

　それによれば、投稿者が塾の帰り道を一人歩いていた際のこと。後ろから地の底から響くような低い声で「おねえちゃん」と聞こえた。思わず振り返ると、小学三、四年生ぐらいの、片手片足がない少女が立っていた。投稿者が逃げ出すと、少女は「待てぇぇぇ」と叫びながら物凄い速さで追いかけてきたという。投稿者は何とか友人の家に逃げ込み、事なきを得た。

　その後、投稿者はあの少女を見た場所で殺人事件があり、被害者の少女は右手と左足をもぎ取られた状態で見つかったことを知ったと語られている。

## カツオノエボシの怪 ［かつおのえぼしのかい］

　水族館に現れたという怪異。ある男性が某水族館を歩いていた際のこと。薄暗い通路で魚を眺めながら歩いていると、何か柔らかなものを踏んだ感触があり、見ると半透明のゼリー状のものが潰れていた。恐る恐る近付いてよく見てみると、人の頭ぐらいの大きさで細長い足を持ったクラゲらしく、男性は急いで水族館の職員を呼びに行った。すると水族館の研究員がこのクラゲを見て、どうやらカツオノエボシという種類のクラゲだということが分かった。しかし、その水族館ではクラゲは飼育しておらず、どうしてそんな場所にクラゲが落ちていたのかは分からずじまいだったという。

　テレビ朝日編『ミステリー体験ゾーン

本当にあった怖い話 第1集』にある。カツオノエボシは触手に猛毒を持つ上、触手に触れただけで刺胞が発射されるため、落ちているだけでかなり危険な生物である。

## 学校の妖怪〔がっこうのようかい〕

ある学校に伝わる怪異。その学校の屋上で大の字で寝ていると学校の妖怪が現れ、攫《さら》われてしまう。そして新しい妖怪に変えられてしまうという。

常光徹編著『みんなの学校の怪談 赤本』に神奈川県からの投稿として載る。

## 蟹人間〔かににんげん〕

ネット上で語られた怪異。2ちゃんねる（現5ちゃんねる）オカルト板に立てられた「死ぬ程洒落《しゃれ》にならない怖い話を集めてみない？ 283」スレッドにて二〇一一年一一月四日に語られたもの。

それによれば、冬になると夜に霧が出る地域に住む報告者が、深夜二時頃に仕事を終え、自家用車で家に帰っていた時のこと。五分ほど走ったところで会社に忘れ物をしたことに気付き、来た道を戻っていると、途中に轢《ひ》かれた狸の死骸があった。その地域ではよく車に轢かれた動物の死骸を見ることがあったため、報告者はあまり気にせず会社に行き、忘れ物を取って再び帰路についた。

しかし、先ほど車を引き返した辺りで携帯電話に着信があり、一度車を止めて再び走り出そうとした時、先ほどの狸の死骸の近くに大人二人がしゃがんだほどの大きさがある蟹のような生物が動いているのを見つけた。その生物はぎくしゃくとした奇妙な動きで田んぼから道路に上がり、狸の死体を摑《つか》んで車の前を横切ると、すぐに夜霧の中に消えてしまった。車のライトが照らしたその生物の姿は、坊主頭で異常に肌の白い裸の二人の人間が、体の右半分と左半分を胴体で繋《つな》いだような姿をしていた。横に広い胴体に上を向いた二つの頭部があり、四本ずつある手足を使って移動していたため、遠目には巨大な蟹に見えたのだという。報告者は、この付近で轢死《れきし》している動物が多いのは、この化け物に追いかけられた動物が道路に飛び出してくるからではないか、と想像している。

## 花瓶幽霊〔かびんゆうれい〕

ある学校に出現するという怪異。その学校の渡り廊下には古い時代の中国の花瓶が展示されているが、雨の日になるとこの花瓶から白い煙のような幽霊が現れる。この幽霊は人の体を通り抜けて消えるが、通り抜けられた人間は何か冷たい感触がするという。また、これに何度も通り抜けられると命が縮むともいわれている。

魔夜妖一監修『ゾゾーッ！こわい話1000』にある。

## 壁から力士〔かべからりきし〕

力士にまつわる怪異。ある少女が五歳くらいの頃、夜に壁から力士が出現し、四股《しこ》を踏んでいるのを目撃したという。またこの力士の周りは明るかったということだ。

常光徹編著『みんなの学校の怪談 緑本』に青森県からの投稿として載る。筆者命名。

## 壁の中の泣き声〔かべのなかのなきごえ〕

病院にまつわる怪異。一人の女性が出産のため、東京都内のある病院の産婦人科に入院した。ある日、女性がベッドで小説を読んでいると、夢中になってしまい、いつの間にか深夜一時を過ぎていた。だが、その晩に限って眠気が訪れず、やがて眠ることを諦め、読書を再開しようとすると、どこかで子どもの泣き声がした。保育室の赤ん坊が目を覚ましたのだろうと気にせず本を読んでいたが、泣き声は止まず、次第にはっきりと聞こえてくる。耳を澄ませると、その声は壁から漏れてくるようだった。しかし、女性が入院している部屋は最上階の角部屋で、隣にも上にも部屋はない。また泣き声は、壁に耳を当てるとぱたりとやみ、離すと再び聞こえる。女性は茫然とその声を聞き続けるしかなかった。後で分かったことだが、その部屋でかつて、妊娠中毒症（妊娠高血圧症候群）を起こした患者が生まれたばかりの幼子を殺してしまうという事件があったのだという。あの泣き声が聞こえた壁に、何度も何度も幼子を叩《たた》き付けて……。

樋口明雄編著『新「超」怖い話』にある。

## カマキリ男〔かまきりおとこ〕

公園や観光地にある外用のトイレに出現するという怪異。午後四時に個室で用を足していると出現し、遭遇した人間は鋭い刃物の音とともに痛みを感じる。足下を見ると刃物で切られた痕があるという。これはカマキリ男がトイレの扉の隙間から鎌を差し込み、足首を切ってしまうためだとされる。

魔夜妖一監修『ゾゾーッ！こわい話1000』にある。昆虫のカマキリではなく、鎌を凶器として切り裂くことが名前の由来となっているようだ。

## 紙男〔かみおとこ〕

家に現れる怪異。ある中学生男子が遭遇したというもので、その少年が二階で兄と布団を並べて寝ていると、刺すような寒さで目が覚めた。見ると、なぜか窓が全開になっており、閉めようと起き上がってベランダを見ると人影がある。それは男のようだったが、妙なことに頭や手の部分が風ではためいており、とても薄くて立体感がない。少年は兄を起こそうとしたが、兄は既に目覚めていたようで、「しっ！」と少年の言葉を遮った。そのうちに紙のような男は消え、窓も閉じていた。

朝起きると、なぜか兄弟二人とも右のふくらはぎ全体に水ぶくれができ、それが弾けて皮膚がドロドロになったように爛《ただ》れていた。医者に行くと治っても痕が残るぞ、と言われたが、兄の方はもう一度あの紙のような男をベランダで見たところ、きれいに痕がなくなっていた。そして少年もまた、中学校を卒業したすぐ後、同じようにベランダに紙男が立っているのを見たところ、翌朝には火傷《やけど》の痕が消えていたという。

木原浩勝・中山市朗著『新耳袋 第七夜』にある。

## 髪の樹［かみのき］

植物にまつわる怪異。千葉県のある家には根に髪の毛が生えている不思議な樹があり、抜こうとしてもしっかりと樹に根付いているかのように抜けなかった。また、この樹に触ると家族全員が物凄い頭痛に襲われるという言い伝えがあったという。家は室町時代から続く武家であり、殺された人たちの無念の思いが樹に髪の毛となって現れたのだと言われていた。この樹は現在、なくなっているという。

木原浩勝・中山市朗著『新耳袋 第五夜』にある。

## 髪毟り婆［かみむしりばばあ］

老婆の怪異。ある男性が四五歳を過ぎた頃から、朝、目が覚めると布団の周りに抜け毛が散っていることに悩んでいた。抜け毛の数は日ごとにばらつきがあり、また毛が布団の上ではなく周りに落ちているという奇妙な点があった。ある日、男性の家に友人が訪ねてきて泊まることになった。明け方、トイレに目覚めた男性は隣で寝ている友人の枕元に見知らぬ老婆が座っていることに気が付いた。老婆は暗い部屋の中にもかかわらず首から上だけがひどく白く、後ろで束ねた真っ白な髪は油でも塗っているかのようにピッシリと整えられ、テカテカと光って見えたという。その老婆は友人の顔を覗《のぞ》き込み、ゆっくりと頭に手を伸ばすと、より分けでもするかのように髪の毛をいじり始めた。そして髪の毛を一本抜いては放り出し、一本抜いては放り出しと、次から次へと髪の毛を右に左に散らしていった。その数が四、五〇本ほどに至った時、老婆は手を止め、また髪をより分けてニッコリと笑った。その口に覗いた口の中は真っ黒だったという。直後、老婆の姿は消え、抜かれた髪の毛と鼻を突く油の匂いだけが部屋に残っていたと語られている。

木原浩勝著『九十九怪談 第一夜』にある。筆者命名。

## 噛む木［かむき］

ネット上で語られた怪異。2ちゃんねる（現5ちゃんねる）オカルト板に立てられたスレッド「∧∧山にまつわる怖い話Ｐａｒｔ13∧∧」にて、「雷鳥一号」というハンドルネームを使う人物によって二〇

○四年一〇月二二日に書き込まれたもの。
それによれば、報告者の友人の男性が山で鎌を使い、下生えを刈っていた際のこと。休憩のため、近くにあった木に寄りかかると、二の腕に鋭い痛みが走った。慌てて身を翻すと二の腕に小動物に噛まれたような傷があり、血がにじんでいた。その時、寄りかかった木に違和感を覚えた男性が鎌を手に取り、木の方へと手を伸ばすと、いきなり木の表皮が波打ち、そのまますするすると木から剝《は》がれ落ちたかと思うと、下生えの中を滑るようにして消えた。後にはサルスベリの木が一本、何事もなかったかのように残されていたという。

## 仮母女［かもめ］

ネット上で語られた怪異。怪談投稿サイト「ホラーテラー」にて二〇一〇年九月二二日に投稿されたもの。

それによれば、仮母女はある旅館の一室の押し入れに潜《ひそ》むという怨霊《おんりょう》で、黒い乱れ髪を肩まで伸ばし、和服を着た若い女の姿をしている。その目は瞳が白く濁っており、それ以外の部分は血で真っ赤に染まり、口は歯が全て抜かれている。この怨霊の潜む部屋で男女が性行為を行うと押し入れから現れる。人間を金縛りにし、その間に女の方の目を瞼《まぶた》の上から人差し指で潰した後、その女に憑《つ》く。すると女は仮母女と同じような姿になり、性行為の相手だった男を探し始め、男を見つけると仮母女はそちらに憑く。憑かれた男は目の焦点が定まらず、唾液を垂れ流し、奇声を上げるという状態に陥る。

その正体は、かつて子を産めない女に代わり、子を産むために金で買われた女たちの成れの果てだという。それを仕切っていたのが旅館を営む地主で、仮母女たちは旅館の一室で男と交わり、妊娠すればその男の家で一年の間養われた。その際は人目につかないように押し入れなどに閉じ込められ、子どもを産んだら旅館に帰り、再び別の男の子を孕《はら》む。そんな悲惨な境遇にあった。そのため、情を交《か》わした男と逃げたり、産んだ子を連れて消える仮母女が後を絶たなかった。そこで地主は逃げないよう、また男が情を抱かないよう、仮母女たちの目を潰した。

それから二年ほど経ち、今度は仮母女の産んだ子どもたちに異変が起き始めた。目の焦点が定まらなくなり、唾液を垂れ流しながら奇声を上げるようになった。また瞳が白く濁り、視力を失う子どももいた。その噂《うわさ》を聞き、ある僧侶がやってきた。僧侶は死んだ仮母女らの怨念が渦巻いていることを告げ、地主に対し、小さな籠に眼球大の水晶と子どもたちのへその緒を入れるよう告げた。これは仮母女の目と、彼女らの子どもの身代わりになるもので、各々の墓に埋めることで供養《くよう》となるのだという。地主はこれに応じ、やがて仮母女たちの怨念は収まったかに思えた。しかしある時、地主がこの土地から逃げる際に、墓に埋めた水晶を持ち去ってしまったことから、目を潰された上に歯も抜かれるという、最もひどい仕打ちを受けた仮母女が、強い恨みを持って怨霊と化した。この怨霊が旅館の一室に潜み、そこで男女が性行為を行うと過去を思い出して怒り、襲うようになったという。

「仮母女」という名前は子どもを産むためだけに管理されている存在であるため「仮の母の女」で「仮母女」という説のほか、供養のために籠に水晶とへその緒を入れていることから、「カゴ女」が転訛《てんか》して後に当て字が当てられたのではないかという説が紹介されている。また、実際にこの旅館の仮母女の部屋に恋人とともに泊まってしまった「洋子さん」という女性が、仮母女に憑かれて恋人を追い詰めていく様子が前日譚《たん》として投稿されている。

## カラス嫌いの暴力団員 ［からすぎらいのぼうりょくだんいん］

公園に出る怪異。栃木県佐野市のある公園には、恐ろしい形相《ぎょうそう》をした中年男性の霊が出るという。この男は公園で殺された挙句、カラスの餌にされた暴力団員だといい、今もカラスを恐れているのか、カラスが現れると消えてしまうという。また、深夜誰もいない公園から争っているような怒声や「うぎゃあ」という叫び声がカラスの鳴き声とともに聞こえるとも伝わっている。

宝島社『最新「霊スポット」１２１怨霊地図 04年版 関東一都六県』にある。

## カラス蛇 ［からすへび］

動物にまつわる怪異。福島県には「カラス蛇」と呼ばれる黒く羽の生えた蛇がおり、二、三メートル空を飛ぶという。

トーキョウ・ルーマーズ編『平成の都市伝説』にある。黒化型のシマヘビを「カラスヘビ」と呼ぶ場合があるが、この蛇は黒いだけでなく羽が生えているため、実在したとしたら完全に新種の生物のようだ。

## からむな ［からむな］

ネット上で語られた怪異。2ちゃんねる（現5ちゃんねる）ニュース速報（ＶＩＰ）板に立てられた「眠れないから怖い話とかＵＭＡとかの話してけろ」スレッドにて二〇一二年四月二一日に語られたもの。

それによれば、「からむな」は報告者が幼い頃に祖母から聞いたもので、蔵や家に憑《つ》く化け物なのだという。その姿は人間の男性のようだが、ぼんやりとしていて、歩いては消えることを繰り返す。そのため、家の中を歩いていても家の人間はからむなに気付かない場合が多く、日に日にからむなが家を闊歩《かっぽ》する時間が増えていき、最終的にその家の人間の姿を借りて悪事を働くようになるという。

この話では報告者の祖母は「悪さばかりしている子は『からむな』さんに取られちゃうからね」と、子どもをしつける形で報告者にからむなの存在を語っていたことも記されている。

## ガリガリの子ども［がりがりのこども］

インターネット上で語られた怪異。ある男性が、家の屋上で双眼鏡を覗《のぞ》き、街を観察していると、その家の西側にある長い坂道を猛スピードで下ってくる何者かが見えた。焦点を合わせると、それは痩《や》せこけた裸の子どものような姿をしており、満面の笑みを浮かべながら双眼鏡に向かって手を振っていた。その様子は明らかに双眼鏡を覗く男性の存在に気付いているようで、双眼鏡越しに彼と目が合った状態で手を振りながら坂道の下にある彼の家へと近付いてきていた。恐ろしくなった男性は屋上を下りて屋内へと駆け込み、鍵をかけて息を潜《ひそ》めていると、やがて屋上への階段を上る音が聞こえてきた。そのすぐ後、今度は階段を下る音が聞こえてきて、直後にドアを叩《たた》く音やチャイムを鳴らす音が連続で聞こえ、加えて、先ほどの子どものものと思しき呻《うめ》き声も聞こえてきた。それは数十秒で収まったが、男性は日が昇るまで安心することはできなかったという。

2ちゃんねる（現5ちゃんねる）のオカルト板に立てられた「死ぬ程洒落《しゃれ》にならない怖い話を集めてみない？ 69」スレッドに、二〇〇四年三月二九日に書き込まれた怪異。その話の恐ろしさ、完成度からネット上で広まったが、二〇〇八年九月二五日、2ちゃんねるに「涎先生」というハンドルネームで書き込んでいた人物が、自分が創作し、書き込んだ話であることを当人のブログ「よだれだらだら」にて明かした。

## 眼球を探す少年［がんきゅうをさがすしょうねん］

少年の姿をした幽霊。栃木県那須郡《なすぐん》のあるキャンプ場では、眼球のない少年の幽霊が出現するという。この少年はシイタケ狩りをしていると突然現れ、「僕の目玉一緒に探して……」と言う。その姿は、顔は血だらけで、目の部分は大きな空洞がぽっかりと空いている。この少年の正体はかつてこのキャンプ場の裏手を走る電車に轢《ひ》かれて死んでしまった少年で、その際に体がばらばらになり、二つの眼球だけが見つからなかった。そのため少年は今も眼球を探しているのだという。

宝島社『最新「霊スポット」１２１怨霊地図　04年版　関東一都六県』にある。

## 元旦のロッカー［がんたんのろっかー］

寿命にまつわる怪異。大みそかの夜、四四番のナンバーが書かれたコインロッカーの中に好きな食べ物と嫌いな食べ物を一つずつ入れて鍵をかける。元旦の夜にこのロッカーを開けると、自分の寿命が書かれた紙が置かれているという。

闇月麗編著『本当に怖い話　背すじもこおる恐怖体験99話』にある。筆者命名。

## 缶走［かんばしり］

道路に出現した怪異。東京都内であるタクシー運転手が早朝、帰社しようと車を走らせていたところ、カラカラカラカラッという音が聞こえてきた。音のする方を見ると、窓の外を空き缶が並んで転がっており、時速四〇キロで走るタクシーと並走している。速度を上げても引き離すことができない。赤坂見附を過ぎ、紀伊国坂のカーブを曲がると、空き缶も同じように曲がってついて来る。どうしてもこの缶を振り切れず、怖くなってさらにアクセルを踏み込むと、時速九〇キロでやっと音が遠ざかって行ったという。

　木原浩勝・中山市朗著『新耳袋　第七夜』にある。

## 観廊婦［かんろうふ］

廃病院にまつわる怪異。ある男性が友人に誘われ、患者の虐待や虚偽の診察報告が問題になり閉鎖された廃病院に赴いた際のこと。まだ日が明るいうち、カメラを持ってその病院の廊下を奥へと歩いていたが、特に何も起きることなく、無事に家に帰った。そして二人で撮ったビデオを見始めたが、そこには無人の病院の廊下をただ歩いている様子が映っているだけだった。しかし、友人が慌ててビデオを巻き戻した。それは映像が終わる間際の場面だったが、よく見ると、画面が消える直前、行く手正面にあるT字の突き当たりの左角から、こちらへ向かって歩いて来る看護婦の姿が映り込んでいたという。

　木原浩勝・中山市朗著『新耳袋　第七夜』にある。このように廃墟に侵入し、録画や録音をしている際には何も起きないが、帰宅後にそれらを再生すると侵入時には見えなかった、もしくは聞こえなかったものが記録されている、という話は多い。代表的なものに「幽霊屋敷」（『日本現代怪異事典』収録）がある。

# 【き】

## キ［き］

ネット上で語られた怪異。2ちゃんねる（現5ちゃんねる）オカルト板に立てられたスレッド「∧∧山にまつわる怖い・不思議な話Ｐａｒｔ61∧∧」にて、二〇一二年四月二八日に語られたもの。

　それによれば、報告者が千葉県の南房総の山間を館山までバイクで走っていたところ、突然音もなく空いっぱいの巨大な「キ」の文字が現れ、右から左へと横切って行った。その大きさは五〇メートルから一〇〇メートルはあったという。

## キィちゃんとチズちゃん
［きいちゃんとちずちゃん］

ネット上で語られた怪異。怪談投稿サイト「Alpha-Web こわい話」に二〇〇二年八月一日に投稿されたもの。

それによれば、当時三歳だった投稿者の息子がキィちゃんとチズちゃんという存在しないはずの友達と遊んでいるという話で、二人は社宅で他の子どもたちと遊んでいると、いつの間にか交ざっていたのだという。もちろんキィちゃんとチズちゃんは社宅の外から遊びに来る普通の人間の子どもだったという可能性もある。

ただ、いつの間にか知らない子どもが遊びに交ざっているという話は座敷わらしにまつわる話としてよく語られる。キィちゃんとチズちゃんもそういった子どもの姿をした人ならざるものだったのかもしれない。

## 黄色いミイラの夢
［きいろいみいらのゆめ］

ミイラにまつわる怪異。エジプトではミイラやピラミッドがたくさん見つかっているが、実際に発掘した人が何十人も死んでいる。ミイラの呪いにかかった人はまず黄色いミイラが出てくる夢を見て、その後少しずつ体がひからびて死んでしまうという。この話を聞いた人間は、ミイラの呪いを避けるために寝る前に必ず一杯の水を飲み、仰向けになって手を重ねながら眠らなければならない。また、もしミイラが枕元にやってきても、無視して寝たふりをすると良いという。

魔夜妖一・幻咲麗・マーク矢崎治信監修『うわさの怪談 闇』にある。「黄色いミイラ」という言葉を一定の年齢まで覚えていると死ぬ、という話もある（『日本現代怪異事典』の同項目参照）。

## 黄色の火の玉
［きいろのひのたま］

沖縄県の竹富島に出現するという怪異。この島の南海岸では三年に一度、正体不明の火の玉が飛んでくるという。見た目は直径二五センチほどの真っ黄色の球体で、上空から家の中に飛び込むと、その家をはじめ、近所の家を含めてあっという間に燃やしてしまうとされる。

松永克広著『妖魔がさ迷う怨霊列島』にある。

## 消える山小屋
［きえるやまごや］

山小屋にまつわる怪異。東京都、埼玉県、山梨県に跨《またが》る雲取山《くもとりやま》。その山小屋である雲取山荘は時折、人の目に見えなくなるのだという。

その怪現象が最初に起きたのは今から半世紀以上前、一人の青年がこの山小屋を見つけられず、近くの無人の御堂に避難していた。この御堂はかつて遭難者を弔うため、先代の山小屋の主人の妻がお題目を上げるのに使っていた場所だったが、先代の主人が亡くなり、妻も山を下りた後は使われなくなっていた。

それから二〇年後、同じように山小屋が分からなくなったという客が現れた。そして一九九九年、やはり山小屋が消えたという客が現れた。不思議なことに小屋の目の前を通っても気付かない客もいた。この時、山小屋の主人は最初に山小屋を見失った客が避難したあの御堂を放置しているのが原因ではないかと気が付いた。そこで地元の神社に協力を仰ぎ、御堂を壊して祠《ほこら》を建てた。それ以来、雲取山荘を見失う者はいなくなったという。

工藤隆雄著『新編　山のミステリー』にある。

## 記憶を盗む火の玉［きおくをぬすむひのたま］

火の玉にまつわる怪異。記憶を盗む火の玉がおり、もしこれに近付くと自分が誰かも分からなくなってしまうという。

魔夜妖一監修『ゾゾーッ！　こわい話1000』にある。

## きじょさん［きじょさん］

ネット上で語られた怪異。2ちゃんねる(現5ちゃんねる)オカルト板に立てられた「死ぬ程洒落《しゃれ》にならない怖い話を集めてみない？　239」に二〇一〇年三月二七日に書き込まれたもの。

それによれば、「きじょさん」は報告者の実家がある地域で伝えられていた迷信のようなものだという。この地域では葬儀から帰る際、家に入る前に清めの塩を撒《ま》いた後、履物を外側に向けて揃《そろ》えて脱いでから家に上がるという風習があったが、これはきじょさんが家に入り込むことを防ぐために行われていたとされる。もしきじょさんが家に上がってしまうと、その夜、家の人間の夢枕に顔が黒く塗り潰され、黒ずくめの喪服を身に纏《まと》ったものが現れる。これがきじょさんで「汝、きじょ也しや？」と問いかけてくるが、答えを待たずに姿を消し、夢を見ていた人間は目を覚ます。その後はしばらく何も起こらないが、四十九日の真夜中に、今度は夢枕にではなく実際の枕元に現れ問いかける。

「汝の右腕、如何にして動かしたるか？」

その問いを聞くと、右腕が動かなくなる。

続けてきじょさんが問いかける。

「汝の左腕、如何にして動かしたるか？」

その問いに応じて左腕が動かなくなる。

続けてきじょさんは問いかける。

「汝の右足、如何にして動かしたるか？」

その問いに対し、右足が動かなくなる。

続けてきじょさんは問いかける。

「汝の左足、如何にして動かしたるか？」

その問いに呼応して左足が動かなくなる。

最後にきじょさんは問いかける。

「汝の心の臓腑、如何にして動かしたるか？」

その問いの後、心臓が止まる。

これにより翌朝には原因不明の心不全の死体が出来上がるという。

もしきじょさんが家に上がってしまった場合はきじょさんが夢枕に立った翌日から四十九日までの間、毎日帰宅した際に履物を外に向けて揃えてから家に上がると良いという。これを守れば四十九日の真夜中にきじょさんは現れるが、「努々《ゆめゆめ》些事《さじ》を疎《おろそ》かにすること莫《なか》れ」と言い残して、何もせずに去って行くのだと語られている。

## きつそう［きつそう］

言葉遊びにまつわる怪異。ある青年が本屋で題名も書いていない真っ白な本を買った。その際、本屋の店員は彼に絶対に中は見ないでくださいと告げたという。しかし、家に帰った青年は本を開いてしまった。その五分後、大家が家賃を催促しにこの青年の元を訪れたが、ブザーを鳴らしても反応がない。居留守を使っていると考えた大家が合鍵を使って中に入ると、青年の部屋は全て血に染まっており、本棚の前に青年が倒れていた。その横には真っ白な本があったという。

この話を聞いた人間の元には一カ月以内に家に青年がやってきて、白い本を渡そうとする。だが、これは絶対にもらってはならない。もしもらっても捨てるか、開かないで持っていなければならない。もし青年が来るのが嫌ならば、夜の一〇時頃に「きつそう」と大声で三回言えば、青年は来ないという。

常光徹編著『みんなの学校の怪談 緑本』に神奈川県からの投稿として載る。この話に出てくる「きつそう」という言葉は逆から読むと「うそつき」になる。つまりこの話がそもそも嘘だと分かる構造になっている。また、同書にはこれと類似した話として「白いずきんの女の子」（『日本現代怪異事典』収録）が載せられているが、こちらは同じように白い本が怪異を呼び寄せるアイテムとして登場するものの、言葉遊びの要素はない。

## 狐に乗られる［きつねにのられる］

自転車にまつわる怪異。愛媛県である女性が昼間に自転車に乗って買い物に行った際のこと。突然自転車の籠がずしりと重くなったかと思うと、その重さでハンドルが左右にふらつき始めた。見ると、籠の中は空っぽなのにもかかわらず、籠全体が広がり気味に沈んでいる。その重さは一〇キロ以上の米袋が籠に入っているようで、運転するのが困難になってきた時、後ろから来た自動車が女性の自転車を追い越していった。途端、ハンドルやペダルが軽くなり、自転車が元の状態に戻ったようだった。その夜、女性が家で父親にこのことを話すと、それは「狐に乗られたって言うんだ」と教えられたという。

木原浩勝・中山市朗著『新耳袋 第九夜』にある。愛媛県を含め、四国地方は狐はおらず狸がいる、という伝説が残っており、実際狸にまつわる伝承が多いが、「狐の嫁入り」の話など狐にまつわる伝承が残っていないわけではない。これもそういった狐にまつわる伝承の一つなのかもしれない。

## 狐の家族〔きつねのかぞく〕

狐にまつわる怪異。ある少女が東京都世田谷区の大きな邸宅に住んでいた際、屋上で祖母が洗濯物を干すのを手伝っていると、隣の木造アパートが見えた。何気なく眺めていると、一階の右端の部屋に稲荷神社にあるような石造りの狐が四匹いるという不思議な光景を目撃した。しかも狐たちは部屋の真ん中にあるちゃぶ台を囲んでおり、二匹は子狐で、もう二匹は成獣のようだった。成獣の狐たちは二足で立ち上がって茶碗を持ってちゃぶ台に運んだり、奥の部屋へ入ったりしており、子狐たちは嬉しそうにご飯を待っていたという。

少女は思わず祖母を呼んで狐のことを話したが、祖母はその光景が見えないのか「そんなものはどこにもいませんよ」と素っ気なかった。少女は洗濯物を干し終えるまで狐の家族の様子を見ていたが、その日以降は狐の家族を見ることはなくなった。そしてアパートもいつしか取り壊されてしまったという。

木原浩勝・中山市朗著『新耳袋 第四夜』にある。

## 狐のバス〔きつねのばす〕

狐にまつわる怪異。ある女性が故郷である群馬県の田舎道でバスを待っていた。時刻は夕方だったが、やがて一台のバスがやってきた。しかし、バスが来るのはもう少し後の時間のはずだったため、奇妙に思いつつバスを見ると、乗客も運転手も乗っていない。やがてバスはバス停の前まで来たが、減速もせずに土煙を立てて停留所を通り過ぎると消えてしまった。女性が不思議に思ってよく見ると、四本の足と狐の尻尾が生えた小さなバスが見えた。その狐が化けたであろうバスは、たったかたったかと走り去って行ったという。

木原浩勝・中山市朗著『新耳袋 第一夜』にある。

## 狐風呂〔きつねぶろ〕

狐にまつわる怪異。栃木県のある山道で男性が車を運転していたところ、突然睡魔に襲われた。男性は車を停めて休み始めたが、直後に目が覚めた。顔を上げると、ハンドルを握った格好で膝を折ってしゃがんでおり、なぜかどこの家かも分からない風呂場のバスタブに入っている。すると向こうから足音がして、この家の奥さんらしき女性が風呂場のドアを開けた。男性がしどろもどろになっていると、奥さんは笑って「ああ、いいんですよ、いいんですよ。で、車ですか？　自転車ですか？」と慣れた調子で尋ねてくる。これに車と答えると、丁寧に車がある場所を教えてくれた、たまにあることだからと笑って言う。

そこで奥さんに言われた通りの場所に行

ってみると、確かに車があったため、一体何があったのだろうともう一度あの家に行き、奥さんに尋ねてみると、この土地に住んでいるのではなく、外からやってきて山道を通っている人がたまに遭遇する現象で、なぜか同じ場所に車を停め、この家の勝手口から入って風呂に入るのだという。それは決まってこの奥さんが風呂場を洗おうと水を抜いておいたタイミングで、誰かがバスタブの中に座っているという。奥さんは原因は狐だといい、昔からこの辺りでは狐が人を騙《だま》すという話があり、不思議なことに地元の人と一緒にいると被害に遭《あ》わないのだと語った。

木原浩勝・中山市朗著『新耳袋　第六夜』にある。昔から狐に化かされた人が風呂に入っていると思ったら肥溜めだった、といった話はあるが、水が入っていないとはいえ、ちゃんと風呂に誘い込むだけ優しいのかもしれない。

## キノコのお化け［きのこのおばけ］

夜道に出現する化け物。北海道釧路《くしろ》市のある町では、深夜に一人で歩いていると高さ約一メートルほどの白いキノコのような物に追いかけられることがある。気味が悪くなって逃げ出すとしつこく追いかけて来るが、自分から手を出さない限り危害を加えることはない。ただし男性の場合、この化け物に攻撃すると自身の性器に凄《すさ》まじい痛みが走るとされる。

実はこのキノコのお化けは男性器のお化けらしく、女性にはとても優しい。もし女性がこれと出会った場合、必ず近いうちに良縁を得るという。

室生忠著『恐怖と怪奇の幽霊体験』にある。

## 気味の悪い絵［きみのわるいえ］

絵画にまつわる怪異。ある美術館には死んだ女が描かれた気味の悪い絵が飾られている。この絵画の前を通ると「殺してやる〜」と絵の中の女が言うが、これを聞いて振り向いた人は殺されてしまい、振り向かない場合は絵の中に引き摺《ず》り込まれてしまうという。

ポプラ社編集部・渡辺節子編『映画「学校の怪談」によせられたこわーいうわさ』に愛知県一宮市からの投稿として載る。声を聞いた時点で対処法がない厄介な怪異である。

## 鬼目羅［きめら］

人間と妖怪の両方の血が流れているという存在。半妖怪のため、右目が赤く、左目は青い。また、妖怪からは仲間外れにされ、人間からは気味悪がられている。そのため、一人で行動することに慣れてしまったという。赤い目で悪さをする妖怪を見つけ、青い目で災《わざわ》いを振りまく悪人を見つける。実は善人にはとても優しく、悪い妖怪や人間から守ってくれるため、頼りになる存在なのだという。

怪談クラブ監修『キャーッ！　みんなの怪談』にある。イラストではオッドアイの若い女性の姿で描かれている。明記はされていないが、同書でこの妖怪が紹介されているコーナーはイラストや妖怪のステータス、設定などが詳細に記されており、実際に伝承のある妖怪を紹介するものとは趣が異なることから、書籍用に創作された妖怪たちを集めたものではないかと考えられる。特にこの鬼目羅は妖怪漫画の主人公のような設定をしている。「半妖怪」という言葉は古くは水木しげるの漫画『ゲゲゲの鬼太郎』（『墓場の鬼太郎』）などに登場する「ねずみ男」に使われており、やはり人間と妖怪の間に生まれた存在とされている。また高橋留美子の漫画『犬夜叉』、椎橋寛の漫画『ぬらりひょんの孫』など、人間と妖怪の間に生まれた存在を主人公とし、悪人や妖怪と戦う作品は多い。

ちなみに名前の鬼目羅はギリシャ神話に登場する怪物「キメラ」（キマイラ）に由来するものと思われる。キメラは獅子と山羊、蛇が合体した姿をしており、現在では同一の個体に異なる遺伝情報を持つ細胞が混じっている状態を指す言葉としても使われる。鬼目羅は人間と妖怪の血が混ざっているため、この名前を付けられたのだろう。

## 着物の少女［きもののしょうじょ］

ネット上で語られた怪異。2ちゃんねる（現5ちゃんねる）オカルト板に立てられた「死ぬ程洒落《しゃれ》にならない怖い話を集めてみない？　104」スレッドにて二〇〇五年七月二六日に報告された話に登場する。

それによれば、報告者がまだ子どもの頃、毎年夏になると田舎にある祖母の家に遊びに行っていた。小学生になる前の夏のこと、報告者は祖母の家の近くにある山に一人で上り、山道を進んでいたが、背後から「一人で行っちゃだめだよ」と声をかけられた。振り向くと、同い年ぐらいで着物を着た少女がいた。少女は報告者に山の中は危ないから一人で行動しては危ないと伝え、それでもなお退屈から奥へ進もうとする報告者に対し、「なら、私が遊んであげるから。ね？　山に行っちゃだめ」と言った。これに報告者は素直に頷《うなず》き、その日以降、毎日のように少女と遊ぶようになった。だが、いつまで経っても少女は名前を教えてくれず、やがて報告者が家に帰る日が近付いてきた。

その前日、報告者が明日、家に帰ることを少女に告げると、少女は自分の名前を彼に伝え、自分以外には決して話してはいけないと言った。そしてまたここに来た時、名前を呼べばやってくると告げ、二人は別れた。

冬が来て、また報告者が祖母の家に遊びに来た際、少女の名前を呼ぶと約束通り少女が現れ、また一緒に遊んだ。そのようにして毎年夏と冬、祖母の家に行く度に報告者は少女とともに時間を過ごした。しかし三年後、報告者が小学二年生の夏のこと。少女はここからいなくなるから、もう会えなくなると報告者に告げた。報告者は驚き、さよならは嫌だと迫ったところ、少女は涙を一筋流して礼を言い、また会えると彼に告げた。それから報告者は祖母の家に戻ったが、そこで高熱を出して五日間寝込み、入院する騒ぎになった。五日後、嘘のように平熱に戻り、退院して祖母の家に戻ると、今度はあの少女と遊んだ山が削られ、宅地造成の工事が始まっていた。病み上がりだった報告者は山に行くことができなかったが、以来、夢の中にあの少女が現れるようになった。

後で聞いた話では、工事の際に古びた社が出てきたそうで、それがあった場所は報告者が少女と遊んだ場所から少し奥に入ったところだったという。そのため、報告者は少女の正体は、ひょっとしたら社に祀《まつ》られていた存在なのではないかと考えるようになった。

報告者が高校生になった頃、自称霊感のある同級生に「すごいものに憑《つ》かれている、これまで怪我《けが》や病気がなかったはずだ」と言われ、実際にその通りだった、ということもあった。さらに、親戚の女の子が見事なお手玉を見せたものの、女の子はそのことを覚えておらず、しかもお手玉の様子があの着物の少女とそっくりだったということもあった。

報告者はあの着物の少女は本当に自分に憑いているのではないかと語り、しかし、それは不気味ではなく、少女の名前もなぜか思い出せなくなっているが、ただ懐かしい感じがするのみだ、と語っている。

## キャッシャ ［きゃっしゃ］

ネット上で語られた怪異。2ちゃんねる（現5ちゃんねる）オカルト板に立てられた「死ぬ程洒落《しゃれ》にならない怖い話を集めてみない？ 270」スレッドにて二〇一一年六月二〇日に語られたもの。

それによれば、ある村では女性が亡くなると葬式の晩に男を一〇人集め、酒盛りをしながら蠟燭《ろうそく》や線香を絶やさず燃やし続ける風習があったという。また蠟燭は仏像を崩したような形にせねばならず、その年の番に抜擢された男の中で最も若い者が、蠟燭を彫ってその形にしていたとされる。また、葬式が行われる家の水場や窓には様々な魔除けの品を飾り、それらが外れないよう見張る、番人以外はその夜、たとえ家人であっても家の中に入ってはいけない、などの決まりがあった。これはキャッシャという魔物から遺体を守るために行う風習とされていた。

しかしある年、若い女性が亡くなった葬式で、風習を信じない若者が窓に飾った魔除けが傾いていたにもかかわらず、放置したり、勝手に直すなどしてしまう。するとその日の深夜にキャッシャが出現し、近所の人間の姿に化けて玄関から家に侵入しようとした。その際、キャッシャは流暢に日本語を話していたが、次第に奇声を発し始め、直立不動のまま顔だけしかめながら「入れろおおお！」「うわあああああ！」などと叫んでいたという。しかし、決まりを破るわけにはいかないと家の中に入れないよう阻止していると、一〇分ほど経って「もういい」と告げ、帰って行ったと語られている。

ここでは侵入を防ぐことができたが、もしキャッシャが家に侵入した場合、死体を盗んでしまう。そして盗まれた家はもう栄えることはない。またキャッシャに気に入られた場合、その人間が死ぬと必ず家に現れる、という話もあるようだ。

ここでいうキャッシャとは妖怪、火車のことだろう。日本各地に伝わる民間伝承においては、火車は生前悪行を積んだ人間の死体を盗みに来るとされる化け物で、黒雲や猫の怪物のような姿で現れ、葬儀中の死体を奪っていくという話が全国で語られている。また火車が訛《なま》ってキャシャと呼ぶ例も岩手県や静岡県などで見られる。

本来、火車は地獄に堕ちる人間を連れて行く使者として現れる、鬼などが引く火の車と考えられていたが、時代が下り、近世になると死体を奪う妖怪として語られるようになった。また一七世紀から一八世紀頃になると、猫が変化した妖怪とされる話も登場する。これは遺体の上を猫が通ると死体が起き上がるといった、猫と死体にまつわる俗信が広く分布していたことから、同じく死体と関わる火車と結びついたためと考えられている。他にも、時代が下るにつれて善悪に関係なくただ人間の死体を盗んでいく妖怪として語られることも多くなった。

また火車と同一視される傾向にある妖怪に魍魎《もうりょう》がいるが、江戸時代の根岸鎮衛《やすもり》の随筆『耳嚢《みみぶくろ》』の中の一編「鬼僕の事」では魍魎が火車のように死体を奪う話が記されている。ここでは魍魎が人間の姿に化けて武士に仕えたとされている。

## 九九本の血だらけの手 ［きゅうじゅうきゅうほんのちだらけのて］

トイレにまつわる怪異。午前二時の時報とともに便器に片方の足だけを入れると、九九本の血だらけの手が現れてその足を摑《つか》み、あの世へ連れ去ってしまうという。

マイバースデイ編集部編『マジこわい!!心霊体験大百科』にある。

## 九死霊門 ［きゅうしれいもん］

ネット上で語られた怪異。2ちゃんねる（現5ちゃんねる）オカルト板に立てられた「ほんのりと怖い話スレ　その57」スレッドにて二〇〇九年六月二七日に語られたもの。

それによれば、九死霊門は山林に突如現れる地獄に繋《つな》がる穴で、夕方から朝方までの薄暗い、もしくは暗い時間帯に開く死の世界への門とされ、これが開く際には人間を含む動物の命が一つ生贄《いけにえ》にされる。その際には九人の死霊が門を開く役割を担う。まず八人が八方から木を叩《たた》くような音を立てて獲物を追い詰めていき、獲物が九人目の死霊の近くまで来ると、その九人目が霊門を開き、これを飲み込んでしまう。一度開いた門はしばらくの間、開いたままになり、生きている動物が近付くと何であっても命を吸って殺してしまう。そのため、霊門が開いた後には多くの動物の死体が転がっているという。

この話に先行し、二〇〇九年六月二三日に「死ぬ程洒落《しゃれ》にならない怖い話を集めてみない？　２１６」スレッドにおいて、山林に行った男性が木を叩くような謎の音を発する者たちに追いかけられたという話が書き込まれており、それを受けて九死霊門の話が書き込まれた。

さらに二年以上後の二〇一一年一一月一四日、「ほんのりと怖い話スレ　その79」にて、和歌山県との県境付近にある大阪府の地域において、子どもの頃に山中で木を叩くような謎の音に追われたという体験談が書き込まれ、それを受けて同日に地元に九死霊門の伝承があるという人物によって再び九死霊門の概要が書き込まれた。この人物はおとぎ話のようなものであって、実際に遭遇したことはないと語っている。

また、ここでは不自然なほど一カ所に動物の死骸が並んでいることがあり、この伝説が囁《ささや》かれるようになった。これは有毒ガスが噴出する場所があり、その付近で動物たちが死んでいたため生まれたのではないかと考察されている。

他にも二〇一五年七月一八日にもこれと遭遇したという話が「ほんのりと怖い話スレ　その１１０」スレッドに書き込まれ、二〇一七年五月七日には「ほんのりと怖い話スレ　その１２３」にて、東南アジアでこれと似た怪異に出会った体験談が書き込まれるなど、場所と時を選ばずに出現する怪異と化している。

## 吸水口の目玉［きゅうすいこうのめだま］

プールにまつわる怪異。筆者命名。ある小学校ではプールで泳いでいる時に吸水口を覗《のぞ》いてはいけないとされる。なぜなら吸水口の奥には無数の目玉があり、いつも目玉を探している。そのため、もしその目玉と目が合うと、自分の目玉を吸い取られてしまうのだという。

絹華作『恐怖１５０％!!　超こわい話スペシャル版』にある。

## 94251［きゅうよんにごいち］

ＳＮＳにまつわる怪異。Ｚホールディングス株式会社傘下のＬＩＮＥ株式会社が運営・開発するアプリケーション「ＬＩＮＥ」を舞台に語られるもの。

ＬＩＮＥでこの「９４２５１」というＩＤを検索すると、死者のアカウントに繋《つな》がるなどと語られる。このアカウントと接触する際には「誰ですか？」と聞いてはいけない、最初の会話は「こんにちは」と送らなければならない、アカウントをブロックする時には「さようなら。僕の気持ちを受け取ってください。さよなら」と送らなければならない、といったルールが語られる場合もある。このアカウント自体は実在するが、メッセージを送ったり音声通話を行っても反応がないとされる。その正体は悪徳業者が情報を収集するために作成したアカウントで、死者のアカウントであるといった噂《うわさ》を流すことで不特定多数にこのアカウントを登録させることを目的としている、といった話もあるが、真偽は不明である。

## キュルルル［きゅるるる］

ネット上で語られた怪異。2ちゃんねる（現5ちゃんねる）オカルト板に立てられた「死ぬ程洒落《しゃれ》にならない怖い話を集めてみない？ 193」スレッドにて、二〇〇八年五月二八日に書き込まれたもの。

それによれば、電話受付嬢として働いていた報告者は、深夜勤務をしていたある日、奇妙な電話に対応した。その電話の相手はボイスチェンジャーを使ったような不自然な声をしており、報告者の「はい、A社でございます」という言葉に対し「はい、ザザーッ　A社でございます、ます、キュルルー」と返すというように、報告者の言葉をオウム返ししながら、語尾の部分を不自然に繰り返していた。また、声には砂嵐のような雑音が混ざり、ビデオテープを早送りしたような「キュルルー」という音を発していた。いたずらだと考えた報告者はすぐに電話を切ったが、すぐに同じような電話がかかってくる。しかし、ボイスチェンジャーの設定をいじったのか、声は先ほどと異なっていた。

これが繰り返されたため、報告者はかかってきた電話を保留状態にし、五本ある電話回線の別の電話で通常の業務に戻ろうとしたが、どういうわけかその電話はほかの電話にも同じようにかかってきて、ついに五本の電話が全て埋まってしまった。

これをするには相手も五本の電話回線を使う必要があるため、恐ろしくなった報告者はすぐに人がいる外販部に行こうと部屋を出ようとしたが、今度は彼女の携帯に非通知の電話がかかってきた。恐る恐るそれに出ると、「ぷキュルルッ」という音とともに電話が切れた。堪《たま》らなくなった報告者は急いで残っていた社員を見つけて事情を説明し、部署に戻ると既に電話のコールは止んでいた。

翌日のこと、「ぶつっ」という音とともに報告者の右耳が聞こえなくなってしまった。その症状はすぐに治まったが、以降、時々右耳が聞こえなくなったり、右目が見えなくなる症状が起きているという。

そしてもう一つ、報告者の身に不可思議な現象が起きるようになった。報告者の夢の中に、大きな黒い鳥が現れるようになった。その鳥は報告者の頭上をぐるぐると飛んで回り、そのうち降りてくるのだが、その頭部は人間の女性であるという。それは報告者の右肩に止まり、耳元でキュルルル、と鳴くのだと語られている。

## 強愛霊［きょうあいれい］

心霊にまつわる怪異。チャンスに強い霊で、これに憑《つ》かれた人間は恋愛の駆け引きが上手くなり、その人間もチャンスに強くなるという。

マイバースデイ編集部編『恐怖!! 学校

の幽霊』にある。「～霊」というように「霊」の前に単語を付けることで霊の種類を表すものについては**霊の種類**の項目を参照。

### 京子さん [きょうこさん]

学校の怪談として伝わる怪異。ある学校の三階の女子トイレに京子さんという血だらけの女性が出るという。

宮崎敦司監修『本当に怖い話 ＭＡＸ 絶叫学園』にある。「トイレの花子さん」（『日本現代怪異事典』収録）に類する女子トイレに出る幽霊の一種だと思われる。

### 恐怖のガム [きょうふのがむ]

ネット上で語られた怪異。怪談投稿サイト「Alpha-Web こわい話」にて、二〇〇二年一二月一九日に投稿されたもの。

ある三人の少年が仲良く遊んでいると、一人の老婆がやってきてガムを三枚差し出した。そのガムは赤、青、黄の三色で、三人はそれぞれ違う色のガムをもらった。

翌日、赤のガムをもらった少年は原因不明の吐血の後死亡した。青をもらった少年は風呂で心臓発作になり、真っ青な顔で死亡した。黄のガムをもらった少年は苦手だったバナナを食べられるようになったという。

「赤マント・青マント」「赤い紙・白い紙」（いずれも『日本現代怪異事典』収録）などに代表されるように色を選ばせ、その色に応じた被害を与える怪異だが、黄を選んだ場合の効果が今までにない斬新なものである。

### 恐怖の道 [きょうふのみち]

トンネルにまつわる怪異。あるカップルがドライブ中、三つ並ぶトンネルが現れ、そのうちの真ん中のトンネルを通るとすぐにファストフード店が目に入った。空腹だった二人はそこでハンバーガーとトマトジュースを買ったが、変な味がしたため、「これは何ですか」と尋ねると、店員は「お前たちの血と肉だ！」と答えたという。先ほどの三つのトンネルは右側が「普通の道」、左側が「崖」、真ん中が「恐怖の道」と呼ばれているのだと語られている。

常光徹編著『みんなの学校の怪談 緑本』に神奈川県からの投稿として載る。

### 鏡面の包丁男 [きょうめんのほうちょうおとこ]

鏡にまつわる怪異。誰もいない真っ暗な部屋で鏡をずっと見ていると、包丁を持った男が浮かび出てくる。男は「赤と青、どっちの色が好き?」と尋ねてくるが、この時「青」と言うと消える。しかし、「赤」と答えると持っている包丁を突き刺してきて、血まみれになる。そして「お前の好きな赤だよ」と言って消えるという。

常光徹編著『みんなの学校の怪談 緑本』に東京都からの投稿として載る。筆者命名。

## 魚神様［ぎょじんさま］

海や川を守るとされる水の神。その姿は上半身が魚、下半身はヒレのついた人間の足のようで、水を汚すものや魚を釣ってはならない場所で釣りをする人を懲らしめるという。

怪談クラブ監修『キャーッ！ みんなの怪談』にある。明記はされていないが、容姿や行動などが明確に設定されていることから、書籍用に創作された妖怪の可能性が高い。同書ではアメリカのフロリダ海岸に流れ着いた噂《うわさ》がある、と記されているが、これは一九九二年一二月一五日付の「ウィークリー・ワールド・ニューズ」というアメリカ及びカナダで発行されていたタブロイド紙に載った記事のことを指していると思われる。この記事では「FISH WITH HUMAN LEGS FOUND ON FROLIDA BEACH」という見出しとともに、魚の下半身に人間の足が生えたような生物の写真が載せられている。

また、同書には聖徳太子が琵琶湖で出会った人魚についても触れられているが、これは滋賀県近江八幡市《おうみはちまんし》にある観音正寺に残る伝説のことだと思われる。この伝説では聖徳太子が人魚と出会ったと語られており、人魚は前世が漁師であったため、多くの殺生の業によりこのような姿になった。願わくば寺を建て、自分を成仏《じょうぶつ》させてほしいと聖徳太子に願ったという。この願いを聞き入れて建てられたのが観音正寺だと言われている。しかし、この寺に伝わっていた人魚のミイラは上半身が人間、下半身が魚というもので、魚神様とは形が異なる。

## 巨大カタツムリ［きょだいかたつむり］

ネット上で語られた怪異。2ちゃんねる（現5ちゃんねる）オカルト板に立てられたスレッド「∧∧山にまつわる怖い話Ｐａｒｔ6∧∧」にて、「雷鳥一号」というハンドルネームを使う人物によって二〇〇四年一月一九日に書き込まれたもの。

それによれば、報告者の先輩にあたる人物がキャンプに赴いた際のこと。彼の元に新参のキャンパーたちがやってきたが、皆傷だらけだった。そこで訳を尋ねてみると、カボチャほどの大きさがある青黒いカタツムリの群れに襲われたと話した。このカタツムリにたかられて齧《かじ》られ、怪我《けが》をしたのだという。その言葉を証明するように、新参キャンパーたちの傷はまるでやすりでひどく擦《す》ったようなものだったと語られている。

カタツムリの口には歯舌《しぜつ》というやすり状の器官がある。このキャンパーたちはこれによって擦ったような傷がつけられたということなのだろう。

## 巨大黄色キウイ［きょだいきいろきうい］

ネット上で語られた怪異。2ちゃんねる（現5ちゃんねる）オカルト板に立てられた「死ぬ程洒落《しゃれ》にならない怖い話を集めてみない？97」にて二〇〇五年五月七日に語られたもの。

それによればトラック運転手だった報告者の父親が遭遇したという化け物で、昭和の時代、無舗装の道路を走っていた際に出現したという。見た目は直径一・五メートルほどの大きさがある黄色いキウイのようで、表面にびっしりと細かい毛のようなものが生えており、体の上部には馬の脚のようなものが上に向かって生えていたとされる。その脚のようなものは不規則にじたばたと動いており、反対に本体の下部には不規則な間隔で大きさもまちまちな穴がいくつも空いており、呼吸をするように開いたり閉じたりしていたという。この不明生物は空中に浮かびながらトラックと並走する以外は特に何もせず、そのまま闇の中に消えていったとされる。

## 清滝トンネルの信号 ［きよたきとんねるのしんごう］

トンネルにまつわる怪異。京都府京都市にある清滝トンネルでは、トンネルの入口にある信号が「赤」だと幽霊がトンネル内に出現して帰ることができなくなるが、「青」であれば何も起きないという

トーキョウ・ルーマーズ編『平成の都市伝説』にある。赤と青を選ばせる怪異は多くいるが、信号の赤と青が出現条件となっているのは珍しい。

また現在流布《るふ》している噂《うわさ》を見ると、「赤」だと無事だが「青」だとハイヒールを履いた女の霊や白いワンピースの女の霊が降って来る、とされることが多く、「青」の場合が危険だとされるものが主流のようだ。

## 巨頭子 ［きょとうこ］

山道に現れたという怪異。あるタレントの男性が大阪府と兵庫県の間にある妙見山《みょうけんさん》を弟子の運転する車で走っていた際の事。闇の中、ヘッドライトの光が一人で歩く子どもを照らした。その子どもは大きなお面を被《かぶ》っているようで、とても大きな頭をしていた。時刻は午前二時になるところで、人家もないそのような場所を子どもが歩いているのを不思議に思い、車が子どもの横を通り過ぎる際にスピードを落とすように言った。はっきりと見えたその子どもを見て、子どもが被っているのはお面ではなくハリボテではないかと思った。その頭は体の半分ほどもあり、大きな目がついていた。その頭を重そうに、ゆらゆらと体を左右にゆすって歩いている。

車が子どもに近付き、その子どもを見てタレントは声にならないほど驚愕した。すれ違いざま、ハリボテだと思っていた子どもの顔がにっこりと笑ったのだ。それは目じりにくちゃっと皺《しわ》ができた奇妙な笑顔だったという。

木原浩勝・中山市朗著『新耳袋 第五夜』にある。筆者命名。巨大な頭を持った人間が集団で出現する「巨頭オ」（『日本現代怪異事典』収録）という話があるが、それを思い起こさせる話である。

## 金色の人 ［きんいろのひと］

公園に現れたという怪異。ある少女が遠足でアスレチックが設置された公園に赴いた際のこと。水面にいかだを何枚も繋《つな》ぎ、その上を走り抜ける「水面走り」というアスレチックに参加した際、失敗して水に落ちてしまった。この水場は深さ六〇センチほどで、立てば足がつくはずだったが、どうしてか体は沈んでいき、浮き上がらない。パニックになった瞬間、今度は何者かが少女の右足を引っ張り、どんどん水中に引き込んでいく。水の中に落ちて二分が経った時、ふと少女の右足に何者かの温かい手が触れた。直後、少女の右足を引っ張っていた力が消え、体が浮き上がるとともに、足が水底についた。怪我《けが》もなく、無事帰路についた少女だったが、隣を歩いていた彼女の友人は、あの時奇妙なものを見たという。

それによれば、池に落ちた少女を心配していると、隣から目にも止まらない凄《すさ》まじい速さで誰かが水の中に入り、同時に水面が一瞬金色に輝いた。そして、その金色の何者かが少女のところに辿《たど》り着くと、何か黒い影のようなものが自ら飛び出して行ったという。少女はその金色の人に命を救われていたのだ。

宮崎敦司監修『本当に怖い話 ＭＡＸ 死神降臨』にある。

## 銀色発光体 ［ぎんいろはっこうたい］

空に現れた怪異。奈良県でのこと。ある少年が夏休み、一人で森に虫捕りに出かけたが、収穫はほとんどなかった。陽が傾き始めていたため、仕方なく帰路につくと、田んぼのあぜ道で銀色に光る発光体が浮かんでいるのを見つけた。それは直径が一〇センチほどの円形をしており、周囲にカサがついていた。ちょうど銀の灰皿をひっくり返したような容貌で、なぜか物体の下には影がなかった。興味を覚えた少年は虫捕り網をその物体に被《かぶ》せたが、物体は下に落ちるでもなく、そのまま浮いている。そのため少年は虫籠に直接物体を入れて持ち帰った。

家に帰り、母親にそれを見せると、逃がしてやりなさいと言うため、仕方なく虫籠を開けて庭に放った。すると虫籠が地面に落ちる直前に、物体は籠から抜け出し、すごい勢いでまだ明るい夏空に向かって飛んで行ったという。

木原浩勝・中山市朗著『新耳袋 第四夜』にある。筆者命名。同書ではＵＦＯにまつわる話の一つとして収録されている。

## きんたまカーブの雪女 ［きんたまかーぶのゆきおんな］

和歌山県橋本市の彦谷という地域に伝わる怪異。ある冬の日、彦谷の区長が雪の中を彦谷へ帰っている途中のこと。革靴に雪がくっついて仕方ないため、靴を脱いで歩き、山道のS字カーブを抜けて両側が山になっている道に辿《たど》り着いた。そこで誰かの人影を見つけ、区長が喜んで近付いて行くと、その人影はどうやら白い着物を着ているようだった。直後、雪が止み、それが若い女性であることが分かった。長い髪は真っ黒で顔は白く、引き摺《ず》るほど長い着物を着ており、目は金色で、口元は血のように赤かった。女は恐ろしくも凍るように美しく、突き刺さるような目で区長を見ると「区長さん、あたしといっしょに来て」と告げた。区長の足は自然に女の後をついていき、山の中へと入って行ったが、木から落ちてきた雪の音で正気を取り戻した。区長は慌てて逃げ出し、やっとのことで彦谷の家へと帰り着くと、その日は食事もせずに寝てしまい、翌日になって帰り道であったことを話した。しかし、誰も信じてくれず、区長も自信がなくなってきたことから、もう一度女を見たカーブの道に行ってみた。するとそこには落とした革靴があり、さらに先の、自分が正気を取り戻した辺りまで行って雪が落ちてきたと思われる木を見上げ、区長は思わず悲鳴を上げた。そこには首を吊《つ》った若い女の死体がぶら下がっていた。

首を吊ったのは山の麓の赤塚村の娘で、「かよ」という名前だったことが分かった。かよは大阪から来た男に恋をしたが、騙《だま》されて裏切られ、それを苦に首を吊ったのだという。かよが区長と会ったのは彼女が死んだ後なのか、まだ首を吊る前だったのかまでは分からなかった。区長は時々この恐ろしい出来事を人に話して聞かせるようになったが、いつも決まって話を締めくくる際、「いやあ、怖かったのなんのって。体中、氷みたいになってなあ。金玉も、縮み上がってしもうた」と言うようになった。そのため、誰言うとなく、区長が雪女と遭遇した場所の近くの急カーブを「きんたまカーブ」と呼ぶようになったのだという。

堀真一郎文・きのくに子どもの村中学校わらじ組編・絵『中学生がまとめた山の村のこわい話』にある。

## 金と銀の羽［きんとぎんのはね］

金縛りに遭《あ》った際、「金と銀の羽」と言うと解けるという。また、紙に書いて枕の下に入れておいても効果があるとされる。

マイバースデイ編集部編『恐怖!! 学校の幽霊』にある。

## 金のだるま［きんのだるま］

押し入れに現れる怪異。ある少年が家で友達とかくれんぼをしていた際、押し入れに隠れようと襖《ふすま》を開けると、玄関に置いてあるはずの金のだるまが跳び回っていた。だるまはせわしなく上に当たっては跳ね返り、布団に当たっては跳ね返りを繰り返していたが、不思議なことに物音一つしなかったという。少年はその後気絶してしまったが、気が付くと金のだるまは玄関に戻っていた。それ以降も彼は押し入れで飛び跳ねている金のだるまを何度も目撃したという。

　木原浩勝著『九十九怪談　第三夜』にある。

直接だるまが出現するわけではないが、同じくだるまに関係する怪異に**だるまさんがころんだ**がある。詳細は当該項目参照。

# 【く】

## 空間の魔物 ［くうかんのまもの］

　山岳に発生する怪異。長野県と岐阜県に跨《またが》る乗鞍岳と焼岳に発生するもので、地上一メートルほどの高さを飛ぶライチョウが何かにぶつかったように突然地面に落ち、死んでしまう現象だという。

　この目に見えない謎の空間は乗鞍岳と乗岳に数カ所に渡って点在しており、これにぶつかったライチョウは首の骨が折れ、内臓が飛び出るなど悲惨な死に方をするとされる。その正体はこの二つの山岳で遭難して死んだ登山家たちの怨霊《おんりょう》だと語られている。

　平野威馬雄著『日本怪奇名所案内』にある。

## 空中で正座する男 ［くうちゅうでせいざするおとこ］

　九十九里海岸のある民宿に出現したという怪異。東京都内の某女子大学の女性がテニス部の合宿でこの民宿を訪れた。その際、洗面所の向かい側にあるガラス戸の外を見ると、顔に手拭いを巻き付けた男が空中に浮かんだまま正座しているのが見えた。女性は慌てて合宿の幹事を呼んだが、その時にはもう男の姿は消えていた。しかし翌日、帰りの電車の中でトランプをしたところ、その女性はやたらとツキまくっていた。なぜかといえば、誰かが耳元で相手のカードの数字を悉《ことごと》く読み上げてくれたからだという。

　松永克広著『妖魔がさ迷う怨霊列島』にある。

か

## くぐつ鬼［くぐつおに］

人形にまつわる怪異。人間に可愛《かわい》がられていた古びた人形が、もう一度可愛がってほしいという強い念を抱いて妖怪化したものとされる。

怪談クラブ監修『キャーッ！ みんなの怪談』にある。同書では人形は古くなって捨てられると、その持ち主を恨んで仕返しにやってくるとし、都市伝説などに噂《うわさ》される人形の不思議な現象はくぐつ鬼の可能性が高い、と記されている。この都市伝説は「メリーさんの電話」や「リカちゃんの電話」（どちらも『日本現代怪異事典』収録）を想定していると思われるが、同書でこの妖怪が紹介されているコーナーはその体裁から書籍用に創作した妖怪を紹介している可能性が高い。そのため、逆にいえばくぐつ鬼はこういった人形の怪異を元に生み出されたと考えられる。

## 腐った首［くさったくび］

生首にまつわる怪異。夏の暑い夜、Kという人物が部屋で寝ていると、突然物凄い異臭に包まれた。何かが腐ったような臭いであったため、冷蔵庫を確認しようと起き上がり、電灯の紐《ひも》を引っ張ると、目の前にどろどろに腐った茶色の首が浮いていた。それは男なのか女なのかも分からないほど原型が崩れており、黒ずんだ液体が布団の上に滴《したた》り落ちてきたが、Kは突然それを両手で摑《つか》んだ。なぜかそうすれば生首が消えると思ったが、予想に反して消えるどころか指が肉片の中に入り込み、固い頭蓋骨のようなものを摑んだ感覚が伝わってきた。同時に辺りに肉片が飛び散り、異臭が鼻を突いたため、Kは悲鳴を上げ、やけくそになって腐った首を壁に投げ付けた。その瞬間、首は消えてなくなり、同時に布団に付いた汚物の汚れも消えたが、異臭だけは部屋に漂い、Kの手にもしばらくこびり付いたままだったという。

木原浩勝・中山市朗著『新耳袋 第二夜』にある。

## 孔雀狐［くじゃくぎつね］

狐にまつわる怪異。ある小学生が秋祭りの太鼓の練習をするため、友人たちと神社の境内に集まった。やがて練習が始まり、しばらく経った頃、お社の前に突然狐が現れた。茶色の毛並みをしたその狐は、ちょこんと後ろ足をたたみ、前足をぐっと伸ばし、背筋を伸ばした姿勢で人間たちの方を見ていた。何より特徴的なのはその尾で、孔雀の羽を思わせる、扇状に広がった不思議な尾をしていたという。その姿は子どもにしか見えなかったらしく、世話役が「はよう、練習せんかい！」と叫び、子どもたちが練習に戻ると、ふっと姿を消したという。

木原浩勝・中山市朗著『新耳袋 第三夜』にある。筆者命名。

## グチ ［ぐち］

ネット上で語られた怪異。2ちゃんねる（現5ちゃんねる）オカルト板に立てられたスレッド「∧∧∧山にまつわる怖い話Part7∧∧∧」にて、「雷鳥一号」というハンドルネームを使う人物によって二〇〇四年二月二九日に書き込まれたもの。筆者命名。

それによれば、報告者が知り合いである男性から聞いた話だという。その男性の伯父は筆作りの名人で、男性は書道を嗜《たしな》んでいたこともあり、よく伯父の家に遊びに行っていた。

そんなある日、一本の変わった筆を見せられた。見た目は普通の白毛筆だが、手触りがひどく気持ち悪く、まるで毛の一本一本が自ら指に纏《まと》わり付いてくるようだったという。伯父が言うことには、これは「グチ」と伯父が呼ぶ動物の毛で作ったもので、本当の名前は猟師しか知らないのだという。この獣を狩ることは禁忌とされており、毛皮は滅多に手に入らないが、伯父の数代前の先祖が無理して入手したらしい。その筆には人を呪う力があると伝えられており、呪いたい人の名前をその筆で書くと、ひどい災《わざわ》いがその人に降りかかると言われていたそうだ。

## クチデカイ ［くちでかい］

ネット上で語られた怪異。怪談投稿サイト「Alpha-Web こわい話」に二〇〇一年六月五日に投稿されたもの。

それによれば、投稿者が幼少期に住んでいた市営団地は、よく怪奇現象が起きたという。投稿者は毎日真夜中に目が覚め、その度に部屋の隅に何かがいるのを見た。それは猿のような、子どものようなものだったが、ある夜、薄っすらと目を開けると、それが目の前にやってきていた。その姿は頭が異様に大きく、口が耳まで裂け、歯は全て尖っていた。投稿者はあまりの恐ろしさに布団を被《かぶ》り、気絶するように眠ってしまったが、危害を加えてくることはなかったようだ。

この話によれば、投稿者が住んでいた団地はかつて一帯が野原で、「魔の地帯」などと呼ばれていたという。投稿者が化け物と遭遇したのと同時期には誰もいない部屋で夜になるとカーテンが開いたり閉じたりする音が聞こえる怪現象が起きたことも語られている。これらの現象について、妖怪たちが人間たちを追い出そうとしていたのかもしれないと感想を記している。

なお、投稿者の前に現れた化け物には名前が付けられていないが、投稿された話のタイトルが「クチでかいっ…！」というものであったため、それを元に筆者が命名した。

## 朽武者 ［くちむしゃ］

山に現れる怪異。ある女性は幼い頃から毎年夏になると、母親とともに夜の高野山

（和歌山県）の奥の院にお参りをするという習慣があった。その初めてのお参りの時、女性は参道へ行く途中の小川を渡る際、前方の森の闇の中に三人の人影を見た。その人影は一人は首が、一人は右腕がなく、最後の一人は黒い体の中に骨が見えていた。それは鎧《よろい》武者の格好をしていたという。

木原浩勝・中山市朗著『新耳袋　第七夜』にある。同書にはこれに続く話も載せられている。

女性は毎年奥の院へのお参りを続けたが、やはり同じ場所に立っている三人の姿が見えたという。そして高校生になった春、夜になると耳元で「お塩を清めに行ってくれ」という声が聞こえるようになった。それは幼い頃に死んだ父親の声のようで、女性は声に従い、高野山のお塩清めのお参りに赴いた。それは冬に裸足で行う儀式であったため、女性は一人、手に一握りの塩を持って裸足で奥の院へと向かったが、あの小川まで来ると、いつもいる三人の人影が見えなかった。夏だけに現れるのかと思って川を渡ろうとしたとき、水中から三本の手が出てきて、足首を摑《つか》まれて川に引き摺《ず》り込まれた。その小川は子どもの膝までもない浅い流れなのに、足を引き摺られて立てず、思わず握っていた塩を手放した。気が付くと小川のそばに倒れており、恐怖と寒さから山を下りたという。

家に帰ると母親に背中から血が出ていると教えられ、服を脱ぐと長さ四五センチもの切り傷があった。不思議なことに痛みはなく、服も全く切れていなかった。

二十数年経った後も女性の背中には傷痕が残っているが、高野山へのお参りはまだ続いている。あの武者は相変わらずそこにいるものの、不思議なことにその姿は年々朽ちているという。今ではもう、骨になった片腕の武者一人だけがそこに立っているそうだ。

## ぐちゃぐちゃチェーンメール

［ぐちゃぐちゃちぇーんめーる］

ネット上で語られた怪異。怪談投稿サイト「Alpha-Web こわい話」にて、二〇〇三年八月二〇日に投稿されたもの。筆者命名。

ある男性が駅前で恋人を待っていた際、暇を潰すため、携帯電話でオリジナルのチェーンメールを作った。その内容は「このメールを見た人は、今から六時間以内に、このメールを一〇人に送ってください。もししなかったら、今晩あなたは、顔も体も血でぐちゃぐちゃになって死ぬでしょう……」というものだった。その文章を作り終え、誰に送ろうかと考えていたとき、恋人がやってきたため、男性はそのチェーンメールをほったらかしにしたままデートに出かけた。

その後帰宅した男性は、疲れていたため、チェーンメールのことなどすっかり忘れて眠ってしまった。翌朝、男性が一向に起きて来ないため、彼の母親が部屋を覗《のぞ》くと、そこには顔も体もぐちゃぐちゃになり、血まみれで死んでいる男性の姿があったという。

チェーンメール系の怪談では珍しい、作った人間が被害に遭《あ》うパターンの話である。また、この話のようにチェーンメールの内容が現実化するにせよ、しないにせよ、チェーンメールを作って流布《るふ》した時点で犯罪になる可能性があるため、しないようにしよう。

### クッシ［くっし］

ある学校の七不思議として伝わる怪異。その学校のプールには「クッシ」という名前の恐竜が住んでいるのだという。

常光徹編著『みんなの学校の怪談 赤本』にて山梨県からの投稿として載る。北海道の屈斜路湖には「クッシー」という名前の恐竜が棲《す》みついているという話があるが、名前はこれが元だろうか。

### 靴を返せ［くつをかえせ］

夢に現れる怪異。ある小学生の少女が近くの公園で開かれていたフリーマーケットに遊びに行った際、可愛《かわい》らしい赤い靴を購入した。その日は赤い靴を靴箱にしまってから眠りについたが、夜、恐ろしい夢を見た。

その夢の中で、少女の家の前を見知らぬ男が歩いていた。髪の毛が短く、目つきが鋭く、唇の薄い大柄な男で、手には包丁が握られていた。男が少女の家のドアノブをガチャガチャと回すと、ドアは簡単に開き、中に入って来た。男は「返せ！ 靴を返せ！」と呟《つぶや》きながら辺りを見回し、靴箱の中を探した後、階段を見上げた。二階には少女の部屋があるが、男はその階段を上り始めた。そして男が二階に辿《たど》り着いた瞬間、少女は目を覚ました。

翌日、少女は母親に相談し、赤い靴を神社に持って行って預かってもらうことにした。しかし、男がなぜ赤い靴を探していたのかは分からずじまいだという。

「ほんとにあった怖い話」委員会編『ほんとにあったこわい話3』に東京都からの投稿として載る。

### くねっくねっ［くねっくねっ］

ある家の台所に現れるという怪異。床下の物置を開くための戸にある、指を突っ込んで引っ張るための穴から現れるという白く細いもので、爪のない人間の指のような姿をしているという。穴からは計二体が現れ、捻《ね》じれるようにしてくっついて身をよじり合わせるようにくねっくねっと動いた後、元の二つに分かれて穴に戻って行くのだと語られている。

木原浩勝著『九十九怪談 第二夜』にある。田んぼや海に現れ、正体が何者であるか分かると精神が破壊されるという「くねくね」（『日本現代怪異事典』収録）とは名前が似ているが、全くの別物である。

### 首折りかごめ［くびおりかごめ］

東京都青梅市《おうめし》の奥多摩橋に出現するという怪異。この橋を渡っていると、「か〜ご〜

め、か～ご～め～……」と「かごめかごめの歌」が聞こえてくることがある。歌声を聞いて振り返ると、水を被《かぶ》ったように全身を濡らした少女がいる。この少女は「か～ご～め、か～ご～め～……」の後に続いて歌詞を言わないと「ハズレだよ……」と少女のものとは思えない野太い声で告げ、もう一度歌を歌う。すると聞いた人間の首が自分の意思とは無関係に欄干の方へと回る。そこでまた歌詞を言わないと少女は「またハズレ……あと一回」と告げる。そして「か～ご～め、か～ご～め～……」と歌い出すが、これに続くことができないと、その人間は首を一八〇度後ろに回転させた状態にされ、死んでしまうという。

宝島社『最新「霊スポット」121怨霊地図 04年版 関東一都六県』にある。筆者命名。

## 首隠し「くびかくし」

ネット上で語られた怪異。怪談投稿サイト「Alpha-Web こわい話」にて、二〇〇四年一月二〇日に投稿されたもの。

当時から七〇年前というから、一九三〇年代のこと。日本のある島で「首隠し」という殺人事件が起きた。この事件の被害者は一〇代から二〇代の若者で、皆頭部を刃物で切り取られており、首無しの死体だけが残されていたという。この島では大昔、首切りの儀式があったと伝えられていたため、島民はその呪いだろうと考え、若者を夜に一人で歩かせないようにした。

それでも殺人事件は起き続け、一人の警官が駐在として島に派遣された。その警官が見回りをしている時、浜辺で女性の悲鳴が聞こえ、駆け付けると首無しの死体があり、その向こうに女の首を持つ黒マントの何者かの姿が見えた。警官はこの黒マントの犯人を追ったが、黒マントは山中の古い墓に着くと、手で墓を掘り返し、そこに女の頭を投げ入れた。警官は恐ろしいものを見たと一瞬空を仰ぎ、再び墓を見ると黒マントは消えていた。警官は急いで山を下りたが、そこに再びあの黒マントが姿を現し、「二一人目、これで儀式は終了だ」と告げた。

翌朝、警官は大勢を連れてあの古い墓を掘り返したが、どれだけ調べても被害者の首は出てこず、またあの黒マントの何者かも見つからなかった。以降、首隠しの事件は起こらなくなったが、犯人が捕まることはなく、その正体も不明だという。

## 首から下バラバラ女「くびからしたばらばらおんな」

ネット上で語られた怪異。怪談投稿サイト「Alpha-Web こわい話」に二〇〇二年七月二一日に投稿されたもの。筆者命名。

それによれば、投稿者が生まれてからやっと立てそうになるくらいになった年、投稿者らの家族が引っ越すことになり、転居先を決めるために何軒かの家の下見に行っていた。そんな中、ある家に下見に赴く際、投稿者の父が道路で首から下がバラバラに千切《ちぎ》れている女を見た。女は投稿者の父を見てニタリと笑うと、物凄い速さで道路の真ん中を走って行ったという。

首から下がバラバラとはどのような状態なのか不明だが、その状態で高速で走って行く光景はどのような光景なのだろうか。

### 首狩峠のサラリーマン 〔くびかりとうげのさらりーまん〕

ネット上で語られた怪異。2ちゃんねる（現5ちゃんねる）オカルト板に立てられたスレッド「∧∧山にまつわる怖い・不思議な話Part56∧∧」にて二〇一一年八月二〇日に書き込まれたもの。

報告者が香川県の首狩峠という峠を深夜二時頃に通った時のこと。信号が赤になったので止まり、青になるのを待っていたが、一向に変わる気配がない。早く帰りたかった男性は、深夜で周囲に人影や車がなかったこともあって、そのまま車を発進させようとした。その時、サラリーマンのような風体の男が現れ、窓を叩《たた》いた。窓を開け、「なんですか？」と問うと、「初対面の人にいうのは失礼だとは思いますが……」と男が言った瞬間、トラックが目の前を通り過ぎた。もしあのまま発信していたらトラックとぶつかっていたかもしれない、そう肝を冷やしていると、いつの間にかあのサラリーマンの姿は消えていたという。

### 首切り少女 〔くびきりしょうじょ〕

ネット上で語られた怪異。怪談投稿サイト「Alpha-Web こわい話」にて、二〇〇二年九月二五日に投稿されたもの。筆者命名。

それによれば、少女Aが学校の合宿に行ったところ、親友のBとCも同じ部屋だった。三人は毎日隣同士で寝ていたが、最終日にAがB、Cと大喧嘩《おおげんか》してしまい、部屋で孤立していたDと一緒に寝た。

その夜、Aは午前二時頃に目が覚めたが、ふと見るとDが部屋にいるみんなを嘗《な》めまわしている。思わずAが「Dちゃん」と声をかけると、DはAの方を見て「貴様！」と叫び、Aの首を噛《か》み切ってしまった。

その翌日、担任の教師が皆を起こしに行くと、一五人の首を切断された生徒たちの遺体があり、Dだけがいなくなっていたという。

### 首地蔵 〔くびじぞう〕

地蔵にまつわる怪異。昔、子どもを負ぶった母親が古く寂《さび》れた寺の前を通って家に帰ったところ、子どもの首から上が地蔵に変わっていた。慌てた母親が寺に戻ったところ、地蔵の体の上に子どもの首が載っていたという。これは長い間放置された地蔵が怒り、妖怪に変化した首地蔵の仕業なのだとされる。

怪談クラブ監修『キャーッ！ みんなの怪談』にある。明記はされていないものの、設定、ビジュアルありきで紹介されていることから、この書籍オリジナルの妖怪として創作されたものと考えられる。

### 首絞めゾンビ［くびしめぞんび］

ゾンビの怪異。ある中学三年生の少女が家で寝ていた際のこと。息苦しさと話し声で目が覚め、体を動かそうとすると、ピクリとも動かない。変だなと思い目を開けてみると、そこにはゾンビ映画に出てくるような顔がグチャグチャに崩れた五人の人間がいた。ゾンビたちの頭の上では白い霧のようなものが二つグルグル回っており、五人のうち四人は少女の頭を取り囲むように座り、一人は少女の体の上に正座し、首をぐいぐいと絞めていた。首を絞めているゾンビは女性で、髪が長く、血で真っ赤に染まった白っぽい服を着て、顔には何本もの血の筋を付けていた。少女は恐怖と息苦しさから気を失ってしまったが、翌朝、何事もなく母親に起こされた。そのまま学校に行き、休み時間に流し場で顔を洗って鏡を見ると、首に二本の爪の跡がくっきり残っていたという。

フジテレビ「いきなりフライデーナイト」編『いきなり怖い話』にある。筆者命名。こういった話に登場する怪異は幽霊とされることが多いが、この話ではゾンビ扱いされているのが楽しい。

### 首絞め坊主［くびしめぼうず］

北海道に出現したという怪異。留萌郡《るもいぐん》小《お》平町《びらちょう》でのこと。ある男性が寝ている、夜中三時ごろになって金縛りに遭《あ》い、首を絞められた。驚いて目を開けると、汗だくになった坊主が男性の首を絞めていた。男性は「助けて」と叫びたかったが、声が出ず、そのまま気絶してしまった。しかし、殺されることはなく、再び目覚めたという。

合田一道著『北海道　幽霊の住所録』にある。筆者命名。

### 首吊り柿の木［くびつりかきのき］

植物にまつわる怪異。かつて、ある醤油屋の家の庭に一本の立派な柿の木があった。ある日、醤油屋のおかみさんが何気なくその木を見ると、なぜかその木の枝で無性に首を吊りたくなった。おかみさんは納屋に入り、縄と台を持ってきて柿の木の枝に縄をぶら下げ、縄の先に輪を作ると、中に首を入れた。その時、お得意さんへの配達が残っていたことを思い出し、我に返った。配達から帰ってみると、縄を付けたままにしていた柿の木でお婆さんが首を吊っていたという。

木原浩勝・中山市朗著『新耳袋　第六夜』にある。筆者命名。

### 首吊りタクシー幽霊［くびつりたくしーゆうれい］

町中に現れる怪異。深夜の一二時を過ぎた頃、あるタクシー運転手が京都市内で一人の女性を乗せた。女性は三〇歳前後で、色白の髪の長い細身の女性だった。女性は「高槻《たかつき》方面へ行ってください」と告げた後はうつむいてばかりで話しかけても答えなかったが、高槻市内に入ると、呟《つぶや》くように道を指示し始めた。運転手は言われるままにハンドルを切ったが、辿《たど》り着いたのは闇に包まれた、民家も商店もないような場所だった。

「ほんとに、ここでいいんですか？」

　そう言って後部座席を振り返ると女性の姿がない。すると車の外から「運転手さん」という声が聞こえ、辺りを見回すと、フロントガラスの向こうにヘッドライトに照らされた一本の樹が目に留まった。その下に何かがぶら下がっているため、目を凝らすと、それは首を吊ったあの女性だった。驚いた途端、真下を向いていた女性の首がぐにょんと伸びて、「ありがとうございました」と言う声がした。運転手はそれから三日三晩寝込んだという。

　木原浩勝・中山市朗著『新耳袋　第五夜』にある。筆者命名。死んだ人間、特に女性が幽霊となってタクシーを呼び止め、自分の死んだ場所や自宅に戻る「タクシー幽霊」（『日本現代怪異事典』収録）に似ているが、自分が死んだ姿を見せるものは珍しい。

　また、タクシー幽霊との類似から項目名を「首吊りタクシー幽霊」としたが、この首を吊る女が人間の幽霊なのかどうかについては元の話でも触れられておらず、正体不明である。

## 首つり山〔くびつりやま〕

山にまつわる怪異。福岡県のある山は「首つり山」と言われており、夕方になると首を吊《つ》った死体が木から落ちてくるという。

　ポプラ社編集部・渡辺節子編『映画「学校の怪談」によせられたこわーいうわさ』に福島県郡山市《こおりやまし》からの投稿として載る。木から落ちてくる妖怪としては釣瓶《つるべ》や生首、火の玉が落ちてくる「釣瓶おとし（釣瓶おろし）」や、鍋が落ちてくる「鍋下ろし」、馬の首が木の枝にぶらさがる「さがり」などがいるが、これもそういった落ちてくる怪異の一種だろうか。それにしても首吊死体とは趣味が悪い。

## 首取りの祠〔くびとりのほこら〕

ネット上で語られた怪異。2ちゃんねる（現5ちゃんねる）のオカルト板に立てられた「身のまわりで変なことが起こったら実況するスレ94」スレッドにて二〇〇六年四月一五日に書き込まれたもの。

　それによれば、当時から遡《さかのぼ》ること五年前、報告者は友人のSから連絡を受け、彼の家を訪れた。Sは心霊スポットとして知られる地元の山を登ったところ、人一人入れるほどの穴の中に奇妙な祠があったという話を始めた。この祠には札が張ってあり、引き戸の中には奇妙な形の人間の頭蓋骨が祀《まつ》ってあったという。

　この話をした翌日、Sが死亡した。恐ろしいことにSは自宅で首から上がきれいになくなった状態で死んでおり、頭部は見つからなかったという。

　それから五年が経ち、報告者の夢によくSが現れるようになった。Sは祠の横で彼に向かって手招きしており、その顔は笑っているのだと語られている。報告者はSの首は現在首取りの祠の中にあるのだと推測しているが、その後祠は見つからず、本当にSの首があったのかは明らかにされていない。

この祠に関連する可能性のある話として、いくつか地元に伝わる話が紹介されている。一つ目は、形態異常のある子どもが生まれる度に殺していたところ、奇病が流行ったため、殺された子どもの祟《たた》りだとして祠を作り、子どもの骨を祀ったというもの。二つ目は、近親相姦を避けるため、外部からやってきた旅人と村の娘を交わらせ、その後証拠隠滅のために旅人を殺していたところ、奇病が流行ったため、旅人の骨を祠に祀ったというもの。三つ目は、人間の目玉を好物とする鬼がおり、村を襲っていた。困り果てた村人は剣修行の旅人にお願いして鬼を退治してもらったが、以降、その旅人をはじめ、村人が次々と死亡した。これは鬼の祟りだということになり、鬼の頭、手、足、胴を分けて祠に祀ったというもの。ただ、これらの話が実際に首取りの祠と関係があるのかは定かにされていない。

## 首取り橋 ［くびとりばし］

吊橋《つりばし》にまつわる怪異。その吊橋は昔から橋を渡り終えるまでに首がなくなるという言い伝えがあり、現代に至っても誰も橋を渡り切ったものがいなかった。ある時、子どもを背負った女性が先を急がなければならないという理由で、周囲の人が止めるのも聞かずにこの橋を渡った。女性は何事もなく橋の向こう側に辿《たど》り着き、喜んでいたが、そこにいる人々は皆青ざめている。女性が不思議に思い、理由を問うと、人々は彼女に背中を見るように促した。女性が振り返ると、そこには首を失った血だらけの我が子の姿があった。その首は、吊橋の中ほどに恨めしそうに転がっていたという。

フジテレビ「いきなりフライデーナイト」編『いきなり怖い話』にある。筆者命名。

江戸時代の怪談集『諸国百物語』にある「賭づくをして、我が子の首を切られし事」や、小泉八雲の『幽霊滝の伝説』など、子どもを背負った女性が肝試しを行った結果、背負った子どもの首を取られるという話は古くからあるが、これもその系統の一つだろう。ただし首を取られる原因が肝試しではなく、ただ橋を渡るだけとなっている。

## 首取り霊柩車と首取り救急車 ［くびとりれいきゅうしゃとくびとりきゅうきゅうしゃ］

自動車にまつわる怪異。二が付く日の二時ちょうどにトンネルに入ると、霊柩車か救急車が来る。この時、霊柩車が来たら親指を、救急車が来たら手を隠す。隠さないと首ごと消えるという。

常光徹編著『みんなの学校の怪談　緑本』に香川県からの投稿として載る。筆者命名。

霊柩車や救急車を見た際には親指を隠さないと魂を持っていかれる、親が早死にする、という俗信があるが、こういった話から派生したものだろうか。

## 首なおせ［くびなおせ］

老爺《ろうや》の怪異。神奈川県である老爺が横断歩道を歩いていた際、大きなトラックに轢《ひ》き逃げされ、首が切断されてしまった。その夜、老爺を轢き殺した男の家の戸を叩《たた》く者がおり、出てみると生首を手で抱えた老爺がいて「この首を治してください」と告げたという。

常光徹編著『みんなの学校の怪談 緑本』に東京都からの投稿として載る。筆者命名。

## 首無し鶏の霊［くびなしにわとりのれい］

鶏にまつわる怪異。養鶏を営んでいたある農家では、常時二、三〇〇羽の鶏を飼っており、普段は卵を産ませていたが、老いると屠殺して食用にしていた。また、この農家がやってくる前にこの土地に住んでいた一家は養鶏を専門としており、二つの家族にわたって鶏が殺された土地であった。そのためか、この家では毎晩のように白い影のようなものが現れた。それは首の切断された鶏に似ていたという。

大迫純一著『あやかし通信『怪』』にある。筆者命名。同書によれば、この話は大迫氏の妻が子どもの頃に体験した話なのだという。

また、イギリスにも同様に白い鶏の幽霊が出現する「ベーコンに殺されたニワトリの霊」（『世界現代怪異事典』収録）という話がある。

## 首のない女の子［くびのないおんなのこ］

ネット上で語られた怪異。怪談投稿サイト「Alpha-Web こわい話」に二〇〇二年八月二〇日に投稿されたもの。

それによれば、夢に現れる怪異とされ、その夢を見た人間は夢の中で一本の大きな木の下にいる。するとそこに首のない女の子がやってきて、「左を見て」と言う。この時点で夢が覚めるが、体が金縛りに遭《あ》い、首だけが動く状態になる。この際、左側から「そうしな……はの……こ」と聞こえるが、絶対に左に振り向いてはならない。また、この話を聞いた一〇人に一人がこの夢を見るという。

いわゆる話を聞くと現れる類の怪異だが、途中に出てくる「そうしなはのこ」は逆さから読むと「このはなしうそ」となるため、話自体が嘘であると分かる構造になっている。同じ言葉が出てくる怪異に「ソウシナハノコ」（『日本現代怪異事典』収録）がある。

## 首を飛ばす人形［くびをとばすにんぎょう］

ネット上で語られた怪異。怪談投稿サイト「Alpha-Web こわい話」に一九九七年一二月二三日に投稿されたもの。

専門学校の学生が埼玉県内のスポーツ施設で合宿した際のこと。宿舎の部屋に入ると、髭《ひげ》を生やした老爺《ろうや》の人形が置いてあった。その学生は人形を見た瞬間この部屋は良くないと感じたため、同じような感想を抱いた友人とともに、夜の闇その人形を見守ることにした。午前一時頃、突然老爺の人形の首がぐらりと動いたかと思うと、目玉をぎょろぎょろと動かしながら部屋の中を飛び回った。学生はそこで気絶してしまったが、翌朝、すぐに荷物をまとめ、人形を見ないようにしながら部屋を出たという。

### 蜘蛛女［くもおんな］

歩道橋に現れる怪異。ある少女が家に帰る途中、突然の雨にずぶ濡れになりながら自宅近くの歩道橋に差し掛かった際のこと。階段の上から女が転げ落ちてきて、何かが潰れたような音とともに少女の足下に仰向けに倒れた。その頭は地面に突っ伏していたが、首が折れているようだったため、少女は慌てて救急車を呼ぼうとした。しかし、メキメキという嫌な音とともに女は両手両足を使い、仰向けの体を地面から浮かせた。ブリッジのような体勢になった女は顔を上げて少女を見たが、その口は耳元まで裂け、真っ赤に染まっていた。少女は走って逃げ出したが、女が追いかけてくる音が聞こえる。少女は咄嗟《とっさ》にマンションの植え込みに隠れたが、そっと様子をうかがうと、そこには体が蜘蛛そっくりに変化した女の姿があった。少女は気を失ったが、気が付いた時には蜘蛛女は消えていたという。

室秋沙耶美監修『本当に怖い話 ＭＡＸ∞悪夢地獄』にある。

### 雲取山の闇［くもとりやまのやみ］

ネット上で語られた怪異。2ちゃんねる（現5ちゃんねる）オカルト板に立てられたスレッド「∧∧山にまつわる怖い話Ｐａｒｔ35∧∧」に二〇〇七年九月一六日から一七日にかけて語られたもの。

東京都、埼玉県、山梨県に跨《またが》る雲取山には時折、人をおかしくさせる闇が発生するという。報告者が夜にこの山に登った際、質量を持った闇が周囲から自分を包むような感覚がしたかと思うと、手首と足首が消えていた。そのまま震えながら朝を迎えたところ、手首も足首も元に戻っていたという。

また中学生二人が朝日を見ようと夜にこの山に登った際、農作業小屋で休憩していたが、一人がその闇のせいかおかしくなり、鉈《なた》を振り上げて他の二人を襲った。一人はその鉈を持っていた中学生を蹴り飛ばして逃げ帰ることができたが、鉈を持っていた一人と、眠っていた一人はそのまま行方不明になってしまったという。

前者の話は報告者自身が体験した話として語られており、後者の話はかつてあった事件を語る形で、それも雲取山の闇のせいではなかったか、という書き方で語られている。

### クモの恩返し［くものおんがえし］

ジンクスにまつわる怪異。夜、クモを見つけたら心の中で「ここはお前たちの住むところとは違うんだよ。何もしないから、よそへ行って自分の巣をおつくり」と言って軽く息を吹きかける。するとクモは数時間のうちにいなくなり、恋を叶える天使になるという。

　マイバースデイ編集部編『わたしの知ってるおまじない1000』にある。夜に蜘《く》蛛《も》を見たら親でも殺せ、という有名な迷信があるが、これはその逆のことをする。こちらの方が平和で良い。

## グラゴルじじい［ぐらごるじじい］

　老爺《ろうや》の姿をした怪異。ある男性が家へ帰る途中、足下にゴルフボールのようなものが転がってきて、おじいさんの「とってくれ〜」という声が聞こえた。場所もグラウンドゴルフ場の脇であったため、おじいさんにボールを返してあげようと手を伸ばすと、そこにあるのはゴルフボールではなく人の目玉だった。改めておじいさんの方を見ると、その眼孔に眼球はなく、穴だけが空いていたという。

　魔夜妖一監修『ゾゾーッ！　こわい話1000』にある。

## 来る来る［くるくる］

　会社に現れたという怪異。その会社で働いている二人の会社員がある日、深夜まで残業していた際のこと。一人がふとエレベーターが動いていることに気付き、こんな時間に誰か会社に来るのかと思っていると、エレベーターが二人のいる階で停止し、扉が開いた。しかし中からは誰も出てこず、いたずらかと思っていると、ドアの閉まる際に何枚かの枯葉がクルクルと宙に舞いながらエレベーターから出てきた。枯葉はそのままエレベーターホールで動き続け、ホールの塵《ちり》を巻き込みながら大きくなり始めた。そしてその渦巻が次第に二人の方に近付いてきて、オフィスのゴミや塵を巻き込み、大きくなっていった。

「来る来る、こっちに来る！」

　二人は思わず立ち上がったが、渦巻は周りの書類やゴミ箱、ティッシュなど軽い物を巻き込みながらさらに大きくなっていく。渦巻が人間と同じぐらいの大きさになった頃、二人はオフィスの会議室に逃げ込み、ドアの鍵をかけた。ドアの向こうから風音が聞こえていたが、それに重なるように電話が鳴り始めた。二人でどうしようかと顔を合わせていると、ドアの外から受話器を取る音がして、「はい」という女性の声がした。その途端、風音が止んだ。二人はしばらくじっとしていたが、風の気配を確かめながら会議室を出ると、受話器が外れたままの電話の前に、枯葉とゴミが山を作っていたという。

　木原浩勝・中山市朗著『新耳袋　第九夜』にある。

## 車を襲う老婆［くるまをおそうろうば］

　道路に現れるという老婆の怪異。香川県の田舎道に出現するとされ、顔が潰れた老婆の姿をしている。道路を自動車で走っていると目の前を歩いており、追い越そうとすると突然車に飛び掛かってくる。その正体はかつてこの道でひき逃げに遭《あ》った老婆で、毎年八月になると出現するという。

　室生忠著『恐怖と怪奇の幽霊体験』にある。同書では一九六七年八月にこの老婆と遭遇した体験談が載せられている。

## グルメ稲荷［ぐるめいなり］

　稲荷神社にまつわる怪異。ある会社が業績悪化で窮地に立たされていた際のこと。この会社は稲荷神社の参道に面していたが、この会社で働くある人物がいつものように鳥居を潜《くぐ》り、参道を歩いていると、自分の周りに何かが動き回りながら纏《まと》わり付いてくる気配があるのに気が付いた。その日は気のせいかと思っていたが、毎日同じことが続くため、何だろうと目を凝らすと、時々白っぽい空気の塊が三つ、自分に纏わり付いているのが見えるようになった。さらに目を凝らすと、その空気の塊には四本の足がついているようだった。

　知り合いにこの話をすると、黙って油揚げをお供えしろと言うため、試しに油揚げを三枚、社にお供えした。すると「おだんご、おだんご、おだんご」という声が聞こえてきた。

　翌日、団子を三本供えると、昨日の油揚げがない。宮司さんが捨てたのかと思いながら鳥居の出口まで来た時、今度は「たまご、たまご、たまご」という声が聞こえた。

　そこでさらに翌日、ゆで卵をお供えしたところ、やはり昨日の団子は消えていた。この日は鳥居を抜けても何も聞こえなかったが、以降、会社の業績は好転し、どんどん良くなっていったという。

　木原浩勝・中山市朗著『新耳袋　第十夜』にある。筆者命名。

## 黒い塊［くろいかたまり］

　マンションに現れたという怪異。男性が南に丘陵の見える五階建てマンションに夫婦で住んでいた。ある夜、南側の窓を開けたままベッドで横になっていると、その丘陵から物凄い勢いで何かが飛んでくる気配がした。その物体は一直線に男性の部屋に向かってきており、驚いた男性は慌てて窓を閉めようとしたが、一歩間に合わず、それは部屋に飛び込んで来た。その物体は一抱えほどもある真っ黒な塊だったが、突然、眠っていた男性の妻が起き上がり、北側の窓を開け放した。そして黒い塊がその窓を通り抜けていくと、すぐに窓を閉じた。

　後で聞くと、妻はあの物体が部屋の中に残ってしまうと思い、慌てて窓を開けて追い出したのだという。しかも彼女が見たのは黒い塊などではなく、髪の長い女だったと語った。

　木原浩勝・中山市朗著『新耳袋　第三夜』にある。

## 黒いコートの大女［くろいこーとのおおおんな］

ネット上で語られた怪異。怪談投稿サイト「ホラーテラー」にて、二〇〇八年三月二八日に書き込まれたもの。

それよれば、あるマンションに住む男性が深夜一時に帰ってきて、自分の住む六階でエレベーターを降り、鍵を探していたところ、下に降りていったエレベーターがまた上昇してきた。男性が何気なくエレベーターを見ていると、エレベーターはそのまま六階を通過して行ったが、その小窓の向こうに身長二メートル以上ある黒いコートを着た女がいて、鬼のような形相《ぎょうそう》で男性を睨《にら》み付けていた。男性は慌てて鍵を開けて部屋に入ったが、ほどなくして家の玄関を激しく叩《たた》く音が聞こえてきた。恐る恐るドアスコープを覗《のぞ》くと、先ほどの女が恐ろしい形相でこちらを睨んでいる。男性はリビングに逃げ、カーテンを閉めようと窓に近付くと、今度は窓の向こうにあの女がおり、今にも叩き割りそうな勢いでガラスを叩いていた。男性はそのまま気を失い、朝になると女の姿は消えていた。しかし、ベランダの窓の鍵が開いており、ドアは傷だらけになっていたという。

身長二メートル以上ある女の怪異というと「八尺様」（『日本現代怪異事典』収録）が有名だが、こちらの方が書き込まれた時期が五カ月ほど早い。また同様に背が異様に高い女が現れるものに**ノッポの女**がある。詳細は当該項目参照。

## 黒い自転車の少女［くろいじてんしゃのしょうじょ］

高速移動する怪異。ある男性が東京都多摩市の京王多摩センターから都心の出版社にバイクで通勤していた際のこと。通勤の際に山を越える必要があったが、ある日の夜中、帰り道に山の下り坂に差し掛かった時、前方に黒い自転車に乗った幼い女の子が現れた。こんな時間に、と思いながら追い越したが、しばらくしてバックミラーを見ると、あの少女が映っている。バイクのスピードメーターは八〇キロを指していたが、女の子は一切置いて行かれる様子がない。男性はさらにバイクのスピードを上げてみるが、自転車は全く同じ距離におり、バイクが上り坂に差し掛かっても、やはり同じ速度でついて来る。さらに急カーブに差し掛かったため、男性はバイクを傾けて曲がったが、女の子もまた自転車を斜めに倒しながらカーブを曲がって来たという。

男性は冷や汗をかきながらバイクを走らせ、何とか自宅に辿《たど》り着いた。玄関に入る際、周囲を見渡したがあの女の子はおらず、ほっとして二階の部屋に戻り、お茶を飲んだ。大分落ち着いて寝ようかと布団を敷き、カーテンを閉めようとふと外を見ると、あの黒い自転車に乗った少女が庭の周りを回っていた。男性は恐ろしくなり、その夜は眠れなかったが、朝になると少女も自転車も消えていたという。

木原浩勝・中山市朗著『新耳袋 第三夜』にある。

## 黒い長靴〔くろいながぐつ〕

家に出現したという怪異。ある小学生の少女が夜眠ろうとした際、どうしてか目が冴えて眠れなかった。仕方なくそのまま天井を見ていると、部屋の端でなぜか黒い長靴がプカプカと片方だけ浮いている。少女は驚いて隣で眠っている兄を起こすと、兄も長靴を見て驚いている。二人はじっと宙に浮かぶ長靴を見つめていたが、それ以上何も動きはなく、二人とも最終的には寝てしまった。

結局、その長靴の正体は分からなかったが、少女が大人になってから語ったところでは、亡くなった祖父が野良仕事などに行く際、いつも黒い長靴を履いていたため、ひょっとしたらその長靴だったのかもしれないという。

木原浩勝・中山市朗著『新耳袋 第二夜』にある。

## 黒い花柄のワンピース〔くろいはながらのわんぴーす〕

ネット上で語られた怪異。怪談投稿サイト「Alpha-Web こわい話」に二〇〇一年四月七日に書き込まれた話に登場するもの。

ある古着屋に黒い花柄のワンピースが売られていた。そのワンピースを気に入った女性が購入しようとすると、店員が「そのワンピースはやめた方がいいですよ」と言う。理由を聞くと、そのワンピースを着た人間は次々と死んでおり、前の所有者は交通事故、その前の所有者はビルの屋上からの飛び降り自殺で死亡していた。自分もそのワンピースを処分したいが、祟《たた》りが怖くてできないと言う。店員の言葉をよそに、女性はそんな話は信じないとワンピースを購入してしまった。

それからすぐに女性はワンピースを身に纏《まと》ったが、その日に彼女の元に一通のメールが届き、「それ私のよ　もうすぐ取り返しに行くわ」と書かれていた。恐ろしくなった女性は警察に相談したが相手にされず、アパートに引きこもっていたが、気分転換にベランダに出た時、階下で火事が起きているのに気が付いた。女性は助けを求めたが声は誰にも届かず、また部屋のドアもなぜか開かなくなっており、そのまま死んでしまった。

不思議なことに、女性の死体はなぜか服を着ていない状態で見つかり、あの黒い花柄のワンピースの行方は今も分かっていないという。

## 黒い炎〔くろいほのお〕

炎にまつわる怪異。ある男性が幼少時、家族とともに植木市に行った際のこと。男性は母親、姉とともに道沿いに並べてある植木を見て回っていたが、ふとその一つが影のような黒く透明な炎によって燃えていることに気が付いた。それは松の盆栽で、枝の一本一本を燻《いぶ》しているかのように黒く燃え上がっている。男性は母親や姉を呼んだが、彼女らにはその黒い炎は見えないようだった。男性はしゃがみこんで炎に近付き、手をかざしたが、全く熱は感じない。しかし、見ているうちに気分が悪くなってきたため、家族に訴えてその場を離れた。

それから男性は小学生になったが、一年生の頃、学芸会の舞台を見ていると、舞台脇の垂れ幕が下からめらめらと燃えていた。その炎はあの黒く透明な炎で、やはり男性の他には誰も気付いていないようだった。その炎は学芸会の間ずっと燃え続けていたという。

木原浩勝・中山市朗著『新耳袋　第九夜』にある。

## 黒鎌鼬〔くろかまいたち〕

道端に現れたという怪異。ある中学生が塾からの帰り、街灯の少ない薄暗い道を歩いていた際のこと。家のすぐそばまできて、ふと後ろを振り返ると、シュッという音がして何かが頬をかすめた。目を凝らしてみると少し離れた道路の先に黒い影があった。その姿は犬や猫にしては小さく、リスや鼠にしては少し大きく、頭部と思しき部分から細長い耳のようなものが飛び出していた。尻尾は長く、二つに分かれていたという。こわごわと近付くと、その黒い影は次第に縮まり、毬《まり》のような形になった。そして鈴のような音を鳴らして飛び跳ねると再びシュッという音を出して消えてしまった。家に帰ると、母親が驚いた顔をして「どうしたの、その傷……」と言ったため、鏡を見ると頬に三センチほどの切り傷がついていた。しかし、不思議なことに全く痛くなかったという。

「ほんとにあった怖い話」委員会編『ほんとにあったこわい話3』に茨城県からの投稿として載る。筆者命名。痛みのない切り傷が気付かないうちにできる怪異は古くから「鎌鼬」と呼ばれるが、その正体をイタチとするという話もある。

## 黒髪狐〔くろかみぎつね〕

狐にまつわる怪異。ある女性が原因不明の熱病で寝込み、医者ももう助からないだろうという状態になった。しかし、女性の父親は諦めきれず、親戚縁者を仏間に呼び、自ら読経して回復を祈願した。するとすぐ隣の間に寝ていた女性が突然目を開き、物凄い形相《ぎょうそう》になって大声を上げながら布団の上で暴れ出した。これは何かが憑《つ》いているという話になり、親類たちが彼女を押さえ付け、父親はひたすら読経を続けると、天井の方からガサッガサッと妙な音がして、父親が広げていた経文の上にバサッと何かが落ちた。それは一房の髪の毛で、その質、艶、長さからいって若い女性の黒髪のようであった。父親は一瞬驚いたが、冷静にその髪の毛を経文でぐるりと包むと、そのまま立って縁側を通って庭に出た。そして髪の毛を庭に放つと、空中に舞ったその髪の毛の塊から複数の尾を持つ真っ白な狐が現れ、一瞬にしてその姿を消した。

長く寝込んでいたのが嘘のように、女性はその日のうちに回復したという。また、庭に放ったはずの黒髪は一本も見つからなかったと語られている。

木原浩勝・中山市朗著『新耳袋 第三夜』にある。筆者命名。

## 黒髪湖面［くろかみこめん］

湖に現れる怪異。栃木県那須塩原市《なすしおばらし》の深《み》山《やま》ダムという人造湖には、若い女性が足を滑らせて溺死《できし》したという噂がある。そのためか、湖の周辺では女性の霊が目撃されたり、泣き声が聞こえたという話が語られるようになった。また、夜になるとこの湖は黒く濁るように見えるが、これは死んだ女性の黒髪によるもので、もしこの時に湖に手を入れると、たちまち黒髪が手に巻き付き、湖底に引き摺《ず》り込まれてしまうのだという。

宝島社『最新「霊スポット」121怨霊地図 04年版 関東一都六県』にある。筆者命名。

## 黒行李［くろこうり］

箱にまつわる怪異。ある人物が朝から蔵の整理をしていた際、屋根裏から埃《ほこり》を被《かぶ》った真っ黒な箱が出てきた。それは小さな柳《やな》行李《ぎごうり》のような箱で、幾重にも黒い和紙が貼られており、墨で溶いた糊《のり》で固められている。手に取って揺すってみると、中に小さなものが入っているらしかった。そのうち、古くなった紙が割れ、箱が開きそうになった。その瞬間、母屋の方から父親の叫び声が聞こえてきた。

箱を置いて外に出ると、縁側の障子が開いていて仏間から腰を抜かした父親が這《は》うようにして出てきた。仏間の奥を見ると、母親も腰を抜かしてへたり込んでいる。何があったのか確認すると、朝のお勤めをしていたところ、仏間が急に真っ暗になり、驚いて障子を開けたら元の明るさに戻ったのだという。そこであの黒い箱のことを話すと、開けたのかと確認され、開けていないと答えると、とにかく元に戻せと言われたため、箱を元のように和紙で固めて黒く塗り、蔵の奥に戻したという。

木原浩勝・中山市朗著『新耳袋 第七夜』にある。

## 黒長さん［くろながさん］

ネット上で語られた怪異。2ちゃんねる（二代目）の「死ぬ程洒落《しゃれ》にならない怖い話を集めてみない？ 356」スレッドにて二〇一九年の一〇月三日に書き込まれたもの。

それによれば、黒長さんは「こっくりさん」や「さとるくん」のような遊びで、成功するとなんでも願いが叶うという。その方法は次のようなものだ。

この遊びは二人で行う。まず塩水を用意し、部屋の全ての扉と窓に鍵を掛ける。そして携帯またはパソコンのホーム画面を黒

か

の単色に設定する。次に掲示板かSNSに「黒長さん黒長さん、お待ちしております」と書き込む。その後、もう一人が「黒長さん黒長さん、○○（呼ぶ側）くんが呼んでいます」と書き込む。一時間待ち、その後三〇分以内にもう一人に「黒長さん黒長さん、ありがとうございました」と書き込んでもらう。最後に書き込みを確認したら、すぐに塩水を飲み干す。

ただし、いくつか注意点があり、終了するまでは決して黒一色にしたホーム画面を覗《のぞ》いてはならない、終了するまでは決して部屋を出てはならない、儀式の途中で抜けてはならないという。この儀式の途中で誤ってホーム画面を見てしまうと、背中に冷たい、ムカデが這《は》い回っているような感触がして、何者かが鍵をかけた扉を叩《たた》き、ドアノブを激しく回すなどの現象が起きる。これは数日間続き、この現象に遭遇した者は身動きが取れなくなってしまうと語られている。

この怪談では「こっくりさん」や「さとるくん」（『日本現代怪異事典』も参照）に似た遊び、と語られており、「黒長さん黒長さん、お待ちしております」などの文言は「こっくりさん、こっくりさん、おいでください」や「さとるくん、さとるくん、おいでください」といった、こっくりさんやさとるくんを呼び出す際の文言に類似している。また儀式の途中で余計なことをすると害が及ぶ、という話もこっくりさん、さとるくんと類似している。

## 黒部峡谷の呼び声 ［くろべきょうこくのよびごえ］

猟師に伝わる怪異。富山県の黒部峡谷において、山の中で「オーイ」という声が聞こえた場合、それは化け物の呼び声であるという。もしこれにオーイと答えると再び「オーイ」と返事があり、声をかけ合いながら不思議な力に引き寄せられ、最後は行方不明になってしまうと語られている。

上村信太郎著『山の不思議事件簿』にある。

## クロマリモ ［くろまりも］

家に現れた怪異。ある少女が中学一年生の夏休み、家で姉と喧嘩《けんか》していた際、突然姉の方をかすめて黒い毛に包まれたマリモのような物体が部屋に飛び込んで来た。二人は喧嘩をしていたのも忘れ、それを観察していると、マリモのようなものは畳の上を転がったり、もぞもぞしたり、まるで生きているように動く。そして数分もしないうちに弾けて消えてしまった。

翌日、少女が近所の友達に黒いマリモの話をすると、友達の姉も見たことがあると言った。その話によれば、学校から帰り、自室に戻ろうと廊下を歩いていた彼女の耳をかすめるように黒いマリモが落ちてきて、すぐに弾けて消えたのだという。

「ほんとにあった怖い話」委員会編『ほんとにあったこわい話1』に静岡県からの投稿として載る。筆者命名。同書ではこれは妖怪の仲間だったのではないかと語られている。その姿や弾けて消える様子など、宮崎駿監督のアニメーション映画『となりのトトロ』に登場するまっくろくろすけ（ススワタリ）を想起させる妖怪だ。

## 黒マントババア［くろまんとばばあ］

北海道に出現したという怪異。札幌市西区に住むある女性が突然石の中に押し込められたように体が辛くなり、這《は》うようにして仏壇に手を合わせ、般若心経《はんにゃしんぎょう》を唱えた。それから一週間後の朝七時、お経を唱えてから椅子に座って休んでると、黒いマントを着たコウモリのような老婆が出現し、首を絞め、口と鼻を塞《ふさ》いできた。女性が老婆の手を思いっきり噛《か》んだところ、老婆は姿を消したという。それ以降女性の体はとても楽になったと語られている。

合田一道著『北海道 幽霊の住所録』にある。筆者命名。

## 黒緑の龍［くろみどりのりゅう］

ネット上で語られた怪物。2ちゃんねる（現5ちゃんねる）のオカルト板に立てられた「死ぬ程洒落《しゃれ》にならない怖い話を集めてみない？ 118」スレッドにて二〇〇六年一月六日に語られたもの。

それによれば、報告者が中学生の頃、九州のある港で美術の授業のスケッチを行った際、海に黒いものがあることに気が付いた。それはサメのようにも見えたが、報告者の友人がその黒いものに向かって石を投げたところ、ゆっくりと二人に近付いてきて、海面に顔を覗《のぞ》かせた。その頭部は黒緑色のワニのようで、目は白く濁っており、枝のようなものが数本刺さっていたという。また、大きさは人間の頭の二倍ほどで、異様な臭気を発していたとされる。また海面下の黒い影の部分も含めれば、クジラほどの大きさがあったという。

この黒緑の龍はしばらくすると何もせずに海に帰っていったが、その年のうちに、石を投げた友人の祖母と、報告者の二人の祖父が死亡した。そのため、報告者はひどく恐怖を覚え、それから二度と海を訪れていないと語っている。

## 黒百足［くろむかで］

廃屋に現れた怪異。ある高校生の少年が家出した際のこと。彼は同じ境遇の少女と出会い、二人で住居を探してある社宅の廃屋を見つけた。そこで鍵の開いている部屋を見つけ、一週間ほど過ごしたが、次第に汚れてきたため、別の部屋を探すことにした。

時刻は夜で雨も降ってきたことから、急いで部屋を探し回っていると、最後に鍵がかかっていない部屋を見つけ、中に入ることができた。しかし、部屋の床は腐り住むにはあまりにも劣悪な環境だったため、諦めて外に出ると、部屋の新聞受けからゆっくりと、二本の細く白い腕が出てきた。少年がそれに気付き、声を上げると腕はすぐに引っ込んだが、今度は二階で走り回る音がした。二人がドアから離れて二階を見上げると、窓が開いており、中のカーテンがたなびいていた。そのカーテンの前に人影が立っており、長い髪の女がこちらを見下ろしている。その腕には赤ん坊のようなものが抱えられていたが、その色は真っ黒で、全身から手足がたくさん生えており、イトミミズの塊のように蠢《うごめ》いていた。二人は急いで人の住む明かりを目指して走り、家出をやめて家に帰ることを決心したという。

木原浩勝・中山市朗著『新耳袋 第七夜』にある。「黒百足」という名前については同書で話のタイトルになっているものをそのまま採用した。恐らく話の中で女が抱えていた黒い赤ん坊からたくさんの手足が生えている姿が百足に似ているためだろう。

# 【け】

## 刑場跡の祟り ［けいじょうあとのたたり］

刑場にまつわる怪異。千葉県の総武線沿いのある駅前は、かつて刑場だったという。この刑場跡に病院が建てられた際には「手術を受けると必ず死ぬ」という噂《うわさ》が立ち、やがて移転してしまった。その後、この場所に予備校が建てられたが、今度はこの予備校に通う生徒は必ず第一志望校に落ちるという噂が立つようになったという。

松永克広著『妖魔がさ迷う怨霊列島』にある。駅名が明らかにされていないため、現在もこの場所に予備校が建っているのかは定かではない。

## けしぼうず ［けしぼうず］

ある中学校に出現した怪異。室秋沙耶美監修『本当に怖い話 ＭＡＸ∞ 逢魔ヶ刻《おうまがとき》』にある。この学校では、講堂の誰もいない舞台袖で肩を叩《たた》かれるという噂《うわさ》があった。しかしこれは決して悪いことではなく、ありがたい話なのだと言われていた。

ある女生徒のクラスでは文化祭で制服ダンスを行うことになり、練習に励んだ。やがて文化祭当日となり、舞台袖で出番を待っていたとき、その女生徒は後ろから誰かに肩を叩かれた。振り返ると自分の背丈よりも大きな男の子がいた。その男の子は古い着物を着て、前髪と頭のてっぺんだけ髪を残した髪型をしていた。女生徒が不思議と怖いと思わず眺めていると、男の子はいたずらっぽく笑い、女生徒を指でちょんとつついた。女生徒がよろめいたその時、列の前で並んでいたクラスメイトが彼女の両肩を摑《つか》み、出番であることを知らせた。女生徒はクラスメイトたちとともに舞台に出て、ダンスを披露した。そのダンスはとても好評だったという。

　その後、あの男の子が気になった女生徒が家で祖父に聞いてみると、祖父はそれはけしぼうずといって、楽しそうな人を見ると仲間に入りたくていたずらをする妖怪なのだという。女生徒はそれであそこに出てきたのかと思うとともに、けしぼうずのおかげで緊張しないで済んだと、感謝したと語られている。

　けしぼうずは「芥子坊主」と書き、江戸時代の子どもがした髪型を指す。頭頂部の髪だけを残し、他の髪を剃ったものが一般的だが、このけしぼうずのように前髪も残すなど、バリエーションがいくつもある。

　また、芥子坊主という名前の妖怪が伝えられる地域もあり、長野県では貉《むじな》が子どもの姿に化けたもの、兵庫県ではガッタロ（河童の一種）が化けたものなどと伝えられている。

## 下駄箱の手首［げたばこのてくび］

　ある小学校の七不思議の一つとして伝わる怪異。その学校では下駄箱の中に血まみれの手首が入っていることがあり、これに触れた生徒は手に大怪我《けが》をしてしまうという。

　実業之日本社編『本当にこわい！学校の怪談スペシャル』にある。

## 血液ジュース［けつえきじゅーす］

　ネット上で語られた怪異。怪談投稿サイト「Alpha-Web こわい話」に二〇〇一年六月二二日に投稿されたもの。筆者命名。

　それによれば、運動会で優勝するため、体力をつけようと夜中にマラソンをしている少年がいた。少年は三キロほど走った後、喉の渇きを覚えて近くにあった自動販売機でジュースを買うことにした。その自販機には何も書いていない真っ白なパッケージの缶ジュースが売られており、好奇心を覚えた少年はそのジュースを買って飲んでみることにした。すると驚いたことにそのジュースは血の味がして、少年は思わず落としそうになった。その瞬間、缶ジュースの口から白い手が現れ、「飲んでくれてありがとう……。そろそろ新しい血の味に変えようと思っていたの」という声がして、少年をジュースの中に吸い込んでしまった。そして、骨だけが缶ジュースの口から吐き出され、缶は自力で自動販売機の中に戻って行ったという。

## ケッチャッチャッチャ［けっちゃっちゃっちゃ］

　ネット上で語られた怪異。2ちゃんねる（現5ちゃんねる）オカルト板に立てられた「死ぬ程洒落《しゃれ》にならない怖い話を集めてみない？？79」にて二〇一一年九月九日に書き込まれたもの。

　それによれば、報告者が大学生の頃、資格の関係で養護学校に仕事を体験しに行った際、ある小学生と遊ぶことになったが、その子が時々はっと顔を上げて、教室の天井の方を見て目を泳がせていた。しかし、報告者には何も見えなかったため、「何かあるの?」と尋ねたところ「ケッチャッチャッチャ」と答えた。そこでその子が指さした天井の下辺りに移動し、よく見たがやはり何もおらず、報告者はその子に「ケッチャッチャッチャって何?」と尋ねた。すると彼は報告者の方を見て「ケッチャッチャッチャ、ブーよ!」と言った。直後、腕に痛みが走り、見ると腕に爪で引っ掛かれたような痕があった。驚いて子どもの方を見ると、その子の視線は窓の方を向いていた。以降、不思議なことは起きず、養護学校での体験は無事に終了したという。

## けつばん [けつばん]

ゲームにまつわる話。ゲームフリーク開発、任天堂発売のゲームボーイ用ゲームソフト『ポケットモンスター赤・緑』に現れる、存在しないはずのポケモン。同ゲームにおいて登場するモンスターは一五一種類だが、この「けつばん」は一五二番目のポケモンとして出現する。通常のプレイではまず遭遇することはなく、意図的にバグを発生させることで現れる。「けつばん」という名前は「欠番」を意味しており、本来無関係であるデータ領域をポケモンのデータとして読み取ることで現れる。そのためステータスの表記などが異常になっており、姿かたちなども一定ではなく、複数種類が確認されている。こういったバグによって出現するポケモンは他にも「ィャゾ┗A」「アネデパミ」がおり、「バグポケモン」などと呼ばれる。

「バグポケモン」が当時の子どもたちの多くに確認されたのは、開発のゲームフリークが意識的に通常プレイでは遭遇することのない幻のポケモン「ミュウ」のデータをゲーム内に仕込んだことに起因する。ミュウは、製品版には入らないデバッグ用のプログラムを抜いた際にできたわずかな空き容量に入れられたデータで、本来であれば表に出ないものであった。しかし、バグによってその存在が確認され、意図的にミュウを出すためにバグを発生させる方法が広まったことで、ミュウを出現させるのに失敗した場合に「けつばん」や「ィャゾ┗A」「アネデパミ」が出現し、多くの子どもたちの間に広まった、という経過があったようだ。

## げっぷ生首 [げっぷなまくび]

駅に現れる怪異。ある中学生の少女が部活動を終え、帰宅のために駅のホームで電車を待っていた。ホームに人の気配はなく、大きく深呼吸をしていると、後ろから男性がげっぷをする音が聞こえた。少女は誰かホームに来たのだと思い、静かに電車を待っていたが、今度は少女のすぐ背後でげっぷの音が聞こえた。なんでわざわざ後ろに並ぶのかと不快に思っていると、今度は頭のすぐ後ろでげっぷの音が聞こえ、何か生暖かい液体が首に掛かったような感覚があった。

思わず振り返ると、そこには口からどす黒い血を流しながら笑う男の巨大な首が宙に浮かんでいた。しかもその大きさは一メートルはある。男はまたげっぷをして、口から流れる血を少女に浴びせかけてきた。少女はまともに顔面に血を浴びてしまい、気を失って倒れてしまった。その後、少女は駅員に介抱されたが、浴びたはずの血は右肩にわずかな痕跡を残すだけだった。その生首の正体は今も不明だという。

室秋沙耶美監修『本当に怖い話 MAX∞悪霊君臨』にある。筆者命名。

## 毛むくじゃらの腕［けむくじゃらのうで］

2ちゃんねる（現5ちゃんねる）オカルト板に立てられたスレッド「∧∧∧山にまつわる怖い話Part3∧∧∧」にて、二〇〇三年一一月一五日に「雷鳥一号」というハンドルネームを使う人物によって書き込まれたもの。

それによれば、報告者の友人がサークル活動の一環として山中で野営していた際のこと。夜中にザックを引っ掻《か》き回す音がしたため、先輩から手癖の悪い動物がいると聞いていたその友人は、先輩の言っていた動物が来たと思い、テントの外に飛び出した。見ると、毛むくじゃらの黒い手が二本、ザックの中をあさっていて、その腕は一〇メートル以上向こうの雑木林から伸びていたという。

## 煙光女［けむりひかりおんな］

ある学校に現れたという怪異。その学校で警備員が見回りの際に三階西の女子トイレへ行くと、トイレの中が煙に覆われており、「あなたも、き・た・の?」という声とともに煙が光って女が現れたという。

ポプラ社編集部・渡辺節子編『映画「学校の怪談」によせられたこわーいうわさ』に東京都板橋区からの投稿として載る。筆者命名。特撮番組のキャラクターのような出現の仕方である。

## 煙蛇［けむりへび］

煙にまつわる怪異。ある夏の日の昼過ぎ、大阪府の天王寺に住んでいた女子中学生が家の台所に入ると、天井に一本の長い煙のようなものが這《は》っていた。火事かと思ったが火はなく、その先は換気扇へと伸びていて外に排出されていた。もう片方の先は台所から廊下へと続いていた。

煙の先がどうなっているのかと気になった少女が追ってみると、廊下を突き当たり、居間に続いていた。そこで居間に入ってみると、驚いたことに煙の先端には人の顔があり、まるで鎌首をもたげた蛇のように天井の辺りで辺りを見回していた。少女が思わず声を上げると、その顔が動いて彼女の方に降りてきて、目が合った。その顔は白髪交じりのおじさんの顔であったという。少女が悲鳴を上げると、おじさんも驚いたと見えて、うねうねと長い煙の胴体をくねらせながら廊下へと出て行き、換気扇を抜けて外へと出て行った。それを追って外に出ると、軒伝いに屋根の方へ向かっていたため、先回りをしようと家の向かい側へ回るともう消えていたという。

木原浩勝・中山市朗著『新耳袋 第三夜』にある。

## ゲル状暴走族［げるじょうぼうそうぞく］

暴走族にまつわる怪異。東京都世田谷のある公園に出現する幽霊で、全身の骨が粉々になってゲル状の姿をしており、地面を這《は》いつくばって失った骨を探しているのだという。

宝島社『最新「霊スポット」121怨霊地図 04年版 関東一都六県』にある。筆者命名。同書によればこの幽霊はかつて暴走族同士の抗争で殺された少年で、体は焼かれ、骨は粉々に砕かれてしまったのだという。

## ゲレゲレ［げれげれ］

ネット上で語られた怪異。怪談投稿サイト「Alpha-Web こわい話」に二〇〇一年四月二九日に書き込まれた話に登場するもの。

それによれば、投稿者が友達とともに夜に学校に行った際のこと。二階へ上ると、後ろから「ぐるるるる……」という声が聞こえてきた。そこで辺りを見回すと、渡り廊下の奥の方がほのかに光っており、目を細めると動物のような形が浮かび上がった。投稿者は慌てて逃げたが、後日、怖い物が好きな別の友達に尋ねると、それは動物たちの恨みが集まって一つになったもので、友達は「ゲレゲレ」と呼んでいることを教えられたという。

## 検査室の白衣［けんさしつのはくい］

2ちゃんねる（現5ちゃんねる）のオカルト板に立てられた「不可解な体験、謎な話～enigma～ Part86」スレッドにて二〇一三年一月一九日に語られたもの。

それによれば、報告者がかつて働いていた工場には検査室という六畳ほどの広さの小さな部屋があり、そこに入室するには白衣に着替えなければならない規則となっていた。その白衣は廊下にあるロッカーに二、三着掛けてあったが、なぜか誰も見ていない隙にこの白衣が検査室の床に大の字に置かれている、ということがあった。この現象は原因不明で、職員が休日出勤して一日中見張ったこともあったが、ほんの少し目を離した隙に置かれていたという。しかし、それ以外に特に被害もなかったため、工場の職員はあまり気にしていなかった。

そんなある日、東日本大震災が発生し、工場は跡形もなく壊れてしまった。報告者は同僚に誘われ、工場があった辺りを二人で歩いていると、遠くに白くきらきらと光るものが見えた。二人で近付いてみると、そこにあったのはあの大の字に置かれている白衣だった。それは津波で流されたはずなのに汚れ一つなく真っ白で、たった今誰かが置いたように不自然に瓦礫の上に置いてあったという。それを発見した報告者たちは、しばらく無言で見つめあった後、「ああ、ここ検査室！」と気付き、震災後初めて大笑いしたという。

現在、工場の跡は更地になっており、白衣がどうなったのかは分からないと語られている。

## 幻想集落［げんそうしゅうらく］

ネット上で語られた怪異。2ちゃんねる（現5ちゃんねる）オカルト板に立てられたスレッド「∧∧∧山にまつわる怖い話Part20∧∧∧」に二〇〇五年六月二三日に書き込まれた怪異。

報告者が山梨県の山道を走っていたときのこと。突然土砂降りの雨が降り始めたため、できるだけスピードを落として走っていると、急に雨が止んだ。そこで休憩しようと近くのラーメン屋に入り、「さっきはすごい雨でしたね」と言うと、「雨なんて降ってませんけど……」と店員に言われた。局地的な雨だったのかと思い店を出ると、今度は道に迷ってしまい、ガソリンの補給ついでにガソリンスタンドに寄り、「ラーメン屋さんの方から来たのですが」と言うと、今度は「この近くにそんなラーメン屋はないですけど」と言われ、「今日はさっきまで大雨が降っていたし、この先の山道は規制で通れなくなる」と教えられた。そこで少し走ったところにあった旅館にチェックインしようとすると、「今日はお天気も良いし、お夕食までの間、この先のパノラマラインをドライブしてみてはいかがでしょう。この近辺にはガソリンスタンドがないので、給油はその先になりますが」と言う。混乱した男性は宿泊をキャンセルし、東京に戻ることにした。あの地域が一体何だったのか、判明することはなかったという。

## けんちゃんの首［けんちゃんのくび］

修学旅行に現れる怪異。昔、けんちゃんという少年が修学旅行に行ったが、そのバスで窓から首を出していた。隣に座っていた女の子が「けんちゃん、危ないからやめなよ」と言ってその肩をゆすると、首のないけんちゃんの体が揺れた。窓から首を出していたために、けんちゃんは他の生徒たちが気付かないうちに首を切断される事故に遭《あ》っていたのだ。けんちゃんの首は見つからず、修学旅行も中止になってしまった。

一年後、その小学校に転入してきたA君という少年がおり、A君はけんちゃんの事故のことを知らず、彼が乗っていたのと同じバスの同じ席に座って修学旅行に向かった。A君はそのバスですっかり寝てしまい、トイレ休憩でみんなが降りている間も目を覚まさなかったが、突然ドンドンという音で起き、窓を見ると、男の子の首が窓を叩《たた》き、バスの中に入ろうとしていた。それを見たA君は気を失い、倒れてしまった。

気が付くとA君は布団の上に寝ており、近くにいた養護の先生に「首が、首が」と告げたが、寝ぼけていると見なされ、しばらく横になっているように命じられた。一人になり、A君は夢を見ていたのかと思い、再び深い眠りについたが、今度は足の違和感で目を覚ました。足を見ると、そこにはけんちゃんの首があったという。

トーキョウ・ルーマーズ編『平成の都市伝説』にある。

# 【こ】

## こいこい踏切 ［こいこいふみきり］

鉄道にまつわる怪異。埼玉県大宮市にあるJR東北本線の大宮駅周辺の踏切の一つに「こいこい踏切」と呼ばれる踏切がある。自動車が普及し始めた昭和四〇年代（一九六五～七四年）、この踏切で自動車が吸い寄せられるように踏切に進入し、電車と衝突する事故が多発した。本来車道と線路が交わる踏切ではなく、歩行者用の踏切であったため、杭を打って自動車が踏切に進入できなくする対策が取られた。しかし一九六九、七〇年頃から、今度は踏切自殺が急増した。一命を取り留めた者の話によれば、踏切の手前まで来たところ、青白い顔をした物凄い美人がおり、「こいこい」と手招きされて思わず線路内に入り込んでしまったのだという。また、この踏切で死んだ人間が新たな犠牲者を呼び込むのだと言われている。

室生忠著『恐怖と怪奇の幽霊体験』にある。

## コインロッカーベイビードリーム ［こいんろっかーべいびーどりーむ］

ネット上で語られた怪異。怪談投稿サイト「Alpha-Web こわい話」にて、二〇〇三年九月一三日に投稿されたもの。筆者命名。

東京都のある地下鉄駅のコインロッカーにて、生まれたばかりの赤子が捨てられるという事件があった。その後、三人の少女がそのロッカーを利用したが、そこに一人の女性が現れ、「このロッカー使っているんですか?」と尋ねた。少女たちが「はい」

と答えると、「このロッカーを一〇日間使い続けると、あとは……」と謎めいた言葉を残した。

それから一〇日後。三人は赤ちゃんに首を絞められる内容の同じ夢を見て、翌朝には死んでしまった。このコインロッカーは使用禁止ではあるが、今も残っているという。

赤子をコインロッカーに捨てたところ、その赤子が成長した姿で現れ、自身の親を糾弾する「コインロッカーベイビー」（『日本現代怪異事典』収録）から派生したものと思われるが、こちらは自分を捨てた親ではなく自分が捨てられたコインロッカーを使うものを無差別に襲う凶悪な存在となっている。

## 更衣室の女［こういしつのおんな］

ある小学校に伝わる怪異。プールの更衣室に生徒が一人で着替えていると出現するという女で、その生徒の背後にひっそりと立っている。もし振り返るなどして目が合うと、長い髪を喉に絡《から》み付けてくるという。

魔夜妖一・マーク矢崎治信・夜羽るか監修『うわさの怪談 恐怖の学校Special』にある。

## 幸運の小坊主［こううんのこぼうず］

俳優の梅沢富美男氏が遭遇したという怪異。一九七八年一月中旬のこと。当時、東京都の十条に事務所兼自宅を持っていた梅沢氏は、仕事を終え、事務所の椅子に腰掛けたところ、背中にぞっとするような冷たいものを感じ、思わず振り返った。そこには小坊主が一人立っていた。梅沢氏は初め幻覚かと思ったが、何度目を擦《こす》っても見える上、マネージャーにも見えたため、実在することが分かった。梅沢氏とマネージャーが同時に「化け物だ！」と叫ぶと、小坊主は消えてしまった。しかし、その小坊主が現れた翌日から梅沢氏は人気が出始め、「夢芝居」が大ヒットしたという。また、小坊主の出現の一週間ほど前に梅沢氏の父親が亡くなっていることから、梅沢氏は、あれは父親だったのではないかと語っている。

中岡俊哉著『幽霊が出た！ 著名人の霊体験』にある。

## 高級車のカエル［こうきゅうしゃのかえる］

ネット上で語られた怪異。ＷＥＢサイト「怪談投稿」にて二〇〇二年五月一二日に掲載されたもの。筆者命名。

ある人物が東京都の銀座を歩いていた際、前から高級車が走ってきた。芸能人でも乗っているのかと何気なく見ていると、助手席に巨大なカエルが座っており、目が合った直後「何、見てんだよぉ」と言ったという。

## 降霊拍手［こうれいはくしゅ］

降霊術の一種。満月の夜中の二時に何もない白い部屋の北東の隅に向かって立ち、手を四三二回叩《たた》くと、悪霊が現れ、どこかへ連れ去られてしまうという。

マイバースデイ編集部編『恐怖!! 学校の幽霊』にある。筆者命名。

## 豪霊武［ごうれむ］

いじめられっ子が作った泥人形に魂が宿ったとされる怪異。いじめっ子に仕返しをしてくれるとされ、制作者の言うことを何でも聞くという。しかし、制作者の子どもが嫌なことをされるほど豪霊武の体は大きくなり、自分の意思を持ち始め、最後には制作者である子どもにも害を与えるようになるという。

怪談クラブ監修『キャーッ！ みんなの怪談』に妖怪の一種として紹介されているもの。明記はされていないが、容姿や行動などが明確に設定されていることから、書籍用に創作された妖怪の可能性が高い。

この妖怪は名前からしてユダヤの伝説に登場する「ゴーレム」が元になっているのだろう。これは土でできた人形で、宗教的な儀式によって命を吹き込むことで、術者の命令に忠実に従う。しかし、使い方を誤ると狂暴化し、術者にも襲いかかるとされる。

## 声を吸う穴［こえをすうあな］

ある学校に伝わる怪異。その学校では委員会室に向かう途中のトイレの横に大きな穴がある。この穴に近付くとゴーという音とともに自分の声が吸い込まれるという噂《うわさ》がある。また、その穴を覗《のぞ》くと「キーヒッヒ」「ウーヒッヒ」という二〇人ぐらいの女の声が聞こえるという。

常光徹編著『みんなの学校の怪談 赤本』に東京都からの投稿として載る。筆者命名。

## ゴース［ごーす］

子どもが目撃したという怪異。ある家族が旅行で中国に赴いた際に、食事を取ろうと一軒の店に入った。注文を済ませ、料理が来るのを待っていると、子どもが厨房の入口の白い壁を指して「ゴース！ ゴース！ パパッ！ ゴースだよ！ ほら！」と叫んで興奮していた。しかし、両親には何も見えなかったという。

木原浩勝・中山市朗著『新耳袋 第二夜』にある。「ゴース」とはゲームフリーク開発、任天堂発売の『ポケットモンスター赤・緑』をはじめとしたポケモンシリーズに登場するモンスターの一つ。紫色のガスを背景に黒い顔が浮かんでいるという容貌をしたポケモンで、毒ガスから生まれたガス状生命体とされ、作品中では幽霊に化けるなどしており、「ゴーストタイプ」という属性も持っている。恐らくこの子どもにはこれに似た何かが見えたのだろう。

## こーだけ［こーだけ］

ネット上で語られた怪異。2ちゃんねる（現5ちゃんねる）オカルト板に立てられたスレッド「∧∧山にまつわる怖い話Part10∧∧」に二〇〇四年六月二二日に書き込まれたもの。

瀬戸内海にある大きな島に「こーだけ」と呼ばれる道があった。この道を夜に通ると「こ～だけ～」と呟《つぶや》く女の幽霊が出現し、その腕には子どもが抱かれているのだという。「こ～だけ～」は「子を抱け」という意味で、戦後しばらくの間、出現していたと語られている。

子どもを抱かせようとする女の怪異は、古くは平安時代の説話集『今昔物語集』にも現れる「産女《うぶめ》」がよく知られているが、これもそれに類似した怪異だろうか。

## ゴキブリの恩返し［ごきぶりのおんがえし］

ネット上で語られた怪異。2ちゃんねる（現5ちゃんねる）オカルト板に立てられた「ほんのりと怖い話スレ　その4」スレッドにて二〇〇二年二月二〇日に語られたもの。

それによれば、報告者が大学生だった頃のある夏、一人暮らしをしている部屋で焼酎を飲んでいると、一匹の子どものゴキブリがうろついていた。報告者はこれを見て何となく「水でも飲むか？」と問いかけ、水割り用の水を子ゴキブリの前に垂らしてやると、子ゴキブリはその水を飲んだようだった。

その年の一二月の夜、報告者がいつものように焼酎を飲み、眠ろうとすると、一匹のゴキブリが布団の上にいた。殺すのも可哀そうだと部屋から追い出すため、ゴキブリに近付くと、ゴキブリはまるで報告者を誘うように足下を進んで行った。それについていくと、玄関近くにある台所からガス臭がした。どうやらお湯割りを作る際にガス栓とコンロを閉め忘れていたらしく、慌ててガス栓を閉め、換気をして事なきを得た。落ち着いて辺りを見回すとゴキブリはもうどこにもいなかった。偶然なのか、ゴキブリの恩返しなのか分からないが、とにかくゴキブリのおかげで報告者は命拾いしたという。

## ゴギョウ様［ごぎょうさま］

ネット上で語られた怪異。2ちゃんねる（現5ちゃんねる）オカルト板に立てられた「ほんのりと怖い話スレ　その97」にて二〇一三年一〇月七日に語られたもの。

東北地方のある地域に伝わる存在で、山の中にある注連縄《しめなわ》の張られた岩の下にいるという。この岩の下を掘ると奥に向かって斜面になった穴が出てくる。ある程度掘ると鈴の音が響き、地中から「アターヌサキー、ワーセナ、バタクサ、バタクサ」という女の声が聞こえてくる。そして穴から「ナケ、ナケ」という声が聞こえ、黒い割烹着《かっぽうぎ》を着た者たちが穴から出てくる。この時泣いてしまうと割烹着の者たちに体を触られ、そのまま行方不明になるとされる。

　このゴギョウ様の正体についても語られている。それによれば、かつてその地域には廊下を歩くと鈴が鳴る造りになっていた鈴城という城があった。城の当主は耳が大きいおちょぼ口の男で、競り（争い）をひどく嫌った。当時、農民は土地の領有権で争っていたため、当主は土地を平等に分けて争いを終わらせた。また、この当主は唐の生まれだったことで一部の農民たちに忌《い》まれており、ある時その農民たちが反乱を起こし、当主の一族を皆殺しにした上、当主を洞窟に閉じ込めて殺した。それ以来、この地域では天災が続くようになり、あの当主の怨念によるものだということになった。そこで彼らは赤子から生贄《いけにえ》を選出することとし、二人の赤子を対面させて泣いた方を勝ちとして、最後まで残った赤子を生贄に捧げた。これは東北地方に今も伝わる泣き相撲の由来なのだという。また、当主は口が小さかったため、当主が好きだったおかゆに切り刻んだ赤子の肉を混ぜ、洞窟に流した。人々はその怨霊《おんりょう》を七文字の名前で呼んだという。それでも災害は止まなかったため、人々は怨霊の名前を「ゴギョウ様」と呼び、神として祀《まつ》った。

　現在、洞窟は岩によって封印され、生贄の風習も表面上はなくなったが、ゴギョウ様はまだ生贄を欲しているため、外部から人々を呼び寄せ、何も知らない彼らの子どもが生贄になるように仕向ける。もしあの岩のそばで泣き声を上げると、その子どもが連れ去られ、行方不明になるのだという。

　この話の最後には「セリ、ナズナ、ゴギョウ、ハコベラ、ホトケノザ、スズナ、スズシロ　是ぞ七草」と七草の名前を連ねた言葉が記されている。これは一三六二年に記された『源氏物語』の注釈書『河海抄』に既にある歌だが、同スレッドではこれはゴギョウ様に対する警告であり、「競り泣くな　御業様はこの辺り　岩ノ下　鈴鳴る鈴城　是ぞ七草」の意味となるのではないかと考察されている。また最後の句「これぞななくさ」を組み替えると「泣く子ぞ去れ」となる、という考察もされている。

　ただし、現在東北地方で伝統行事として行われる泣き相撲は赤子の健康と成長を祈願するものであり、生贄が元になっているという話はない。この話も恐らく七草と泣き相撲を組み合わせて創作されたものと考えられる。

## 虚空ビー玉［こくうびーだま］

あるアパートで起きたという怪異。東京都杉並区のアパートでのこと。そこに住む男性が食べかけのラーメンの丼をこたつの上にそのままにして寝たが、朝起きるとラーメンのスープが周囲に飛び散っていた。

　何カ月かして、今度はこたつの上に置いてあったコーヒーがやはり周りに飛び散っていた。不思議に思い、カップの中を覗《のぞ》いてもコーヒーに何かが入っているわけではなかった。

それから数カ月後、部屋で友人とビールを飲んでいると、ポチャンと音がしてこたつの上のジョッキの周囲にビールが飛び散っていた。友人が天井を見上げ、ビー玉のようなものが落ちてきたと言う。その直後、またポチャンという音がして、ビールの飛沫《しぶき》が上がるのが見えたが、やはり何も落ちてきた様子はなく、ビールの中にも何も入っていなかった。二人は不思議に思い、またこの怪現象が起きないか見つめていたが、結局それ以上のことは起きなかったという。

木原浩勝・中山市朗著『新耳袋　第二夜』にある。筆者命名。

## 国道の白い女［こくどうのしろいおんな］

道路に現れる怪異。ある国道でのこと。一台の車が夜道を走っていると、ヘッドライトの先に突然、白いワンピースを着た一六、七歳ぐらいの女が現れた。女は両手を広げていて、そのまま車に向かって走ってくる。運転手は慌ててブレーキを踏んだが、間に合わず、撥《は》ねたと思った瞬間、その女は助手席にいた。シートの上には両手を広げた上半身だけがあり、目が合った瞬間掻《か》き消えた。直後、後続車がその車にぶつかり、三重追突となってしまったという。

木原浩勝・中山市朗著『新耳袋　第五夜』にある。筆者命名。同書には、この女は同じ国道に何度も出現しており、ある時は歩道を歩いている男性に向かって両手を広げて走ってきたとある。男性は驚きながらも受け止めねばと自身も両手を広げたが、女は彼にぶつかることなくすり抜けてしまったという。

事故を発生させる路上の怪異は多いが、この女は歩行者に対しても同じ行動を繰り返しているため、事故を発生させることが目的とも言えず、結果的に行動の意味と目的が全く不明になっており、より不気味である。

## 国道の美少女［こくどうのびしょうじょ］

道路に出現する幽霊。静岡県焼津市《やいづし》を走る国道一五〇号線に大崩《おおくずれ》海岸沿いを走る旧道があるが、かつてここに「国道の美少女」と呼ばれる幽霊が出現したという。幽霊の正体は地元の店に勤めていた一七歳の少女で、一九六五年、この店のオート三輪が横転し、漏れ出したガソリンに火がついて炎に包まれた。オート三輪に乗っていた他の二人は何とか脱出して一命を取り留めたが、少女だけはそのまま焼け死んでしまった。

それから間もなくして、少女の亡霊が夜な夜な事故現場の道端に現れ、道行く車に向かって手を振るようになった。少女の姿は生前にも増して愛らしく、人々は「国道の美少女」と呼ぶようになった。しかし、現場ではこの美少女の亡霊に惑わされるのか事故が多発し、一九六七年に少女の霊を慰めるための鎮魂式が行われた。それでも事故が続き、現場を走っていたトラックが突然火を吹いたり、横転した車を引き揚げようとした作業員が次々と大怪我《けが》をするなど奇怪な現象も起きるようになった。

一九七一年には現場付近で大崩落事故が発生し、そこを通りかかった車が土砂に埋もれて運転手が死亡した。現在、この旧道は使われておらず、海の上に橋桁が掛けられて道路が新設されたが、国道の美少女は、今度はそちらに出現すると噂《うわさ》されている。

『恐怖の心霊ゾーン・ガイド　幽霊出没地帯ガイドブック』にある。

## 黒板消しクリーナーの怪［こくばんけしくりーなーのかい］

ある学校の七不思議として伝わる怪異。この学校では黒板消しクリーナーが夜中に突然鳴り響くのだという。

「ほんとにあった怖い話」委員会編『ほんとにあった怖い話3』にある。

## 後光狐［ごこうぎつね］

狐にまつわる怪異。ある人が車で踏切《ふみきり》を渡った際のこと。渡り切った途端、フロントガラスだけがフラッシュをたかれたように真っ白に光った。目が眩《くら》んで何も見えないはずの視界の中になぜか狐の親子がはっきりと見えた。その親子は頭を下げるようにして前を横切ると、光もなくなった。そして狐の親子も一緒に消えていたという。

木原浩勝・中山市朗著『新耳袋　第七夜』にある。

## 呱々怪鳥［ここかいちょう］

ネット上で語られた怪異。ＷＥＢサイト「怪談投稿」にて、二〇〇一年一〇月一四日に掲載されたもの。筆者命名。

ある夜、投稿者が暑さで眠れないでいると、午前二時頃に「ぎゃあ、ぎゃあ、ぎゃあ」という赤子が泣くような声が聞こえてきた。驚いて窓の外を見ると、人間とも鳥とも判別が付かない生物が暗い空をギラギラと光りながら飛んでおり、その大きさは一五メートルはあったという。

## 九日の幽霊［ここのかのゆうれい］

大阪府堺市のある中学校に現れるという幽霊。この学校の体育館には毎月九日になると若い女の幽霊が現れるという噂《うわさ》があった。ある時、教師の一人が下校時間近くに体育館に忘れ物を取りに行った際、誰もいないはずなのにもかかわらず、苦しそうな呻《うめ》き声を聞いた。しかし、声をかけても返事はなく、体育館を出ようと歩き出した瞬間、目の前に天井から首を吊《つ》った女が現れた。女は気味の悪い声で「うううう……」と言うと、音もなく体育館の床の上に降り立ち、不気味な笑い顔を教師に向けた。教師は叫び声を上げて保健室に逃げ込んだが、今度は保健室の隅にその幽霊が現れた。教師はその場で気絶してしまったという。

この話を聞いた三年生の生徒二人が幽霊の噂を確かめようと深夜に体育館に侵入したところ、やはり首を吊る女の幽霊が現れた。幽霊は飛ぶように二人の前に近寄ってきたが、二人がじっと幽霊を見つめていると、宙を飛ぶようにして消え、見えなくなった。直後、二人は急いで逃げ出したが、学校を出て振り返ると、体育館の屋根の上に人の形をした青白い塊が浮いていたという。

中岡俊哉編著『心霊写真で読む！　学校の怪談』にある。首吊りをした幽霊が首吊りの状態で現れるという話はよくあるが、吊られたまま自由に宙を飛ぶ幽霊は珍しい。

## 腰女 ［こしおんな］

女の姿をした怪異。ある人物が午前三時頃、仕事を終えて、迎えに来てくれた奥さんの車で大阪府の松屋町筋から南へと向かっていた際のこと。一心寺（大阪市）の近くの信号で停まっていたところ、眼鏡をかけた黒い服装の三〇歳ほどの男性がビルの角から出てきた。見ると、その男性の腰の辺りに、背後からショートカットの若い女が両腕を纏《まと》わり付かせて下腹部を撫で回している。女は夏だというのに緑色のジャンパーを着て、スカートから出た脚は厚手のタイツをはいていて、ピンと真っ直ぐに伸ばしている。男性が動くと女はずるずると両足の靴先を引き摺《ず》られていたが、子どもを褒めるかのように笑顔で一生懸命背中に頬ずりしていた。一方、男性の方はまるで女がいないかのように普通の動きで女を引き摺っていた。その女の姿は夫婦二人とも見ていたが、なぜか男性の顔ははっきりと覚えているのに、女の顔は笑顔であったということは覚えていても、顔立ちは全く思い出せなかったという。

木原浩勝・中山市朗著『新耳袋　第九夜』にある。

## 午前二時十五分の幽霊 ［ごぜんにじじゅうごふんのゆうれい］

東京都世田谷区北烏山にある雲竜寺に現れるという幽霊。この寺では一九七五年の二月中旬以降、午前二時一五分になると必ず白い着物を着た中年の女性の幽霊が出現し、長い畳敷きの廊下の向こうから歩いてきて、必ず便所に入るという。どうやら小用を足すようだが、すぐに出てくるのだとされる。

平野威馬雄著『日本怪奇名所案内』にある。この幽霊は寺の人間だけでなく、寺を訪れた多くの人に目撃されているらしい。また、この幽霊には足がないようだが、畳の上を歩く足音が聞こえるという話も語られている。

## 古代遺跡の祟り ［こだいいせきのたたり］

遺跡にまつわる怪異。神奈川県の伊勢原

市と海老名市の畑や宅地造成中の土壌の中から縄文時代の土器や古代の墳墓が発掘された際のこと。考古学に興味を持つ六人の人間が、発掘作業が始まる前にめぼしいものをほとんど掘り起こし、持って帰ってしまった。しかし、次の年の春までに六人が全員、交通事故など様々な原因で死んでしまったという。

平野威馬雄著『日本怪奇名所案内』にある。

## こたつの怪［こたつのかい］

こたつにまつわる怪異。ある人物が会社から帰ってきて、暖を取ろうと居間のこたつに足を入れ、体をくの字に曲げて両手を中に入れた時のこと。いきなり右手首を摑《つか》まれ、中に引っ張られた。慌てて足で引き込もうとする手を蹴りのけ、こたつの中を覗《のぞ》き込んだところ、誰もいなかったという。

木原浩勝・中山市朗著『新耳袋　第六夜』にある。同書には他にもこたつに足を入れたところ、たくさんの足に触った、という話が載せられている。

## 小坪トンネルの怪人［こつぼとんねるのかいじん］

トンネルに現れる怪異。心霊スポットとして有名な神奈川県逗子《ずし》市小坪《こつぼ》にある小坪トンネルに出現するという存在で、トンネル内を車で通行しているとドスンという音とともに屋根の上に落ちて来る。そして屋根の上から手や顔を覗《のぞ》かせ、運転手はこれと目が合ってしまうとそのまま気を失い、二度と意識を取り戻すことはないという。

トーキョウ・ルーマーズ編『平成の都市伝説』にある。同書には他にもこのトンネル内で車に轢《ひ》かれて亡くなった少女の霊が母親を探して現れる、トンネル内にある階段を上ったところにある草むらは霊の溜まり場になっており、最も危険であるといったことが記されている。

## 小鳥子象［ことりこぞう］

ネット上で語られた怪異。2ちゃんねる（現5ちゃんねる）オカルト板に立てられた「死ぬ程洒落《しゃれ》にならない怖い話を集めてみない？１９６」スレッドにて二〇〇八年八月一〇日に語られたもの。

それによれば、小鳥子象とは、報告者が小学校に入学する前の幼少期に住んでいた、広島県の新興住宅地のある地域に伝わる化け物で、「暗くなるまで遊んでいると小鳥子象に連れ去られて食べられるよ」といった、子どもを脅《おど》すために使われる名前だった。

報告者はその名前から小鳥の顔をして子象の体を持つ化け物と考えており、これと遭遇しないために夕方になると必ず帰宅していたという。そんな彼の住む家の近くには、同い年の少女が住んでおり、よく遊んだが、小学校に入るとその少女はなぜか学校におらず、そのまま報告者が引っ越すことになり、疎遠になってしまった。

年月が経ち、社会人になった彼は小鳥子象のことを思い出し、あれは「子取り小僧」という意味だったのではないかと考える。そこで真相を確かめるため、広島県に向かい、かつての住居に行くと、かつて一緒に遊んだ少女の家が残っていた。その家にはまだ少女の母親が住んでいたため、少女について話を聞くと、少女の母親はこんな話を語った。

かつてこの地域にあった村に住む人々は身分的な差別を受けており、土地を開発して新興住宅地にするという計画が持ち上がった際、行政と争いが起こった。人々は村に言い伝えとして残るコトリコゾウ様という存在に自分たちの願いを叶えてもらおうと考える。コトリコゾウ様は生まれて二歳までの女の子を生贄《いけにえ》として差し出すと、生贄を捧げた人々が憎む相手を退けると伝えられていた。その生贄として選ばれたのが、報告者が遊んだあの少女だった。少女は近くにある山の頂上の社まで連れて行かれ、そこに祀《まつ》られているコトリコゾウ様の生贄とされたという。結局開発計画は頓挫せず、村は破壊され、住宅地ができあがった。コトリコゾウ様とは言い伝えに過ぎなかったのだという。

その新しくできた住宅地に引っ越してきたのが、報告者の家族だった。つまり報告者が遊んだあの少女は、生者ではなく死者だった。彼女が生贄として捧げられた山の頂上に、報告者が小学校の遠足で訪れた後、少女は姿を現さなくなった。報告者との交流を通して、少女は成仏《じょうぶつ》したのだろうと語られている。

## コピー機の怪［こぴーきのかい］

コピー機にまつわる怪異。悪ふざけでコンビニのコピー機を使って自分の写真をコピーすると、自分の死に顔が写る。その見た目はいつもの顔と変わりないが、直後、コンビニに車が突っ込んできてその人間は即死するという。

絹華作『恐怖！ ホントにあった!? こわい話』にある。筆者命名。写真の死に顔が普段と変わらないのは、突っ込んで来た車によって何が何だか分からないまま即死するからだろうか。

## 小人侍［こびとざむらい］

侍の姿をした妖怪。その名の通り体軀が小さく、身長一〇センチほどしかない。着物を着ており、人間に見つかるとすぐに隠れてしまうようだ。

怪談クラブ監修『キャーッ！ みんなの怪談』にある。明記はされていないが、容姿や行動などが明確に設定されていることから、書籍用に創作された妖怪の可能性が高い。同書ではタレントが似たような目撃談をテレビで語っている、と記されているが、これは「小さいおじさん」（『日本現代怪異事典』収録）と呼ばれる存在のことだろう。小さいおじさんは出会うと幸運に恵まれるなどと語られる小人で、その名の通り小さな中年男性の姿をしている。ただ侍の姿をしているという目撃談は少ない。

## 小人の大名行列［こびとのだいみょうぎょうれつ］

ネズミにまつわる怪異。子どもの頃に遭遇するという存在で、その名の通り小人が大名行列を作っているというもの。正体はネズミが人間を真似たものだとされる。

トーキョウ・ルーマーズ編『平成の都市伝説』にある。

## 古墳の怪人［こふんのかいじん］

大阪府に出現したという怪人。その名の通り古墳時代に作られた古墳に出現したという。この古墳は名前も残っておらず、住宅街にあったため、よく小学生の遊び場になっていた。ある時、男子小学生二人が古墳の中に入って遊んでいたところ、古墳の外で誰かが大声を出した。その声は「なんにゃらあああ」とも「ぬんぬるぅぅぅ」とも聞こえたが、直後、古墳の入口に髪を両側で束ね、手に銅剣を持った怪人が現れた。怪人はなおも入口で叫び続け、少年たちは古墳に入ってこようとする怪人になすすべもなかったが、怪人は突然消えてしまったという。

平川陽一著『学校であったコワ～イ話』にある。

## ゴムシートもどき［ごむしーともどき］

ネット上で語られた怪異。2ちゃんねる（現5ちゃんねる）オカルト板に立てられたスレッド「∧∧山にまつわる怖い話Ｐａｒｔ４∧∧∧」にて、「雷鳥一号」というハンドルネームを使う人物によって二〇〇三年一二月二日に書き込まれたもの。筆者命名。

それによれば、報告者の知り合いの人物が里山を歩いていたところ、いきなり地面が浮き上がり、しりもちをついた。その地面を見ると、黒いゴムシートのような生き物が身をくねらせて暴れており、誤ってこれを踏み付けてしまったことに気付いたが、その生き物が何なのかは分からなかった。

それの見た目は玄関マットぐらいの大きさで厚みは薄手の絨毯《じゅうたん》ぐらいだったという。謎の生物は暴れるのを止めると、体を波打たせるようにして移動し、藪の中に消えて行ったと語られている。

## ごめんねの霊［ごめんねのれい］

トイレにまつわる怪異。筆者命名。学校のトイレで「ごめんね、許して」と三〇回言うと、昔そこで死んだ人の霊が出現するという。

絹華作『恐怖！ホントにあった⁉こわい話』にある。

## 小屋［こや］

絵画にまつわる怪異。美術の評論家をしていたある日本人の女性が、スコットランドで「小屋」という絵画を手に入れた。これは作者不詳の風景画で、スコットランドのどこかの森の中が背景で、キャンバスのほぼ中央に小さな小屋があり、そこから手前にクネクネと細長い道が延びている油絵だった。一目でそれに夢中になった女性は「小屋」を自宅のリビングに飾り、一日に三〇分も眺めるようになった。その理由は自分でも分からず、不思議に思っていた。

しかし、その絵が次第に変化し始めた。ある日、何気なく絵に目をやった時、絵の中央にある小屋の扉が少し開いていた。それから絵は少しずつ変化し始め、小屋の扉が次第に開いていき、一カ月も経つと完全に開け放たれた。さらに数日経つと、扉の奥、小屋の中に人の姿が現れた。最初は影のようなものだったが、時間が経つとそれが醜悪《しゅうあく》な老人であることが分かった。老人は黒いマントのようなものを羽織り、手には鎌のようなものを携えていた。やがて老人の姿は完全に扉を出て、手前に延びる道の上を移動し始めた。女性はこの老人が絵の最前に来るまでに「小屋」を処分しなければいけないと手紙に書いたが、それからしばらくして心臓発作で亡くなったという。

テレビ朝日編『ミステリー体験ゾーン 本当にあった怖い話 第2集』にある。

## 小指のない老婆 ［こゆびのないろうば］

話を読むと現れる怪異。その話の内容は次のようなものである。夢の中で、河原で何かを探している様子の老婆と出会う。その老婆は夢の中にもかかわらず一度も会った記憶がない老婆で、何を探しているか問うと「小指がない」という。実際にその老婆の手には小指がないため、小指を探し始めると、なぜか老婆は探すのを邪魔するような行動をとる。それでも小指を見つけて老婆に渡すと、老婆は残念そうな顔をして、「あと少しだったのに」などと言う。逆に見つけられないと、老婆は不気味な笑みを浮かべ、小指を見つけられなかった者は、何らかの事故や事件に巻き込まれて死んでしまい、その手からは小指がなくなっているという。この話を読んだ人間の夢には、一週間以内にこの老婆が現れると語られる。

WEBサイト「妖怪百物語」に投稿された怪異。百怪の会編『恐怖のネット怪談』にも収録されている。夢の中で小指を探させるという話は「ソウシナハノコ」(『日本現代怪異事典』収録)と共通するが、「ソウシナハノコ」とは違い、逆から読めば嘘であると分かるような救済は設けられていない。つまり夢を見てしまったら、老婆の妨害に負けず小指を探し当てるしか道はないのだ。

## コロ ［ころ］

千葉県房総半島のある太平洋側の町に伝わるという妖怪。その姿は馬ほどもある大きな魚で、腕が生えている。死肉を食いに来る海のお化けとされ、元々はある家の裏の墓場に残されていた古い塚に封印されていたが、宅地開発で墓を移転した際に封印が解かれ、現れたものと思われる。これが現れると凶事が立て続けに起きるという。

デルモンテ平山編著『「超」怖い話 彼岸都市』にある。

## 転がる生首 ［ころがるなまくび］

北海道に出現した怪異。函館市《はこだてし》に住む、ある家庭教師が遭遇したという女の生首の怪異で、幾度も彼が走っている道路に転がり出てくるため、ついに彼は事故を起こしてしまったという。怪異はそれ以降も現れたというが、その目的は不明である。

おばけ友の会編『日本全国おばけマップ』にある。

## コワモテ様 ［こわもてさま］

ネット上で語られた怪異。5ちゃんねるオカルト板の「不可解な体験、謎な話～enigma～ Part101」というスレッドにて二〇一七年二月一四日に書き込まれたもの。

それによれば、当時小学三年生だった報告者が通う小学校では、怖い話を創作することが流行していた。そのため、報告者を含む三人の少年たちはオリジナルの邪神を作ろうと計画する。そして空き地に落ちていた割れたボールや洗濯ばさみなどの廃材を組み合わせ、邪神の姿を作った。それは子どもの目に見てもお粗末なものであったが、雰囲気を出すために少年たちは学校の裏山にプラスチックの箱で祠《ほこら》を作成し、食べ物を持って行って供物とした。

数日後、一人がこの邪神の依代《よりしろ》と名前を決めようと言い出し、三人は話し合った結果名前を「コワモテ様」と決めた。これはあるＲＰＧゲームのキャラクターに名前がなんとなく似ていたからだという。また、依代は朽ちかけの木の板に墨で「コワモテ様」と名前を書いただけのものだったと語られている。

それから半月が経とうとした頃のこと。夏の終わり頃、三人は防波堤に釣りに行こうという約束をした。しかしその当日、三人は一斉に熱を出し、寝込んでしまう。翌日、防波堤で死体が見つかった。自殺か他殺かは定かではないが、ひどい有様だったという。もし、約束通り防波堤に行っていたら死体を目の当たりにしていたかもしれないと思うと、ぞっとしたという。さらにその翌日、三人がコワモテ様の元に行くと、彼の体となっていた廃材がばらばらに散らばっており、依代の朽木はなくなっていた。コワモテ様が死んだと思った三人はコワモテ様と祠を埋め、石を乗せて墓を作った。

それから長い時が経ったが、報告者は今でもコワモテ様が彼らを助けてくれたのだと信じていると語られている。

コワモテ様の名前の由来になったのは、恐らくエニックス（現スクウェア・エニックス）がスーパーファミコン用のゲームとして発売した『ドラゴンクエストV 天空の花嫁』に登場する「コワモテかかし」ではないかと思われる。

## コンパス人間〔こんぱすにんげん〕

山に現れたという怪異。ある男性が兵庫県の能勢電鉄の新興住宅地に遊びに行った際のこと。この新興住宅地は山を切り開いて開発されており、周辺は山や谷がそのまま残っていた。夜の一〇時頃、雨が降りしきる中、男性は傘を差しながら橋に差し掛かったが、突然キーンという金属音が耳に響いた。橋の下を鉄道が走っていたため、初めは電車がカーブを曲がる際のブレーキ音かと思ったが、電車が来る気配はなく、耳をつんざく金属音が次第に大きくなり、突然切れたかと思えばまた鳴り出す。嫌だな、と思いながら橋を歩き出すと、辺りで飼っている犬たちが狂ったように吠え始めた。そして、橋の真ん中に差し掛かった時、前方に見える山の斜面に真っ白な人間が立っているのが見えた。

その人間は両腕がなく、胸の辺りから足が直接生えているような姿をしており、小さく真ん丸の頭が肩の上に乗っかっていた。その見た目はコンパスの形を思わせたが、さらに奇妙なことにコンパス人間は闇夜の中で白く発光していた。また、その大きさは普通の人間の倍ほどはあったという。コンパス人間は足も動かさずに山の斜面を登ると、またすーっと下るという行動をすごいスピードで繰り返していた。

男性は思わずその光景に釘付けになっていたが、友人宅に向かうため、意を決して走り出した。なるべくコンパス人間の方を見ないようにしていたが、視界に入って来たコンパス人間はいつの間にか山を下り、斜面の下にある民家の裏庭に入り込んで、ぐるぐると回っていた。その家はちょうど一年後に原因不明の火事で全焼してしまったという。

木原浩勝・中山市朗著『新耳袋 第二夜』にある。アメリカではこのコンパス人間によく似た姿をした「ナイトクローラー」というUMAが目撃されている。

# 【さ】

## サエノ神［さえのかみ］

ネット上で語られた怪異。2ちゃんねる（現5ちゃんねる）オカルト板に立てられたスレッド「∧∧∧山にまつわる怖い話Part6∧∧∧」にて二〇〇四年二月一四日に書き込まれたもの。

神奈川県の丹沢山での話。ある旅人がこの山で夜を迎えた際、夜露をしのぐために道端のサエノ神の祠《ほこら》で夜を明かすことにした。夜も更けた頃、どこからともなく誰かが会話する声が聞こえてきて、旅人はじっと耳を澄ませた。

「お〜いサエノ神、そろそろ行こうや」

「いや〜今日はダメだ。お客人が来てるんでな、今日のところはみんなで行ってくれや〜」

しばらくするとまた声がした。

「サエノ神よ〜今帰ったぞ〜」

「どうだったんだ?」

「あ〜男だったよ。だが、あれは一五までの運命だ。最期は川で果てる事になるな〜」

その翌日、旅人が近くの村を歩いていると、昨夜生まれた子がいるという。そこでその両親に昨日のことを話し、子どものためにサエノ神を大切にするよう勧めた。やがてその子どもは釣りが好きになり、毎日のように釣りに行ったが、一五の歳に釣り竿を壊して帰って来ることがあった。少年は、両親にこう話したという。

「今日、おかしな事があった。川で弁当を食べていたら、上流の方から一人の男の子がやってきて、『お前は、本当なら今日で命が終わる運命だ。だが親が信心深いので、六〇になるその時まで命を預ける』って言われた」

サエノ神は「塞《さい》の神」と書き、道祖神《どうそじん》とも呼ばれる。村境や峠などに祀《まつ》られる神で、他から侵入して来る悪いものを防ぐ神と考えられていた。

## さかさくん［さかさくん］

学校に現れる怪異。普通の生徒に交ざり、休み時間などに逆さ言葉で話しかけてくる。もし話しかけられた場合にはすぐに逆さ言葉で答えないと「逆さにしてやる」と言って足を摑《つか》まれ、引っ張られてしまうという。さかさくんに遭遇した際は「ボソア」と言われることが多いため、「メダ」と言い返すと良いとされる。また、さかさくんの正体は子どもの霊で、寂《さび》しさから仲間を探しているのだと語られている。

魔夜妖一・幻咲麗・マーク矢崎治信監修『うわさの怪談+』にある。逆さ言葉であるため、「ボソア」は「遊ぼ」、「メダ」は「ダメ」の意味である。

## さかさババア［さかさばばあ］

ネット上で語られた怪異。怪談投稿サイト「Alpha-Web こわい話」にて、二〇〇三年八月四日に投稿されたもの。

AとBという少女が肝試しで立ち入り禁止の廃校に入った際のこと。Bが急にトイレに行きたくなったと言い、廃校のトイレに入った。Aが待っていると、突然「わしの顔きたない言うたか」という声が横から聞こえてきた。驚いて横を見ると、緑色の顔の老婆が正座しており、「お前の顔よこせ！」と言って手を床につき、凄《すさ》まじい速さで迫って来た。Aは逃げ出したが、途中、階段があったため、駆け上がると、老婆は足が使えないのか、一段一段ゆっくりと上って来る。これを見たAは別の階段を急いで駆け下り、Bを連れ出して家に逃げ帰ったという。

項目名は投稿された話のタイトル「さかさババア」から取っているが、何が逆さなのかは分からない。足ではなく手を使って移動するところが手足逆ということなのだろうか。

## 魚潰し女［さかなつぶしおんな］

ある観賞魚専門店に出現したという怪異。この店には、魚が入っておらず、薬で黄色く染まった水槽が一つだけある。この水槽は、入荷した魚を一旦入れておく用途で使われていたが、不便なところに設置されているうえ、店の奥に同じ用途の水槽があり、普段はそちらが使われていた。なぜこの水槽が通常通り使われていないかといえば、次のような由来がある。

以前、この水槽には他の水槽と同じように普通に魚を入れていたが、気が付くとなぜか中の魚がぐちゃぐちゃに潰れているということが何度もあった。そこで休日に水槽の前に椅子を置き、座り込んで見張っていると、バシャバシャと水音がして女の手が現れ、水をかき回し始めた。そしてその手が魚を摑《つか》むと、グチャッと握り潰した。手は何度か同じ動作を繰り返した後、水から出て消えた。もしこの水槽から水を抜いたらあの女の手が別の水槽にも出るかもしれないと考えた店の人間は、この水槽に水を入れたまま、魚を入れないことにしたのだという。

木原浩勝・中山市朗著『新耳袋 第十夜』にある。筆者命名。

## 坂道の女［さかみちのおんな］

ネット上で語られた怪異。2ちゃんねる（現5ちゃんねる）オカルト板に立てられた「死ぬ程洒落《しゃれ》にならない怖い話を集めてみない？ 4」スレッドにて二〇〇一年五月二日に語られたもの。

当時から三年前、報告者が実家に帰省した際に、両側を土手に囲まれ、落下防止の石塀が設けられた長く急な坂を上っていた。時刻は夕暮れ時で他に坂を上る人間はいないようだったが、進んでいくと坂の頂上に報告者に背を向けて立つ髪の長い女の姿があった。近付いていくと女はくすんだ薄ピンク色のスーツを着ていることが分かった。さらに一〇メートルほどの距離まで来たとき、突然女の首が後ろに向かって一八〇度曲がり、頭が逆さまになった状態で女の顔が報告者の方に向けられた。女がその状態で報告者に向かって来たため、報告者は慌てて逃げ出したが、女の足は異様に速く、走っている報告者に追いつき、そのまま追い抜いていった。そして女は坂道の下で立ち止まると、報告者を待っていたかのように元の状態に戻った首を再び一八〇度後ろに曲げ、逃げる彼を追い始めた。そのまま彼を追い抜くと、今度は坂の上に立ち、報告者が近付くのを待っている。それから再び首が折れ、追いかけるということが繰り返された。

　そんなことが二往復続いたことから、疲れ果てた報告者が石塀をよじ登って坂から逃れると、坂道の女はもう追ってこなかったという。

## 坂道を転がる男［さかみちをころがるおとこ］

ある坂道に出現するという怪異。一人の人物が夜中に電車を降り、駅を出て自宅に帰るためにいつも通る坂道を上っていたところ、上の方からばたばたとおかしな音がした。見ると、スーツを着た男が足を抱え込むようにして見事に体を折りたたみ、丸まって坂道を転がってきていた。その男は目撃者のすぐ横を通り過ぎて行ったが、振り返ると消えていたという。

　木原浩勝・中山市朗著『新耳袋 第一夜』にある。同様に坂道を転がるスーツの男の話としては、「スーツの怪人」(『日本現代怪異事典』収録)がいる。こちらは青森県に現れるとされ、やはり体を丸めて坂を転がり下り、消えると語られている。同種の怪異なのかもしれない。

## 嵯木嶋駅［さきしまえき］

ネット上で語られた異界駅。2ちゃんねる(現5ちゃんねる)オカルト板に立てられた「サキシマ駅」というスレッドにて、二〇〇〇年一二月二九日に書き込まれたもの。

　それによれば、嵯木嶋駅は山手線沿いに人知れず存在している駅とされる。夜に巣鴨駅の大塚方面のホームの一番後ろで待っていると、駅に入って来る電車のライトが二回ほど点滅することがある。この電車が嵯木嶋駅のある場所へ行く確率が高い電車であるが、最後尾の列車の一番後ろの入口から乗らなければならない。乗り込むと車掌が「赤い〇〇ですね(か)?」と声をかけて来るため、嵯木嶋駅方面へ行く電車に乗ったことが分かる。また、この時車掌に返事をしない方が良いという。その後は空いている席に座って目を閉じる。この時、薄目を開けていると車内の電気がほんの少し薄暗くなるのが分かる。途中、おかしなところで減速するため、窓の外を見ると嵯木嶋駅を通過する。この駅は木造で古ぼけており、電気もぽつぽつとしか点《つ》いていない。また、おかっぱ頭の大柄な女性が一人おり、とても嬉しそうに笑っている。報告者は何度か嵯木嶋駅を通過する電車に乗っているが、その度に高熱を出してしばらく寝込んでいるのだという。

「きさらぎ駅」（『日本現代怪異事典』収録）をはじめとした異界駅の一つだが、きさらぎ駅が二〇〇四年に語られた話であることから、この駅はきさらぎ駅の先輩にあたる。

## 桜美赤十字病院女性二名惨殺事件の怪物［さくらみせきじゅうじびょういんじょせいにめいざんさつじけんのかいぶつ］

ネット上で語られた怪異。2ちゃんねる（現5ちゃんねる）のニュー速VIP板に立てられた「ちょっと怖い話・クソ怖い話」スレッドにて、二〇〇五年八月一六日に書き込まれた話に登場する怪物。話はICレコーダーによる音声記録として描写され、その概要は以下のようなものだ。

ある時、IZUMO社航空機墜落事故の被害者であり、唯一の生存者であった可美《かみ》村貴代《むらたかよ》という一三歳の少女が、昏睡状態から意識を取り戻した。彼女の叔母であり、警視庁の刑事であった可美村緋那《ひな》は、航空事故の原因を探るべく、貴代の入院している桜美赤十字病院に赴き、貴代とコミュニケーションを試みることになる。貴代はまだ会話をできるほど回復していなかったため、奥歯に電極を取り付け、歯を噛《か》み合わせると電子音が鳴る仕組みを使い、イエスなら二回、ノーなら一回、奥歯を噛み合わせることでコミュニケーションを取ることになった。当日、緋那が貴代に様々な質問をすると、事故の当日、貴代が乗っている航空機に何物かが取り付き、その姿が窓の外に見えたことが分かった。これについて話す際、貴代は非常に怯《おび》えており、奥歯を何度も噛み合わせる様子が見られた。この怪物は無数におり、航空機に取り付き、様々な場所を破壊しながら、やがて窓を割って内部に侵入してきたという。怪物の目的は乗客だったようで、乗客たちはこの存在によって凄惨な被害に遭《あ》ったことが示唆《しさ》されている。そして聞き取りを続けるうちに緋那の貴代に対する怪物の質問は、より具体的になっていく。

「牙が生えてた？」「ぬめぬめしてた？」「目が真っ黒で、葡萄《ぶどう》みたいに小さくて、びっしりと」「子どもみたいに小さい」「手が、ううん、足？　たくさん生えてて、這《は》い回るみたいに」「変な声で、何かを擦《こす》ったみたいな声で」「すごく小さな穴や隙間から、ずりずりって出てきて」「身体に張り付いてきて」「登ってきて」「噛みついて」。

この質問の間、緋那の声は震えており、貴代の奥歯が何度も鳴らされていたが、最後の「噛みついて」以降、電子音は一切鳴らなくなった。そして、「食べられ」「痛い」「助けて」という緋那の声が記録されたのを最後に音声は途切れた。この時、何かを擦るような音や、ピタピタと吸盤の張り付くような音、引き摺《ず》るような音などが入り乱れるようにしてICレコーダーに記録されていた。その後、緋名と貴代の死体が見つかったのか、この事件は「桜美赤十字病院女性二名惨殺事件」と名付けられ、今も謎に包まれているという。

この話は最後に書き込んだ本人が「昔書いた怖い話でした」と記しているため、創作だと思われる。しかし、音声記録という体裁で展開される物語は緊迫感があり、非常に面白い。興味を持った方はぜひ原文を読んでほしい。

## ささやき橋［ささやきばし］

橋にまつわる怪異。福島県福島市の瀬上《せのうえ》町《まち》にある橋では、深夜になると渡っている人の耳元で囁《ささや》く声が聞こえてくる。そのため、この橋は「ささやき橋」と呼ばれているという。

室生忠著『恐怖と怪奇の幽霊体験』にある。

## 囁く声と黒い影［ささやくこえとくろいかげ］

2ちゃんねる（二代目）オカルト板に立てられた「死ぬ程洒落《しゃれ》にならない怖い話を集めてみない？　３３３」スレッドにて、二〇一六年三月三〇日に語られたもの。

これは船乗りに伝わる現象で、夜、船に乗っていると人の囁き声が聞こえてくるものだという。その声は小さく、どんな話をしているのかは分からないが、この声が聞こえた時には必ず水面に立つ人影が見える。この影は波があっても動かず、顔を見ると良くないことが起こると伝えられる。

実際にこれと遭遇した若い船乗りが、最近、影が近付いてきている気がすると言い、その船乗りはある夜、乗っていた船が沈んで死んでしまったという。

## ささろさん［ささろさん］

ネット上で語られた怪異。2ちゃんねる（現5ちゃんねる）オカルト板に立てられた「ほんのりと怖い話スレ」にて二〇〇一年四月一九日に語られたもの。

それによれば、報告者が風呂で髪を洗っていると、人の気配がした。しかし、よくあることなので放っておいて風呂から出たところ、寝る時になって娘が「パパ、ささろさんとお風呂入ってたね」と言ったという。よくある子どもにしか見えないおばけの一種だと思われる。

## ざしきわらしゲーム［ざしきわらしげーむ］

降霊術の一種。四人の人間を集め、一つのテーブルの周りで手を繋《つな》いでテーブルを囲む。そしてテーブルの上に蠟燭《ろうそく》を一本点《つ》け、一人ずつ怖い話をして、全員が話し終えたところで誰かの後ろに霊が立っていたら、その人の家にはざしきわらしが住んでいるのだという。

マイバースデイ編集部編『学校の恐怖伝説』にある。現れる霊とざしきわらしとの関連は不明。

## 座席童［ざせきわらし］

子どもの姿をした怪異。Nという人物が小学五年生の頃のこと。家族でドライブに出かけた際、名神高速道路を走っている途中、前を走る車の後部座席の子と目が合った。その子はニッコリと笑い、おいでおいでと手招きする。それをよく見ようと後部座席に座っていたNは、両親の座る運転席と助手席の間に顔を出し、両親にそのことを話した。しかし両親はそんな子どもはいないと言う。だが、Nには笑って手招きする子どもが見えている。そう両親に言うと、父親がなら近くに寄ってよく見てみようとアクセルを踏み込み、スピードを上げて追い越し車線に入った。その直後、あの子どもが乗っていた車がスピンし高速道路の側壁に激突した。両親は慌てて路肩に車を停め、その車を救助しに向かったが、車内から出てきたのは一組の男女だけで、子どもはいなかったという。

木原浩勝・中山市朗著『新耳袋 第七夜』にある。この怪異の名前の由来になったであろう「座敷童」も子どもにしか見えないという話がある。ただ座席童はNに事故を警告してくれていたのか、それとも乗り込んだ車に事故を起こす存在で、Nたち家族が助かったのは偶然だったのか、それは不明である。

## さつきちゃん［さつきちゃん］

話を読んだ人間に被害を与える怪異。2ちゃんねる（現5ちゃんねる）オカルト板に立てられた「死ぬ程洒落《しゃれ》にならない怖い話を集めてみない？ 108」スレッドにて二〇〇五年九月七日に書き込まれたもの。

それによれば、さつきちゃんは大正時代から昭和初期に造られた鉄工所の経営者の娘として生まれた。しかし、彼女が子どもの頃に鉄工所は時代に取り残される形で潰れてしまい、さつきちゃんもまた里子としてG県某村に出されることになった。さつきちゃんは当時一一歳だったが、お嬢様として育てられてきたため里親の家の仕事になかなか慣れることができず、辛い日々が続いた。

それでも三年が経ち、やっと仕事にも生活にも慣れてきた頃だった。ある晩、夜這《よば》いをかけられたさつきちゃんは性的暴行を受け、絶望と恐怖から命を絶つことを考えた。だが、このまま死ねば自分が生きた証が何も残らないと考えた彼女は、何か一つやり遂げてから命を絶とうと考え、厳しい労働の中、自分が出会った人々を「感謝する人」と「恨む人」に一日一人ずつ分けていくことにした。今まで出会った全ての人を選り分けた後、死のうと考えたのだ。

それから四年が経ち、一八歳になった頃、さつきちゃんは三つ年上の二一歳の男と恋に落ちた。男は真面目で誠実な男と評判で、同じく真面目なさつきちゃんを気に入っていた里親は、彼女を嫁に出すことを許可した。しかし新婚初夜、さつきちゃんは服を脱いだ夫の背中に、あの夜這いの日、自分が加害者に抵抗した際に付けた傷があるのを見てしまう。愛する夫が自分を絶望に叩《たた》き落とした犯人だったことが分かったさつきちゃんは、考えた末、夫を殺害し、同じ方法で自らも命を絶つことに決めた。

翌晩、さつきちゃんは眠っている夫の手足を縛り、猿ぐつわを噛《か》ませて井戸に突き落とした後、自らも猿ぐつわを噛み、手足を縛って井戸に身を投げた。だが、予想外なことにその井戸は枯れ井戸で、水が張っていなかった。夫は投げ込まれた際に頭を井戸の底に打ち付けて死んでいたが、さつきちゃんは夫の死体がクッションになり、即死することはなかった。手足が使えず、声も上げられないさつきちゃんに残されたのは、飢え死にを待つことだけだった。

そのまま何日かが経ち、極限状態となった頃、さつきちゃんは自分が人々を「感謝する人」「恨む人」に分けていたことを思い出した。彼女は決心した。自分はこのまま死ぬが、死んだ時には「感謝する人」には大いなる祝福を、「恨む人」には大いなる災《わざわ》いを与えようと。

それから一週間後に彼女は息絶えたが、彼女の思いは未《いま》だ生きており、この話を読んだ人間はさつきちゃんに「恨む人」として認識されてしまう。そのため、大いなる災いが降りかかることになるが、回避するための方法が一つだけあり、それは、毎朝起きた時にG県の方を向いて「さつきちゃん、私はあなたの味方です」と一週間に渡り唱えることだという。そうすればその人間はさつきちゃんにとって「感謝する人」に変わり、大いなる祝福を受けることができる。しかし、もし一日でも忘れてしまえば、大いなる災いが訪れる。

いわゆる聞いた人、読んだ人に不幸が訪れる「不幸の手紙」（『日本現代怪異事典』収録）系統の怪談だが、この手のものは他人に同じ話を聞かせる、読ませることが回避方法の一つとなっていることが多いのに対し、さつきちゃんの場合はそれがない。また、不幸だけでなく祝福という形で幸福をもたらすという点では、「不幸の手紙」の元になった「幸福の手紙」（『日本現代怪異事典』収録）の要素も持っている。

## 殺人ピエロ 〔さつじんぴえろ〕

ネット上で語られた怪異。怪談投稿サイト「Alpha-Web こわい話」にて二〇〇一年一月一八日に投稿されたもの。

N県O町のある公園に夕方に行ってみると、たまにピエロが座っている。このピエロに気付かれると、滑り台を滑り降りてきて、「ウィー！」と奇声を上げながら包丁を持って凄《すさ》まじい速さで走って来るという。

## 殺人ビデオ 〔さつじんびでお〕

インターネット上で語られた怪異。ある男子高校生が文化祭の様子をビデオカメラで撮影するということがあった。しかし、そのビデオを再生してみると、なぜか仏壇の前に正座している女性の後ろ姿が映っていた。ビデオにはその映像しか録画されておらず、文化祭の光景は一切記録されていない。そこでビデオを改めて再生してみると、どうも先ほどと印象が違う。よく見ると、女性の首が少しだけ右を向いているようだった。恐ろしくなったその男子高校生は、友人を呼んでビデオを観てもらうことにした。友人がビデオを再生すると、やはり女性が正座をしている映像が映った。しかも女性の首は、前回よりもさらに少しだけ右を向いている。だが友人に話を聞くと、女性は前を見たままだったという。

次の日、男子高校生は、昨日のは見間違いだったのではないかと、もう一度ビデオを再生してみた。そこに映ったのは、昨日よりもさらに右を向いている女の姿だった。女はビデオを観る度に、少しずつ首を後ろに向けて曲げようとしていたのだ。

その翌週、男子高校生は階段から落ち、首の骨を折って死んだ。彼が最後にビデオを観たとき、女性の首がどちらを向いていたのかは分からない。そのビデオは彼の死とともに消えてしまったのだから。今でもこのビデオは、誰か次の持ち主を探しているのかもしれない。

怪談投稿サイト「Ghost Tail」にて、二〇〇〇年に投稿された怪異。百怪の会編『恐怖のネット怪談』にも収録されている。「殺人ビデオ」はこの怪談のタイトルだが、いわゆる「スナッフフィルム」のように殺人の様子が記録されているのではなく、見た人間を死に至らしめることから名付けられたようだ。

この少しずつ顔が振り向いていくという話は、この他にも数多く確認でき、二〇一五年の映画『死画像』の中に収録された一編、『霊感テスト』で映像化されたものを見ることができる。

## 殺人ロープ【さつじんろーぷ】

ある中学校に伝わる怪異。その中学校で、三年生の生徒がロープを使って首吊《くびつ》り自殺をするという事件があった。その自殺があった松林は中学校のプールの隣にあったが、事件から一週間経ち、プールが開放されると次々と怪奇現象が起こり始めた。

まず自殺に使われたロープがいつの間にか消えた。これは誰かがいたずらで盗んだのだろうということになったが、次に、件《くだん》のプールで生徒が溺《おぼ》れかけるという事故があった。その生徒の証言では、水の中に現れたロープが足に絡《から》み付き、彼を引き摺《ず》り込もうとした、とのことだった。その三日後、今度は女子生徒が階段から落ち、骨折するという事故があった。その女子生徒も、やはり足にロープが絡み付いて来て転倒したと語った。

その他にもロープが廊下を這《は》っている、窓の向こうに現れたロープが絡み付き、腕を引っ張ったなどの話が続出したため、自殺した生徒を寺で供養《くよう》することになった。それ以降、その中学校では事故が起きることはなくなったが、ロープは最後まで見つからなかった。今でもロープはどこかを這っており、次の犠牲者を探し続けているのかもしれない。

マイバースデイ編集部編『わたしにささやく幽霊』にある。

### サッちゃんババア［さっちゃんばばあ］

学校のトイレに現れる怪異。ある学校のトイレで「サッちゃん」の歌の二番を歌うと、「私は死んだからバナナが食べられないのよ」と言ってお婆さんが現れるという。

常光徹編著『みんなの学校の怪談　赤本』に静岡県からの投稿として載る。筆者命名。童謡の「サッちゃん」に登場するサッちゃんが亡霊として現れ、足を奪うなどという話は多い（『日本現代怪異事典』参照）。しかし、老婆の姿で現れる話は珍しい。サッちゃんが年を取って現れたものなのか、それとも全くの別人だろうか。

### 座布団［ざぶとん］

中学校に現れるという怪異。京都府内のある中学校の理科室に幽霊が出るという噂《うわさ》があり、それを確かめるため、卒業生の三人が真夜中に校舎に入り込んだ。三人は見つからないよう懐中電灯も使わず、理科室へと向かった。理科室の扉には鍵がかかっていたため、懐中電灯を点《つ》けて中を照らしてみたが、怪しいものはない。しかし、せっかく来たのだから、と暗い廊下や階段を探検していると、たふ……たふ……という妙な音が聞こえてきた。

その音がする辺りに行ってみると階段があり、音は上から聞こえてきたため、三人が階段を上ってみると、一階から二階へと上る階段の途中にある踊り場に、白いものが動いていた。どうやらそれが動くとあの柔らかい音が聞こえるようだった。それは白く分厚く四角いもので、光っているように見えた。それが縦に立って一回転して階段を一段上がり、またくるりと立ち上がるようにして一回転して一段上がる。その際に「たふ」という音がしていたのだ。その見た目はほぼ座布団で、真ん中には凹《へこ》みがあって、中央には縫い目があり、四隅には白い房もある。それはその後もひたすら階段を上っていたが、あと少しで上り切る、というところで跡形もなく消えてしまったという。

木原浩勝・中山市朗著『新耳袋　第五夜』にある。

### さよなら十二単［さよならじゅうにひとえ］

女性の姿をした怪異。ある少女が真夜中に目覚めると十二単を着た女性がおり、「バイバイ」と言って消えたという。

日本民話の会学校の怪談編集委員会編『学校の怪談16　１００不思議通信スペシャル』に佐賀県小城郡《おぎぐん》からの投稿として載る。筆者命名。古風な格好をしているが、挨拶は現代的である。

### 残煙［ざんえん］

神社で起きたという怪異。Tという人物

が二人の友人とともに真夜中に天狗神社と呼ばれる場所へドライブに行った際のこと。三人は車を降り、山頂にある神社に向かって徒歩で石段を登り、ベンチに座って一服しようとタバコに火を点《つ》けた。Tがふと隣に座る友人に声をかけると、なぜか隣にいた友人が見えず、そのさらに横に座っているもう一人の友人が見えた。真ん中に座っているはずの友人がいない。思わず下を見ると、その友人の腰から下が消えていくところだった。そのまま友人は見えなくなり、その友人が吸っていたタバコの煙だけがわずかに残っていた。それ以来、友人が帰って来ることはなかったという。

木原浩勝・中山市朗著『新耳袋 第七夜』にある。

## 三回見ると死ぬ絵［さんかいみるとしぬえ］

絵画にまつわる怪異。薄暗い水辺に置かれた椅子の上に白い布を纏《まと》った青白い肌の女の生首と思しきものが置かれている絵画。これを三回見ると死に至ると語られる。

この絵画はポーランドの画家ズジスワフ・ベクシンスキーが一九八一年に描いた絵で、タイトルはない。

いつ頃この噂《うわさ》が流れ始めたのかは不明だが、2ちゃんねる（現5ちゃんねる）オカルト板に立てられた「【怖い絵画】芸術に関する怖い話2枚目【怪談話】」スレッドにて二〇〇六年三月五日に「ベクシンスキの画は好きなんだけど、3回見たら死ぬって言われてるあの絵だけはダメ」というコメントが見える。このため、少なくともこれ以前から「三回見ると死ぬ」という話があったものと考えられる。

さらに遡《さかのぼ》ると、同じくオカルト板の「【白いキャンパス】芸術に関する怖い話【油絵の具】」に「三回見ると不幸が起きるという絵の噂は本当ですか」というコメントが二〇〇五年一一月三日に記されており、ベシクンスキーの絵を指しているのかは不明だが、類似した噂があったことが確認できる。

なお、ベクシンスキーはこの絵画にそのような意図を込めて創作したわけではないことは付け加えておく。そもそもネット上ではこの手の噂は流行しやすく、二〇〇〇年代にはロシアの画家アンドレイ・ルブリョフの『救世主』（一四一〇年）やイタリアの画家アントネロ・ダ・メッシーナの『救世主』（一四六五年）といったキリストを描いた絵画が見たら死ぬ絵として流布《るふ》している様子が見られる。

また、日本人画家である立島夕子氏の『あたしはもう お嫁にはいけません』やベクシンスキーの別の絵画（空中に人間の顔が浮かび、血の涙を流しているものなど）、ネット上ではとにかく見た目が恐ろしければその絵画が描かれた背景に無関係に「見たら死ぬ」という属性を付加される傾向にある。そのため、大抵の場合は見たところで何も起きないので安心して閲覧しよう。

## さんさんさん［さんさんさん］

通学路に出現する、「さんさんさん」と歌

いながら回っている少女の怪異。ある時、この少女を見かけたAという女の子が「何をしているの?」と尋ねたところ、少女はへらへらと笑って無視をした。頭に来たAが少女を突き飛ばすと、少女は転んだが、馬鹿にしたように笑ってAを見ている。気味が悪くなったAは急いでその場を離れたが、そのまま家に帰らず行方不明になった。ある日、通学路に少女が再び現れたが、その歌は「よんよんよん」に変わっていたという。

魔夜妖一監修『ゾゾーッ! こわい話1000』にある。

これと類似した話としてマンホールの上で飛ぶ少女の話がある。こちらは少女が楽しそうにマンホールの上で飛び跳ねているため、この少女を突き飛ばしてマンホールの上で飛んでみた子どもが消えてしまう、という話になっている(「マンホールの少女」『日本現代怪異事典』収録)。この話にはさらに元ネタがある。いじめられている子どもがマンホールの上で楽しそうに飛び跳ね、それにつられてやってきたいじめっ子がその子どもを突き飛ばし、何が楽しいのかとマンホールの上で飛び跳ねてみる。その時、いじめられている子どもがマンホールの蓋《ふた》を開け、いじめっ子をマンホールの中に落としてしまった、という話だ。この話はさらに遡《さかのぼ》ると黒人が特定の数字を呟《つぶや》きながらマンホールの上で飛び跳ねていて、それを見た白人が……というアメリカに伝わるジョークが元になっていることが分かる。人間同士の話がいつしか人間と人ならざるものの話に変わっていったようだ。

## 三時三三分三三秒の女 ［さんじさんじゅうさんぷんさんじゅうさんびょうのおんな］

トイレに現れる怪異。旧校舎のトイレの奥から三番目のドアの前で、夜中の三時三三分三三秒にノックすると血まみれの女が出てきてトイレに引き摺《ず》り込むという。

「ほんとにあった怖い話」委員会編『ほんとにあったこわい話1』に北海道釧路《くしろ》市の小学生からの投稿として載る。

## サンタクロース ［さんたくろーす］

子どもたちの間に伝わる妖精。クリスマスイブからクリスマスにかけて、つまり一二月二四日から一二月二五日にかけての夜に、眠っている子どもたちの元に現れ、プレゼントを置いて行く。ただしこのプレゼントをもらうためには良い子にしていなければならないとされる。赤い服、赤いとんがり帽子を被《かぶ》った老爺《ろうや》としてイメージされ、空飛ぶソリをトナカイに引かせて冬の夜空を飛び回り、子どもたちの元を巡る。煙突を使って屋内に入ると語られることが多いが、煙突の有無にかかわらずどんな家でもやってきて、プレゼントを置いて行ってくれる。恐らく、日本で最も多くの子どもたちに信じられている妖精だろう。

『植村正久と其の時代』第二巻によれば、日本で最初にサンタクロースが表現されたのは、明治初期の一八七四年に日本で初めて行われたクリスマス祝会においてであったという。この祝会は東京都の菊地居留地六番館（A六番女学校）で行われ、祝会を主催した原胤昭《はらたねあき》自身が着物に袴《はかま》を着けた殿様のようなサンタクロース姿を披露した。

洋服を身に纏《まと》い、白い髭《ひげ》を生やした老人の姿が日本で最初に登場したのは進藤信義の小説『さんたくろう』（一九〇〇年）で、「三太九郎」と日本風の名前が与えられていた。この三太九郎は元々北国で行き倒れた旅人として描かれ、敬虔《けいけん》なキリスト教徒である少年とその家族に助けられたことでキリスト教に入信。翌年のクリスマス、父親が倒れたことで貧しい暮らしをしていた一家の元に旅人がひっそりと訪れ、たくさんの贈り物と「北国の老爺 三太九郎」と書かれた手紙を残していくという物語になっている。

以降、明治末期から大正初期にはサンタクロースのイメージが固定化されていき、現在の赤い服と赤いサンタ帽を被った白髭の小太りの老爺という姿で描かれるようになった。一九一四年の子ども向けの雑誌『子供之友』には、白い袋にプレゼントを入れて運び、靴下にプレゼントを詰める今でもよく知られたサンタクロースの姿が描かれている。

勝田彩香の論文『明治大正期のクリスマス受容　クリスマス・サンタクロースの諸表象』によれば、一九〇七年の時点で朝日新聞の記事に「緋羅紗《ひらしゃ》の服」と、サンタクロースの服の色を表現する文章が見られ、一九二一年の時点で実際に赤い服を着たサンタクロースのイラストが描かれているという。同論文によれば、コカ・コーラ社の宣伝によって現在のサンタクロースのイメージが定着したとする有名な話があるが、コカ・コーラ社がサンタクロースを宣伝に使ったのが一九三一年であったため、日本における赤い服のサンタクロースの方が時期が早かったとしている。

なお、赤い服で小太りの老爺というサンタクロースのイメージは一八八一年にアメリカ合衆国の画家トーマス・ナストが描いた「Merry Old Santa Claus」という絵に由来しており、元々モノクロだったこのイラストが一八九〇年、『Thomas Nast's CHRISTMAS DRAWINGS』という本にまとめられた際、着色され、服が赤に塗られたことで定着したようだ。日本にもこのイメージがどこかの時点で流入したのだろう。

サンタクロースは一世紀以上経った現在に至るまで、クリスマスになると子どもたちに夢とプレゼントを届け、大人になればその存在を自分の子どもに語り継ぐ。そうして遥か未来まで、サンタクロースは子どもたちの心に存在し続けるのである。

## サンタ少女［さんたしょうじょ］

小人の怪異。ある子どもが子ども部屋で昼寝をしていた際のこと。「くすくすっ」という笑い声がして、その声で目が覚めた。寝起きでぼーっとしていると、また「くすくすっ」という笑い声が聞こえ、辺りを見回すと、ベランダの窓のカーテンレールの上に、赤いとんがり帽子に赤い服を着たサンタクロース姿の身長一〇センチほどの金髪の可愛《かわい》らしい少女が腰かけていた。少女は手を口に当て、「くすくすっ」と笑っているため、それが人形ではないことが分かり、子どもは椅子を持ってきてそれに乗り、手を伸ばそうとすると、少女はさっと空中に浮いた。少女は半開きになっている窓から外へ出ると、西の空へと飛び去ったという。

木原浩勝・中山市朗著『新耳袋　第二夜』にある。筆者命名。

## 三人来るぞ ［さんにんくるぞ］

ある家に現れたという怪異。その家に住む男性は、家に友人が勝手に入り込んだり、会合することを許しており、誰がいつ家に入ってきても気にしていなかったという。

ある時、男性が家でうとうとしていると、「おい、三人来るぞ」という男の声が聞こえたため、「ああ、いいよ」と答えた。誰が来るのかと考えていると、突然体が動かなくなり、誰かに羽交い絞めされたように押さえ込まれ、何者かの腕が彼の首を絞め始めた。息もできずに苦しんでいると、突然体が動いた。かと思うと、再び同じことが起こる。二番目の首を絞める腕は最初のものより力が強く、その腕はどうも畳から生えているようで、男性を寝転がっていた布団に押し付けるように力を込めていた。その腕も突然消え、男性がはっと三人来るとは、まさかこのことではと考えた瞬間、三度目の衝撃が彼を覆った。今度は明らかに今までより強い力で首を絞め付けられ、死を覚悟した直後、体が動いて腕も消えたという。その怪現象は三度で終わったが、あの「三人来るぞ」という声が誰のものであったのかは未《いま》だに分からないと語られている。

木原浩勝・中山市朗著『新耳袋　第一夜』にある。

## サンヌキカノ ［さんぬきかの］

ネット上で語られた怪異。2ちゃんねる（現5ちゃんねる）オカルト板の「不可解な体験、謎な話～enigma～ Part49」スレッドに二〇〇九年一月一六日から二〇日にかけて書き込まれたもの。

それによれば、報告者が家の庭先で猿と人間の中間ぐらいの奇妙な姿をした動物を目撃した。その奇妙な化け物に報告者が驚いていると、猿は笑ったような顔をして報告者に近付き、口をもごもごと動かした。何をしゃべっているかは分からなかったが、テレパシーのようなもので「サンヌキカノというのが来るから、来たらこれを見せろ。自分で取ったと言えば向こうもくれるから、後は庭に埋めてしまえ」と告げた。猿はそのまま庭の垣根を越えて行ってしまったが、猿がいた場所を見ると、人間の奥歯が落ちていた。

それから二日ほどして報告者の家の庭先に上品な着物を着た老女が現れ、窓を叩《たた》いて「サンヌキカノと申します」と笑顔を見せて言った。報告者は猿の言っていたことを思い出し、机にしまっておいたあの歯を見せた。サンヌキカノはそれを見て表情を変え報告者に「どうしたんですか？」と問いかけてきた。これに報告者が猿に言われた通り「取って来たんです」と答えると、サンヌキカノは「本当に？」と念を押した後、屈《かが》んで庭に何かを置いたかと思うと、そのままの姿勢で物凄いスピードで去って行った。報告者が外に出ると、人間のものと思しき歯が一本置いてあった。報告者は猿にもらったものを含め、二本の歯を庭の土に埋めたという。

その後、町内会の掃除があった際にサンヌキカノのことを聞いたところ、その名前は忌《い》み名《な》で、人に話すと不幸が広がると教えられた。また、昔は死人の歯を一本抜いて、お守りにする習慣があったため、猿は御先祖様か何かの使いで、サンヌキカノから守ってくれたのではないか、ということであった。さらに「もう名前を広めた」と言ったところ、「護符をやるから、名前を逆に唱えて祈れば厄も落ちる」と教えてくれたという。

## 三面鏡の唇 ［さんめんきょうのくちびる］

鏡にまつわる怪異。ある女性が高校生の頃、両親が使っていた寝室と自分の部屋を交換されるということがあった。女性は部屋が広くなったと喜んでいたが、ある日の真夜中、突然目が覚め、体が動かない状態になった。首だけは動かせたため、周囲を見ていると、柱時計が見えた。ボーン、ボーンと音を鳴らすその時計はちょうど一二時を指しており、足下には母親が置いていった三面鏡があった。その三面鏡がゆっくりと開き、真ん中の鏡にもぞもぞと動く緑色の小さなものが映っているのが見えた。それがふっと鏡から抜け出した。それは緑色で厚みがあり、芋虫に似ていたが、近付いてきたのをよく見ると、なんと緑色の唇だった。その唇は次々と鏡から抜け出してきて頭の周りをぐるりと取り囲んだ。そして、ペチャペチャと開いたり閉じたりを繰り返していたが、声は聞こえなかった。いつの間にか唇が物凄い数に増え、部屋中がペチャペチャという音で溢れていた。女性は目を瞑《つぶ》ってとにかく金縛りを解くことに集中した。そしてついに体が動くようになったので、目を開けるとちょうど最後の唇が鏡の中に飛び込み、三面鏡がぱたんと閉じるところだった。時計は一二時五分を指しており、たった五分間の出来事だったという。

木原浩勝・中山市朗著『新耳袋 第六夜』にある。同書によれば、この部屋では過去にも怪現象が起きており、女性の母親が寝ていたとき、見知らぬ老婆が現れ、母親の首を絞めるということがあったと語られている。

## サンユキサマ ［さんゆきさま］

ネット上で語られた怪異。2ちゃんねるオカルト板に立てられた「不可解な体験、謎な話～enigma～ Part52」スレッドにて二〇〇九年四月二九日に語られたもの。

東海地方でのこと。戦前、報告者の祖父は山間部の小さな村に住んでおり、少年時代、よく山で遊んでいた。ある日、山で兎を探していると、突然鶏が現れた。こんな山奥で誰かが鶏を放し飼いにするはずもなく、野生化したものにしては毛並みがきれいだったため、不思議に思っていると、この鶏が一切声を上げないことに気が付いた。何か珍しい鶏なのではないかと考え、捕まえようとした時、少年はその鶏の後ろに大きな屋敷があることに気が付いた。山を登って来た時にはなかったはずのその屋敷に興味を覚えた少年は、立派な門を潜《くぐ》って中に入った。

屋敷の庭は見たこともない花々が参道横に咲き乱れ、塀の左右には小屋があり、その小屋に馬と牛が一〇頭ずついた。また家の前には、先ほどの鶏と同じ鶏が五羽いたという。しかし、牛も馬も鶏も一切鳴き声を発さず、花の匂いも動物の匂いもしなかった。怖くなった少年は玄関の戸がゆっくり開き始めたのを見て、悲鳴を上げて逃げ出した。するといつの間にか山の麓に着いており、彼はそのまま自分の家まで走ったという。

少年がそのことを母親に話すと、母親は青ざめた顔をして外に出て行き、父親を連れて来た。父親はすごい剣幕で少年に家のことを問いただし、「お前が見たのはサンユキサマだ」と告げた。そして、挨拶をしていないのなら今から謝りに行くと、山の裾にある神社に連れて行き、少年に謝らせた。それ以来、少年がこの屋敷を見ることはなかったという。

山中で不思議な屋敷や里などに遭遇するという話は全国にあり、隠れ里と呼ばれるが、この話は特に柳田國男著『遠野物語』にて記された「マヨイガ」に似ている。「マヨイガ」は「迷い家」と書き、訪れた者が家の中の何かを一つ持って帰ると富を得ることができるなどという。またマヨイガは門を抜けると大きな庭に紅白の花が一面に咲き誇り、たくさんの鶏が遊んでいた。また庭を裏の方へ回ると、牛小屋があって牛がたくさんおり、馬舎《うまや》があって馬も多くいた、と書かれており、サンユキサマの描写と共通する部分が多い。

一方、マヨイガは誰も住んでいないとされるが、サンユキサマは何者かが家の中から出てこようとしたような描写があるなど、違いもある。

## 三輪車の少女 ［さんりんしゃのしょうじょ］

ネット上で語られた怪異。WEBサイト「怪談投稿」に投稿されたもの。

それによれば、投稿者が高校生の頃、友達の家で試験勉強をし、午後一一時頃にその友達に自転車で送ってもらった際のこと。自宅への近道である周りを田んぼに囲まれた一本道を走っていると、地面まで届くほど長い髪を引き摺《ず》り、三輪車を走らせる、三、四歳ぐらいの女の子が現れた。女の子は赤い服を着ており、異様に白い顔が暗闇の中に浮かんでいた。投稿者らが立ち竦《すく》んでいると、女の子は二人を嘗《な》めるように見つめてにやりと笑い、その横を通り過ぎて暗闇の中に消えて行ったという。

### さんりんぼう ［さんりんぼう］

ネット上で語られた怪異。2ちゃんねる（現5ちゃんねる）のオカルト板に立てられた「死ぬ程洒落《しゃれ》にならない怖い話を集めてみない？ 42」スレッドにて二〇〇三年六月二二日に語られたもの。

それによれば、さんりんぼうは報告者の親戚の家がある地域に伝わる呪術で、さりんぼうの日（恐らく三隣亡のこと。民間で語られる暦の上の凶日の一つで、この日に建築を行うと火災が発生し、近隣三軒まで被害に遭《あ》うなどという）にナマモノで儀式を行い、そのナマモノを標的の家の敷地に置き、見つからずに腐るとその家が廃れると伝えられていた。この呪術を行う家は「さんりんぼう筋」などと呼ばれていたという。

「〜筋」という呼び方は憑《つ》き物を扱う家系を言う際に使うことが多く（「犬神筋」「トウビョウ筋」など）、憑き物筋は憑き物を憎い相手に使役することで家を没落させたり、病を引き起こしたりするなどの伝承がある。さんりんぼう筋は呪術を行うとされているが、その呪術には何らかの憑き物が使役されるものと考えられていたのかもしれない。

## 【し】

### GDG ［じーでぃーじー］

ネット上で語られた怪異。怪談投稿サイト「Alpha-Web こわい話」にて、二〇〇三年一〇月二日に投稿されたもの。

「GDG」は呪文の一種で、「ぶち殺す」を意味するのだという。この言葉を恨んでいる人間に対して唱えると、その人間は死んでしまう。そして死後は「死の森」と呼ばれる場所でさ迷うことになる。その森からはレゴブロックを完成させると出ることができるが、完成直前に鬼が現れ、パンチして壊してくるのだと語られている。

ブロックを作ると鬼が壊してくる、という話は、子どもが死ぬと賽《さい》の河原に行き、石を積んで塔を作ろうとするが、そこに鬼が現れて崩してしまう、という話が元になっていると思われる。しかし、なぜレゴブロックなのかは分からない。現代に適応した結果だろうか。

### 塩撒き爺［しおまきじじい］

学校に現れる怪異。体育館に夜の八時までいると、中国風の服を着た老爺《ろうや》が現れ、塩を撒くという。

「ほんとにあった怖い話」委員会編『ほんとにあったこわい話2』にある。筆者命名。

### 仕掛け柳［しかけやなぎ］

植物にまつわる怪異。一九五五年のこと。ある人物が犬の散歩に出かけ、柳が川端に列をなしている河川敷を歩いていた。その柳の中に一本、ゆらゆらと揺れている柳があり、なぜ揺れているのだろうと眺めていると、突然犬が低く唸《うな》り出した。すると、揺れる柳のそばから雄のキジが飛び立った。直後、柳の細長くしだれた枝が集まって、キジを叩《たた》き落とし、さらに、柳の根元から狐が跳ね上がり、そのキジの片翼に噛《か》み付いて、咥《くわ》えたまま土手を去って行ったという。

木原浩勝・中山市朗著『新耳袋　第七夜』にある。

### 鹿の右目［しかのみぎめ］

鹿にまつわる怪異。北海道のある村では猟をしている人が多く、毎年秋になると山で鹿狩りが行われるが、ある年に殺された鹿の一頭が非常に大きく、これを仕留めた猟師は記念にその頭部を剥製《はくせい》にした。しかし、しばらくしてその家の人間が剥製を見ると、鹿の右目だけが真っ赤になっていた。翌年、その鹿を撃った猟師は銃の暴発で右目に怪我《けが》をし、家族も次々と目の病気になったり、怪我をしたりしたという。

魔夜妖一・幻咲麗・マーク矢崎治信監修『うわさの怪談　闇』にある。

### 敷居の神様［しきいのかみさま］

家に現れたという神様。山形県のある旧家に住んでいた女性は、幼い頃から両親に「敷居を踏んじゃいけないよ。敷居には神様がいるから」と教わって育った。ある日、家の廊下を歩いていると、開けっ放しの部屋の敷居が眩しく光っていた。よく見るとその光を発しているのは身の丈五〇センチほどの人で、全身が輝いていたことから、どんな姿をしているのか、詳しくは分からなかった。その光は金色のようでもあり、虹色の渦のようでもあったが、とにかく眩しくてきれいだった。その光を発する人はふと消えた。女性は敷居の神様は本当にいるのだと実感したのだという。

木原浩勝・中山市朗著『新耳袋　第六夜』

にある。

　敷居には家を守る神様がいて、敷居を踏むと神様の頭を踏むことになるから、踏んではならないといった俗信は現在でも残っているが、実際に姿を現した話は珍しい。

## シゲル［しげる］

　ある小学校に出現する幽霊。その小学校の六年一組の教室には長い髪を伸ばし、びしょ濡れの赤い半纏《はんてん》を纏《まと》った女の幽霊が取り憑《つ》いているという。この幽霊は時折何かを訴えるような目で教室の生徒を見つめ、「私はシゲル、私はシゲル……」とぶつぶつと呟《つぶや》く。ある日、一人の生徒が席に座ろうとすると椅子にシゲルが座っており、思わず「シゲルじゃん！」と叫んでしまった。するとシゲルは嬉しそうににやりと笑い、消えてしまった。以来、シゲルは現れなくなった。シゲルは誰かに自分の名前を呼んでもらいたかったのかもしれない。

　魔夜妖一監修『ゾゾーッ！　こわい話1000』にある。

## 地獄写真［じごくしゃしん］

　ネット上で語られた怪異。2ちゃんねる（現5ちゃんねる）オカルト板に立てられた「死ぬ程洒落《しゃれ》にならない話集めてみない？　PART3！」スレッドにて二〇〇一年二月二〇日に語られたもの。筆者命名。

　余命三カ月と診断された少女がいた。友人二人が遊びに来た際、少女の母親が少女がベッドから体を起こせるうちに最後に写真を撮ろうと思い、少女を真ん中にして、友人ふたりに挟まれる形で写真を撮った。それから一週間ほどで容態が悪化し、少女は三カ月もせずに亡くなった。葬式も済み、少し落ち着きを取り戻した母親はあの日、病院で撮った写真を現像しようと写真屋にフィルムを出したが、帰って来た写真の中に病院で撮った写真が見当たらない。そこで写真屋に尋ねると、現像に失敗したと言うため、不審に思った母親は娘の最後の写真だからと写真屋に迫った。すると写真屋は「見ない方がいいと思いますけどね」と言いながらその写真を手渡した。そこには三人の女の子が写っていたものの、真ん中の亡くなった少女だけがミイラのような状態で写っていたという。それを見た母親はひどく驚いたが、供養《くよう》してもらうと言って写真を受け取り、霊能者の元へ持って行った。その際、霊能者にこれは何かを案じているのではないかと尋ねると、霊能者は口をつぐんでいたが、それでも無理に頼み込むと、やがて静かに口を開いた。

「残念ですが、あなたの娘さんは地獄に落ちました」

　現在でも様々な場所にコピー&ペーストされているため、見かけることが多い怪談。ネット上で発見した初出が上記の2ちゃんねるにおけるものだったが、さらに初出は遡《さかのぼ》れる可能性があり、テレビや書籍、テレビゲームなどが元になっていることも考えられる。また、三人で写真を撮ると真ん中に写った人間に異変が起きるという話は古くからあり、明治時代、写真技術が日本に入ってきた際は、真ん中に写る者の寿命が縮む、といった話が囁《ささや》かれていたという（『日本現代怪異事典』収録の「真ん中の怪」も参照）。この話もその一種といえる。ちなみに、仏教の地獄にはその人間の罪を測る閻魔《えんま》大王をはじめとした十王がおり、決して罪のない人間が地獄で苦しめられるということはない。

## 事故物件［じこぶっけん］

何らかの事故や事件により前の住人が死亡した物件のこと。多くの場合、幽霊の出現や怪奇現象の発生があると語られる。

主婦の友インフォス情報社編『事故物件サイト・大島てるの絶対に借りてはいけない物件』によれば、「事故物件」とは元々不動産関係者で使用されていた業界用語だが、「殺人事件や火災による死亡事故などの歴史的事実があった物件」を事故物件と定義し、インターネット上で誰でも見られる形で公示したＷＥＢサイト「大島てる」により、一般に広まったのだという。

また、二〇一二年のテレビ番組の企画以降、事故物件住みます芸人として活動している松原タニシの活躍もあり、より多くの人々が知る言葉となったようだ。つまり事故物件は特殊な事故、事件があった物件を指す言葉であり、心霊現象の有無は事故物件であるか否かには関わってこない。一方、先述した松原氏の著書『事故物件怪談　恐い間取り』シリーズでは多くの心霊現象と遭遇しているなど、事故や事件が心霊現象の発現のきっかけとなっているとされる場合も多い。

## 死者からの電子メール［ししゃからのでんしめーる］

ネット上で語られた怪異。怪談投稿サイト「Alpha-Web こわい話」に二〇〇一年三月二八日に書き込まれた話に登場するもの。

かつてＡとＢという仲の良い二人の子どもがいた。しかしある日、Ａが登校中にトラックに撥《は》ねられて死んでしまった。Ｂはショックで二、三日学校を休んだが、ある日、彼の元に一通のメールが届いた。その送信者は分からなかったが、メールを読んでみると「待っててね。もうすぐ君も僕の所に連れて来てあげるからね、僕と同じように」と書かれていた。

それから数日後、ＢはＡと同じ場所、同じ時間に同じ業者のトラックに撥ねられ、亡くなった。事故の後、あのメールは消えてしまったが、もしこの文章を読んだ人間の周りで大切な人が亡くなっていた場合、同じようなメールが届くという。

## しずく［しずく］

家に現れたという怪異。ある女子大生が夜、自室で寝ていたところ、夜中に突然目が覚めた。目を開けると天井から、肘から先の左右の手が生えており、その手に文化包丁が握られていた。見ていると、右手だけがするすると降りてきて、顔の前で止まった。そして突然天井に縮み上がり、今度は左手が降りてきた。思わず目を閉じ、しばらくして開けると、両手が天井に揃《そろ》っている。今度は「こわい？」という女の声がして、手は天井に沈むようにして消えた。その手は白く、細く、滴《したた》るかのようであったという。

木原浩勝・中山市朗著『新耳袋　第七夜』にある。

## 時速六〇キロの亡霊［じそくろくじっきろのぼうれい］

高速移動する怪異。大阪市内を走る国道一七六号線に架かった十三《じゅうそう》大橋の上を自動車で走っていると、窓を覗《のぞ》き込む亡霊が出る。この霊は時速六〇キロで走っても並走してくるが、危害を加えるということはないようだ。

室生忠著『恐怖と怪奇の幽霊体験』にある。同書では、十三大橋は昭和五〇年代（一九七五〜八四年）まで交通死亡事故が多かったため、その犠牲者であるドライバーの霊が出没するのではないかと言われていることが記されている。しかし、ドライバーがなぜ自分の足で走っているのかは不明である。

## 時代劇の妖刀［じだいげきのようとう］

時代劇の撮影に出現するという怪異。一九八〇年代、当時アイドルとしても売り出し中だった青年俳優が、戦国時代を舞台にした時代劇の主役に抜擢された。その撮影中、青年俳優が複数の侍に取り囲まれ、それらを切り倒していくというシーンで、ある侍が振り下ろした刀を受け止めた際に青年俳優の刀が真っ二つに折れた上、相手の刀が彼の頭にめり込んだ。この撮影フィルムは現在も残されており、青年俳優が頭に刀を叩《たた》き込まれ、スタッフが大騒ぎしている場面で唐突に終了しているという。

本来時代劇の撮影には竹を刀に見えるよう加工した、竹光と呼ばれるものが使われるが、なぜかこの撮影には真剣が紛れ込んでおり、それがこの事故につながったのだという。この世には人の怨念を宿した妖刀が平和な時代に誰かを切るためにさ迷っており、この妖刀が時代劇の撮影に迷い込んだのではないかと語られている。

怖い話研究会編『ヒエーッ！　幽霊・怪奇現象スペシャル』にある。実際に時代劇に真剣が紛れ込んだ事件は発生しており、一九八八年、映画『座頭市』（一九八九年公開）の撮影中に、悪役として出演していた鴈龍《がんりゅう》が、切られ役の俳優に刀を振り下ろしたところ、模造刀ではなく真剣であり、その傷が元で切られ役の俳優が亡くなっている。『座頭市』の舞台は江戸時代であるため、戦国時代が舞台の時代劇とされているこの怪談とは異なるが、内容の類似から元になった事件の可能性がある。

## 舌盗み［したぬすみ］

ネット上で語られた怪異。2ちゃんねる（現5ちゃんねる）オカルト板に立てられたスレッド「∧∧山にまつわる怖い・不思議な話Part25∧∧」にて、二〇〇六年八月七日に「雷鳥一号」というハンドルネームを使う人物によって書き込まれたもの。

　それによれば、報告者の友人が体験したという話で、その友人の実家がある山村には「舌盗み」「舌盗り」などと呼ばれるものがいたという。これに憑《つ》かれると食べ物の味が分からなくなるため、山の主が他人の舌を借りて様々な味覚を楽しんでいるのではないかと言われていた。このことから、舌盗みに憑《つ》かれた場合はとにかく好き嫌いをせずに何でも食べなければならず、様々な食べ物を堪能すると舌盗みは満足して山に戻るのだと伝えられていたようだ。ただし胡麻《ごま》は好まないという話もあり、胡麻をたくさん食べると早く解放されるとも伝えられていたという。

## 七人心中の池［しちにんしんじゅうのいけ］

ネット上で語られた怪異。2ちゃんねる（現5ちゃんねる）オカルト板に立てられた「死ぬ程洒落《しゃれ》にならない怖い話を集めてみない？127」にて二〇〇六年四月二四日に転載されたもの。

　その話によれば、この池は瀬戸内海にある島の山中に存在しているという。報告者が小学生の頃、従兄弟《いとこ》とともにこの池に遊びに行った際、池のほとりですすり泣く子どもと遭遇した。その子どもの腰には帯のように紐《ひも》が巻いてあり、池に向かって伸びている。また、紐の先には数珠繋《つな》ぎに一・五メートルほどの間隔で、合計六個の物体が水面に浮いていたという。報告者と従兄弟が不思議に思っていると、突然紐がピンと張り、子どもが池に引っ張られた。その動きは異様で、まるでスライドするように足を一切動かさず、体が池の方に移動していたという。報告者と従兄弟の二人は、その子どもが池に引き摺《ず》り込まれるまで金縛り状態になっており、子どもの姿が池の水面下に消えてからやっと体が動き、慌てて山を下りた。家に帰り家族にその話をすると、二人は塩をかけられた。

　当時はあの池について何も教えられなかったが、それから数年後に聞き出した話によれば、あの池では何十年も前にある一家の入水自殺があり、その時間帯は報告者たちが子どもと遭遇した午前三時から四時の間だった。また、死んだ人数は七人で、全員が体を紐で繋いでの心中だった。この事件があってからその池は、地元の人々に「七人心中の池」と呼ばれるようになったのだという。

## 自転車巨人［じてんしゃきょじん］

　自転車にまつわる怪異。二人の子どもが道を歩いていると、前から巨大な人影が自転車に乗って現れた。その大きさは二階建ての家よりも大きかったという。

　常光徹編著『みんなの学校の怪談　緑本』に北海道からの投稿として載る。筆者命名。千葉県船橋市では同じく自転車に乗った巨人が出現する、「デカチャリ」（『日本現代怪異事典』収録）の噂《うわさ》がある。

## 死なない麻子［しなないあさこ］

その名の通り不死身の女にまつわる怪異。麻子は見た目は普通の人間の女だが、猛毒を呑《の》んでもけろりとしており、呪いを掛けられれば掛けた方が逆に死に至ったという。また魔性の女としても知られており、何人もの男を破滅させ、また夫婦や恋人の仲を引き裂いたと語られている。

陳純監修『背すじも凍る「怖い話」』に東京都練馬区からの投稿として載る。ラスプーチンのような女である。

## 死ぬ返事［しぬへんじ］

学校の怪談として伝わる怪異。ある小学校にはメタセコイヤの木が植えられているが、その近くに小さな墓がある。六時間目の授業が終わった後にここに行くと「なかまにいれてよ……」と聞こえる。これに対し「やーだよ！」と答えると、その人間だけ夜に死ぬという。

日本民話の会学校の怪談編集委員会編『学校の怪談16　１００不思議通信スペシャル』に島根県出雲《いずも》市からの投稿として載る。

## しのうかさん［しのうかさん］

ネット上で報告された怪異。2ちゃんねる（現5ちゃんねる）のオカルト板に立てられた「死ぬ程洒落《しゃれ》にならない怖い話を集めてみない？ 5」スレッドにて二〇〇一年六月一七日に書き込まれたもの。

それによれば、「しのうかさん」は高知県に伝わる都市伝説のようなもので、伊野町（現在の吾川郡《あがわぐん》いの町）にあった廃屋《はいおく》にまつわる話だという。この廃屋で「しのうかさん」という名前の怪談を創作すると呪いがかかると言われており、近いうちに「しのうか」という声を何らかの形で聞く。その時、「しのうしのう」と返答しないと死ぬ、と伝えられていたという。

また、実際にこの廃屋で「しのうかさん」の怪談を創作すると、なぜか一様に「昔この家の息子と近所の家の娘が恋に落ちたが、両方の家族から反対され思い悩んでいた。ある日娘が深刻な顔をして、『ねえ、死のうか。一緒に死のう』と言った。男は女の情念が怖くなり、家を捨てて逃げた。女はこの家のこの部屋で首を吊《つ》った」という話になるという体験談も書き込まれている。

## 死のカマキリ男［しのかまきりおとこ］

ある大学に出現するというカマキリの化け物。T大学のH研究室には、毎日実験のために誰かしら泊まっているが、仮眠を取っていると「カマカマ……」という囁《ささや》き声が聞こえることがある。目を開けるとそこには体長二メートルもあるカマキリがおり、口から血を流しているのだという。大学に伝わる話によれば、このカマキリの正体は卒業研究に失敗し、自殺した佐々木という男性の亡霊なのだと語られている。

怪談投稿サイト「Alpha-Web こわい話」に一九九八年二月一八日に書き込まれた話に登場するもの。このT大学がどこなのかは明かされていないが、都市伝説が大量に語られる大学に茨城県つくば市の筑波大学があり、カマキリ男が出現するのもこの大学ではないかと思われる。

## 死の深夜放送〔しのしんやほうそう〕

ネット上で語られた怪異。怪談投稿サイト「Alpha-Web こわい話」に二〇〇二年五月三一日に投稿されたもの。

少年がラジオの深夜放送を聴きながら居眠りをしてしまい、午前二時半頃にはっと目が覚めた。電波の入りが悪いのか、ラジオからは砂嵐のような音が聞こえてきたため、スイッチを切ろうとしたところ、ぼそぼそと人の名前を読み上げる声が聞こえてきた。不思議に思いながらも少年はラジオを切った。

翌日、少年がニュースを見ていると、飛行機の墜落事故が報じられ、犠牲者の名前が読み上げられたが、その名前はあのラジオから聞こえてきたものと同じだった。

その日の深夜、少年はまたラジオを聴きながら勉強していたが、昨日と同じようにうたた寝してしまった。午前四時頃、少年が目覚めると、また人の名前を読み上げるあの深夜放送の声が聞こえてきた。少年は今度は聞こえてくる名前を一つずつメモしていったが、約一五分後、放送が終了した。そのため、少年がペンを置いた瞬間、ラジオから「……それと、そこで聞き耳立ててるお前もだ！」という声が聞こえてきたという。

二〇〇〇年に2ちゃんねる（現5ちゃんねる）に書き込まれた「ＮＮＮ臨時放送」（『日本現代怪異事典』収録）のラジオ版のような怪異。

また、最後に本人が犠牲者として指名される展開はフラッシュムービーとして作成された「赤い部屋」（『日本現代怪異事典』収録）に似ている。その他、「お前だ！」というセリフがオチに持ってこられる展開は「コインロッカーベイビー」（『日本現代怪異事典』収録）をはじめ、現代の怪談に多い。

## 死のチャイム〔しのちゃいむ〕

小学校にまつわる怪異。小学校のチャイムが真夜中に鳴ることがある。これを聞いた人は死の世界に引き摺《ず》り込まれるという。

宮崎敦司監修『本当に怖い話 ＭＡＸ 絶叫学園』にある。

## 死人の骨持つ老婆〔しびとのほねもつろうば〕

話を聞くと現れるとされる怪異。話を聞いた人間の元を一週間以内に訪れるという老婆で、死人の骨を持って現れるとされる。

北海道札幌市豊平区に住むある人物が、夜に一人で家にいたところ、ドアをノックする音が聞こえた。「はい」と答えたが誰も来た様子がない。しかし、またトントンと音が聞こえ、直後に老婆が出現した。その瞬間に「ババー去れ」と三回唱えたところ、老婆は消えてしまったという。

合田一道著『北海道　幽霊の住所録』にある。「ババー去れ」といった類の呪文を唱えることで撃退できる怪異は全国にある。この老婆たちは「ババサレ」「バーサレ」（いずれも『日本現代怪異事典』に収録）という呪文で撃退できることが多い。この話に出てくる老婆も類似した性質を持つため、ババサレ系統の怪異の一種と考えられる。ただ死人の骨を持っているという性質は珍しい。

なお、この老婆については拙著『日本怪異妖怪事典　北海道』では「ババサレ」の名で掲載しているが、本書では出典資料で使われている名前を項目名とした。

## 志命院の妖怪 ［しみょういんのようかい］

京都府の賀茂川上流の雲ケ畑《くもがはた》（現京都市）にある志命院という寺院に現れたという怪異。作家の司馬遼太郎氏がこの寺院の茶室に泊めてもらった際、眠りにつこうとすると、三方の障子が不意にガタガタと鳴り出し、眠っていられなくなった。そこで障子を開けてみるが、誰もいない。それが繰り返されるため、堪《たま》らなくなって障子を開けっ放しにしていると、今度は屋根が鳴り出す。それは子どもが屋根に上って四股《しこ》を踏んでいるような音だったが、結局姿は見えず、司馬氏もついに一睡もできなかったという。

山本素石著『山棲みまんだら』にある。同書によれば、この司馬氏の体験談は一九六一年に発売された『旅』一〇月号に載せられたものだという。この妖怪は室町時代に記された志命院の寺伝にも記されており、司馬氏の体験談のように戦後になっても現れたとされ、山本氏自身もこの妖怪に遭遇したという。この志命院に伝わる妖怪は年を経た巨大な白狐であり、その眷属《けんぞく》たちが志命院へ来る行者たちにちょっかいを出す。しかし、その妨害を乗り越え、法力《ほうりき》がある水準に達すると、総元締である白狐がちらりと姿を見せる。これはその行者が一人前になった験《しるし》なのだという。

## じゃがりこうなぎ ［じゃがりこうなぎ］

ネット上で語られた怪異。怪談投稿サイト「Alpha-Web　こわい話」にて、二〇〇四年七月二三日に投稿されたもの。

それによれば、ある日、投稿者が母親の買ってきてくれたじゃがりこを食べようと蓋《ふた》を開けたところ、じゃがりこの先がうなぎになっていた。びっくりしてじゃがりこを投げると、うなぎが這《は》い出てきてニョロニョロと追いかけてきたため、踏み潰すとじゃがりこの残骸に戻っていたという。

「じゃがりこ」はスナック菓子メーカーの株式会社カルビーが一九九五年一〇月二三日より発売しているじゃがいもを原料としたお菓子で、「じゃがスティック」というお菓子をリニューアルしたもの。

江戸時代には山芋がうなぎになるという話が多く語られており、「あるものが全く別のものに変わってしまう」ことを表す諺《ことわざ》として「山の芋がうなぎになる」というものがあるが、現代では「じゃがりこもうなぎになる」のかもしれない。

## 車内で暴れる女の霊［しゃないであばれるおんなのれい］

女の姿をした怪異。埼玉県幸手市《さってし》のある公園に車で行くと、女性の霊が乗り込んでくることがある。運転手がバックミラーを見ると、見知らぬ女が見えるという。この女は鏡越しにしか見えず、気付かない者も多いが、女が出現すると車内が肌寒くなる。また、車に乗っている人間が全員降りると、車が跳ね上がって奇声のようなものが聞こえ、慌ててドアを開けると車内はめちゃくちゃになっているとされる。

宝島社『最新「霊スポット」121怨霊地図 04年版 関東一都六県』にある。人間に直接危害は加えないようだが、かなり迷惑なやつである。

## 喋るカーテン［しゃべるかーてん］

ある小学校に現れたという怪異。その学校で投稿者と友人が体育着に着替えていた際、ふと窓を見ると黒いものがカーテンに染み出して来た。さらに目、口、鼻が浮かび上がり、人の形になると「おい、お前、俺を閉めるのを忘れただろう」と言って消えた。その前日、投稿者は先生にカーテンを閉めておけと言われたが、それを忘れていたのだという。

常光徹編著『みんなの学校の怪談 赤本』に埼玉県からの投稿として載る。筆者命名。

## シャボン玉幽霊［しゃぼんだまゆうれい］

ネット上で語られた怪異。怪談投稿サイト「Alpha-Web こわい話」にて、二〇〇一年六月一九日に投稿されたもの。筆者命名。

童謡の「シャボン玉」にまつわる話で、もし神社の裏でこの童謡について子どもに問われても答えてはいけない。答えてしまうと命を取られてしまうという。

その問いは「シャボン玉　消えた　飛ばずに　消えた　うまれて　すぐに　壊れて消えた　――『シャボン玉』ってなーんだ?」というもので、答えを間違えると、子どもは「正解はね、私達の事なんだよ。生まれてすぐに壊れて死んだ。合っても外れてもその命をもらっちゃうよ」と言い、命を奪うのだと語られている。

「シャボン玉」は野口雨情作詞・中山晋平作曲の童謡で、一九二三年に発表されており、詩はその前年に発表された。この詩が生まれた背景には作詞者である野口氏の子どもが生まれてすぐに亡くなってしまったため、その子のことを思い、作ったという説があり、現在一般的に流布《るふ》している。そのため、人の死にまつわる怖い童謡のような形で紹介されることもあり、それがこの怪談が生まれた背景にあると思われる。

## じゃりじゃり小僧［じゃりじゃりこぞう］

子どもの姿をした怪異。その目撃者である女性は中学時代、千葉県船橋市の旧家に住んでいた。ある初冬の深夜二時頃、女性が姉と二人で布団で本を読んでいると、裏庭の方から「じゃり……じゃり……」と砂利を踏む音がした。耳を澄ますと、その音に混ざって子どもが童歌を歌う声も聞こえる。こんな時間にどうして子どもが、と思い、二人がベッドを下りてカーテンを開き、窓を開けると、外の道には誰の姿も見えない。しかし、窓とカーテンを閉めて部屋に戻ると、また砂利を踏む音と子どもの歌声が聞こえてくる。女性と姉はそっと窓に近寄り、カーテンの隙間から外を見た。そこには街灯に照らされた砂利道の上を、絣《かすり》の着物姿の小さな男の子が毬《まり》を弄びながら歌を歌い、行ったり来たりしている様子が見えた。二人は見てはいけないものを見てしまったと思い、ベッドの中に潜《もぐ》り込んだ。砂利を踏む音と、少年の歌声は明け方近くまで聞こえていたという。

樋口明雄編著『新「超」怖い話』にある。女性はこのじゃりじゃり小僧はなんとなく昔の空襲で亡くなった子どもなのではという気がしていると付け加えられている。

## 謝霊［しゃれい］

幽霊にまつわる怪異。ある男性が友人の兄の通夜に行った際のこと。男性がトイレの前に立つと、ドアが開いて亡くなったはずの友人の兄が出てきた。彼は「夜遅うまでたいへんやな、ありがとな」と言って、ポンと肩を叩《たた》いた。男性は「いえ、とんでもない」と恐縮してトイレに入ろうとしたが、そこではっと気付き、振り返ると友人の兄は深々と頭を下げて仏間に入って行くところだったという。

木原浩勝・中山市朗著『新耳袋 第七夜』にある。

## しゃんこしゃんこ馬［しゃんこしゃんこうま］

馬にまつわる怪異。首のない馬の姿をしており、背中にコックリさんを乗せ、鈴を「しゃんこしゃんこ」と鳴らしながらやってくるという。

「ほんとにあった怖い話」委員会編『ほんとにあったこわい話1』に徳島県三好郡《みよしぐん》の中学生からの投稿として載る。

首のない馬が現れるという話は全国にあり、「首切れ馬」「首無し馬」などと呼ばれる。この首切れ馬は特定の日、特定の場に現れて徘徊《はいかい》するなどと伝えられ、その際に鈴の音が聞こえるという話もある。また背中に何か乗せているという話もあり、首のない武士、姫、夜行《やぎょう》と呼ばれる妖怪など、こちらも様々である。このしゃんこしゃんこ馬もそういった伝承が現代で変化したものと思われるが、子どもたちに伝承される話のためか、背に乗っているのがコックリさんになっているのが面白い。

## ジャンジャン火〔じゃんじゃんび〕

集落に現れたという怪異。栃木県のある集落には、平安時代、戦に敗れた平家の落人《おちゅうど》たちが逃げてきて、隠れ住んでいたという伝説がある。元々この集落に住んでいた者たちは、最初、平家の落人たちと仲良くしていたが、この落人を狙う人間たちが近くまでやってきていることを知ると、集落を守るために一計を案じた。その集落で祭りが行われたある日、集落の人々は平家の落人たちを谷川に突き出すように作られた宴席に招待し、そこで酒を飲ませた。そして彼らが酒に酔った頃を見計らい、宴席を支えていた柱の綱を切り、彼らを谷底に落として殺してしまった。それ以来、旧暦のお盆の時期になると、この集落ではどこからかジャンジャンという銅鑼《どら》の音が聞こえ、何十もの人魂が現れるようになったという。これは現代になっても続いており、時には人魂だけではなく、松明《たいまつ》を掲げた平家の怨霊たちの姿が見えることもあるとされる。

マイバースデイ編集部編『わたしの部屋に幽霊が…』にある。ジャンジャン火は主に奈良県に伝わる怪火で、心中した男女や、殺された武士が死後に変化したものと語られることが多い。

## 一三階段の死神〔じゅうさんかいだんのしにがみ〕

夢にまつわる怪異。ある中学校の音楽教師が友人とともに千葉県佐倉市にある国立歴史民俗博物館を訪れた際、外のベンチで一休みしていると、草むらの中にコンクリートの階段が見えた。そこで友人とともに段数を数えながら階段を上ったところ、不吉なことにちょうど一三段であった。しかし、駐車場にいる職員に聞くと、階段は一二段しかないという。変だなと思いながらもそれ以上追求せずに帰ったが、その夜、音楽教師は顔が骸骨で鎌を持った老人に追いかけられる夢を見た。音楽教師は、これは死神に違いないと思い友人に話したところ、友人も同じ夢を見ていたという。

おばけ友の会編『日本全国おばけマップ』にある。

## 一三回ノックの霊〔じゅうさんかいのっくのれい〕

ある小学校に伝わる怪異。その学校では土曜日の午後五時に校舎の一番北にあるトイレで個室のドアを一三回ノックすると、そこで自殺した人の霊が負ぶさって来るという。

絹華作『超スペシャル版　マジでビビる!!こわい話』にある。

## 一三鎌男〔じゅうさんかまおとこ〕

トイレに現れる怪異。一二時にトイレの窓を開け、便座に座って一、二、三……と一三まで数えて振り返ると鎌を持った男がいる。この男が鎌を振り下ろす前に「一四」と言わないと家族全員が襲われるが、「一四」と言えれば男は消えてしまうという。

常光徹編著『みんなの学校の怪談 緑本』に神奈川県からの投稿として載る。筆者命名。

### 一三段の非常階段 ［じゅうさんだんのひじょうかいだん］

ある小学校の七不思議として伝わる怪異。その小学校の非常階段は稀《まれ》に一三段になっていることがあり、その階段を上りきった者は皆、身投げして自殺するのだという。

実業之日本社編『本当にこわい！ 学校の怪談スペシャル』にある。

### 執着霊 ［しゅうちゃくれい］

心霊にまつわる怪異。生前、特定の物に執着していた人間が死後もそれに囚われて現れる霊のこと。仮に執着していた物が別の人間に渡った場合、その人間に災いをもたらすことがあるという。

魔夜妖一監修『ゾゾーッ！ こわい話1000』にある。このように「霊」の前に単語を付けることで霊の種類を表すものについては**霊の種類**の項目を参照。

### 一二月一二日の山の霊 ［じゅうにがつじゅうににちのやまのれい］

山にまつわる怪異。一二月一二日に山に行くと霊に出会って山から出られなくなるという。これはその日は霊が自分の山に木が何本あるか数える日だからなのだとされる。また、二本の木が絡《から》まって生えている霊がある場合、それは霊が木を数えた目印であるため、傷を付けてはならないという。

マイバースデイ編集部編『マジこわい‼心霊体験大百科』にある。東北地方などでは一二月一二日を山の神の日とし、山の神が森に生えている木を数えて回るため、山に入ってはならないとする信仰がある。この話は山の神の話が山の霊の話へと変異したのだろう。現代では神よりも霊の方が現実味のある存在となっているのかもしれない。

### 十物語 ［じゅうものがたり］

降霊術の一種。数人で集まり、輪になって怖い話をして、話が終わる度に一本ずつ線香を点《つ》けていく。これが一〇話ほど続くと、最初の線香が消える。その後、全ての線香が消えるまで声を立てずに真ん中を見つめていると、一人ひとりの後ろに霊が立っているという。

魔夜妖一・幻咲麗・マーク矢崎治信監修『うわさの怪談 闇』にある。複数人で怪談を一〇〇話語り、一話ごとに蠟燭《ろうそく》を消していくことで最後に怪異を引き起こす「百物語」というものがあるが、これはその簡易版だろうか。

### 樹海婆 ［じゅかいばばぁ］

ネット上で語られた怪異。WEBサイト「怪談投稿」に投稿されたもの。筆者命名。

それによれば、投稿者が数名の友人と山

梨県の河口湖へと釣りに行った際のこと。夕方に河口湖へ着き、キャンプをして翌朝から釣りをすることになっていたため、夜は皆で集まり、楽しく過ごしていた。そのうち一人が怪談ツアーをしようと言い出し、酔っていた投稿者らは車を走らせて青木ヶ原樹海へと向かった。

　自殺を思い止めるように書かれた看板の横を抜け、懐中電灯を頼りに樹海の中を歩いている途中、投稿者は用を足したくなって近くの木の方へ歩いて行くと、枝に何かがぶら下がり、揺れているのが見えた。それはロープに垂れ下がった人間のように見え、一瞬で酔いが醒めた投稿者は友人たちと急いで車に戻ることにしたが、直後、後ろで何かが地面に落ちる音がした。それを聞いた投稿者たちは一斉に走り出し、何とか車の所まで辿《たど》り着いたが、後ろを振り返ると何か黒いものが追ってきている。よく見ると、それは老婆が地面を這《は》っている姿だった。投稿者たちはアクセルを踏み込み、その場から逃げ出した。河口湖まで辿《たど》り着き、後ろを振り返ると、もう老婆の姿はなかったが、その場にいた全員がそれを見ていることから、決して幻や見間違いではないという。

## 樹海村〔じゅかいむら〕

謎の村にまつわる怪異。自殺スポットとして有名な青木ヶ原樹海には、自殺しそこなったり、自殺を思いとどまったものの社会復帰ができない人々が集まった集落が存在し、そこでは浮世離れした村社会が形成されているという。

　これはWEBサイト「都市伝説広場」にて二〇〇六年九月一七日に掲載された話で、生きた人間が暮らす現代の村として語られたものだが、悪霊が棲《す》みついているという「杉沢村」（『日本現代怪異事典』収録）や、日本国憲法が通じず、侵入者と見れば襲いかかってくる「犬鳴村」（『日本現代怪異事典』収録）のような恐ろしさはあまり感じない。

　吉田悠軌の「樹海村：発見された本当の『隠れ里』とは――吉田悠軌の異類捜索記」によれば、この樹海村が新たな様相を呈するようになったのは、二〇一〇年代、2ちゃんねる（現5ちゃんねる）を中心に「本当は恐ろしい山梨県」という名称で青木ヶ原樹海に囲まれた集落の衛星写真が広まって以降だという。

　この集落は他にも「完全閉鎖された立入禁止の村」「犯罪者たちの逃亡集落」「政府の秘密研究施設」など、様々な憶測が語られたようだ。もちろんこの集落は実在しており、精進湖民宿村と呼ばれ、民宿が立ち並んでいる。もちろん観光客が泊まることも可能で、閉ざされた村などではない。

　また、二〇二一年にはこの樹海村の都市伝説と、ネット上で語られた怪談「コトリバコ」を組み合わせる形で『樹海村』（清水崇監督）が公開された。この映画は『犬鳴村』（二〇二〇年）に続く「恐怖の村」シリーズと題され、翌年には新作の『牛首村』も公開されている。樹海村もまた二〇二〇年代になって、改めて人々に認知されているようだ。

## 寿命テレビ〔じゅみょうてれび〕

理科室にまつわる怪異。ある学校では理科室に忘れ物を取りに行くとテレビに「あなたの寿命はあと○○秒」と出る。しかし、桁が多すぎるため、読み取れないという。

常光徹編著『みんなの学校の怪談 赤本』に埼玉県からの投稿として載る。筆者命名。

## 聖徳太子像の怪〔しょうとくたいしぞうのかい〕

学校にまつわる怪異。ある小学校の前庭にある聖徳太子の像は、夜中になると巻物を持っている手の形が変わる。また、その像の前で転ぶと像の中に吸い込まれてしまうという。

「ほんとにあった怖い話」委員会編『ほんとにあったこわい話1』に石川県川北郡の中学生からの投稿として載る。

## 上半身だけの女〔じょうはんしんだけのおんな〕

話を聞いた人間の元に現れるという怪異。ある女性が会社に行く途中、誤って線路に落ちて電車に轢《ひ》かれ、上半身と下半身に切断されて死んだ。この女性は話を聞いた人間の元に夜中の三時に現れ、「私の下半身はどこ?」と尋ねる。これに慌てずに北以外の方向を指させば良い。しかし、北を指さしてしまうと、この女性が話を聞いた人間の下半身を持って行こうと必死にしがみついてくるという。

魔夜妖一・幻咲麗・マーク矢崎治信監修『うわさの怪談 闇』にある。上半身だけの姿で、下半身を探している、鉄道事故で死んだ、話を聞くと現れる、という点は「テケテケ」(『日本現代怪異事典』収録)に類似している。

## 小便幽霊〔しょうべんゆうれい〕

ネット上で語られた怪異。電子掲示板2ちゃんねる(現5ちゃんねる)のオカルト板に立てられた「死ぬ程洒落《しゃれ》にならない怖い話を集めてみない?281」スレッドにて二〇一一年九月二八日に語られたもの。筆者命名。

ある集合ビルの裏口に出現するという男の幽霊で、歳は四〇代初めくらい、スーツに眼鏡という姿をしている。地上二メートルほどのところに浮いており、ビルの八階にあるフィリピンパブで働いている特定の女性の頭を狙って小便をかけるのだという。その小便は女性の頭を濡らすわけでもなく、通り抜けて地面に落ちるわけでもないと語られている。その出現の仕方も特徴的で、女性が仕事を終えて帰宅する午前二時頃よりも少し前にじわじわと空中に染み出してくるような形で現れる。この幽霊は女性が体を壊し、母国に帰ると現れなくなったという。

## 正丸峠の走り屋たち
［しょうまるとうげのはしりやたち］

峠にまつわる怪異。ＷＥＢサイト「In the Eyes of Ghosts」などにある。埼玉県飯能市《はんのうし》と埼玉県秩父郡横瀬町《ちちぶぐんよこぜまち》の境にある正丸峠。しげの秀一の漫画『頭文字Ｄ』に登場することでも有名なこの峠は、心霊スポットとしても知られている。

この峠では、車に乗せてと頼んでくる白い服の女を無視すると、その女が四つん這《ば》いで走りながら高速で追ってくる、という話が語られる。他にも上半身だけの女や、首のないライダーや骸骨が追いかけてくるという話もある。他にも口裂け女、人面犬を見たという証言もあるなど、現代の妖怪の人気スポットのような状態になっている。

四つん這いで走ってくる女の都市伝説は全国に分布し、女の方から乗せてくださいと頼んでくるパターンのほか、外にぽつんと一人で立っている女をナンパしたが、無視されたため悪態を吐《つ》いて走り去ったところ、女が四つん這いになって高速で走ってくるパターンもある。首なしライダーも同様に全国に出現し、追いつかれたり追い抜かれたりすると事故に遭《あ》うなどという。この追いつかれる、追い抜かれると事故に遭うという性質は人面犬にも見られる。

下半身のない女の怪異は「テケテケ」をはじめとして様々な名前で語られているが、やはり高速で走る話が多い。口裂け女も車を追ってくる話は少ないが、一〇〇メートルを三秒で走るなど、その強靭《きょうじん》な脚力について語られることが多い。つまり正丸峠に出現するとされる怪異は高速移動する怪異がほとんどだ。『頭文字Ｄ』の影響でこの峠には人間の走り屋がよく訪れるというが、現代の怪異の中でも走り屋たちが集まっているのだろうか。ここで登場した怪異たちについては『日本現代怪異事典』に収録しているため、そちらも参照されたい。

## 常紋トンネルの幽霊
［じょうもんとんねるのゆうれい］

北海道のＪＲ石北本線にある常紋トンネルに出現するという幽霊。この鉄道の工事が着工されたのは明治時代、一九一二年のことだったが、工事に携わった労働者は「タコ」と呼ばれ、近くに建てられた飯場に監視付きで収容されてろくな食事も与えられずに一日中こき使われた。また病気になっても治療は受けられず、動けなくなった者は一定の場所に監禁され、死体はまとめて穴に埋められた。また生きた人間を埋めて人柱にしたという話もあった。

そのような場所であったからか、常紋トンネルが開通すると、このトンネルを通る列車に乗った客からトンネル内で火の玉が飛んだ、信号が不意に消えて血だらけの男が立っていた、などの噂《うわさ》が語られるようになった。また職員の家族に病人が多く出た際には、死んだ労働者たちの祟《たた》りだとも言われた。このため、祟りを鎮めようとトンネルの近くに歓和地蔵尊が立てられた。

それから何十年も経った一九七〇年、常紋トンネルの壁の裏側から人骨が発見され、実際にトンネルで人柱にされた労働者がいたことが明らかになった。その後、さらに掘り起こしが進められ、計一〇人分の人骨が見つかった。こうしたことから殉職者追悼碑が建立されることになったが、死んだ労働者たちの怨念が消えたわけではないようで、今でも常紋トンネルでは幽霊たちの出現や怪異現象が報告されている。

合田一道著『北海道おどろおどろ物語』にある。この幽霊の正体とされる「タコ」と呼ばれた人々は、開拓期にあった北海道において、当初は囚人を使って行われていた工事が廃止され、全国から集められた労働者が鉄道、道路、港湾、用水溝といった工事に携わることになった者たちだった。

「タコ」の名前の由来にはいくつかの説がある。誘拐や脅迫、詐欺などによって北海道外から連れ込まれたため「他雇」と呼ばれたことに由来するという説。長年の労働で肩にタコができた熟練の土工が、その技術と労働力を売ることを「タコを売る」と言ったため、そこから「タコ」と呼ばれるようになったという説。一度宿舎に入れられると、そこから抜け出せず、蛸が自分の手足を食って生きるように自分の体を売って生きるようになるため、「蛸」に因《ちな》んで「タコ」と呼んだ説。過酷な労働から常に逃亡の機会を狙っており、糸の切れたように逃げ去るため、「凧」に因んだという説などがあり、定まらない。

いずれにせよ、これらの労働者の多くは騙《だま》されるなどして北海道に連れて来られ、望まぬ労働に従事させられた人々だった。常紋トンネルの歴史を追った小池喜孝著『常紋トンネル　北辺に斃《たお》れたタコ労働者の碑』や先述した殉職者追悼碑の完成記念に発行された常紋トンネル工事殉難者追悼碑建設期成会編『トンネルの壁のなかから――』には、実際にタコとして常紋トンネルに従事した人々や、その目撃者の証言が記録されている。タコ部屋に囚われた人々は、逃げることも許されずひたすら働かされ、反抗した者や逃亡を図った者は殴られ蹴られ、道具などによる暴力に晒され、怪我《けが》を負う者も絶えなかった。ただ逃亡に成功した者もおり、そういった人々が近隣に住む人々に匿《かくま》われ、追手から逃れたという話も残っている。また逃亡の常習犯もおり、そうした人々はわざと周旋屋《しゅうせんや》の口車に乗り、豪華な食事や女遊びを楽しんでタコ部屋に連れて行かれることを繰り返していたとも伝えられる。

前掲書には、先述した怪談の他にも雨の日に常紋トンネルを通ると「腹減った、ママくんろ」といった声が聞こえる、トンネルを抜けて信号のガス灯を点灯しに行くと幽霊に出会う、常紋駅長の官舎に幽霊が現れて何代にも渡って駅長を苦しめた、といった話が載せられている。

## 女王の歩道橋 ［じょおうのほどうきょう］

ネット上で語られた怪異。怪談投稿サイト「Alpha-Web こわい話」に一九九八年八月二日に投稿されたもの。

ある町に渡った者が死んでしまう歩道橋がある。かつて、この歩道橋を渡っている途中に心臓発作で死んだ小学生の少女がおり、この少女が呪縛霊となって渡る人を呪っているのだという。また、この少女は、学芸会で憧れだった女王の役をやることになっていたが、運悪くその学芸会の当日に死んでしまった。そのためなのか、この歩道橋には「この歩道橋は安全のためのです」と書かれた看板が立っているが、その文字がかすれて「この歩道橋は女王のためのです」と読めるようになっていると語られている。

セガサターン用ソフトとして発売されていたテレビゲーム『古伝降霊術 百物語〜ほんとにあった怖い話〜』にタレントの稲川淳二が語る話として、ほぼ同様の怪談が収録されているため、これが元になっているものと思われる。

## しらぬだの沼 ［しらぬだのぬま］

静岡県の天城山《あまぎさん》の山麓にある池にまつわる怪異。この沼は「しらぬだの沼」と呼ばれているが、これは一九五三年頃、湯ヶ島ユースホステル「いろり荘」の主人であった樋口治雄氏が偶然発見し、誰も知らない沼であったことから、しらぬだの沼と名付けたことに由来するという。

一九七一年のこと、ＮＨＫからモリアオガエルの生態の調査を依頼され、樋口氏がモリアオガエルを探しにしらぬだの沼を訪れた際、誰もいないにもかかわらず「オーイオーイ」という声を聞いた。それから数日後、ＮＨＫのスタッフを沼に案内したところ、沼のほとりで半ば朽ちた墓標と小さな祠《ほこら》が見つかり、「一六人の霊供養　昭和二六年五月一七日」と書かれた板が近くに転がっていた。それから撮影が終わり、帰りかけた時、また「オーイオーイ」という声が聞こえてきた。樋口氏らが振り返ると、黒くよどんだ沼の表面が血のような色を帯びていたという。

その後、樋口氏は過去の記録を調べ、しらぬだの沼でかつて凄惨な事件があったことを知る。戦時中、天城山中で三人の兵士が一六人の中国人捕虜を森林伐採に使役していたが、殴る蹴る、ろくな食事を与えないなど、ひどい扱いをしていた。終戦後、捕虜の復讐を恐れた兵士たちは一六人を残らず叩《たた》き殺し、沼の底に沈めてしまった。それが終戦の翌々年、すなわち一九四七年八月一六日だったという。三人の兵士はそのまま沼から五〇〇メートルほど離れた草むらに小屋を建てて住んでいたが、捕虜たちの命日に池に入って死んだという。

この、しらぬだの沼の過去が明るみに出た後も怪現象は起こり続けた。野鳥の会のリーダー格の男性二人がこの沼で野鳥の声を録音するためにキャンプを張ったが、帰京して一週間後に二人とも急死した。また時を同じくして沼の撮影に向かったカメラマンも急死しているという。

松永克広著『妖魔がさ迷う怨霊列島』にある。

## 尻拭き［しりふき］

ある学校のトイレに現れる怪異。その学校で一年生の女の子がトイレで大便をしていると、便器から手が出てきて尻を拭いてくれた。女の子は「ありがとう」と言ってその手と握手をしたという。

常光徹編著『みんなの学校の怪談　赤本』に愛知県からの投稿として載る。筆者命名。便器から手が出てくる話は多いが、友好的な存在として語られるのは珍しい。

## 白い海［しろいうみ］

瀬戸内海のある小島に伝わる怪異。一人の若者がその小島に旅行に行ったが、そこで海を眺め続ける老人に出会った。その老人に声をかけると、老人は海が白くならないようここで見張っていると告げた。意味が分からず、若者が説明を頼むと、この島には沖の海面が真っ白に染まると必ず不吉な出来事が起きるという言い伝えがあるのだという。その前兆として一週間ほど前から次第に海が白濁し始め、満潮の時刻に沖が真っ白に色を変えると、その翌日に何かが起きるのだと告げた。老人は大正時代、彼が少年の頃に初めて海が白く濁るのを見たと話した。その年、島の浜辺に他殺死体が流れ着いた。島は大騒ぎになったが、数日のうちに犯人が逮捕された。島民が金目当てに島民を殺したということで、島の人々はしばらく疑心暗鬼になった。この死体が流れ着く前日、海が白く濁った。

老人が次に海が白濁したのを見たのは一九四五年のことで、七月の終わり頃から海が白濁し始め、八月六日の明け方に真っ白な色に変わった。その日、広島に原子爆弾が投下されたという。

最後に老人が白い海を見たのは昭和も三〇年を過ぎた頃のことで、その時は漁に出た船が沈没し、島の若者が三人死んだのだという。そのため、老人は海が白く濁らないか眺めるようになった。しかし、海の色が変わったところで自分たちにはどうしようもないとも語ったという。

矢島誠編著『新・怪奇体験3』にある。

## 白い円柱［しろいえんちゅう］

アパートに現れたという怪異。ある女性が埼玉県春日部市《かすかべし》に住む友人のアパートに遊びに行った時のこと。その日は友人が寝ている部屋を借り、友人がリビングのソファーで寝ることになった。

夜中、寝苦しさに寝付けないでいると、ふと隣のリビングで寝ている友人の足の近くに高さ八〇センチほどの大きさの真っ白な円柱のようなものが見えた。円柱の表面は、まるでお湯が沸騰しているかのように大小の泡が湧いては消えていた。さらに一

○センチ前後伸びたり縮んだりしており、まるで液状生物のようだった。円柱はゆっくりと友人の方へ近付いており、襲われる、と思った瞬間、女性は気絶してしまった。

朝、目覚めると友人は無事だったが、姿の見えない獣のようなものに襲われ、体中にべったりと纏《まと》わり付かれた夢を見た、と言う。女性はあの円柱のことを思い出し、えも言われぬ恐怖に襲われたが、友人にその話はできなかったという。

木原浩勝・中山市朗著『新耳袋 第三夜』にある。

## 白い喫茶店［しろいきっさてん］

東京都の阿佐ヶ谷に現れたという怪異。ある男性が仕事帰りに商店街の脇道で見つけた、見慣れない喫茶店に入った。店の中は白いペンキが塗りたてのような新しい内装で、カウンターには口髭《くちひげ》を蓄えた白髪のマスターがいた。そのマスターが淹れるコーヒーはすこぶる美味であったが、他に客が来ることはなく、男性はマスターと世間話をした。

マスターは長年サラリーマンとして働いていたが、退職して店を持ったのだと感慨深げに語った。その日は三〇分ほど滞在して店を出たが、コーヒーの味が忘れ難く、男性は翌日の仕事帰りにもその喫茶店に向かった。しかし、店に続く商店街の脇道はなくなっており、喫茶店に辿《たど》り着くことはなかったという。

木原浩勝・中山市朗著『新耳袋 第二夜』にある

## 白い着物のガイコツさん［しろいきもののがいこつさん］

ある学校に伝わる怪異。その学校の屋上で「白い着物のガイコツさん」と言うと、北の方に髑髏《どくろ》が浮かぶという。

常光徹編著『みんなの学校の怪談 赤本』に京都府からの投稿として載る。

## 白い子ども［しろいこども］

子どもの姿をした怪異。一九五〇年代のある寒村でのこと。夕方、畑仕事を終えた人たちが帰りの道すがら、最近女房に逃げられ、一人暮らしをしているKという人物のことを話し、心配だから彼の家に寄ろうということになった。家にあと二、三〇メートルほどのところまで来た時、すごい勢いでKの家の戸が開き、中から白い着物を着た、頭のてっぺんから足の先まで真っ白な男の子が飛び出してきた。その少年は両手を空高く掲げ、走りながら「わぁぁぁ、わぁぁぁ、わぁぁぁ、大変やわぁぁぁ」と絶叫して走ってきた。思わず道をあけると、そのまま走り去っていったが、ずっと「わぁぁぁ、わぁぁぁ、大変やわぁぁぁ」と叫び続けていた。奇妙に思いながらもKの家を覗《のぞ》いたところ、そこには首を吊《つ》っているKの姿があった。後に村中の人があの子どもの絶叫を聞いたことが分かったが、誰一人その子どものことを知る者はいなかったという。

木原浩勝・中山市朗著『新耳袋 第九夜』にある。

## 白い手［しろいて］

ある小学校に伝わる怪異。その学校のトイレに入り、入口から三番目の個室に入ると、白い手が現れる。これに触れられると血を吸い尽くされ、真っ白になって死んでしまうという。

マイバースデイ編集部編『ゾゾ〜ッ！心霊体験大集合』にある。

## 白い物体［しろいぶったい］

山に現れたという怪異。あるカップルが山へドライブに行き、道の片側が深い渓谷になっている場所に車を止めて景色を眺めていた。すると、「ぼん」とにぶい音がして、ボンネットの上に、ずんぐりとした楕円形で先端部に鼠の尾のようなものが生えた、全長六〇センチほどの白い物体があった。この物体はオタマジャクシのようで、人魂のようにも見えたが、燃えたり発光しているような様子もなかった。この物体は何なのだろうと考えていると、間もなく長い尾をゆすり始め、楕円形の頭部を斜めに持ち上げた。直後、物体は宙へと浮き上がり、へろへろとした動きで山の彼方《かなた》へと飛び去って行ったという。

郷内心瞳著『拝み屋異聞 弔い百物語』にある。

## 白装束の女［しろしょうぞくのおんな］

ネット上で語られた怪異。2ちゃんねる（現5ちゃんねる）オカルト板に立てられた「死ぬ程洒落《しゃれ》にならない怖い話を集めてみない？ 293」スレッドにて、二〇一二年四月二一日に書き込まれた話に登場する。

当時から三〇年以上前、報告者が四、五歳の頃のこと。六畳一間のアパートに母親と暮らしていた報告者は、毎晩近所の銭湯に通っていたが、その通り道に大きな柳の木があった。

ある日、銭湯からの帰り道に報告者はその柳の木の下に立っている白装束の女を見た。女はじっと報告者を見つめていたが、不思議と怖い感覚はなかった。しかし母親は報告者の手を取り、走って家に帰ったという。

大人になってからそのことを思い出し、母親に話すと母親は真顔になって、自分は今もあの女に苦しめられていると語った。

母親の話によれば、その時は走ってアパートに戻り、部屋に入ったが、電気の点《つ》いていない部屋の中にあの白装束の女が待ち構えていた。母親は女の姿を見たとたん気を失い、それを見た報告者が近くに住む祖母に助けを求めたが、そのわずかな間に母親は行方不明になり、二週間後の三月二〇日に帰ってきたという。その間、母親は白装束の女に追いかけられ、逃げ回っていたが、体感としては数時間ほどの出来事だったという。

さらに、母親が聞いた話では、報告者の祖母もまた同じ柳の木の下で白装束の女を見ていた。女は祖母を見ると走って追いかけてきたため、祖母は山の中を走り、川を泳ぎ、やっと女の姿が見えなくなり、家に帰ると、二週間が経過していたという。やはりこの時間も祖母の感覚では二、三時間ほどで、食事や排せつもしていなかったとされる。祖母も母親も、白装束の女に追いかけられて以降、毎月二〇日になると必ず白装束の女に追いかけられる夢を見た。しかし、祖母は報告者の母親が夢を見るようになってからは、ぱったりと見なくなったのだと語られている。

報告者は白装束の女の夢を見ることはなく、実家のあった地域を離れて暮らしていたが、祖母の墓がその地域にあるため、年に一、二度帰省していた。

ある年、報告者が娘を連れてその町を訪れた際、車であの柳の木の前を通った。その時、後部座席にいた娘が「あの女の人何してるんかね。あんな白い薄い服を着て寒くないのかな」と言った。しかし、報告者が柳の木を見ても何も見えない。だが、娘はさらに「わぁ、走って追いかけてくるよ〜あぶなーい」と言った。報告者がアクセルを踏み込むと、女の姿はすぐに見えなくなったようだった。

次の二〇日の日、報告者に母親から電話があり、あの女の夢を見なかったと告げた。また、夢とは別に、あの女の正体として、自分と血縁のある先祖で、ひどく苦しい目に遭《あ》わされ、姉に恨み言を言いながら絶命したイメージが頭に浮かんだという。そして、どうも女性が気に入らないようだから、報告者の妻や娘は大丈夫かと尋ねた。報告者は何もないと言って電話を切ったが、しばらくして娘が泣きながら起きてきて言った。

「白い服来た女の人が追いかけてきて怖かったの〜」

## 白手のクモ［しろてのくも］

クモにまつわる怪異。怖い話好きのＡという子どもがいた。Ａはみんなに怖い話をして怖がらせるため、みんなから避けられるようになった。ある日、寝ていたＡは何かに手を摑《つか》まれる感覚で目を覚まし、見ると白い手がＡの手を摑んでいた。しかし、目をこすって改めて見ると白い手はなくなっていた。そんなことが一週間続き、七日目の夜、いつもＡの手を摑む白い手が、その日はクモの足に変わっていた。クモはＡを連れ去り、Ａは行方不明になったという。

常光徹編著『みんなの学校の怪談 緑本』に東京都からの投稿として載る。筆者命名。同書によれば、投稿者は夢に出てきたＡにこの話を聞いたという。

## 白ひげ［しろひげ］

話を聞くと現れる怪異。怪談投稿サイト

「Alpha-Web こわい話」にて、二〇〇三年五月六日に投稿されたもの。

「白ひげ」という言葉を聞くと眠気に襲われることがある。この時、夢の中に白い髭《ひげ》の老爺《ろうや》が現れるが、その老爺は「けん玉、縄跳び、かけっこのどれをする」と問いかけてくる。この時、けん玉であれば一度で成功しなければならず、縄跳びなら失敗せずに一〇〇回跳ばねばならず、かけっこなら一度の競走で老爺に勝たなければならない。もし失敗した場合、老爺に斧で首を切られて殺され、現実でも死んでしまう。さらに殺された人間の記憶は家族や友人から消え、誰も知る者はいなくなる。注意点としては、かけっこを選んではならないということだ。なぜなら絶対に老爺には勝てないからだという。

他の人間の記憶から消えてしまうにもかかわらず、白ひげの老爺が現れて殺されるということが語られている。では、この話を伝えたのは一体誰だろうか。

### 地割行列 [じわれぎょうれつ]

山にまつわる怪異。兵庫県神戸市でのこと。ある男性が、アルバイトに向かう恋人をサプライズで仕事場まで送って行こうと車を走らせていた。時間はまだ早朝で、予定より早く着いたため、彼女の家の前で仮眠を取ろうとしていると、どこからか今まで聞いたことがない音が聞こえてきた。それが大きくなりながら近付いてきており、音からすると何かが集まった行列のようなものがいるようだった。男性が薄目を開けて車外を見ると、まだ真っ暗い山の方から物とも人とも服とも動物ともいえる何かが行列をなしてこちらに向かってきていた。その行列は山の中まで繋《つな》がっており、恐ろしくなった男性は目を瞑《つぶ》って念仏を唱えていたが、列は車の中を通り抜け、男性のすぐ横を通り過ぎて行った。行列は三〇分ほども続いていたが、ついに音が遠ざかり、消えた。その後、男性は無事恋人をバイト先まで送って行き、しばらくの間は何もなかった。一〇年後、阪神淡路大震災が起きた。男性が恋人の家を見舞いに行くと、驚いたことにあの行列が通った道筋の地面が、山から海に駆けて裂けていたという。

木原浩勝・中山市朗著『新耳袋 第十夜』にある。筆者命名。

### 死を呼ぶ白いワンピース [しをよぶしろいわんぴーす]

神奈川県足柄下郡真鶴町《あしがらしもぐんまなづるまち》の真鶴岬に現れるという怪異。白いワンピースを着た美しい女性の姿をしており、もし遭遇したとしても面白半分にからかったりしてはいけないとされる。からかってもワンピースの女性はニッコリと微笑《ほほえ》んでいるが、気が付くと岬の先端に導かれ、眼下の海へと突き落とされてしまうという。

宝島社『最新「霊スポット」121怨霊地図 04年版 関東一都六県』にある。

## 神社の鬼婆 〔じんじゃのおにばば〕

ある神社にまつわる怪異。ある女性が子どもの頃、この神社でかくれんぼをして遊んでいた際、鬼を見たという。女性が神社の倉庫に隠れ、格子戸から外を見た時、鬼は現れた。その姿は白装束に真っ白な長い髪を振り乱した老婆で、口の周りは真っ赤な血で濡れ、頭には途中で折れ曲がった二本の角が生えていた。鬼婆は女性の存在を察知したのか、形相《ぎょうそう》を変えて近付いてきたが、かくれんぼの鬼をしていた友達の「見つけ」という声がした直後、消えていた。

女性が友達にこの鬼の話をしたところ、それ以降神社で鬼を見たという噂《うわさ》が飛び交うようになった。女性の弟も鬼ごっこをしている最中に鬼婆と遭遇したことから、女性と弟は父親にその話をした。すると父親は、かつて自分の息子にすら不信感を抱く金の亡者の老婆がおり、近所の人にひとかけらの慈悲も見せたことがなかったため、死んでも成仏《じょうぶつ》できないと言われていた。その老婆であれば鬼になりかねないと話した。父親が子どもの頃に見たというその老婆の風体は、女性や弟が遭遇した鬼婆と、角が生えている以外はそっくりであったという。この鬼婆は今も村の人々に目撃されていると語られている。

木原浩勝・中山市朗著『新耳袋 第一夜』にある。

## 人拓 〔じんたく〕

血にまつわる怪異。Ｏという人物が高校生の頃、秋の夜に自分の声で目を覚ました。内容は思い出せないものの怖い夢を見ていたようで、背中にパジャマがべっとりと張り付いている。そこに声に驚いた両親がやってきたが、部屋の明かりを点《つ》けるなり「怪我《けが》でもしたのか」と言う。その理由を聞くと、パジャマの背中から足までベッタリと血で染まっているという。パジャマを脱ぐと実際にその通りになっていたが、体のどこにも傷はないし、痛みもない。またパジャマにも損傷はないようだった。Ｏは血を流すため浴室に入ったが、部屋に戻ると父がシーツを広げて見せた。そこには、まるで魚拓でも取ったように人型の血の跡がべったりとついていたという。

木原浩勝・中山市朗著『新耳袋 第七夜』にある。

## 人畜無害な妖怪 〔じんちくむがいなようかい〕

ネット上で語られた怪異。怪談投稿サイト「Alpha-Web こわい話」に二〇〇二年七月一三日に投稿されたもの。

それによれば、投稿者の家の近くにある墓地に出現したという妖怪で、ある雨の夜、墓石の上にいたという。見た目は果物のようだったが、その物体には目のような模様があり、投稿者を凝視していた。投稿者も睨《にら》み返し、しばらく睨み合いが続いたが、突然その物体は高速回転し始め、弾き飛ばされる雨水とともに次第に体積が減っていった。最後には芯の部分が墓石の上に刺さっているのみとなり、そのまま墓石の中に埋もれてしまった。

　投稿者は家に帰ってから祖母にその話をしたところ、妖怪の類だが、見たときに願い事を唱えると叶うと伝えられるものだと教えられたという。

　項目名「人畜無害な妖怪」は投稿された話のタイトルがこの名前だったことによる。

## 心配する霊［しんぱいするれい］

　トイレに現れる怪異。ある少女が三歳の頃、トイレで用を足す時いつもお腹を出していたが、ある時、青い髪の女性が現れ、服を下ろして「そんなにお腹を出していると風邪を引くよ」と告げたという。

　常光徹編著『みんなの学校の怪談　緑本』にある。筆者命名。

## 人面ゴキブリ［じんめんごきぶり］

　ゴキブリの怪異。人間の頭を持ったゴキブリで、体長が五〇センチほどあり、「おい」と話しかけてくるという。

　マイバースデイ編集部編『ゾゾ〜ッ！心霊体験大集合』にある。筆者命名。人間の頭を持っていること、言葉を発することなどは「人面犬」（『日本現代怪異事典』収録）と共通するが、体部分が悪趣味なものとなっている。

## 人面鶏［じんめんにわとり］

　話を読んだり聞いたりすると現れる怪異。怪談投稿サイト「Alpha-Web　こわい話」に二〇〇一年二月二一日に書き込まれた話に登場するもの。筆者命名。

　朝起きると、一羽の鶏がいることがある。その鶏を追い出そうとよく見ると、顔が人間で言葉をしゃべる。そして、何かを言い残して首が千切《ちぎ》れて死んでしまう。以来、その晩からぶつぶつとあの鶏の声が聞こえてくるようになるという。この話を見たり、聞いたりすると、その晩から鶏が出現するとされる。

　顔が人間で何かを言い残して死ぬというのは頭が人間、体が牛の「件《くだん》」という妖怪に似ているが、何かしらの予言を残すとされる件に対し、この鶏は何を言い残していくのか分からない上、いやがらせのようなことをしてくるなど、目的がよく分からない。

## 人面羊［じんめんひつじ］

　ネット上で語られた怪異。2ちゃんねる（現5ちゃんねる）のオカルト板に立てられた「不可解な体験、謎な話〜enigma〜 Part76」スレッドにて二〇一二年一月五日に語られたもの。

　それによれば、報告者が小学生の頃、住んでいるマンションでテレビを見ていると、インターホンが鳴った。どうやら父親がいつもより早く帰ってきたらしく、ドアを叩《たた》く音と「寒いー早く開けてくれー」という声が聞こえた。報告者が玄関の鍵を開けに行くと、そこには父親の顔をした羊がいた。報告者は慌ててドアを閉めたが、今度はドアを開けにきた母親がドアスコープを覗《のぞ》いて悲鳴を上げ、報告者を抱えてリビングに逃げ込んだ。そして急いで父親の会社に電話をかけると、まだ父親は会社で仕事をしているという。しかし、玄関の向こうから聞こえたのは明らかに父親の声だった。報告者が母親と二人で震えていると、やがて父親が呼んだらしい警察がやってきて、事情を聴いてくれた。その警察と話している途中に父親も慌てて帰ってきたが、羊の姿はどこにもなかったという。

　後で聞いた話によれば、母親は父親の顔をした羊だけでなく、自分や報告者の顔をした羊も含め、廊下を埋め尽くすほどの羊を見たという。報告者は父親の声を真似して玄関を開けさせ、自分の家を乗っ取るつもりだったのではないか。そして、廊下を埋め尽くすほどの羊がいたとすれば、他の住人は既に羊と入れ替わっていて、羊の家族として過ごしているのかもしれないと書き残している。

　アメリカのジャック・フィニイの小説に地球外生命体に複製された人間が次々と街の人間と入れ替わっていく『盗まれた街』という作品があるが、この羊も似たような存在なのだろうか。ちなみに『盗まれた街』の二度目の映画化である『SF／ボディ・スナッチャー』では頭が人間で体が犬の奇妙な生物が登場する。

## 深夜の営業マン［しんやのえいぎょうまん］

ある会社に現れたという怪異。その会社に転職したばかりの女性が深夜まで残業していた際のこと。突然「すみません」と正面から声をかけられ、顔を上げると眼鏡をかけたスーツ姿の若い男がいた。男は「失礼しました。はじめまして。私、こういうものです」と名刺を差し出した。そこには某文具メーカーの営業である旨が記されており、男は「実は当社ではこういう新製品を発売することになりまして……」とケースの中から様々な商品を取り出した。そのため、自分は新人なので分からないから、明日にでも改めて来てほしいと伝えると、営業マンは「あっ、そうですか。では改めて」と頭を下げ、思わずこちらも頭を下げるともう営業マンはいなくなっていた。まるで忽然《こつぜん》と消えてしまったように。時間を確認すると、時計の針は午前二時を指していた。翌日、女性がもらった名刺の電話番号にかけてみると、「この番号は現在使われておりません」というコールが流れたという。

　木原浩勝・中山市朗著『新耳袋 第九夜』にある。筆者命名。

## 深夜〇時のパーティ［しんやれいじのぱーてぃ］

ある学校の七不思議として伝わる怪異。

その学校では飼育している動物たちが死ぬと北校舎の裏に埋めているが、深夜○時を過ぎると死んだウサギや金魚、カエルなどがパーティをするという。

「ほんとにあった怖い話」委員会編『ほんとにあったこわい話3』にある。

学校の怪談において死んだ動物たちが人間に祟《たた》るという話はよくあるが、この話は人間そっちのけで楽しそうにパーティをしている、という話になっており、微笑《ほほえ》ましい。

# 【す】

## 西瓜 ［すいか］

インターネット上で語られた山の怪異。

その山は標高が高く、頂上付近は地面が凍り付いており、専用の靴がないと歩けない状態だった。そんな山道であるため、そこでは毎年多くの事故が起きていた。犠牲者は斜面を滑り落ちる際、人体で最も重い部位である頭が下になってしまうため、最後は頭が岩に当たって割れ、西瓜割りで割られた西瓜のようになってしまうことから、その死体は「西瓜」と呼ばれていた。

その山をある霊感の強い男性が登山をした際のこと。前方から下山してくる人々が見えた。しかし、それは普通の人間ではなく、よく見ると頭が割れて血を流しながらフラフラと歩いてくる西瓜たちだった。西瓜たちは男性を含む登山メンバーとすれ違いながら、一人ひとりの顔をじっくり覗《のぞ》き込み、横を通り過ぎて行く。やがて通り過ぎたようであったため、男性がどうなっただろうと振り返ろうとすると、一番後ろを歩いていた人間が「振り向くな！」と忠告したため、慌てて顔を前に向けた。ほどなくして山小屋に辿《たど》り着き、男性が先ほどの西瓜たちのことを尋ねると、あれらはこの山で死んだ人間たちの成れの果てであり、もしすれ違った後に振り返ると、その人間を山道から引き摺《ず》り下ろしてあの世へ連れて行ってしまうのだという。

ＷＥＢサイト「妖怪百物語」に投稿された怪異。百怪の会編『恐怖のネット怪談』にも収録されている。またこの話は他にも「Alpha-WEB こわい話」や「怪談投稿」といったサイトにも投稿されているため、二〇〇〇年頃に複数のサイトに投稿した人間がいたようだ。

## 水死体を真似る怪物
［すいしたいをまねるかいぶつ］

ネット上で語られた怪異。電子掲示板2ちゃんねる（現5ちゃんねる）オカルト板に立てられた「海にまつわる不思議な話」スレッドにて二〇〇七年九月二日に語られたもの。

それによれば、四国のある海沿いの町では、海に人の姿かたちを盗む怪物が棲《す》んでいるという伝承があり、もし海で死んだ人間が帰ってきた場合、家に上げてはならないと言われているという。そのため、この町では海で人が死んだ場合、その死体を家に上げず、火葬する風習が残っているとされる。実際、報告者の姉が聞いた話として、海で行方不明になった少女がぼんやりとした表情で家に帰ってきたということがあったが、母親は喜んで少女を家に上げようとしたが、祖母がそれをとどめ、「こやつはあの子ではない」と諭したところ、少女の体が突然溶け出し、玄関には少女の着ていた服と水溜まりが残っていたという話が書き込まれている。

## 水魔
［すいま］

海や川、プールなど、水がある場所に現れる怪異。昔、溺《おぼ》れ死んで成仏《じょうぶつ》できなかった人間の怨霊《おんりょう》が妖怪になったものとされる。人間が泳いでいるとどこからともなく現れ、後ろから抱きついて身動きが取れないようにした後、水の中に引き摺《ず》り込んで溺れさせてしまう。この水魔に取り憑《つ》かれて死んだ人間は、同じく水魔になってしまうとされる。

怪談クラブ監修『キャーッ！　みんなの怪談』にある。なお、同書でこの妖怪が紹介されているコーナーはイラストやステータスを同時に載せているその体裁から同書用に創作した妖怪を掲載しているのではないかと考えられる。

## すーかたん
［すーかたん］

小学校に伝わる怪異。その小学校の四年二組で誰もいないのに「すーかたん」という音がし、それを聞いた二人が誰かのいたずらかと掃除用具入れを開けたが、人の姿はなかった。二人は怖くなって皆を呼んだが、その日のうちに熱を出し、早退してしまったという。

日本民話の会学校の怪談編集委員会編『学校の怪談16　１００不思議通信スペシャル』に愛知県知多市からの投稿として載る。

## スーツの男
［すーつのおとこ］

ネット上で語られた怪異。2ちゃんねる（現5ちゃんねる）のオカルト板に立てられたスレッド「山にまつわる怖い話」にて二〇〇三年五月三日に投稿されたもの。

ある大学生が大学のサークルの活動で群馬県の御巣鷹山《おすたかやま》に登った時のこと。大学生は登山の途中でその場所に似つかわしくないスーツ姿の三〇代ぐらいの男と出会った。男は「こんにちは、暑いですね」などと気さくに話しかけてきたが、大学生の方から話しかけようとすると、「申し訳ないけど、東京ってどっちの方向？」と照れ臭そうに尋ねた。大学生が方位磁石を見て東京の方向を教えると、男は丁寧に礼を述べ、直後すごい勢いで道もないところを降りて行ったという。大学生は後になって気が付いたという。その場所が日本航空123便墜落事故の墜落現場であったことを。

御巣鷹山は日本航空123便墜落事故の事故現場として知られているが、実際に飛行機が落ちたのは高天原山《たかまがはらやま》の尾根である。事故現場一帯は「御巣鷹の尾根」と名付けられたが、御巣鷹山ではない。このためスーツの男が現れたとしても航空機事故とは関係ない可能性が高い。

## 隙間婆［すきまばばあ］

ある女性が体験したという怪異。その女性は物心ついた頃から母親に必ず玄関や部屋の戸を閉めるようにしつけられていた。彼女はその教えを守り、戸締りを習慣として生活していたが、ある時、部屋の襖《ふすま》が少し開いていることに気が付いた。あっと思い、襖を閉めようとすると、見知らぬ老婆が隙間からこちらを覗《のぞ》いている。老婆は腰の曲がった小さな体をしていたが、皺《しわ》くちゃの顔にぎろりと光る目があり、何とも恐ろしい形相《ぎょうそう》で女性を睨《にら》み付け、襖を閉めてしまった。そこで女性が母親にそのことを知らせると、母も同じような経験をしているという。さらに祖母も同じ老婆を見たのだと聞かされたと語られている。

木原浩勝・中山市朗著『新耳袋　第一夜』にある。筆者命名。

## すぐにけせ［すぐにけせ］

テレビゲームにまつわる都市伝説の一種。株式会社アトラスより発売されたスーパーファミコン用ゲームソフト『真・女神転生Ⅱ』において、電源を入れても画面が真っ暗なままオープニングが始まらず、しばらくすると「すぐにけせ　すぐにけせ　すぐにけせ」という赤い文字が画面を埋め尽くすように現れた、というもの。

初出は2ちゃんねる（現5ちゃんねる）オカルト板に立てられた「ゲームにまつわる怖い話」スレッドにて二〇〇二年六月九日に書き込まれたもので、報告者の友人の体験談として語られている。その後、この話が2ちゃんねるレトロゲーム板の「レトロゲームの恐いバグ」にて語られた。しかし、こちらは転載ではなく2ちゃんねるのどこかで見た話として語られており、怪現象が発生したゲームタイトルは『真・女神転生Ⅱ』ではなく「真メガ」すなわち『真・

女神転生』に変わっている。そしてこの話が同じくレトロゲーム板の「レトロゲームの恐いバグ　2シーン目」に転載されると、さらにこれを受けて、このゲームのプログラミングに関わっていたと称する人物によって、「すぐにけせ」は自分ともう一人のプログラマーが仕込んだもの、という内容が同スレッドに書き込まれた。それによれば、当時、ゲームに「隠し要素」を取り入れることが流行っており、「女神転生」というタイトルにふさわしいものを、と開発のメインには黙って仕込んだのだという。最初は1／256と設定していたが、それだと確率が高いため1／65536に変更したものの、初期ロットが出たすぐ後に見つかって修正されてしまった、と語られている。

　これに関してはニュースサイト「バズプラスニュース」の二〇一八年五月八日に掲載された記事【衝撃】真・女神転生の都市伝説「すぐにけせ」の真相が判明／開発者が話す開発秘話」にて、同サイトが女神転生シリーズの生みの親である鈴木和也氏に取材したところ、全てデマであることが判明している。ただ、鈴木氏によればスーパーファミコンではなくファミリーコンピュータで発売された『女神転生II』において放置すると「すぐにけせ」という文字が出る要素が仕込まれていたが、発売前にその要素が消されたという話が語られた。もしかしたら当時のスタッフがその画像をネットに出したり、他人に話すなどして都市伝説化したのかもしれないと語っている。

## 図工室のノコギリ〔ずこうしつののこぎり〕

学校に現れる怪異。深夜〇時に図工室に入ると、手足をノコギリで斬られるという。「ほんとにあった怖い話」委員会編『ほんとにあったこわい話1』に埼玉県三郷市《みさとし》の主婦からの投稿として載る。

## 寿司提灯〔すしちょうちん〕

寿司屋にまつわる怪異。ある夫婦が千葉県の山道を車で走っていた際のこと。走れど走れど景色が変わらず、頂上にも着かないという現象に陥った。そのうち奥さんの方が空腹を訴えたが、一本道のため、何となく走り続けていた。そんな時、闇の中に提灯の明かりが見えた。時刻は午前二時を回っていたが、どうやら営業しているようで、提灯には「回転寿司」と書かれている。二人は暖簾《のれん》を潜《くぐ》って扉を開けたが、店内を見て絶句した。店内は満席だったが、客は座ったまま黙ってうつむいている。カウンターの中は無人で、延々と回っている皿は全て空だった。二人は入口でしばらく固まっていたが、我に返って車に戻り、来た道を下るとあっという間に下の国道に着いた。そこで奥さんがこんなことを言った。

「さっきのお店、満員だったのに、駐車場に車が一台もなかった」

　木原浩勝・中山市朗著『新耳袋　第七夜』にある。

## 鈴虫喰らい［すずむしぐらい］

家に現れる怪異。ある中学生の少女の家では、父親が鈴虫を飼育していた。この鈴虫は毎年八月になると鳴き声を響かせるが、ある年の夏の日の深夜、少女は誰かが家の廊下を歩いている音を聞いた。部屋から廊下を覗《のぞ》くと、何者かが鈴虫の飼われている水槽を覆っている。思わず声をかけ、電気を点《つ》けると、そこには誰もいなかった。

翌朝、父親が今年は鈴虫の数が少ないと呟《つぶや》いていた。その数日後、少女はまた廊下を歩く何者かに気付き、今度は明かりを点けずに部屋を出て、水槽の方を見た。すると、そこには真っ黒な人の形をした何かが、笑いながら水槽の中の鈴虫を捕まえては食っていた。少女が悲鳴を上げると化け物は消え、割れた水槽が残っていたという。

室秋沙耶美監修『本当に怖い話 Ｇ－ＭＡＸ 呪』に大阪府から投稿された話として載る。筆者命名。

## すすり泣く美人霊［すすりなくびじんれい］

女の姿をした怪異。茨城県稲敷郡《いなしきぐん》のある神社では、夜になると人がいないにもかかわらずすすり泣く声が聞こえるという。つられて神社の境内を見ると、階段のところに美しい女性がポツンと座っている。この女に声をかけようとしても不思議と声が出ず、やがて女は妖艶に微笑《ほほえ》んだと思った瞬間、忽然《こつぜん》と姿を消す。この女を目撃した者は、数日以内に変死を遂げると言われている。

宝島社『最新「霊スポット」１２１怨霊地図 04年版 関東一都六県』にある。

## 砂かけ［すなかけ］

ネット上で語られた怪異。2ちゃんねる（現5ちゃんねる）オカルト板に立てられた「∧∧∧山にまつわる怖い話Ｐａｒｔ６∧∧∧」スレッドにて、「雷鳥一号」というハンドルネームを使う人物によって二〇〇四年二月七日に書き込まれたもの。それによれば、報告者の友人によって語られた話とされ、その友人の実家がある山村に伝わっていた怪異だという。

かつて、この村にまだ小さな火葬場があった時代のこと。村で死人が出るとそこで一晩荼毘《だび》に付すこととされていたが、不寝番の者が酒を飲んでいると、何者かに背中に砂をかけられる、ということが時折あったという。驚いて振り返っても誰もいないが、しつこい時には一晩のうちに何度も砂をかけられたと伝えられている。これは「砂かけ」と呼ばれ、砂かけが現れると必ず村が子宝に恵まれるため、「砂かけは連れて行った人の代わりを連れて来る」と言われていた。しかし、その村のある地域に合同の大きな火葬場ができ、村の焼き場が壊されてからは、砂かけも現れなくなったと語られている。

## 砂手［すなて］

砂にまつわる怪異。大雨により、上流から砂が流されてきたことである川の淵に砂州ができることがあった。三人の子どもがこの砂州に遊びにきた際のこと。一人の足が突然砂の中にめり込み、そのままズブズブと沈んでいった。あっという間に太ももまで沈み込み、助けを求めると他二人が彼を引っ張り上げてくれた。その際、砂から引き抜いた左足に、長い腕のような形をした砂が絡《から》み付いていた。それはすぐに崩れ、水面に落ちたという。さらに驚いたことに、砂に沈んだ左足には大きな手で摑《つか》まれたような跡が残っていたが、引き抜かれた際に地中から出てきた腕は一本だったにもかかわらず、左足に残った跡に見える指の数は一一本もあった。足を摑まれた少年は家に帰ってこのことを祖父に話したが、祖父はその子を叱った後、ぽつりと「砂手で良かった。泥手だったら助からんかった」と呟《つぶや》いたという。

木原浩勝・中山市朗著『新耳袋 第五夜』にある。同書では砂手の他に泥手がいると記されているが、この泥手らしきものに遭遇した話が2ちゃんねる（現5ちゃんねる）オカルト板に立てられたスレッド「∧∧∧山にまつわる怖い話Ｐａｒｔ14∧∧∧」に二〇〇四年一〇月二八日に書き込まれている。

それによれば、ある少年が長野県から山梨県に跨《またが》る八ヶ岳に合宿に行ったときのこと。少年が合宿所の裏に半分沼のような湿地があり、毎日泥だらけになって遊んでいた。そんなある日、いつものように湿地を歩いていると、何かに左足を摑まれた。そこから足が抜けなくなったため、大人を呼んで引っ張ってもらい、何とか抜け出したという。少年はこれは泥手ではなかったかと後に語っている。

また、同じく2ちゃんねるには手どころか砂でできた人間に足を摑まれた話も書き込まれた。詳細は**砂人間**の項目を参照。

## 砂人間［すなにんげん］

ネット上で語られた怪異。筆者命名。2ちゃんねる（現5ちゃんねる）オカルト板に立てられたスレッド「∧∧∧山にまつわる怖い話Ｐａｒｔ3∧∧∧」にて、二〇〇六年八月七日に「雷鳥一号」というハンドルネームを使う人物によって書き込まれたもの。筆者命名。

それによれば報告者の知り合いが遭遇した怪異とされる。その知り合いが山奥の渓流で鮎釣りをしていた際、川原の砂地を歩いていると、突然片足が地面に飲み込まれ、抜くことができなくなった。そこで同行している友人に引っ張ってもらうと、やっとのことで足が抜けたが、その足と一緒に砂でできた人の上半身のようなものが引き摺《ず》り出てきた。その砂でできた人間は報告者の知り合いの足をがっしりと摑《つか》んでいたが、すぐに崩れて砂の山になったという。

## ずぶ濡れの女子生徒の霊

［ずぶぬれのじょしせいとのれい］

千葉県木更津市《きさらづし》のある中学校に現れたという怪異。この学校の生徒たちが海で泳いでいた際、大きな波が立ち始めた。教師がそれに気付き、生徒たちを海から上がらせたが、一人の女子生徒が聞こえなかったのか、聞こえないふりをしたのか沖の方へ泳いで行ってしまい、波に呑《の》まれた。女子生徒の捜索が行われたが結局翌日になって水死体で見つかった。

それ以降、死んだ女子生徒が教室に出現するようになった。びしょ濡れの女子生徒は苦しそうな呻《うめ》き声を上げながら逃げ回る生徒たちを執拗《しつよう》に追いかけ、次々と教室を通り抜けて行った。幽霊が通った後は水で濡れていたという。そのため、彼女が波に呑まれるのを目撃していた教師が霊能者の家を尋ね、どうすれば良いのかを尋ねると、霊能者に乗り移った女子生徒の霊は「先生が助けてくれなかったのよ」と教師を責めた。霊能者は恨みをしきりに訴える女子生徒の霊に向かって成仏《じょうぶつ》するようにとお経を唱え、教師もまたそれに倣った。さらに教師は水難者が祀《まつ》られているお寺を回り、女子生徒の供養《くよう》を続けた。そのためか、女子生徒はいつしか姿を見せなくなった。

しかし、また海の季節になり、生徒たちを海へ連れて行ったところ、泳いでいた生徒の一人が溺《おぼ》れかけた。教師は何とかその生徒を助けたが、その生徒は去年溺れ死んだあの女子生徒が現れ、足を引っ張ったと話したという。

中岡俊哉編著『心霊写真で読む！学校の怪談』にある。

## 滑って轢かれたババア

［すべってひかれたばばあ］

ネット上で語られた怪異。怪談投稿サイト「Alpha-Web こわい話」に二〇〇一年八月二〇日に投稿されたもの。

当時から七年前というから、一九九四年頃のこと。午前二時頃、捨て看板のバイトをしていた投稿者が仕事仲間とともに車で移動していた際、人影が車と並走してきた。違法な仕事であったため、警察かと思った投稿者だったが、それは前を向いたまま滑ってくる老婆であった。投稿者は幻覚でも見ているのかと思ったが、それは運転している仕事仲間にも見えていたらしく、仕事仲間は大声を上げて急ブレーキをかけた。その瞬間、何かにぶつかったような衝撃があり、仕事仲間は老婆を轢《ひ》いてしまったと話したが、後には何も残っていなかったという。

項目名は元の話のタイトルが「滑って、轢かれたババア」であることに由来する。なお、単に滑っていたとしか書かれていないため、一体どのように老婆が滑っていたのかは不明である。

## 滑女

［すべりめ］

あるホテルに現れたという怪異。一人の少年が合宿のため、岐阜県にあるホテルに泊まった際のこと。夕方になり、仲の良い三人の友人とともに探検しようとホテルの裏山に入った。しばらく進むと鎖で塞《ふさ》がれた門があり、何か神社があるのではないかと思われたが、他の出入口を探してうろうろしているうちに辺りが暗くなってきたため、四人はホテルに帰った。

　その夜、ホテルの別館で先生たちとともに怪談会が催されることになっていたが、四人が本館と別館の四階を繋《つな》ぐ渡り廊下を歩いていると、妙なことにそこには明かりがなかった。何とか月明かりを頼りに別館まで行き、怪談会を終えて本館へと戻ることになったが、廊下の先に大人が一人立っている。その人は立ったままの姿勢で、廊下の中央を滑るように近付いてきた。月明かりで見えたその影にはスカートがあり、女性であることが分かったが、足音も衣擦《きぬず》れの音もしない。四人はその人のために道を開けて、通り過ぎた直後に振り返ったが、そこには誰もいなかった。

　その夜中、少年は別館に財布を忘れたことに気が付き、教師に許可をもらって鍵を預かると、懐中電灯を片手に別館に行き、無事財布を見つけて本館に戻るため、あの渡り廊下に差し掛かった。月が落ちたのか、廊下には月明かりさえ入って来ず暗闇に包まれていた。しかし、その廊下の先にあの女が立っている。真っ暗な空間にもかかわらず、その全身が見えた。この廊下を通らねば部屋に帰れないため、少年は恐る恐る一歩踏み出した。その途端、女がすうっとこちらへ近付いて来る。やはりその足は動いておらず、歩いているようには見えなかった。少年はなるべく女を見ないよううつむいたまますれ違ったが、直後、見たくないはずなのに体が勝手に振り返ってしまった。そこには誰もいない。少年はわっと大声を上げて駆け出し、フロントに鍵を返す時、女の人とすれ違ったことを告げた。フロントの従業員からは、この時間に残っている女の従業員はいないと答えられただけだった。女を見たのは少年を含む裏山に行った四人だけだったという。

　木原浩勝・中山市朗著『新耳袋 第七夜』にある。同書にはこの話の後日談が載せられており、一〇年後、少年が成長して入学した専門学校のサマーセミナーで同じ宿泊施設に泊まったことが語られている。施設は改装されていたが、本館と別館を繋ぐ渡り廊下は健在で、やはりあの女が出現したという。その際には女の姿が見えたが、その女には顔がなかったと語られている。また、最初の話では「滑女」、後日談では「廊《わたり》女《め》」と名前が付けられている。

## スライムナース ［すらいむなーす］

病院に現れるという怪異。体を自由に変形させて姿を変える能力を持った緑色の不定形生物で、人を襲ってその肉を食らうという。ある病院では看護師の姿に化けており、患者を襲っては骨だけを残してその体を食らっていたとされる。

　真宵魅鬼編著『マジこわ！ 本当にあった!? こわ～い話』にある。筆者命名。

不定形生物が人を食う、という話は古くからあり、最初期のものはアンソニー・M・ラッドの小説『人喰い沼』（一九二三年）に登場した、実験によって巨大化したアメーバだと考えられる。また、ジョセフ・ペイン・ブレナンという作家の書いた小説『沼の怪』で、生物を食い殺して吸収し、巨大化していく不定形生物に「スライム」の名が与えられ、以降、不定形のモンスターを表す名前として定着した（「人喰いアメーバ」及び「スライム」については『創作怪異怪物事典』も参照）。現在ではテレビゲームなどで弱いモンスターという評価が定着しているスライムだが、本来は恐ろしい怪物なのだ。

# 【せ】

## 生活学習室の怪 ［せいかつがくしゅうしつのかい］

学校にまつわる怪異。ある学校で明け方四時に生活学習室に入ると狂死してしまうという。

「ほんとにあった怖い話」委員会編『ほんとにあったこわい話2』にある。

## 成長するバイオリン ［せいちょうするばいおりん］

ある学校に伝わる怪異。その小学校の音楽室には成長するバイオリンがあり、既にケースの五倍ほどの大きさになっているという。

常光徹編著『みんなの学校の怪談 赤本』に愛知県からの投稿として載る。

## 声霊 ［せいれい］

死者の霊のうち、姿を見せず、声だけを聞かせる霊のことをいう。

高嶋聖峰著『恐怖の幽霊体験』にある。同書によれば、高嶋氏も大東亜戦争の際、「前方一〇メートル、大型爆弾落下！」という声を聞き、そのおかげで難を逃れることができたという。

声霊という名前は出ていないが、中岡俊哉著『タナトロギー入門』では音だけ聞かせる霊は霊としては力が弱く、物質化できないものであると記されている。「〜霊」というように「霊」の前に単語を付けることで霊の種類を表すものについては**霊の種類**の項目を参照。

## セーラー服の骸骨［せーらーふくのがいこつ］

ある学校に伝わる怪異。この学校の体育用具室の跳び箱の上にはセーラー服を着た骸骨の霊が出るという。

谷間夢路監修『学校であったコワ～イ話PART3』に茨城県からの投稿として載る。

## ぜそ［ぜそ］

話を聞くと現れるという怪異。ある時、森の中で首《くび》吊《つ》り自殺をした少女が発見された。現場には一通の遺書が残されており、宛先は少女と一緒に住んでいたお婆さんだった。噂《うわさ》によれば、少女はこのお婆さんから虐待を受けており、実際、遺書にも強い憎しみが込められているようだった。その少女の恨みが届いたのか、お婆さんはしばらくして怪死した。

近所の人々は少女の残した遺書に人を殺してしまうくらいの魔力があったのだと噂した。その内容はたった二文字、「ぜそ」と書かれているのみだった。しかし、この二文字の謎を解くことができなければ、その人間は呪い殺されてしまうとされ、遺書を見た近所の人々も次々と惨《むご》たらしく死んでいったという。この謎を解くヒントは、「ぜそ」が表すのは「ぜ」で始まり「そ」で終わる五文字であるということだ。

フジテレビ「いきなりフライデーナイト」編『いきなり怖い話』にある。同書によればこの謎の答えは「ぜんぶうそ」であるという。

同じく言葉遊びによって「ぜんぶうそ」という言葉が導かれる怪異に「ソウブンゼ」（『日本現代怪異事典』収録）がある。

## 絶家女［ぜっかおんな］

ネット上で語られた怪異。2ちゃんねる（現5ちゃんねる）オカルト板に立てられた「ほんのりと怖い話スレ　その7」スレッドにて二〇〇二年一〇月三〇日に語られたもの。筆者命名。

それによれば、一九九九年の大みそかのこと。深夜に買い物に行こうとした報告者は、古めかしい木造建築の家が並んだ通りで白いものがひらひらと揺れているのを見かけた。近付いてみると、それは死装束を思わせる白い和服を着た女で、手足をヤモリのように広げて一軒の家の二階の壁に張り付いていた。姿は若い女のようだったが、報告者はあまり見ないようにその場を早足で通り過ぎた。しかし、真下を通り過ぎる時、その女が「お前で終わりだ、お前で終わりだ……」と呟《つぶや》いているのが聞こえてきた。その家に住んでいるのは若い夫婦だが、子どもはいないのだという。

## せつこちゃん［せつこちゃん］

学校に出現する怪異。元はゼリーが好きな一人の少女だったが、交通事故で死亡してから様々な学校に出現しては、給食のゼリーを一つ持って行ってしまうようになった。せつこちゃんは寂《さび》しがり屋のため、出会うとあの世に連れ去られてしまう。そのため、もし給食のときにゼリーが一つ、不自然になくなっていたとしても、絶対にせつこちゃんを探してはならないという。

魔夜妖一・マーク矢崎治信・夜羽るか監修『うわさの怪談 恐怖の学校Special』にある。

## 殺生石［せっしょうせき］

狐にまつわる怪異。栃木県那須郡《なすぐん》那須町の那須湯本温泉付近にある岩で、平安時代、九尾の狐である玉藻前《たまものまえ》が変化したものという伝承が残る。二〇二二年三月五日、この殺生石が真っ二つに割れていることが判明し、九尾の狐の封印が解かれたなどと話題になった。だが、殺生石が割れたのはこれが初めてではない。初めてこの石が割れたのは南北朝時代、源翁心昭《げんのうしんしょう》という僧侶によるものだった。

源翁は殺生石を偶然訪れた際、見目麗しい女性と出会う。そしてその女性から、かつて鳥羽上皇の元に玉藻前という美女が現れ、寵愛《ちょうあい》を受けていたが、その正体は狐であり、陰陽師にその正体を暴かれてこの那須野に逃げるも殺され、その執心が毒を放ち、近付く生物の命を奪う殺生石となった、という謂《いわ》れを聞く。この女性自身が玉藻前の化身だと気付いた源翁和尚は、仏法により彼女を成仏《じょうぶつ》させることを約束する。玉藻前はそれを受け入れ、源翁和尚の言葉に耳を傾けたことで悪心は善心となり、玉藻前の心はここに成仏した。そして殺生石は割れ砕け、それ以降生物を殺生することはなくなったという。

これらの話は室町時代の御伽草子《おとぎぞうし》『玉藻の草子』や能（謡曲）『殺生石』などに語られ、こうした中世の作品では、現在よく知られている、玉藻前の亡骸《なきがら》が殺生石に変化したという話は見られない。玉藻前について記された最初期の資料と考えられる『神明鏡』によれば、玉藻前の亡骸は宇治の宝蔵に納められ、殺生石は玉藻前の霊であると記され、先述の『玉藻の草子』においては狐の執心が殺生石となったとされ、亡骸はうつほ舟に乗せられて川に流されたと記されている。能（謡曲）の『殺生石』においても、執心がこの場所に留まり、石となったと語られる。つまり中世では玉藻前の亡骸と殺生石は別のものと考えられていた。またこの時点では玉藻前の尾は二本と描写されるか、そもそも描写がない。殺生石は玉藻前の死体が変化したもので、玉藻前には九本の尾があるとされたのは近世以降である。ただ、この近世以降の物語でも『絵本玉藻譚』『絵本三国妖婦伝』など、源翁と玉藻前の邂逅《かいこう》が物語の締めとなっている。源翁によって玉藻前は悪心を捨て成仏するのは共通している。

このように、殺生石や玉藻前には様々な話が残っている。殺生石が割れたのをきっかけに玉藻前に興味を持った人は、今一度調べてみると楽しいだろう。

## せっちん魔［せっちんま］

トイレに現れる怪異。外見は着物姿で白髪の老婆だが、身長は一〇センチほどしかない。学校や公園のトイレに潜《ひそ》んでいる妖怪だとされる。子どもが紙の切れたトイレに入って困っていると、「白い紙ヤロウカ」と声をかける。この時、「欲しい」と答えるとその子どもを老人にして、髪を白髪に変えてしまうという。

怪談クラブ監修『キャーッ！　みんなの怪談』にある。

元ネタになったのは「カミをくれ」という怪談や、「赤い紙・白い紙」だろう（いずれも『日本現代怪異事典』収録）。前者はトイレに入ると「カミをくれ」という声が聞こえるため、紙を渡そうとすると、「そのカミじゃない、このカミだ！」と言って、便器から伸びてきた手が紙を渡そうとした人間の髪の毛を摑《つか》み、便器の中に引き摺《ず》り込んでしまうという話。後者は「赤い紙・青い紙」の場合もある。トイレに入った子どもがトイレットペーパーがなく困っていると、どこからか「赤い紙いらんか、白い紙いらんか」という声が聞こえてくる。これに「赤い紙が欲しい」と言うと体を切り裂かれて真っ赤になって殺され、「白い紙が欲しい」と答えると全身の血を抜かれて真っ白になって殺される、などと語られる。

明確なビジュアルや設定とともに紹介されていることから、この妖怪はこれらを元にして書籍用に創作されたものではないかと考えられる。

## 背無し［せなし］

ネット上で語られた怪異。2ちゃんねる（現5ちゃんねる）オカルト板に立てられた「死ぬ程洒落《しゃれ》にならない怖い話を集めてみない？３０２」スレッドにて二〇一二年一〇月一〇日に語られたもの。

それによれば、「背無し」はある大学の手前にある横断歩道の脇に現れる幽霊のようなもので、中年の男性の姿をしている。時間帯や天候にかかわらず毎日出現し、無表情でただ立っているだけだが、なぜか目撃者の方に体を真っ直ぐ向けており、決して背中を見せない。それが「背無し」と呼ばれる由来なのだという。ただし見ている間は微動だにしないという特徴があり、目を離した隙に体の向きを変え、目撃者の方に体ごと顔を向ける。

ある時、背無しが出る道路を使って通勤していた報告者は、深夜、横断歩道の前で車を止め、背無しに視線を向けたまま車を徐行させてその背中を見ようと試みた。予想通り背無しは見られている間は動かないため、次第に体の横側が見えてきて、さらに車を進めると背中が見えた。その背中は拍子抜けするほど普通の男性の背中だったが、報告者は満足感を味わい、車を走らせるため前を向こうとした。しかし、彼が顔を動かした瞬間、視界に入ってきたのは助手席に座る背無しの姿だった。その顔はいつもの無表情ではなく、凄《すさ》まじい怒りに歪んでおり、報告者は思わず悲鳴を上げてブレーキを踏んだが、車は強烈な勢いで電柱に激突した。そこで報告者は気を失い、翌朝病院で目を覚まし、すぐに警察の聴取を受けた。

　事故の原因はスピードの出し過ぎによる暴走運転とされたが、聴取の際、警察がぼそりと「今回は連れて行かれなかったか」と呟《つぶや》いたのだという。

## 背広返し［せびろがえし］

　衣服にまつわる怪異。ある男性が家に帰ると、自分でも知らぬうちに背広を裏返しに着ていた。帰り路はきちんと背広を着ていたはずだと思いながら考えてみると、ある高校の裏を通っていた際、気が付くと家に着いていた。それ以降もその道を通る時だけ、しかも背広の時にだけ狙ったように背広が裏返しになるということが続き、男性はこの怪異に「背広返し」という名前を付け、「背広返しに惚《ほ》れられたな」と家族に言って笑ったという。

　木原浩勝・中山市朗著『新耳袋　第七夜』にある。

## 7の神さま［せぶんのかみさま］

　時間にまつわる占い。七時七分七秒になったら「7の神さま、お願いします」と言ってから願い事をすると叶うという。

　マイバースデイ編集部編『わたしの知ってるおまじない1000』にある。

## 迫りくるモノ［せまりくるもの］

　ネット上で語られた怪異。2ちゃんねる（現5ちゃんねる）オカルト板に立てられた「死ぬ程洒落《しゃれ》にならない怖い話を集めてみない？　210」スレッドにて、二〇〇九年四月一八日に書き込まれたもの。

　それによれば、報告者（以下Aとする）は、幼少時、母親の友人の女性と、その子ども（以下Bとする）が自分の家に住む環境で暮らしており、Bを兄のように慕っていたという。三歳ぐらいの時、病気で入院したAは、病室で奇怪なものを見た。それは日本人に近い顔立ちのリアルなダッコちゃん人形（ビニール製で、木にしがみ付くコアラのようなポーズをした人形）のようで、体色は真っ黒で、目だけが白く、その瞳は左右バラバラに絶えず動いていたとされる。人形は座った状態で膝を伸縮させながら移動し、病室内の家具にぶつかるとそれに摑《つか》まって立ち上がり、Aの寝ているベッドに顔を向けて「A！　A！」と彼の名前を叫ぶということを繰り返した。出現したのは夜遅くで、一〇分ほど続いたという。この人形は何度も現れたが、A以外の誰にも見えず、大人は誰も信じなかったが、Bだけは信じてくれた。

　ある夜、人形が現れた際、BはAに、Aの名を自分に対して呼ぶように言った。Aがその通りにすると、人形はBのことをAだと思ったのか、めちゃくちゃに動いていた目の焦点がBに定まった。その時、Bの目に迫りくるモノの姿が映ったのか、Bは泣きながら病室から逃げていき、人形はそれを追ったという。その後、Bは無事に戻ってきたが、その出来事以降、Aは見る見る回復して退院した。

　それから月日が経ち、二人が大人になってからのこと。Aの身の周りで怪現象が多発するようになった。AはBとともに霊能者の元に行き、そこで説明を求められたBは、実は当時、病院で人形を回収して、神社で呪いを封印してもらったと打ち明けた。しかし、その神社では半分封じるのがやっとだった。Bはその人形を封印した箱を自室に保管していたが、大学に入学して一人暮らしになる際、それを実家に置いていった。そのため、何も知らない家政婦の女性が燃えるゴミに出してしまい、中途半端に封じられた呪いの運び手は相当苛立《いらだ》って、AやBを付け狙っているという。呪いはAに対して行われものだが、古いものであるため、呪いをかけた本人がそれを忘れている可能性があった。そのため、放っておくと呪いの運び手はAを呪うという目的をひたすら果たそうとして、幾度追い払っても戻ってくるのだという。そこで別の霊能者に頼み、呪いを追い払ってもらうことになった。その儀式の際、様々な怪現象が起きたものの、呪いは主の元に戻って行ったと語られている。

### セルフ水かけ［せるふみずかけ］

　墓場に現れる幽霊。兵庫県神戸市のある空手道場からは小さな墓場が見える。そこに通っていた人物が、普段は人気のない墓場に珍しく人がいるのを見た。その人は何度も柄杓《ひしゃく》で墓に水をかけているようだったが、二時間に渡る空手の稽古が終わってもまだそこにいて、水を延々とかけ続けていた。さらによく見てみると、その人は腹から下がない。そのため、あれはその人本人の墓で、誰も来てくれないから自分で水をかけているのだと思ったという。

　木原浩勝・中山市朗著『新耳袋　第九夜』にある。筆者命名。

### センジュさん［せんじゅさん］

　ネット上で語られた怪異。2ちゃんねる（現5ちゃんねる）オカルト板の「∧∧山にまつわる怖い・不思議な話Part75∧∧」にて二〇一四年一一月一六日に書き込まれたもの。

　それによれば、報告者がまだ小学生の頃、母親が病気で入院することになり、山間にある大叔母の家に預けられた。その初日、報告者が大叔母の家にいると、裏の方から「ココココ」と木を叩《たた》くような音がして、大叔母が「センジュさんが来たな」と言った。大叔母は報告者を家の裏の方に呼んだ。そこには土が剝《む》き出しで、引き戸のように引手がついた壁が設けられた空間があった。ココココの音はその壁の向こうから聞こえ、一定の間隔を開けて定期的に鳴って止まる。それに対して大叔母が内側から戸を叩くと、ココココと返してくる。大叔母はこの返事があるうちは絶対に外に出てはならないと伝えた。

　それから三週間ほど何事もなく過ぎたが、近所の家の子どもが漫画を貸してくれるという話になった。報告者はいつものように家の裏の戸を叩き、返事が返ってこなくなるのを待ったが、その日は何度叩いても返事がなくならない。イライラした報告者は構わず表の玄関を出ようとしたが、戸を開けた途端、一〇センチほどの隙間から茶色の毛だらけの腕が飛び出してきて彼の腕を掴《つか》んだ。そしてそのまま外に引き摺《ず》り出されそうになった瞬間、大叔母が怒鳴りながら走ってきて戸を閉めた。その腕が戸に挟まり、何やら悲鳴を上げて外に引っ込むと、大叔母はすぐに鍵をかけた。直後、戸をこじ開けようとする音が聞こえてきたが、大叔母が必死に押さえ、やがてそれは諦めたのか、再び家の裏の方からココココという音が聞こえるようになった。報告者はこのあとすぐ自分の家に帰り、以降大叔母の家に寄り付かなくなったという。

　その後、報告者は大叔母が亡くなった際の親戚の集まりでセンジュさんについて聞いた。それによればセンジュさんは「先住さん」と書くこと、報告者の一族はあの山に外から入ってきて、近隣地域から浮いていたことが分かった。センジュさんはかつてその山に住んでいた何者かで、後からやってきた報告者一族を付け狙っているのだという。

## 川内ガラッパ［せんだいがらっぱ］

川に現れたという妖怪。あるタクシー運転手が子どもの頃に体験したという話で、その運転手は少年時代、鹿児島県川内市《せんだいし》（現薩摩川内市）に住んでいたという。

　ある春先、田んぼのあぜ道を歩き、市内を流れる川内川へと注ぐ用水路に沿った道まで来ると、突然その先の闇の中から「ケケケケケケケケケケケ！」という鳥のような鳴き声が聞こえてきた。しかし、今までに聞いたことのあるどんな鳴き声とも違う。さらに歩いても歩いても大きな鳴き声の主との距離が縮まらず、一定の距離を保って前方から聞こえてくる。

　先を急ぐと声は聞こえなくなったが、今度は後方の用水路から何かが水に飛び込む音が聞こえてきて、続いて何かが泳いでいる音がした。振り返ってその音がする方を見ると、月の光に照らされた水面に大きな楕円形の波紋が立っている。何か大きなものが流れに逆らって泳いでいるようだが、水面には何も見えない。そのうち、波紋は彼を追い越して去って行ってしまった。そして上流の方から今までにも増して大きな「ケケケケケケケケケケケ！」という声が聞こえてきたため、怖くなって別の道を使って帰ったという。

　木原浩勝・中山市朗著『新耳袋 第五夜』にある。同書ではこの川内川では昔から河童がいると言われており、「ガラッパ」と呼ばれていたことが記されている。

## 船頭狐 ［せんどうぎつね］

狐にまつわる怪異。二人の若者が岩手県遠野市を目指し自動車を走らせていた際のこと。急いでいたためか、気が付くと全く知らない山道を走っていた。そのうち、目の前が開けて山頂に出たが、一体自分たちが地図上のどこにいるのか分からない。前にも後ろにも道らしい道がなく、どうやってここに来たのだろうと二人で途方に暮れていた。

すると藪の間から年老いた、小さくて瘦《や》せた白っぽい狐が姿を現した。狐は二人の方を見て座ると頷《うなず》くように首を縦に振り、茂みの中へ姿を消した。その動きはついてこいと言っているようで、二人が狐の後を車で追うと、車は急斜面をまるで落ちるように滑っていく。その前をあの老狐が走っていたが、突然目の前から消え、二人も正気に戻った。しかし、車はどうすることもできず、なすがままに斜面を滑っていくと、ドンという衝撃とともに国道に落ちた。確かめると遠野市のすぐ近くだったという。

木原浩勝・中山市朗著『新耳袋 第七夜』にある。「船頭狐」の名は同書に拠るもの。船頭とは船の長を指す言葉で、舵取りを担った。この話では船は出てこないが、舵を取るように車の行く先を導いたことから船頭狐と名付けられているものと思われる。また、「船頭」と「先導」のダブルミーニングかもしれない。

# 【そ】

## 草食赤子 ［そうしょくあかご］

ある女子大学の七不思議の一つとして伝わる怪異。東京都文京区にあるこの大学では、真夜中になると校庭で赤ん坊がマラソンをしているという。この赤ん坊は草を食べるのが大好きだが、校庭には一本の草も生えていない。そのため赤ん坊はマラソンが終わるといつまでも草が生えるのを待っている。しかし、夜が明けると煙のように消えてしまうという。

平野威馬雄著『日本怪奇名所案内』にある。筆者命名。

## 祖母の袖引き［そぼのそでひき］

ネット上で語られた話。2ちゃんねる（現5ちゃんねる）オカルト板に立てられたスレッド「山にまつわる怖い話」にて二〇〇三年三月四日に書き込まれたもの。筆者命名。

それによれば、報告者が高校生の頃、父親と北海道の樽前山《たるまえさん》から風不死丘《ふっぷしだけ》へ縦走しようとしていた時、霧が出てきて父親とはぐれてしまった。コースからも外れてしまい、どうすればいいかと右往左往していると、クッと袖を引っ張られる感触がした。しかし、その方向には誰もおらず、ただ引っ張られる感覚があった。報告者はついその引っ張られる方向に進んだが、そこで父親と再会することができた。山小屋に泊まることとなったその夜、彼はあの袖を引っ張られる感触を昔から知っていることを思い出した。それは報告者が幼い頃、何か変なことをしようとしたり、危ないところに行こうとした時、彼を止めるために祖母が袖を引っ張る時の感触と同じだった。男性の祖母は既に山で亡くなっていたが、男性は小さい頃と同じように祖母が助けてくれたのだと思ったという。

## 空影［そらかげ］

空から現れたという怪異。福岡県でのこと。月がきれいな夜に、ある男性が三人の友人とともに車で山道を走っていると、空から長い髪の女の形をした影が、くの字形に曲がったままその先の道路に落ちてきた。バシャッという音がし、驚いた男性は速度を落として落ちてきた物を避けたが、そこには潰れたような黒い塊がビクンビクンと何度も跳ねていた。気味が悪くなった男性は、アクセルを踏み込んでやり過ごしたという。

木原浩勝著『九十九怪談 第五夜』にある。筆者命名。

## 空亡［そらなき］

魑魅魍魎《ちみもうりょう》の王などと評される存在。二〇〇六年頃、インターネット上で最強の妖怪として語られるようになった。その姿は黒い太陽のようであるとされ、百鬼夜行の最後に現れ、それら全てを呑《の》み尽くし、押し潰すという。その正体は不明だが。一説には天照大神と戦い、その分霊ともども打ち砕いたと語られる。この空亡の元になったのは京都府京都市の大徳寺の塔頭《たっちゅう》である真珠庵に所蔵される『百鬼夜行絵巻』において、最後尾に描かれている火の玉である。

小松和彦著『百鬼夜行絵巻の謎』などによれば、これは妖怪ではなく朝になって昇ってきた太陽、もしくは尊勝陀羅尼の火の玉という説がある。絵巻ではこれを見た化け物たちが逃げ惑う姿が描かれている。

この火の玉には元来名前がなかった。しかし、二〇〇二年に発売されたカード『荒俣宏の奇想秘物館 陰陽妖怪絵札』においてこの火の玉に「空亡《くうぼう》」という名前が付けられた。ここにおける説明は「太陽は、夜の闇を切り裂いて夜明けをもたらすとき、空亡という『一日の暦の切れ目』をついて、夜の中に割りこんでいく」と記され、その後に「六曜（大安、友引など、古い日にちのまとまり。今の一週間に近い。六日で一単位になる）と六曜のあいだにも生じる。六曜のはざまにできる空亡を仏滅という」と陰陽道の用語としての説明が続く。この時点では妖怪として扱われていなかったことが分かる。

　次に変化が訪れるのは二〇〇六年四月にカプコンから発売されたアクションゲーム『大神』においてで、このテレビゲームの最後の敵として「常闇ノ皇」という球体の怪物が登場した。そして当ゲームの設定資料集であり、同年九月に発売された『大神絵草子 絆 ―大神設定画集―』において、先の『陰陽妖怪絵札』と『百鬼夜行絵巻』を元に、絵巻で最後に登場し、全ての妖怪を踏み潰す最強の妖怪「空亡」という解説がされたことにより、絵巻の火の玉が妖怪と見なされるようになる。

　その後、インターネット上で「空亡」が広まるようになる。在野の妖怪収集家、御田鍬氏のホームページ「うしみつのかね」によれば、二〇〇六年一二月一〇日、インターネット掲示板「ふたばちゃんねる」内「僕の考えたオリジナルキャラを描いてもらうスレ」にて「空亡《そらなき》」という名のキャラクターが投下され、この世ともあの世ともつかない暗き世に生まれた妖怪で、闇から邪《よこしま》なものたちを生み出した。もし空亡が地上に現れれば世界は闇に覆われ終わりを告げる、といった設定が加えられた。

　これ以降、この話を元に様々な場所で空亡の名前が語られるようになり、またその読み方も「くうぼう」から「そらなき」が一般的になったという。このように空亡は様々な変化の過程を経て二一世紀に生まれた妖怪となった。ある意味、情報伝達手段が多様化・高速化した現代だからこそ生まれた妖怪と言えるかもしれない。

# 人形の怪異　メリーさんとティナ　2

「ＬＩＶＩＮＧ ＤＯＬＬ」の殺人人形ティナは、殺人鬼の魂が入ったグッドガイ人形、チャッキーが襲ってくるスラッシャー映画『チャイルド・プレイ』（トム・ホランド監督、一九八八年）など、人形を扱った様々なホラー作品に影響を与えたと考えられていますが、コラム01に記したように「メリーさんの電話」のメリーさんとの類似点も見られます。ここでメリーさんとティナの共通点を挙げてみましょう。

まず少女を模した人形であること、「あたし○○」とまず自分の名前を名乗ってから言葉を発すること、捨てられた後に電話をかけてきたうえ、自ら帰ってくることなど。特にこの「あたし○○」という名乗りと、捨てられた人形が自ら電話をかけてくる、という部分は数多《あまた》にある捨てられた人形が帰ってくる怪談の中で、他の怪談と異なる重要な要素であり、ティナの影響を受けて語られるようになったのではないか、という可能性が考えられるのです。

もちろんそれだけではありません。居場所を告げながら次第に近付いて来るという要素は、人形ではないものの、イギリスに伝わる民話「白い家のおじいさん」やイタリアの民話「狼おじさん」など、ヨーロッパに伝わる民話に多く見られますし、人形が電話をする、というモチーフは、ティナの他にも一九六八年に株式会社タカラ（現タカラトミー）が開始した電話をするとリカちゃんが応答してくれる「リカちゃんでんわ」のサービスの影響も考えられます。また「メリーさん」という名前は一九二七年に親善を目的としてアメリカから日本の小学校に送られた「青い目の人形」に多い名前が「メリー」や「メアリー」で、『青い目の人形メリーちゃん』（武田英子著）という絵本も作られています。

これらの要素が複合して生まれたのがメリーさんの電話なのかもしれません。

# 【た】

## ダイエットリングの化け物
「だいえっとりんぐのばけもの」

ネット上で語られた怪異。怪談投稿サイト「Alpha-Web　こわい話」に二〇〇一年一〇月一七日に投稿されたもの。

昔、とても太った女性がおり、究極と噂《うわさ》のダイエットリングを購入した。そのリングは首に嵌《は》めるもので、順調にダイエット生活を送っていたが、ある日どうしてもショートケーキが食べたくなった。そこで弟にケーキを買いに行かせ、食べたところ、リングが締まり始めた。一時間後、弟が異変に気付いたが、その頃には絞め付けられた首は皮のみでつながっているような状態になっていた。弟は慌てて救急車を呼んだが、それが到着した直後、女性の首の皮が千切《ちぎ》れ、首が落ちた。救急隊員はなぜかそのことに気付かず体だけを救急車に運ぼうとしたため、近所の住人が女性の頭が残っていることに気付いてその髪を摑《つか》み、忘れ物と言って救急車に投げ付けたという。

もしこの話を読んだ場合、五人以上の人間に同じ話をするか、メールを送って受信者がメールを見なければ、首のない女性の胴体が首を求めてその人間の元にやってくるという。

## 大吉鉄瓶
「だいきちてつびん」

鉄瓶にまつわる怪異。瀬戸内海のある小さな島に、わがままで乱暴者の大吉という若者がいた。大吉はいつも酒を飲んだくれ、だれかれ構わず喧嘩《けんか》を始めるような生活をしていたが、ある時、「オレハ　タビ　ニデル」という書き置きを残し、突然姿を消してしまった。それからは三カ月に一度、母親の元にお金と手紙が送られてくるようになった。

しかしある年の冬、母親が大吉から送られてきたお金で買った鉄瓶でお湯を温めていると、鉄瓶の口から「オッカサン、ゴメンヨ、ゴメンヨ。オレダ、ダイキチダヨ……」という声が聞こえてきた。母親が驚いていると、「コンナ、カッコウニ、ナッテ、シマッタ、ケレド、オレハ、カナシクハ、ナイヨ。オッカサンノカラダヲ、アッタメテ、アゲラレルカラナ」と、湯気が噴き出す度に途切れ途切れに言う。母親が思わず鉄瓶を持ち上げると、鉄瓶の声はぴたりと止まったが、翌日以降もこの鉄瓶で湯を沸かすと、湯気を噴き出す度に声を出し、むせび泣いた。母親はこれを見て、この鉄瓶が作られた北九州の工場へと生まれて初めての旅に出た。そして無事に辿《たど》り着き、工場で大吉のことを話すと、工場の親方がそこで起きたことを話した。それによれば、大吉は四年前、鉄がドロドロに溶けた大釜に落ちるという事故に遭《あ》い、死んでいた。その工場では大吉は誰からも好かれた働き者で、夜も休まずに働いていたのだという。大吉は親方にもし自分が死んだら、母親に自分の貯金からわずかずつでいいから送金してくれとも頼んでいた。送られてきていたお金はそのお金だったのだ。母親はそれを聞き、大吉の生まれ変わりとなった鉄瓶を抱きしめて泣いた。そして親方から大吉の貯金の残りを受け取り、村に帰った。

母親は夜になると鉄瓶でお湯を沸かして大吉と語らうという日々を送り八〇歳で亡くなったが、冷たくなったその腕にはしっかりと鉄瓶が抱きしめられていたという。

石田泰照編著『子供が喜ぶ 現代のこわい話』にある。筆者命名。

## 太古の中国人兄弟の霊

［たいこのちゅうごくじんきょうだいのれい］

ネット上で語られた怪異。怪談投稿サイト「Alpha-Web こわい話」に二〇〇一年六月三〇日に投稿されたもの。

それによれば、投稿者がアメリカで人に言えないような仕事をしていた頃に聞いた話だという。アメリカのある南の町に太古の中国人の亡霊が出ると言い、その姿は一四、五歳の子どもの二人兄弟で、蝶の模様が入った絹の服を着ているとされる。弟は赤い服を着ており、少女のように可愛《かわい》らしい顔立ちをしているが、性格は残忍で、人間の背後にふっと現れてくすくすと笑いながら魂を吸い取ってしまう。兄は青い服を着ており、凶暴な性格で突然物凄い勢いで体当たりをしてきて、その人間が倒れると「まだ終わりじゃないぞ！」「来いよ！」「立て！ 貴様にならばできるハズだ！」などと怒鳴りながら死ぬまで体当たりを繰り返してくるのだとされる。撃退法は詳しく分かっていないが、兄はクモが苦手で、弟は深海魚が苦手という話があるようだ。

太古の中国人の霊がなぜアメリカに出るのか、霊の言葉がなぜ分かるのか、何が目的なのか、など、謎だらけの怪異。日本を舞台にした話ではないが、日本のインターネットサイトに書き込まれたこと、何より内容が面白かったため、採用した。

## 大の字女

［だいのじおんな］

ネット上で語られた怪異。ＷＥＢサイト「怪談投稿」にて、二〇〇〇年六月二四日に掲載されたもの。筆者命名。

それによれば、ある男性が住むアパートには時たま女性の幽霊が現れる。この幽霊はいつも壁に大の字になって張り付いており、男性が女性を連れて来ると物凄い形相《ぎょうそう》で睨《にら》み付けるのだという。

## 大仏様

［だいぶつさま］

大仏にまつわる怪異。一二時に大仏様の前へ行く時は目を瞑《つむ》って行かないと、大仏様が血をだらだらと溢れ出させながら、追いかけて来る。この大仏様と目が合うと三日以内に死ぬという。

ポプラ社編集部編『映画「学校の怪談」

によせられたこわーいうわさ』に愛媛県松山市からの投稿として載る。一体何の大仏なのかは不明である。

## 大菩薩峠の謎の女 ［だいぼさつとうげのなぞのおんな］

ネット上で語られた怪異。2ちゃんねる（現5ちゃんねる）オカルト板に立てられたスレッド「∧∧∧山にまつわる怖い話Ｐａｒｔ18∧∧∧」にて二〇〇五年四月八日に書き込まれたもの。

山梨県の大菩薩峠でのこと。四人の登山者がこの山を登り、見晴らしの良い場所で小休止を取っていた。すると薮の中からしくしくと泣く女性の声が聞こえてきたため、薮の中を四人で手分けして探すことにした。しかし、そのうちの一人が戻ってこない。そこで残った三人で探していると、二時間以上も経ってからその一人が、なぜか八〇センチを超えるキノコを背負って登山道を降りてきた。

その男性が言うことには、薮の中に入ってからすぐに声の主である女性を見つけたが、すぐ近くで同行者が怪我《けが》をしているというため、彼女について行った。途中、直径一五センチの細い木が道を塞《ふさ》いでいたが、女性がこれをどけてほしいというため、その通りにすると、女性はある方向を指して「ありがとうございました。こちらへお帰り下さい」と言った。怪我をした同行者はどこか、と聞いても「もう大丈夫ですから」としか言わないため、少し頭にきて問い詰めてみると、女性は指さした方向へどんどん進んでいく。それを追うと、「お礼にこれをお持ちください」と舞茸を指さして消えてしまったという。

## ダイヤ坂 ［だいやざか］

ネット上で語られた怪異。2ちゃんねる（現5ちゃんねる）オカルト板に立てられたスレッド「∧∧∧山にまつわる怖い話Ｐａｒｔ14∧∧∧」にて二〇〇四年一一月七日に書き込まれたもの。筆者命名。

それによれば、報告者が長野県から山梨県に連なる八ヶ岳に行った時のこと。この山の裾にある高原で写真を撮っていると、山道を二本のタイヤが転がり落ちてきた。報告者はその後、タイヤが落ちてきた方へ登ったが、事故の形跡はなかった。また凹凸のある道にもかかわらず、タイヤは真っ直ぐに坂を転がっていたという。

無機物が坂を転がって来る怪異は案外多く、熊本県に伝わる徳利が転がって来る「とっくり坂」、東京都に伝わり、薬缶《やかん》が転がって来る「薬缶坂」などがあるが、タイヤが転がって来るこの坂もそういった坂の一種なのだろうか。

## ダイヤル6 ［だいやるしっくす］

電話にまつわる怪異。もし午後六時ちょうどに電話がかかってきたら、六回目のコールで電話を取る。そして、電話を切った後、今度は受話器を置いたまま六の番号を六回押す。すると六時間以内に霊から電話がかかってくるという。

マイバースデイ編集部編『ゾゾ〜ッ！心霊体験大集合』にある。

## タオヤジ ［たおやじ］

ネット上で語られた怪異。2ちゃんねる（現5ちゃんねる）オカルト板に立てられたスレッド「∧∧∧山にまつわる怖い話Part26∧∧∧」にて、二〇〇六年五月七日に「雷鳥一号」というハンドルネームを使う人物によって書き込まれたもの。

それによれば、報告者の知り合いが子どもの頃、実家のある山の棚田のそばで遊んでいたところ、奇妙なものを見た。それは田の中にアオダイショウを引き摺《ず》り込もうとしている巨大なカエルで、アオダイショウを腹の中に納めると、泥の中に沈んでいったという。この話を祖父にすると、それはタオヤジと呼ばれるもので、あそこの山の主であり、妖怪みたいなものだと教えられたと語られている。

## 滝壺の女 ［たきつぼのおんな］

中部地方の山地の中にある滝に現れるという怪異。ある釣り人が中部の山地の滝で釣りをしていたところ、何かがすごい力で釣り糸を引っ張った。それと同時に水面に長い髪の毛が広がり、人が落ちていると思った釣り人は慌てて山を下りて宿泊先の民宿にこのことを知らせた。しかし、民宿の人は驚いた様子もなく次のような話をした。

かつてこの山に登り、行方不明になった女性がいた。彼女の死体は見つからなかったが、その亡霊がずっと滝壺におり、目撃されているのだという。

平川陽一著『山と村の怖い話』にある。

## タクジ ［たくじ］

ネット上で語られた怪異。二〇〇七年六月八日に2ちゃんねる（現5ちゃんねる）ニュー速（VIP）板に立てられた「幽霊だけど何か質問ある？」というスレッドにて現れた幽霊。

このスレッドを立てた幽霊は生前「タクジ」という名前だったといい、スレッドに書き込んできた人々の質問に答えた。それによれば、死因は事故で、現在は質量のない状態になっており、宙に浮いている。物に触れることはできるが、動かしたり、持ち上げることはできない。扉などは脱力しながら通ろうとすると通り抜けることができる。恐らくガスなどの気体に近い状態なのではないかと本人は考えているが、生きている人間の目には見えないらしいことが語られている。また、自分の目に見える体は五体満足で傷もなくなっており、服装は火葬の際に着せられたスーツを着ているという。

インターネットにはパソコンや携帯電話を介さず、直接文章をねじ込むような感覚で文章を投稿しており、何かを見たい時は、集中するとはっきり見えるが、集中力が途切れるとぼんやりしてくる。景色は割とはっきりと見えるが、人間は影の塊のように見えるという。またインターネットは生前よく見ていたサイトは意識すると見られると語っている。

死の瞬間は痛かった記憶はなく、ぼんやりと意識が途切れ途切れになって、気が付くとぽっかりと浮かんでおり、自分の亡骸《なきがら》の様子を見ていた。また光の強さなどを感じることもできる。このように視覚はまだ生前に近い感覚が残っているが、嗅覚は失っているらしく、匂いは感じない。暑さや寒さも感じないが、空気の質感の違いは分かる。聴覚も残っているが、味覚はそもそも食べ物を食べる機会が失われているため、確認できない。また性欲はなく、排せつもしない。また他の幽霊らしきものも見えるが、交流は持てない。電子掲示板への書き込みが、死後に初めてできた他者との交流だったという。最後に「タクジ」は皆に対し、「少しでも交流出来て嬉しかった。ここが、ずっとこんな場所であってくれたらと思う。本当に楽しかった」と書き残し、去って行った。

実は既にこの幽霊はネタであったことが分かっており、大手キャリアからの書き込みであったという。生きた人間が幽霊になりきって電子掲示板でやり取りをしていたものと考えられる。

## 托鉢の坊主［たくはつのぼうず］

和歌山県に現れたという怪異。ある男性が毎日一本の細い山道を通って工場に通勤していた。秋も深まったある黄昏時《たそがれどき》、帰路を急ぐ男性の前に何者かが出現した。それは托鉢の坊主のようで、ぼろぼろの袈裟《けさ》を着物として纏《まと》い、片脇に杖を置いて、祠《ほこら》の中に頭を突っ込み、お供え物の握り飯を食っている。

男性はその異様な光景に、気付かれないまま急ぎ足でその場を去ろうとしたが、坊主のすぐそばまで来て、その異様な大きさに足が止まった。坊主は体をくの字に曲げて祠に顔を突っ込んでいたが、立ち上がれば三メートル近い巨体なのではないかと思われた。男性は恐怖にかられながら坊主の後ろをすり抜けたが、坊主がその気配を察知してこちらを振り向いた。その顔は額に目が一つしかなく、真っ赤な口には飯粒が周りに付いており、牙が覗《のぞ》いていた。男性はそのまま振り返ることなく駆け出したが、雷鳴のような足音が後ろから聞こえてきた。家に辿《たど》り着き、玄関を閉めて震えていると、その音も気配もいつしか消えた。

男性は翌日以降もその道を歩いて工場に通ったが、坊主の化け物に遭遇したのはその一度きりだったという。

木原浩勝・中山市朗著『新耳袋 第四夜』にある。

## 竹女［たけおんな］

竹にまつわる怪異。Hという人物の住む家の裏には広い竹林があり、子ども部屋がちょうどそれに面していた。Hが小学校一、二年生の頃、春先にふと窓の外を見ると、竹林の中に白い浴衣のようなものを着た女性が立っているのが見えた。顔も肌も着物も真っ白で、髪だけが黒い、雪のように美しい女性だったという。まだ雪解け間もない寒い日にもかかわらず、その女性は寒がる様子もなく、じっとHの方を見ている。窓を開けるとその姿は見えなくなり、窓を閉じると窓ガラス越しに姿が見えた。その姿はHにしか見えず、毎年春になると五日間ほど姿を現したという。それが一五年も続いたが、一六年目の春、女性は現れなかった。どうしたのだろうと思っていると、新しい家が建てられるため、竹林が更地にされてしまった。Hはもう二度とあの女性とは会えないのかと考えたが、ある朝、目覚めると、窓際の畳の上に髪の生えたおでこが生えていた。Hにはそれがあの女性だとすぐに分かったが、女性はそれ以降、少しずつ上に上ってきて、夕方には鼻と思しきものが見えた。しかし、その顔には目がなく、目に当たる部分が少し窪んでいるだけだったという。翌朝には畳に首を乗せるような姿になっていたが、髪は黒いが肌は真っ白で、のっぺりとした餅のような顔をしていたと語られている。

その夜、妙な音で目が覚め、女性の方を見ると、既に胸元まで畳から体が生えていたが、何か声を出しているようだった。だが、その声は言葉になっておらず、何とか聞き取ろうとしていると、突然女性の姿が消えた。

驚いて彼女が消えた場所をさすると、そこだけうずたかく盛り上がっていたため、翌朝調べてみると、床下から一本の竹の子が伸びていた。この竹の子を取り払うと、二度とその女性が現れることはなかったという。

木原浩勝著『九十九怪談　第三夜』にある。筆者命名。

## たけしくん［たけしくん］

夕方の通学路に現れる少年の姿をした怪異。小学四年生くらいの子どものように見えるが、その膝に不気味な顔がある。自分と同じくらいの年齢の子どもを見つけると膝の顔で「遊ぼうよ」と声をかけてくる。返事をするまで話しかけてくるが、無視しても危害を加えてくることはないという。

魔夜妖一・マーク矢崎治信・夜羽るか監修『うわさの怪談　恐怖の学校Special』にある。

## 凧の足［たこのあし］

空に現れた怪異。大阪府の羽曳野市《はびきのし》でのこと。ある少年が下校中、空に真っ白な布のようなものが、夕日を浴び飛んでいるのを見た。長さは一〇メートル以上あり、細長く、四角い先端は糊《のり》で固められたようにピッシリとしているが、途中からは凧の足のように強くたなびいていた。強風に煽《あお》られるような動きをしているが、辺りには一切風が吹いていない。不思議に思っていると、太陽がちょうど沈み切ろうとしていた。すると白い布がカクッと四角い先端部分を直角に下に向けると、まるでその太陽を追いかけるように凧の足部分を真上にして、地面に刺さるかのような勢いで垂直に落ちて行き、見えなくなったという。

木原浩勝・中山市朗著『新耳袋 第六夜』にある。

## 田代峠の怪［たしろとうげのかい］

峠にまつわる怪異。宮城県と山形県の県境に位置する田代峠は心霊スポットとして知られるほか、ＵＦＯの目撃談も多発している。また一九七五年には中央公論社の雑誌『婦人公論』に、次のような記事が載せられている。

高橋コウという人物が息子とともにこの峠を訪れた際、緑色のガスに包まれて洞窟に導かれ、中で「金星発動機五十二型昭和十九年三菱航空機株式会社」と刻まれたプレートを目撃した。奇妙な光景に恐怖を覚えたコウ氏が洞窟を出ると、緑色の光線を浴びて失神。気が付くと峠の樹海にいたが、帰ると四日も行方不明になっていたという。

この体験談は現在「高橋コウの手記」という名前で知られているが、ＡＳＩＯＳ著『謎解き 超常現象Ⅲ』によれば、実際に手記を書いたのも田代峠に行ったのも高橋コウ氏ではなく彼女の夫の邦安氏であり、息子も同行していなかったようだ。そのためこの手記の内容には相当の創作が入っているという。ちなみに、この峠はインターネット上で語られた怪談「ヤマノケ」（『日本現代怪異事典』収録）の舞台であるという説もある。

## 尋ねる女［たずねるおんな］

自室に現れたという怪異。ある男性が自宅のマンションのベッドで寝ていると、頬を撫でられて目が覚めた。見ると、すぐそばに白い着物を着たとてもきれいな女性が正座している。しかし、その正座した足がある場所は、ベッドの横の空中だった。女性は右手で男性の頬を撫で続けていたが、体は動かず、されるがままになっていたが、そのうち女性のあまりの美しさに怖さが薄れ、嬉しくなってきた。しばらくして女性の手の動きが止まり、その顔が見る見る曇っていった。

「……どうして？」

女性は一言呟《つぶや》くと、悲しげな顔をして再び「……どうして？」と尋ね、涙をこぼし始めた。するとその体がゆっくりと消え始め、やがて顔と右手だけが空中に残った。

「……どうして？」

次は顔が消え、右手だけが残った。その手が再び男性の顔を撫で始め、やがて頬を離れて消えると、「……どうして？」という声が聞こえたのを最後に、朝まですすり泣きの声が続いたという。

木原浩勝著『九十九怪談第一夜』にある。

## ただし君［ただしくん］

トイレに現れる怪異。東京都のある学校の二階のトイレで、六番目の個室に入って「六番目のただし君」と何度か言うと、便器から手が出てきて引き摺《ず》り込まれるという。

「ほんとにあった怖い話」編集部編『戦慄の恐怖体験』に東京都からの投稿として載る。

## 畳染［たたみじみ］

畳にまつわる怪異。京都府京都市内のあるアパートでのこと。そのアパートの一階の一部屋にはコーヒーをこぼしたような染みがある。これは誰が作ったわけでもなく、自然に畳の上に現れたのだという。この畳の上で布団を敷いて寝ると背中や足の下に何かが当たる感触があるが、調べても何もない。しかし、染みを避けるとそれがなくなる。

ある住人の話では、トイレに行こうと立ち上がると、畳の真ん中から手首が生えており、驚いて明かりを消すと消えていたという。それを聞いた大家は寺や神社からありったけのお札をもらってきて畳の裏に貼ったところ、何も出なくなったと語られている。

木原浩勝・中山市朗著『新耳袋 第七夜』にある。

## 祟りダイナマイト［たたりだいなまいと］

ダイナマイトにまつわる怪異。ある働き者の男がおり、田畑で作物を作るほか、網で取った川魚を町の料理屋に売って金銭を稼いでいた。しかし、そのうち、料理屋からの注文に応じきれなくなり、絶対に使ってはいけないダイナマイトを使って大量の川魚を取るようになった。その祟りか、男は漁の際、持っていたダイナマイトが爆発し、体がバラバラになって死んでしまった。

だが、それだけでは終わらなかった。男の妻は事故以来、嘆き悲しんでいたが、このままではいけないと気丈に生活を営んでいた。彼女には小さな子どもが一人と、お腹に赤子が一人いたが、男の葬式から二カ月後、今度は子どもが家の中にあったダイナマイトを爆発させ、家が吹っ飛び、子どもも粉々になって死んでしまった。それから男の妻は魂がなくなったようにぼんやりと一日を過ごし、子どもの初七日の晩に首を吊《つ》って死んだが、その際に赤子を産み落とした。

赤子は幸一と名付けられ、妻の姉、すなわち伯母によって育てられたが、どうしてか魚をいじめるようになった。素直な子どもだったが、なぜか魚をいじめることだけは何度注意してもやめなかったという。小学校に入学する前年、幸一は母親が住んでいた家の跡地に行ったが、そこでまたダイナマイトの爆発事故が起きた。何とか一命を取り留めたものの、右腕と右目を失う大怪我《けが》を負った。以来、幸一は魚を食べることを拒むようになったという。

石田泰照編著『子供が喜ぶ 現代のこわい話』にある。筆者命名。

## ダッガコドン［だっがこどん］

ネット上で語られた怪異。2ちゃんねる（現5ちゃんねる）のオカルト板に立てられた「死ぬ程洒落《しゃれ》にならない怖い話を集めてみない？１３０」スレッドにて、二〇〇六年五月二五日に書き込まれたもの。

　それによれば、仕事で失敗が続いた報告者がふと実家に帰った時のこと。彼は地元の七嶽《ななたけ》神社で厄払いをしてもらってから実家に戻り、眠りについた。その夜の午前三時頃、目が覚めた報告者は、子どもの声を聞いてそちらに注意を向けた。しかし、家に子どもはいないことに気付き、恐怖が襲ってくるとともに体が動かなくなった。そうしているうちに子どもの声が部屋の前で止まり、襖《ふすま》を開いて二人の子どもが入ってきた。年恰好は小学校低学年ほどで、顔は全く同じの双子のようで、二人は部屋を詮索した後、報告者と目が合ってしまった。するとその子どもは、こう話し始めた。

「あ、このひとおきてるよ」

「あ、ほんとうだ」

「どうする？」

「つれていこうか？」

「でもここにななたけさんがあるよ」

「じゃあやめとこうか」

「ばちがあたるけんね」

　このとき、報告者は部屋の机の上に昼間、七嶽神社の神主にもらった大麻《おおぬさ》を置いていたという。やがて朝が来て、朝食のときにこの話をしたところ、報告者の祖父は、それはダッガコドンだと答えた。

　ダッガコドンは報告者の実家のある地方に伝わる妖怪で、部落内の子どもたちで遊んでいると、いつの間にか一人、見知らぬ子どもが交じっているものだという。もしダッガコドンが現れた場合、絶対にその正体を聞いてはならず、すぐに解散して各自家に戻らなければならない。もし正体を聞くようなことをしたら、殺される、ずっと遊んで家に帰してくれない、連れ去られるなどと伝わっているようだ。話の中で七嶽神社と出てくることや、九州の方言が使われていることから、恐らくダッガコドンが伝わっているのは長崎県かと思われる。ダッガコドンという名前自体、「誰の子ども」という意味の方言ではないかと推測される。

　遊んでいる子どもたちの中にいつの間にか見知らぬ子どもが紛れ込んでいるという話は佐々木喜善著『奥州のザシキワラシの話』に座敷わらしの話として載せられており、柳田國男著『妖怪談義』にも子どもたちと一緒に遊ぶ座敷わらしの話が載せられている。また座敷わらしも死んだ子どもがなるもの、という話もあるため、ダッガコドンも類似した妖怪と考えられる。ただし座敷わらしが住みついた家を栄えさせるといった伝承があるのに対し、ダッガコドンは人に危害を加える恐ろしい妖怪としてのみ語られている。

## 立つ女性［たつじょせい］

　ネット上で語られた怪異。怪談投稿サイト「Alpha-Web　こわい話」に二〇〇一年五月二三日に投稿されたもの。

　それによれば、投稿者は二歳くらいの頃から白いワンピースを着た女性が見えたという。その女性は投稿者の知らない人間だが、彼女が出てくると必ず親しい人間が怪《け》我《が》をしたり、不幸に見舞われたりした。

　また、投稿者には風邪を引くと必ず見る夢があったが、その夢の中で投稿者はいつも同じ塔から落ち、その女性が塔の五階に立っているのだと語られている。

## ダニエルさま［だにえるさま］

　降霊術の一種。マーク・矢崎著『キューピッドさんの秘密』にある。他の降霊術と違い、これは宇宙人やＵＦＯを呼び出すことができるとされる。やり方は画用紙にアルファベットとＹＥＳ、ＮＯの文字、数字にＵＦＯの絵を描き、十円玉を用意する。そして十円玉の上に指を乗せ、目を閉じて「ダニエルさま、お答えくださいませ」と繰り返す。ダニエルさまとコンタクトが取れると、十円玉が円を描いて動き始めるので、「ダニエルさま、私の声が聞こえますか」と尋ねる。すると十円玉が「ＹＥＳ」の文字の上に移動するため、「ダニエルさまにお伺いいたします。あなたはどちらの星からおいでになられましたか」と聞く。今度は十円玉がアルファベットを移動し、星の名前を示す。この時、相手が牡牛座や蟹星雲、アルデバラン星と答えた場合は、地球侵略を目論む宇宙人であるため、ただちに占いを中止しなければならない。好意的な宇宙人であれば、「ダニエルさまにお尋ねします」という言葉を冒頭に付けて宇宙人とコンタクトを取る。質問が終わり、ダニエルさまを帰すときは、「ダニエルさま、いろいろと教えて下さってありがとうございました。また私の問いかけにお答えくださいませ」という呪文を唱える。十円玉は「ＹＥＳ」の文字まで動き、そのまま止まるので、それで占いは終了となる。

　なぜ宇宙人を呼び出す名前がダニエルなのかは不明。アルデバラン星は牡牛座を構成する星の一つと思われるが、なぜ侵略宇宙人が住むと考えられているのかは分からない。ポーランドのＳＦ作家、スタニスワフ・レムの作品に『アルデバランからの侵略』という小説があるが、これが元ネタだろうか。

## 谷川岳の救難信号［たにがわだけのきゅうなんしんごう］

　ネット上で語られた怪異。2ちゃんねる（5ちゃんねる）オカルト板「山にまつわる怖い話」にて二〇〇三年一月一三日に語られたもの。

　報告者が大学生の頃、ワンダーフォーゲル部の活動をしていた時のこと。部室で無線機をチェック中に「ＳＯＳ」としか聞こえない電波を捉え、群馬県と新潟県の県境にある谷川岳方面に向かった。そこで山道を登ったところ、男性の死体を発見したため、警察に連絡し、その到着を待った。

　警察の調べで、その死体は死後二日が経っていることが分かった。では一体誰が救難無線を送ったのか。ワンダーフォーゲル部の話を聞き、警察も改めて捜索を行ったが、どの登山者も無線機を持っておらず、捜索中、沢の中で水没したそれを見つけたが、壊れていて使い物にならなかった。さらに別に救難信号を出した人物がいるのではと付近を捜索したが、やはり誰も見つからなかった。結局、救難信号を送った者は分からずじまいだったという。

## 狸の壁［たぬきのかべ］

ネット上で語られた怪異。2ちゃんねる（現5ちゃんねる）オカルト板に立てられた「記憶よ★爺・婆から聞いた怖い話★甦れ」スレッドにて二〇〇三年九月二六日に書き込まれたもの。筆者命名。

それによれば、報告者の祖父が山の中の畑に赴いた際、左右に延々と続く壁が現れた。すると祖父は祖母が握ってくれた握り飯を取り出し「コレやるから消えてくれ」と言って投げると、壁はふわりと消えた。この話を聞き、「塗り壁ってほんとにいるんだ！」と興奮する報告者に対し、祖父は「あれは狸だ。触ったら柔らかくて温かかった」と語ったという。

狸や貉《むじな》が壁のようなものに化けたり、視界を塞《ふさ》ぐなどして山道を行く人間の行く手を阻む話は西日本に多く伝わっている。これもその類だろうか。

## 狸の托鉢僧［たぬきのたくはつそう］

狸にまつわる怪異。神奈川県横浜市のある神社でのこと。ある晩、旅の托鉢僧が一晩泊めてほしいと尋ねてきた。神主はなぜ神社に僧侶がと警戒したが、妻が長旅でお疲れだろうから、とこの托鉢僧を座敷に招き入れた。僧は長旅のためか汚れ切っていたため、神主の妻は彼のために風呂を沸かせたが、僧はなかなか風呂から上がってくる気配がない。そこで神主がそっと風呂場に向かい、中を覗《のぞ》いたところ、そこには風呂桶の縁に大狸が座り、尾っぽを湯船の中に出し入れしている光景があった。正体を知られた大狸は逃げて行ったが、神社には今もこの狸が使った茶碗と箸が残されているという。

木原浩勝・中山市朗著『新耳袋 第九夜』にある。

## 卵足［たまごあし］

岩場に出現したという怪異。千葉県外房のある岩場は磯釣りの名所として知られているが、ある時、Ｗという人物が友人とこの場所に磯釣りにやってきた。眩《まばゆ》いばかりの月夜だったが、いつもと違い何も釣れなかった。どうして釣れないのかと思っていると、近くの草むらの中を何かが走り回っている音がするのに気が付いた。うるさいとは思いながらも無視して釣りを続けたが、何も成果がないまま時間だけが過ぎていく。

そのうちに友人が様子を見にやってきたが、必死の顔でこちらに来るように手招きするため、不思議に思いながらも従うと、友人は「あそこ、あそこ」と先ほどまでＷがいた岩場の辺りを指さした。Ｗが何のことか分からずにいると、友人はとにかく今日は帰ろうと促し、Wは疑問に思いながらも釣り具を片づけて車に戻った。そこで友人がやっと口を開いた。

その話によれば、先ほど、草むらの中に人ほどの大きさがある殻を剝《む》いた卵のようなものがおり、その下部に生えた人間の足を使ってWの周りをぐるぐると走り回っていたという。それ以降、Wがその岩場で釣りをすることはなくなったと語られている。

木原浩勝・中山市朗著『新耳袋 第五夜』にある。筆者命名。

## 卵女［たまごおんな］

ある中学生の少年の周囲に現れるようになったという怪異。初めは先の見えない曲がり角や電柱の陰に何かが隠れるように見えていたが、時間とともに次第にはっきりとしていった。その姿はのっぺりとして目も鼻も口もなく、白いツルツルのまるでゆで卵のような頭に黒い長髪が生えた四頭身ほどの何かなのだという。この卵女はいつも少年の近くにいるが、建物の中には入って来ず、玄関や出入口にいて、外に出るとついてくる。また、基本的には座っており、ぼそぼそとした声で「返して……返せ……」と囁《ささや》く。

少年は卵女の存在に悩み続けていたが、通っている塾の講師に相談したところ、卵女が執着しているのは少年ではなく少年の靴ではないかということになった。そのため、少年が靴を脱いで屋内に入るとついて来ず、靴のある出入口に留まっていたのだ。少年と講師が靴を調べると、そのかかとに指輪が刺さっていることが分かった。それを取り出すと卵女は消えたという。

六幻地蔵著『屍春期』にある。同書は大阪府で個別指導の学習塾を経営する著者の体験談として記されており、この話も講師である著者が実際に自分の生徒に相談された話なのだという。また、指輪を得た後、著者の夢に卵女が普通の人間の女性の姿で現れ、礼を言ったという話も記されている。卵女は元々人間だったが、何らかの理由で死んでしまい、自分自身でも理由が分からずにただ指輪に取り憑《つ》いて何かを待ち続ける日々を送っていたのだという。少年の目に異形の姿で映ったのは、そのせいで自分の姿が保てなくなったためではないか、とも語っていたようだ。

## 霊舟［たまぶね］

霊の乗り物とされる怪異。円形で中には天女がおり、銀色に輝き、空中を美しく舞うとされる。稀《まれ》に三角形であったり、巻煙草型のものもあるという。近年目撃されているＵＦＯはこの妖怪ではないかという話もあるようだ。

怪談クラブ監修『キャーッ！ みんなの怪談』にある。同書には、江戸時代に円形の舟が茨城県の海岸に漂着し、中から小箱を抱えた美女が出てきたのを漁師が目撃した、という話も記されている。これは曲亭馬琴《きょくていばきん》が記した『兎園《とえん》小説』に記録されている「虚《うつろ》舟《ぶね》」の話を指しているものと思われる。霊舟はこれを元に創作されたものだろう。

## タライ落とし［たらいおとし］

ネット上で語られた怪異。2ちゃんねる（現5ちゃんねる）オカルト板の「死ぬ程洒《しゃ》落《れ》にならない怖い話を集めてみない？48」スレッドにて二〇〇三年八月六日に書き込まれた話に登場するもの。筆者命名。

ある田舎町にある廃墟《はいきょ》で発生する怪現象で、その廃墟は茅葺《かやぶ》き屋根の平屋で、扉もなく柱も朽ちて、中にまで雑草が入り込んでいる。この廃墟に入ると、突然何もなかったはずの天井から侵入者の頭めがけて大きなタライが落ちてくるのだという。かつてこの家に住んでいた人間も後頭部強打による頭蓋骨陥没によって死亡しており、これもタライによるものではないかとされている。

上からタライが降ってくるという、まるでお笑いのコントのような怪異だが、薬缶《やかん》が突然降りてくる薬缶吊る、釣瓶《つるべ》が落ちてくる釣瓶落とし、茶袋が降りてくる茶袋など、物体が上から落ちてきたり、降りてくる怪異は古くから伝えられている。これもその類なのだろうか。ただ物理的に人の頭を狙ってくる点は殺意が高く、恐ろしい。

## だるまさんがころんだ［だるまさんがころんだ］

降霊術の一種。風呂場でだるまさんがころんだを行うと、霊が現れるというもの。

有名な都市伝説だが、いつ頃からあるのかは不明。魔夜妖一・幻咲麗・マーク矢崎治信監修『うわさの怪談 闇』では、これをやると目が片方しかない女を呼び込んでしまうとされ、もし出会った際には「だるまさんは死んだ！」と言うと二度と出てこないという話が載せられている。片目の女の話は、だるまに願掛けする際に目を片方だけ描くという行為に由来するのだろうか。

## 単眼オヤジ［たんがんおやじ］

ネット上で語られた怪異。2ちゃんねる（現5ちゃんねる）オカルト板に立てられたスレッド「∧∧山にまつわる怖い話Ｐａｒｔ20∧∧」にて二〇〇五年六月二七日に書き込まれたもの。

それによれば、岐阜県の山間部の村に住んでいた報告者が、弟や友人たちとともに山の中腹にある神社の境内で蟬を取って遊んでいた際のこと。日暮れが迫ってきたため、他の友達は帰って行ったが、弟はまだ蟬が取れていないため帰りたがらず、報告者はそれに付き合っていた。すると、二人の背後から足音がして、茶色い草履にグレーのズボン、青っぽいジャンパーを着たごま塩頭の男性が現れた。しかし、その顔には一〇センチほどの大きさのアーモンド形の目が一つついているだけだったという。

報告者はこの男を見て怖さよりもなぜか懐かしさを覚え、単眼オヤジの方もまた兄弟を見て「一緒に帰るか?」と優しく言った。しかし、弟は「いやだ、まだ遊ぶ」と即答した。すると単眼オヤジは「早く帰らないとヒトに捕られるぞ。気を付けな」と心配そうに言って、神社の裏へ姿を消したという。それ以来、報告者は単眼オヤジには出会っていないが、もしもう一度会えたなら、酒でも飲みながらあの時のことをじっくり聞いてみたいと考えていると語られている。

## 団子女［だんごおんな］

女の姿をした怪異。ある中学生の少女には何でもどこでもノックして、材質によって違う音の響きを確認するという癖があった。ある日、少女は学校が主催する職業体験の一環で数名のクラスメイトとともに介護施設を訪問していた。そこで職員に一階から予備の車椅子を持ってきてほしいと頼まれ、一人でエレベーターを待っている途中、いつもの癖でエレベーターのドアをノックした。エレベーターはすぐにやってきたため、少女は乗り込んだが、なぜかドアが閉まるのも、下へ降りるのも異常にゆっくりしていた。手持ち無沙汰になった少女は今度は内側からエレベーターのドアをノックしていたが、突然、どこからともなくノック音が返ってきた。不思議に思い、もう一度ノックすると、今度は「何か……ご用?」と自分以外誰もいないエレベーター内に女性の低い声が響き渡った。次の瞬間、背後で上から何か重い物が落ちてきた音がして、反射的に振り向くと、そこには体が複雑に折れ曲がり、まるで団子のように丸まった真っ赤な服の女がいた。

「何か……ご用?」

女はめちゃくちゃに折れ曲がった両足の間から無表情な顔を覗《のぞ》かせ、そう問いかけた。直後、少女は気絶してしまった。以来、少女は所かまわずノックをすることができなくなったという。

室秋沙耶美監修『本当に怖い話 MAX∞ 悪夢地獄』にある。筆者命名。

## ダンシングババア［だんしんぐばばあ］

老婆の姿をした怪異。京都府亀岡市のあるトンネルを夜中の二時頃に通ると踊り狂っている老婆の霊が現れる。これを目撃した人間は四日以内に高熱を出して死ぬという。

トーキョウ・ルーマーズ編『平成の都市伝説』にある。筆者命名。

## ダンナイサー［だんないさー］

言葉にまつわる怪異。ある小学校で通りすがりに背中を叩《たた》いて「ダンナイサー」と声をかけると、叩かれた子どもに浮遊霊が憑《つ》くという遊びが流行った。「ダンナイサー」は「災難だー」の逆さ言葉で、ただの言葉遊びだった。しかしある日、この遊びを行った男子たちのうちの一人が、ジャングルジムから落ちて怪我《けが》をした。その少年は誰かに背中を押されたと言ったが、彼はジャングルジムの一番上にいたため、誰も彼を押すことができないはずだったという。

　魔夜妖一監修『ゾゾーッ！ こわい話1000』にある。同書では逆さ言葉は悪霊を呼び寄せる、という話も記されている。少年をジャングルジムから突き落としたのは呼び寄せられた悪霊だったのだろうか。

# 【ち】

## 近付いて来る亡夫「ちかづいてくるぼうふ」

　ある夫を亡くした女性が遭遇した、幽霊にまつわる怪異。その女性が寝ていると、真夜中に電話がかかってきた。受話器を取ると、死んだ夫の声で「今、家の近くの公園にいるんだ」と聞こえ、電話が切られてしまった。

　次の夜、また真夜中にどこからか電話がかかってきた。今度もやはり死んだ夫の声で「今、家の前の公衆電話にいるんだ」と言う。女性は誰かのいたずらだと考えていたが、次の夜も電話がかかってきた。

「今、玄関の前にいる」

　女性は急いで玄関の戸を開けてみたが、そこには誰もいなかった。

　次の夜、やはり電話が鳴った。妻がいつものように受話器を取ると、夫の声が響いた。

「今、お前のうしろにいる！」

　フジテレビ「いきなりフライデーナイト」編『いきなり怖い話』にある。

「リカちゃんの電話」や「メリーさんの電話」（いずれも『日本現代怪異事典』収録）に見られる電話を掛けながら次第に近付いて来る怪異の一種。しかし、メリーさんの電話で最も古い例が一九九〇年であるのに対し、この本は一九八八年初版のため、こちらの方が早い。

## 近付く女「ちかづくおんな」

　夢に現れた怪異。ある女性が自宅で寝ていた時、人の気配を感じてふと目が覚めた。見ると、真っ暗な部屋の隅に青い浴衣の女が立っている。声をかけると、今度はベッドの中で目が覚めた。どうやら目を覚ます夢を見ていたようだと安心して部屋の隅を見ると、夢と同じように浴衣の女が立っている。「誰？」と声をかけると、再び目が覚めた。また夢を見ていたのかと思い、部屋の隅を見ると、やはり浴衣の女がいる。しかも見る度にこちらに近付いていることに気が付いた。「これも夢よね」と声を出すと、また目が覚めた。女の方を見ると、もう部屋の真ん中まで近付いている。「これも夢でしょ！」と叫ぶと、やはり目が覚め、今度は女の顔が目の前にあった。真っ白な顔をした浴衣の女はさらに顔を近付け、その頬が女性の頬に触れた。女性が思わず「やめて！」と叫ぶと、浴衣の女は女性の頬を嘗《な》めた。目が覚めると窓の外は朝になっていたが、嘗められた頬はべったりと濡れていたという。

木原浩勝・中山市朗著『新耳袋　第八夜』にある。

## チカンの霊［ちかんのれい］

東京都のある路線の電車に現れるという怪異。体中血だらけの、背広を着たサラリーマン風の男の霊で、電車に乗っている女性に痴漢行為を働く。その正体はかつて痴漢の濡れ衣を着せられて会社をクビになり、電車に飛び込んで死んだサラリーマンの幽霊だと言われている。女性に恨みを持ったまま死んだため、成仏《じょうぶつ》できずに痴漢を繰り返しているのだという。

テレビ朝日編『ミステリー体験ゾーン　本当にあった怖い話　第2集』に東京都府中市からの投稿として載る。

## 地球の像［ちきゅうのぞう］

ある学校の七不思議として伝わる怪異。この学校にある「地球の像」と呼ばれる彫刻に触ると、卒業できなくなるという。

「ほんとにあった怖い話」委員会編『ほんとにあったこわい話3』にある。

## 稚児の岩［ちごのいわ］

岩にまつわる怪異。岐阜県揖斐郡《いびぐん》揖斐川町にある妙法ヶ岳には華厳寺、横蔵寺《よこくらじ》という寺があるが、かつてもう一つ寺があったという。その寺の跡地には稚児の岩と呼ばれる岩があり、由来は以下のように語られている。かつてその寺には七つほどの少年がいたが、修行の辛さから自ら命を絶ってしまった。以来、自殺した場所にあった岩の近くを夜中に通ると、子どもの泣き声が聞こえるようになった。そのためその岩を「稚児の岩」と呼ぶようになったのだという。

室生忠著『都市妖怪物語』にある。

## 地底湖の手［ちていこのて］

洞窟に現れたという怪異。滋賀県のある洞窟でのこと。学生の団体がこの洞窟に遊びに来た際、奥へと進むと地底湖に辿《たど》り着いた。そこで食事をとることになり、一人の女学生が湖のきわに座るために、岩の上におにぎりを置いた。すると水の中から長い爪を持った細い手が出てきておにぎりを一つ掴《つか》み、水中に消えた。女学生は悲鳴を上げ、パニックに陥った学生たちは洞窟の外に逃げ出した。外で待っていた仲間たちが話を聞き、洞窟に入ってみると、残りのおにぎりもなくなっていたという。

大迫純一著『あやかし通信『怪』』にある。

## 血の刀［ちのかたな］

刀にまつわる怪異。千葉県のある家には、家宝として代々家の長が受け継ぐ大小の刀がある。この刀は月に一度、丁寧に手入れをしないと家族全員が高熱に冒されると言われていた。また、刀を家の外に持ち出すとその瞬間に物凄い頭痛に襲われて倒れてしまうのだという。一方、家の長が手入れを怠らなければ家は安泰だと伝えられる。この刀は昔、合戦で大勢の血を吸ったとされ、手入れを怠ると刀に黒い曇りが噴き出す。これは斬られた人の血なのだという。

木原浩勝・中山市朗著『新耳袋 第五夜』にある。筆者命名。同書によれば、かつてこの家には他にも根から髪が生えた樹が庭にあり、刀と同様に家族に頭痛を引き起こさせたのだとされる。詳細は**髪の樹**を参照。

## 血まみれセーラー服［ちまみれせーらーふく］

路上に現れる怪異。ある男子高校生が自転車で帰宅する途中、東京都芦田地区のある団地の廃墟《はいきょ》の前で自転車のペダルが重くなった。何かを引き摺《ず》っているようだったため、後ろを振り返ると、荷台に女子高生が摑《つか》まっていた。その顔は半分潰れ、セーラー服は血まみれで、下半身がない。あまりの驚きにその男子高校生が転倒した直後、目の前をダンプカーが通り過ぎて行った。かつてこの団地の前でダンプカーに撥《は》ねられた女子高生がおり、この幽霊はその成れの果てだという。少女は笑顔の似合う、優しい娘だったそうだ。

宝島社『最新「霊スポット」１２１怨霊地図 04年版 関東一都六県』にある。項目名も同書によった。

下半身を失った幽霊は他の人間を自分と同じ姿にしたり、失った足を取り戻すため、他人の足を奪うとされることが多いが、この少女の幽霊は事故に遭《あ》いかけた少年を救っているように思われる。姿は変わってしまっても、自分と同じ犠牲者が出るのを防ごうとした、生前と同じ優しい娘だったのだろう。

## 茶色の花嫁［ちゃいろのはなよめ］

アパートに出現した怪異。ある学生が自宅のアパートで眠っていたところ、夜中にガチャガチャという音が聞こえてきて目を覚ました。明かりを点《つ》けると玄関のドアレバーが盛んに上下しており、最近できた彼女が来たのかと思って開けてやろうと起き上がろうとすると、音が止まった。直後、ドアが開く音がしたが、ドアは閉まっており、さらにバタンと閉まったままのドアが閉まる音まで聞こえてきた。その瞬間、玄関に文金高島田《ぶんきんたかしまだ》に髪を結い上げた花嫁が、手に扇子を持って立っていた。その体は全身が真っ茶色で、ゆっくりと歩いて学生の方にやってくるため、学生は頭から布団を被《かぶ》ってその中で夜を過ごした。気が付くと布団の隙間から朝日が差しており、よかったと頭を出すと、茶色の花嫁がまだ立っていた。思わず固まったまま花嫁を見ると、朝日のためか、その姿はセピア色に見えた。どうしようと思っていると、花嫁は背をくるりと向け、そのまま壁の中へと入って行った。

花嫁が現れたのはその一回だけで、二年が経ち、学生もアパートを引っ越すことになった。部屋の片づけをしている際、天袋にある衣装ボックスを引き出すと、その下に何枚も敷き詰めるように写真が置かれていることに気が付いた。手に取ってみると、それはお見合い写真と花嫁衣装を着た女性の写真だった。古いものはセピア色になっていたが、そこに写っていた女性はあの茶色の花嫁と同じ人であったという。

木原浩勝・中山市朗著『新耳袋　第九夜』にある。

## 茶釜の怪［ちゃがまのかい］

埼玉県のある学校の七不思議として伝わる怪異。この学校の茶道室の茶釜は、夜になると独りでに歩き出すという。

マイバースデイ編集部編『マジこわい!!心霊体験大百科』にある。筆者命名。

## 茶碗鬼［ちゃわんおに］

迷信にまつわる怪異。筆者命名。茶碗を乱暴に叩《たた》くと鬼が集まって来る。この鬼は子どもが好物で、子どもを食おうとして襲ってくるという。

魔夜妖一監修『ゾゾーッ！こわい話１０００』にある。

元々日本には「茶碗を叩くと餓鬼《がき》が集まって来る」という俗信がある。これが元になり生まれた話なのだろう。

## 宙に浮かぶ鳥居［ちゅうにうかぶとりい］

ネット上で語られた怪異。２ちゃんねる（現５ちゃんねる）オカルト板に立てられた「死ぬ程洒落《しゃれ》にならない怖い話を集めてみない？２１５」スレッドにて二〇〇九年六月一五日に語られたもの。

その名の通り空中に出現する鳥居で、色は赤く、見た目は空にぼやけているように映るという。雨の日には出現しないとされる。ある特定の家系の人間の元に現れるようで、潜《くぐ》ると八割の確率で死に至る。また、鳥居の数は目撃する人間の年齢によって変わるとも言われている。

話の途中に「マジムン」「グソー」「ニライ」といった単語が登場するが、これらは沖縄の方言で、「マジムン」は「魔物、妖怪」、「グソー」や「ニライ」は「あの世」を表す。このため、話の舞台は沖縄県と思われる。沖縄における鳥居は本州とは異なり、元々神を祀《まつ》っていた御嶽《うたき》という場所に、明治時代以降、神道普及のために設置されたという歴史がある。そのため、戦後に撤去された鳥居も多い。鳥居そのものが怪異として出現するのは、そういった背景もあるのだろうか。

　また、沖縄の「マジムン」は人間が股を潜られると魂を奪われるなどといった伝承があるが、この鳥居は逆に股を潜らせることで命を奪うため、逆の性質を持っている。

## 蝶々女［ちょうちょうおんな］

　蝶にまつわる怪異。ある男性は子どもの頃、蝶々を捕まえては殺して遊んでいた。ある時、友達とどちらが多く蝶々を捕まえられるかという競争をすることになり、男性は片っ端から蝶々を手で捕まえては虫籠の中に放り込んだ。やがて虫籠がいっぱいになり、友達と虫籠を開けると、中には一〇〇を遥かに超える蝶々が溢れており、詰め込み過ぎてそのほとんどが死んでいた。気持ちが悪くなった二人は数えることもせず他の遊びを始めたが、気が付くと男性は友達を見失い、一人で公園に取り残されていた。

　どこに行ったんだろうと友達を探していると、見たこともないきれいな女性に声をかけられ、「いいものをあげる」とお菓子を手渡された。食べてみるとミルフィーユのように層になっており、甘くてパリパリしていた。女性に何のお菓子かと尋ねると、彼女は「たくさんの蝶々の羽を重ねて作ったのよ」と言う。驚いてそこから離れると、いつも見慣れている鉄棒のそばを通った。それが白くていつもより太いため、よく見ると鉄棒の端から端までびっしりと蝶々が並んでいる。怖くなって逃げ回っているうちに、男性はいつの間にか自分の家の廊下を走っていた。それ以来、男性は怖くて虫が触れなくなったのだという。

　木原浩勝著『九十九怪談 第五夜』にある。筆者命名。

## ちょうちん首［ちょうちんくび］

　その名の通り提灯にまつわる怪異。江戸時代、夕方に提灯を持った人間に出会うのは危険だとされていた。なぜならそれは、人間の首を手に持った頭が提灯の妖怪だからだという。首の目は赤く鋭く輝き、まるで提灯のように周囲を照らすのだとされる。

　怪談クラブ監修『キャーッ！みんなの怪談』にある。明記はされていないが、容姿や行動などが明確に設定されていることから、書籍用に創作された妖怪の可能性が高い。同書では江戸時代の話として語られているが、現代でも夕方の細い道に現れるなどといったことが記されている。

## 朝礼台の校長先生［ちょうれいだいのこうちょうせんせい］

　ある学校に伝わる怪異。その学校は以前

墓場で、死んだ昔の校長先生が朝礼台の下に眠っている。そして、夜の一二時に朝礼台の下を覗《のぞ》くと、校長先生が「何か用？」と聞いてきて、用事を言うまで消えない。逃げようとすると「一緒に眠ろ」と言って朝礼台に引き込んでくるという。

常光徹編著『みんなの学校の怪談　赤本』に大阪府からの投稿として載る。同書には他にも夜の一二時になると朝礼台に白い馬が出現するという話が載る。詳細は**朝礼台の白い馬**の項目を参照。

## 朝礼台の白い馬［ちょうれいだいのしろいうま］

ある学校に伝わる怪異。夜の一二時に朝礼台に行くと白い馬が出現し、それを見た人間は朝礼台の中に吸い込まれるという。

常光徹編著『みんなの学校の怪談　赤本』に埼玉県からの投稿として載る。同書には他にも一二時に朝礼台に立つと吸い込まれるという話が兵庫県からの投稿として載る。こちらは午前午後のどちらかは不明。

また、同じく朝礼台に吸い込まれる話として**朝礼台の校長先生**がある。詳細は当該項目参照。

## 直角少女［ちょっかくしょうじょ］

少女の姿をした怪異。Aという女の子が通う小学校では全校集会の準備と後片づけを生徒が当番で行っていたが、ある日、そのAのクラスが当番となった。Aがクラスメイトとともに片づけを行っていた際、講堂の下の引き出しに椅子を納めていると、引き出しの奥に人影が見えた。それは青い服を着た少女で、肩の上に横向きにした頭を乗っけるように、首を直角に曲げていた。一瞬、その少女と目が合った気がしたが、引き出しが講堂の下に納められたことで少女の姿は見えなくなった。

以来、Aは学校で変な視線を感じるようになった。まるであの少女が真横にした首を物陰から出しているような。しかし、振り返っても誰もおらず、Aは気のせいだと思うようにした。そうしないと、今度こそ青い服の少女が目の前に現れ、襲ってくるような気がしてならないという。

宮崎敦司監修『本当に怖い話ＭＡＸ呪詛怨嗟』に宮城県からの投稿として載る。筆者命名。

## チラシ男［ちらしおとこ］

ネット上で語られた怪異。2ちゃんねる（現5ちゃんねる）オカルト板に立てられた「死ぬ程洒落《しゃれ》にならない怖い話を集めてみない？２８０」スレッドにて、二〇一一年九月一九日に語られたもの。

それによれば、報告者が江戸川（東京都と千葉県の県境を流れる川）沿いを歩いていたところ、前方からスポーツ刈りで白いタンクトップ、短パンという出で立ちの男が走ってきた。しかし、その男が近付いてくると、男の体は布切れほどの厚さしかなく、全身が風でたなびいていた。男はにこにこ笑いながら報告者のそばまで走ってきて、すれ違いざまに「ビビってんじゃねーよ、バカ」と笑顔のままで言い、バサッと大きい茶封筒を投げ付けてきたという。

茫然としている報告者を尻目に男は走り去って行ったが、封筒の中を見てみると、新聞の折り込みチラシが三〇枚ほど入っていた。それらは古いもののようだったが、どれも霊園や葬儀屋の広告で、どのチラシも地域に一貫性はなく、全国各地のチラシだった。報告者は恐ろしくなり、そのチラシをすぐに捨てたという。

## 治療魔女 「ちりょうまじょ」

ネット上で語られた怪異。ＷＥＢサイト「怪談投稿」にて、二〇〇一年四月二九日に掲載されたもの。筆者命名。

それによれば、投稿者が三、四歳の頃、いつものように両親に挟まれて川の字になって寝ていたところ、突然魔女のような人に足を引っ張られた。投稿者は恐怖のあまり大泣きしたが、魔女が足を握る力は一層強くなる。その泣き声に両親が起き、父親が魔女を手で払い、母親が明かりを点《つ》けると既に魔女の姿はなかった。投稿者が魔女に掴《つか》まれた足を見てみると、その日公園で転んだ際にできていたはずの怪我《けが》が消えていた。

時が経ち、小学校二年生の頃、同級生に魔女のことを話すと、怪我については触れていなかったにもかかわらず、「その時怪我してなかった?」と問われた。そのため、怪我をしていたことを伝えると、「魔女ってね、怪我を治してくれるんだよ」と教えられたという。

## 血を噴くアキレス腱 「ちをふくあきれすけん」

少女の姿をした怪異。千葉県千葉市のあるサイクリングコースには、八〇年代のファッションに身を包んだ少女の霊が出るという。この少女は裸足で、剝《む》き出しになったアキレス腱と首から血を吹き出しており、顔の色は真っ青なのだという。その正体はかつてそのサイクリングコースで首とアキレス腱を滅多刺しにされて殺された少女なのだと語られている。

宝島社『最新「霊スポット」１２１怨霊地図 04年版 関東一都六県』にある。恐らくこの事件は一九八二年に発生した「新宿歌舞伎町ディスコナンパ事件」のこと。事件では中学生の女子二人が東京都新宿区の歌舞伎町で若い男に声を掛けられてドライブに出かけ、中学生の一人が千葉市の弁天橋の近くにある花見川サイクリングロードでアキレス腱と首を斬られて死亡している。現在、この事件は未解決事件となっており、犯人も見つかっていない。

# 【つ】

## ツカイ ［つかい］

ネット上で語られた怪異。2ちゃんねる（現5ちゃんねる）オカルト板に立てられた「ほんのりと怖い話スレ　124」にて、二〇一七年六月七日に語られたもの。

それによれば、「ツカイ」は報告者の祖父が若い頃に住んでいた兵庫県の美方という地域にいたとされる妖怪で、顔は人間に似ており、体毛は短く、真っ白で、尻尾がないという姿をしており、人間のように二足歩行で移動するという。ツカイは死の前兆と伝えられており、朝方に出没することが多く、午前五時頃、目が覚めると枕元でその人間を眺めている。ツカイはどんなに固く戸締りしていても家の中に現れ、もし見かけた場合は果物などを差し出し、帰ってくださいとお願いしなければならないと伝えられていた。しかし、報告者の祖父が仕事で大怪我《けが》をした際、見舞いに来た義理の弟がツカイと遭遇して噛《か》みつかれたため、それを殺してしまった。死の前兆として現れるツカイが現れたことで病気が見つかり、命を救われた者も多かったため、その後、祖父の家は迫害に遭《あ》い、弟の家へと引っ越した。関連は不明だが、しばらくして祖父の弟の体に白い斑点ができるようになり、それは九〇歳を超えても残っていたという。

## 月は何色 ［つきはなにいろ］

ネット上で語られた怪異。怪談投稿サイト「Alpha-Web　こわい話」に二〇〇一年八月二七日に投稿されたもの。

ある学校に伝わる噂《うわさ》では、満月の夜に月を見上げると月の色がいつもと違うことがある。その色は血のような赤、凍えるような青、毒々しい緑などがあるが、普段とは違う色の月を見た人間はその色に沿った仕方で死ぬとされ、特に真っ黒な月の場合はどんな色よりも惨《むご》い死に方をするのだという。

もし助かりたい場合、次の日の夜に真っ白な美しい月を見なければならないとされる。

## 机の中の手 ［つくえのなかのて］

学校にまつわる怪異。ある学校で少女が机の中に食べきれなかったパンを詰め込み、放置していた。ある日、授業が終わり、下校時間になった際、少女の机の中から手が現れ、彼女の手を引っ張った。そして机の中のパンが消えていたという。この話を聞いた人間は、学校の机の中を整理しないと同じように手が出てくると語られている。

魔夜妖一・幻咲麗・マーク矢崎治信監修『うわさの怪談 闇』にある。

## 筑波山の謎の登山者［つくばさんのなぞのとざんしゃ］

ネット上で語られた山の怪異。2ちゃんねる（現5ちゃんねる）オカルト板に立てられたスレッド「∧∧∧山にまつわる怖い話Part7∧∧∧」に二〇〇四年二月二七日に書き込まれたもの。

それによれば、報告者が恋人とともに筑波山に登った時のこと。平日であったためほとんど人の姿はなく、二人は淡々と山道を進んでいた。そんな中で、一人だけ同じ道を登っている登山者がいることに気が付いた。それは大学生ぐらいの若い男性で、青いジャージを着て、登山靴を履き、大きなリュックを背負っていた。この登山者は普通の登山者と違い、少し登っては道を戻ったり、大きな岩によじ登ったり、藪の中に入るなど、あえて訓練でもしているかのような動きをしていた。この登山者が報告者らを追い抜いて行った際、「こんにちは」と挨拶したため、報告者も挨拶を返した。その登山者の足は速く、不思議な登り方をしているにもかかわらずすぐに見えなくなった。

それから報告者は恋人とともに黙々と山道を登っていたが、再び耳元で「こんにちは」という声が聞こえた。振り返るとあの登山者がおり、また報告者らを追い抜いて行った。その登山者が脇道に入り、見えなくなったと思った瞬間、三度耳元で「こんにちは」という声が聞こえた。さすがに怖くなり、恋人の方を振り返ったが、彼女は特に気にもしていない様子だった。

そのまま二人は開けた場所に辿《たど》り着き、そこで休憩することにした。その時、報告者が恋人にあの登山者のことを話したところ、恋人はそんな人はいなかったと語った。

それ以降、報告者はあの登山者に会うこともなく、山頂に辿り着き、ケーブルカーで下山した。結局あの登山者が何者だったのかは、今も分からないままだという。

## 付巻髪［つくまがみ］

髪にまつわる怪異。ある女性が寝ていると、白蛇が自分の首にぐるぐると巻き付き、絞め上げる夢を見た。その苦しさで目を覚ましたが、夢から覚めたのにまだ何かが自分の首に巻き付いている。掻《か》きむしろうとして首に手をやると、巻き付いているのが自分の髪の毛だと分かった。髪は顎から首に何重にも巻き付き、果ては胸のところできつく縦結びになっていたという。

木原浩勝・中山市朗著『新耳袋 第八夜』にある。筆者命名。

## ツゲル様［つげるさま］

携帯電話にまつわる怪異。四時四四分にその場にいる人間が持っている携帯電話を置き、それを囲むように手を繋《つな》いで三度回る。そして「ツゲル様、私の未来を教えてください」と唱えると、一台の携帯電話にツゲル様なる怪異から電話がかかってきて、その人間の将来を教えてくれるという。ただし、その携帯電話の持ち主が「もうお帰り下さい」と言うまで、その他の人間は言葉を発してはならない。それを破ると、携帯電話の持ち主が霊界に連れ去られてしまうという。

魔夜妖一監修『ゾゾーッ！ こわい話1000』にある。複数の携帯電話を使った召喚の方法や、正体不明の怪異から電話がかかってきて、ルールを破ると連れ去られる、という点は「怪人アンサー」（『日本現代怪異事典』収録）を思い起こさせる。一方、呼び出す際や帰らせる際の呪文は「こっくりさん」（『日本現代怪異事典』収録）などの降霊による占いを連想させる。この怪異は、呼び出して知りたいことに答えてくれる怪異の要素が複合して生まれたのだろう。

## 辻占い【つじうらない】

声にまつわる怪異。兵庫県神戸市の北野地区のある場所では、夜中の二時頃になるとチリーンと鈴の音が聞こえ、続いて「つじーっ、うらないーっ」という中年女性のものと思しき声が聞こえることがよくある。しかし、この声の主を誰も見たことはなく、ただ声だけが通り過ぎて行くのだという。

木原浩勝・中山市朗著『新耳袋 第四夜』にある。筆者命名。

## 潰し岩【つぶしいわ】

ある学校に伝わる怪異。その学校の裏は崖になっており、かつてその崖が崩れ、下で遊んでいた少女が岩に潰されて死んでしまうという事故があった。この岩は少女を潰した部分がなぜか盛り上がっており、良くないことを起こす力がある。この岩はまだ学校のどこかにあるが、誰も見たことがないのだという。

マイバースデイ編集部編『恐怖!! 学校の幽霊』にある。筆者命名。

## つむじ目【つむじめ】

夜道に現れるという怪異。顔に目、鼻、口がない長い髪の女の姿をした妖怪だとされ、暗い夜道に四つん這《ば》いで現れる。人間に出会った場合、まずのっぺらぼうな顔を見せて驚かせ、さらに頭を下げてつむじにある一つ目を見せ、気絶させる。ただし、驚かせることのみが目的で、相手が気絶すると満足して消えてしまうという。

怪談クラブ監修『キャーッ！ みんなの怪談』にある。明記はされていないが、容姿や行動などが明確に設定されていることから、書籍用に創作された妖怪の可能性が高い。同書ではこの妖怪は「尻目」という妖怪と同族ではないかと記されている。尻目は水木しげるの著作などに描かれている妖怪で、目、鼻、口のない顔を持ち、四つん這いで歩き、肛門に当たる部分に一つ目がある妖怪。やはりこの尻にある目を見せて人を驚かせるが、それ以外には何もしないとされる。この尻目の元になったのは与謝蕪村の『蕪村妖怪絵巻』という作品に登場する「ぬっぽり坊主」という妖怪で、尻目は水木がオリジナルで考案した名前だと考えられる。

## 吊革女［つりかわおんな］

ネット上で語られた怪異。2ちゃんねる（現5ちゃんねる）オカルト板に立てられた「ほんのりと怖い話スレ　その11」スレッドにて二〇〇三年三月二四日に語られたもの。筆者命名。

それによれば、当時、大学生だった報告者が最終電車で帰宅途中、ガラガラの電車内で本を読んでいると、ふと目の前を何かが通り過ぎたため、顔を上げた。するとそこには、パーカーを着た上半身だけの若い女性がおり、吊革をまるで雲梯《うんてい》のように使って車内を移動していた。終電であったため、電車を乗り換えるわけにもいかず、報告者は恐怖しながらもその上半身だけの女を見ていたが、女はその運動が楽しいのか、吊革を伝って車両を何度も往復していた。報告者は家の最寄り駅に着いたためそのまま降りたが、報告者以外にもあの女に気付いた様子の乗客が何人かいたため、あの後どうなったのか、今でもふと思い返すことがあるという。

## 津和野のお稲荷さん［つわののおいなりさん］

家に祀《まつ》られる神様。山口県のある家には神棚が設置されているが、ここに祀られている神様は「津和野のお稲荷さん」と呼ばれていた。津和野のお稲荷さんは失せ物の神とされ、物を失くした際に手を合わせると必ず出てきたという。この家に住む娘は母や祖母と違い、津和野のお稲荷さんを信じていなかったが、ある時、携帯電話のデータが全て消えてしまうということがあった。これを知った母に「津和野のお稲荷さんに願掛けてみたら」と言われ、苦しい時の神頼みと手を合わせてみた。しかし、データが戻るなどということはなく、諦めて携帯電話ショップに行って相談した。すると店員は受け取った携帯電話をすぐに返し「別に何ともありませんよ」と言った。見てみると、データは見事に復活していたという。

木原浩勝・中山市朗著『新耳袋　第九夜』にある。たとえデジタルなデータでも失せ物であれば探してくれるというのが現代の神様という感じで、何とも楽しい。

## ツンバイさん［つんばいさん］

ネット上で語られた幽霊。2ちゃんねる（現5ちゃんねる）オカルト板に立てられた「死ぬ程洒落《しゃれ》にならない怖い話を集めてみない？１６６」スレッドにて二〇〇七年五月二六日に語られたもので、報告者が通っていた小学校で目撃されたという。その姿は長い髪の女で、奇声を上げながら四つん這《ば》いで廊下を走るとされる。この「四つん這い」が「ツンバイさん」の名前の由来だが、目撃者の話では、幽霊には両脚がなく、四本生えた腕で走っていたという。

この幽霊が出現した由来と推測される話もこのスレッドで語られている。

それによれば、この「ツンバイさん」が出現する少し前、男子トイレの個室の中に一輪車が放置されるという事件があった。この事件は学校の中で話題になったが、犯人が名乗り出ることはなかった。当時心霊写真を撮ることにはまっていた報告者は、幽霊の仕業ではないかと考え、放課後そのトイレで写真を撮って、母親に頼んで現像した。しかし、母親は現像された写真のうち、何枚かを勝手に捨ててしまったという。憤慨した報告者がゴミ箱をあさり、捨てられた写真を見ると、そこに写っていたのは、トイレの個室にある天井の通気孔の網からこちらを覗《のぞ》く、首をひねった長い髪の女だった。ずっと後になってから報告者が母親に聞いたことでは、この小学校では昔、事故で両脚が不自由になった女子生徒がおり、中学に入学する前日、自殺して亡くなったという。この少女は運動が好きで、事故前は学校から家に帰ると、近所でいつも緑色の一輪車を乗り回していたらしい。これを聞いた報告者は、その幽霊がどうにかして腕だけで一輪車に乗ろうとして、あのトイレに一輪車が放置されたのではないかと推測している。そして、この幽霊こそが、ツンバイさんだったのだろうと。

以上が由来として語られた話だが、女子生徒の幽霊とツンバイさんを比較すると、不可思議な点がいくつかある。女子生徒は生前両脚が不自由になったというが、ツンバイさんは両脚に当たる部分が両腕になっていると語られている（残った腕で這っている姿が四つん這いと見間違えられた可能性もあるが、本文では「四つん這いで走っていた女の両脚は、足ではなく両腕だった」と記されている）。このため、女子生徒とツンバイさんが同じ幽霊だとすれば、異形の姿になっているものと思われるが、ツンバイさんは奇声を上げて走っているだけで、女子生徒の霊と結び付けられている一輪車を使って何かしているわけでもないため疑問が残る内容である。

## 【て】

### 手足もぎとり女［てあしもぎとりおんな］

テレビに現れる怪異。東京都のある小学校に伝わる噂《うわさ》で、こんな話がある。一人の少女が教室でぼーっとしていると、いきなりテレビが点《つ》いて女が映った。女は少女に対し「手、いる？」と尋ねた。この時、もし「いらない」と答えると、女がテレビから抜け出してきて両手をもぎ取ってしまう。次に女は「足、いる？」と尋ねてくる。この時、もし「いらない」と答えるとやはりテレビから出てきて両足をもぎ取ってしまう。最後に「今、暇？」と尋ねてくる。この時、もし「暇」と答えると、地獄に連れ去られてしまうという。これを逃れるためには「手、いる？」と尋ねられた際は「いる」、「足、いる？」と尋ねられた際も「いる」、「今、暇」と尋ねられた際には「暇ではない」と答えると、テレビは独りでに消えるという。少女はこの答えを知っていたため、助かったそうだ。

常光徹編著『みんなの学校の怪談 緑本』に千葉県からの投稿として載る。筆者命名。類似した質問をする怪異に「カシマさん」（『日本現代怪異事典』収録）がいる。

### ティッシュスライム［てぃっしゅすらいむ］

ネット上で語られた怪異。2ちゃんねる（現5ちゃんねる）オカルト板に立てられた「死ぬ程洒落《しゃれ》にならない怖い話を集めてみない？ １１７」スレッドにて二〇〇五年一二月二四日に書き込まれた話に登場する。筆者命名。

その話によれば、それは報告者が子どもの頃に家で留守番をしていた時のこと。こぼしたジュースをティッシュで拭いていたところ、ティッシュがなくなってしまった。何気なく空になったティッシュ箱を覗《のぞ》いてみると、中に街灯に照らされた夜道が見え、箱の中から風が吹いてきた。試しに箱の中に指を四本入れてみると、ちゃんと風が当たる感覚まである。一人ではしゃいでいると、指にべちゃっという感触があった。急いで指を引き抜くと、緑色のスライムのような物体がくっついていた。その物体は半透明で、目玉のようなものが見えたという。報告者は悲鳴を上げて洗面所に向かい、片方の手でその物体を握り潰しながら三〇分もかけて手を洗った。その指には水ぶくれのようなものができたが、後でティッシュ箱を覗いてみても何も見えなかったという。しかし翌朝学校に行く際、家の近くの溝で蠢《うごめ》いている昨日のスライムの欠片《かけら》のようなものを見つけた。スライムは小さくなった状態で必死に進もうとしていたが、報告者はそれを踏み潰したという。

## 手鏡の女 [てかがみのおんな]

鏡にまつわる怪異。ある少女が友人の家で遊んだ帰り、道端で手鏡を拾った。それはどこか人を惹き付ける感じがする鏡で、どうしても欲しくなった少女は、落とし主がいるとは思ったもののそれを家に持ち帰ってしまった。しかし、その手鏡を部屋に飾って以来、少女は悪夢に悩まされるようになる。その夢はいつも同じ内容で、顔が潰れ、体中血だらけで、服が引きちぎられた見知らぬ女が、刃物を振りかざして襲ってくるというものだった。加えて、その夢を見るようになってから顔の一部が乾燥しているような気がして、あの手鏡で顔を見ると、鏡の中の自分の顔がグチャグチャになって、夢に出てくる女の姿に変わっていくという現象が起きた。少女は思わず鏡を投げ飛ばしたが、鏡は傷一つ付かず、少女の顔も元に戻っていた。それ以降、夜にふと窓に映った自分の顔があの女の顔になっているなどの怪現象が続き、体にも異変が起きて、病気がちになっていった。そんなある日、学校で鏡のことが話題になり、少女はあの手鏡を学校に持って行った。すると友人がそれをひどく欲しがったが、なぜかいつになくムキになり、手鏡を渡さずに帰りまで机の中にしまい込んだ。しかし、下校時間になるとなぜか手鏡がなくなっており、少女はショックを受けたが、その日以来、彼女を悩ませていた怪現象は起きらなくなった。

ところが何日かして友人が学校に来なくなった。心配になった少女がお見舞いに行くと、そこにはひどくやつれた友人がおり、その顔はあの夢に出てきた女に似ているようだった。驚いて話を聞いてみると、どうやら友人は同じ怪現象に悩まされているようだった。そして自分が少女の鏡を衝動的に盗んでしまったことを告白した。少女はあの手鏡があると怪現象が起きるということに気付き、鏡をハンカチで包んで箱に入れ、友人とともに神社の前に置きに行った。すると翌日には友人は元気になり、怪現象も起きなくなった。その後、あの手鏡がどうなったのかは分かっていないという。

テレビ朝日編『ミステリー体験ゾーン 本当にあった怖い話 第1集』に神奈川県横浜市からの投稿として載る。

## 溺空 [できくう]

新潟県のある小学校で起きたという怪異。ある冬休み、その小学校に通う三人の生徒がプールに遊びに行き、水の張っていないプールで遊ぶことにした。しかし、突然そのうちの一人がまるで水に溺《おぼ》れているかのように呼吸ができなくなり、ついには気絶して倒れてしまった。その時、プールの排水溝から大量の黒い髪が溢れているのを目撃した。残った二人は気絶した一人を抱え上げ、大急ぎでプールから遠ざかったという。

後になって教師に聞いた話では、昔、あのプールで髪を排水溝に吸われ、溺れ死んだ生徒がいた。その生徒がプールでふざけている三人に怒ったのかもしれないとのことである。

　実業之日本社編『ギャー！ 幽霊＆怪奇体験大集合』にある。筆者命名。

## テコテコ［てこてこ］

　ある小学校に現れるという怪異。その小学校では夜になると校庭のどこからともなく「テコテコ」と音を立てながらテコテコというお化けがやってくるという。

　常光徹編著『みんなの学校の怪談　赤本』に群馬県からの投稿として載る。テコテコがどのようなお化けなのかは記されていないが、名前からして上半身だけの人間の姿をした「テケテケ」（『日本現代怪異事典』収録）のようなお化けだろうか。

## 手すり女［てすりおんな］

　ネット上で語られた怪異。2ちゃんねる（現5ちゃんねる）オカルト板に立てられた「死ぬ程洒落《しゃれ》にならない怖い話を集めてみない？ 94」スレッドにて二〇〇五年三月二一日に書き込まれた話に登場する。

　それによれば、手すり女は報告者が通っていた小学校に伝わっていた幽霊で、現在使用禁止になっている「外階段」と呼ばれる階段に出現したという。この外階段は文字通り校舎の外側の壁に設置された階段で、コンクリート製で背丈の低い粗末な手すりがついていた。元々は災害時の避難階段だったが、子どもが落下すると危ないという意見が寄せられ、校舎内に別の避難階段が作られてからは誰にも使われなくなっていた。この外階段は学校が木造だった時からあり、その頃は自由に行き来できていた。

　当時、ひどいいじめを受けていた少女がおり、よく外階段に逃げて手すりにもたれて外の景色を見ていた。しかしある時、手すりが腐っていることに気付かず、いつものように体をもたれかけさせたところ、手すりが壊れて地面に落下。彼女がいたのは四階であったため、地面に叩《たた》き付けられて死んでしまったという。

　それからというもの、外階段に血まみれの少女の幽霊が出現し、近付くものを突き落とすようになった。そして突き落とされた者は新たな手すり女となり、外階段に縛られることになるという。

　この話では報告者が実際に外階段で赤い服を着た謎の少女と遭遇した話も記されているが、その少女が手すり女だったのかは明らかにされていない。

## 鉄ゾウ［てつぞう］

　ゾウにまつわる怪異。ある小学校では、夜の一二時になると鉄でできたゾウが校庭を一周するという。

　常光徹編著『みんなの学校の怪談　赤本』に千葉県からの投稿として載る。

## 鉄の箱［てつのはこ］

2ちゃんねる（現5ちゃんねる）オカルト板に立てられた「死ぬ程洒落《しゃれ》にならない怖い話を集めてみない？101」スレッドにて二〇〇五年六月二一日に書き込まれたもの。

その名の通り四方八センチほどの大きさの鉄の箱で、岡山県の湯原の地域にあった古家の庭の隅にある祠《ほこら》に収められていたという。中身も全て鉄であるかのようにずっしりと重く、箱の裏には「鎮」と記されている。また箱が収められていた箱の横には「享保壱拾弐年」と記されており、内側にびっしりと人名が記されていたという。この人名が享保一一年（一七二六年）一一月二一日に勃発し、翌一二年（一七二七年）一月二〇日に鎮圧された山中一揆において、処刑された農民たちのものであったことから、山中一揆に関係して作られたものではないかという。

鉄の箱を見つけたのは報告者とその妹、祠のあった家の子ども、報告者の友人のMと彼の二人の妹であったが、全員が鉄の箱に触れてしまう。その翌日、Mの妹のうち一人が死亡。一カ月後にはMの父親が交通事故で死亡するという災難が起こる。さらに報告者らが大人になった後も、結婚したMの妻やMのもう一人の妹が立て続けに流産したことから、鉄の箱の祟《たた》りではないかという話が持ち上がる。

先述の通り、鉄の箱が山中一揆の犠牲者たちに関連するものであり、報告者やその妹は祟りに遭《あ》わず、Mとその家族だけが被害に遭っていることから、Mの家はかつて農民たちが山中一揆を起こす原因となった、大庄屋や中庄屋の子孫ではないかと推測されている。

鉄の箱について何か知っているかもしれない神社にMとともに行ってくると記されたのを最後に書き込みは途絶え、その後どうなったのかは不明である。

## テディーちゃん［てでぃーちゃん］

ぬいぐるみにまつわる怪異。ある少女が学校から帰って来てラジオで英語を聞いていると、ぬいぐるみの熊のテディーちゃんが「ラジオの音、もっと小さくしろよ。うるさいな」と言ったという。

常光徹編著『みんなの学校の怪談　緑本』に愛知県からの投稿として載る。

## でどでんこめんさん［でどでんこめんさん］

ネット上で語られた怪異。2ちゃんねる（現5ちゃんねる）オカルト板に立てられた「じわじわ来る怖い話33じわ目」にて二〇一一年二月　八日に語られたもの。

それによれば、江戸時代、ある地域に「でどでんこめんさん」という鬼が現れた。その鬼は背が高く、肌が赤く、異様な服を着ており、「で、どでん、こめん、で、どでん、こめん」と繰り返し、鬼にもかかわらずいつも怯《おび》えて震えていたため、庄屋が蔵に匿《かくま》っていたが、結局海から仲間が来て、怖がる「でどでんこめんさん」を連れて帰ったという。

これは鎖国時代、出島から逃げ出してきたオランダ人ではないかと語られているが、同スレッド内で「でどでんこめん」はオランダ語の「de doden komen」ではないかと考察されている。この言葉を日本語に変換すると、「死者が来る」という意味になるため、でどでんこめんさんを連れて帰ったのは彼の仲間のオランダ人ではなく、既に死んでいる何者かだったのかもしれない。

## 手の跡をつけるもの［てのあとをつけるもの］

寺に現れるという怪異。この寺では昔からある部屋のみ、いつの間にか天井に手の跡が付くという怪現象が起きていた。その手の跡は何度消しても現れ、その度に場所が異なるのだという。

その寺の住職の親戚であるフリーライターが寺に泊まらせてもらった際のこと。子どもの頃からこの怪現象が起きる部屋に泊まっていた彼は、その時も同じ部屋に泊まることになった。

ある日、部屋で寝ずに原稿を書いていた際、ふと手の跡はどこだろうと探して見ると、珍しいことに手の跡が見つからない。諦めて原稿を書いていると、背後の天井の辺りで音がしたため、振り返った。すると天井に近い壁から真っ白な長い腕が一本伸びており、ゆっくりと天井板に手のひらを押し付けたかと思うと、壁の中に引っ込んでいって消えた。天井にはたった今付けられたばかりの手のひらの跡が残っていたという。

木原浩勝・中山市朗著『新耳袋 第十夜』にある。筆者命名。

## デブの席［でぶのせき］

ファミリーレストランにまつわる怪異。東京都内にあるそのレストランの一番奥のテーブル席は、「デブの席」と呼ばれている。その理由は、なぜかその席に座った客だけオーダーが通常よりも多くなるためで、座った客は苦しみながら料理を平らげることになるという。ある時、一人の客がその席以外の席を希望したため、何か知っているのかと聞いてみると、その席にはいつも二人の太った男性客がおり、その席に人が座るとすっとその両隣に現れて一緒にメニューを眺め、ニコニコと笑い始めるらしい。すると、席に座った客はその二人の食欲を満たすかのようにたくさん食べ物を食べたい衝動に駆られるのだという。これを聞いて以来、レストランでは、どうしてもその席を使わなければならない場合は、なるべくたくさん食べそうな男性客を案内するようになった。それでその席はアルバイトたちの間でいつしか「デブの席」と呼ばれるようになり、特別席扱いされているとのいうことだ。

木原浩勝著『九十九怪談 第一夜』にある。

## 手まねきババ ［てまねきばば］

学校に現れる怪異。ある小学校の空き教室の前を通ると、老婆が手招きしていることがあるという。無視して通り過ぎるとドアから半分体を出してその人間を覗《のぞ》くが、特に危害を加えることはないようだ。

マイバースデイ編集部編『ゾゾ〜ッ！心霊体験大集合』にある。

## テレビジョンフェイス ［てれびじょんふぇいす］

テレビにまつわる怪異。ある男性が長年使っているブラウン管のテレビでは、電源を切るといきなり消えずに画面の真ん中に光が集まり、拳ほどの大きさの人の顔になるという現象が起きるようになった。この顔はしばらく放っておくと消えるが、テレビを消す度に現れるのだという。

木原浩勝・中山市朗著『新耳袋　第九夜』にある。筆者命名。

## 天狗のテーブル ［てんぐのてーぶる］

山にまつわる怪異。長野県に聳《そび》える稲子岳の山道の途中には、ある日突然出現したとされる平らな岩があり、天狗のテーブルと呼ばれている。

この岩は元々、五メートルほど離れた地面にあった。それが突然、地震も何もなく移動した。そのため近くの山小屋の主人は天狗が宴会のために石をテーブル替わりに移動したか、さもなくば宇宙人がいたずらしたか、どちらかだろうと話しているという。

工藤隆雄著『新編　山のミステリー』に載る。

## でんしトックリ ［でんしとっくり］

言葉遊びにまつわる怪異。ある小学校で「でんしトックリ」という言葉を三回唱えると呪われずに済むという噂が流行した。その理由は以下のようなものだ。

一年前、この小学校の男子児童が学校近くの橋から落ち、死亡するという事故が起きた。以降、同じ橋で子どもが落ちて死亡する事故が何度も起きるようになり、最初に落ちて死んだ男子の呪いだ、と言われるようになった。この男子は学校でいじめられており、いじめた子どもや、助けてくれなかった子どもを恨んでいるのではないかと思われたのだ。

そんなある日、誰が言い出したのかは不明だが、死んだ男子の呪いが掛からないおまじないとして「でんしトックリ」を三回唱えるということを言い出し、それが流行したのだという。しかし、それも効果がなかったのか、「でんしトックリ」と唱えながら橋を渡った男子が橋から飛び降りるという事件が起きた。幸い、その男子は大怪我《けが》をしたものの死ぬまでには至らなかったが、飛び降りた際、「リクトシンデー」という声を聞いたという。

この「リクト」というのはこの橋で最初に飛び降りて死んだ男子の名前だった。

「でんしトックリ」という言葉を逆から読むと「リクットしんで」つまり「リクト死んで」という言葉になる。誰が最初に言い出したのかも分からないこの言葉は、呪いを防ぐものではなく、死者の霊を呼ぶ言葉だったのではないかと語られている。

「ほんとにあった怖い話」委員会編『ほんとにあった怖い話1』に愛知県名古屋市からの投稿として載る。

## 天井を突き破る少女 ［てんじょうをつきやぶるしょうじょ］

学校に現れる怪異。ある女子生徒が校舎二階の廊下を歩いていると、向こう側から青白い顔をした髪の長い少女が歩いてきた。その少女が「理科室はどこですか」と尋ねるため、女子生徒が「三階にありますよ」と答えると、小さく「ありがとう」と呟《つぶや》いた。その直後、少女は物凄い勢いで垂直に壁を登り、天上を突き破って上に行ってしまったという。

久保孝夫著『女子高生が語る不思議な話』にある。また魔夜妖一監修『ゾゾーッ！こわい話１０００』には、校庭で遊んでいた子どもたちに少女が近付いてきて「音楽室はどこ?」と聞くため、「三階の一番端」と教えると、にたりと笑って校舎の壁を猛スピードでよじ登って行ったという、「クモ女」という類似怪異が載る。

## 電子レンジの生首 ［でんしれんじのなまくび］

ネット上で語られた怪異。怪談投稿サイト「Alpha-Web こわい話」にて一九九七年一一月一七日に投稿されたもの。

ある人物が深夜に電子レンジで冷凍のあんまんを加熱していたところ、ラップが膨張する音が聞こえたため、真っ暗な台所で電子レンジを覗《のぞ》き込んだ。するとそこには皮膚が焼け爛《ただ》れ、真っ黒な顔面になった男の生首が目だけをギラギラと光らせ、こちらを見つめていたという。

## テンジンキ ［てんじんき］

ネット上で語られた化け物。2ちゃんねる（現5ちゃんねる）オカルト板に立てられた「死ぬ程洒落《しゃれ》にならない怖い話を集めてみない？28」スレッドにて二〇〇三年二月二四日に書き込まれたもの。

東北地方のある村に天神逆霊橋《てんじんきぎゃくりょうきょう》という橋があり、「天神様の橋」と呼ばれていた。この村では悪さをした子どもに対し「天神様の橋を渡らせるよ」と言って窘《たしな》める風習があった。天神逆霊橋は山奥にある吊橋《つりばし》で、橋を渡ることは禁忌とされていた。この橋を渡るのは一年に一度、「逆霊祭り」と呼ばれる祭りが行われる日で、死者の霊が帰ってくることを祝うお盆のようなものであるとされる。ただしお盆とは違い、死者の霊を労《いた》わるという理由で子どもを生贄《いけにえ》に捧げる儀式も行われており、八歳から一二歳の村の子どもが対象となった。子どもは棺桶《かんおけ》のようなものに入れられて村の年長者によって橋を渡り、神社に一日放置され、翌日に村に戻されて蓋《ふた》を開けることなく埋葬されるという。

ある年の祭りの夜、前年にこの儀式によって子どもを失った男が一体自分の子の身に何が起きたのかを確かめるため、禁忌を犯して天神逆霊橋を渡ったことがあった。橋を渡り、しばらく進むと神社があり、境内の灯籠に火が灯っていた。そこで社の方へ向かうと、社の後ろの森から物音が聞こえてきた。隠れて様子を見ていると、一〇人ほどの人間の姿をした者が森から現れ、社の前に集まった。男もいれば女もおり、老人もいれば若者もいたが、子どもの姿はないようだった。その者たちは一列になって社の中に入ったが、やがて生贄となった少年の悲鳴が聞こえてきた。男が社の中を覗《のぞ》くと、森から現れた者たちは少年を取り囲み、数人が少年の体を押さえ、他の者たちは少年に齧《かじ》り付いて生きたまま食らっていた。男は震えながら隠れて夜が明けるのを待ち、あの者たちが森に帰っていくのを待って、村に戻った。それから男は逃げるようにして神奈川県に引っ越したが、その年、神奈川県で児童失踪事件が多発した。その多くは迷宮入りとなったが、児童の死体が見つかった事件では、その多くの場合において児童の体が何者かに食われたように損壊していたという。男はテンジンキが自分を追ってきたのだと語っている。

## 電信柱女［でんしんばしらおんな］

ネット上で語られた怪異。2ちゃんねる（現5ちゃんねる）オカルト板に立てられた「ほんのりと怖い話スレ」スレッドにて二〇〇一年六月五日に語られたもの。筆者命名。

それによれば、報告者が夜遅くに帰宅する途中、ある公園の横を通ろうとした際のこと。遠くから見るとその公園の景色に違和感があり、近付くとそれが電信柱の高さの違いによるものだと分かった。よく見ると一本の電信柱の上に、髪が長く、黒い服を着た女が前のめりに立っている。その頭は妙に大きく、青白い顔が前に飛び出しているような錯覚を覚えるほどだったという。女はにやりと笑っていたが、報告者は目を合わせないようにしてその場を速足で去った。後日、昼間に同じ場所を通ったところ、女はおらず、その電信柱は他と全く同じ高さだったという。

## 電柱ババア［でんちゅうばばあ］

東京都の神田神保町に現れたという怪異。この町にある編集プロダクションで働いていた女性社員二人が土砂降りの中、帰路についていた際のこと。ふと異様な気配を感じて近くにある電柱を見上げると、その電柱のてっぺんに近い辺りから、半透明の老婆の上半身が斜めに突き出していた。真っ暗な道であったがその老婆の顔はやけにはっきりと見えた。その顔は目も鼻も口も、奇妙なほど顔の中心に寄っていたという。

安藤君平編著『「超」怖い話』にある。筆者命名。

### 電脳つき［でんのうつき］

古くなって捨てられたパソコンが妖怪化したもの。見た目はただの古びたパソコンだが、見つけた人間に取り憑《つ》き、ゲームの虜にしてしまう。取り憑かれた人間はゲームの楽しさにはまり、やめたくても自分の意思ではやめられなくなる。そして、そのままあっという間に痩《や》せ細り、最後はパソコンの世界に閉じ込められ、二度と戻って来られないとされる。

怪談クラブ監修『キャーッ！　みんなの怪談』にある。同書には捨てられた恨みから人間を恨んでいると記されている。ビジュアルや設定ありきで紹介されていることから、書籍用に創作された妖怪の可能性が高い。

## 【と】

### トイレのおじいさん［といれのおじいさん］

ある病院のトイレに出現するという老爺《ろうや》の怪異で、天井から用を足す人間を見下ろしている。目撃した際にこの老爺と目を合わせてしまうとその人間の命はないという。

怪談投稿サイト「Alpha-Web　こわい話」に一九九七年六月二六日に投稿された話に登場する。

### トイレのおばけさん［といれのおばけさん］

ネット上で語られた怪異。怪談投稿サイト「Alpha-Web　こわい話」にて二〇〇〇年五月二五日に書き込まれたもの。

小学校低学年くらいの子どもが行方不明になり、一カ月後に自宅からそう離れていない公園の一角にある公衆便所で発見された。子どもは特に怪我《けが》もなく元気で、一カ月間どうしていたのかと問われると「トイレのおばけさんがね、助けてくれたの～」と答えたという。神隠しに遭《あ》った子どもが天狗や山の神などによって世話をされ、無事に帰って来るという話は昔からあるが、これも似たような話だろうか。

### トイレの顔［といれのかお］

ある小学校のトイレに現れたという怪異。その小学校で二人の生徒が放課後に残っていた際のこと。一人がトイレに行きたいと言うため、二人でトイレに行ったところ、そのトイレの奥に男の顔が浮かんでいた。二人は悲鳴を上げて教室に逃げ込んだが、しばらくして「もういなくなったかなあ」と恐る恐るトイレを覗《のぞ》くと、少し怒った顔でまだ浮かんでいた。二人は再び逃げたが、また「もう一度見て、いなかったら帰ろう」とトイレを覗くと、男の首は「なんべんもなんべんも見るな」と言って、男子トイレの窓から落ちて行ったという。

常光徹編著『みんなの学校の怪談 赤本』に岡山県からの投稿として載る。筆者命名。同じように何度も生首を覗く話に**冷蔵庫の生首**がある。

## トイレの神様 ［といれのかみさま］

トイレの便器に向かって唾を吐くと、トイレの神様に祟《たた》られる。そして無礼を懲らしめるために罰を当てるという。

魔夜妖一監修『ゾゾーッ！ こわい話1000』にある。同書には他にも裸でトイレに行くとトイレの神様が怒るため、病気になるという話が載せられている。

トイレに神がいるという信仰は古くから見られ、便所神、厠《かわや》神などと呼ばれる。お産を司《つかさど》る産神《うぶがみ》と見なされることも多く、便所をきれいにすれば美しい子を産むという信仰もある。片手で大便を、もう一方の手で小便を受け取るが、唾を吐いた場合は口で受け止めなければならないため、唾を吐いてはならないとする信仰もあり、先述した話はこれが元になっていると思われる。また同様に厠神が怒るため、裸で便所に入ってはならないとする地域もある。

「トイレの神様」という名称は二〇一〇年にシンガーソングライターの植村花菜が発表した楽曲「トイレの神様」のタイトルとして使われており、この歌でも厠神のことが歌われている。これが元になり、「トイレの神様」という名称で子どもたちの間に広まったのではないかとも考えられる。

この他にも宮崎敦司監修『本当に怖い話MAX 絶叫学園』では、ある小学生が修学旅行で旅館に泊まった際、何者かに突き飛ばされた後、別の柔らかく温かな手に助けられたという話が載せられている。ここでは助けてくれたのがトイレの神様で、突き飛ばしたのはトイレの悪魔かもしれないと書かれている。

## トイレの霊 ［といれのれい］

トイレにまつわる怪異。一二時ちょうどにトイレに入ると、それが夜の一二時であれば男の霊が、昼の一二時であれば女の霊がその人間を迎えに来るという。

絹華作『恐怖！ ホントにあった⁉ こわい話』にある。

## 塔ヶ岳の亡霊 ［とうがたけのぼうれい］

山にまつわる怪異。一九五二年のこと、神奈川県の塔ヶ岳で、山頂から下山していた女性二人が足を滑らせ玄倉川《くろくらがわ》に落ち、死亡するという事故が起きた。それから少し経った頃、林道工事のトラックが林道を進んでいると、前方に白ブラウスにズボンの二人の女性が立ち、運転手の方に一生懸命手を振っていた。女性たちは「おじさん乗せてよ、乗せてよ」と頼むため、運転手が車を停めて乗せようとすると、突然二人の姿が消えてしまった。二人の服装は、その死んだ女性たちが最後に着ていた服装と同じだったという。

松谷みよ子著『現代民話考3 偽汽車・船・自動車の笑いと怪談』にある。

## 峠の女〔とうげのおんな〕

ネット上で語られた怪異。怪談投稿サイト「Alpha-Web こわい話」にて二〇〇〇年八月二八日に投稿されたもの。筆者命名。

それによれば、ある男性がドライブで山梨県にある峠に向かい、下ってトンネルを通っていたところ、出口付近に赤ん坊を抱いた女性が立っているのが見えた。男性はスピードを出していたため、車を止めることなく通り過ぎたが、ふとサイドミラーを見るとあの女性が追いかけてきている。スピードメーターは一八〇キロを指していたが、女性は追いついてきて、車と並走し始めた。直後、次のトンネルに差し掛かり、トンネルを抜けた後には女性の姿は消えていたという。この話では女性は助けを求めて車を追っていたのではないか、との推測が記されている。

## 峠のホットドッグ屋〔とうげのほっとどっぐや〕

ある峠に現れたという怪異。若者たちが山陰地方にドライブに行った際、鳥取県の県境に近いある峠に差し掛かった時、行く手に赤い灯が見えた。よく見ると、それは上り坂の途中にある手引きの屋台で、「ホットドック」と書かれた赤い提灯と暖簾《のれん》がかかっていたという。その暖簾の奥で男女の客が腰かけており、屋台のそばを通り過ぎる際、女性と屋台の主人が自動車の方を見て不思議そうな顔をしていた。しかし、その横を通り過ぎた直後、ホットドッグの屋台は消え去っており、それがあった場所に引き返しても屋台があった痕跡はなかったという。

木原浩勝・中山市朗著『新耳袋 第一夜』にある。

## ドウドウ〔どうどう〕

ネット上で語られた怪異。2ちゃんねる（現5ちゃんねる）オカルト板に立てられた「死ぬ程洒落《しゃれ》にならない怖い話を集めてみない？ １３９」スレッドにて二〇〇六年八月一七日に語られたもの。「ドードー」と表記する場合もある。

「ドウドウ」は報告者の友人が考えたという遊びで、夕方五時から六時ぐらいの家に帰る時間帯に「ドードードードー」と叫び、走って家に帰るというもの。このドウドウとは報告者の友人が作った架空のお化けで、夕暮れ時になると現れて子どもを攫《さら》ってしまうという設定で、それから逃げるという遊びだったようだ。しかし一〇月か一一月のある日、いつものようにドウドウを行っていると、近所の老爺《ろうや》に「お前ら、何しよんぞっ！ ドードーなんて言うて……

連れちいかれても知らんぞっ！」と叱られたという。報告者が訳も分からずに友人を見ると、友人は今まで見たことがない、歪んだような顔をして、意味不明な声を発していた。それを見た先ほどの老爺は友人が何かに憑《つ》かれていると叫んだという。友人はそれから神社でお祓いを受け、一週間ほど学校を休んだ。以降、報告者も友人もドウドウについて口に出すことはなかったが、報告者が高校生になった頃、友人を助けてくれたあの老爺が亡くなった。

　葬式の際、報告者が自身の両親にドウドウについて尋ねると、以下のような答えが返ってきた。ドウドウが何なのかは誰も知らないが、意図して伝えられているわけでもないにもかかわらず、子どもたちの中にその存在を知っているものが現れる。共通しているのは夕暮れ時に現れ、「ドードー」と声を上げて子どもを攫う存在だということ。過去にも何人かが報告者の友人と同じような状況になり、神社の太夫に祓ってもらったことがあったという。この話では当時報告者らが住んでいたのは愛媛県の山奥だとされている。

　中国地方や四国地方には「ゲドウ（外道）」や「マドウ（魔道）」など人に憑く妖怪の伝承があるが、好んで子どもを攫うという性質は見受けられない。また、夕暮れ時に子どもを攫う妖怪は総称して「隠し神」と呼ばれることが多いが、ドウドウの場合は実際に子どもを攫う妖怪が現れるのではなく、そういう性質を持っているものとして語られるのみであるなど、謎が多い。

## 透明肉［とうめいにく］

　死体にまつわる怪異。ある人物が道を歩いていると、血だまりのど真ん中に事故死体が転がっていた。しかし誰もそれを避けようとせず、折れて骨の飛び出した腕や、腹からはみ出した腸を踏みつけて歩いて行く。不謹慎だなと思ってよく見ると、それはぼんやりと透き通った死体の幽霊だったという。

　デルモンテ平山編著『新「超」怖い話Q』にある。

## 百目鬼のおまじない［どうめきのおまじない］

　占いにまつわる怪異。「目」という字を縦、横にそれぞれ一〇個、計一〇〇個書き、その上に「鬼」と書くと、眠気がなくなるという。

　マイバースデイ編集部編『わたしの知ってるおまじない1000』にある。百目鬼は栃木県宇都宮市《うつのみやし》に伝わる妖怪の名前で、俵藤太こと藤原秀郷に退治された伝説がある鬼。伝説によれば名前の通り目が一〇〇もある身の丈三メートルの鬼で、秀郷に矢で貫かれた後も炎と毒気を吐いて抵抗したが、智徳という僧によって人の形になり、死んだという。この百目鬼がいかにして眠気を覚ます占いとなったのかは不明だが、ギリシャ神話には同じように一〇〇の目を持つ巨人、アルゴスの話がある。眠る際には五〇ずつ目を閉じ、五〇ずつ目を開けて交代で寝るため、常に意識が覚醒しているとされる。眠気覚ましという点ではこちらの方が相性は良さそうである。

## 時盗み［ときぬすみ］

時間にまつわる怪異。初めて行った見知らぬ土地なのに「前に来たことがある」などと感じる、いわゆるデジャヴが起こるのはこの妖怪のためだという。時盗みは人間の記憶を自由に操ることができる妖怪で、ない記憶を植え付けたり、大切な記憶を消したりするとされる。

怪談クラブ監修『キャーッ！ みんなの怪談』にある。明記されていないものの、同書でこの妖怪が紹介されているコーナーはイラストや妖怪のステータスなどが詳細に記されており、テレビゲームやアニメなどのキャラクターを紹介するような趣になっていることから、書籍用に創作された妖怪たちを集めたものではないかと考えられる。

## 土下座をさせるもの［どげざをさせるもの］

ネット上で語られた怪異。2ちゃんねる（現5ちゃんねる）のオカルト板に立てられた「死ぬ程洒落《しゃれ》にならない怖い話を集めてみない？ ３０５」スレッドにて二〇一二年一一月七日に語られたもの。

それによれば、報告者の父方の祖父が亡くなったが、その状況を聞いたところ、普段は使わない家の三階の真ん中で、土下座をするような姿勢で心筋梗塞により亡くなっていたという。その二カ月後、祖母もまた祖父と同じ場所で土下座のまま亡くなっていた。死因は脳溢血《のういっけつ》だったが、さすがに二人とも同じ姿勢、同じ場所で死んだのはおかしいとなり、報告者の父が親戚を集め、ある話をした。

それは祖父母の過去の話で、かつて二人は娘を授かったが、娘は七歳の頃に高所から落ちて頭を打ち、亡くなってしまった。祖父母は親戚から、娘が死んだのはお前たちのせいだと責められ、逃げるように引っ越した。それが祖父母が死んでいた三階建ての日本家屋だったが、二人が死ぬ五年ほど前の盆の時期から、ある声を聞くようになった。それは死んだ娘の「とうちゃん、かあちゃん、高いとこ怖い。一緒にいて」という声で、三階に上ると聞こえたと語っていたという。

この出来事のあと、僧侶を呼んで供養《くよう》がなされ、家は売り払われた。以降親戚におかしなことは起きていないと語られている。

なぜ数十年も時を経てから娘の霊が自分が住んでいたわけでもない家に現れたのかは明かされていない。もしかしたら娘の声や姿を騙《かた》る何者かが家の三階に棲《す》みついていたのかもしれない。

## とし子ちゃん［としこちゃん］

ネット上で語られた怪異。2ちゃんねる（現5ちゃんねる）オカルト板に立てられた「死ぬ程洒落《しゃれ》にならない恐い話集めてみない？ 45」スレッドにて、二〇〇三年七月二三日に語られたもの。

高速道路に出現する怪異で、ガングロの女子高生の姿をしている。顔にはけばけばしい化粧をしており、厚底ブーツで高速で走り回る。自動車を見つけると追いかけてきて、もし追いつかれると何らかの形で命を奪われるという。

ただ運転手が眼鏡をかけた男性である場合は一度だけ見逃してくれるとされ、実際、眼鏡をかけた人間がこれと遭遇した際、「なんだょ眼鏡か。超バッド。次、気を付けな。次はアンタの頭もらってくよ。マジにＭＫ５」という言葉を発したという。

この怪異は「とし子ちゃん」と呼ばれ、最初は埼玉に出現したが、高速道路を使って日本中を移動しており、四国や九州でも目撃されているという神出鬼没な性質が語られている。高速道路に出現し、自動車を追いかけて事故に遭《あ》わせるなどする怪異は多く、「高速ババア」「ターボババア」「人面犬」（いずれも『日本現代怪異事典』収録）などがいるが、一昔前のギャルの姿で出現する例はほかに見ない。

とし子ちゃんの容貌は一九九〇年代後半から二〇〇〇年初頭頃に若い女性に流行したガングロギャルやコギャルのものだと思われる。彼女らはファッションとして好んで厚底ブーツを履いていたため、それがとし子ちゃんにも反映されているのだろう。ちなみにとし子ちゃんが使う「ＭＫ５」は「マジでキレる五秒前」などの略で、若者が使うスラングとして流行していた。

## 年吸いばばあ［としすいばばあ］

美しい女性の姿をした怪異。道端で声をかけ、家まで付いて行った人間の若さを吸い取ってしまう妖怪だとされる。既に一〇〇〇年以上に渡って生きており、若さのエキスのパワーを使い、時代に合わせた姿に化けているため、外見で正体を見破るのは困難。しかし、鏡には醜《みにく》い老婆の姿として映るため、それによって正体を見破ることができる。

怪談クラブ監修『キャーッ！ みんなの怪談』にある。同書では平安時代には羅生門付近に現れたとも記されている。イラスト付きで紹介されており、詳細な設定が併記されていることから、書籍用に創作された存在ではないかと思われる。

## 図書館の赤ん坊［としょかんのあかんぼう］

ある小学校に伝わる怪異。その小学校の図書室で本を汚したまま返そうとすると、物凄い形相《ぎょうそう》をした赤ん坊の霊が現れ、本を投げ付けてくるという。

絹華作『超スペシャル版　マジでビビる!!こわい話』にある。

## 図書館の少女の絵［としょかんのしょうじょのえ］

学校の怪談として伝わる怪異。ある学校の図書室にある女の子の絵を三回見ると呪われるという。

宮崎敦司監修『本当に怖い話 ＭＡＸ 絶叫学園』にある。筆者命名。インターネット上で**三回見ると死ぬ絵**という絵の噂《うわさ》が流《る》布《ふ》しているが、その影響で生まれた話か。

## トビオリさん［とびおりさん］

かつて流行したという遊びにまつわる怪異。これが流行したのは岐阜県だとされ、遊び方は「トビオリさん」と三度唱えてから目を閉じてジャンプするという他愛のないものだった。しかし、この遊びが流行した地域では、なぜか周りに建物もない場所で転落死した子どもの死体が次々と見つかった。結局この遊びは親から禁止され全国には広まらなかったという。

現在、都市伝説の一種として紹介されていることが多いこの話だが、恐らく初出は2ちゃんねる（現5ちゃんねる）オカルト板に立てられた「信じようと、信じまいと―3」スレッドにて二〇〇四年七月一三日に語られたもの。親から禁止されたという共通点のためか、「こっくりさん」（『日本現代怪異事典』収録）と同時期に流行したとされる場合もあるようだ。

## 飛び降り志願の男［とびおりしがんのおとこ］

ネット上で語られた怪異。怪談投稿サイト「Alpha-Web こわい話」にて、二〇〇三年一〇月二四日に投稿されたもの。

それによれば、ある男がビルの窓から飛び降り自殺をしたが、一階の出入口の屋根の端に胴体が引っかかり、体が上半身と下半身で真っ二つになってしまった。その際、上半身は地面に叩《たた》き付けられたが、途中で屋根にぶつかったため、落下速度が落ちたのか、すぐには死ねなかった。男は「どうして死ねないんだ……」と呟《つぶや》いた後、数分経ってから力尽きた。男は霊になった後も自分が死んだことを理解しておらず、もっと高いビルから飛び降りないと完全には死ねないと考え、上半身だけになった姿で様々な高層ビルに現れては飛び降りを繰り返すようになった。その姿が人々に目撃されるようになり、やがてこの霊を見ると不幸になるという噂《うわさ》が流れたり、新たな自殺を誘発するなどした。

男の霊はそんなことは意に介さず、また新たな、より高いビルを見つけ、そこで飛び降りを試みるようになった。そのビルの最上階にはスポーツジムが入っており、男の霊の噂がここまで届いていて、ジムの会員たちは皆怖がっていた。だが、一人の青年があることを思い付き、自ら窓を開けると、すぐそばで逆立ちした。するとビルの外壁をよじ登ってきた男の霊がちょうどその窓を覗《のぞ》き込んだ。青年はわざと明るく振る舞い、霊に「何、降りてんだ？ さぁ、下へ飛び降りろよ」と告げた。男の霊は青年が逆立ちしているとは気付かず、自分が上下逆さまで、とても高いところにいるのだと考えた。そして男の霊は上、つまり空に向かって落ちた。男の霊は今も落ち続けている。彼は空を越え、宇宙を落ち続けている。

「今度地面に叩き付けられれば、きっと死

ねるだろう」と思いながら……。

## 飛び込みおばさん［とびこみおばさん］

愛知県のある交差点に出現するという怪異。その交差点の横断歩道のほぼ真ん中に現れる、車と衝突を繰り返す霊とされる。その姿は白い割烹着《かっぽうぎ》の和服姿で、顔は左の頬から顎辺りまでが欠損しており、全身が裂傷で血にまみれているという。

吉田悠軌選『ムー実話怪談「恐」選集』にある。似た名前の怪異に「飛び込みばあさん」（『日本現代怪異事典』収録）がいる。

## 止まれの呪い［とまれののろい］

登下校道にまつわる怪異。ある学校に行く途中の道路に「止まれ」と書かれているが、その「止」を踏むと翌朝父親が死に、「ま」を踏むと翌日母親が死に、「れ」を踏むと幽霊が現れるという。

常光徹編著『みんなの学校の怪談　緑本』に神奈川県からの投稿として載る。筆者命名。

小学生にありがちな地面に書いてあるものを踏むとゲームオーバーという遊びから派生したものだろうか。「止」は「と」で、「父さん」の頭文字なため父親が、「ま」は「ママ」や「マザー」の頭文字だから母親が、「れ」は「霊」の頭文字だから霊が、それぞれ関わるとも考えられる。

## ともだち［ともだち］

ネット上で語られた怪異。2ちゃんねる（現5ちゃんねる）のオカルト板に立てられた「不可解な体験、謎な話～enigma～ Part27」スレッドにて二〇〇五年七月一〇日に語られたもの。

報告者がまだ子どもの頃、彼には不思議な「ともだち」がいたという。両親が働いており、普段は学校の後、託児所のような場所で遊んで帰っていたものの、それでも一時間ほどは家で一人になる時間があった。その際、彼の話し相手になってくれたのが、腹話術用の人形だった。その容姿は妙にお洒落《しゃれ》で　五歳ぐらいの年齢の顔の少年の人形だったとされ、かつて報告者の両親が古道具屋から買ってきたものだったという。

しかし、この友達はただの人形ではなく、いつも和ダンスの上にいるが、報告者が帰ってくるとクイッと組んだ足の上に両手を置き、報告者に話しかけたと語られている。とてもおしゃべりで気取り屋、そしてキザっぽかったが、報告者に様々な話をしてくれた。その内容は彼の体験談で、彼が演じた劇のお話などだった。

しかしある日、ともだちはこんなことを言った。

「さて。そろそろ僕たちもお別れだ。○○（報告者の名前）にはやらなきゃいけないことがある。遠足の準備をしな。ありったけのお菓子をリュックに詰めて、お布団の近くに置くんだ。大事なものもリュックに入れて、いつでも遊びにいけるようにね。

着替えも近くに置いとくといいね。僕？僕も行くよ？ でも○○とは違う。うん、ここより面白そうな所だ。うん。きみより面白いよ」

　これを聞いた報告者は、あまり深く考えず、遠足という言葉に喜んで彼の言う通りにリュックにお菓子を詰め込んだ。そしていつものように眠っていると、突然両親に起こされ、家の外に連れ出された。寝ぼけていたため何が起きたのか分からないでいたが、次第に自分が大地震に巻き込まれていることに気付いた。それは後に阪神大震災と呼ばれる災害であり、報告者の家は半壊した。そして報告者にこのことを教えてくれた「ともだち」は、行方不明となり、服の生地すら見つからなかったのだという。

## トラ［とら］

　ネット上で語られた怪異。2ちゃんねる(2ch.sc) オカルト板に立てられた「死ぬ程洒落《しゃれ》にならない怖い話を集めてみない？351」スレッドにて、二〇一八年八月一九日に語られたもの。

　それによれば、当時から三〇年ほど前のこと。東京都の調布市で、少年時代の報告者が図書館から帰宅する途中、いつも左折する十字路に違和感を覚えた。よく見れば幼稚園の前にいつもはない木造の肉屋がある。おかしいなと思っていると、一緒にいた母親はその肉屋に入ってしまった。報告者は後を追ってその中に入ったが、肉屋と看板を掲げているものの、中には野菜も売られており、小さなスーパーのような店だった。店の中央付近まで来た時、不意にシャン、シャンと錫杖《しゃくじょう》の音が聞こえ、視界から色がなくなり、一面灰色の世界になった。そして奥の精肉コーナーから獣が今にも襲ってきそうな気配と感覚があり、報告者は肉屋から逃げ出した。逃げ続けて十字路の灰色の交差点を渡ったとき、色のない世界でただ一人、真っ赤な着物を着た女性と遭遇した。女性は妙齢にも、老婆にも、童女にも見える不思議な姿をしていた。彼女は少年に優しく微笑《ほほえ》むと「私はトラ。トラがあなたを守ります」と告げ、その瞬間獣の気配がなくなり、報告者の恐怖心は和らいだ。肉屋の方を振り返るといつの間にか色を取り戻しており、交差点の向こうから母親が走って来るのが見えた。報告者が元の世界に戻してくれたお礼を言おうと振り返ると、トラの姿はもうなくなっていた。

　その後、報告者があの肉屋を見ることはなかった。高校生になった報告者は、あの肉屋の後ろにあった幼稚園に行き、そこの先生に肉屋について尋ねた。先生はそんな場所は知らないと言いつつ、昔から同じようなことを聞かれる、と言った。つい先日も小学生ぐらいの女の子が同じようにこの先生に尋ねたが、その内容は、ここに養鶏場がなかったか、だったという。

## 鳥居の上の怪［とりいのうえのかい］

　神社にまつわる怪異。ある男性が友人とともに神社で行われている秋祭りに赴いた際のこと。二人で境内で話していると、友人が突然驚いて、「今、井戸の中に首のない女の人みたいなのが落ちて行った」と語った。直後、男性はその友人の後ろにある鳥居の上に目を閉じて髪を振り乱した女の顔がこちらを向いて乗っているのを見た。その顔は半分が崩れ、半分が色白の美女であったが、突然その目が開き、男性の方を見た。その瞬間、周囲の音が消え、自分だけがその場に取り残されたように無音状態になり、さらに鳥居の上の女の目から視線を逸らすことができなくなった。

男性が女の首を見ていると、女は男性と目を合わせたまま鳥居の上を平行移動しながら横を向き始めた。その間も目だけは男性の目を見つめており、顔が完全に横を向いても、嘲笑するように男性に目を向けていた。女の首は鳥居の端まで平行移動すると、再び正面を向き、真ん中に平行移動して戻ってきた。思わず男性が大声で叫ぶと、次第に周囲の音が戻ってきて、同時に女の首も消えた。やがて景色は元の神社の境内に戻ったが、男性はこれ以来その神社に一歩も足を踏み入れていないという。

木原浩勝・中山市朗著『新耳袋　第一夜』にある。

## 泥田坊 [どろたぼう]

出版社に現れたという怪異。東京都の神田神保町のある出版社に勤めていた女性が仕事を終わらせるため、夜会社に残ろうとしていたところ、編集長から帰りなさいと言われた。それでも仕事を続けようとすると、ここで夜を明かさない方が良いと言う。その日はそれで帰ったが、別の日にも同じことを言われたため、理由を問うと、この会社で寝ると「泥田坊」が出るのだと言う。

詳しく聞いてみると、この会社で寝ると必ず異臭で目が覚め、枕元に全身がドロドロの人間が立っているのだという。この泥田坊はいつの間にか消えてしまうが、触った人間の体験談だと、泥田坊に触った瞬間に手が入り込み、引き抜くと異臭が手についたまま残ったとされる。

木原浩勝・中山市朗著『新耳袋　第三夜』にある。

泥田坊は江戸時代の絵師、鳥山石燕《とりやませきえん》の『今昔百鬼拾遺』に描かれている。片目で三本指の人間のような姿をしており、泥田から現れるのだという。この妖怪の正体は、子孫のために残した田んぼが放蕩《ほうとう》息子によって売り払われたため、夜な夜な現れては「田をかえせ」と罵《ののし》る北国の老人なのだ、と説明されている。ただこのような妖怪が実際に出現したという伝承はなく、石燕が創作した妖怪である可能性が高い。また、出版社に現れた泥田坊に関しては、単に全身が泥のようなもので構成されていることから、自然と姿の似た泥田坊の名で呼ばれるようになったものと思われる。

## どろどろ [どろどろ]

スライムのような不定形の怪異。水溜まりやプール、沼や川などの水中に生息する妖怪とされ、普通の水とは異なる色をしている。もしこの色が異なる場所に足を踏み入れると、その人間を水中に引き摺《ず》り込み、食い殺してしまうという。

怪談クラブ監修『キャーッ！　みんなの怪談』にある。同書には太陽の強い日差しに弱いと書かれており、その性質はジョセフ・ペイン・ブレナンの小説『沼の怪』に登場するスライムによく似ている（『創作怪異怪物事典』参照）。他にも様々なフィクション作品に登場する不定形モンスターの特徴が取り入れられており、詳細な設定やイラストも加えられていることから、書籍用に創作された妖怪ではないかと考えられる。

## 十和田湖の龍神［とわだこのりゅうじん］

ネット上で語られた怪異。

それによれば、報告者が青森県十和田市と秋田県鹿角郡《かづのぐん》小坂町に跨《またが》る十和田湖に遊びに行った際、暑さから湖に飛び込んだところ、そのまま溺《おぼ》れかけた。その際、足下に丸太のように大きな蛇が現れ、男性を浅瀬へと運んでくれたという。驚いた男性は地元の漁師にそのことを話したところ、灰色の龍神がワカサギの群れを追いかけるのを見た人がいること、龍神はその姿を見た人間の一番嫌いな人間を殺すと教えられた。男性にはガンに侵された母親がおり、男性はその治療費などで結婚も諦めていたことから恨んでいたが、その休み明けに母親が倒れたという連絡を受けた。母親を嫌ってはいたものの苦しんでいる姿を見ると自分の命を分けてあげたいと思うようになっていた。するとほどなくして、転移していた母親のガンはどんどん小さくなり、最終的には自然と消えて、無事退院することができた。男性は、これは十和田湖の龍神が母親を救ってくれたのだろうと考えているという。以上が2ちゃんねる（現5ちゃんねる）のオカルト板に立てられた「死ぬ程洒落《しゃれ》にならない怖い話を集めてみない？326」スレッドにて二〇一五年四月二四日に語られたものである。

この話の舞台である十和田湖には二柱の龍神の伝説が残されている。

元々十和田湖は八郎太郎という人物が作った湖だと伝えられている。八郎太郎は元は普通の人間だったが、ある時仲間内の掟を破り、仲間の分のイワナを一人で食べてしまった。すると猛烈に喉が渇き、川の流れをせき止めるようにして七日七晩に渡って水を飲み続け、いつの間にか龍の姿になった。人の世界に戻れなくなった八郎太郎は、十和田山の山頂に湖を作り、そこに住みついた。これが十和田湖だという。その後、南祖坊という僧侶が熊野権現の導きで十和田湖を訪れ、八郎太郎と争った。この際、南祖坊は九頭の龍に変化し、八郎太郎に打ち勝つ。こうして八郎太郎は十和田湖を去り、南祖坊は龍の姿で湖に沈んだ。南祖坊は十和田山青龍大権現として十和田神社に祀《まつ》られ、八郎太郎はその後、秋田県西部の八郎潟に住んだという。

これらの伝説から見るに、十和田湖で男

性を助けたのは十和田山青龍大権現こと南祖坊だったのではないかと考えられる。自分の姿を見た人間の一番嫌いな者を殺す、という話は見当たらない。八郎太郎と南祖坊の伝説はどちらを主人公とするかで悪役が入れ替わる傾向にあるため、南祖坊を悪役とした伝説がそういった話を生んだのかもしれない。しかし、この話を見るに、龍神は男性の母親を助けているため、簡単に人の命を奪う神ではないようだ。

## とんとん［とんとん］

ネット上で語られた怪異。怪談投稿サイト「Alpha-Web こわい話」にて、一九九九年八月五日に投稿されたもの。

それによれば、投稿者は小学生の頃、東京都江東区の東陽町にあるマンションに住んでいた。ある日、いつもの自分の部屋ではなく畳の部屋で寝ていると、夜中に「とんとん」という音が聞こえてきた。目を開き、部屋の中を見回しても何もない。どうやら音は隣の居間の方から聞こえてくるようだったため、襖《ふすま》をそっと開けると、キッチンの方に白い人影が見える。「とんとん」と音が聞こえるのはこの白い影が包丁で何かを切るような仕草をしているためのようだった。投稿者はどういうわけかその姿から目が離せなくなった。すると、ふと音が止まり、人影がゆっくりと投稿者の方を振り返った。その顔には目がなく、大きな三日月形の口が笑っていた。投稿者は目が離せないまま、やっとの思いで襖を閉め、布団に潜《もぐ》って震えていた。しばらくしてもう一度襖を開けると、今度は目の前にあの人影が立っていた。そこで投稿者は気を失い、翌日母親に起こされるまで目を覚まさなかったという。

この話では舞台となった東陽町では戦時中に多くの死者が出たことについて触れられており、この人影の正体も戦争の犠牲者だったのかもしれないと語られている。

# 【な】

## ナーニおばけ ［なーにおばけ］

トイレに現れる怪異。トイレで「ホッコー」と呼ぶと何かが「ナーニー」と答えるという。

「ほんとにあった怖い話」委員会編『ほんとにあったこわい話1』に東京都大田区の中学生からの投稿として載る。話からして「ホッコー」がお化けの名前なのではないかと思うが、同書では「ナーニおばけ」と名付けられているため、それに倣った。

## 内臓喰らい ［ないぞうぐらい］

ネット上で語られた怪異。怪談投稿サイト「Alpha-Web こわい話」にて、二〇〇四年一月五日に投稿されたもの。筆者命名。

それによれば、心霊スポットとして有名なある廃病院で、人を殺す霊が現れると噂《うわさ》になっていた。そこでA、B、Cという三人の若者がこの噂を確かめようと廃病院に向かった。廃病院に着いた後、Cが一人ずつ病院に入ってみようと提案し、まずCが入ることになった。しかし、Cは一時間経っても帰ってこない。残る二人が心配していると、病院に入った若者が四階の窓から顔を出した。二人が早く戻ってこいと叫ぶと、突然Cが窓から転落した。Cは地面に叩《たた》き付けられたが、その体には内臓と片脚がなかった。AとBが恐る恐るもう一度四階を見ると、そこには雨具を着た何者かがおり、Cの臓器を食っていたという。

## 中河原海岸水難事故の亡霊 ［なかがはらかいがんすいなんじこのぼうれい］

海にまつわる怪異。一九五五年七月二八日、三重県津市で橋北中学校の生徒たちが安濃川《あのうがわ》河口近くの海（通称中河原海岸）で水泳訓練をしていたところ、女生徒たちが一斉に溺《おぼ》れ、救助活動が行われたものの多くの犠牲者が出た。この水難事故から生き残った一人が言うには、あの日、溺れ、海中でもがきながら、もんぺをはき、頭巾をぐっしょりと濡らした女性たちが、こっちへおいでと招いていた光景を目撃したという。

実はこの事件のちょうど一〇年前の一九四五年七月二八日、津市は五度目の空襲を受け、市街地のほとんどが壊滅した。その時、逃げ場を失った人々が津警察署の地下室に逃げ込んだが、人々は蒸し焼きにされて死んでしまった。その犠牲になった人々が安濃川の河口付近に葬られたことから、海に現れた亡霊は空襲の犠牲になった人々だったのではないか、と言われている。

松谷みよ子著『現代民話考5　死の知らせ・あの世へ行った話』にある。この話は「橋北中学校水難事件」や「中河原海岸水難事故」と呼ばれる、水難事故にまつわる怪談としてよく知られている。この他にも、女生徒たちは頭巾にもんぺ姿の亡霊に足を摑《つか》まれ、溺れさせられた、という話もよく聞かれる。

水木しげる氏は『決定版　日本妖怪大全　妖怪・あの世・神様』などの著作においてこの亡霊たちを「集団亡霊」と名付け、頭巾を被《かぶ》った亡霊たちが海で女生徒を襲う様子を描いている。

一方、この亡霊事件の真相を追求した後藤宏行著『死の海』によれば、事件の別の側面が見えてくる。

一九五五年当時、プール設備を備えた学校は少なく、河川や海で水泳の授業を行うことが普通だった。七月一八日から始まった水泳訓練は、同月二八日に最終日を迎える。そのためこの日はテストが行われる予定であり、四〇一名の生徒がテスト前の体慣らしとして男女に分かれて海に入っていた。天気は快晴、気温は三〇度を超え、波も穏やかで、絶好の海水浴日和であったという。しかし、それからわずか数分後、突然約一〇〇名の女生徒が一斉に溺れ出した。叫び声に気付いた男子生徒や教師陣、地元の漁師などが救助に当たったが、最終的に三六名の命が奪われた。

この事件で生き残った生徒たちの証言によれば、溺れた理由は、大波に攫《さら》われたというものと、海底の流れに引き摺《ず》り込まれたというものであった。メディアや国会はこの事故の責任は教師たちにあるとして、管理責任が追及された。つまり事故当時においては、亡霊の存在は囁《ささや》かれてはいなかった。この海難事故の背景に死した女たちが現れるのは、約一年後、一九五六年七月二九日の『伊勢新聞』の記事であったという。この記事では事故から生き残った女生徒の、海の底からたくさんの女性たちが自分を引っ張りに来た、という証言を載せ、また事故から一〇年前の同月同日、空襲によって津市中心部が壊滅し、その無縁仏が中河原海岸に埋められた、という話も記されている。

事故から八年後、『週刊女性自身』に生還者の一人である梅川弘子氏の手記と題した記事に、頭にぐっしょりと濡れた防災頭巾を被り、もんぺをはいた女性たちが波間から近付いてきたという証言が載せられた。また先述した津市の警察署の地下室に逃れた人々が空襲で死んだ、という話もここで登場する。そしてこの死体の一部は中河原海岸に埋められたとも記されている。

津市における空襲は実際に一九四五年七月二八日から二九日かけて発生しており、多くの人々がその犠牲となった。しかし、彼らの遺体が海岸に埋められたという事実はなく、後に大規模な工事が中河原海岸で行われた際にも遺骨は発見されなかったという。重要なのは、先述した『週刊女性自身』の記事以来、現在に至るまで中河原海岸事故の亡霊の目撃者とされてきた梅川弘子氏（梅川は旧姓、現在は中西弘子氏。以下中西氏と表記）は、一度も亡霊を見たと証言していないということである。中西氏はその後も書籍やテレビなどでこの事件について語っているが、その都度亡霊を見た証言者、もしくは見ていない証言者という真逆の二つの立場で登場している。『死の海』にて後藤氏が改めて彼女に話を聞いたところ、本人は亡霊を目撃したと話したことはなく、『週刊女性自身』に手記として掲載された記事も、実際には記者が中西氏の話を元に書いたもので、彼女の証言とは食い違うのだという。つまり中河原海岸の亡霊たちは、メディアによって作り出された怪異だったと言えるだろう。

## ナガモノ ［ながもの］

ネット上で語られた怪異。2ちゃんねる（現5ちゃんねる）のオカルト板に立てられた「不可解な体験、謎な話～enigma～ Part 74」スレッドにて二〇一一年一〇月六日に語られたもの。

それによれば、当時から二年ほど前、報告者が熊本県熊本市の白川水源に旅行に行った際のこと。異様に大きい、白い毛皮の犬のようなものと遭遇した。それは川幅と同じぐらいの太さがある胴体に、視界に入り切らないほど長い胴体を持っており、足も普通の人間ほどに太く、犬が伏せをするような形で折りたたんでいたという。訳が分からず報告者がその犬のようなものの頭の方に視線を向けると、それは気だるげに頭を動かし、報告者の方を見たが、報告者が瞬《まばた》きをすると消えてしまった。それから報告者は突然無性に泣きたくなり、三〇分ほどベンチに座って泣いていたが、それ以降、寺や仏像を見ると体が火傷《やけど》をしたように痛くなるようになったという。

同スレッドでは報告者とは別の人間が、それは阿蘇の地域で年配者が言う「ナガモノ」ではないかと指摘する書き込みをしている。

それによれば、ナガモノは悪天候の際、水辺に現れるという魔物で、遭遇すると突然死することもあるため、決して見てはいけない、もし居合わせてしまった場合も絶対に目を合わせてはいけない。もし目を合わせると将来を食われてしまうと伝えられていたとされる。このナガモノは毛の生えた犬ではなく、赤塚不二夫の漫画『天才バカボン』に登場するキャラクター「ウナギイヌ」に似ていると語られている。

蛇やウナギといった体が長く、足がない動物を「ナガモノ」と呼ぶのは日本各地で確認できる。しかし、犬のような姿をしたナガモノの事例は聞いたことがないため、この話に登場する存在がナガモノと呼ばれるものの一種なのかは断定できない。

## 仲良しフォーエバー ［なかよしふぉーえばー］

ずっと仲良くしていたい友人と行うと良いとされる儀式。二人以上であれば何人でもできる。部屋の中で正座をして輪になり、全員、右手で右にいる人の髪の毛を三回引っ張る。すると、そのメンバーは死後の世界でも会うことができるという。
魔夜妖一・幻咲麗・マーク矢崎治信監修『うわさの怪談＋』にある。

## 泣く花［なくはな］

植物にまつわる怪異。ある夫婦が奈良県の信貴山《しぎさん》に登った際のこと。登山ガイドからは山に咲く草花は勝手に採ってはならないと言われていたが、妻の方が鮮やかな黄色の、水仙のような花を数本、無断で採ってしまった。家に帰る頃にはほとんどしおれていたが、一本だけが凛と咲いたままであったため、それをガラスの花瓶に入れて水をやった。

しかし、その日の夜中からどこからともなく女のすすり泣く声が聞こえるようになり、どうやらその声は花から聞こえるのだということに気付いた。花を入れている花瓶は何日経っても水が減らず、汚れることもなく、また泣き声も毎晩続いた。

結局花は一カ月半も咲き続けたが、ある朝見てみると、首が切れたように華だけがテーブルに落ちていた。その花は全くしなびることなく、きれいなままだったため、捨てる気にならず、紙に包んで仏壇に供えた。その夜から泣き声は聞こえなくなったが、ただ申し訳ないことをした、という罪悪感が残ったという。

木原浩勝・中山市朗著『新耳袋 第九夜』にある。

## 投斧像［なげおのぞう］

像にまつわる怪異。ある小学校に設置された像は、夜中の一二時になると校庭を走り回る。それを見ている人間がいると斧を投げてくるが、その斧が刺さった人間は必ず死ぬという。

常光徹編著『みんなの学校の怪談 赤本』に埼玉県からの投稿として載る。筆者命名。

## 名残雪の駅［なごりゆきのえき］

ネット上で語られた怪異。2ちゃんねる(現5ちゃんねる)オカルト板に立てられたスレッド「∧∧山にまつわる怖い・不思議な話Part41∧∧」にて二〇〇九年五月四日に語られたもの。

それによれば、報告者が学生時代、バイクで一人旅をしていた際のこと。ある夏の日に雨に降られ、廃駅で雨宿りをしたものの、雨が止まずにそのまま一晩過ごすことになった。夕食を済ませ、ベンチの上に寝袋を敷き眠りについたが、夜中に小便がしたくなり、起き上がった。すると雨は止んでいたが、空から白い雪が降っていた。夏に雪が降るとは、と不思議に思いながら再び眠りについたが、翌朝起きると雪は消えていた。朝食の準備のため、湯を沸かしている間、駅舎の中の落書きを見て回っていたところ、その中の一つに「昭和〇〇年、〇月〇〇日、〇〇線廃線　名残雪に見送られ終電は無事発」と書かれていた。これを読み、報告者は駅舎にも魂があるのかもしれないと思ったと語られている。

電車に不思議な世界にある駅に連れて行かれるのではなく、元々ある駅そのものが怪異化している話。人に危害を加えるわけでもなく、廃駅の最後の思い出が夏に降る雪という形で語られており、情緒深く、美しい。

## 謎の無人駅［なぞのむじんえき］

ネット上で語られた怪異。2ちゃんねる（現5ちゃんねる）オカルト板に立てられた「ほんのりと怖い話スレ　その27」スレッドにて二〇〇六年一月二三日に語られたもの。筆者命名。

それによれば、報告者が北陸地方の某所に出張に行った際のこと。仕事が終わり、ホテルのある駅へと向かうため電車に乗っていたところ、ついウトウトとして降りる駅を乗り過ごしてしまい、慌てて隣の駅で降りた。その駅は木造の無人駅で、駅前は暗く、コンビニ一つなかった。また古い民家がひっそりと建っており、県内では二番目に大きな市のはずなのに、おかしいなと思いながら、一時間後に来る次の電車を待ったという。無事ホテルに着き、時刻表を確認すると、その駅は特急列車が通過するはずであることがわかったが、一時間待っている間には一つも電車が通らなかった。また半年後に同じ駅を訪れた際には、駅舎は木造ではなく鉄筋で、駅前にはロータリーやコンビニもあったという。報告者はあの時、時間がずれてどこかに紛れ込んでしまったのではないかと思うことがあると語っている。

## 雪崩の幽霊たち［なだれのゆうれいたち］

山にまつわる怪異。江戸時代の末期の頃のこと、現在の秋田県にある阿仁真木沢鉱《あにまぎさわこう》山《ざん》にて、豊岡村（現大仙市《だいせんし》）のマタギたちが狩りのためこの山に登った際、雪崩が起きて一人を除き皆巻き込まれ、死んでしまった。ちょうどその時刻、村の人々は狩りに行った者たちが小長柄（マタギが動物と戦う際に使う武器の一つ）を肩に担いで山から下りてくるのを見ており、幽霊であったという。

この雪崩で生き残った人物が語ったことによると、狩りの一行が朝出る際、本来は禁制とされている鶏を食ってから猟に出た。そして青シシ（カモシカ）を見つけ、捕ろうと小長柄を振り上げた瞬間、雪崩が起きたのだという。またこの事件以降、この地域では小長柄を肩に担いではならないと言われるようになったという。

武藤鉄城著『マタギ聞き書き』に載る。

## 七色の虫［なないろのむし］

石川県のある神社に現れたという虫。その姿はカナブンに似ているが、カナブンより一回り小さく、羽が七色に輝いていたという。ある時、一人の少年が神社でこの虫を見つけ、捕まえようとして誤って手のひらで潰してしまった。

それからというもの、虫を潰した部分に小さな痣《あざ》ができ、それがどんどん大きくなっていった。ある夜には全身が焼けるように熱くなって目が覚め、風呂場の鏡を見ると自分の姿が七色の虫になっているという夢を見た。その頃にはもう痣は腕全体を覆っていた。少年はそのことを母親に話し、すぐに神社に行ってあの七色の虫の供養《くよう》をしてもらったところ、痣はきれいに消えたという。

怖い話研究会編『ヒエーッ！ 幽霊・怪奇現象スペシャル』にある。カナブンに似て一回り小さく、羽が七色に輝いていたということから推測するに、この昆虫はルリハムシだろうか。

## 七色ミミズ［なないろみみず］

ネット上で語られた怪異。2ちゃんねる（現5ちゃんねる）オカルト板に立てられたスレッド「∧∧∧山にまつわる怖い話Part7∧∧∧」にて、「雷鳥一号」というハンドルネームを使う人物によって二〇〇四年三月一五日に書き込まれたもの。筆者命名。

それによれば、報告者の友人が夏山でキャンプをしていた際のこと、ペグを地面に打ち込むと、テント周辺の地面が波打ち始めた。何事かとペグを引き抜くと、地中から巨大な軟体動物が飛び出してきて、彼に巻き付いた。その体は青黒い体表に、七色の筋がいくつも走っており、ミミズに似ているが非常に巨大であったという。そのミミズに似た生物は周りの人間によって友人の体から引き剝《は》がされると、機敏な動きで地面に潜《もぐ》り、いなくなった。しかし、体の表面に鋭い棘《とげ》があったらしく、友人は体中が傷らだけになっており、その後しばらく熱を出して寝込んだという。

## 名無しの駅［ななしのえき］

異界に現れる怪異。ある少年が塾から帰る際、いつもよりも遅い電車に乗った。少年は携帯電話をいじりながら電車に揺られていたが、いつの間にか他の乗客がいなくなり、窓の外の景色も見覚えがあるような、ないようなものに変わっていた。その時電車が音を立てて止まったため、慌てて外に出ると、その駅のホームには駅名がなく、周囲には見たこともない景色が広がっていたという。

魔夜妖一監修『ゾゾーッ！ こわい話1000』にある。筆者命名。この話は駅に迷い込んだ少年が友人に話した体験談として語られているため、その後どうにかして無名の駅から脱出したようだ。「きさらぎ駅」（『日本現代怪異事典』収録）をはじめとする異界に現れる駅の物語を簡略化したような話だが、駅に名前がないのは珍しい。

### 七本の矢［ななほんのや］

ある学校に伝わる怪異。その学校の西階段から上る屋上で「七本の矢」と言うと、後ろから矢が飛んでくるという。

常光徹編著『みんなの学校の怪談 赤本』に東京都からの投稿として載る。

### 斜めの男［ななめのおとこ］

男性の姿をした怪異。東京都に住むある子どもが夜に二階の部屋で宿題をしていると、ドンとベランダからすごい音がした。慌ててカーテンを開けるとガラスに男の顔が張り付いており、うつむいた状態で額をガラスに当て、そこから斜めに浮いている。左手は腰にぴたりと付けているが、右手はベランダの向こう側を指さしている。頭からは血がにじみ、額から鼻の先まで流れている。驚いた子どもはカーテンを閉めたが、直後、階下から事故だという声が聞こえたため、外に出た。すると家からすぐ近くの電柱に車がぶつかっており、前面に電柱が食い込んでいた。中には運転手がいたが、助け出されたその運転手を見て子どもは声を上げた。その運転手は先ほどベランダのガラスに頭をぶつけていた男そのもので、頭から一筋の血が出て、顔に流れていた。子どもはもしやと思い、ベランダを振り返った。そこにいる男の右手は、この事故現場を真っ直ぐに指さしていた。

木原浩勝・中山市朗著『新耳袋 第六夜』にある。同様に『新耳袋』シリーズで語られ、斜めに人間が突っ込んで浮いていた話に**人槍**がある。

### なにか［なにか］

ネット上で語られた怪異。2ちゃんねる（現5ちゃんねる）オカルト板に立てられたスレッド「∧∧山にまつわる怖い・不思議な話Ｐａｒｔ23∧∧」にて二〇〇五年一一月一八日に語られたもの。

それは当時から何十年も前のこと、報告者が当時はまだ珍しかったバイクに乗って山のキャンプへと出かけた。まだ電気の灯りが普及し始めたような頃で、山には灯りなどなく、夜になれば漆黒の闇に包まれるような時代だった。報告者は夜の山で火を焚いて酒を飲んでいたが、何者かが近付いて来る気配を感じた。獣か猟師か、それとも化け物か、と考えた報告者は腰に差していた鉈《なた》を抜き、何者かの接近に備えたが、藪を掻《か》き分ける音とともに「なにか」が現れた。それは縦は周囲の木よりも高く、横幅は報告者の半分ほどしかない。見た目はゆらゆらと揺れる太く長い棒のようなもので、「なにか」としか呼びようがなかったという。報告者は声も出せずそれを凝視していたが、突然そのなにかが口をきいた。

「くりゃあぬしんんまけ？」

それが「これはお前の馬か？」と言っていることを何とか理解し、報告者は何とか「そうだ」と答えた。するとその棒のようなものは「ぺかぺかしちゅうのぉ。ほすぅのう」（ピカピカしているのう。欲しいなぁ）と言った。その時、報告者はこの棒が口をきく度に猛烈な血の匂いがすることに気付き、これが肉食であると知る。報告者は断ればどうなるか分からないと考え、「欲しければ持って行け」と答ると、棒は「こいはなんくうが?」（これはなにを食うんだ?）と尋ねる。それに「ガソリンを食らう」と答えると、「かいばでゃあいかんが?」（飼い葉ではだめか?）と言うため、「飼い葉は食わん。その馬には口がない」と答えた。棒は「あ〜くちんねぇ　くちんねぇ　たしかにたしかに」納得し、「ほすぅがのう　ものかねんでゃなぁ」（欲しいけど、ものを食べないのではなぁ）と呟《つぶや》き、不機嫌そうに体を揺らした。報告者は怒らせてはまずいと考え、持ってきた菓子類を袋に詰めて投げた。するとそれは棒の体に吸い込まれるように見えなくなった。棒のようなものは一言「ありがでぇ」と呟いて、山の闇へ消えていった。それから男性は朝が来るのを待ち、急いで山を下りた。以来、彼は二度と山に登らなかったという。

## 波鬼［なみおに］

2ちゃんねる（現5ちゃんねる）オカルト板に立てられた「海にまつわる怖い話・不思議な話 6」スレッドにて、二〇〇五年一二月一三日に書き込まれたもの。

それによれば、波鬼は鬼の拳の形をした波で、突然海の底から盛り上がってきて船を一艘丸のみにしてしまう。そのまま船と船に乗っていた人々は行方不明になるという。これが現れる前兆として、魚が姿を消し、縦に揺れる奇妙な生温《なまぬる》い風が吹く。波鬼はその後に来るという。もしこの前兆を察知した場合には、必ず沖に向かって逃げなければならない。沖に逃げれば波鬼は普通の波に呑《の》まれて姿を消すが、もし陸に向かって逃げると、波鬼は千匹に増えてしまい、逃げ場がなくなるという。

## 波が荒れ狂うプール［なみがあれくるうぷーる］

学校のプールにまつわる怪異。ある小学校のプールは絶対に使われない日がある。その日になると、風もなく、誰も入っていないのになぜかプールが荒れ狂う。もしこの日に人がプールに入ると、波に呑まれて溺《おぼ》れ死んでしまうという。

魔夜妖一・マーク矢崎治信・夜羽るか監修『うわさの怪談 謎』にある。

## ナ・ミョン［な・みょん］

チェーンメールに記される幽霊。そのメールの内容によれば、ナ・ミョンは韓国人の女性で、一八一九年に日本軍に拉致され、大変みじめな生活を送った。その後、彼女は結婚し、子宝にも恵まれ、幸せに暮らしていたが、今度は拉致されていたという過去で脅《おど》され、金を騙《だま》し取られた上に斧でバラバラに切り刻まれ、殺されてしまった。

その時の怒り、恨み、苦しみが忘れられず、ナ・ミョンは霊となって今でも語り継がれている。この話を知った人間は呪われてしまう。もしナ・ミョンの呪いを消し去りたければ、メールを四時間以内に一定人数に送らなければならない。そうしなければ、斧を持ったナ・ミョンが深夜にその人間の元に現れるという。

　内容としてはよくあるチェーンメールの類だが、一八一九年はまだ江戸時代であり、そもそも日本軍も大韓民国も存在しない。このことからメールの内容が全くの虚偽であることが分かる。

## なんか白い変な奴 ［なんかしろいへんなやつ］

ネット上で語られた怪異。怪談投稿サイト「Alpha-Web こわい話」に二〇〇一年二月一八日に書き込まれた話に登場するもの。

　当時から五年前というから、一九九六年頃のこと。投稿者が大学のバドミントン部の合宿で福岡県行橋市《ゆくはしし》に行った際のこと。市内のホテルに泊まったところ、部屋に入った瞬間嫌な感じがしたが、同室になった他の三人の部員とひとしきり騒いだ後、眠りについた。すると急に体が押し潰されそうな感覚があり、金縛りになった。さらに重圧は増していき、目を開けると空中で四つん這《ば》いになっている兵隊と、その後ろにいる着物でおかっぱの女の子が見えた。二人は投稿者を見てにや〜っと笑っていたが、投稿者が目を閉じ「勘弁してくれ」と心の中で叫ぶと、今度は手を引っ張って来た。すると投稿者の意識が体を離れ、起き上がったため、慌てて力を入れ、何とか体の中に戻った。

　その時、兵隊と女の子の後ろに黒い影まで見えたため、いつも金縛りから逃れるためにやっている、金縛りが緩んだ瞬間に体を起こすという方法で金縛りを解いた。すると兵隊も女の子も消えていたため、同じ部屋で寝ている部員の方に目を向けると、今度は白い物が立っていた。これに対し思わず「何あれ」と呟《つぶや》くと、今度は天井から白い玉が降ってきた。白い玉には目、鼻、口が付いていたが、明らかに人間ではなく、生暖かい感触がしたという。この白い玉は降ってくるだけで何もしてこなかったため、落ち着いてタバコに火を点《つ》け、一服するといなくなったと語られている。

　短い話の中に様々な謎の存在が登場する話だが、項目名は元の話のタイトルとなっている「なんか変な白い奴」とした。

## なんだか良く分からないモノ ［なんだかよくわからないもの］

ネット上で語られた怪異。2ちゃんねる（現5ちゃんねる）オカルト板に立てられた「不可解な体験、謎な話〜enigma〜 Part41」スレッドにて二〇一五年七月一二日に語られたもの。

　それによれば、タクシードライバーをしている報告者がある暑い夜にタクシーを走らせていた際、田園に挟まれた農道で巨大な胃もしくは腸のような姿をした物体を見た。その大きさはミニバンほどもあり、質感は湿っているようだがヌラヌラはしていなかったという。その物体はタクシーのクラクションを鳴らすと小さく跳ねた後、音もなく素早い動きで田んぼに消えて行ったという。この時、タクシーに乗せていた、付近の集落に住む客に聞いてみたところ、あの物体は目撃されるのは珍しい存在で、神様ではなく化け物の類であるという。また、田の悪いものを食べるという性質を持っており、出現した翌年は豊作になると言われているが、その客の実体験だと必ずしもそうはならないと語られている。

# 【に】

## 握り拳［にぎりこぶし］

家に現れた怪異。千葉県船橋市のある家では、二階の踊り場を通ろうとすると、階段の幅いっぱいもある握り拳が落ちて来たという。この握り拳は床にどすんと当たると天井へ引き戻されるようにして消える。この拳は何度も現れているが、決して人間に直接当たることはなく、目の前か、通り過ぎた後に落ちてくるという。現在はこの家は取り壊されており、この拳がどうなったのかは不明である。

木原浩勝・中山市朗著『新耳袋 第八夜』にある。任天堂の「スーパーマリオシリーズ」に登場するドッスンのような、まるでテレビゲームのトラップギミックのような怪異であるが、当ててこないのは優しい。

## 肉［にく］

ネット上で語られた怪異。5ちゃんねるのオカルト板に立てられた「死ぬ程洒落《しゃれ》にならない怖い話を集めてみない？ 351」スレッドにて、二〇一八年八月三日に書き込まれたもの。

それによれば、報告者が海沿いのリゾートで一年間アルバイトをしていた時のこと。そのリゾートには敷地内に広い散策路があり、夜間は不法使用者の侵入が絶えない場所だったという。そのため、一周すると二時間はかかる敷地を社員やバイト、警備員の夜勤担当の二人組が交代で見回ることになっていた。そんな夜勤の説明において、「肉」の存在が語られた。

この「肉」は敷地内に現れる化け物で、

遭遇すると初めの一度だけ体調を崩すが、それ以外に害はないという。アルバイト二日目の夜勤業務で報告者が先輩職員と遊歩道を歩いていると、懐中電灯の照らす先に不気味な物体が現れた。その姿は身長は幼稚園生程度、衣服は身に着けておらず、色は肌色で、頭と首と胴体の境目が分からないずんぐりとした体型をしており、全身から伸びた皮が垂れていたという。手足はあるものの短く、顔の器官は不明瞭で、目も鼻もどこにあるかも分からないが、かろうじて口のようなものが見えた。しかし、それは人間で言うところの腹の辺りについていたという。先輩職員は「あ、肉だ、避けろ」といって、男性を引っ張り道を外れた。「肉」はゆっくりと歩き、男性と先輩職員をすれ違いざまに一瞥《いちべつ》して通り過ぎて行った。その際に非常に甘い匂いがしたという。それから男性は三日間休暇を取らされたが、「肉」に遭遇した翌日の昼からひどい発熱と下痢が起き、二日ほど何も食べられず寝込んだ。一年間のアルバイトの中で、「肉」を見たのはその一度きりだったという。

　この「肉」と似たような姿の妖怪は古くから伝わっている。江戸時代の妖怪画集『画図百鬼夜行』や妖怪絵巻『百怪図巻』には「ぬつへつほう（ぬっぺっぽう）」という、丸い肉の塊に顔のようなものがつき、短い手足が生えた化け物が描かれている。これらは絵があるのみで、伝承などは確認されていない。

　同じく江戸時代の随筆『一宵話《ひとよはなし》』には「肉人」と呼ばれる小児のような形の、指のない手を持った妖怪が出現したという記録が記されている。肉人は慶長一四年（一六〇九年）に駿府城の中庭に現れたが、当時城に住んでいた徳川家康によって追い出され、山に捨てられた。後に話を聞いたある人が、その肉人は古代中国の『白澤図』にも載る「封」という存在で、肉を食べると食べた者の力が大いに増すものだったのに、と惜しがったと記されている。

## にしきを見張ったの部屋［にしきをみはったのへや］

　家にまつわる怪異。京都府のある屋敷には、「にしきを見張ったの部屋」と呼ばれる部屋がある。この部屋に客人が入ると、ずれた天井板の隙間から赤い幅の広い帯のような布がぶら下がっているのが見えることがある。これはこの家に伝わる家宝で、人によって現れる天井の場所や布の長さが変わるのだという。この布は気が付くと消えてしまうのだとされる。

　木原浩勝・中山市朗著『新耳袋　第八夜』にある。

## 虹の大橋の手［にじのおおはしのて］

　湖にまつわる怪異。神奈川県道六四号伊勢原津久井線の途中、宮ヶ瀬湖に架かる虹の大橋は、渡っていると湖から現れた手に引き摺《ず》り込まれてしまうという。

　トーキョウ・ルーマーズ編『平成の都市

伝説』にある。

## 二〇人のシスターの霊

［にじゅうにんのしすたーのれい］

教会にまつわる怪異。北海道の当別町《とうべつちょう》のある教会には二〇人のシスターの霊が出現すると言われている。この教会では食中毒でシスターたちが死亡した、集団自殺した、牧師が二〇人全員を殺害したなどの噂《うわさ》があるという。

また、この教会は現在廃墟《はいきょ》になっており、立ち入り禁止にされているが、石を投げると二〇人の幽霊が出現するなどと語られている。

合田一道著『北海道　幽霊の住所録』にある。

## 日本アルプスの霊

［にほんあるぷすのれい］

写真に写り込んだ怪異。一九七六年のこと。テレビ局で日本アルプスを写したフィルムを編集していたところ、その中の一コマにだけ岩場に悄然《しょうぜん》と腰かけている登山者の姿が写されていた。そこは登山者の遭難現場だったという。

松谷みよ子著『現代民話考8　ラジオ・テレビ局の笑いと怪談』にある。

## 日本坂トンネルの怪

［にほんざかとんねるのかい］

静岡県の駿河区《するがく》と焼津市《やいづし》を繋《つな》ぐ日本坂トンネルで発生するという怪異。一九七九年七月一一日、このトンネルで玉突き事故が起こり、事故と車両火災で七名が亡くなり、一七三台の自動車が火災に巻き込まれ焼失した。

この事故のためか、日本坂トンネルを通過すると運転手の耳元で何者かが囁《ささや》く声がするだとか、カーラジオが突然受信できなくなり、突然「焼け死ね！」という声が聞こえるといった噂《うわさ》が語られるようになった。またトンネルの内壁に人の顔が浮き出したり、車の前に突然人が飛び出してくるといった話や、半身が焼け爛《ただ》れた男女の幽霊が出現したり、天井から焼け爛れた腕や足が突き出る、という話もあるようだ。

怪奇伝説探求倶楽部編『日本「祟り・呪い」地図』にある。

## 日本のお化け

［にほんのおばけ］

ネット上で語られた怪異。2ちゃんねる（現5ちゃんねる）オカルト板に立てられた「死ぬ程洒落《しゃれ》にならない怖い話を集めてみない？２７４」スレッドにて二〇一一年七月二九日に書き込まれたもの。

戦時中のこと。報告者の祖母が住んでいる地域が何度も空襲に遭《あ》っていた。ある夜、警報が鳴って近所の皆で防空壕に避難したが、その途中に爆撃を受け、皆が死を覚悟した。その時、いつの間に交じっていたのか見たことのない子どもが先頭に立ち、空を見上げていた。小さな町だから知らない子どもなどいるはずがないが、その子どもに誰も見覚えがなかった。直後、男の子は空を見上げたままの姿勢で体が伸びあがり、皆を包むような形で空を塞《ふさ》いだ。男の子の背中に向かって焼夷弾が落ちたが、男の子は空襲が終わるまで皆を守り続けてくれたのだという。そして、攻撃が終わると元の大きさに戻り、ぺこりと頭を下げる仕草をしてから走って姿を消した。

終戦後、彼に守られた人たちは男の子を探したが、誰も彼を知っている者はいなかった。そのため、祖母は後に報告者に対し「なんだったのかわかんないけど、お化けが守ってくれたんだねえ。日本のお化けはやっぱり日本人の味方なんだねえ」と語ったという。

また、この地域に伝わる話として、以下のようなものが残されているという。数百年前、この地域は小さな農村だったが、大飢饉の際、一人の童《わらべ》がぐっと背伸びをすると、その体は遠くの山を越え、大きく伸ばした腕いっぱいに魚や木の実や米俵を抱えて戻り、荒れ果てた田んぼに落としてくれた。童は何度か食糧を運んでくれて、そのおかげで村人は生き延びることができたという。

その一方で、帰宅中に後ろをついてきた男の首と肩がどこまでも伸びて追いかけてきて、ほうほうの体で家まで逃げ帰ったが、数日もたず狂死してしまった、という話も伝わっているようだ。

## 二メートルの生首［にめーとるのなまくび］

北海道に出現した怪異。ある男性が札幌市に住む祖母の家を訪れた際のこと。夜中、トイレに行くと、背後から二メートルもある巨大な生首がぬーっと現れた。生首は「お前の生年月日は」と問うので、答えると、今度は前に来て「東京の方角はどこか」と問うた。そこで「あっちです」と答えると、下の方から体が現れ、首とくっついてそのまま消えてしまったという。

合田一道著『北海道　幽霊の住所録』にある。同書にはこれと類似した怪異が載せられており、そちらは髪の毛の長さが二メートルある女性の生首とされている。この生首は札幌市白石区の女性が遭遇したとされ、やはり夜中にトイレに行くと現れ、名前や生年月日を尋ねた。それに答えると「ここはどこ?」と尋ねるので「札幌」と答えると、「東京はどっちだ」と言うので、方向を言うと窓から消えていったという。

## 二面少女［にめんしょうじょ］

女の姿をした怪異。正面から見るとあどけない小学生ぐらいの少女の顔をしているが、その顔の裏側に老婆の顔があるという姿をした妖怪であるという。この少女と遭遇した人間は高熱が出て三日間うなされるという話もあるようだ。

怪談クラブ監修『キャーッ!　みんなの怪談』にある。明記はされていないものの、同書でこの妖怪が紹介されているコーナーはイラストや妖怪のステータスなどが詳細に記されており、テレビゲームやアニメなどのキャラクターを紹介するような趣になっていることから、書籍用に創作された妖怪たちを集めたものではないかと考えられる。

## にやりにやり［にやりにやり］

ネット上で語られた怪異。2ちゃんねる（現5ちゃんねる）オカルト板に立てられたスレッド「∧∧∧山にまつわる怖い話Part13∧∧∧」にて、「雷鳥一号」というハンドルネームを使う人物によって二〇〇四年九月二七日に書き込まれたもの。

それによれば、報告者の友人の女性が体験した話とされ、彼女の実家である山深い田舎に伝わっていたものだという。その女性が小学生の頃、近くの神社の夏祭りに出かけた際、祖父から「にやりにやりに会わんようにな」と告げられた。

当時の女性には意味が分からなかったため、さほど気にせず祭りに出かけたが、その神社に奉納された絵馬を見た際、馬の顔がにやりと笑ったように見えたという。

それから彼女はその物体に顔があるかないかにかかわらず、様々なものが口を開いて下品ににやりと笑うように見えてしまうようになり、最後は手に持っていたトウモロコシを食べようとした際、その一粒一粒に小さな口が浮き出し、にやにやと笑い出したのを見て気を失った。しばらくして目が覚めた後には「にやりにやり」が見えることはなくなっていたが、彼女の祖父がいうことには、「にやりにやり」は人を驚かせるだけで、祟《たた》りをもたらすようなことはないということだった。

また、この地域では「にやりにやり」は狐に化かされて起きるとも伝えられているという。

## 入浴大仏［にゅうよくだいぶつ］

ある家に現れた怪異。その家の風呂にはなぜか奈良の大仏が出現したという。この大仏は成人男性よりも大きいぐらいのサイズで、湯船に浸かっており、タオルを絞って頭に載せるなどする。また、近付くとその姿が絵のように薄っぺらくなって風呂の壁の絵になり、遠ざかると壁から抜け出して立体的になるという謎の特性を持っていた。そのため湯船に入ることはできたが、大仏はその家の子どもが高校を卒業するまで毎日のように現れたという。

木原浩勝著『九十九怪談 第一夜』にある。筆者命名。

## ニュルニュル［にゅるにゅる］

ネット上で語られた怪異。2ちゃんねる（現5ちゃんねる）オカルト板に立てられた「ほんのりと怖い話スレ その18」スレッドにて二〇〇四年七月一七日に語られたもの。

それによれば、報告者がまだ保育所に入所する前の幼い頃、よく祖母の住む築一二〇年の家に預けられていた。報告者はその家で一人で遊ぶことが多かったが、ある時から、顔が人間の女で、額に二本の角が生えた、体が蛇のような謎の生物と座敷で遊ぶようになった。報告者はこれがニュルニュルと動くため「ニュルニュル」と呼び、おしゃべりしたりしていたという。

このニュルニュルは一人で退屈な時に座敷の鏡台の下や奥の物置を探すと大抵見つけることができ、座敷とその前の廊下の範囲までしか動かなかったため、多くの場合は座敷で遊んでいた。しかし、報告者が保育所に入るといつの間にかいなくなっており、寂《さび》しい思いをしたのだと語られている。

## にょきにょき〔にょきにょき〕

夜道に出現するという怪異。見た目は道に生える青白い草のようだが、よく見ると無数の人間の腕なのだという。この腕たちは普段地中に潜《ひそ》んでおり、そこを通る人間を捕まえて食べることを目的として地上に出現するとされる。

怪談クラブ監修『キャーーッ！　みんなの怪談』にある。地中に生息しており、人間を捕食するなど、人間の腕に似た未知の生物という趣が強い。同書においてこの妖怪はゲームキャラクターのようにイラストやステータス付きで紹介されており、出典なども不明なことから、同書用に創作された妖怪ではないかと考えられる。

## ニョロ首〔にょろくび〕

学校に現れる怪異。夜中に学校に行くと、グラウンドでぐるぐる回っている首の長い男の子がいるという。

「ほんとにあった怖い話」委員会編『ほんとにあったこわい話1』に宮崎県延《のべ》岡《おか》市《し》の中学生からの投稿として載る。

## 睨みつける黒猫〔にらみつけるくろねこ〕

猫にまつわる怪異。ある女性が深夜、突然頭が覚醒するような感覚があり、目を覚ました。目を開いた瞬間から視線はベッドの足下にある窓に向いていたが、その窓の前に猫がいた。この猫と目が合った瞬間、女性の体が金縛りに遭《あ》い、動かなくなった。女性は震えながら目だけで猫の動きを見ていたが、猫はするりと窓枠から下りると、女性の方に向かってきた。その猫が近付くにつれて顔がはっきりと見えたが、猫の顔は異様に人間臭く、どこがどう、とは言えないが、なぜか人間の顔のパロディに見えた。女性が怖いという感情を抱いた瞬間、猫は彼女の顔を睨み付け「怖いこた、ねえよ」と低い声で言った。それを聞いた女性は朝まで気を失ってしまったという。

大迫純一著『あやかし通信『怪』』にある。

## 人気霊〔にんきれい〕

心霊にまつわる怪異。この霊に憑《つ》かれた人間はおおらかであっけらかんとし、面倒見がよくなるため、他の人から人気が出るようになるという。

マイバースデイ編集部編『恐怖!!　学校の幽霊』にある。「～霊」というように「霊」の前に単語を付けることで霊の種類を表すものについては**霊の種類**の項目を参照。

## 人間ピンボール ［にんげんぴんぼーる］

東京都世田谷区の環状八号線に現れたという怪異。あるゲームデザイナーの男性が家に帰るため、この道路の歩道を歩いていた際のこと。不意に煌々とライトを光らせ、一台の大型バイクが走ってきた。バイクにはフルフェイスのヘルメットを被《かぶ》ったライダーが乗っていたが、このバイクが突然対向車線に滑り込み、前方から来た乗用車のフロントに激突した。ライダーは高々と空中に撥《は》ね上げられ、反対車線を走っていたトラックに激突し、さらに後続の軽白動車に撥ね飛ばされた。しかし、不思議なことにこの三台の車はどれも何事もなかったようにそのまま走り去ってしまい、路上に横たわっていたライダーも大破したバイクも消えていた。男性は幻でも見たのかと茫然自失のまま歩き出したが、直後、前方から先ほどと同じバイクが走ってきた。そして全く同じように対向車線の車にぶつかって行き、そこを通過する後続車に次々と空中に撥ね飛ばされ、路面に落下すると同時に消えた。さらに三度目のパフォーマンスが始まろうとした時、男性はさすがに無視してその場を去ったという。

樋口明雄編著『新「超」怖い話』にある。この人間ピンボールに遭遇した人物は数日後、今度は**マンホールもぐら叩き**という怪異に遭遇している。詳細は当該項目参照。

# 【ぬ】

## ヌメヌメしたもの ［ぬめぬめしたもの］

ネット上で語られた怪異。2ちゃんねる（現5ちゃんねる）オカルト板に立てられた「死ぬ程洒落《しゃれ》にならない怖い話を集めてみない？　３２７」スレッドにて二〇一五年七月一二日に語られたもの。

当時から半世紀ほど前というから、一九六〇～七〇年代の頃のこと。鹿児島県のある地域の海には無人島が点在しており、昔、海賊が財宝を隠したという伝説が残る島があった。これを真に受けた人々のうち、ゲンさんと呼ばれる人物がこの島に住みついた。彼は島に粗末な小屋を建て、地元の漁師たちと仲良くしながら、島で一人暮らしていた。そんな生活が二年続いた頃、漁師をしていた報告者の祖父と、その雇い主だったコウジさんという人物が、夕暮れにもかかわらずゲンさんの住む小屋に明かりが点《つ》いていないことを不審に思い、島に寄ることにした。

　コウジさんが小屋を覗《のぞ》いたところ、そこで見たのは小屋の中でヌメヌメとしたどす黒いものに覆いかぶさられ、もがくゲンさんの姿だった。コウジさんは思わず声を上げ、持っていた懐中電灯を取り落とした。ヌメヌメしたものは「ヒョッ」と鳴き声を上げ、寝台の上に開いていた窓から出て行った。コウジさんがゲンさんに駆け寄ると、ゲンさんはまるで金縛りに遭《あ》ったように四肢を突っ張って呻《うめ》いていたため、助け起こして船に乗せた。やがてゲンさんは意識を取り戻したが、何があったのかは分かっていないようで、金縛りに遭って苦しんでいたところをコウジさんに助けられたと言ったという。

　ゲンさんはその日は事務所に泊まり、そこで祖父やコウジさんからもう島から引き揚げることを提案され、ゲンさんは了承して翌日荷物をまとめるために一度島に赴くことになった。しかし、翌日、島にゲンさんを迎えに行くと、ゲンさんは人が変わったようになり、島から出ないと怒り出した。そのため、祖父やコウジさんらは説得を諦め、そのまま島に住まわせることにした。それから半年ほどゲンさんは島に住んでいたが、ある日突然姿を消してしまった。

　結局ゲンさんは見つからず、溺死《できし》したのではということになったが、報告者の祖父は、もし万が一この先ゲンさんを見かけたら、それはゲンさんではない、なにか別の物だろうと語ったという。また、後にコウジさんが話したことによれば、あの日、ゲンさんを覆うヌメヌメしたものを懐中電灯で照らしたとき、一瞬、先が五つに分かれた脚のようなものが見えたと語られている。

## ぬらひ、駅 ［ぬらひ、えき］

駅にまつわる怪異。神奈川県藤沢市に住む大学生のある男性が、大学の親睦会で酒を飲み、泥酔して横浜市内から地下鉄に乗った際のこと。最寄り駅が終点であったため、男性は車内でそのまま寝てしまったが、しばらくしてその最寄り駅の名前を告げるアナウンスがあり、何とか眠気を覚まそうとしていると、突然電車が動き出した。男性は自分に気付かないまま電車が車庫に入ってしまったのではないかと思ったが、電車は闇の中を走り続け、一〇分ほど経過してある駅で停車した。アナウンスもなくドアが開き、慌てて降りると、そこは地下鉄の駅のようだった。コンクリートの打ちっぱなしで装飾はなく、壁に書かれた駅名標は錆び付いており、何とか「ぬらひ」という文字が読めるだけだった。駅員に話しかけようにも誰もおらず、とにかく外に出てみようと地上に出ると、驚いたことに電車に乗った時は二二時だったにもかかわらず、眩しい日差しが降り注いでいた。しかし青空はまるで絵具で塗りたくったような色で、陽光は蛍光灯の光のようだったという。

　駅周辺にはビルや店舗は見当たらず、土が剝《む》き出しの地面にトタン屋根の粗末な木造家屋が連なっており、人の姿はなかった。とにかく家族に連絡を取ろうとスマートフォンを取り出すと電源が切れており、周囲には公衆電話もない。誰かいないかと駅周辺を探しても人影は見当たらず、パニックに陥りかけた時、耳をつんざくような爆発音が聞こえ、見上げると軍用機が空から迫ってきた。直後、花火が打ち上がったような音が聞こえるとともに再び爆発音が響き、真っ青だった空がいつの間にか真っ赤に染まっていた。それは空が血で染まってしまったかのようだったという。そこで意識を失ったが、次に目覚めた時には地下鉄の電車の中で、ちょうど自宅の最寄り駅に到着したアナウンスが流れていた。男性は不安を感じつつ駅を出たが、何も変わったところはなかったという。

　その後、男性はあの日見た軍用機を頼りにインターネットで戦時中の横浜について調べたところ、彼があの駅に迷い込んだ日は五月二九日で、横浜大空襲があった日だと分かったという。また、「ぬらひ」という看板は戦時中に被害に遭《あ》った「旧平沼駅」のものであり、横浜大空襲時に犠牲になった人々が作り出した世界に迷い込んだのではないかと語っている。

　寺井広樹著『鉄道にまつわる怪異譚』にある。電車に乗って戦時中の時代に迷い込んでしまう話は常光徹著『学校の怪談2』にもある（『日本現代怪異事典』の「異界駅」の項目も参照）。また、戦時中でなくても駅で時代を超えてしまう話は本書に収録した**名残雪の駅**、**謎の無人駅**が該当する。

## ぬれ女 [ぬれおんな]

　長崎県五島列島の漁師たちの間に伝わるという女の怪異。口が耳元まで裂け、目がつり上がり、長い髪が腰の辺りまで垂れているという姿をしており、常に薄笑いを浮かべ、波打ち際に立っている。この女が漁船に触ると、その船は必ず遭難し、沈没してしまうと伝えられている。さらにぬれ女を見たことを他人に教えると、その教えた人間の船も沈むと言われている。

　松永克広著『妖魔がさ迷う怨霊列島』にある。「ぬれ女」「濡れ女」「濡女」などと呼ばれる妖怪の話は四国・中国地方に多く残るが、漁船を沈没させるという伝承は珍しい。

## 猫玉［ねこだま］

猫にまつわる怪異。ある女性が友人の家に遊びに行った際のこと。その家に住んでいる猫が女性と友人のいる部屋に入ってきたが、何かを追っている様子だった。猫は動きを止め、部屋の天井をじっと見ているが何も見えない。すると猫が跳び上がり、空中を前足でかく仕草をすると、何かが落ちる音がした。よく見ると半透明のテニスボール大の玉が一つ床を転がっており、猫はそれを追いかけ、前足で捕らえると、盛んにじゃれ始めた。不思議に思い、女性が友人にあの玉は何かと聞くと、友人にはその玉が見えていないかのような反応をする。やがてその半透明な玉は独りでに空中に浮くと、別の部屋へとすーっと飛んで行った。猫もまたそれを追いかけて行ったという。

木原浩勝・中山市朗著『新耳袋 第五夜』にある。筆者命名。猫などの動物が人間の目には見えない何かを見ているのではないか、と語られることは多い。それを元にしたものに**フェレンゲルシュターデン現象**というものがある。詳細は当該項目参照。

## 猫憑き［ねこつき］

猫にまつわる怪異。大阪府豊《とよ》能《の》郡《ぐん》の妙見《みょうけん》山《さん》にある妙瀧寺《みょうりゅうじ》には猫の霊に憑《つ》かれた少女を救った話が残っている。

一九六八年のこと、兵庫県神戸市に住む農家の娘の様子が突然おかしくなった。原因は彼女の父が酔って崖から落ち、死んだことらしく、それ以来娘は動物の悲鳴のような声を上げて夜道をさ迷い歩くようになった。医者に見せても一向に回復の兆しがないため、娘の母親は妙瀧寺に助けを求めた。妙瀧寺の尼僧は娘の様子を見てすぐに彼女に修行を勧め、娘は二カ月ほど修行に励んだ。

そんなある夜、堂で読経していた娘の様子が豹変し、悲鳴を上げ、自分はこの娘に取り憑《つ》いている雄猫の霊だと口走った。そこでともに修行をしていた尼僧がこれと対話すると、雄猫は、自分はこの娘の父親が酔ってなぶり殺しにした猫だと答えた。父親を崖から落として殺したが、それでも怒りが収まらず、父親と血縁関係にある人間を全て殺そうとしているのだという。そのため、尼僧がどうすれば成仏《じょうぶつ》するのかと問うと、自分の霊を祀《まつ》る祠《ほこら》を建ててほしいと答えた。そこで祠を建てたところ、娘の狂乱は嘘のように治まったのだという。

室生忠著『都市妖怪物語』による。妙瀧寺は除霊で有名な寺らしく、現在もお祓いや除霊の依頼を受け付けている。

## 猫の忍者［ねこのにんじゃ］

ネット上で語られた怪異。2ちゃんねる（現5ちゃんねる）オカルト板に立てられた「身のまわりで変なことが起こったら実況するスレ151」スレッドにて、二〇〇八年三月二一日から二六日に語られたもの。

話は「一週間前から猫の忍者に狙われている」という旨の書き込みから始まる。その報告者によれば、夜の一二時頃、公園でジョギングをした後に滑り台で休憩していると、後方から二足歩行で黒い布を纏《まと》った忍者のような格好をした猫にギザギザの刀のようなものを突き付けられたという。報告者は慌てて逃げ出したが、今度は滑り台の下にももう一匹現れたため、とにかく砂をかけて怯《ひる》ませ、家まで逃げ帰った。その三日後の夜、今度は六匹の猫の忍者が現れ、朝まで家の周りを歩いたり走ったりしていた。数日後、書き込みの前日の夜中に今度は窓や壁を叩《たた》いたり引っかいたりし始め、家に入ろうとしているようだったという。報告者がその後に書き込んだ情報によれば、彼が住んでいるのは埼玉県北葛飾郡杉戸町で猫の忍者が現れたのも同じ場所。猫の忍者は通常の猫よりも筋肉が発達していて、体が一・五倍ほど太く、身体能力が異常に高い。また体長は五〇センチほどであるなどということだった。

続く同年三月二三日に「猫忍」というスレッドが立てられ、猫の忍者に狙われる報告者の様子が報告された。このスレッドに書き込まれた情報によれば、猫の忍者の見た目の品種はロシアンブルーに似ており、黒と灰色の毛をした二種類が確認できた。鳴き声は聞いたことがないが、仲間同士で何か話しているような様子が見えた。また仕草は猫よりも人間に近く、匂いを嗅いでいるような仕草が多いなどということだった。

さらに同年三月二六日には「猫忍・二ノ巻」というスレッドが立てられ、継続して報告が行われたが、やがて報告者から肺炎で倒れたという報告があり、実家に帰ったためか猫の忍者も現れなくなったと書き込み、やがてスレッドも勢いを失って収束していった。

これらのスレッドでは実際に報告者が猫の忍者を見たという公園を訪れる者たちも現れたが、結局猫の忍者は見つからずじまいだったようだ。

## 猫の霊［ねこのれい］

ネット上で語られた怪異。2ちゃんねる（現5ちゃんねる）オカルト板に立てられた「ほんのりと怖い話スレ　その53」にて、二〇〇九年一月一四日に語られたもの。

その名の通り猫の霊と思しきもので、報告者の友人宅に出現し、見た目は茶色の猫そのものだが、人間に気付くと『不思議の国のアリス』の「チェシャ猫」のように尻尾から消えていくのだという。この家では猫を飼ったことがないため、なぜ猫の霊が出るのか家族はみな不思議がっているが、これが居ついてからネズミやゴキブリを一切見なくなったという。

## ネコ目トイレの青い手 ［ねこめといれのあおいて］

ある小学校に伝わる怪異。この学校のトイレの天井は木で、ネコの目のような模様がある。このネコの目と目が合うと、便器からぬるぬるとした青い手が出てきて足を摑《つか》まれるという。そのため、トイレに入る生徒はみんな天井を見ないようにしているとされる。

マイバースデイ編集部編『マジこわい!! 心霊体験大百科』にある。

## ねじりことねじりお ［ねじりことねじりお］

夢に現れる怪異。その夢は真っ白なベッドが並ぶ部屋で目覚めるところから始まる。隣のベッドには頭から毛布を被《かぶ》った何者かがおり、「ねじりこ」というプレートが枕元に置いてある。また、その隣のベッドの枕元にも「ねじりお」と書かれたプレートが置かれている。この「ねじりこ」に話しかけると、突然ベッドから体を起こす。ねじりこはマネキンの姿をしているが、自分を起こした人間に対し「しっかりと、見ていてね……」と告げ、ベッドの脇の柵に両手を掛け、まず上半身をねじり始める。その体は嫌な音を立てながら千切《ちぎ》れていき、傷口から紫色の血が溢れ出る。最後には上半身と下半身が完全に千切れ、上半身がそのままベッドの下に落ちる。そしてその横にいるねじりおが「ツギハ、オマエガ、ねじりこダ……」と告げる。ねじりこ、ねじりおはこの話を聞いた人間の中から次のねじりこ、ねじりおを選ぶ。選ばれてしまった人間はこれと同じ夢を見て、女の子ならねじりこに、男の子ならねじりおにされてしまい、自ら体をねじ切ってしまうのだという。

闇月麗編著『本当に怖い話 背すじもこおる恐怖体験99話』にある。

## ねのくに駅 ［ねのくにえき］

ネット上で語られた怪異。2ちゃんねる（現5ちゃんねる）オカルト板に立てられた「死ぬ程洒落《しゃれ》にならない怖い話を集めてみない？ ３４２」スレッドにて二〇一六年一一月二四日に語られたもの。

それによれば、島根県在住の報告者が高校生の頃、自宅とは別の市にある友人宅からの帰りに電車に乗った時のこと。電車はトンネルを抜け、海沿いの道を進んでいたが、気が付くと車窓の向こうが黒いセロファンを被《かぶ》せたように薄暗く見えた。辺りを見回すと自分以外の乗客は同じポーズで顔を伏せて寝ており、電車の揺れに合わせて小さく動いていたという。親から来たメールに返信するなどしていると電車が止まり、車窓から外を見ると、古い木造の駅舎と「きさらぎ駅」という駅名が見えた。そして次の駅名は「ねのくに駅」となっていたという。報告者は咄嗟《とっさ》に「ねのくに」とは日本神話に語られる「根の国」、すなわちあの世のことではないかと思い、親に電話するか迷っていると、ドアが閉まって再び電車が動き出した。ちなみに、「きさらぎ駅」の前は「たそがれ駅」だったとも語っている。どうにかしなければと、親にメールを打っていると、不意に子どもの声が聞こえ、顔を上げた。そこにはいつもの電車の光景があり、車窓の外にも明るさが戻っていたという。それから五分もしないうちにいつも降りる駅に着いたが、報告者の体感よりも大幅に時間が経過していたと語られている。

　ここで駅名になっている「根の国」は『古事記』や『日本書紀』に登場する地下の世界で、死者の国である「黄泉国《よみのくに》」と同一視される。また『古事記』では「根之堅洲国《ねのかたすくに》」とも呼ばれているが、過去に「きさらぎ駅」が「やみ駅」と「かたす駅」という駅と繋《つな》がったという体験談が報告された例がある（いずれも『日本現代怪異事典』収録）。この話では「きさらぎ駅」は「たそがれ駅」と繋がっていたとも語られているが、黄昏《たそがれ》は逢魔ヶ刻《おうまがとき》と呼ばれ、化け物と遭遇しやすい時間帯だと考えられていた。

　きさらぎ駅の体験談が語られたのは二〇〇四年一月で、静岡県が舞台となっていたが、それ以降、先述したやみ駅、かたす駅の話（福岡県が舞台）や、今回の島根県に現れたというたそがれ駅、ねのくに駅の話が語られているほか、様々な地域できさらぎ駅に迷い込んだという体験談が報告されている。これらは基本的に最初のきさらぎ駅に便乗して語られた話だと考えられるが、もし本当に存在するのなら、この奇妙な駅たちはきさらぎ駅を中心として全国様々な場所で繋がっているのかもしれない。

# 【の】

## の［の］

ネット上で語られた怪異。2ちゃんねる（現5ちゃんねる）オカルト板に立てられたスレッド「∧∧山にまつわる怖い・不思議な話Ｐａｒｔ56∧∧」にて二〇一一年九月一日に語られたもの。

　それによれば、報告者が子どもの頃、兄とともに山で遊んでいた際のこと。その山の頂上にひらがなの「の」の字を立体化したような高さ二メートルほどの真っ黒な物体がいたという。この「の」は報告者に気付くと、しゃくとり虫のように体を伸び縮みさせて逃げて行ったと語られている。

## 野口っこ小僧［のぐちっここぞう］

像にまつわる怪異。ある小学校には「野口っ子小僧」という名前の銅像があるが、これを三〇秒見ていると吸い込まれ、二度と戻って来られなくなる。実際に犠牲になった人間はたくさんいるという。また、この像は夜の一二時になると血を流すとされる。

常光徹編著『みんなの学校の怪談　赤本』に兵庫県からの投稿として載る。

## 鋸岳の火の玉［のこぎりだけのひのたま］

山にまつわる怪異。長野県と山梨県の県境辺りに聳《そび》える鋸岳でのこと。ある年の一一月半ばの早朝、山小屋で働いていた女性が家に戻る途中、雪とともに丸い光が下りてきた。流れ星かと思ったが、明らかに流れ星よりも低い位置まで落ちてきたため、恐ろしくなって駆け出した。しばらくして後ろを振り返ると、鋸岳の中腹辺りに先ほどよりも大きな球状の光が見えた。それは遭難した登山者の霊なのか、それとも太平洋戦争で亡くなった彼女の兄弟の霊だったのか、考えてみたが答えは出なかったという。

工藤隆雄著『新編　山のミステリー』に載る。

## ノコギリの音［のこぎりのおと］

音にまつわる怪異。ある高校生が夏休み、なぜか高い頻度で金縛りに遭《あ》うようになった。その夜も自室で寝ていると、突然体が固まり、動かなくなった。既に金縛りに慣れていた彼はしばらくすれば収まるだろうとじっとしていると、どこからか「ギコ……ギコ……」という音が聞こえてきた。それはノコギリがすぐ近くの畳を切っている音のように聞こえ、そちらに顔を向けようとするも、金縛りのせいで動かない。音は次第に大きく、はっきりと聞こえるようになり、次第に近付いてきているようだった。やがてその音は耳元まで迫ったが、「助けて……！」と心の中で叫ぶと、ふっと体が軽くなり、音がしなくなった。以来、その高校生は必ずテレビやラジオを点《つ》けたまま眠るようになった。静けさの中だとまたあのノコギリの音が聞こえそうで怖いからだという。

「ほんとにあった怖い話」委員会編『ほんとにあった怖い話２』に東京都からの投稿として載る。

## のっぺひょろり［のっぺひょろり］

手足がとても長い、粘土のような体をした怪異。ある子どもの話によれば、家の二階で勉強していると、窓の外に不気味な影が見えた。カーテンを開けてみると、そこには目も鼻も口もない黒色ののっぺらぼうのような妖怪がいたという。子どもに気付いたそれは慌てて逃げて行ったが、窓ガラスにはべとべととした液体がついていたとされる。

怪談クラブ監修『キャーッ！ みんなの怪談』にある。同書でこの妖怪が登場するコーナーは、他にも様々な妖怪が紹介されているが、他資料に登場しないものがほとんどで、イラストやステータスを同時に載せているその体裁から、書籍用に創作した妖怪を掲載している可能性が高い。

## ノッポのおんな［のっぽのおんな］

ネット上で語られた怪異。怪談投稿サイト「Alpha-Web こわい話」にて一九九八年一〇月二四日に投稿されたもの。

熊本県熊本市の田原坂の駐車場に出現したという。遭遇した男性の話によれば、駐車場脇にあるトイレで用を足していた際、ふと斜め上を見ると、窓から彼をじっと覗《のぞ》き見る女がいた。男性は変な女だと思い、目を逸らしたが、いつの間にか女はいなくなっていた。トイレを出て女が顔を出していた窓を見てみると、その窓は身長二メートルくらいなければ顔を出すことができない位置にあったという。

同サイトには一九九八年一一月二九日の投稿として、トイレの個室で用を足した投稿者がズボンを上げながら上を見ると、個室のドアと天井の隙間から人間の頭頂部が覗いていたという体験談も掲載されている。

背が高い女の怪異といえば「八尺様」（『日本現代怪異事典』収録）が有名だが、八尺様の初出は二〇〇八年八月であるため、この「ノッポの女」の方が一〇年早く登場している。

## 登りたがりの化け物［のぼりたがりのばけもの］

ネット上で語られた怪異。怪談投稿サイト「Alpha-Web こわい話」にて一九九九年八月二〇日に書き込まれたもの。

当時から三年前ほど前の夏のこと。投稿者は埼玉県にある某有名印刷会社の寮に住んでいた。寮は築二〇年の古い建物で、門限が一二時に設定されていた。しかし、ある日投稿者は同僚と飲みに出て午前二時に寮に帰宅したため、正面玄関ではなく非常口から寮に入り、自分が最後だろうと非常口の鍵を閉めた。それから歯を磨いていると、非常口の方から「なんだよ！ 非常口閉まってるよ！」という声が聞こえてきた。投稿者は慌てて非常口に向かい、鍵を開けたが、外には誰もいない。それから自分の部屋のある寮の四階に戻ろうとしたが、なぜか空気が重く、いつもより距離が長く感じる。やっとのことで四階の洗面所に辿《たど》り着いたが、その時、突然外から「しょうがねぇーパイプ管登るか！」という声が聞こえてきた。それから異常な速さでパイプを登る音が聞こえてきたため、不思議に思って窓から外の壁に接続されているパイプ管を見てみた。すると、異様に手足が長く、顔は血だらけで衣服もボロボロという異様な姿をしたものが時速八〇キロほどのスピードでパイプを登っている。その上、パイプの頂上まで着くと消え、また地上に現れてパイプを登るということを繰り返していた。化け物はこれを一〇回ほど繰り返すと、

「飽きたなー次は何に登ろうかなー！」と言い、見物していた投稿者の方を見つめ「また、来るから見にこいよ！」と言ってそのまま消えてしまったという。目的も行動もよく分からないが、楽しそうで気の良い化け物であるため、どこか憎めない。

## 呑池［のみいけ］

池にまつわる怪異。広島県のある高原で、小川をせき止めて貯水池を造る工事が行われていた際のこと。その日、作業が始まろうとした時刻、水がたまり始めた池の端に止めてあったパワーシャベルが池に向かって滑り始めた。パワーシャベルのアームは斜面に突き立てられていたが、お構いなしに車体がぬかるみの中に沈んでいく。慌てて他のパワーシャベルを呼び、ワイヤーを繋《つな》いで引き出そうとするが、それでも全く沈下が止められない。それどころかもう一台のパワーシャベルも池に引き摺《ず》り込まれ始めたため、急いでワイヤーを外したが、結局二台のパワーシャベルはどちらもぬかるみの中に沈んでしまった。その池の水は人間の膝ほどまでしかなかったが、底を掘り返して探してもパワーシャベルが出てくることはなかったという。

木原浩勝・中山市朗著『新耳袋 第七夜』にある。

## 野良スーモ［のらすーも］

ネット上で語られた怪異。電子掲示板5ちゃんねるのオカルト板に立てられた「不可解な体験、謎な話～enigma～ Part114」スレッドにて二〇二一年二月一一日に語られたもの。

それによれば、当時から一、二年前の台風の日。雨風の音で眠れなかった報告者がカーテンを開き、外の様子を見ると、家の前を通る道の二〇メートル先の街灯の下で何かが動いていた。目を凝らすと、それは球体の胴体に木の枝ほどの細い足がある謎の存在で、風を受けて千鳥足のように左右にフラフラと動いていた。スレッドでは「スーモ」（リクルートが運営する同名の不動産情報サイトのマスコットキャラクター）にそっくりだったと語られている。スーモは緑色の球体に黒く細い手足が生え、二つの目があるという姿をしているが、台風の日に出現した謎の存在に目があったかは不明である。

また、同スレッドではその容貌からか「野良スーモ」と呼ばれていたため、項目名もそれに倣っている。

## のりあげどってん［のりあげどってん］

女の姿をした怪異。あるトラック運転手が奈良県の家で行われている法事に向かっていた際のこと。沼沿いの道を走っていると、道の真ん中に白いゴミ袋のようなものがずるずると這《は》い出てきた。それが髪が白く長い女だと分かった時にはもう遅く、トラックの車輪は女に乗り上げていた。運転手は茫然自失の状態のまま法事の行われている家に向かったが、そこで事情を話し、その家の者たちとともに事故現場に行くと、そこには何も残っていなかったという。

木原浩勝・中山市朗著『新耳袋 第七夜』にある。

## 呪いのサイト［のろいのさいと］

インターネット上に出現するという怪異。このサイトはインターネットで検索していると偶然行き着くことがあるとされる。サイトには鳥居の写真が貼られており、意味不明の文字がびっしりと書かれている。もしこの写真を見た場合は、写真に写っているものと同じ写真を見つけなければ呪われてしまうという。

魔夜妖一監修『ゾゾーッ！ こわい話1000』にある。

## 呪いのサツキ［のろいのさつき］

樹木にまつわる怪異。通常、白い花を咲かせるサツキが、一四年に一度一つの枝だけに赤い花を咲かせることがある。するとこのサツキの持ち主は原因不明の死を遂げる。そして持ち主のいなくなったサツキは次の持ち主へと移り、一二〇年以上に渡り持ち主を殺害することを繰り返しているという。

常光徹編著『みんなの学校の怪談 緑本』に愛知県からの投稿として載る。筆者命名。

## 呪いの自転車［のろいのじてんしゃ］

小学校に現れたという怪異。その日小学校は開校記念日で、少女が校庭で友達と待ち合わせをしていると、校庭の隅にごくごく普通の自転車が置いてあった。少女はそれに乗って校庭を何周かしているうちに、突然手を他人に握られているような感覚に陥った。だが何も見えない。すると今度はペダルを漕ぐ足が重くなったり軽くなったりして、まるで別の誰かが自転車を漕いでいるかのようだった。少女が悲鳴を上げると、ケラケラと笑いながら女が目の前に現れた。女は「どこへ行くのよ。こっちよ、こっち」と言いながら手招きする。少女は必死に自転車を動かそうとするが誰かに操られているかのように言うことを聞かず、どんどんスピードが上がり、何かにぶつかって自転車ごと宙返ったところで気を失った。気が付くと少女は学校の保健室にいた。運んでくれた宿直の教師が言うには、校庭には自転車も、ぶつかるようなものもなかったという。その時、どこからともなく「ケラケラケラ」という笑い声が聞こえてきた。

絹華作『恐怖150％!! 超こわい話スペシャル版』にある。

## 呪いの宅配人形［のろいのたくはいにんぎょう］

ネット上で語られた怪異。怪談投稿サイト「Alpha-Web こわい話」にて、二〇〇〇年六月一六日に書き込まれたもの。

それによれば、何者かから突然送られて

くる呪いの宅配便人形というものがあるという。その外見は古めかしく、頭や手のひらに釘が打たれていて、髪は足下まで伸びている。目はつり上がり、服は真っ赤に染まっていて、口には血が流れたような跡がある。また、人形と一緒に紙が入っており、「一日保管した後誰かに送れ」と書かれている。この紙の通りにすれば問題はないが、捨てたり燃やしたりした場合、その日の夜に人形が家の玄関の前にやってきて「開けろ」と叫ぶ。それでも放っておくと、いつの間にかその人間の後ろに立っていて、不気味な笑いを浮かべ「ちゃんと送れよ」と告げる。一度でも捨てたりした場合、その人間は一年以内に何らかの形で死ぬという。

まるで「メリーさんの電話」と「不幸の手紙」（いずれも『日本現代怪異事典』収録）が組み合わさったような性質を持つ厄介な人形である。

### 呪いのネックレス［のろいのねっくれす］

ネックレスにまつわる怪異。ある少女にはお気に入りの玩具のネックレスがあったが、ある時、新しいネックレスを買ってもらったため、古いネックレスを捨ててしまった。翌朝、その少女の死体が見つかった。その首には捨てたはずのネックレスが巻き付き、喉を絞め上げていたという。

魔夜妖一監修『ゾゾーッ！ こわい話1000』にある。

### 呪いの仏像［のろいのぶつぞう］

仏像にまつわる怪異。ある時、寺の蔵に泥棒が入り、仏像が盗まれた。しかしそこに仕舞われていたのは「呪いの仏像」と言われるもので、盗んだ犯人が出頭し、「夢に血だらけの仏像が出てきて、それがニヤニヤと笑う」と言った。それから犯人は病院に入院し、熱に浮かされて死んでしまったという。

魔夜妖一・幻咲麗・マーク矢崎治信監修『うわさの怪談 闇』にある。

### 呪いの虫［のろいのむし］

ムカデにまつわる怪異。ある男性が虫好きの子どものお土産に海外で昆虫の標本を買ってきた。その中にニスで固められたムカデがおり、子どもはこれをとても気に入り、部屋に飾った。しかし、そのムカデを飾ってからというもの、子どもは病気になり、男性は交通事故に遭《あ》い、さらに男性の会社の人間も事故を起こすなど不幸が続いた。そこで標本を寺に預かってもらうと、悪いことは止まったという。

魔夜妖一・幻咲麗・マーク矢崎治信監修『うわさの怪談 闇』にある。

### 呪う男［のろうおとこ］

話を聞くと現れる怪異。二〇〇〇年六月

一七日、怪談投稿サイト「Alpha-Web こわい話」にて語られたもの。

　それによれば、当時から二〇年ほど前、一組のカップルがいたが、男性の方が暴力的で、女性を殴ったり、金を借りたりしていたため、愛想を尽かされて別れることになった。自棄になった男性は酒を飲んで酔っ払い、踏切《ふみきり》で電車に撥《は》ねられて死亡した。

　その後、元恋人の女性の元に様々な怪異が発生した。毎晩自宅の窓ガラスに黒い人影がへばりついていたり、電話がかかってきて受話器を取ると「殺してやる」という声がしたり、鏡に血を流した男性の姿が映ったり、様々であった。ついにノイローゼになった女性は、踏切に飛び込んで自ら命を絶ったが、男性は満足できず、未《いま》だに成《じょう》仏《ぶつ》せずにいるという。そしてこの男性は、自身の元恋人に似ている女性、具体的には身長一六五センチ前後、髪を肩の辺りまで伸ばし、耳にピアスをしていて、目の下にほくろがある女性を狙うという。

　もしこの話を読み、男性に悪いイメージを持った、元恋人と共通する部分がある女性は、気を付けなければならないと語られている。元々が逆恨みな上に似ているというだけで無関係な女性を狙う厄介な幽霊。話を聞くと現れるとされる怪異は多いが、容姿の条件が加わるパターンは珍しい。

## 呪われた彫刻刀［のろわれたちょうこくとう］

　ある小学校の図工室に現れるという怪異。この図工室には共用の彫刻刀が大量にあるが、その中の一本が呪われており、これで版画を彫ると血が流れ出てくるという。

　実業之日本社編『都市伝説&怪談スペシャル』に京都府からの投稿として載る。

## 呪われたベビーカー［のろわれたべびーかー］

　ベビーカーにまつわる怪異。ある女性に赤ん坊が生まれ、近所のリサイクルショップの店頭で売られていた真新しいベビーカーを購入した。女性は早速そのベビーカーに赤ん坊を乗せ、散歩を兼ねて近所のスーパーに買い物に行った。しかし、買い物の途中、突然赤ん坊がひきつけを起こし、驚いた女性は慌てて赤ん坊を病院に連れて行った。病院の医師は特に異常はないと言うため、一安心して病院を後にしたが、その帰り道、赤ん坊がまたひきつけを起こした。女性は慌てて病院に戻り、もう一度見てもらったが、やはりどこにも異常はない。

　女性は不安に思いながらも病院を出たが、しばらく歩くとまた赤ん坊がひきつけを起こした。女性がパニックになっていると、突然赤ん坊が女性の方を向き、「このベビーカーは、呪われている」と聞いたこともない男の声で話した。突然のことに女性は立ち竦《すく》んでいたが、我に返り、恐る恐る赤ん坊を見るといつの間にかひきつけは治まり、元に戻っていた。

　翌日、女性はリサイクルショップにベビーカーを持って行き、事情を話したが、店員は何も知らないという。それでもとベビーカーを返品し、別の店で新品のベビーカーを買うと、赤ん坊がひきつけを起こすことはなくなった。

後日、女性がリサイクルショップを覗《のぞ》いてみると、既に売れてしまったのかあのベビーカーはなくなっていた。またあのベビーカーを使ったどこかの赤ん坊に何も起きていなければいいけれど、と女性は心配しているという。

「ほんとにあった怖い話」委員会編『ほんとにあったこわい話3』に群馬県からの投稿として載る。中古自動車販売店で買った自動車が怪異をなすという話はよくあるが、ベビーカーは珍しい。

# 怪異をリアル体験できる「実話怪談」とは

実話怪談とは、その名の通り実際に体験した不可思議な体験談を指すもので、主に怪談を収集する人間が体験をした人を取材し、それを再構成して、読み物として分かりやすく、面白いものとしつつ、元の話から離れ過ぎず、その雰囲気を残したまま文章などで表現する、というものです。そのため、ネットなどに体験した本人が自身の体験談を直接書き込むのとは異なります。

　このように、実際に怪異を体験した人の話を書き記した怪談集は江戸時代には数多くありましたし、一九三八年には、田中貢太郎という人物が『新怪談集　実話篇』を記しています。しかし、「実話怪談」がジャンルとして確立したのは一九九〇年代だと言われています。一九九〇年、木原浩勝氏と中山市朗氏の二人が取材と調査によって書き上げた『新・耳・袋―あなたの隣の怖い話』が扶桑社より刊行されます。以降、同書は一度絶版になるものの、一九九八年、メディアファクトリーから改めて『新耳袋　第一夜　現代百物語』が刊行され、以降十作目となる『新耳袋　第十夜　現代百物語』にて完結しました。

　また、一九九一年には安藤君平（安藤尚彦）氏が取材を元に記した『「超」怖い話』が勁文社より刊行されました。この『「超」怖い話』シリーズは著者を変えつつ、勁文社が倒産した後は竹書房が後を引き継ぎ、現在まで続くシリーズとなっています。

　そして九〇年代以降、この二つのシリーズの影響を受け、様々な実話怪談系の書籍が発行されるようになりました。それは現在でも続いており、書店を覗くと様々な実話怪談が並べられています。

　なにせ怪異的な体験が実話として書き記されているのですから、この実話怪談は現代の怪異を調べる上でとても大切な資料でもあります。もし現代の怪異を調べたいと思った時には、実話怪談系のジャンルから読んでみるのも良いかもしれません。

# 【は】

## はあ～い ［はあ～い］

ネット上で語られた怪異。２ちゃんねる（現５ちゃんねる）オカルト板に立てられた「死ぬ程洒落《しゃれ》にならない怖い話を集めてみない？ ２」スレッドにて二〇〇〇年一〇月九日に語られたもの。

二階建ての借家に住む子どもがいた。両親は共働きで学校から帰っても一人ということが多かったが、ある日の夕方帰宅して、なんとなく「おかあさ～ん」と呼ぶと、家の中は暗かったが「はあ～い」と返事がした。その声は二階から聞こえたため、階段を上がったところでもう一度呼ぶと、奥の部屋から「はあ～い」と声がした。奇妙な胸騒ぎを覚えながらも母親に会いたかった子どもは奥の部屋へゆっくりと近付いて行ったが、下で玄関を開ける音がして立ち止まった。それは買い物袋をさげて帰ってきた母親で、「しゅんすけ、帰ってる～？」という声がした。その声に子どもは階段を駆け下りたが、その時、ふと奥の部屋を見ると、部屋のドアがわずかに動いた。そこに見えたのは、こちらを見ている白い人間の顔だったという。

## パークマンサーチェーンメール ［ぱーくまんさーちぇーんめーる］

二〇〇二年頃に流布《るふ》したチェーンメール。内容は「アッホだな～　アッホだな～アッホだなお前女を追っかけ回してまたドジしてる～♪」という文言から始まり、「プーさん」が好きという恋人のために誕生日に熊を贈ったところ、それが本物のツキノワグマだった、という話が記されており、その人物が五歳まで馬に育てられ、半分馬である、という旨の文章が続く。もしこのメールを友人五人に転送しなければ、その人間も半分馬になるという文言が記される。

ここまで読んで既に分かっている人もいるかもしれないが、元になっているのはかつてＴＢＳ系列で放送されていたバラエティ番組『学校へ行こう！』で行われていた「Ｂ－ＲＡＰ ＨＩＧＨ ＳＣＨＯＯＬ」という企画に出演していた「軟式ｇｌｏｂｅ」という二人組。ボーカル担当の女性ＫＯＩＫＥと、ラップ担当の男性パークマンサーで構成されていた。音楽ユニット「ｇｌｏｂｅ」のパロディで、同ユニットの曲「Love again」を元にした「I'm Fallin' DNA」を歌っていた。また、メンバーの名前も「ｇｌｏｂｅ」のメンバーである「ＫＥＩＫＯ」「マークパンサー」のパロディだった。この「I'm Fallin' DNA」の歌詞の中にＫＯＩＫＥが「アホだな～」と歌い、パークマンサーが「そうだよアホだよ」と返すという基本パターンがあり、加えてパークマンサーがラップ部分で他にも自身にまつわる様々なエピソードを歌い上げるという形式を取っていた。先述したチェーンメールの内容は軟式globeが六回目に番組に登場した際に披露した内容に由来する。

「五歳まで馬に育てられた」も実際にパークマンサーが披露したラップであり、その際には馬の動きを取り入れたダンスを行っていた。これを元に誰かがチェーンメールを作成、流布《るふ》したものと思われる。

ちなみにこのチェーンメールは軟式globeのメンバーであるKOIKEの元にも届いたことが番組内で語られている。その際には転送する人数は三人であったと語っていることから、チェーンメールにもバリエーションがあったか、流布するうちに転送する人数が変わったのかもしれない。

## バーザル［ばーざる］

女性の姿をした怪異で、夜、部屋で壁を背に勉強していると壁から出現し、肩を二度叩《たた》く。その際、叩かれても決して振り返ってはいけない。振り返ると首を切断されてしまうからだという。

不思議な世界を考える会編『怪異百物語3』にある。「ババサレ」（『日本現代怪異事典』収録）系統の怪異の一種のようで、恐らく名前は「婆去る」から来ているものと思われるが、「バーザル」と言ってもこの女性は去ってはくれないようだ。

## ハーモニカおじさん［はーもにかおじさん］

ある公園に出現する幽霊。ハーモニカおじさんは元々は毎朝この公園に来てハーモニカを吹いていたおじさんで、近所でよく知られていた。しかしある時、不審者に襲われた女子中学生を助けようとしてナイフで首を刺され、死んでしまった。それからというもの、この公園でハーモニカおじさんの幽霊が出るという噂《うわさ》が流れた。何人も目撃者がおり、生前と同じように夢中でハーモニカを吹いていたという。

ある時、少年たちのグループがハーモニカおじさんの幽霊を見に行こうということになり、実際におじさんの姿を発見した。グループの一人がおじさんに呼びかける。しかし、振り返ったおじさんの顔は血で真っ赤に染まっており、ハーモニカを吹く度にハーモニカの穴から血が噴き出していた。ハーモニカおじさんは死んだ時の姿のまま、ハーモニカを吹き続けていたのだ。

平川陽一著『学校であったコワ〜イ話』にある。

## 廃校の妖怪［はいこうのようかい］

長野県のある廃校に出現するという妖怪。見た目は目が細い普通の人間の少年で、廃校にやってきた人間に「いっしょに遊ぼう」と誘い、楽しい時間を過ごさせる。特に人間に危害を加えることはないようで、むしろ廃校の妖怪に出会った子どもの体験談では、それまでいじめられていたその子どもが、以降不思議といじめに遭《あ》わなくなったとも語られている。

怖い話研究会編『ヒエーッ！ 幽霊・怪奇現象スペシャル』にある。

## 灰皿割り［はいざらわり］

ホテルにまつわる怪異。東京都内のあるホテルでは、ひと部屋だけテーブルの上に置く物の配置が寸分の狂いもなく決まっている。その理由は、配置が少しでもずれると、必ずテーブルの上の灰皿が真っ二つに割れるためなのだという。

木原浩勝・中山市朗著『新耳袋 第九夜』にある。筆者命名。

## ハヴォック神［はゔぉっくしん］

主にネット上で語られる架空の神。主にコンピューターゲームやビデオゲームのうち、３Ｄゲームにおいて、ゲーム内の物体やキャラクターに不可解かつ異常な挙動をさせるものとして知られる。というのは作り事で、ハヴォックとはアイルランドのHavok社という会社が開発したコンピューターゲームやビデオゲームの物理エンジン（ゲーム内で物理法則に則った物体の挙動を表現するエンジン）である「Havok Physics」のことを指す。

この物理エンジンは主に物体のリアルな挙動を想定する多数のゲーム（特にＦＰＳ）に使われており、様々な場面でこのエンジンによる物理演算を目にすることがある。通常、このエンジンによる挙動は現実の物理法則の通りとなるが、稀《まれ》に不可解な現象を発生させることがある。具体的にはキャラクターやアイテムがとんでもない勢いで吹っ飛ぶ、物体がほかの物体にめり込む、物体やキャラクターの一部が異常に伸びる、手足や首などの関節部分が凄《すさ》まじい速さで回転する、などがある。これらの挙動はHavok Physicsの物理演算によるものだが、その不可解かつインパクトのある映像にこの挙動を引き起こさせる「ハヴォック神」という架空の神が存在するというお約束が生まれ、こういった挙動が発生すると「ハヴォック様の怒りじゃ」「ハヴォック神が降臨なされた」といったコメントがなされるようになった。

神とは呼ばれているものの、ほとんどの人はその存在を信じているわけではない。またゲームの物理エンジンが元になって生まれたという様々な要素がある意味現代らしい神である。ただネット上の情報はいつ消えてしまうとも限らないため、ハヴォック神がどのような神であったのか、その記録を残すという意味から本書に項目を立てることとした。

## 歯臼［はうす］

旅館に現れた怪異。ある男性が法事で実家に帰った折、妻と母の三人で一泊旅行に行き、岩手県宮古市の小さな旅館に泊まった。夜中、大きな歯ぎしりの音で男性は目が覚めた。音は真ん中に寝ている妻の向こうから聞こえてくるため、彼女の隣で寝ている母親の歯ぎしりかと思ったが、なぜか音だけが近付いてくる。歯ぎしりの音は男性の頭のすぐ上を通り過ぎ、部屋の入口で止まった。男性は恐ろしさから目を開けずにいたが、歯ぎしりはそのまま母親の方へと戻って行き、また入口の方に向かうということを繰り返した。男性は音がなくなるまで眠ることができなかったという。

木原浩勝・中山市朗著『新耳袋 第七夜』にある。

## ハエ男［はえおとこ］

ネット上で語られた怪異。怪談投稿サイト「Alpha-Web こわい話」にて、二〇〇三年八月二日に投稿されたもの。筆者命名。

ある少女が学校の部活帰りに公園を歩いている時、犬の糞を踏みそうになった。そこで市役所のようなところで箒《ほうき》を借り、片づけようとすると、四〇歳ほどの男性の顔がついたハエが飛んで来て「えらいな」と言ってどこかへ飛んで行ってしまったという。

ジョルジュ・ランジュランの小説『蠅』やその映画化『ハエ男の恐怖』には転送装置の実験の失敗により頭が人間と入れ替わったハエが登場するが、正にそのような姿の化け物のようだ。

## パオゾウ［ぱおぞう］

北海道函館《はこだて》市《し》のある高校のテニスコートの裏に住んでいるという怪異。そのテニスコートでテニスの練習をしていると、夕方にパオパオという鳴き声が聞こえてくる。この鳴き声の正体を見た者はいないが、その鳴き声からゾウではないかといわれ、パオゾウと名付けられ親しまれているという。

久保孝夫著『女子高生が語る不思議な話』に北海道函館市の生徒から採取された話として載る。

## 羽交い絞めソファー［はがいじめそふぁー］

ソファーにまつわる怪異。東京都の中心部のあるレコーディング・スタジオには、ミュージシャンたちが誰も座らないソファーがある。このソファーはかつて、ある有名なタレントの付き人がクビを宣告された際に座っていたソファーで、その数日後、付き人はガス自殺を遂げた。以降、このソファーに座ると車のシートベルトに掛けられたように後ろから誰かに羽交い絞めにされるという。

松永克広著『妖魔がさ迷う怨霊列島』に

ある。

## 化かす山［ばかすやま］

新潟県と長野県に跨《またが》る苗場山《なえばさん》にまつわる怪異。ある日、男性がこの山の沢で魚を釣っていたが、ちっとも釣れなかった。しかもいつもよりも異常に日暮れが早く、妙だと思った男性はすぐに帰ろうとしたが、どういうわけか帰り道に千尺（約三〇〇メートル）もある巨大な滝が出現して、先に進むことができなかった。そこで来た道を戻ろうとすると、今度は大岩が立ちはだかり、見覚えのない大松がその上に一本生えていた。山に化かされたと思った男性は一晩中震えながら夜明けを待った。

やがて日が昇った頃、驚いたことに塞《ふさ》がれていたはずの道が見えてきて、男性はもつれる足で転がるように山を下りた。里に着くと人々から「日が暮れる頃に山にいると、山に化かされる」と言われたという。これは一九五七年頃の話だということだ。

山村民俗の会編『山の怪奇 百物語』にある。筆者命名。

## 墓なめ［はかなめ］

墓場に現れる怪異。餓鬼《がき》のように骨が浮き出るほど痩《や》せており、腹だけが膨らんでいる妖怪とされる。体色は真っ赤で、驚くほど舌が長く、舌先が二股に分かれている。長い間掃除がされておらず、荒れ果てて汚れた墓石が好きで、墓にへばり付き、長い舌で嘗《な》めまわしてきれいにする。しかし、人間に姿を見られると慌てて消えてしまうという。

怪談クラブ監修『キャーッ！ みんなの怪談』にある。

江戸時代の画家、鳥山石燕《とりやませきえん》の『画図百鬼夜行』には「垢《あか》嘗め」という妖怪が描かれており、現代の書籍では風呂場や風呂桶などに付着した垢を長い舌で嘗める妖怪であると紹介されていることが多い。名前や性質の類似から、墓なめはこの垢嘗めを元に創作された妖怪なのではないかと考えられる。

## 墓場の黒い影［はかばのくろいかげ］

墓場に現れる怪異。ある女性が父親の墓参りに出かけると必ず見かけるという謎の存在で、黒い着物を着た上半身だけの男性の姿をしているという。この男は女性が父親の墓に近付くと、必ずその手前に現れるが、さらに近付くと消えてしまうとされ、他の人間には見えないのだという。

ある時、女性が墓参りに行くと、いつも男が現れる場所まで足を進めても男が現れない。不思議に思っていると、突然後ろから突風とともに黒い着物が女性の体を突き抜けて行った。直後、女性の体に悪寒が走り、その場に座り込んで動けなくなってしまった。それから数日、女性は悪寒が止まらず、寝込んでしまったという。

「ほんとにあった怖い話」委員会編『ほんとにあった怖い話3』にある。

## 墓蛍［はかぼたる］

墓場に現れたという怪異。ある少年が北海道の名寄市《なよろし》のホテルに泊まった際のこと。ホテルの近くにある墓地に出かけたところ、無数の蛍のような、しかし、青白い光が飛んでおり、パッと消えたかと思うと次の墓へ飛び移り、今度は光を放ちながら別の墓へと移っていたという。

合田一道著『北海道 幽霊の住所録』にある。筆者命名。

## ハギオ ミエ［はぎお みえ］

ネット上で語られた怪異。怪談投稿サイト「逢魔《おうま》が刻《とき》」に投稿された体験談に登場する。

それによれば、ハギオ ミエは投稿者に付き纏《まと》う女の姿をした謎の存在で、投稿者が小学校に入学した頃に現れるようになったという。常に投稿者から一定の距離におり、時折その姿が見えるのだとされる。その姿は煤《すす》けたピンクのショールを纏《まと》った背の高い黒髪の美人で、手には鎌を携えているのだという。

## 白銀の怪物［はくぎんのかいぶつ］

山にまつわる怪異。阿仁《あに》地方（秋田県中央部）のマタギの一人が根子《ねっこ》という場所にウサギ狩りに出かけた際のこと。雪山の広葉樹の森の中でライオンのような怪物を見た。その怪物はマタギの方を見つめており、マタギは思わず銃を構えたが、ウサギ用の散弾銃では敵わないと後ずさり、仲間のところへ逃げ帰ったという。しかし、仲間には寝ぼけていたのだと相手にされなかったと語られている。

田中康弘著『山怪』にある。

## 白昼夢の町［はくちゅうむのまち］

ある女性が迷い込んだという幻の町。その女性が高校生の頃、高台にある高校から自転車に乗って家路についていると、ふと遠くに塔のようなものが立っているのに気が付いた。高校に通い始めてから二年間、この高台から町を見下ろしていたにもかかわらず、今までそんなものがあったことに気付かなかったため、女性はその塔を見に行くことにした。

二〇分ほど自転車を走らせていると、次第に塔が大きく見えてきた。塔は六階建ての建物ほどの大きさで、レンガ色をした時代を感じさせる建造物だった。塔の手前にはレンガの壁があったため、自転車を押しながら壁沿いに歩いていると、人一人が通れそうな門があった。門の向こうには白いモヤが掛かっていて中は見えなかったが、門を押すとあっさりと開いた。女性は自転車を押して門を潜《くぐ》り、しばらく歩くとモヤが晴れてきた。すると、そこには木造の古い建物や木でできた電信柱があり、地面もアスファルトではなく土だった。まるで大正時代のようだと思いながら不思議な町を歩いていたが、どれだけ歩いても人と出会わない。車も一台も走って来ず、不安になっていると、どこからか女の人の声が聞こえてきた。声のする方に走って行くと、「呉服屋」と書かれた店の中に着物を着た女の人が座っていた。その手には赤ん坊が抱かれており、子守歌が聞こえてくる。女性は声をかけようと店のドアを開けたが、顔を上げたその着物を着た女の顔は、目が血で塗り潰されたように真っ赤に染まっていた。しかも抱いているのは赤ん坊ではなく、布にくるまれた骸骨だった。女性は悲鳴を上げ、店を飛び出すと、店の前に置いていた自転車をそのままに走って逃げ出した。走り続けていると、いつの間にか元の町に戻っていた。

　家に帰って両親にこの話をすると「白日夢でも見たんじゃないか」と笑われたが、女性は、あれは現実の出来事だと確信していると語っている。なぜなら、あの時店の前に置いてきた自転車が、どこを探しても見つからないのだという。

「ほんとにあった怖い話」委員会編『ほんとにあったこわい話3』に静岡県からの投稿として載る。同様に静岡県を舞台に不思議な世界に迷い込んでしまう話としては「きさらぎ駅」（『日本現代怪異事典』収録）が有名だ。この白昼夢の町もどこかできさらぎ駅と繋《つな》がっているのかもしれない。

## 白馬の鎧武者［はくばのよろいむしゃ］

　ある少年の命を助けたという怪異。その少年が家族でドライブに出かけた際のこと。父親がハンドル操作を誤り、自動車が崖から落下するという事故が起きた。車は横転、側転を繰り返しながら崖下に落ちて行き、少年は死を覚悟したが、そこに白馬に乗った鎧武者が近付いてきて、やがて落ちる車と並走し始めた。鎧武者はさっと少年に手を伸ばし、その様子は少年には「しっかりせい、諦めるな」と言っているように見えた。鎧武者の手が少年に触れた気がした瞬間、少年は気を失った。

　その後、少年は病院で目覚めた。家族の中でも少年は怪我《けが》がひどく、顔や頭、内臓に損傷があり、医者も一旦は匙《さじ》を投げるほどであったが、奇跡的に息を吹き返して退院を果たした。少年は大人になったが、あの時鎧武者が自分を助けてくれて、今も守ってくれているのだと信じているという。

　木原浩勝・中山市朗著『新耳袋 第三夜』にある。

## 白霊［はくれい］

　心霊にまつわる怪異。白い布を頭から被《かぶ》ったような姿をしており、暗闇の中で人を脅《おど》かす幽霊だという。

　高嶋聖峰著『恐怖の幽霊体験』にある。白い布を頭から被った霊は日本ではなく西洋に見られる霊の表現として多い。元々この表現は中世から近世にかけてのヨーロッパで死者を埋葬する際、白い布を纏《まと》わせたことに由来している。さらに一八〇四年にはイギリスのロンドンにあるハマースミス地区で白い布を被った幽霊が出現するという噂《うわさ》が流れ、白い服を着ていた人物が誤って射殺されるという事件が起きている。この噂はジョン・グラハムという男が意図的に流した噂であったことが後に分かったが、ハマースミスの幽霊の事件は大々的に報道され、また白い布で体を覆った幽霊のイラストが雑誌に掲載されたことで、イギリスにおける幽霊のイメージとして白い布を被った姿を定着させるのに一役買ったという。

これに加え、ハロウィンの仮装などで子どもが幽霊の仮装をするにあたり、死装束とは関係なく頭から白いシーツを被り、目の部分に穴を空けるという簡略化されたものが流行し、幽霊を表す記号として現在に至ったようだ。こうした「霊」の前に単語を付けることで霊の種類を表すものについては**霊の種類**の項目を参照。

## ハゲのおじさん ［はげのおじさん］

ネット上で語られた怪異。2ちゃんねる（現5ちゃんねる）オカルト板に立てられた「ほんのりと怖い話スレ　その5」スレッドにて二〇〇二年六月二日に語られたもの。

それによれば、報告者が中学二年生の頃、同じ部活に自称霊感が強い先輩がいた。報告者は当時、霊的なものを信じていなかったが、ある夜、生まれて初めて金縛りに遭《あ》った。その時、報告者は目を閉じていたが、瞼《まぶた》の裏になぜか禿《は》げた中年男性が映り、消えなかった。報告者は怖くてどうしたら良いか分からないでいたが、ふとその先輩の「もし幽霊を見たら、○○町3丁目の××（先輩の名前）の所に行って下さいって言えば私の所に来るから。大丈夫だよ」という言葉を思い出し、その通りに告げたところ、金縛りは解け、疲れた報告者はそのまま寝てしまった。

翌日、その先輩に会ったところ、「ゆうべ、あんたの所にハゲのおじさんが出たでしょ。あたしの所に来たよ。だから朝起きられなかった〜」と言われ、以降、報告者は霊的なものを信じるようになったという。

誰かの名前を告げるなどして危機を回避するパターンを持つ怪異に「足売りババア」（『日本現代怪異事典』収録）がいるが、このおじさんは足を奪ったり、増やしていく足売りババアと比べると無害な存在だったようだ。

## 化け橋 ［ばけばし］

群馬県の山間の村に現れたという怪異。一九四七年頃、ある女生徒が女学校に向かって山道を歩いていたところ、先日の台風で流されたはずの橋が川に架かっていた。おかしいと思った女生徒は、その途端に言い知れぬ恐怖を感じてその場に座り込むと、いつの間にか橋は見えなくなっており、そこには猫とも狸ともつかない動物が前足を二本揃《そろ》えて後ろ足で立ち、彼女の方を見ていた。その奇妙な動物はあっと思う間にいなくなってしまったという。

松谷みよ子著『現代民話考11 狸・むじな』にある。

## 箱の中の少女［はこのなかのしょうじょ］

ネット上で語られた怪異。2ちゃんねる（現5ちゃんねる）オカルト板に立てられた「死ぬ程洒落《しゃれ》にならない怖い話を集めてみない？43」スレッドにて二〇〇三年七月三日に書き込まれた話にある。

それによれば、当時から一〇年以上前、報告者が建具職人であった祖父の家を訪れ、仕事場で遊んでいた。その時、祖父の背後の壁に立てかけられた、使い込まれ黒光りする板と板の隙間から、おかっぱ頭の少女の顔が覗《のぞ》いていることに気が付いた。壁と板の隙間には少女が入ることができるような空間はなかったため、報告者は不思議に思って近付いたが、少女はじっと祖父を見つめているだけだった。そこで報告者が少女に話しかけようとすると、突然祖父がそれを制止した。祖父は「それは自分がそこの木で作った箱の中にいた少女だ」と語った。

それから一〇年後に祖父が亡くなり、火葬されることになった際、祖父がいつも大事に持っていた黒い木の箱も一緒に燃やされることになった。その箱の大きさは一〇センチ四方ほどで、蓋《ふた》がなかった。大きさの割に重かったが、振っても音はしなかったという。祖父と黒い箱は火葬されたが、親族が集まり、祖父の骨を拾ったところ、なぜかのどぼとけが二つある。さらに詳しく見てみると明らかに頭蓋骨が二つあることが分かり、警察が呼ばれる事態となった。しかし結局、二つ目の頭蓋骨の正体は分からずじまいであったという。

この話では少女の正体は何であったのか、また箱の中にあったのは少女の頭だったのか、謎のままであるという。

約三年後、同じくオカルト板の「∧∧山にまつわる怖い・不思議な話Ｐａｒｔ28∧∧」にて、二〇〇六年六月二八日にこの話と類似した話が書き込まれた。それによれば、ある人物が旅先でこんな話を聞いたという。

伐り倒した木を埋めておくと、稀《まれ》に芯まで真っ黒になることがある。そんな埋木《うもれぎ》を使って特殊な方法で箱を作ると、中に女子が育つ。ただし、箱を開けると中の女子は死んでしまうという。先の話の少女は、こうした箱から生まれた存在なのかもしれない。

## 走る影［はしるかげ］

非常口にまつわる怪異。非常口を表すマークに描かれている人の形をしたものは、実は本当に走っており、時に非常口から走って出て行くことがあるという。一瞬であるためはっきりと確認するのは難しいが、もしこれを三回見ると異次元に連れて行かれてしまうとされる。

絹華作『超スペシャル版 マジでビビる!!

こわい話』にある。

　非常口に描かれている人型のマークには実は名前があり、「ピクトさん」というらしい。これは絵文字を意味する「ピクトグラム」が由来となっており、著作家の内海慶一氏によって名付けられた。ちなみにピクトさんは非常口のマークだけでなく、様々な警戒標識や看板などに登場する人型のキャラクター全般を指すようだ。

## バスの前に現れる女［ばすのまえにあらわれるおんな］

　狐にまつわる怪異。一九五〇、五一年頃のこと。バスを走らせていると、前方に着物を着た若い女がちらちらと見えた。しかし、慌ててバスを止めると、いつの間にかいなくなっている。再びバスを走らせると、また前方に現れる。それが繰り返されたが、翌朝、その道で大きな狐が自動車に轢《ひ》かれて死んでいたのが見つかったという。

　松谷みよ子編『狐をめぐる世間話』にある。

　狐が何かに化け、走行する物体の前に現れてその動きを止めようとするという話は、汽車を止める「偽汽車」（『日本現代怪異事典』収録）に似ている。また、近年でも車の前に現れる人間の姿をした怪異の話は多いが、多くは人間の幽霊の話となっている。時代を経て人を化かすのは狐や狸ではなく同じ人間になっていったのかもしれない。

## バスの老婦人［ばすのろうふじん］

　ネット上で語られた怪異。2ちゃんねる（現5ちゃんねる）オカルト板に立てられた「死ぬ程洒落《しゃれ》にならない怖い話を集めてみない？　3」スレッドにて二〇〇一年二月二八日に語られたもの。

　その内容は報告者が登校中に体験したものとして語られるが、内容は支離滅裂で、いまいち意味が伝わらない文章となっている。概要を語っても分からないと思われるため、以下にその文章を引用する。

僕はいつも学校に行くためにバスに
乗ってるんですけど、
そのバスは右に曲がった
そのいつも乗ってるバスで、ある日
おかしな事があったんです。
だって、いつものような、おばあさ
んもがいるから、
最後まで行ったんです。痛いから。
それで、そこまでは別に良かったたん
ですけど、めちゃくちゃ
大きい紙袋の紙じゃない版みたいな
のがあって、
ボールみたいなのもあって、シルク
ハットをかぶってる人も
いっぱいいたんです。
おかしいですよね？　普通の道を通
ってるのに。
それでもバスはずうっと普通に進ん
でたんですけど、
ある道を左に曲がった所で、いきな
り急ブレーキをしたんですよ。
それで、本当に急にキーーーーって

止まったんで、

中に乗ってた人が、バランスを崩してこけそうになったんです。

僕は席に座ってたんで大丈夫だったんですけど。

でも、本当におかしい事は、学校に行く直前に起こったんです。

そのバスはいつも、大きな公園の横を通って行くんですけど、

その頃、ちょうどそのいつもの道は工事してたんで、

ちょっと遠回りして、トンネルがある方の道から行ってたんです。

それで、そのトンネルのちょうど真中ぐらいまで通ったところで、

そのバスが〝ガチャ〟とか言いながら止まったんです。

僕はもちろんおかしいな、と思いました。

で、気付くと、バスは既に学校前のバス停に着いてました。

僕は、あれ？　おかしいなぁ？　とか思いながらバスを降りて、

その日も普通に学校に行きました。

そのバスに乗ってた人はもうみんな死んだんですけど。

この文章の難解さからネット上では「全く意味が分かりません」というタイトルで紹介されていることが多い。

この投稿から二年以上経った二〇〇三年一二月一五日、この話と関連するものと思しき話が「死ぬ程洒落にならない怖い話を集めてみない？ 60」スレッドに書き込まれた。それによれば、その話は報告者が友人から聞いたものとして語られており、以下のような内容だった。

当時、報告者の友人は神奈川県のある高校にバスで通学していたが、そのバスにはよく不気味な気配を纏《まと》った老婦人が乗ってきたという。ある日、いつものようにバスに老婦人が乗ってくると、既にバスに乗っていた、帽子を被《かぶ》った老紳士といった装いの人物と、その連れらしい同じ格好をした四〇代ぐらいの男性が二人、彼女に話しかけた。友人にはその会話の内容まで聞こえなかったが、老紳士が突然「それだけはさせません！」と叫び、連れの男性がカバンから何か丸いボールのようなものを取り出した。老紳士と老婦人は睨《にら》み合いをしたまま黙っていたが、突然バスが急ブレーキをかけ、「この先緊急工事ですので迂回いたします」というアナウンスが流れてバスがいつもと違う道に入った。それからしばらく行くと急に外が暗くなり、トンネルかなと思ったところで記憶が途切れ、気が付くと病院のベッドに寝ていたという。友人は道端で倒れているところを通行人に発見され、意識がないまま病院に運ばれたようだが、彼と同じバスに乗っていたと思われる他の客は入院した様子もなく、結局バスがどうなったのかも不明なのだと語られている。また、友人はこの事件を機に脳に障害が残ったのか、支離滅裂な話し方をするようになり、先ほどの話の内容も報告者が二

日かけて聞き出した話をまとめたものだとされる。その後、友人は退院し、インターネットに書き込むなどして詳細を確かめようとしたが、相手にされなかった、というようなことを話していたらしい。

　この話の類似性や、友人がインターネットに書き込んだ、という証言から、最初の話を書き込んだ報告者こそ、この友人本人だったのではないかと考えられている。しかし、この友人は二〇〇二年の時点で亡くなっていると語られており、真相は確かめようがなくなっている。

「全く意味が分かりません」の話を読んだ第三者が後半の話を創作した可能性もあるため、真相を探るのは難しいのかもしれない。

## パソコンの子ども［ぱそこんのこども］

　学校の怪談として伝わる怪異。その学校ではパソコン室のパソコンが夜中に作動し、中に閉じ込められた子どもが泣き出すという。

　宮崎敦司監修『本当に怖い話ＭＡＸ絶叫学園』にある。筆者命名。

## 畑トンネルのライダーの霊［はたけとんねるのらいだーのれい］

　トンネルにまつわる怪異。埼玉県の飯能《はんのう》市《し》にある畑トンネル。現在は通行止めとなり、立ち入りもできないこのトンネルには、かつて幽霊が出現したという。

　一九八四年、このトンネルでバイクの事故があった。それ以来、そこをオートマチックの自動車で通るとエンジンが止まったり、速度が遅くなるなどの現象が起きるようになったという。また夜中に行くとバイクに乗った人がいて、カーブを上手く誘導し、トンネルを出ると消えるといわれた。これは事故で亡くなった霊が、スピードを出すと事故を起こすことを教えてくれていたのだと語られている。

　松谷みよ子著『現代民話考3　偽汽車・船・自動車の笑いと怪談』にある。

## 歯叩きババア［はたたきばばあ］

　老婆の姿をした怪異。ある少女には弟が一人おり、手で触ったものに爪の先を当ててカツカツという音を出す癖があった。ある時、寝ていると、弟が寝ている隣の部屋からカツカツという音が聞こえてきた。それが何日も続いたため、隣の部屋を見に行くと、弟の様子がおかしかった。実は弟はこの時口の中が病気になっていて、そのまま入院したものの、三カ月後に亡くなってしまった。

　しばらくして、少女が寝ているとカツカツという音が聞こえてきた。初めは弟が出す音かと思ったが、そこで弟はもういないことに気付き、直後金縛りで目を開けることさえできなくなった。カツカツという音はまだ聞こえていたが、よく聞くとそれは体の中から響いているようだった。少女が何とか目を開けると、そこには見知らぬ老婆が彼女に覆いかぶさるようにしており、少女の口をこじ開けて歯を削り取るようにして爪で叩いていた。

それから少女は弟と同じ病気を患っていることが分かったが、発見が早かったために完治し、今も平和に暮らしているという。

宮崎敦司監修『本当に怖い話 MAX 呪詛怨嗟』に千葉県からの投稿として載る。筆者命名。この老婆が病気を発生させていたのか、それとも病気を知らせてくれていたのかは明らかにされていない。

## 八月三二日〔はちがつさんじゅうににち〕

テレビゲームにまつわる怪異。夏休みをテーマにしたプレイステーション用ゲームソフト『ぼくの夏休み』で発生するバグの一種。本来、このゲームは夏休みの最終日である八月三一日がゲーム内の最後の日付となっているが、一定の操作を行うことで八月三二日以降の日付を遊ぶことができるようになる。この三二日以降の日付は本来想定されていないものであるため、そのまま進めていくと、キャラクターの表示がおかしくなる、BGMが流れなくなる、文字化けが発生するといった怪現象が頻発することから、ほのぼのとしたゲームからかけ離れた恐ろしいバグとしてネット上で有名になっている。

このバグについては開発者である綾部和氏も認知しており、二〇一〇年九月一日に自身のTwitterでこのバグについて語っている。それによれば、このバグは発売後二年ほどしてから見つかったといい、開発側も予想外だったという。そもそもこのゲームには八月三二日以降のデータ自体が用意されていないものの、優秀なプログラミングによってボロボロになりながらも動き続け、偶然恐ろしい現象が発生しているのだと語っている。

## 八の日の神様〔はちのひのかみさま〕

家に祀《まつ》られる神。ある家に住んでいたお婆さんの夢に現れたという神で、「今日からお前さんの中に宿を借りるからよろしく」と告げたという。この夢を見たお婆さんはさっそく神棚を作り、毎朝その前で祝詞《のりと》を唱えることを日課とした。

そんなある日、お婆さんが「昨夜、また神様が出なすってな。わし、八の日に神様といくさかいによろしうにな」と言った。八月八日、元気だったお婆さんが突然亡くなったという。

木原浩勝・中山市朗著『新耳袋 第八夜』にある。筆者命名。

## 葉月寝具〔はづきしんぐ〕

ベッドにまつわる怪異。北海道函館市《はこだてし》でHという人物が雑貨店を開いた際のこと。開店に多くのお金を使ってしまったため、欲しがっていた新しいベッドを諦めていたが、それを聞いたリサイクルショップに勤める友人がシングルベッドをプレゼントしてくれた。Hはとても喜んだが、どうしてかそこで寝ると妙に寝付けない。初めは他人が使っていたベッドだからかと思ったが、そうではなかった。耳を澄ますと、部屋のどこからか寝息が聞こえてくる。電気を点《つ》けてみるも、誰もいない。しかし、寝息は聞こえ続けるため、枕を足下に置いて逆さに寝てみると、耳元で大きくすうすうと寝息が始まった。聞くと、女の人の寝息のようだった。Hは再び枕を戻し、我慢して眠りについた。

　その寝息は秋になる頃には聞こえなくなり、安心していたが、一年後にまた始まった。三年も使っているうちに女の寝息は八月にだけ聞こえることが分かった。それが分かれば怖くないと、今もこのベッドが使われているという。

　木原浩勝・中山市朗著『新耳袋 第七夜』にある。項目名は同書の怪談のタイトルをそのまま使った。「葉月」は八月の異称であるから、この名前が付けられたのだろう。

## 発光ババア ［はっこうばばあ］

　静岡県富士宮市の中学校に現れたという怪異。この学校に通う恵美と友美という二人の女子生徒が忘れ物を取りに教室に戻った際のこと。この学校には「ネコのお化け」が出ると噂《うわさ》されていたが、その噂通り、教室の戸が勝手に閉まり、「ニャオー、ニャオー」というネコの鳴き声が聞こえてきた。二人が震えていると、今度は彼女らの目の前がうすぼんやりと明るくなり、白いものが現れた。白いものは次第にはっきりとした形を取り始め、老婆の姿と化した。老婆は真っ白なネコを抱いており、そのネコに頬ずりしていた。直後、老婆がネコを手放し、ネコが二人の足下に絡《から》み付くように擦《す》り寄ってきた。ネコを振り払おうにも二人は金縛りに遭《あ》ったように動けず、今度は老婆が二人に近付いてきて、恵美の髪をすーっと撫でた。老婆は「ヒッヒッヒッ」と不気味な笑い声を上げ、恵美の髪を撫で続ける。それを見た友美が何とか机の上にあったガラスの花瓶を手にすると、老婆に向かって力任せに投げ付けた。しかし、花瓶は何の手ごたえもなく老婆の体の中に吸い込まれるように消えてしまった。友美は教室の中を動き回り、手当たり次第に老婆にものを投げ付けたが、やはり老婆の体に当たると、吸い込まれるように消えてしまう。さらに老婆が友美に近付いてきて、彼女は教室の隅に追い詰められ、そこに這《は》いつくばった。老婆の気味の悪い笑い声が一段と大きくなり、白ネコが教室の外へ走り出て行った。ネコの姿が見えなくなると、今度は老婆が全身からオレンジ色の光を煌々と放ち、再び恵美に襲いかかり髪を引っ張った。ほとんど気を失っていた恵美がその痛みで意識を取り戻すと、手にしていたカバンを放り投げ、教室の窓ガラスを割った。冷たい風が吹き込んだ瞬間、老婆の姿は消えてなくなり、恵美と友美は悲鳴を上げて無我夢中で教室を飛び出したという。

　中岡俊哉編著『心霊写真で読む！ 学校

の怪談』にある。筆者命名。

## 白光霊［はっこうれい］

ある学校に伝わる怪異。全身が白く、薄く光っている霊で、すごい勢いで走る。また、目だけが黄色く光っているとされる。さらにどんな方向へ走っていても、顔はその霊を見ている人間の方を向いているとされる。この霊が校舎内に出現する際には宿直室の前で足を止め、宿直室に侵入して寝ている教師の上に乗っかって来るという。この場合は手で払うと消えてしまうようだ。

マイバースデイ編集部編『マジこわい!!心霊体験大百科』にある。筆者命名。

## 白骨街道［はっこつかいどう］

道路にまつわる怪異。国道一六〇号の富山県氷見《ひみ》市氷見駅から下田子までの区間は、交通事故が多発することから「白骨街道」と呼ばれている。これは事故死した人々の霊が事故を誘発しているのだという。

室生忠著『恐怖と怪奇の幽霊体験』にある。

## 鳩を抱く女の絵［はとをだくおんなのえ］

ある女子校に伝わる怪異。この学校には鳩を抱く女を描いた古い絵があるが、夜になるとその絵の中の女が口から血を流しながら抱いている鳩を食べるのだという。

マイバースデイ編集部編『マジこわい!!心霊体験大百科』にある。

## 花いちもんめの駅［はないちもんめのえき］

ネット上で語られた怪異。2ちゃんねる（現5ちゃんねる）オカルト板に立てられた「鉄道にまつわる怖い話、不思議な話★3」にて、二〇一三年五月一五日に語られたもの。筆者命名。

それによれば、報告者が就職活動の帰り、長野県の茅野駅《ちのえき》から長野駅に向かう途中、電車の交差の待ち時間に真っ白な霧に包まれた駅に停車した。報告者が駅に降りて一服していると、時間帯は夜にもかかわらず、霧の中から子どもたちが歌う「花いちもんめ」が聞こえてきた。どこから聞こえてくるのか不明だったが、正体が分かる前に電車が発車することになり、報告者は再び電車に乗ってその駅を去った。

それから一〇年ほど経ち、また同じ路線の電車に乗ることになったが、同じ駅を見つけることはできなかった。しかし、報告者には恐怖はなく、今もあの霧に包まれた不思議な駅には、人知れず子どもたちの歌声が響いているのだろうかと、電車に乗るのが少しだけ好きになったと語られている。

「異界駅」（『日本現代怪異事典』収録）の一種だが、降りた人間に恐怖が降りかかることが多い他の駅と違い、この駅はただそこにあり、やってきた人間に自ら干渉することはないようだ。

## 鼻歌幽霊［はなうたゆうれい］

ネット上で語られた怪異。WEBサイト「怪談投稿」にて、二〇〇一年九月三〇日に掲載されたもの。筆者命名。

それによれば、投稿者が一八歳で東京都の某所のアパートで独り暮らしを始めた際のこと。そのアパートは墓地の隣にあったが、その分家賃が安かったという。ある時、夜中に一人でゲームをして遊んでいると、突然体が動かなくなった。混乱しているとドアの向こうに誰かが立っている気配がして、女性の鼻歌が聞こえてきた。次の瞬間、その声はドアを開けることもせずに部屋の中に入って来た。鼻歌は「ららら～らんらららら～ん」というもので、曲調は明るいが、か細く儚《はかな》げで、どこか不気味な感じがしたという。それが次第に自分に近付いて来て、右耳から一五センチほどの場所まで迫った。投稿者が必死に心の中で「南無阿弥陀仏、南無阿弥陀仏」と唱えると、鼻歌は次第に遠のいていったという。

## ハナかみババア［はなかみばばあ］

学校の七不思議の一つとして伝わる怪異。ある学校の北校舎は戦前、墓場だった跡に建てられているが、その三階の女子トイレに「ハナかみババア」という老婆が出て、鼻を噛《か》まれるのだという

「はんとにあった怖い話」委員会編『ほんとにあった怖い話3』にある。

## 腹を踏みつける黒いモヤ［けらをふみつけるくろいもや］

タレントの稲川淳二氏が遭遇したという怪異。稲川氏が九州にロケに行き、ある旅館に泊まった。部屋は四階建ての四階で、稲川氏が布団で眠っていたところ、突然目が覚めた。無意識に窓の方を見ると、黒い霧のようなモヤモヤしたものが部屋に入って来て、稲川氏の腹をドンドンと踏み付け、そのまま窓を通り抜けて去って行った。その際、砂利を踏みしめて歩くような音がしたのだが、窓を開けて確認すると、下の道には砂利が敷き詰められていたという。

松永克広著『妖魔がさ迷う怨霊列島』にある。

## はりつき女［はりつきおんな］

マンションに現れたという怪異。このマンションの掲示板に「七～一〇階で、夜になると裸足でペタペタと長時間歩き回る音がして眠れないとの苦情がありました」と記されていた。マンションの一一階に住む少女はさほど気にしていなかったが、ある日、塾が終わっていつものように一一階でエレベーターを降り、廊下を歩いていると、自分の足音に重なるように「ペタペタ」という音がする。少女が立ち止まるとその音も止んだが、よく聞いてみると下の階、つまり一〇階の廊下から聞こえているようだった。怖くなった少女が走り出すと、音も追いかけて来る。そして自宅の玄関ドアが

見えると「ペタリペタリ」と音が変わった。
玄関の前まで辿《たど》り着き、少し安心した少女は、思い切って一〇階の廊下を見ようと手すりから少し身を乗り出した。すると手すりの壁の下に張り付く真っ白な手が見え、階下の天井から顔を突き出すようにして、耳元まである大きな口を開けた女が少女を見ていた。この女は廊下の天井に張り付き、少女を追ってきていたのだ。

室秋沙耶美監修『本当に怖い話 ＭＡＸ∞地獄絵巻』にある。筆者命名。

## 張り付く女 ［はりつくおんな］

ネット上で語られた怪異。2ちゃんねる（現5ちゃんねる）オカルト板に立てられた「死ぬ程洒落《しゃれ》にならない怖い話を集めてみない？ ３１５」スレッドにて二〇一三年九月二七日に語られたもの。筆者命名。

それによれば、報告者が父親の家を相続したため、考慮の末売却することにしたが、その際、遺品の中から出てきた複数の不動産屋の名刺の連絡先に電話し、査定をしてもらうことになった。

その三社目の不動産屋による査定の際のこと。やってきたのは三〇代前半の青年だったが、査定額が前の二社に比べ一千万円ほど高かったため、報告者も乗り気で家の中を案内した。そして仏間の隣にある小部屋に青年を案内した時、報告者は突然立ったまま金縛りに遭《あ》い、体が動かなくなった。その上、「苦しい」などと言う女の声が聞こえてくる。かろうじて眼球は動かせたため、周囲を見回すと、報告者の方に気付かず査定を行っている青年の背中に女が張り付いているのが見えた。

女は茶色っぽいソバージュの髪と妙にごてごてした黒い服を着ていたが、首が異様に長く、四〇センチほどもあった。また、こちらに背を向けているにもかかわらず顔だけは報告者の方を向いており、目玉がカメレオンのようにギョロギョロとせわしなく動き回っていたという。金縛りは青年が報告者の方を振り向いた瞬間に解け、同時に女も見えなくなったが、「苦しめ」という女の声が聞こえた。査定どころではなくなった報告者は青年にお引き取りを願った。

その後、この不動産屋を調べてみると、ひたすら悪評だらけであったため、すぐに断りの電話を入れたという。

## ハリックスゴーゴー ［はりっくすごーごー］

ネット上で語られた怪異。2ちゃんねる（現5ちゃんねる）オカルト板に立てられた「ほんのりと怖い話スレ その8」スレッドにて二〇〇三年一月一二日に語られたもの。

それによれば、報告者が高校生の頃、長野県の軽井沢のホテルに泊まった際のこと。そのホテルは新館と本館が別棟となっており、敷地の右側に森があった。新館に泊まっていた報告者は、夜中に一人で本館に向かって歩いていたが、ふと森の中、五メートルほど離れたところに白い影が見えた。その形は非常階段の看板に描かれている白い人型そのままで、腕と足を曲げて静止していたが、大きさは二メートルほどあり、宙に浮いていた。報告者はその異様な光景に怯《おび》えながら、足音を立てないようそっと歩き出したが、また非常口のマークが二メートルほど横に現れたため、猛ダッシュで逃げたという。

項目名の「ハリックスゴーゴー」は、遭遇した報告者がこの謎の人型を呼んだ名前として記されているもの。その由来は恐らく生活用品メーカー・ライオンが販売している医薬品「ハリックス55」で、そのパッケージには非常階段や非常口のマークにそっくりな人型のイラストが描かれている。

また、この他にも非常口のマークに出てくる人型にまつわる怪異がある。詳細は**走る影**の項目を参照。

## はれ女［はれおんな］

ネット上で語られた怪異。怪談投稿サイト「Alpha-Web こわい話」にて、二〇〇三年八月八日に投稿されたもの。

ある学校に「はれ女」と呼ばれる少女がいた。その少女が所属するクラスの生徒たちが翌日に迫ったマラソン大会について愚痴を言っており、ふと一人が「でもうちのクラスにははれ女がいっからね」と言うと、もう一人が「この際雨降って中止にでもなればね～」と言った。それを偶然聞いていたはれ女と呼ばれていた少女は、「……私のせい？」と呟《つぶや》き、一人旧校舎の理科室へ向かって、そこで首を吊《つ》った。

それ以降、この理科室に入ったものは、たとえ蚊の一匹であろうと出ることは叶わなくなった。はれ女はそこに入って来たものを捕らえ、「雨ヨフレ……」と呟きながら逆さに吊るして殺してしまうのだ。

一般的に「晴れ女」は外に出る用事がある際、天気が高確率で晴れになると言われる女性のことで、男性の場合は「晴れ男」と言う。もちろん実際にそういう能力があるわけではなく、冗談めかして言われることが多いが、この項目の「はれ女」も元はそういう意味で言われていた少女だったのだろうと想像される。

また、「逆さに吊るす」という行為は、本来は晴れを呼ぶとされるてるてる坊主を逆さに吊るすことで、逆に雨を呼ぶという俗信があるためこれが元になっていると思われる。

## 絆創膏女［ばんそうこうおんな］

マンションに現れた怪異。そのマンションに住んでいた学生が学校帰り、マンションに入ろうとするとエントランスの手前にある集合ポストの前に女がうつむいて立っていた。女は腰まである長い髪にワンピースという出で立ちだったが、肌が見える部分には全て隙間なく絆創膏が貼ってあった。そのいくつも重なり合った絆創膏の下に薄っすらと見える布地には赤黒い血がにじみ出ており、まるで全身に見開かれた目があるように見えたという。

木原浩勝・中山市朗著『新耳袋 第十夜』

にある。筆者命名。

## パンツイーター〔ぱんついーたー〕

オウムにまつわる怪異。ある家に飼われているオウムはたまに「パンツクッタ！　パンツクッタ！」と鳴き出すことがある。家族の誰もこんな言葉を教えた記憶はないが、二月から三月に一度の割合で突然鳴き出すのだという。また、不思議なことにこの「パンツクッタ！」という鳴き声がすると、必ず一枚誰かのパンツがなくなっているのだと語られている。

郷内心瞳著『拝み屋異聞　弔い百物語』にある。項目名は同書における話のタイトルに基づく。

## 般若赤子〔はんにゃあかご〕

ネット上で語られた怪異。怪談投稿サイト「Alpha-Web　こわい話」に一九九八年七月三〇日に投稿されたもの。筆者命名。

それによれば、冬のある日、ある若者が友人とともにテレビゲームをして遊んでいたところ、午前二時半ごろに台所からぺたぺたという音が聞こえた。その音は次第に二人のいる部屋に近付いてきたが、音が部屋の前に来た瞬間部屋が揺れ出し、直後襖《ふすま》が開いた。そこにいたのは顔が赤紫色に腫れ上がって般若のような顔をした赤ん坊で、「きゃはははははははは」と大声で笑いながらまるで蜘蛛《くも》のように凄《すさ》まじい速さで壁や天井を這《は》いずり回ったという。二人はそれを見て腰を抜かしながら部屋を出たが、後から分かったことによると、部屋にいた友人が、その一週間ほど前に彼女と相談し、赤ん坊をおろしていたのだと語られている。

## ハンバーガーの怪〔はんばーがーのかい〕

ネット上で語られた怪異。2ちゃんねる（現5ちゃんねる）オカルト板に立てられた「死ぬ程洒落《しゃれ》にならない怖い話を集めてみない？　１６６」にて二〇〇七年七月六日に語られたもの。

それによれば、報告者が夜中の二時頃、自宅でハンバーガーをレンジで温めて食べようとした時のこと。ハンバーガーを電子レンジに入れ、スタートボタンを押したところ、三〇秒も経たないうちにバチンと音がし、部屋の照明が消えた。どうやらブレーカーが落ちたようであった。ブレーカーを上げ、電子レンジを開けると、なぜかハンバーガーから「あぐ」という鳴き声がする。よく見るとハンバーガーが濡れているようで、奇妙に思いながら部屋の電気を点《つ》け、また見直すと、電子レンジの中にあるのはもはやハンバーガーではなかった。それは人間の顔の皮のような物体で、電子レンジで温められたのかホカホカになっていた。物体はまた「ふぁぐ」と奇妙な鳴き声を上げたため、報告者は驚いて電子レンジの扉を閉め、何も見なかったことにしてその日は眠りについた。

翌朝、明るくなった部屋で電子レンジを

開くと、そこにはカチカチになったハンバーガーしかなく、報告者は安堵《あんど》してコンビニに行こうと玄関に向かった。その時、突然顔の横で「うぁぐ」という鳴き声がして思わずそちらを見た。そこには人の顔の皮をくしゃくしゃに丸めたような形をしたあの物体がおり、目のような形に開いた穴から報告者を見つめていた。報告者は部屋の鍵もかけずに逃げ出したという。

## バンババァ［ばんばばぁ］

ある海沿いのキャンプ場に出現する老婆の怪異。直径一メートルほどの巨大な頭だけの老婆の姿をしており、夜になるとキャンプ場のテントを回ってはバンバンと音を立てて叩《たた》く。この時、テントの中の人間がテントを開けると、中を凝視してから「お前じゃない」と言って消えてしまうという。

絹華作『超スペシャル版 マジでビビる!! こわい話』にある。同書によれば、この老婆はこの世に残してきた孫を探しているとされる。そのため、元は人間であったと考えられるが、どうして顔だけの姿になったのかは不明である。

## 半分の人［はんぶんのひと］

家に現れたという怪異。ある男性が一戸建ての家を探しており、不動産屋の紹介で二階建ての中古物件を見学することになった。その家は広々とし、間取りも良く、値段も安かったが、庭の奥に大きな檻《おり》があった。

二階の窓からその檻を見つけた男性がそれを見ていると、檻の中で何かがバタバタと動いているのが見えた。じっと見ると、檻の中にいるのは人間のようだったが、奇妙なことに左右真っ二つに裂かれたように片方だけの体をしており、高速で檻の中を走り回っていた。顔も半分になっているため、表情はよく分からなかったが、口を大きく開いて絶叫しているようで、片足しかないのに見えないもう片方があるかのような動きで走っている。男性は慌てて窓を閉め、その物件を後にした。

後日、不動産屋に断りの電話を入れた際、あの家に誰が住んでいたのかを尋ねてみた。不動産屋は口を濁していたが、しつこく迫るとようやく口を開いた。その話によれば、あの家はある有名な殺人事件に関連した家で、殺された人間は犯人の飼っていた猛獣の餌になっていた、という噂《うわさ》が流れていた。その猛獣が飼われていたのが、あの家の庭だったのだという。

木原浩勝・中山市朗著『新耳袋 第五夜』にある。殺人事件と半分の人との関連は不明だが、猛獣の餌にされた犠牲者の霊が半分の人となったのだろうか。だとすれば、体が半分の姿になるような殺され方をしたのかもしれない。

# 【ひ】

## ピア［ぴあ］

ネット上で語られた怪異。2ちゃんねる（現5ちゃんねる）オカルト板に二〇〇五年五月二八日深夜に立てられた「部屋が女のたまり場になっている」スレッドから始まり、同年六月一〇日にかけて語られた。

話は「部屋が女のたまり場になっている」スレッドにおける、「住んでいる部屋に複数の女の幽霊が現れる」という報告者の投稿から始まる。それによれば、部屋には常時一人、多い時は五人以上の幽霊が現れるのだという。そしてその中でもよく見られるのが老婆の霊と八〇年代風のファッションをした若い女の霊で、この若い女の霊が後に「ピア」と呼ばれ、スレッドの中心となっていく。

報告者は幽霊に触れてほしいというスレッドに書き込んだ人々の要望から、この八〇年代風の女幽霊に手を伸ばした。すると何かに触れたような感覚があり、幽霊はすぐに消えたが、その後うしろから「ねぇねぇねぇねぇ」と小さな声で囁《ささや》かれるようになる。これに対しスレッドの人々のアドバイスで、**びっくりするほどユートピア**（詳細は当該項目参照）という除霊法を試してみると、体育座りをして驚いた顔をした八〇年代風の女幽霊が見え、そのまま消えた。それから別の幽霊たちが複数現れるが、やがて八〇年代風の女幽霊が戻って来て「ねぇねぇ」と言い出したため、「はいなら一回、いいえなら二回音を出してほしい」とコミュニケーションを試みる。すると「コツ」という音がしたため、様々な質問を行うことになる。

それによれば、この女幽霊は報告者が住む以前からこの部屋にいるが、自分の名前も、いつ死んだかも分からない。他の幽霊のことも分からないが、自分が現在どのような状況にあるかは把握している。また報告者に敵意はなく、気付いてもらえて嬉しかったといい、報告者が握手を求めた際にはそれに応じている。そこで報告者は文字を書いた紙を使い、女幽霊と会話を試みる。その際、この幽霊に呼び名が付けられることになり、先ほどの除霊法「びっくりするほどユートピア」に由来して「ミスユートピア」略して「ピア」と呼ばれるようになった。ピアはこの紙を用いた会話で「びっくりするほどユートピア」がどうだったかという問いに「こわい」、何をしてほしいのかという問いに「さみしい」「ひとりだったから」といった答えを返した。

ここでスレッドは次の「部屋が女のたまり場になっている―第二章―」に移る。ピアの記憶を呼び戻すため、報告者はスレッドに書き込む人々と相談しながら様々なことを試みるが、成果はなかった。また、ここでピアは食事や睡眠を必要としないことや、匂いを感じないことが判明した。またピアの容姿について、髪はロング、眉毛は太め、化粧は薄め、目がくりっとしており、頬にほくろがあるという説明がなされている。

その後、報告者のバイト先にピアがついていくことになったという書き込みがされ、スレッドは「部屋が女のたまり場になっている エピソード2」に移行するも報告者が書き込みできなくなり、「【一時】部屋が女の溜まり場になっている【避難】」という別のスレッドで報告が継続される。ピアとバイト先のコンビニエンスストアに赴いた報告者は、霊感がある店長にピアのことを話し、店長から知り合いの霊能者に相談してもらえることになる。ここから報告は「部屋が女のたまり場になっている エピソード2」に戻り、ピアに手書きの日本地図を見せたところ「へた」と笑われたことなどが書き込まれる。これが初めてピアが見せた笑顔だとされ、以降、報告者の影響かピアは次第に感情豊かになっていく。また、店長から知り合いの霊能者の連絡先を渡され、何かあったら連絡するようにと伝えられる。

スレッド「部屋が女のたまり場になっている―第四章―」では、ピアが報告者以外の生きているもの、人間や他の生物にかかわらずそれらが見えていないことが書き込まれ、「部屋が女のたまり場になっている―第五章―」及び「【雑談】部屋が女の溜まり場になっている【誘導】」では、ピアが外出したまま帰ってこなかったが、やがて外で犬を追いかけていたことが分かったと書き込まれた。ピアにとって初めて見えた報告者以外の生物だったという。また、報告者がピアに口紅や香水などの贈り物をするが、その香水がピアの記憶を呼び覚ますことになる。

次のスレッド「【雑談】部屋が女の溜まり場になっている2【誘導】」での話によれば、ピアは男にフラれ、衝動的に命を絶ってしまったのだという。それを聞いた報告者はピアに霊能者の話をし、ピアがそこに行くと言ったため、報告者もまた決心をして霊能者の元に赴くことになる。霊能者の家を訪れた二人は祭壇のようなものがある部屋に通され、そこで除霊ではなく浄霊とされる儀式を受けることになる。報告者はピアが成仏《じょうぶつ》することを望み、ピアもまたそれを受け入れた。儀式の終わりとともにピアの体は透き通っていき、「いろいろごめんね」「ありがとう」と言葉を残してピアは消えてしまった。報告者は泣きながら彼女を見送り、そのことをスレッドに書き込んだ。彼の部屋には他にも霊がいるが、別の霊には接触するつもりはないと、最後の報告を終えた。

## 東山の大猫 [ひがしやまのおおねこ]

猫にまつわる怪異。一九六八年一二月八日のこと。ある男性が炭焼きの仕事のため富山県魚津市《うおづし》にある東山山道を登っていると、杉の木の上から大猫が襲ってきた。男性は持っていた棒で何とかその猫を打ち殺したが、猫の大きさは体長六八センチ、尾の長さ二二センチであった。この猫はもしかしたらヤマネコかもしれないと国立科学博物館に鑑定が依頼されたが、結果はイエネコが野生化したものだったという。

上村信太郎著『山の不思議事件簿』にある。イエネコにしては異様に大きい猫である。

## 光るアヒル ［ひかるあひる］

ペットにまつわる怪異。北海道の余市郡《よいちぐん》余市町に住むある女性が、大切に飼っていたアヒルを犬に殺されてしまうということがあった。女性はアヒルの亡骸《なきがら》を土に埋め、供養《くよう》したが、それから二日後、銭湯に行った帰りに光るアヒルが彼女の後をついてきた。これは飼っていたアヒルだと思った女性は、家族にも逢わせてやりたいと思ったが、見せたら消えてしまいそうなので「バイ、バイ」と言って別れた。それからアヒルは姿を見せていないという。

合田一道著『北海道　幽霊の住所録』にある。

## 光る牛 ［ひかるうし］

ネット上で語られた怪異。2ちゃんねる（現5ちゃんねる）オカルト板に立てられたスレッド「∧∧∧山にまつわる怖い話Ｐａｒｔ4∧∧∧」にて、「雷鳥一号」というハンドルネームを使う人物によって二〇〇三年一二月七日に書き込まれたもの。

それによれば、報告者の後輩が関西地方のある峠道をバイクで走っていたところ、後ろから何かが猛スピードで追いかけてきた。後輩は慌てて路肩にバイクを止め、やり過ごそうとしたところ、彼のすぐそばを非常に大きな光る牛が走り抜けていった。その牛は見事なコーナリングでカーブを曲がり、見えなくなったという。ちなみにその姿は和牛だったとされる。

兵庫県の甲山《かぶとやま》には体が人間の女で頭が牛の「牛女」（『日本現代怪異事典』収録）が猛スピードでバイクを追ってくるという話があるが、この光る牛はまた違ったタイプのバイクを追ってくる牛の化け物らしい。

## 光る小人 ［ひかるこびと］

ネット上で語られた怪異。2ちゃんねる（現5ちゃんねる）オカルト板に立てられたスレッド「∧∧∧山にまつわる怖い話Ｐａｒｔ22∧∧∧」に二〇〇五年一〇月三日に書き込まれたもの。

山梨県のある山での話。報告者が山小屋に泊まっていると、夜に二〇センチほどの身長の人型の存在と遭遇した。この小人は白く発光しており、前に一体、後ろに二体と三角形に並んでいた。その時は寝たふりをしていたが、何もしてこないため、やがて本当にうとうととしていると、小人たちは男性の胸に上って竹串のようなもので彼をつついてきた。これに報告者が驚いて叫び声を上げると、小人たちは逃げて行ったという。間近で見た小人たちは、紙のように薄っぺらい姿をしていたと語られている。

　また、その前日に同じ部屋に泊まった友人に話を聞いたところ、その友人は巨大な手に胸を叩《たた》かれたと話したという。いずれにせよ小人も巨大な手も正体は分からずじまいのようだ。

## ヒギョウさま［ひぎょうさま］

　ネット上で語られた怪異。2ちゃんねる（現5ちゃんねる）オカルト板に立てられた「死ぬ程洒落《しゃれ》にならない怖い話を集めてみない？ ２７６」スレッドにて二〇一一年八月一四日に書き込まれたもの。

　それによれば、報告者が少年の頃、島根県の邑智郡《おおちぐん》で養鶏場を経営している祖父母の家に遊びに行ったときのこと。報告者は祖父が夜の一一時三〇分から一二時五分頃まで家を出て母屋から離れたところにある孵化《ふか》室（鶏卵を孵化器で温めて孵《かえ》し、生まれた雛《ひな》をある程度まで育てる専用の建物）に行くことに気付き、こっそりと後をついていった。隠れて見ていると、祖父は卵の中から三つほど選び、いきなりブリキのゴミ箱に叩《たた》き付けた。報告者は思わず祖父に「なにしょうるん？」と声をかけてしまったが、祖父は卵の中から悪いのを取っていて、そうしないと大変なことになると言って、ゴミ箱の中身は見せてくれなかった。

　翌日、報告者が昼食を食べていると、いつもは昼にいない祖父がいた。祖父は村の寄合に行って酔って帰ってきたらしく、昼食を食べながらそのまま机に突っ伏して寝てしまっていた。報告者は弟とともに再び外に遊びに出たが、昨日の孵化室でおもちゃのようなものを見たことを思い出し、行ってみることにした。しかし、改めて見るとそれはおもちゃではなく、鏡面を赤く塗られた手鏡と、粘土で作られた牛の像、そして造花だった。興味をなくした報告者は、次に昨日、祖父が卵を捨てていたゴミ箱を見てみると、何か読めない字で書かれた紙がびっしりと貼ってあった。その時、弟が卵が孵化すると言うため、二人でその様子を観察することにした。しかし、生まれたのはひよこではなかった。体はひよこだが、震えることも、さえずることもない。また首を振らずに歩き回り、目は人間の目と同じだった。そのひよこは土間に落ちると、そのまま外に向かって歩いて行った。それを見た弟は様子がおかしくなり、目の焦点は合わず、口から唾液を垂れ流す状態になった。異常に気付いた祖父母が駆け付け、事情を聴いた祖父は急いであの異様なひよこを追いかけたが、間に合わなかったと言った。

　祖父母の話によれば、あのひよこは「ヒギョウさま」と呼ばれ、太陽が一番高い時刻に生まれる雛で、これと目を合わせてはならず、必ず殺さなければならないのだという。また夜の一番深い時刻に生まれた雛はまた別の、もっと恐ろしいものになるのだと語った。弟は祖母の処置により自我を取り戻したようだったが、どこか以前の弟と違っていた。弟の記憶も持っているのに、別物に変わってしまったという。それから二〇年以上、弟はその状態のままいるという。

この話では、少年が高校生になった時、実家で養鶏場を営んでいる同級生にヒギョウさまについて聞いたところ、「言わし鶏」のことだと言ったと語られている。

### 火消しに化けた狸［ひけしにばけたたぬき］

山梨県に出現したという怪異。一九七五年頃のこと。ある人々が韮崎《にらさき》インターを下りた辺りで道に迷い、夜中三時頃の山中を車で走っていた。すると向こう側が明るくなり、ちょうど道が二手に分かれる辺りに、昔の火消しの姿をした男性が五〇人ほど手に提灯を持って立っていた。男性たちに道を尋ねると、彼らはにやにや笑いながら片方の道を指さした。そこで教えられた道を走っていると、後ろから明かりが差し、火の玉が横を通り過ぎていった。慌てて車を停め、降りて前を見ると、その先は断崖絶壁だった。真っ青になって引き返し、さっきの分かれ道のところまで戻ったが、あの火消したちはいなくなっており、その時になってあの男性たちの顔が狸だったことに気付いたという。それからもう一方の道を進み、無事目的地に辿《たど》り着いたが、断崖絶壁から落ちるのを救ってくれた火の玉は、神様だったのではないかと語られている。

松谷みよ子著『現代民話考11　狸・むじな』にある。

### 柄杓をください［ひしゃくをください］

歌手のじゅん&ネネが遭遇したという怪異。一九六九年、二人が神奈川県油壺《あぶらつぼ》の夜の海でヨットに乗っていたところ、海面に白いもやもやした人影のようなものが現れたという。この謎の存在は以前にも目撃されており、その正体は、遭難して亡くなったある大学のヨット部部員の成れの果てであるとされ、「柄杓をください」と声をかけてくる。これは浸水したヨットから水を汲み出したがっているからだという。

松永克広著『妖魔がさ迷う怨霊列島』にある。

海を行く船の元に現れ、柄杓を要求する妖怪に「船幽霊」というものがいるが、これは柄杓を使って水を汲み上げ、船に入れて沈めようとしてくる。そのため、底の抜けた柄杓を用意するという対処法が伝わっている。船幽霊は水難事故で死んだ人間の成れの果てと言われており、本項目のヨット部部員と同様だが、この部員の幽霊の場合、自分の船に入ってきた海水を汲み出すために柄杓を要求している。正反対の解釈がなされているのが興味深い。

### ビタミン剤の怪［びたみんざいのかい］

ビタミン剤にまつわる怪異。ある人物は子どもの頃からビタミン剤をよく飲んでいたが、ある時からなぜか必ず最初の一錠目だけが転がって落ちるようになった。二錠目以降はそんなこともなく、また不思議なことに落とした錠剤は一切見つからなかった。ある日のこと、模様替えでタンスを動かすと、その裏から大量のビタミン剤が出てきたという。

木原浩勝著『九十九怪談 第五夜』にある。

## びっくりするほどユートピア ［びっくりするほどゆーとぴあ］

ネット上で語られた除霊方法。近くに幽霊が現れた際に有効な行動とされる。全裸になり、自身の臀部《でんぶ》を両手でバンバンと叩《たた》きながら白目を剝《む》き、「びっくりするほどユートピア！ びっくりするほどユートピア！」とハイトーンで連呼しながらベッドを昇降する。これを一〇分ほど続けると妙な脱力感に襲われ、霊が逃げていくという。

この除霊法が語られたのは2ちゃんねる（現5ちゃんねる）オカルト板に立てられた「部屋が女のたまり場になっている」スレッドで、二〇〇五年五月二九日に書き込まれた。ここでは言葉による書き込みとともにアスキーアート（文字や記号で図を表現したもの）によって動作が示されている。

また、この書き込みが行われた背景には、部屋が女の幽霊たちのたまり場になってしまっていたという人物が実際にこの除霊方法を試したところ、一人の幽霊が驚いた顔をした後に消えたということがあったようだ。なお、同スレッドに登場する幽霊たちの詳細については**ピア**の項目を参照。

これ以降、「びっくりするほどユートピア」は除霊の方法として広まったものと思われるが、元々は除霊とは無関係の行動だった。この珍妙な行動について初めて書き込まれたのは同じく2ちゃんねるの独身男性板に立てられたスレッド「【脳】部屋で取ったキチガイ的行動【脳】」で、二〇〇二年三月三日、ある人物が実際に行った行動として書き込まれた。ここでは「妙な脱力感に襲われ、解脱気分に浸れる」と記されているのみであり、除霊効果については触れられていない。

同じように本来除霊を目的としたものではないにもかかわらず、ネット上で除霊に効果があると広まったものに**ファブリーズ除霊**がある。

## ヒップホップババア ［ひっぷほっぷばばあ］

ネット上で語られた怪異。2ちゃんねる（現5ちゃんねる）の「ニュース速報（VIP）板」にて二〇〇七年八月三日に書き込まれたもの。筆者命名。

長年連れ添った仲の良い老夫婦がいたが、片方が死んだら残された方が寂《さび》しくないように壁に埋めようと約束した。その後、婆さんが先に死んだため、爺さんはその通りにした。するとことあるごとに壁から「じいさん」と呼ぶ声が聞こえるようになった。その度に爺さんは「ここにいるよ」と答えていたが、ある時どうしても外に出なければならない用事があり、爺さんは村の若い男に留守を頼んだ。男は壁から聞こえる婆さんの声に答えていたが、何度も続くため、ついに爺さんはいないと答えてしまった。直後、壁から鬼の形相《ぎょうそう》をした婆さんが現れ、「じいさんはどこだぁ！」と叫んだ。すると突然、スポットライトが飛び出して婆さんを照らし出した。その横でいつの間にか爺さんもターンテーブルを回している。

実は婆さんはストリート生まれのヒップホップ育ちで、見事なラップを披露する。

「ここでＴＯＵＪＯ！　わしがＯＮＲＹＯ！　鬼のＧＹＯＵＳＯ！　ばあさんＳＡＮＪＹＯ！　違法なＭＡＩＳＯ！　じいさんＴＯＵＳＯ！　壁からわしが呼ぶＧＥＮＣＨＯ！　年金減少！　医療費上昇！　ボケてて大変！　食事の時間！　冷たい世間を生き抜き！　パークゴルフで息抜き！　どこだＪＩ‐Ｉ‐ＳＡ‐Ｎ老人ＭＯＮＤＡＩ！　そんな毎日リアルなＳＯＮＺＡＩ！　ＳＡＹ　ＨＯ！」

婆さんが披露するのは、本物のヒップホップだった。

現在この老婆の話はコピペ（コピー＆ペーストによって様々な場所に書き込まれる文章）として広まっており、前半と後半の温度差が凄《すさ》まじい話であるが、それぞれに別々の元ネタと思しきものが存在する。

前半は日本各地に伝わる老夫婦の一方が先立った伴侶の死体を家に保管しておき、死体から発される声に答えるという民話だ。例えば若杉慧・村岡浅夫著『広島の伝説』を読んでみると、妻に先立たれた老爺《ろうや》が妻の遺言通り彼女の亡骸《なきがら》を押し入れに入れる。すると押し入れから「爺さん、おるかい？」という声が聞こえるようになり、老爺は恐怖のあまり逃げ出すが、死んでしまう。しかし、死後の世界で閻魔《えんま》様からまだ余命が一〇年あることを知らされた老爺は、前歯三本を抜いてそれを使って作った代わりの人形を妻に与えて現世に戻り、残りの一〇年を生きることができた。その後天寿を全うした老人は、死後妻と再会したという。

この話はアニメ『まんが日本昔ばなし』でも映像化されており、全国で放映されているため、アニメの方を参考にした可能性もある。

後半のラップ部分は2ちゃんねるに書き込まれた話に元ネタがあり、夢の中で株主を前に発表をしろと言われた新入社員の書き込み主が困惑していると、突然社長が登場し、ラップを披露する、という内容になっている。その内容が以下のようなものだ。

「ここでＴＯＵＪＯ！　俺がＤＡＩＨＹＯ！　狙うはＴＯＵＳＨＯ！　一部ＪＯＵＪＯ！

株価ＪＯＵＳＨＯ！　時期はＳＯＵＳＨＯ！　今日の昼飯餃子のＯＵＳＨＯ！　景気最悪！　襲う災厄！　かかる重圧！　耐える重役！　荒ぶる時代を生き抜き！　そして毎日銀座で息抜き！　今日もあの子のプレイでヌきヌき！　そして嫁ハン激怒でメシ抜き！　ＳＡＹ　ＨＯ！（ＨＯ！）　ＳＡＹ　ＨＯ　ＨＯ　ＨＯ　ＨＯ！」

比較すると分かるが、使われているリズ

ムや文言がヒップホップババアの披露するラップと酷似している。「社長のラップ」などの名称で知られるこちらのコピペは二〇〇四年頃には既に書き込まれていることが確認できるため、恐らくババアのラップはこれを参考にしたものと思われる。

　このように、元となった話が存在すると思しきヒップホップババアだが、全く違うそれぞれの話が組み合わさったことで、とんでもない怪作が生まれたのである。

## ヒトクチ［ひとくち］

　ネット上で語られた怪異。2ちゃんねる（現5ちゃんねる）オカルト板に立てられたスレッド「∧∧山にまつわる怖い話Ｐａｒｔ７∧∧∧」にて、「雷鳥一号」というハンドルネームを使う人物によって二〇〇四年二月二一日に書き込まれたもの。

　それによれば、報告者の友人の祖父が体験したという話として語られている。友人の祖父が猟師をしていた頃、山にヒトクチという化け物が出た。ヒトクチは文字通りヒトクチで獲物を飲み込んでしまう獰猛《どうもう》な肉食獣で、知恵も回り、罠には絶対に掛からなかったという。

　ある時、村人にも犠牲者が出たため、村総出で山狩りが行われ、ヒトクチは仕留められた。その姿は、体は牝鹿ほどで、体毛は黒く、短く、異様に巨大な頭部を持っており、驚くべきことに顎が体の半分ほどを占めていたという。ヒトクチの死体はその場で焼いて埋められ、塩を撒《ま》かれたのだと語られている。

## ヒトダケ［ひとだけ］

　学校に現れる謎のキノコ。校庭の隅など湿気の多いじめじめとした場所に生えるキノコで、恐ろしい繁殖力を持つ。もし人間がこのキノコに触ると、そこからキノコが生えてきてやがて全身を覆い尽くす。このキノコは人間の体の栄養分を奪って増える生物で、寄生された人間は最後には自分が何者かも分からなくなってしまう。そして、自らこのキノコが生えているような湿気の多い場所に移動し、そこで新たなヒトダケとなるという。

　魔夜妖一・マーク矢崎治信・夜羽るか監修『うわさの怪談 恐怖の学校Special』にある。ウィリアム・ホープ・ホジスンの小説『夜の声』に登場する「灰色のキノコ菌」や、同作を原作とした映画『マタンゴ』の「マタンゴ」（いずれも『創作怪異怪物事典』収録）に似た性質を持つ、人に寄生し、キノコと同化させてしまう菌類のようだ。もしかしたらこれらの作品が元になっているのかもしれない。

## 人魂様［ひとだまさま］

　長野県で語られる怪異。御嶽山《おんたけさん》の近くに「賽《さい》の河原」と呼ばれる場所があるが、深夜になるとここにたくさんの人魂が出る。何十、何百と白く光りながら地上一メートルのところを飛んだり跳ねたりする。網で捕らえても網の目からすり抜け、容器に入れてもその底から逃れて舞う。この不思議な光は御岳教の行者たちから「人魂様」と呼ばれているという。

松永克広著『妖魔がさ迷う怨霊列島』にある。途中に出てくる御岳教とは「御嶽教」とも書き、山岳信仰を中心とする神道教団のこと。江戸時代に始まった木曽の御嶽信仰に始まっており、この木曽の御嶽が現在の長野県の御嶽山に当たる。

## ひとつまなこ［ひとつまなこ］

山にまつわる怪異。群馬県の鍋割山《なべわりやま》には大入道が棲《す》んでいると伝えられている。ある猟師の親子が鍋割山の岩穴に一泊したとき、大入道と遭遇した。この大入道はつるつる頭に大きな目が一つついているため、ひとつまなこことも呼ばれているという。

山村民俗の会編『山の怪奇 百物語』にある。

## 一つ目案山子［ひとつめかかし］

ネット上で語られた怪異。2ちゃんねる（現5ちゃんねる）オカルト板に立てられたスレッド「∧∧∧山にまつわる怖い話Ｐａｒｔ14∧∧∧」にて二〇〇四年一二月一〇日に書き込まれたもの。筆者命名。

報告者が子どもの頃、家族で長野県の美ヶ原にキャンプに来ていた際のこと。季節は五月だったが、突然雹《ひょう》が降り始めたため、報告者の父と弟が慌ててテントを張り始めた。その時、ふと報告者が二人の方を見ると、父親のすぐ後ろに案山子が立っていた。案山子は一つ目で、毛むくじゃらの一本足を持ち、皮膚はどろどろに溶けていたという。報告者は思わず持っていた鍋を落としてしまったが、それを拾い上げると案山子が目の前に立っていた。報告者が咄嗟《とっさ》に気付かないふりをして料理を続けると、案山子は雹の中に霞むようにいなくなった。この案山子は報告者だけでなく、彼の弟にも見えていたらしく、報告者が近付くと弟は「あれは無理や……」と呟《つぶや》いたという。

## ひとつめ鹿［ひとつめじか］

ネット上で語られた怪異。2ちゃんねる（現5ちゃんねる）オカルト板に立てられたスレッド「∧∧∧山にまつわる怖い話Ｐａｒｔ4∧∧∧」にて、「雷鳥一号」というハンドルネームを使う人物によって二〇〇三年一二月二日に書き込まれたもの。筆者命名。

話は報告者の後輩が体験したものとされ、その後輩が山小屋を借りたところ、夜中に音がしたという。そのため外に出てみると一頭の牝鹿がおり、焼肉に使った網を嘗《な》めていた。その鹿は頭の真ん中に赤い目が一つだけついているという奇妙な姿をしており、網を嘗め尽くすと満足げに去っていったという。

## ヒトナシ坂の化け物

［ひとなしざかのばけもの］

ネット上で語られた怪異。2ちゃんねる（現5ちゃんねる）オカルト板に立てられた「死ぬ程洒落《しゃれ》にならない怖い話を集めてみない？　１３５」スレッドにて、二〇〇六年七月一四日に書き込まれた話に登場する。

それによれば、ヒトナシ坂は山を登るための坂道で、途中にトンネルはあるが、道は舗装されておらず、夜に通ると化け物が出ると伝わっていた。報告者は友人の家までの近道としてこの坂を利用していたため、祖父が忠告したにもかかわらず、夜にこの坂を通ってしまう。そして途中にあるトンネルを通ったとき、なぜかトンネルの出口に辿《たど》り着けない上、目の前に化け物が現れた。その姿は白装束を着た人間の女に似ているが、普通の人間よりも大きく、手足が異様に長い。また顔には鼻や耳がなく、非常に大きな目と口だけがついている。手足を使ってトンネルの壁に張り付きながら移動するが、その際に地面についてしまうほど髪が長い。口からは血のような液体を流し、トンネルに入ってきた報告者に向かって近付いてくると、突然絶叫のような笑い声を発したという。報告者は急いで来た道を戻って入口まで辿り着き、壁を這《は》って追ってくる化け物から何とか逃げ切ることができた。

後で聞いた話によれば、この坂では昔から人が行方不明になる事件が起きており、行方不明者の所持品の一部が落ちていることが続いたため、化け物に食われたのだと伝えられるようになった。そしていつしか「ヒトナシ坂」と呼ばれるようになったという。このヒトナシ坂の化け物がいたトンネルは後に土砂崩れで封鎖されてしまったが、化け物はまだその中にいるのか、それともトンネルを抜け出してどこか別の場所にいるのか、それは分からないと語られている。

## ヒドメ

［ひどめ］

2ちゃんねる（現5ちゃんねる）オカルト板に立てられたスレッド「∧∧山にまつわる怖い話Ｐａｒｔ３∧∧」にて、二〇〇三年一一月一五日に「雷鳥一号」というハンドルネームを使う人物によって書き込まれたもの。

山火事の際に現れる小さな水色の花で、これが咲いた際には火事が大事にならないと伝えられているという。

## 人もどき

［ひともどき］

人間が一人でいると現れるという怪異。友人など親しい人間の姿に化けてやってくるが、本来は全身が真っ白の人間のようなシルエットをした妖怪だとされる。その目的は食べ物や人間が大切にしているものを盗むためだという。家で留守番をしている時や、学校で一人でいる時に現れるようで、俗にいうドッペルゲンガーが目撃される場合、この人もどきが正体の場合も多いとされる。

怪談クラブ監修『キャーッ！ みんなの怪談』にある。同書においてこの妖怪が紹介されているコーナーでは妖怪にまつわる話のほか、ステータスやイラストも同時に掲載されており、このコーナーで紹介されるものは書籍用に創作された妖怪の可能性が高い。この人もどきはドッペルゲンガーを元ネタに創作されたのだろう。

## 人槍［ひとやり］

人間の姿をした怪異。東京都に住むある男性が麻雀で大勝ちして鼻歌を歌いながら舗道を自転車で走っていた。すると後ろから車が短くクラクションを鳴らして近付いてきて、そのままスピードを上げて走り去った。何だろうと思っていると、次に追い越していった車にもクラクションを鳴らされ、三台目の車に至っては助手席に乗る女性が身を乗り出して男性のことを見ていた。不思議に思いながらふと右側を向き、ショーウィンドウに映った自分の姿を見て男性は絶句した。そこには自転車に乗る自分と、その背中に頭から突き刺さっている謎の女が映っていたのだ。

女は体を水平にして男性の背中に頭を食い込ませており、服装は夏だというのにグレーの冬用のスーツを着ていて、タイトスカートから突き出した足は裸足だったという。男性は声も出ないほど驚き、左側にある植木に突っ込んだ。その女の姿はいつの間にか消えていたという。

木原浩勝・中山市朗著『新耳袋 第五夜』にある。

## ひとりにらめっこ［ひとりにらめっこ］

ネット上で語られた降霊術の一種。方法はまず水を入れた洗面器、紙と墨汁、筆、それがない場合はインクの出が多いペンを用意する。これらを窓際に集め、部屋の明かりを消して、窓から入ってくる街灯や月明かりを頼りに紙に「ソシソアカ　ミクニツクモ」と書き、水の入った入れ物に漬けて、すぐに取り出す。次に濡れたままの紙に書かれている文字を人差し指でなぞりながら、その文字を口に出して読む。そしてその人差し指で額から鼻の先までなぞる。最後に「睨《にら》めっこしましょう、笑うと負けよ、逃げても負けよ、あっぷっぷ」と言いながら、洗面器を覗《のぞ》き込み、水面に映った自分とにらめっこする。これを一〇分ほど続けると何かが起こるという。

ＷＥＢサイト「【降霊】検証実況スレまとめ館【交霊】」に投稿された情報として掲載されている。このサイトでは単に「睨めっこ」というタイトルで紹介されており、「ひとりにらめっこ」という名前で呼ばれるようになったのは後になってからのようだ。名前の由来は自分自身とにらめっこをすること、そして同様にネット上で語られ、広まった「ひとりかくれんぼ」（『日本現代怪異事典』収録）に由来するのだろう。

## 避難小屋の女 ［ひなんごやのおんな］

ネット上で語られた怪異。2ちゃんねる（現5ちゃんねる）オカルト板に立てられたスレッド「∧∧山にまつわる怖い話Part37∧∧」にて二〇〇八年四月二一日に語られたもの。

それによれば、報告者が東京都と山梨県に跨《またが》る三頭山《みとうさん》へ、友人と二人で登った際のこと。川の左岸を流れに沿って歩いていると、突然開けた場所に出て、炭焼き小屋が目に入った。小屋のそばには老人が一人座っていたため、会釈して前を通り過ぎると、途中で道がなくなっていた。そこで戻って老人に道を尋ねると「そんな道はない」と言うため、近くの避難小屋に泊まると伝えると、今度は「あそこに泊まるのはよせ、絶対やめろ」と告げられた。しかし、日没も迫っていたため、二人は別のコースから避難小屋に向かい、一夜を明かすこととした。

その小屋で眠りについて数時間後、報告者は人の気配に気付き、目を覚ました。時間は午前一時を過ぎていたが、暗い小屋の中で耳を澄ませると、ぶつぶつと話す女の声が聞こえてきた。加えて床を擦《す》るような音がしたため、その女が動き回っているのが分かった。恐ろしくなって隣で眠っている友人を起こすと、同時に女の気配が消えた。

翌朝、明るくなってから女の声が聞こえた方を見てみると、そこに大量の長い黒髪が束になって散らばっていた。震え上がった報告者らは急いで小屋を出て、山を下りた。

数年後、二人はこの山を再訪した際、あの老人がいた炭焼き小屋に赴いたが、窯は崩れており、周囲は荒涼とした風景に変わっていた。麓の人にその炭焼き小屋について聞いたが、誰もあの小屋にいた老人のことを知らなかったという。

## 日の丸怪人 ［ひのまるかいじん］

公園に現れたという怪異。沖縄県の某森林公園でのこと。地方紙の記者をしているSという人物が子どもの頃、友人たちとこの公園で遊んでいたところ、気が付くと暗くなり始めていたため、そろそろ帰ろうかということになった。帰り道を急いでいると友人のうち一人が「ちょっと待って」と言ったため、皆で立ち止まった。直後、後ろからパッタ、パッタ、パッタという大きな葉を叩《たた》くような音がついてくる。振り返ると、一〇メートルほど向こうから体を左右に振りながら歩くものが近付いてきていた。

その姿はアヒルのようにも見えたが、それにしては大きく、首がない。よく見ると、うつむいてしゃがんだまま足下を見ている人が、両手を背中に回した姿勢で歩いてきている。頭を下に向けているため、顔は見えなかったが、色は真っ黒でぼろ布を巻いていた。また、その額に当たるところに日の丸が描かれていた。気配を感じたのか、その何者かも歩みを止め、うつむいた頭のようなものを上げた。Sと友人たちは慌てて逃げ出したが、怪人は同じ間隔を保ってついてくる。その上、勝手知った公園のはずなのに、いくら走っても公園から出られない。やっとのことで怪人を振り切ったと思うと同時に、公園から出たが、家に帰った頃には夜の八時を回っていたという。

木原浩勝・中山市朗著『新耳袋　第九夜』にある。筆者命名。

## 美貌霊［びぼうれい］

心霊にまつわる怪異。取り憑《つ》いた女性を異性にとって魅力的な存在にするという。

マイバースデイ編集部編『恐怖!!　学校の幽霊』にある。

「〜霊」というように「霊」の前に単語を付けることで霊の種類を表すものについては**霊の種類**の項目を参照。

## 悲鳴を上げる霊［ひめいをあげるれい］

ある小学校の家庭科室に出現するという怪異。この霊は人間に気付くとその瞬間に睨《にら》み付けてきて、甲高《かんだか》い声で悲鳴を上げて消える。その声は人間の声というよりも「キーン」という甲高い音に聞こえるという。また、この音は聞こえる人間と聞こえない人間がおり、聞こえる場合はしばらく耳鳴りのように鳴り続け、体調不良を起こさせることもあるようだ。

魔夜妖一監修『ゾゾーッ！　こわい話1000』にある。

## 百曲がりの小人［ひゃくまがりのこびと］

ネット上で語られた怪異。2ちゃんねる（現5ちゃんねる）オカルト板に立てられたスレッド「∧∧山にまつわる怖い話Ｐａｒｔ14∧∧」にて二〇〇四年一二月九日に書き込まれたもの。

報告者が長野県にある登山道、百曲がりを登っていた際、何かに躓《つまず》いて転んだ。躓いた辺りを見ると、茶色い服を着たドワーフのようなものが三人いて、「コケター！」と言って爆笑していたという。

同スレッドには、似たような存在を大分の山で目撃したという話も語られている。それによれば、まだ雪の残るハイキングコースを歩いていると、雑木林に捨てられたペットボトルの中に茶色い服の小人がおり、外を見てワンワン泣いていた。そのため、出してやろうと近付くと泣きながら高い声で「ハヤクシロ！」と言うため、腹が立って放置したのだという。

## 百葉箱の怪［ひゃくようばこのかい］

百葉箱にまつわる怪異。ある小学校の校舎の裏側には百葉箱が設置されている。日曜日、日が沈む直前にこの百葉箱を見ると、扉が少し開いていて中から見たこともない生物が覗《のぞ》いているという。

魔夜妖一・マーク矢崎治信・夜羽るか監修『うわさの怪談 恐怖の学校Special』にある。

## 氷髪［ひょうはつ］

虚無僧《こむそう》の姿をした怪異。東京都に住むカメラマンの男性が杉並区の方南町《ほうなんちょう》から井の頭公園まで神田川沿いに日課のジョギングをしていた際のこと。突然背中に悪寒が走り、何だろうと思って周囲を見回すと、いつもは人通りの多い道なのにもかかわらず誰もいない。人がいる場所に行こうとペースを上げて走っていると、前方に筒のような編み笠を被《かぶ》った虚無僧が見えた。すれ違いざま体が震え、一瞬髪の重さがなくなったような奇妙な感覚があった。その時、後ろからお経とも呪文ともつかない女性の声が聞こえ、その虚無僧が尼僧であることが分かった。直後、あちこちに人がいることに気付いた。怖くなった男性はその場を離れたが、頭を鏡で見ると、なぜか毛がぴんと逆立っている。髪が突然軽くなった原因が分かり、慌ててそれを直そうとしたが、まるで凍り付いたように硬くなっていた。無理に直そうとすると、パリパリッと小枝が折れるような音がして、溶けるように元に戻ったという。

木原浩勝・中山市朗著『新耳袋 第七夜』にある。

## ビロビロ［びろびろ］

ネット上で語られた怪異。2ちゃんねる（現5ちゃんねる）のオカルト板に立てられた「不可解な体験、謎な話～enigma～」スレッドにて二〇〇一年一一月三〇日に語られたもの。

ある男性が恋人を助手席に乗せ、自動車でドライブに行った時のこと。夜の東名高速にて前方から白い布のようなものが飛んできて、助手席のサイドミラーに引っかかった。それは風にはためいてビロビロしていたが、恋人の女性が窓を開け、その布のようなものに手を伸ばした瞬間、それは生き物のように動き、クシャクシャに丸まって、すごい勢いで8の字を描くような動きで前方に飛び去って行ったという。

## 広峰山の透明人間［ひろみねさんのとうめいにんげん］

ネット上で語られた怪異。2ちゃんねる（現5ちゃんねる）オカルト板に立てられたスレッド「∧∧山にまつわる怖い・不思議な話Ｐａｒｔ41∧∧」にて、二〇〇九年三月九日に書き込まれたもの。

それによれば、報告者が兵庫県姫路市にある広峰山を自動車で走っていたところ、前方の道路を透明な人型が横切ったという。

## 【ふ】

### ファブリーズ除霊 ［ふぁぶりーずじょれい］

ネット上で広まった除霊方法。P&Gジャパン株式会社が発売する消臭剤、ファブリーズを使うことでその空間に霊を寄せ付けないというもの。霊に直接かけても効果があるとされる場合もある。

　元々はテレビゲーム『零』シリーズのディレクターである柴田誠氏が、シリーズ第二作目『零～紅い蝶～』製作中の二〇〇二年某日、自宅に細身でセミロングの女性の霊が出現したという体験に由来する。幽霊は枕に顔を突っ伏して横たわる姿で柴田氏の部屋に度々出現したが、部屋にファブリーズをした時には出ないことに気が付いた。その体験を「霊で悩んでいる人は、部屋にファブリーズしてみることをお薦めします」と社内掲示板に書き込んだのだという。

　この話はWEB上で掲載された『零～紅い蝶～』の開発秘話で紹介され、それ以降、一般に広まったものと思われる。しかし、この開発秘話ではファブリーズしても幽霊が出たとも記されており、ファブリーズ除霊が万能ではないことが示されている。なお、『零～紅い蝶～』にはこの女の霊をモデルにしたキャラクターが登場しているという。

　このようにネット上で広まったと思われるファブリーズが除霊に使えるという話だが、書籍でも紹介されており、魔夜妖一・幻咲麗・マーク矢崎治信監修『うわさの怪談 闇』には、邪気や悪霊は電気エネルギーの一種であるため、静電気防止効果のある除菌スプレーでバラバラにできるという話が載せられている。また、同様にネット上で広まった除霊方法に**びっくりするほどユートピア**がある。

### ファラオさま ［ふぁらおさま］

　降霊術の一種。方法は画用紙に五十音、アルファベット、数字、はい、いいえの文字、真ん中にピラミッドの絵を描き、そのピラミッドの上に十円玉を乗せる。そしてその十円玉に指を乗せ、「エジプトのファラオさま、私の元へおいで下さい」と呪文を唱えると、ファラオの霊が降臨する。そこで「あなたはどちらの、何というファラオさまですか」と尋ね、それが動物霊や悪霊ではないことを確認する。それで悪い霊でないことを確認できれば、「ファラオさまにお伺いします」と呪文を頭に付けて質問する。するとファラオさまが十円玉を動かし、答えを示してくれる。

　その後、ファラオさまを返すときは「ファラオさま、いろいろとお答えくださってありがとうございました。どうぞお戻りください」と言うと、十円玉は「はい」の文字に移動し動かなくなる。それを確認したら、画用紙はすぐに焼却し、十円玉もなるべく早く使わねばならないという。

マーク・矢崎著『キューピッドさんの秘密』にある。同書ではファラオさまは知識や直感を与えてくれる神とされる。また少女たちの間に流行った「キューピットさん」（『日本現代怪異事典』収録）と違い、こちらは少年たちの間で関東を中心に流行ったと記されている。

## 風化老人［ふうかろうじん］

長野県の八ヶ岳に現れたという怪異。八ヶ岳山頂を目指していたある登山者が、途中の山小屋で一晩を明かすことにした。しかし、中に入ると何者かに見られているような気がしてならない。辺りを見回すと、頭が割れ、体半分が風化しかかった老人が立っていた。老人は「水をくれ……」と言うや否や頭と口から血を流し始めた。登山者はあまりの恐怖に気を失ったが、気が付いた時には老人の姿はなかったという。

おばけ友の会編『日本全国おばけマップ』にある。

茨城県の筑波大学には同様に体が風化した老人が出現する話があり、「風化老人」「風化じいさん」などと呼ばれている（『日本現代怪異事典』「風化じいさん」収録）。

## 増える狸［ふえるたぬき］

狸にまつわる怪異。ある家族がお彼岸に先祖の墓参りに行った帰り、行きは一本だったはずの道が二手に分かれていることに気が付いた。すると六歳になる娘が左の道に行きたいと言って走り出したため、両親もそちらについて行った。その先には苔《こけ》むした石台があり、狸の剝製《はくせい》が置かれていた。なぜこんなところに、と思いながらも、一応死んだ狸で、お彼岸だからと三人で剝製に向かって手を合わせた。そして顔を上げると、狸の剝製が二体になっている。しかも二つの剝製は全く同じものに見えた。娘がこれを見て喜び、もう一回合掌しようと言うため、三人で手を合わせ、顔を上げると、今度は三体になっている。娘はさらに喜んで、もう一回したいと言うため、また家族で手を合わせ、目を瞑《つむ》ると、足下の草むらからガサガサという音がして、何かが走り抜けていった。顔を上げると、三人は道も何もない草むらの中に立っていたという。

木原浩勝・中山市朗著『新耳袋 第十夜』にある。この話では体験者が「狸の分身も三体が限界だったんでしょうね」と語っており、一家は狸に化かされたのであろうと考えられる。

## フェレンゲルシュターデン現象［ふぇれんげるしゅたーでんげんしょう］

ネット上で語られた怪異。2ちゃんねる（現5ちゃんねる）のニュース速報（VIP）板に立てられたスレッド「何となく怖い現象」にて、二〇一〇年九月二一日に語られたもの。

猫などの動物が何もない空間を見つめる現象を指す言葉。時には猫が幽霊など目に見えない存在を見ているなどと語られることがある。この「フェレンゲルシュターデン現象」という名前は、一九五七年にドイツの物理学者リーゲンジー・シュターデン博士が発表した学説によって名付けられたという。第二次世界大戦中、ナチスの超常現象に関する極秘研究施設において、人の目に見えない霊を探知・捕獲する研究に携わっていたシュターデン博士は、猫が時折何もない空間を凝視していることに着目した。そこで温度計を敷き詰めた部屋に猫を放し、数週間に渡って観測を続けた結果、猫の視線上に存在するある空間だけが周囲に比べ、数度温度が低くなることが判明する。そして別の研究班によって検証された「霊の存在する空間は周囲より低温である」とする説から「猫は霊を見ている」とし、自らの名と愛猫「フェレンゲル」から「フェレンゲルシュターデン現象」と名付けた。

以上のような解説がなされているが、この現象自体は真っ赤な嘘であり、多くの場合、虚偽であることが併記されている。この現象は先述したスレッドにてある人物によってでっち上げられた名前である。この時点で検索サイトを使っても当該スレッドしか出てこないことから、すぐに嘘がばれている。しかし、そのいかにもありそうな名前がネットで好評なのか、現在でもたまにこの現象について語られていることが確認できる。

また、オカルト板に立てられた「【全米が】なんか笑える霊体験6【テラワロス】」スレッドでは猫が空中に向かって猫パンチしているため、飼い主が霊感のある弟に見てもらうと、床から顔が半分だけ生えた中年男性の頭を殴っていた、という話が書き込まれている。この中年男性は猫に殴られているうちに徐々に泣きそうになっていたという。

このように猫に霊が見えるという話自体は数多《あまた》に語られている。

## 福井の山の謎の声［ふくいのやまのなぞのこえ］

ネット上で語られた怪異。2ちゃんねる（現5ちゃんねる）オカルト板に立てられたスレッド「∧∧∧山にまつわる怖い話Ｐａｒｔ４∧∧∧」にて、二〇〇三年一二月一一日に語られたもの。

報告者が小学生の頃、福井県南部の山に遊びに行った際のこと。夕方、夕飯を食べて食器を川で洗っていたところ、箸を流してしまった。しかし、まだフォークもあるからとあまり気にせずにいると、上流からその箸が流れてきた。不思議に思って川の流れを確認したり、試しに木の枝を流したりしてみたが、やはり流したものが戻って来るようにはなっていない。そこでもう一度箸を流してみようとすると、突然「おいおい、一回しか返してやらんぞ?」というチェロの音色のような声がはっきりと聞こえた。それは笑い交じりでとても友好的な調子で、イントネーションも地元のものだったが、辺りを見回しても誰もいなかったという。

## 富士山の少女［ふじさんのしょうじょ］

富士山にまつわる怪異。富士山の大沢くずれに血まみれの少女が現れることがある。この少女はかつて静岡県富士宮市に住んでおり、一九六六年の大沢くずれの落石のために死亡した。少女は登山者たちによく目撃されるが、ごく気軽に声をかけてきて、別れる時には悲しそうな顔で手を振るという。

松永克広著『妖魔がさ迷う怨霊列島』にある。

## 富士山の光［ふじさんのひかり］

富士山にまつわる怪異。ある中学生の少年が林間学校で河口湖へ赴いた際のこと。その中学生が集合時刻に遅れまいと急いで学校へ向かっていた時、車に轢《ひ》かれて死んでいる野良犬を見かけた。その後、無事林間学校へ向かうことができた中学生だったが、バスで移動中、窓の外を眺めていると、富士山の山頂が眩しく光っているのが見えた。だが、隣の友達に聞いても、そんなものは見えなかったという。

その夜のこと。就寝時間を過ぎても同じ部屋の友人らと遊んでいた少年だったが、先生の見回りが来たため、慌てて布団を被《かぶ》った。しかし、先生がドアを開けた際、薄目でその姿を見ると、先生の顔が白く光って見えた。それは昼間に見た富士山の光とそっくりだったという。直後、少年は目を開けたことが先生にばれ、こっぴどく叱られた。

約一〇日後、この先生が死んだという知らせが彼の元に届いた。その死因は多数の野良犬に群がられて殺されたためだったという。

実は少年が林間学校に向かう登校途中に見た野良犬の死体は、この教師によって轢き殺されたものだった。それ以来、少年はたまに町中で顔が光っている人を見るようになったが、彼らのその後がどうなったのかはあえて知らないようにしているという。

アイプロダクション編『海の怪談・山の怪談』にある。

## 富士山の日の出の怪光［ふじさんのひのでのかいこう］

富士山にまつわる怪異。一九七四年のこと。テレビ静岡が富士山の日の出を撮影した際、宝永山《ほうえいざん》が右側に見える辺りに得体の知れない光る物体が現れた。さらに四年後の一九七八年、新たに富士山の日の出を撮ったところ、やはり同じ怪光が現れたという。

松谷みよ子著『現代民話考8 ラジオ・テレビ局の笑いと怪談』にある。

## 富士山の笑い声［ふじさんのわらいごえ］

ネット上で語られた怪異。2ちゃんねる

（現5ちゃんねる）オカルト板に立てられたスレッド「∧∧∧山にまつわる怖い話Ｐａｒｔ10∧∧∧」に二〇〇四年七月八日に書き込まれたもの。

ある男性が富士山を登っていた際のこと、後ろから悲鳴が聞こえたため確認すると、山の麓で知り合ったグループのうちの二人が山を落ちたという。助けに行こうかと状況を確認していると、突然「あはははははははははははは」と耳の後ろで女の笑い声が聞こえた。男性が振り返った瞬間、突風が吹いてその男性も落ちてしまった。男性はそれにより骨折したが、先に落ちた二人は助からなかったという。

笑い声の正体がなんだったのかについては触れられておらず、不明である。

## 不死蝶姫［ふしちょうひめ］

人間が滅多に足を踏み入れない森の中に現れる怪異。ごく稀《まれ》に人間の前に出現する。一見すると蝶のように見えるが、よく見ると人間に美しい蝶の羽が生えた姿をした妖怪なのだという。羽は虹色に輝き、一度出会ったら一生忘れられないほど美しいという。永遠の命を持っており、何千年も生き続けている。また、その姿を一目見た人間は生涯幸福でいられるとされる。

怪談クラブ監修『キャーッ！ みんなの怪談』にある。同書でこの妖怪が登場するコーナーはイラストや妖怪のステータスが同時に掲載されているなど、その体裁から書籍用に創作した妖怪を紹介している可能性が高い。この妖怪の場合、元になったのは西洋における妖精のイメージだろうか。

## 二つの月が昇る山［ふたつのつきがのぼるやま］

山にまつわる怪異。ある女性が小学生の頃、片道八キロある山道を通学していた。この山道は同じ方向に家がある子どもたちが通学路にしていたが、学校を夕方近くに出ると家のある村に着くまでに日が暮れることがあり、そんな時、特に満月の夜に山に二つ月が昇ることがあったという。子どもたちは二つの月を見て喜んだが、そのうちの一つが、子どもたちに移動しながらついてきて、その存在を誇示するように光り輝いた。しかしその月は、いつも高い木の枝葉のある辺りにしか現れず何もない空には出ないことから、狸がバカしているのだろうと、子どもたちは騙《だま》されたふりをしていたのだという。その証拠に、森を抜けると月はついて来ず、急いで月の出た辺りに引き返すと、その月はいなくなっていた。この狸が化けたらしい月は、本物と明るさも模様も全く同じの、よくできた月だったと語っている。

木原浩勝・中山市朗著『新耳袋 第一夜』にある。

## 二人の案内人［ふたりのあんないにん］

山にまつわる怪異。二〇一八年七月一八日午後五時二〇分ごろ、三重県の鎌ヶ岳で一人登山中だった男性から父親に「道に迷った」と連絡があり、父親から一一〇番がなされた。しかし、翌日未明に男性が下山。男性が言うことには、偶然山中で出会った二人の案内で御在所ロープウエイ湯の山温泉駅まで下山できた。歩くのに必死で会話はほとんどできなかったが、気が付くと名前も告げずに去っていたということだった。男性がこのことを母親に話したところ、母親は「それはお前の爺さんの戦友に違いない」と言って顔を覆ったという。

　前大戦時、母親の父は陸軍小隊長として出征していた。小隊長は部下たちを大事にし、身寄りのないある二人については、我が子のように可愛《かわい》がった。ある時、休暇をもらった小隊長は、帰省する家もない二人を連れて帰ってきた。休暇が終わり、三人は再び戦場へと戻り、その後母国の土を踏むことはなかった。出征の折、二人は「小隊長殿に受けた恩は必ず、必ずあなた達に返しにきます」と告げたという。その二人が死してなおこの地に帰って来て、男性を助けてくれたのだ。そう母親が見せたアルバムの写真には、男性を助けたあの二人の姿が写っていた。

　ネット上で語られた怪異。男性が下山した前半部分は二〇一〇年七月一九日付、朝日新聞の記事として掲載されたもの。男性の母親が登場する以降の後半部分は2ちゃんねるオカルト板に立てられたスレッド「∧∧山にまつわる怖い・不思議な話Ｐａｒｔ50∧∧」にて翌日の七月二〇日に創作され、付け足されたものと考えられる。現在では前半部分と後半部分がセットで語られることが多い。

## 渕主［ふちぬし］

　ネット上で語られた怪異。2ちゃんねる（現5ちゃんねる）オカルト板に立てられたスレッド「∧∧∧山にまつわる怖い話Ｐａｒｔ20∧∧∧」にて二〇〇五年六月二八日に書き込まれたもの。

　岐阜県の他県と接する山間のある村には、渕主と呼ばれる妖怪が伝わっている。この村には川が流れているが、渕主はその川に出現する男か女かも分からない、魚のような丸い目と海藻のような髪を垂らした子どもの姿をした妖怪だという。渕主は他の子どもたちに遊ぼうと呼びかけるが、もしこれと遊び、渕主のお気に入りになってしまうと、連れて行かれてしまう。渕主は次のお気に入りができると連れ去った子どもを返すが、それまでに数年以上かかるため、連れ去られた子どもはミイラ化した死体になっているという。

　同スレッドでは渕主は河童に似た妖怪だと語られている。

## 仏石山の妖怪［ぶっせきさんのようかい］

　埼玉県の仏石山に棲《す》みついているという妖怪。この妖怪は岩山である仏石山の鍾乳洞に潜《ひそ》んでおり、元禄時代に日帆という僧侶に法力で退治された。その後、日帆はこの妖怪を雑用として使うなどしたが、日帆の死後、解放された妖怪はまた悪さをするようになったという。この妖怪は昭和の時代になっても現れたと伝えられている。

山村民俗の会編『山の怪奇 百物語』に載る。

## 仏壇少女［ぶつだんしょうじょ］

仏壇にまつわる怪異。たまたま家族がいない夜、K子という少女が仏間で遊んでいると、ガタッという音がして仏壇の扉が開いた。そして中から同い年ぐらいのおかっぱ頭の可愛《かわい》らしい女の子が現れた。女の子は黄色い着物に赤い帯を締め、着物には大きな金魚の柄があったという。女の子は「あそぼ」と声をかけてきたため、K子が頷《うなず》いたところ、ぐっと手を握り、「あの中であそぼ」と仏壇の方を指さした。K子が「あの中で遊べるの?」と驚いていると、少女は「さあ、入ろ」とK子の手を引いたが、その時、玄関の方から音がして、K子の母親が帰ってきた。すると少女はK子から手を放し、一人で仏壇の中に入って行った。以来、少女の姿を見ることはなかったという。

木原浩勝・中山市朗著『新耳袋 第四夜』にある。筆者命名。

## 布団剝ぎ［ふとんはぎ］

ある家に現れた怪異。その家では夜寝ていると何者かに布団を剝《は》ぎ取られ、家族全員分を部屋の端に集められるということが毎夜のように起きた。そんなある日、この家の主人が夜に目を覚まし、懐中電灯を点《つ》けると、壁と畳の境目辺りから真っ黒で丸く、三、四メートルはある大きな染みがにじみ出てきたという。しかもその黒い丸の縁にはウニの棘《とげ》のようにたくさんの小さな手がうにょうにょと生えており、それが家族が寝ている布団のそばまでやってくると、次々と布団を摑《つか》んで壁と畳の境目まで運んでいたという。これを目撃した日から間もなくして、家族は引っ越したと語られている。

木原浩勝著『九十九怪談 第三夜』にある。筆者命名。

## 腐肉女［ふにくおんな］

道端に現れる怪異。夕方、兵庫県神戸市である男性が仕事帰りに歩いていると、電柱の下にうずくまる和服の女性を見た。近付いてみるとその女性から強烈な腐った肉の臭いがし、何か事件かもしれないと思って咄嗟《とっさ》に携帯電話を取り出したが、なぜか警察を呼ぶための番号が思い出せない。その間、女性はこの強烈な臭いの中にいるにもかかわらず声も出さず、ぴくりとも動かなかった。

突然強烈な恐怖にかられた男性はこの女性を無視して先に進むことにしたが、振り返ると女性の姿が消えている。あれ、と思い前に向き直ると、すぐそばの電柱の下にあの女性がしゃがんでいる。男性は夢中で逃げるように走ったが、また前方の電柱の下に女が現れた。

男性はとにかく人のいる場所に出ようと

商店街まで急ぎ、そこで携帯電話で奥さんを呼び出し、迎えに来てもらった。やがて車が到着し、やっと安堵《あんど》してシートベルトを締めた時、奥さんに「あなた臭い」と告げられたという。

木原浩勝・中山市朗著『新耳袋 第十夜』にある。筆者命名。

## 腐敗する部屋 ［ふはいするへや］

あるマンションの一室にまつわる怪異。一人のサラリーマンがこの部屋に引っ越してきた。部屋は一〇畳ほどの何の変哲もないワンルームで、まだ築数年だったという。しかし、この部屋に越してきてから食べ物などが異様な速度で腐敗するようになった。ある日、買ったばかりのパンが一夜でカビだらけになり、冷蔵庫に入れていた牛乳がヨーグルト状に変質していた。

その二週間後、会社から帰宅すると観葉植物が全て枯れ、変色していた。さらに風呂に入ろうとすると、残っていた水が茶色く変色し、腐っていた。

その五日後、友人が泊まりに来た日、まだ栓を開けていないミネラルウォーターのペットボトルを冷蔵庫から取り出すと水が白く濁っており、蓋《ふた》を開けるとまるで下水のような臭いがした。さらにカップラーメンを食べようとすると、容器の中で麺がドロッと腐っており、一面にカビが生えていた。恐る恐る他の食べ物も確認すると、レトルトカレーや缶詰、開封していないマヨネーズやインスタントコーヒーまで腐っていた。男性はそれから数日後、別のマンションに引っ越したという。

矢島誠編著『新・怪奇体験3』にある。

## 踏まずの石段 ［ふまずのいしだん］

ネット上で語られた怪異。2ちゃんねる（現5ちゃんねる）オカルト板に立てられたスレッド「∧∧∧山にまつわる怖い話Ｐａｒｔ４∧∧∧」にて、「雷鳥一号」というハンドルネームを使う人物によって二〇〇三年一二月一四日に書き込まれたもの。

それによれば、報告者の知り合いが昔住んでいた村にあった由緒正しい山寺にまつわる話だという。その寺に続く長い石段には誰も踏まない段があり、苔《こけ》にびっしりと覆われているため、すぐにそれと分かるとされる。もしこの石段を踏んでしまうと神隠しに遭《あ》い、人が見ている前で透き通って消えてしまうのだと語られている。

踏んではならない石段といえば伊勢神宮にある「踏まぬ石」が有名だが、踏まぬ石は踏むと足に怪我《けが》を負うなどと伝わるのに対し、踏まずの石段は存在そのものを抹消されてしまうようだ。

## 踏切の蜘蛛 ［ふみきりのくも］

踏切に現れる怪異。大分県のある踏切には、手足がない女の姿をした怪異が現れることがある。この女は人の姿を見つけると、長い髪を蜘蛛の足のように八方に伸ばして人を捕らえるという。そうして捕らえた人間をそのまま踏切の内側に引き摺《ず》り込み、電車に轢《ひ》き殺させようとするそうだ。

真宵魅鬼編著『マジこわ！ 本当にあった!? こわ〜い話』にある。

## ふみこちゃん［ふみこちゃん］

ネット上で語られた怪異。怪談投稿サイト「Alpha-Web こわい話」にて、二〇〇二年八月二五日に投稿されたもの。

それによれば、かつてふみこちゃんという女の子がおり、お兄ちゃんっ子でいつも兄の後ろにくっついていた。兄はそれが疎《うと》ましくなり、ある日、学校から帰って来るとランドセルを置くや否や、ふみこに見つからないように遊びに行った。ふみこは兄のランドセルを見て兄を外に探しに行き、車に轢《ひ》かれて亡くなってしまった。以来、ふみこは仲の良い兄妹を見ると呪いに来るのだという。

## ブヨブヨ［ぶよぶよ］

ネット上で語られた怪異。2ちゃんねる（現5ちゃんねる）オカルト板に立てられた「海にまつわる怖い話・不思議な話」スレッドにて、二〇〇二年一二月六日に書き込まれたもの。

半透明のブヨブヨした感触の物体で、空に浮かんでいるという。大きさはコンビニ袋ほどのものから、直径二メートルほどのものまであり、夜に遭遇するとほんのりと光っていることもあると語られている。人間に危害を加えることはなく、捕まえようとしてもつるりと逃げられてしまうようだ。

## プラズマボール［ぷらずまぼーる］

家に現れる怪異。中学一年生のある少女の家は墓地の真裏に立っているが、そのためなのか色々と不思議なことが起きるという。ある日の夜、少女が部屋でテレビを見ていると、玄関のドアが開き、直径一〇センチほどのガラス玉のようなものが浮いていた。その球体の中はバチバチと青く光っており、床から一メートルほどの高さに浮きながら移動し、部屋の中に入ってきた。少女が見ていると、球体は部屋を横切り、テレビの近くまで行くと「バチン」とひときわ大きな音を立てて消えてしまった。直後、ブツンと嫌な音とともにテレビ画面が消え、壊れてしまった。そのため、少女は今度この球体が現れた時にはバットで仕留めてやろうと思っているという。

室秋沙耶美監修『本当に怖い話 MAX∞ 悪霊君臨』にある。

## ブランコサラリーマン［ぶらんこさらりーまん］

公園に現れたという怪異。黄昏時《たそがれどき》、テレビ局に勤めるある人物が車で自宅近くの交差点で信号待ちをしていた際のこと。何気なく横の公園を見ると、ブランコにスーツ姿のサラリーマンが乗り、立ち漕ぎをしていた。その勢いは結構なもので、見る見るブランコの揺れが大きくなり、地面と水平になるほど上がり切った。しかしよく見ると、ブランコに乗るサラリーマンの手は真横にだらりと垂れ、両側の鎖を持っていなかったという。

木原浩勝・中山市朗著『新耳袋 第二夜』にある。筆者命名。腕を使わないで立ち漕ぎをするのは相当難しいと思われるが、もしかしたらそういう特技を持つ普通のサラリーマンだったのかもしれない。

## フランス人形の怪［ふらんすにんぎょうのかい］

ネット上で語られた怪異。怪談投稿サイト「Alpha-Web こわい話」に二〇〇二年八月一九日に投稿されたもの。

それによれば、ある五歳の女の子が外のゴミ箱に捨てられているフランス人形を拾った。女の子は家に持ち帰り、人形の手を動かして遊んでいたが、手がもげてしまった。その時、母親がやってきたため、捨ててあった人形を拾ってきたことがばれないよう、押し入れの中にしまった。

一〇年後、一五歳になった女の子は親に言われて押し入れの掃除をするため、掃除機を取りに押し入れの前を横切った。すると押し入れからガタッという音が聞こえた。その時は特に気にしなかったが、掃除機を取って戻ってきた時に、また押し入れからガタガタと音がした。女の子が恐る恐る押し入れを開けると、中には何もなく、気のせいだったかと押し入れを閉めた。しかし、再びガタガタと音が鳴り、不思議に思って押し入れを開けると、今度はあのフランス人形がいた。人形は当時のままではなく、女の子と同じぐらいの大きさになっていた。人形は「ひどいわ……ひどいわ……」と呟《つぶや》くと、逃げようとする女の子を捕まえて「あんたも一〇年前の私のようにしてあげる」と言い、笑いながら女の子の手をもぎ取って自分のもぎ取られた手の代わりにくっ付けた。そして、「あんたが悪いのよ……」と呟くと、押し入れの中に消えて行ったという。

## ブリッジ女［ぶりっじおんな］

ネット上で語られた怪異。ＷＥＢサイト「怪談投稿」にて、二〇〇二年九月八日に掲載されたもの。筆者命名。

それによれば、北山と呼ばれるある山の前を走る農道でのこと。その農道は真っ直ぐに延びており、夜になるとほとんど人気もなくなるため、車を猛スピードで走らせるのにはもってこいの場所だった。

深夜三時頃、その農道であるカップルが白のスポーツカーを走らせていたところ、一瞬、道の脇に白いものが見えた。引き返してみると、白い服を着た女が立っている。不気味に思ったカップルはその場を去ったが、一キロほど進んだところでサイドミラーを見て悲鳴を上げた。そこには、四つん這《ば》いで車を追いかけて来る先ほどの女が見えた。二人はさらにスピードを上げ、女を振り払おうとしたが、女は次第に車に近付いて来る。そしてとうとう車の横に来た時、女が四つん這いなのではなく、関節を逆方向に曲げてブリッジの姿勢をしていることに気が付いた。女はカップルの男性の方と目が合うと、「っち！　違ったか！」と言って、消えてしまったという。

後で聞いた話によると、当時から十数年前、この農道を歩いていた女性が猛スピードで走って来た白い車に轢《ひ》かれて手足が逆方向に曲がる大怪我《けが》を負い、血まみれになりながらしばらく生きていたが、救急車が到着する前に亡くなった。その際、死の直前まで「し……ろい……車……」と言い続けていたという。それ以来、女性は自分を殺した白い車を探し続けているという。

## フレンドリーおばけ 「ふれんどりーおばけ」

その名の通りフレンドリーなお化け。ある人物がこのお化けに「怖いだろー」と話しかけられたという。

マイバースデイ編集部編『ゾゾ〜ッ！心霊体験大集合』にある。

## 風呂目鬼 「ふろめき」

風呂場に現れる怪異。夜、入浴中に髪を洗ってる際に何かに見られるような感覚がある時、素早く振り返ると後ろの壁に目玉が二つへばりついてこちらをじっと見つめていることがある。これが風呂目鬼で、深夜には洗面所の鏡に現れることもあり、人間に危害を加えることはないが、ただただ不気味な妖怪だとされる。

怪談クラブ監修『キャーッ！みんなの怪談』にある。同書でこの妖怪が紹介されているコーナーはその体裁から書籍用に創作した妖怪を掲載している可能性が高い。この妖怪は風呂場でシャンプーをし、視界を塞《ふさ》がれている最中に背後に視線を感じるというよくある現象を元に生み出されたのだろう。また、名前が類似した妖怪に栃木県に伝わる百目鬼《どうめき》という鬼がいる。これも元ネタの一つかもしれない。

## 風呂幽霊 「ふろゆうれい」

風呂に現れる怪異。夜中の二時に電気を消して風呂に入る。その際、湯船の中の湯を抜いておき、何もない湯船の中にしゃがんで蓋《ふた》を閉めると、髪の長い女の幽霊が風呂に入ってこようとするという。

魔夜妖一・幻咲麗・マーク矢崎治信監修『うわさの怪談＋』にある。

## 憤怒のばあさん 「ふんぬのばあさん」

老婆にまつわる怪異。ある男性が友人と千葉県の自宅でしゃべっていると、トン、トン、トンと誰かが階段を上がって来る音がした。家族が帰って来るには早いな、と男性が思っていると、突然自室の襖《ふすま》が開き、白髪の老婆が立っていた。老婆は憤怒の形《ぎょう》相《そう》で男性の友人を睨《にら》んだかと思うと、その友人が物凄い勢いで吹っ飛び、壁に叩《たた》き付けられた。男性は慌てて友人を助け起こし、老婆の方を振り返ると、もう消えていたという。その老婆の形相は強烈に記憶に残っているが、老婆の口の形はとても言葉を発するようなものには見えなかったと語られている。

木原浩勝・中山市朗著『新耳袋　第四夜』にある。筆者命名。「言葉を発するようなものには見えない口」については具体的に語られておらず、どのようなものだったのか不明である。しかし、そう語られるからには人間離れしたものだったのだろう。

# 【へ】

## 平均台の霊［へいきんだいのれい］

体育館にまつわる怪異。ある学校の体育館にある平均台を夜中に見ると、女の子の霊が演技をしていることがあるという。

「ほんとにあった怖い話」委員会編『ほんとにあったこわい話1』に神奈川県川崎市からの投稿として載る。

## 兵隊さん［へいたいさん］

2ちゃんねる（現5ちゃんねる）のオカルト板に立てられた「不可解な体験、謎な話～enigma～ Part30」スレッドにて二〇〇六年一月二二日に語られたもの。

それによれば報告者は子どもの頃、いつも知らない人が自分を見ていたという。その人は日本軍の兵隊の姿をしており、報告者が一人で遊んでいる時や、母親と買い物をしている時、友達と遊んでいる時など、いつでも現れた。しかし、話しかけてくることはなく、少し離れたところで報告者を見つめており、いつの間にか現れては消えていた。また報告者以外の人間には見えないようだったという。物心ついた頃からいたため怖くはなく、その顔は優しげで、古き良き日本人の顔という印象を抱かせたという。

やがて報告者が中学生になった頃、夜遅く、台所でミロを作っていると、すぐ横にあの兵隊さんが現れた。兵隊さんは今までと違い、手を伸ばせば触れられるほど近くにおり、また報告者の体の中に声が響くような感覚で「それは何でしょうか?」と話しかけてきたという。報告者はミロの入った鍋をまじまじと見る兵隊さんに「半分こしよう」とミロをカップに入れ、渡した。兵隊さんは「失礼します」と言って両手でカップを持ち、ミロをゆっくりと飲み干し、嬉しそうに「こんなにうまいものがあるんですね」と言った。報告者は「おかわりする?」と聞いたが、兵隊さんはカップを報告者に手渡し、敬礼をして消えてしまったという。

別のある日、報告者が家で一人焼き上がったクッキーを皿に並べていると、窓の向こう、庭先に兵隊さんが現れた。報告者は彼を手招きしたが、兵隊さんは首を横に振り、敬礼してふわっと消えてしまった。

それ以来、兵隊さんは報告者の元に現れなくなったが、報告者は今もおいしいものを食べた時や料理が上手にできた時、あの兵隊さんのことを思い出すのだという。

## ペコちゃん［ぺこちゃん］

小学校に現れる怪異。その学校の給食室には、夜になるとペコちゃんがやってきて給食の残りを食べるという。そのため、夜中に給食室の前を通ると「ムシャムシャ」と音がするそうだ。

常光徹編著『みんなの学校の怪談　赤本』に埼玉県からの投稿として載る。ペコちゃんがどのような姿をしているのかは記されていないが、不二家のマスコットキャラクターである「ペコちゃん」のことなのだろうか。同書には他にも静岡県からの投稿として、給食室の前に給食を残していると、夜にペコちゃんがパクパクと食べてしまうという話が載せられている。

## 蛇女［へびおんな］

学校の七不思議の一つとして伝わる怪異。ある中学校の校舎裏の林の奥で中学生が二人、新入生を怖がらせようと「お化けだぞー」と冗談を言ったところ、このヘビ女が出現したという。ヘビ女は一人の中学生を丸呑《の》みし、怖くなって逃げ出したもう一人は道路に飛び出して車に轢《ひ》かれてしまったと語られている。

マイバースデイ編集部編『ゾゾ～ッ!心霊体験大集合』にある。

## 蛇に呪われた木［へびにのろわれたき］

樹木にまつわる怪異。埼玉県のある中学校の裏庭には巨木が一本立っているが、「呪われた木」と呼ばれて地元の人々に恐れられている。ここに伝わる伝説によれば、木に棲《す》みついた白蛇を子どもたちが遊び半分で殺してしまった。以来、蛇の怨念が木に宿り、木に触れると体中に蛇の鱗が現れて、翌日には死んでしまうという。

宝島社『最新「霊スポット」121怨霊地図 04年版 関東一都六県』にある。

## 蛇の会話［へびのかいわ］

ネット上で語られた怪異。2ちゃんねる（現5ちゃんねる）オカルト板に立てられ

たスレッド「∧∧∧山にまつわる怖い話Ｐａｒｔ20∧∧∧」にて二〇〇五年八月二〇日に書き込まれたもの。

宮崎県での話。報告者が近所の山に登り、趣味の写真を撮っていた際、前方の山から「これは駄目か」「駄目だ」「駄目か」「齧《かじ》っても動かないのはもう駄目だ」という声がした。そこで藪を抜けてみると老婆の死体があり、足下に二匹の蛇がとぐろを巻いていたという。そのため報告者が蛇を威嚇すると、二匹ともすぐに去って行った。老婆は山菜取りに来て心臓発作で死亡していたが、とても嚙《か》み痕を探す気にはならなかったという。

## ペラペラ［ぺらぺら］

鏡に現れたという怪異。ある俳優の男性が舞台の千秋楽を終えた翌日、疲れから夜の一〇時頃にベッドに倒れ込み、眠りについた。しばらくして目が覚めると、うつ伏せのまま体が動かなくなっていた。目の前には芝居の確認用に買った畳一畳ほどの大きな鏡があり、自分の顔が映っていた。その鏡の中の顔がモソモソと動いたかと思うと、頭の後ろから薄っぺらな黒い紙のようなものが持ち上がり、男性の方を振り返った。そこにはペラペラな自分の顔があり、頭から肩、背中へとうつ伏せになっている自分から剝《は》がれるようにして起き上がろうとしている。そのペラペラな自分は今の自分と同じパジャマまで着ており、次第に宙に浮かび上がろうとしていた。しかし、足のかかと辺りから離れられない様子で、パタパタと宙に舞い出した。

一〇分ほどすると諦めたかのようにペラペラな自分は足から順に掛布団の中に吸い込まれ、最後は頭の後ろに隠れるようにして消えた。それでもペラペラな自分はまだ諦めていないのか、頭の部分を三度持ち上げて、やっと動かなくなり、体も自由になったという。

木原浩勝著『九十九怪談 第一夜』にある。

## ベランダの女［べらんだのおんな］

2ちゃんねる（現5ちゃんねる）オカルト板に立てられた「ほんのりと怖い話スレ」スレッドにて二〇〇一年四月二四日に語られたもの。

それによれば、報告者が住む集合住宅のベランダでは、度々髪の長い女が目撃されているという。ある高校生がこの住宅のベランダに干してあった下着を盗んだ際には、高校生はベランダに立っていた髪の長い女性に憧れてつい盗んでしまったと語った。また、セールスマンがこの家を訪れた際にもベランダに髪の長い人がいたと話したという。さらに、上の階に引っ越してきた家族の子どもが報告者の部屋のベランダを指差し、「お姉さん、泣いてるよ?」と言ったが、見ると誰もいなかった、という体験談も語られている。

## 便鬼［べんき］

ネット上で語られた怪異。怪談投稿サイト「Alpha-Web こわい話」に一九九九年七月七日に投稿されたもの。

それによれば、投稿者の友人に高桑宏章(仮名)という人物がおり、よく高桑の家に人が集まり、麻雀を行っていた。ある日、深夜二時頃まで麻雀をやり、家が遠い投稿者はそのまま高桑の家に泊まることになったが、深夜に尿意で目が覚めた。そこでトイレに向かうと、ドアの向こうからピチャピチャという音がする。あまり気にせずにドアを開けると、高桑が物凄い形相《ぎょうそう》で便器を嘗《な》めていたという。投稿者に気付くと、高桑は「お前も食うか？」と大便を差し出してきたため、投稿者は悲鳴を上げて逃げ出した。これ以降も高桑とは麻雀仲間として付き合いがあるが、今でもあれが本物の高桑だったのかは分からないと語られている。

## 便器虹［べんきにじ］

トイレにまつわる怪異。ある小学生が下校途中、小便がしたくて堪《たま》らなくなり、何とか我慢して家のトイレに駆け込んだ。ファスナーを下ろそうと前を見ると、なぜか便器に虹が架かっている。思わずしゃがんでよく見てみると、白い便器に架かっているのはやはりきれいな七色の光のアーチだった。直後、小便が漏れそうだったことを思い出し、慌てて小便をすると、今度は小便が虹に当たって跳ね返ってきた。そのせいでズボンがびしょ濡れになったが、小便が終わってもまだ虹が存在しており、小便を滴《したた》らせていた。何でできているのだろうと思い、少年は虹に手を伸ばしたが、素手で触るのは汚いと思い直し、トイレにあったラバーカップを手に取り、虹に近付けてみると、虹はスポッとその吸盤に吸い込まれた。驚いて吸盤の中を見ると、小便で濡れていたという。

木原浩勝・中山市朗著『新耳袋 第九夜』にある。筆者命名。

## 勉強の神さま［べんきょうのかみさま］

勉強にまつわるまじない。勉強をしている時、始めてからちょうど一時間経ったら窓を一〇センチ開ける。そのまま一〇分間勉強し、また窓を閉める。この後いつものように勉強すると、勉強の神さまがやってきて、力を貸してくれるという。

マイバースデイ編集部編『わたしの知ってるおまじない１０００』にある。

## 返事の霊［へんじのれい］

ある学校に伝わる怪異。誰もいない体育館で「助けて！」と叫ぶと、「はーい」と答えが返ってくるという。

マイバースデイ編集部編『マジこわい!!心霊体験大百科』にある。声の主については書かれていないが、名前が「返事の霊」

なので何者かの幽霊だと思われる。

## 返事をするバット［へんじをするばっと］

野球のバットにまつわる怪異。学校の野球部のマネージャーをしていたある少女が練習後の片づけをしていると、バットが一本足りない。そこでふざけて「おいバット、返事しろ！」と呼びかけたところ、「はい」という声がしてバットが転がってきたという。

魔夜妖一監修『ゾゾーッ！　こわい話1000』にある。

## 変な靴下［へんなくつした］

ネット上で語られた怪異。怪談投稿サイト「Alpha-Web　こわい話」にて、二〇〇二年一二月二四日に投稿されたもの。それによれば、投稿者の友人の男性が風呂に入っていると、パタパタと音がした。そこで風呂の戸を開けてみると、靴下がピョンピョン跳ねていたという。

# 【ほ】

## 防空壕の呼び声［ぼうくうごうのよびごえ］

戦争にまつわる怪異。第二次世界大戦の最中の一九四五年の岩手県釜石市《かまいしし》での話。ある女性が娘を背負って山の防空壕に逃げ込んだところ、艦砲の直撃を受けて山が崩れ、ほとんどの人が生き埋めになった。もうこれまでかと思ったとき、「顔を上げろ！　顔を上げろ！」という去年病気で亡くなったはずの父親の声が聞こえた。女性が我に返って顔を上げると、顔の上にわずかな空間があって息をすることができた。数時間後、憲兵に掘り起こしてもらい、娘とともに一命を取り留めたという。

松谷みよ子著『現代民話考6　銃後・思想弾圧・空襲・沖縄戦』にある。

## 包帯女［ほうたいおんな］

千葉県のある学校に伝わるという怪異。その名の通り顔に包帯を巻いた少女で、男子生徒を見つけると「顔ヲ返セ……」と言いながら襲ってくる。その正体はかつて理科の実験中、男子生徒とぶつかって顔に危険な薬品を掛けられた女子生徒で、その際に負った大火傷《やけど》の痕《あと》が消えず、自殺してしまった。死後、自分に火傷を負わせた男子生徒を探してさ迷うようになったという。

魔夜妖一・幻咲麗・マーク矢崎治信監修『うわさの怪談Real』にある。同書ではこの包帯女の話は、ある男子生徒の作り話だったにもかかわらず、それを聞いた少年の元に現実に出現した物語として記されている。

## 訪問少年［ほうもんしょうねん］

ネット上で語られた怪異。2ちゃんねる（現5ちゃんねる）オカルト板に立てられた「ほんのりと怖い話スレ」スレッドにて二〇〇一年五月一六日に語られたもの。筆者命名。

それによれば、報告者が朝五時に台所に立ち朝食を用意していると、突然インターホンがなった。覗《のぞ》き窓から確認すると、見たこともない小学校低学年の少年が、ランドセルを背負い、黄色い帽子を被《かぶ》って立っている。報告者が「どうしたの？」と尋ねると、少年は「ママがケガしちゃったから、ばんそうこうちょうだい」と言う。不思議に思いながら絆創膏《ばんそうこう》を用意し、ドアを開ける前に「ねえ、どこの子？」と尋ねると、「僕のママ、血がいっぱい出ているの」と言う。そのため「どうやってケガしちゃったの？」と聞くと、「ママ、血がいっぱい出て動かなくなっちゃったの。早く開けてよ」と言う。その様子が不気味であったため、「うちは駄目！　どっか他の所に行って！」と言うと、ドアを蹴った音がして静かになった。再び覗き窓を覗くと、少年が外側の覗き窓の高さまでよじ登り、にやにやとしている。報告者はぞっとして後ろに下がったが、そこで目を覚ました。夢かと思い、布団を出ようとすると、その手には絆創膏の箱があった。そこに報告者の夫がやってきて、「さっきお前、玄関にいてなんか騒いでいたから、どうしたのか聞こうと思ってたんだよ。なんかドアとか蹴られてたろ？」と言ったという。

## 鳳来寺山の少女の声［ほうらいじさんのしょうじょのこえ］

愛知県新城市《しんしろし》鳳来寺にある鳳来寺山に現れるという怪異。この山では、どういうわけか山に入った人々によって「助けてー、助けてちょうだい」という少女の声がよく聞かれている。また、人によっては少女の霊を見る場合もあるという。

室生忠著『都市妖怪物語』にある。

## 亡霊戦車［ぼうれいせんしゃ］

ある学校に伝わる怪異。その学校の裏の神社には墓があるが、夜中になるとこの墓から戦車が浮かび上がるという。

日本民話の会学校の怪談編集委員会編『学校の怪談16　１００不思議通信スペシャル』に兵庫県宍粟郡《しそうぐん》からの投稿として載る。筆者命名。

## ボールの群れ［ぼーるのむれ］

ある学校に出現したという怪異。その学校の七不思議の一つに、誰もいないはずの体育館でボールをつく音がするというものがあった。宿題のノートを忘れた一人の女生徒が、夜の九時頃に教室に取りに行った際、ボールをつく音を聞いた。気になった女生徒が体育館を覗《のぞ》くと、そこには学校中のものが集まったかと思えるほどの数のボールが、独りでに勢いよく跳ねている光景があった。女生徒は慌てて逃げ出したが、ボールたちはそれに気付いたのか、一斉に女生徒を追いかけ始めた。全速力で逃げる女生徒にボールは離れず追いかけてきたが、女生徒が柱に隠れると彼女を見失ったボールはふわふわと浮いて、最後にはシュルシュルと消えて行ったという。

　マイバースデイ編集部編『学校の恐怖伝説』に福井県からの投稿として載る。

## ボールを探す男の子［ぼーるをさがすおとこのこ］

　話を聞くと現れるとされる怪異。かつて、五歳の誕生日にサッカーボールをもらった少年がいた。この少年はボールで遊んでいる際、ボールを追いかけて道路に飛び出し、トラックに撥《は》ねられて死んでしまった。この話を聞くと、一週間以内に眠っているところにこの少年が現れる。少年は「僕のボールは?」と尋ね、話を聞いた人間の頭をボールと間違えてもぎ取って行ってしまう。これを回避するためには、寝る前に布団を頭まで被《かぶ》るか、枕元にボールを置いて寝ると良いという。

　魔夜妖一・幻咲麗・マーク矢崎治信監修『うわさの怪談　闇』にある。

## 僕の腕知りませんか［ぼくのうでしりませんか］

　ネット上で語られた怪異。2ちゃんねる(現5ちゃんねる)オカルト板に立てられた「死ぬ程洒落《しゃれ》にならない怖い話を集めてみない? 280」にて二〇一一年九月二六日に語られたもの。

　東京都のJR新小岩駅に現れたという謎の存在で、報告者が駅のホームにいたところ、「僕の腕知りませんかー」と甲高《かんだか》い声を上げながらホームを行ったり来たりしていたという。その姿はサラリーマン風の男性だったが、片腕がないようで、スーツのアームホールがひらひらとたなびいていたという。他の客は男のことを無視しているのか、見ようともせず、報告者も携帯を見て目を離したところ、いつの間にか男の声は聞こえなくなっていた。電車到着のアナウンスが流れ、ホームの方を見ると、男の顔が報告者のすぐ横にあり、耳元で「知りませんかあ?」という声がした。直後、電車がホームに入ってきて、そちらに注意が向いた一瞬のうちに男の姿は消えていた。以来、この男が現れることはなかったという。

## ポスター降霊術［ぽすたーこうれいじゅつ］

　降霊術の一種。筆者命名。部屋の四方の壁全てに人の顔が写ったポスターを貼っておくと、四枚のポスターを結んだ線が交わるところから霊が現れるという。

　絹華作『恐怖! ホントにあった⁉ こわい話』にある。

## 墓地の化け物［ぼちのばけもの］

　ある小学校に現れた怪異。その小学校の隣は墓地になっていたが、ある日、一人の少女が部活帰りの午後六時に学校を出た。家に電話をしながら歩いていると、学校を囲うフェンスから「ガシャガシャ」という音が聞こえてくる。さらに「ウゥゥゥゥ」という低い音の声のようなものが聞こえてきたため、フェンスの上を見上げると、真っ白な猿のようなものがフェンスにぶら下がって揺らしながら少女を覗《のぞ》き込んでいた。そして、苦しそうに顔を歪め、白い歯を食いしばり、「フォォォォォ!!」と吠えた瞬間、煙のように姿を消した。少女は絶叫して家に逃げ帰った。

後で聞いた話によると、この猿のような白いものは昔から学校で噂《うわさ》になっている、幽霊のような、化け物のような存在で、隣の墓地から悪霊が集まり、そのような形になって現れたのではないかと言われていたという。

宮崎敦司監修『本当に怖い話 MAX 死神降臨』にある。

## 骨抜き［ほねぬき］

ネット上で語られた怪異。2ちゃんねるオカルト板に立てられたスレッド「∧∧∧山にまつわる怖い話Part10∧∧∧」にて二〇〇四年七月二日に語られたもの。

それによれば、骨抜きはその名の通り動物の骨を生きたまま抜いてしまう存在のようで、骨を抜かれた動物は肉と皮の塊になり、動けない状態でしばらく生存し続けるという。

江戸時代に記された『諸国百物語』には「ばけ物に骨を抜かれし人のこと」と題された話が載せられており、手のひらに目がある、長身の老人のような姿をした化け物が登場する。この化け物の犠牲者は骨を抜かれた皮ばかりになって死んでいたという。骨抜きもこれに類する化け物なのだろうか。

## ポリゴンショックの目［ぽりごんしょっくのめ］

ネット上で語られた怪異。

一九九七年一二月一六日に放映されたテレビアニメ「ポケットモンスター」の「でんのうせんしポリゴン」というエピソードで、激しく光が点滅する画面を見た視聴者が、光過敏性発作などを起こす事件があった。この事件は「ポリゴンショック」と呼ばれるが、怪談投稿サイト「Alpha-Web こわい話」に一九九八年八月二五日に投稿された話によれば、このエピソードが放映された時、画面の左下に何者かの目が映っていたという。この目が映る部分は画面の色が反転し、目はこちら側を微妙に揺れながら睨《にら》んでいたとされる。

ちなみに筆者もポリゴンショックの際にポケットモンスターのアニメを視聴していたが、画面に映り込んだ目を見た覚えはない。特定のテレビに映り込んだのだとすれば、元々テレビに潜《ひそ》んでいた何かが、ポリゴンショックの点滅によって浮かび上がったのかもしれない。

## 本の女の子 ［ほんのおんなのこ］

本にまつわる怪異。ある少女が友達に、図書館で借りた本に描かれている女の子がうちに来たと言った。以来、少女はその本の女の子のことばかり話すようになり、みんなはつまらなくなって離れて行ってしまった。しかし、少女は本の女の子と一緒だから寂《さび》しくないと言い、そのうち学校にも来なくなってしまったという。

魔夜妖一監修『ゾゾーッ！ こわい話1000』にある。

## 【ま】

### マーブル・チョコレートをちりばめたような模様をしたボロ雑巾 ［まーぶる・ちょこれーとをちりばめたようなもようをしたぼろぞうきん］

東京都にかつてあった山川荘というアパートに出現したという怪異。山川荘の一室に住んでいたある男性とその友人が部屋で酒を飲み交《か》わしていた際のこと。青いカラーボックスの中から「マーブル・チョコレートをたくさんちりばめたような模様をしたボロ雑巾」のように見える何かが音もなく飛び出し、男性の座っている座椅子の背もたれの真ん中に吸い込まれるように入ってしまった。友人はそれを見て驚いたが、男性はいつものこと、というふうに気にした様子もなかったため、友人は見なかったことにしたという。

安藤君平編著『「超」怖い話』にある。

### 舞首 ［まいくび］

ある少女が遭遇した怪異。その少女が小学三年生の頃、家族旅行で千葉県の遊園地を訪れた帰り道。彼女の父親が車を運転して高速道路を走っていたが、日付をまたいだ時刻、ふと運転席のガラスの向こうに何かが見えた。少女がそれを見ようとすると父親が体を動かして邪魔をする。そして、「これは見ない方がいい」などと言う。その雰囲気がいつもと違うため、少女は大人しく頷《うなず》き、眠ろうとした。しかし、父親が彼女の頭を撫でようと体を動かした際、少女は運転席の窓の向こうを見てしまった。そこにいたのは長い髪を振り乱した、三つの女の生首だったという。少女は父親から目を閉じているように言われ、そのあとずっと目を瞑《つむ》っていたが、やがて日も昇る頃になって車がサービスエリアに止まった。そこで父親に尋ねると、あの生首たちは空が明るくなるとともに山の方へと飛んで行ったと教えられた。それ以来、少女の家族は自動車での旅行をやめ、必ず飛行機か新幹線を使うようになったという。

郷内心瞳著『拝み屋異聞 弔い百物語』にある。同書ではこの怪異に「舞頸」という名前が付けられているが、元になったのは江戸時代の『絵本百物語』に描かれた「舞首」という妖怪だろう。この妖怪は鎌倉時代、三人の武士が口論の末、互いに互いの首を切って死んだが、三人は首だけになっても争い続けたというもので、三つの首が同時に出現するという点で類似している。

### 巻き戻しティッシュ・ペーパー ［まきもどしてぃっしゅ・ぺーぱー］

ティッシュ・ペーパーにまつわる怪異。ある男性が友人と電話をしながら、横に置いてあった使いかけのティッシュ・ペーパーをぼんやりと眺めていた。すると突然、箱から半分ほど出ていたティッシュ・ペーパーが、そうなるのが当然かのようにすると箱の中に引き込まれていった。中に虫でもいるのかと箱を振ってみるが、何も出てこない。そこでナイフを使ってティッシュ・ペーパーの箱を分解してみると、そこには何もおらず、引き込まれたティッシュ・ペーパーは元のようにきちんと折りたたまれて収まっていたという。

安藤君平編著『「超」怖い話』にある。筆者命名。

## 魔鏡ドクロ ［まきょうどくろ］

合わせ鏡にまつわる怪異。深夜に合わせ鏡をすると魔界の入口が開き、魔鏡ドクロが出現する。このドクロは人間を魔界に連れ去ることを目的としており、全身黒ずくめで頭部は髑髏《どくろ》という姿をしているという。

怪談クラブ監修『キャーッ！　みんなの怪談』にある。容貌は一般的な死神のイメージに近い。しかし同書ではこの妖怪のステータスやイラストなどが同時に掲載されており、この書籍用に創作された妖怪ではないかと考えられる。

## まさかりばあさん ［まさかりばあさん］

山の中に現れる老婆の怪。宮城県刈田郡《かったぐん》蔵王町《ざおうまち》にある山にいるとされ、存在しないはずの山小屋に住んでいる。その名の通り鉞《まさかり》を持っており、薪を割るなどしている。しかし、林間学校のために訪れていた子どもがこの山小屋を見つけた際には、夜になってからその子どもが泊まっている施設に出現し、その子どもを金縛りにした上で鉞を振り下ろそうとしたとされる。

平川陽一著『学校であったコワ～イ話』にある。

## ましこさん ［ましこさん］

生まれる前の子どもだけが遭遇できるという怪異。2ちゃんねる（現5ちゃんねる）の育児板に立てられた「【誰と】霊感？　乳幼児の不思議発言【話してるの？】」スレッドにて二〇〇七年八月一日に語られたもの。

子どもが三歳頃になるまで覚えている、髪の長い女性で、生まれる前に遊んでくれた女性の記憶として語られるという。

同スレッドでは二〇〇七年九月一七日に、自分の子どもがこの「ましこさん」の話をうけ、「ましかさん」という髪が長くてきれいな女性と遊んだという話をした、という体験談も書き込まれている。「ましかさん」は足や腕を奪う怪異である「カシマさん」（『日本現代怪異事典』収録）を連想させるが、カシマさんのような恐ろしい行動はとらないようだ。

## 真面目なきこり ［まじめなきこり］

ネット上で語られた怪異。怪談投稿サイト「Alpha-Web こわい話」にて、二〇〇〇年一一月七日に書き込まれたもの。

昔、愛媛県のある村に真面目なきこりと不真面目なきこりがいた。真面目なきこりは毎日山へ出かけ、仕事をしていたが、ある日、不真面目なきこりが自分一人では伐れない木があると真面目なきこりを誘った。そして、森の奥で真面目なきこりの首を切断してしまった。しかし、「許すまじ……呪い殺してあげよう」という声が聞こえ、不真面目なきこりは急いで逃げた。首のない真面目なきこりは「首返せ……」という声を上げ、息絶えた。それ以来、この森に入って走る人間がいると、きこりが追ってくるようになったという。

不真面目なきこりが真面目なきこりを殺害した理由は語られておらず、また、話の内容からして、首のない真面目なきこりが追ってくるものと思われるが、追ってくるきこりの姿についても語られていない。

## 待つ、叶う——宗 ［まつ、かなう——そう］

駅にまつわる怪異。最終電車が通り過ぎた後、駅の伝言板に不思議な書き置きが現れる。そこには「待つ、かなう——宗」と記されており、これを見た人間はその日のうちに意味を理解しないと呪われてしまう。

マイバースデイ編集部編『わたしにささやく幽霊』にある。「待つ、かなう——宗」はそのまま読み方を書くと「まつかなうそう」となり、「真っ赤な嘘」という意味になる。つまり話自体が嘘という言葉遊びの怪となっている。

伝言板のある駅は現在では限られているが、二〇世紀初頭から末の頃までは、どの駅にも見られる身近なものだった。用途としては個人間の待ち合わせの連絡用などに利用されていたが、携帯電話の普及やいたずら書きなどが原因で、ほとんどの駅で撤去されてしまった。この怪異は、そんな伝言板のある駅という景色を背景として語られたものなのだろう。

## 真っ赤な人 ［まっかなひと］

家に現れた怪異。ある家族が東京都の東村山市にあるマンションの五階の角部屋に引っ越して間もない頃、昼間に玄関のチャイムが鳴ったため、家にいた女性が覗《のぞ》き穴から様子をうかがったところ、誰もいない。不思議に思いながら部屋に戻ると、再びチャイムが鳴る。そんなことが幾度か繰り返された。そこで玄関の横にある子ども部屋に入り、外の廊下に面した窓のカーテンを少し開けて玄関の方を見ると、人の形をした真っ赤なものが立っていた。驚いた女性は慌ててカーテンを閉めた。その後もチャイムが鳴り続けたので、女性は気付かれないよう子ども部屋を出て玄関を見た。すると、ドアの上にある採光用の化粧ガラスに真っ赤な頭と張り付いた両手が見えた。そこから考えるに、あの赤い人の身長は二メートルを超えている。女性は恐ろしくなり、家の中でじっとしていたが、しばらくして玄関の鍵が開き、娘が帰って来た。しかし、娘は何も見ていないと言った。

数日後、女性の友人夫婦が引っ越し祝いに来てくれたが、その奥さんが家の前まで来て帰ったという。奥さんに電話してみると、このマンションの前まで来た時、五階を見上げたところ、大きくて真っ赤な人が女性の部屋の玄関の前におり、体をくの字に曲げて中を覗《のぞ》き込んでいたという。それは奥さんにしか見えず、彼女の夫には見えなかったとされる。女性が人に相談すると、火事の前触れかもしれないと言われたため、以降、火の元には十分に注意して暮らしたと語られている。

木原浩勝・中山市朗著『新耳袋 第六夜』にある。

## まっ黄色さん［まっきいろさん］

子どもの姿をした怪異。ある人物が友人とビールを飲み、ほどなくして飲み切って追加で購入しようと外に出た。近くの自動販売機でビールを買っていたところ、突然雨が降り出し、慌てて帰ろうとすると何者かにTシャツを引っ張られた。振り返ると、黄色い小さな傘を差した、黄色いレインコートで黄色い髪の子どもがいた。しかも足下は裸足のようだ。怖くなって駆け出すと、黄色い子どもが後ろから水音を立てながら迫って来る。手に持ったビールを投げ出し、やっと友人宅まで帰ることができた。家に入ると、友人もまた玄関をノックする音を聞いたり、ドアのすりガラスが真っ黄色に染まっているのを見たという。また、友人はこの辺りに自販機などないと言うため、二人で確かめに行くと、そこには壊れた自販機があったという。

木原浩勝・中山市朗著『新耳袋 第八夜』にある。筆者命名。

## マッチ棒による死者蘇生［まっちぼうによるししゃそせい］

マッチ棒にまつわる怪異。夜、使い終わったマッチ棒を枕元に置いておくと、近くの墓からマッチ棒の数だけ死んだ人間が蘇《よみがえ》る。しかも、その夜に目を覚ましてしまうと、その人間は墓に入れられてしまうという。

マイバースデイ編集部編『マジこわい!! 心霊体験大百科』にある。筆者命名。

## 松葉杖の妖怪［まつばづえのようかい］

ネット上で語られた怪異。2ちゃんねる（現5ちゃんねる）のオカルト板に立てられた「不可解な体験、謎な話～enigma～Part28」スレッドにて二〇〇五年一〇月七日に語られたもの。

それによれば、報告者は生まれつき足が悪く、体に合わせて作った特注品の松葉杖を使っていた。ある時、仕事でオーストリアに行った報告者は、宿泊していたホテルで火事に遭《あ》う。その際、報告者はホテルの三階の部屋で眠っていたが、騒がしさから目を覚まし、異変に気付いて慌てて窓から外を見ると、火の手はすぐ上の階の部屋で上がっていた。急いで逃げようとしたら部屋の奥に置いてあった松葉杖がまるで誰かに投げられたように飛んできた。寝ぼけて幻覚を見たのかと思いながらもその松葉杖を手に取り、階段を下りて避難しようとすると、下から上がってくる人影があった。初めは助けに来てくれた人かと思い、大声を上げたが、近付いてきたのは普通の若者たちで、しゃべっているドイツ語を何とか聞き取ったところ、どうやら火事場泥棒のようだった。若者たちは報告者の財布を奪うと、松葉杖を窓から投げ捨て、部屋に閉じ込めてしまった。

　その後、報告者は何とかレスキュー隊に助けられ、一命を取り留めたが、あの松葉杖が行方不明になってしまう。特注品で買い直すには高額の費用が必要だったため、警察に頼んで地元の新聞に松葉杖のことを書いてもらい、絵も載せてもらった。

　すると三日ほど経った後、警察から松葉杖が見つかったという連絡があった。しかも発見場所はあの火事場泥棒の家の前で、警察が家主に話を聞こうとした際、自分の犯行がばれたのだと勘違いして自白したのだという。

　しかし、火事場泥棒はあの松葉杖を盗んだわけではなく、他の誰かがわざわざ犯人の家に置いていったとも考えにくい。そのため、報告者は松葉杖が妖怪になり、自分の仇《あだ》を取ってくれたのだと信じているという。

　元の話では「松葉杖に九十九神《つくもがみ》が憑《つ》いた」といった表現もされている。一九八〇年代以降、九十九神（付喪神《つくもがみ》）は長い年月を経た道具に精霊が宿り、妖怪となるもの、といった解説がほどこされることが多いため、特殊な働きを見せたこの松葉杖についても九十九神と表現したのだろう。

## 待ての霊［まてのれい］

　トイレにまつわる怪異。ある学校で昼休みに一階の女子トイレの電気を消すと、低い男の声で「待て」と聞こえるという。

「ほんとにあった怖い話」委員会編『ほんとにあったこわい話1』に沖縄県の中学生からの投稿として載る。

## 窓から首ヒョコヒョコ女［まどからくびひょこひょこおんな］

　5ちゃんねるのなんでも実況板（ジュピター）にて、二〇一九年九月三〇日に立てられた「【悲報】寝ようとしてるのに窓の外に女の顔ヒョコッヒョコってなる奴w」スレッドで報告されたものが初出と考えられる。これ以降、なんでも実況板（ジュピター）を中心にネット上で広まっている。「窓ヒョコ女」「窓からヒョコヒョコ女」などとも呼ばれる。東京都の八王子市周辺に出現するとされ、その名の通り窓から顔を覗《のぞ》かせている女の怪異と語られる。

ネット上では実際に目撃したという話がいくつも書き込まれているが、発端であるなんでも実況板（ジュピター）からして、真偽よりもその場のノリに沿って書き込みを行う傾向があるため、実際に目撃したのか、目撃した体裁で書き込んでいるのかの判断は難しい。ただ幽霊や化け物の類ではなく、窓から家を覗き込む実在の女性がその正体であるとする書き込みも多く見られる。二階の窓から覗き込まれた、という話もあるが、これについては古くから語られる都市伝説「窓から女性に声をかけられたが、よく考えてみるとこの部屋は二階だった」というものがあり、この話が変化して伝わっている可能性もあるだろう（『日本現代怪異事典』収録の「窓の怪」も参照）。

### 窓枠ババア［まどわくばばあ］

老婆の姿をした怪異。ある島の新築の一軒家でのこと。その家のベランダに見覚えのない老婆が立ち、家の中を覗《のぞ》き込んでいるということがあった。その姿は顔が肩幅ほどもあり、服は薄汚れてあちこちが破れ、足下から腰の辺りまで水が沁み込んで乾いたかのようなシミがあったという。その家の住人が一度外に出て、ベランダを見てみるといなくなっていたため、安心して家の中に入ると、やはり老婆が立っていた。そのため、近くの神社の宮司に相談すると、それなら大丈夫と一緒に家に来て、中に入るとベランダの前に立ち、老婆と向き合って祝詞《のりと》を唱えた。すると見る見るうちに老婆が白い着物を着た、髪の長い若い女性へと変わった。驚いていると、女性はベランダを通り抜けて家の中に入り、壁を抜けるようにして消えて行った。住人が宮司にどこに行ったのかと尋ねると「元々いた滝に帰って行ったんですよ。こんな場所に家なんか建てるからです」と言われたという。

木原浩勝著『九十九怪談 第二夜』にある。一体老婆が何者だったのかは語られておらず、不明である。

### 魔の森［まのもり］

山梨県塩山市にある大菩薩峠《だいぼさつとうげ》には、一度入ると出ることができない「魔の森」と呼ばれる森がある。この森に入って奇跡的に救出された人物の話では、この森で突然深い霧に覆われて仲間とはぐれ、地面に転がる九つもの髑髏《どくろ》を見たという。

おばけの友の会編『日本全国おばけマップ』にある

### 幻のかりんとう［まぼろしのかりんとう］

山にまつわる怪異。東京都、埼玉県、山梨県に跨《また》る雲取山《くもとりやま》に、ある高校の登山部が縦走に来た時のこと。登山部に所属する一年生たちは疲労のあまり度々幻覚を見たが、最終日になってそれが限界に達した。

とにかく甘いものが食べたい、かりんとうが食べたい、と考えながら歩いていると、目の前の岩にかりんとうが五個置いてあった。それは一年生の部員と同じ数であったため、彼らはそれぞれ一つずつ手に取り、大事に食べた。一年生たちはきっと上級生が置いてくれたのだろうと考えていたが、後で聞いてみると、上級生は誰もそんなものは置いていないと答えたという。あれが幻覚だったとしても五人同時に同じものを見て、味や食感を感じたことになる。その縦走からは何十年も経ったが、今でも幻のかりんとうが何だったのかは不明なのだと語られている。

工藤隆雄著『新編　山のミステリー』に載る。他に山に食べ物が現れた話としては**山盛り飯**がある。詳細は当該項目参照。

## 間宮麗子［まみやれいこ］

ネット上で語られた怪異。怪談投稿サイト「Alpha-Web　こわい話」にて、二〇〇三年八月四日に投稿されたもの。

ある学校に間宮麗子という女学生がおり、才色兼備で非の打ち所がない生徒だった。ある日、彼女のことを妬《ねた》んだ他の女生徒が彼女が大切にしているブローチを隠してしまった。麗子は必死になってそのブローチを探したが、ブローチを隠した女生徒たちはその姿をせせら笑い、ブローチは学校の裏の廃工場にあると告げた。麗子はそれを信じ、廃工場に向かったが、ブローチを探している最中、誤って機材で顔をグチャグチャにされ、死んでしまった。

数日後、麗子のブローチを隠した女生徒たちは、学校や廃工場で麗子と同じように顔をグチャグチャにされ、死んでしまった。しかし、麗子の怒りはそれだけでは収まらず、毎年その廃工場や学校で生徒が顔をグチャグチャにされて殺されるという事件が起きた。その事件が起きるのは、麗子の誕生日である六月一一日だった。

こんな話もある。六月一一日にある女生徒が学校に残り、委員の仕事をこなしていた。帰る頃には校内には誰もおらず、外は真っ暗になっていたため、急いで帰ろうとしていると、教室を後にした直後に後ろからひたひたという足音が聞こえてきた。振り向くと、顔がグチャグチャで赤いワンピースを着た間宮麗子が彼女の方へ歩いて来ていた。女生徒は必死で逃げたが、間宮麗子は「私のブローチどこなのぉ！」と叫び、女生徒を追いかけて捕まえてしまった。翌日、顔をグチャグチャにされて死んでいる女生徒が見つかったという。

間宮麗子という名前は恐らく「カシマレイコ」（『日本現代怪異事典』収録）から派生したものだろう。カシマレイコが腕や足など、自身の体の欠損部分を探していることが多いのに対し、間宮麗子はなくしたブローチを探しているという違いがある。

## 守り龍神［まもりりゅうじん］

ネット上で語られた怪異。5ちゃんねるオカルト板に立てられた「おまいらの体験した怖い話お聞かせ願う」スレッドにて二〇一八年七月一三日に語られたもの。

それによれば、報告者は子どもの頃対馬

に住んでいたが、その頃、妖怪や神様が見えたという。そして報告者の目には生まれた時から家のすぐそばにある海に巨大な蛇の胴体のようなものが移動しているのが見えていた。

　ある時、この巨大な蛇のようなものについて寺院の僧侶に聞いたところ、それは国を守る「守り龍神」だと教えられたという。これは日本を一周するような形で何匹かおり、祟《たた》り神でもあるが、目を合わせなければ問題ないと伝えられた。

　それからしばらくしたある台風の日、報告者は守り龍神が頭を海上に出しているのを見た。龍神の視線の先には、子どもの顔が二つ前後にあり、腕が四つか六つ、足が前後に二つずつある出来損ないの阿修羅像のようなものがいたと語られている。その阿修羅像のようなものはなぜか死んでいるということ、何かを呪い、憎み、怒っていることが直感的に分かったという。報告者は慌てて逃げ、何とか自宅の納屋まで入ったが、そこで気絶し、気が付くと隣の家の駐車場に寝ていた。目覚めると頭の中になぜか「東の浜には行くな」という言葉が何度も思い浮かんだ。その東の浜の周囲には祠《ほこら》や鳥居や社、仏像、地蔵などが大量にあったのだという。そこで報告者はかつて守り龍神のことを聞いた僧侶にこのことを報告し、その僧侶が現場を見に行ったところ、橋がえぐり取られ、仏像や地蔵は何体も頭が取れているという悲惨な状態になっていた。

　この日以降、報告者は神様や妖怪が見えなくなったが、未《いま》だあの時に守り龍神が対《たい》峙《じ》していた化け物が何なのかは知りたくもないと語っている。

　人間の死体を使った阿修羅像のようなものを作る話としては「リョウメンスクナ」（『日本現代怪異事典』収録）や**アシュラさん**がある。このうち、リョウメンスクナは神奈川県や岩手県の廃寺で見つかったとされ、アシュラさんの方は、朝鮮近海へと捨てに行かれる途中、九州の西方沖で船と一緒に海に沈んだとされる。対馬は九州と朝鮮半島の間にあるため、守り龍神の前に現れたのはこのアシュラさんだったのかもしれない。

## まよけのころも ［まよけのころも］

言葉にまつわる俗信。家にいる時、布団の中で一二時になるのを待って天井を見て「まよけのころも」と言うと、明かりが一瞬消えるという。

　常光徹編著『みんなの学校の怪談 緑本』に東京都からの投稿として載る。

## 丸太もどき ［まるたもどき］

　ネット上で語られた怪異。2ちゃんねる（現5ちゃんねる）オカルト板に立てられたスレッド「∧∧山にまつわる怖い話Ｐａｒｔ7∧∧」にて、「雷鳥一号」というハンドルネームを使う人物によって二〇〇四年二月二三日に書き込まれたもの。筆者命名。

ある時、報告者の後輩にあたる人物がツーリングで林道を走っていた時のこと。弁当を食べるため、バイクを止めて近くにある丸太に腰かけると、丸太が尻の下でぐにゃりとへこんだ。驚いて飛び退くと、丸太はすりすりと這《は》いずって林の中に姿を消した。見た目は丸太そのものだったが、近くで見ると、小さな足が何本も下側から生えて蠢《うごめ》いていたという。

## まるまる様［まるまるさま］

ネット上で語られた怪異。2ちゃんねる（現5ちゃんねる）オカルト板に立てられた「死ぬ程洒落《しゃれ》にならない怖い話を集めてみない？　325」スレッドにて二〇一五年一月一一日に書き込まれたもの。

報告者が子どもの頃、祖父が山の近くで自営業をしていたため、祖母らとともに山に登ってワラビを採り、調理して食べることになった。当時小学校高学年だった報告者は、祖母と二人でワラビを取っている途中、誤って山奥に入ってしまった。その際、きれいな川が流れているのを見つけたが、その周囲の平たい岩にたくさんのワラビが置かれていた。直後、大きな猿のようなものが彼の前に現れた。猿の体にはまだらに苔《こけ》が生えており、不思議と威厳を感じる雰囲気があったという。猿はじっと報告者を見ていたが、どことなくワラビをやると言ってくれているような雰囲気がしたという。しかし、怖くなった報告者はすぐに逃げてしまった。祖母にそのことを話すと「まるまる様が目をかけてくれたんだね」と言われたという。

まるまる様は本来別の名があるが、名前には力があり、言うだけで呼ばれた対象から力を持っていく、という考えがあり、本当の名前は言ってはならないとされていた。そのためにまるまる様と呼ばれているという。祖母はその本当の名前を地面に書いて教えてくれたが、カタカナで書かれているはずのそれは、不思議と発音ができない名前になっていたとされる。また、まるまる様はどこの山にもおり、欲しいものをくれ、体が大きく、苔が生えている、という特徴があるが、見える姿はその時々によって違うのだと語られている。

## まれおばけ［まれおばけ］

ある学校に伝わる怪異。登校している子どもについて行くというおばけで、その正体は、学校へ行くのが大好きだったが、登校途中に急病で死んでしまった子どもなのだという。そのため、今も学校に行きたいと登校している子どもを見つけるとついて行くのだと語られている。

常光徹編著『みんなの学校の怪談　緑本』に静岡県からの投稿として載る。同書によれば、このおばけと遭遇した際には大人の姿をしていたと語られているため、死後も成長しているのかもしれない。

## 卍クラゲ ［まんじくらげ］

ネット上で語られた怪異。2ちゃんねる（現5ちゃんねる）のオカルト板に立てられた「不可解な体験、謎な話～enigma～ Part 101」スレッドにて二〇一七年四月一七日に語られたもの。筆者命名。

当時から二年前のある日、報告者が洗濯物を部屋干ししつつ夜空を見上げると、同じく空を見ていた小学二年生の息子が「クラゲみたいなん浮いてるなぁ」と言った。報告者は、初めそれが何を指しているのか分からなかったが、ベランダに移動して夜空を見てみると、向かいの家の屋根の上に卍型の謎の物体が浮いている。それは自転車の車輪のように回転しながら少しずつ移動しており、それを構成する物体は透明だが白く発光していた。報告者の息子はそれを指して「ほら、クラゲおるやろ？ あれやで」と言ったが、報告者は本能的にあれに気付かれてはならないと思い、目を伏せて部屋に逃げたという

## マンホール男 ［まんほーるおとこ］

マンホールに現れる怪異。道路を歩いていると、マンホールの蓋《ふた》を持ち上げ、上半身を出してピクリとも動かずこちらをじっと見つめている。もう一度見た時にはいなくなっていることが多いが、もし二度目が合ってしまうとマンホールの中に引き摺《ず》り込まれてしまうという。

魔夜妖一・マーク矢崎治信・夜羽るか監修『うわさの怪談 恐怖の学校Special』にある。

## マンホールの手 ［まんほーるのて］

マンホールにまつわる怪異。雨の日にマンホールを踏むと中から手が出てきて足を引っ張られるという。この話を聞いた人は晴れた日にマンホールの上で三回ジャンプすると引き摺《ず》り込まれることはないと語られている。

魔夜妖一・幻咲麗・マーク矢崎治信監修『うわさの怪談 闇』にある。

## マンホールもぐら叩き男 ［まんほーるもぐらたたきおとこ］

マンホールに出現したという怪異。ある男性が東京都世田谷区の環状八号線からやや入った、比較的広い歩道を歩いていた際のこと。なぜか車道の真ん中に無数のマンホールが集まっているのに気付いた。不思議に思って見ていると、そのうちひとつの鉄蓋《てつぶた》がゴトリと音を立てて開いた。しかし、不思議なことに開いた蓋は半透明で、マンホールには元の鉄蓋が被《かぶ》さったままになっている。しかもその蓋の下からヘルメットを被《かぶ》り、眼鏡をかけた男が頭を出している。男は頭で半透明な方の鉄蓋を押し上げたまま、辺りを見回していた。

そのシュールな光景に足を止めていると、道路の反対側でOLらしい女性が驚いた表情でマンホールを見つめていた。その

直後、不意に道路の向こうから自動車が走ってきて、ヘルメットの幽霊を半透明のマンホールの蓋ごと轢《ひ》いて去って行った。轢かれた蓋は完全に閉じていたが、今度はその隣の鉄蓋が開き、またヘルメット頭の男が現れて辺りをキョロキョロと見回し始めた。その頭の上を再び自動車が踏みつけて行く。やがて、また別のマンホールから同じヘルメットが現れる。男性がこのヘルメットの男から目を離すと、道路の反対側にいたOLの女性と目が合った。二人は気まずく笑い合うと、それぞれ帰路に就いたという。

　樋口明雄編著『新「超」怖い話』にある。同書によれば、このマンホールもぐら叩き男に出会った男性はその数日前、**人間ピンボール**にも遭遇したという。詳細は当該項目参照。

# 【み】

## 水子霊 ［みずこれい］

心霊にまつわる怪異。その名の通り水子（生まれたばかり、もしくは生まれる前の赤子）の霊のこと。多くの場合、生んだ直後に殺害したり、堕胎した自身の母親や父親の前に出現し、危害を加えたり、罪を再認識させるなどする。

　水子の霊が出現する話は現代では多く見られるが、一般的になったのは一九七〇年代以降ではないかと思われる。ヘレン・ハーデカー著『水子供養 商品としての儀式』によれば、日本で水子供養《くよう》が一般的になったのは一九七〇年代で、商業主義的な霊能者たちによって盛んに行われた水子供養キャンペーンの産物であったとされる。また、この七〇年代はオカルトブームとも呼ばれ、「地縛霊」や「浮遊霊」といった、霊に「〜霊」という名前が与えられ、属性で分けられるという方法が大きく広まった時代でもあった。同書では水子供養もまた、このオカルトブームの一環として開始されたと指摘している。このオカルトブームの立役者の一人である中岡俊哉の『タナトロギー入門』（一九八〇年）には「水子の霊」という言葉が見られるほか、「中絶霊」という言葉も使われている。「〜霊」というように「霊」の前に単語を付けることで霊の種類を表すものについては**霊の種類**の項目も参照してほしい。

　ただし近代以前にも水子の霊が妖怪として現れる話がないわけではない。例えば江戸時代の井原西鶴が記した『好色一代女』には蓮の葉笠を被《かぶ》り、腰から下が血まみれの子どもたちが九五、六人も現れ、「おんぶして、おんぶして」「惨《むご》い母様」と泣いていたという話が載る。これを見た女は、これは自分が堕胎した子どもたちなのだろうかと語ったという。

この他にも堕胎された子どもたちが祟《たた》ったという話は多く残っているため、水子の霊の存在自体は古くから信じられていたものと思われる。それが七〇年代に、水子の霊は恨み、祟るものであるから、供養しなければならないとして、水子供養がセットで語られるようになり、そういった話を載せるメディアでは水子供養の宣伝が行われた。これは水子の霊への恐怖と罪悪感を煽《あお》ることでそれを金銭に変えるという、ある意味最も水子の霊たちのことを考えていない行為だったともいえる。

現在でもこの水子は祟る、という概念は生き続けており、堕胎や子殺しによって亡くなった子どもの霊が祟り、恐怖をもたらすという話は多い。これはある意味因果応報な物語として好まれているという要素もあるのかもしれない。しかし、世の中には堕胎を選ぶのに様々な事情があることを忘れてはならない。第三者が好き勝手に水子霊が祟るなどと言えるものではないのだ。

## 水飲みおじさん［みずのみおじさん］

ある学校の校舎裏に現れるという怪異。誰かに近付いては「喉が渇いた」と言って持っているコップで水をごくごくと飲む。しかし、コップの中の水は全く減っていないという。また、このおじさんに話しかけられた子どもはおじさんがどこかへ行ってしまうまで金縛り状態になり、体を動かせなくなると語られる。

魔夜妖一監修『ゾゾーッ！ こわい話1000』にある。

## ミツ［みつ］

ネット上で語られた怪異。2ちゃんねる（現5ちゃんねる）オカルト板に立てられたスレッド「∧∧山にまつわる怖い話Ｐａｒｔ６∧∧」にて、「雷鳥一号」というハンドルネームを使う人物によって二〇〇四年二月一日に書き込まれたもの。

それによれば、報告者の先輩の父親に当たる人物の出生地である山奥の小さな村にまつわる話だという。この村は既に廃村となっているが、村が廃れた理由が「ミツ」と呼ばれるものだったとされる。村では鹿やウサギを「ヨツ」、猿を「フタツ」、猪だけは別格で「クジラ」と呼ぶ風習があったが、それら普通の動物とは違うのが「ミツ」だった。

ある時、村人たちが「ミツが出た」と騒ぎが起こり、村中の狩人が集まって山で猟が行われた。しかし、彼らは獲物を何も持たずに帰ってきて、すぐに塩を撒《ま》いたという。それから間もなく村人たちは村を離れていき、村は廃《すた》れてしまったと語られている。

四本足で移動する鹿やウサギが「ヨツ」、四本足のほか、二本足で移動することがある猿が「フタツ」と呼ばれていることを見るに、「ミツ」は三本の足で移動する何者かと思われるが、詳細は不明。三本足のカラスである「三足烏」や三本足の蛙である「青蛙神」など、神聖視される三本足の動物はいるが、「ミツ」はどうやら恐ろしいもの、穢《けが》れたものとして認識されていたようだ。

## みっちゃん［みっちゃん］

ネット上で語られた怪異。2ちゃんねるオカルト板に立てられた「死ぬ程洒落《しゃれ》にならない怖い話を集めてみない？　153」にて、二〇〇六年一二月一九日に書き込まれたもの。

それによれば、報告者の姉が体験した話であると語られており、以下のような内容であったという。

ある真冬の夜、姉は頭の横で響くばたばたとした音に目を覚まし、瞼《まぶた》を開こうとしたがなぜか開かなかった。その間にバタバタという音が姉の方に近付いてきて、胸に何かが乗った。その後に聞こえてきたのは女児がキャッキャッと笑うような声で、姉は訳も分からず念仏を唱えていたが、突然「目を開けて」という声が聞こえた。そのため開けられないと正直に答えると、「目を開けて寝ると、まーるいお菓子が貰えてね。大丈夫なの。だからまーるいお菓子が貰えてね大丈夫なの」と繰り返した。その時目が開いたため、自分の胸の上に目を向けると、どこにでもいそうな小さな少女が姉の上に馬乗りになっていた。姉はそこで気を失ったが、翌朝には普通に目覚め、学校に行った。しかし、その通学中に自動車事故に遭《あ》い、亡くなってしまった。

その後、姉の葬儀が開かれた際、お供え物の準備をしている報告者の元に親戚の女の子が走ってきた。

「これね、みっちゃんがね、お兄ちゃんに渡してって」

そう言ってお菓子を手渡してきたため、受け取って「みっちゃんって誰？」と尋ねると、親戚の女の子はこう答えた。

「みっちゃんはね、押し入れの中に住んでるから、外に出れないんだって。でも、もうすぐ出れるって」

その女の子がくれたお菓子は、丸いおまんじゅうだったという。

この話から考えるに、報告者の姉の上に乗っかってきた少女は「みっちゃん」であり、「目を開けて寝ると、まーるいお菓子が貰えてね。大丈夫なの」という言葉については、「目を開けて寝ると」が死ぬことを、「まーるいお菓子」は葬式まんじゅうのことを指しているものと考えられる。しかし、どうしてみっちゃんが押し入れにいて報告者の姉が亡くなることで出られるようになったのかは不明である。

## 緑色の顔［みどりいろのかお］

家に現れる怪異。ある男性が広島県福山市の実家に帰省した際のこと。自室が物置にされていたため、仕方なく客間で寝ていると、夜中、突然誰かに布団から引き摺《ず》り出され、上半身を押し入れの中に押し込められた。何とか押し入れから出ようとするも体が上手く動かず、もがいていると真っ暗闇の空間の上の方に小さな緑色の点が見えた。その点は次第に降りてきて、近くまで来ると、それが髪の毛も何もない緑色の顔であることが分かった。恐ろしく、目を瞑《つぶ》ろうにも瞼《まぶた》が動かず、顔をそむけることもできない。どれくらいの間見つめ続けていたか分からなかったが、気が付くと朝になっており、布団の中で汗だくになっていた。男性は飛び起きて押し入れを見たが、そこには布団袋や箱などが整然としまってあるだけだった。

　その後、母親に夜に見たもののことを話すと、母親は客間に走って行って、押し入れから新聞紙に包まれたキャンバスを持ってきた。そのキャンバスには真っ黒に塗りこめられた中にポツンと緑色の顔が描いてあり、男性が昨夜見たものと同じだった。母親によれば、これは死んだ父親が描いたたった一枚の絵で、遺品だと思うと捨てられなかったと語った。この絵は再び新聞紙に包まれ、押し入れにしまわれたという。

　木原浩勝・中山市朗著『新耳袋　第十夜』にある。

## 緑色の物体 ［みどりいろのぶったい］

　宮城県加美郡《かみぐん》加美町の荒沢の大滝に現れたという怪異。ある時、この滝近くの大滝農村公園キャンプ場を一組のカップルが訪れた。男性の方が昼寝をすると言い出したため、女性が荒沢の大滝を一人見に行くと、滝壺の底から何か緑色の物体がゆらゆらと浮かび上がった。それはクラゲに近い、柔らかそうな物体だったが、流れに逆らって滝を一段ずつ登って行き、見えなくなった。そしてしばらくすると野生動物の悲鳴のようなものが響き渡ったという。

　寺井広樹・とよしま亜紀著『宮城の怖い話—杜の都に魔が巣食う—』にある。同書によれば、女性が男性の元に戻ってそのことを話すと、男性もまた同じような物体を目撃したが、それは黒っぽく見えたり、時折姿が消えたりしたという。女性は同じ透明の物体が光の加減で様々な色に見えたのではないかと推測している。

## 緑色の夕焼け ［みどりいろのゆうやけ］

　空にまつわる怪異。大分県でのこと。ある少年が緑色に染まる夕焼け空を見たという。少年はその光景が信じられず、台所にいる母親に言いに行くと、母親も外を見て緑の夕焼けであることに驚いた。そうして二人でしばらく不思議な景色を眺めていたが、翌日、学校の友達にその話をすると、夕焼けは赤に決まっていると一蹴されたという。

　木原浩勝・中山市朗著『新耳袋　第三夜』にある。

## 緑鬼 ［みどりおに］

　人に取り憑《つ》く妖怪。もし勉強のやる気が起きず、だらだらとしてしまう時、後ろを見るとこの緑鬼が笑いながら寝そべってこちらを見ていることがある。これは緑鬼に取り憑かれた状態で、この鬼に怠け心を植え付けられてしまっているのだという。

　怪談クラブ監修『キャーッ！みんなの怪談』にある。同書でこの妖怪が登場するコーナーはイラストや妖怪のステータスが同時に掲載されているなど、その体裁から書籍用に創作した妖怪を紹介している可能性が高い。

　この緑鬼の元になったのは恐らく節分の鬼だろう。節分の鬼は赤・青・黄・緑・黒の五色に分けられるが、これらは「五蓋《ごがい》」という仏教における煩悩《ぼんのう》を表している。「緑」は不健康、怠惰、過食、不真面目、睡眠といったものを象徴していることから、緑鬼に憑かれるとやる気が起きなくなる、という話が生まれたものと考えられる。

## 緑の少年「みどりのしょうねん」

　ある小学校の校庭に現れるという少年。全身が緑色をしており、気に入った子どもがいると「遊ぼう」と声をかける。この時、「うん」と答えてしまうと緑の手で摑《つか》まれ、二度と戻って来られない場所に連れて行かれてしまう。また、「いや」と答えた場合はその場で殺されてしまう。そのため、もし緑の少年が現れた場合にはいなくなるまでじっと動かず、一言も話してはならないという。

　魔夜妖一監修『ゾゾーッ！こわい話1000』にある。

## ミドロさん「みどろさん」

　自撮りをすると現れる怪異。深夜零時に暗くした部屋の中で、スマートフォンなどを使って自撮りをすると、稀《まれ》に自分の姿ではなくおかっぱ頭の血みどろの少女が写ることがある。これがミドロさんで、ミドロさんを写した人間は数日以内に死んでしまう。回避するためには、ミドロさんの写真を二四時間以内に誰かに送れば良いという。

　魔夜妖一監修『ゾゾーッ！こわい話1000』にある。誰かに送れば助かる、という点は、同じ内容の手紙や電子メールを一定人数に転送すれば助かる「不幸の手紙」などのチェーンメール系統の怪異や、同じ話を一定人数に話せば助かる「カシマさん」「テケテケ」などの怪異を思い起こさせる（いずれも『日本現代怪異事典』収録）。しかし、ミドロさんの場合、自分で写真を撮ってしまうかどうかが問題であるため、拡散によって広まるという要素はなくなっている。恐らく誰かに同じものを転送することで怪異を回避できる、という部分のみが生き残った怪談なのだろう。

## 水底の少女「みなぞこのしょうじょ」

　水泳部のＡという少女が夏合宿のプールで遭遇した怪異。Ａがプールのスタート台に立って順番を待っていると、プールの中央に赤い服の女の子が沈んでいるのが見えた。Ａは助けようとプールに飛び込み、少女のところまで泳いで行ったが、手を伸ばした瞬間笑い声が聞こえ、水中で少女がニタニタと笑った。Aは驚いて逃げようとしたが、振り返ると少女はまるで水底を歩くようにAを追いかけてくるのが見えた。その直後、少女の腕が五メートル近くも伸び、Aの足を摑《つか》んだ。Aはそのまま動けなくなり、気を失った。気が付くとAはプールサイドに寝かされており、突然プールに飛び込んで気絶したのだと聞かされた。他の生徒は誰も水中の少女を見た者はいなかったという。

室秋沙耶美監修『本当に怖い話ＭＡＸ∞悪霊君臨』にある。

## 南馬宿村［みなみうまやどむら］

東北地方にあるという謎の村。日本の行政上の地図に存在していない村であり、村内では独自の社会が築かれ、日本の法律や常識が通じず、また日本円を使うこともできない。村の住人たちは非常に攻撃的で、村の中では頻繁に争いが起こり、その度に死傷者が出る。猟銃やカノン砲、投石器などが村内に存在しているほか、重機やトラクター、バキュームカーなどの機械、斧、鍬《くわ》、鉈《なた》、吹き矢、竹槍、小槌などの原始的な武器・凶器までなんでも使われる。

そんな村であるが外部の人間が移住することも可能で、実際に村で生活する村外出身の人間もいる。ただし南馬宿村では村八分が横行しており、少しでも村人が気に入らないことをすれば村八分にされる。南馬宿村における村八分は他の自治体のそれとは比べものにならず、少しでも家を空ければ放火される、兵糧攻めされる、バキュームカーから汚物を噴射される、家にスズメバチの巣を投げ込まれる、穴に落とされる、殺害される、などが確認されている。特に南馬宿村の住人は何かあるとすぐにスズメバチの巣を投げ込む習性があり、対策が不可欠となっている。村八分になる原因も予想が付かず、炭酸水を配った、ヨガをやっていたなど、独自の基準で村の生活に異質だとみなされる行動を取った者は高確率で村八分にされる。こうなった場合、村で生き続けるのは不可能に近く、夜中の二時から三時頃に村を脱出するのが良いとされる。村人たちは村からほとんど出ないため、追ってくることはないという。

ここまで色々と書いてきたが、南馬宿村が地図上に存在しないのは「杉沢村」や「犬鳴村」（いずれも『日本現代怪異事典』収録）のように都市伝説に語られる村だからではなく、全くの架空の村であるためだ。先述した内容は「南馬宿村」の公式ホームページによっているが、このホームページ自体フェイクであり、実際にこのような村は存在しない。かつては秋田県に存在するとされていたが、現在はその表記はなくなっている。事実、村では現代文明で作られた異質なものが排除され、電気も通らないような生活をしている様子が記されているが、それを記しているホームページが既に現代的である。つまりネット上にしか存在しない村ということになり、ある意味非常に現代的な村と言える。同じような存在に国際信州学院大学があるが、これらのホームページを見てみると南馬宿村にキャンパスを創設する構想があったものの、断念した経過が記されている。

## ミナミノパンナちゃん［みなみのぱんなちゃん］

子どもにだけ見える怪異。ある女性が姉と、五歳になる姪《めい》とともに東京都内の親戚の家を訪れた際のこと。姪は女性や姉には見えない「ミナミノパンナちゃん」なるものと話したり、遊んだりしていた。そこで女性がミナミノパンナちゃんについてどんな人なのか聞いてみると、「人じゃない」という答えが返ってきた。ゾッとした女性がではなんの動物に似ているのかと聞いてみると、どの動物にも似ていないという。

一年後、またこの家に集まった際、姪はこの家に入るとパンナちゃんがいると喜び、ずっと部屋の隅でパンナちゃんと話しているようだったが、何の話をしていたのか聞いても「パンナちゃんがしゃべっちゃダメって言ってるから」と、話の内容は教えてくれなかった。

翌年、七歳になった姪がこの家に来た時、ガッカリした顔でこう言った。

「……パンナちゃんがいない」

木原浩勝著『九十九怪談 第五夜』にある。いなくなったミナミノパンナちゃんは、次はどこに現れるのだろうか。

## 水面に浮く月［みなもにうくつき］

月にまつわる怪異。あるカップルが不動産屋に紹介され、川沿いに立つ高級マンションを訪れた際のこと。そのマンションからは川が見えたが、覗《のぞ》いてみると川面に満月が浮いているのが見えた。しかしよく見ると、向こう側にももう一つ満月が揺れている。思わず空を見るも、夜に浮かぶのは一つの月だけで、他に月のように見えるものも見当たらなかった。結局、二つ目の月の正体は分からなかったが、このマンションではたまに同じように水面に二つの月が浮く現象が起きており、その月の形は必ず空に浮かぶ月と同じ形をしているという。

木原浩勝・中山市朗著『新耳袋 第九夜』にある。

## ミノボウズ［みのぼうず］

ネット上で語られた怪異。2ちゃんねる（現5ちゃんねる）オカルト板に立てられた「ほんのりと怖い話スレ その１０９」スレッドにて二〇一五年七月一四日に語られたもの。

それによれば、「ミノボウズ」は報告者の祖父の住む地域に伝わる妖怪で、雨の中を蓑《みの》と管笠という出で立ちで、錫杖《しゃくじょう》のようなものをついて現れ、集落に入ってくるのだという。このミノボウズの人数だけ集落から死人が出ると伝えられており、死んだ人間の葬儀にも姿を見せる。この葬儀で、集落に入ってきた自分たちを目撃した人間を見つけると、後で一緒に連れて行ってしまうのだという。書き込まれた話だと報告者はこのミノボウズと遭遇し、実際に死人が出たため、その葬儀に参加する前に家に帰されたと語られている。

## 見張りの霊［みはりのれい］

ある学校に現れる怪異。その学校で遅くまで残っている児童がいると、この霊が現れて様々な霊現象を起こし、早く帰らせようとする。この霊は創立時から学校を守ってきた存在で、直接子どもに危害を加えることはないという。

魔夜妖一監修『ゾゾーッ！　こわい話1000』にある。

## みみず鳴き［みみずなき］

ミミズにまつわる怪異。新潟県の朝日村（現村上市）の鷹取山《たかとりやま》の麓に住む人が子どもの頃、川で魚を釣るため、捕まえたミミズを釣り針に刺そうとした。その瞬間、ミミズが「キーキー」と甲高《かんだか》い鳴き声を上げた。それはひどくぞっとするような声で、彼は釣り竿ごとミミズを放り投げ、逃げ帰ったという。

山村民俗の会編『山の怪奇　百物語』にある。

## 耳ちぎり女［みみちぎりおんな］

夢に現れる怪異。ある家の者が一九歳になる年の夏、その人間の夢の中に出現するという。実際に夢を見た人物によれば、その内容は次のようなものだったという。

まず夢の中で悪寒が走り、ふと腕を見ると、縞《しま》模様のようにお経が肌に直接記されている。直後、まるで神経がぷつりと切れたように頭で考えたことが体に伝わらず、動けなくなる。せめて声でも出せないかと首を動かしているうちに見知らぬ女が枕元に立つ。女はゆっくりと手を伸ばすと、夢を見ている人物の両耳を摑《つか》み、物凄い力で引っ張る。その勢いで少しずつ頭が持ち上がり、やがて左手が離れる。女の方を見ると、その左手に千切《ちぎ》れた左耳があり、痛みはないものの頭の左側から何かがドロドロと流れ出ているような感触があった。女は立ち上がると、左耳を持ったまま部屋の壁に消えて行った。そこで体に自由が戻り、反射的に両手で耳を押さえたところで目が覚めた。現実では耳が両方ともあり、安堵《あんど》していると、なぜか右耳に今まで引っ張られていた激痛が走り、左耳は何も感じなかった。腕のお経も消えており、その後数日は何もなかったが、何日後かに左耳が聞こえなくなった。

これと同じ夢を妹が一九歳の夏に見て、やはり左耳が聞こえなくなった。また、二人の父親もまたかつて左耳が聞こえなくなっていたという。

木原浩勝・中山市朗著『新耳袋　第十夜』にある。筆者命名。元の話でも言及されているが、体にお経が書かれている、耳を千切られるなどの要素は「耳なし芳一」の話を彷彿とさせる。

## ミヤウチ様
［みやうちさま］

ネット上で語られた怪異。2ちゃんねる（現5ちゃんねる）オカルト板に立てられた「死ぬ程洒落《しゃれ》にならない怖い話を集めてみない？ ２１４」スレッドにて二〇〇九年六月八日に語られたもの。

それによれば、報告者の家には「ミヤウチ様」という神様がいるという。祀《まつ》られているのは普通の八畳の部屋だが、中には大きな祭壇があり、米俵や酒瓶、スナック菓子などが供えられている。元々はどこかの神社から分けてもらったという格の高い神様で、その家でのみ「ミヤウチ様」の名で呼ばれていた。報告者が子どもの頃、ミヤウチ様に供えられた菓子を食べてしまい、父親に謝って来るように言われて泣きながらその部屋に向かったところ、大きな髭面《ひげづら》の男性がいた。その男性は固まっている子どもを見て、一言だけ「泣くな」と言ったが、子どもはさらに泣いて両親の元に逃げ帰った。これを聞いた祖父はミヤウチ様を見たのか、と喜んだという。

また、この報告者の曽祖母もミヤウチ様と遭遇したという。曽祖母は当時には珍しく恋愛結婚でこの家に嫁いできた女性だったが、結婚して一、二年ほど経った頃、いきなり倒れたり、体重が減り続けたり、夜な夜な外を徘徊《はいかい》するなど様子がおかしくなった。神主などに尋ねたが、昔先祖が迷惑をかけた相手に憑《つ》かれた、犬神憑きの家に妬《ねた》まれた、狐に憑かれた、山の神様に気に入られたとバラバラの答えが返ってきた。そのため、藁《わら》にもすがる思いで、当時はまだ神棚に祀っていたミヤウチ様の部屋に曽祖母を寝かすようにした。それから何日かした深夜、曽祖母は物凄い悪臭で目を覚まし、隣で寝ていた曽祖父を起こそうとしたが、起きる気配がない。困っていると、中庭で猿に似た何かがうろついている。しばらくしてそれが曽祖母の方に歩いてきた。もうだめかと思ったとき、屋根から毛だらけの大きな手が伸びてきて、その猿のようなものを摑《つか》み、引っ込んでいった。それを見た曽祖母は気を失ってしまった。

翌朝目覚めてみると、ミヤウチ様の神棚が滅茶苦茶になっており、ミヤウチ様が守ってくれたのだという話になった。実際曽祖母はそれから体調も戻り、これをきっかけにミヤウチ様を祀るための大きな祭壇が作られた。

生前、曽祖母は「あの時、本当にこの家の人間として認めてもらったんだ」としきりに口にしていたという。

## ミヤちゃんの絆創膏
［みやちゃんのばんそうこう］

2ちゃんねる（現5ちゃんねる）のオカルト板に立てられた「不可解な体験、謎話～enigma～ Part32」スレッドにて二〇〇六年五月一三日に語られたもの。

それによれば、報告者が幼稚園の頃体験した話だとされる。ある時、転んでひっかき傷を作って泣いていたところ、ミヤちゃんという女の子に五枚の絆創膏をもらった。ミヤちゃんは「全部あげる。無駄遣いしちゃだめよ」と報告者に告げた。報告者はさっそくひっかき傷に絆創膏を貼ったが、家に帰って絆創膏を剝《は》がすと、きれいに傷がなくなっていた。

数日後、朝ご飯の時にお気に入りの茶碗にひびが入っていることに気付いた報告者は、あの絆創膏をひびの部分に貼ってみた。そして夕食時に剝がしてみると、ひびは消えていた。また、おもちゃの手押し車に付いているアヒルの首が取れてしまった時も絆創膏を貼ると元通りになっていた。それを見て、幼心にも大切に使わなければと考えた報告者だったが、そんな時に飼い猫のヤーヤが車に轢《ひ》かれてしまう。報告者は泣きながら残りの絆創膏を全てヤーヤに貼り、幼稚園を休んで看病した。いつの間にか眠ってしまっていた報告者だったが、ヤーヤに顔を嘗《な》められて目を覚ました。ヤーヤの体はいつの間にか治癒しており、傷一つ残っていなかったという。

翌日、幼稚園に行った報告者はミヤちゃんにお礼を言おうとしたが、そもそもこの幼稚園にミヤちゃんなんて子はおらず、あの絆創膏をもらった時以外には彼女のことを見たことがなかったことに気が付いた。それなのになぜか、絆創膏をもらった際に少女のことをミヤちゃんだと思ったのだ。そこでヤーヤを生んですぐに死んでしまった母猫の名前がミヤだったことを思い出したのだという。

## 妙高高原の鼻歌 ［みょうこうこうげんのはなうた］

ネット上で語られた怪異。2ちゃんねる（現5ちゃんねる）オカルト板に立てられたスレッド「∧∧山にまつわる怖い話Part36∧∧」に二〇〇八年一月三一日に書き込まれたもの。

それによれば、報告者が新潟県にある妙高高原にある別荘に遊びに行った時のこと。別荘の持ち主である友人と森を歩いていると、後ろから鼻歌が近付いてきた。しかし、鼻歌を歌っている人間はおらず、鼻歌だけが二人の間をすり抜けて行ったという。

この話は森が舞台になっているが、他にも東京都のアパートで鼻歌だけが聞こえたという話もある。詳細は**鼻歌幽霊**の項目を参照。

## ミライさん ［みらいさん］

占いにまつわる怪異。縁がギザギザの十円玉を使って自分の携帯電話に電話を掛けると、ミライさんという名前の予知能力を持った女性に電話が繋《つな》がり、未来の出来事を教えてくれるというもの。しかし、何を教えてもらえるかは指定できないという。

ある少女たちがこのミライさんを試したところ、「二人は鳥に襲われて死ぬ」という回答が聞こえてきた。少女たちはこれを信じなかったが、学校の吹き抜けの玄関ホールを歩いていた際、上から大鷲の彫刻が落ちてきて頭に衝突し、死んでしまったという。

真宵魅鬼編著『マジこわ！本当にあった!? こわ～い話』に載る。

# 【む】

## 迎え魔 ［むかえま］

死をもたらす怪異。真っ白な顔をした髪の長い女の姿をしており、特定の人間の家に現れる。初めはドアのすぐ近くやベランダなどに立っているが、何らかのきっかけがあると家の中に入ってくる。家の住人はこの女が近付いてくればくるほどに体調を崩し、最後には死んでしまうようだ。

「ほんとにあった怖い話」委員会編『ほんとにあったこわい話3』に千葉県からの投稿として載る。

## ムカデのような怪物 ［むかでのようなかいぶつ］

岩手県のある小学校に出現したという怪異。夏休みに学校のプールに行った小学生たちが、校舎に忘れ物を取りに行って帰ろうとしていた時のこと。二階の階段の踊り場で夏休みの学校にはおばけが出る、などと話していたところ、突然三階の方からペタペタという足音が聞こえてきた。その足音はどんどん増えてきたため慌てて出口に向かって走ったが、ついてくる足音もそれに合わせて走ってくるようだった。彼らは必死で逃げたが、一瞬振り返った時、そこに見えたのは真っ黒で巨大なムカデのような怪物が、無数の手足を使って走りながら自分たちを呑《の》み込もうとしている姿であった。直後、教師の一人が現れ、子どもたちに廊下を走るなと注意した時には、既にその怪物は消えていたという。

魔夜妖一・幻咲麗・マーク矢崎治信監修『うわさの怪談Real』にある。

## 無限さま ［むげんさま］

学校に出現する怪異。ある教師が真夜中の校舎で一人の少女を見かけた。教師は不思議に思い追いかけたが、少女は階段をどんどん上って行き、追いつくことができない。その上、気が付けば三階しかない校舎の四階、五階への階段を上っている。それに気付いた瞬間、どこからか少女の笑い声が聞こえた。この少女は無限さまと呼ばれ、神社の石段や学校の階段に現れ、人間を誑《たぶら》かす妖怪なのだという。そばにいる人に声をかけてもらうと元の場所に戻れるとされる。

怪談クラブ監修『キャーッ！ みんなの怪談』にある。同書でこの妖怪が登場するコーナーはその体裁から書籍用に創作した妖怪を掲載している可能性が高い。

## 向こうの女［むこうのおんな］

　電話にまつわる怪異。ある男性がフリーマーケットで黒いコードレス留守番電話を購入した。家に帰ってさっそくその電話を使ってみたところ、会社の親しい友人に電話をかけたにもかかわらず「あんた、誰?」という女の声が聞こえた。男性はかけ間違えたと謝り、もう一度電話をかけ直すと、やはり「あんた、誰?」という女の声が聞こえた。そんなことが何度も続き、少しいたずら心と下心が芽生え、次に女が出た時、「あんた、誰?」という問いに友人の名前を答えた。すると「住所を教えてくれない?」と問われたため、その友人の住所を答えた。男性はそのまま電話の向こうの女に続けて話しかけてみたが、相手からの応答はなく、電話は切れてしまった。

　翌朝、男性は職場の同僚からの電話で、男性が昨日電話の向こうの女に教えた名前の友人が駅のホームに転落し、電車に轢《ひ》かれて死んだと知らされた。男性は他の友人に連絡するため、電話を手に取りながらふと考えた。昨日、自分があの女に事故で死んだ友人の名前と住所を教えたのは、果たして偶然なのだろうかと。直後、電話が繋《つな》がり、向こうから「あんた、誰?」という女の笑いを含んだような声が聞こえてきた。男性は受話器を叩《たた》き付けるように置くと、そのままコードを外し、電話機を捨ててしまったという。

　矢島誠編著『新・怪奇体験1』にある。

## ムシリ［むしり］

　インターネット上で語られた妖怪。2ちゃんねる（現5ちゃんねる）オカルト板に立てられた「死ぬ程洒落《しゃれ》にならない怖い話を集めてみない?１９１」スレッドにて二〇〇八年四月二一日に語られたもの。

　その家系の男性は全員、ムシリと呼ばれる妖怪が見えるという。この妖怪は思春期頃に一度だけ、夜寝ているその人間の枕元に現れ、ひたすら髪を毟《むし》って食べる。その間は痛みがなく、ただ髪を抜かれる感覚だけがあるという。翌朝起きると枕元に数百本の毛が落ちており、ムシリは髪の毛を抜いた人間の元には二度と現れない。そのためか、ムシリが出る家系の男性は二〇代で皆禿《は》げてしまうのだという。また、ムシリが現れた際の注意点として、髪の毛を抜かれている間は動いてはならず、気付かないふりをしなければならない。過去にこれを守らなかった者がいたが、その者は原因不明の病気で死んでしまったという。

　この話では、報告者の弟がカツラを被《かぶ》ってムシリを迎え撃った顛末が記されているが、その弟はムシリの出現から一カ月後に頭痛を訴えて意識を失い、病院に運ばれたものの、意識を取り戻さない可能性があると告げられる。そこで報告者が祖父に弟がカツラを使ってムシリを騙《だま》したことを伝えると、祖父は地元から神主を呼び、何やら祈禱を始めた。その際、報告者は病室の中を覗《のぞ》くことができたが、そこには焦点が定まらない目のまま自分の髪を毟っている弟の姿があったと語られている。結局弟は自分の髪を半分引き抜いてしまったが、無事に意識を取り戻した。報告者が意識を失っていた間のことを尋ねると、弟は、頭の中に虫のような小さな生き物がたくさんおり、頭部の中に充満して自分が自分でなくなる感覚がした。そして気持ちいいような気持ち悪いような、嬉しいような悲しいような感情が押し寄せてきて、寝たら楽になるかなと考えていると、頭部に衝撃があった。頭の上を見ると人間の形だが人間ではない何かが自分を見下ろして一心不乱に髪の毛を毟っていたため、ひたすら謝っていた。目が覚めると髪の毛がなくなっていたと語ったという。

## 無断乗車の郵便局員 ［むだんじょうしゃのゆうびんきょくいん］

郵便局に出現する怪異。神奈川県のある郵便局では二階の窓から郵便局員の霊が上半身を乗り出していることがある。この霊と目が合うとすぐ近くの交差点で事故を起こしてしまうという。

宝島社『最新「霊スポット」１２１怨霊地図 04年版 関東一都六県』にある。同書では実際にこの霊と遭遇した話が載せられており、それによれば車を運転している人物がこの郵便局員の霊と目が合った瞬間、霊の姿が消え、自動車の後部座席に現れた。直後、アクセルを踏んでいないにもかかわらず車が走り始め、交差点に突っ込んだという。

## 胸の上の自転車乗り ［むねのうえのじてんしゃのり］

小人の怪異。千葉県市川市に住むある男性が自宅で寝ていると、夜中、ふと胸に何かが載ったような感じがして、目が覚めた。見ると胸の上に百円ライターほどの大きさの男の子がいて、自転車に乗ってくるりくるりと回っている。その頭は体の割に随分と大きく、赤いとんがり帽子に袖口に白いフリフリがついたピエロが着るような赤い服を纏《まと》い、顔は若い白人のようで、大きなトンボ眼鏡をかけていた。また、小人が乗る自転車は前輪が大きく、後輪が小さいもので、どういうわけか辺りには芝生の匂いが立ち込めていた。

男性は不思議に思ったが、軽い金縛り状態になっていて体を動かすことができず、しばらくして金縛りが解けたと思った時には小人はふっと姿を消してしまったという。

木原浩勝・中山市朗著『新耳袋 第二夜』にある。前輪が大きく、後輪が小さいとあるので、小人が乗っていた自転車は「ペニー・ファージング」だろうか。

## 紫ゾーン ［むらさきぞーん］

霊を見るための方法にまつわる怪異。自分の部屋の窓やドアなど、外に向かって開いている場所全てに紫色の紙を張り付ける。これにより、部屋が霊の通り道となり、真夜中になると霊の姿が見えるようになるという。

魔夜妖一・幻咲麗・マーク矢崎治信監修『うわさの怪談＋』にある。

## 紫の鈴［むらさきのすず］

まじないの一種。右手の人差し指を額に置き、「紫の鈴私を守って」と祈ると、悪い霊が寄って来なくなるという。

マイバースデイ編集部編『恐怖!! 学校の幽霊』にある。

## 紫の人［むらさきのひと］

人型の怪異。あるお笑いコンビが舞台に立った際のこと。調整室でマネージャーが舞台の様子をテレビモニターで見ていたところ、突然会場の暗がりの中から客の一人が立ち上がり、舞台に向かって歩いて行くのが映った。何事かとガラス越しに客席を見たが、モニターには映っている客がなぜか肉眼では見えない。再度モニターを見ると、その客は既に舞台に上がろうとしており、なぜか全身が紫色だった。もう一度ガラス越しに客席を見るが、やはり誰もいない。モニターを見ると、紫の人は舞台に上がり切っていた。直後、モニターにノイズが入って何も映らなくなった。そのまま舞台は何事もなく終わり、モニターも翌日には直っていた。あの紫の人の正体は今も不明なのだという。

木原浩勝・中山市朗著『新耳袋 第八夜』にある。

## ムルクムルクムルク［むるくむるくむるく］

ネット上で語られた怪異。怪談投稿サイト「Alpha-Web こわい話」にて、二〇〇二年一二月二四日に投稿されたもの。

男子高校生のＡとＢは親友同士であったが、ある時、ＡがＢに、もう一人の自分を見てしまったという話をした。もう一人の自分を見ると死ぬという噂《うわさ》があったが、二人はあまり深刻に考えず、その日は別れた。しかし翌日以降、Ａが学校を休むようになった。二人は弓道部に所属していたが、大会が近いこともあり、顧問の教師に頼まれたＢがＡに電話すると、Ａは窓の外にもう一人の自分を見たと言う。そのもう一人のＡは窓の向こうからＡのことをじっと見て、「ムルクムルクムルク」と呟《つぶや》いていたという。

その後もＡは学校を休み、ついに試合当日となった。Ａは試合に来ないと思われていたが、自分の試合の時間になってついに現れた。しかし、その姿はひどくやつれており、弓を構えたその瞬間、悲鳴を上げてもがき苦しみ数分で死んでしまった。

数日後、試合時のＡを撮影していた写真部の生徒が写真を持ってＢの元にやってきた。そこには、Ａが弓を構えた瞬間、彼の頭を射抜くもう一人のＡの姿が写っていたという。

もう一人の自分を見ると死ぬ、という話はドッペルゲンガーなど現代でも多く見られるが、直接手を下すというパターンは珍しい。特徴的だったため項目名としたが、もう一人の自分が呟いていた「ムルクムルクムルク」の意味は不明である。

## 夢霊［むれい］

心霊にまつわる怪異。夢枕に在りし日の姿を現す亡霊のこと。成仏《じょうぶつ》して冥途《めいど》にいるはずの亡霊が何らかの理由で現れるもので、霊障を与えることはないという。

　高嶋聖峰著『恐怖の幽霊体験』にある。ここでは害のない霊としているが、夢の中に現れる霊としては「カシマさん」や「サッちゃん」のように、その人間の体の一部を奪うなど、害を与えるとされるものもいる(『日本現代怪異事典』の各項目も参照)。こういった「〜霊」というように「霊」の前に単語を付けることで霊の種類を表すものについては**霊の種類**の項目を参照。

# 【め】

## めあわせ［めあわせ］

話を聞くと現れるという怪異。おーぷん2ちゃんねるのオカルト板に立てられた「お前らが実際に体験した怖いor不思議な体験書いてけ」スレッドにて二〇一七年二月二四日に語られたもの。筆者命名。

　それによれば、ある会社の特定のフロアに常駐している人ならざるもので、身長一一〇センチで三頭身という、巨大な頭を持つ女の姿をしているという。服装はスモークグリーンのズボンに赤と白のストライプの半袖のシャツ、黄色のスニーカーという出で立ちで、頭部には顔の各パーツが散らかってついており、常に物凄い笑顔をしている。人がそのフロアにやってくるとわちゃわちゃとした動きをするなどして注意を引こうとするが、この時、絶対にこの女と目を合わせてはならないと言われている。もし目を合わせた人間はその場で卒倒し、一カ月以内に本人か近しい人間が死んでしまう。また、この女の話を聞くと、その女が夢や家の中などに現れるようになるとも語られている。

## 滅多刺しの霊［めったざしのれい］

廃病院にまつわる怪異。北海道網走市《あばしりし》にあるその病院は、かつて不治の病の患者を収容しており、人体実験を行っていた、などの噂《うわさ》があった。ある時、A、B、Cの男三人と、D、Eの女二人の五人組がこの廃病院に肝試しに赴いた。五人はA、BとC、D、Eの二グループに分かれ、廃病院を探索していたが、突然地下室から女二人の悲鳴が響き渡った。A、Bが慌てて地下室に行くと、そこには震えるCとDがおり、Eがいなくなっていた。AとBがいなくなったEのことを尋ねると、CとDの二人は震えながら泣き出した。AとBが落ち着かせてもう一度話を聞こうとした瞬間、Dが突然立ち上がり、廊下の突き当りにある部屋へ走り込んで行った。A、B、Cがその後を追い、部屋に入った。そこに広がっていたのは、ずらりと並んだベッドに死体が横たわっている光景だった。その上、死体は腹が裂かれたり、目玉をくりぬかれたり、手足をバラバラにされたりとひどく損傷していた。三人は吐き気を催しながらも、部屋に入って行ったDを探そうと辺りを見回すと、部屋の隅にDとEがメスを持って立っていた。三人が声をかけたが、D、Eはそれが聞こえていないかのようにベッドに横たわった死体をメスでめった刺しにし始めた。Aたちは何が起きたのか分からず、とにかく返り血で真っ赤に染まったDとEを抱きかかえて一目散に逃げ出した。しかし、不思議なことにどれだけ階段を上っても一向に出口に辿《たど》り着けず、必死に逃げていると、気が付いた時には五人は病院の前に止めた車の中にいたという。その後、Dは正気に戻ることはなく入院することになり、Eは自宅のマンションの手すりが外れた拍子に地面に落ち、死んでしまったと語られている。

フジテレビ「いきなりフライデーナイト」編『いきなり怖い話』にある。筆者命名。

この話ではDとEがおかしくなった理由は語られていないが、話のタイトルは「死者をメッタ刺しにする病院の霊」と書かれているため、病院に潜《ひそ》む霊により二人が精神に異常を来たしたと想定されているのかもしれない。

## メロンソーダサラリーマン

［めろんそーださらりーまん］

男性の姿をした怪異。ある田舎町で、一人の学生が通学のため、一日数本しか走らないローカル線を使っていた。夜になると人家の明かりも街灯もない田んぼだけの暗闇の光景が続く。しかしその途中、ある踏《ふみ》切《きり》を通過する際に、赤い光が点滅するその下に、いつも緑色に光る何かが立っているのが見えた。

ある日、一体何が立っているのか確かめてやろうと、学生はドアの車窓に張り付いてみることにした。その日も緑色の何かは同じ場所に立っていたが、目を凝らしてよく見ると、それはサラリーマン風のスーツ姿の男だった。だが、その全身はメロンソーダのような緑色で、ぼうっと光っている。ぽかんと口を開けており、目のところだけ窪んだように暗い緑色をしていた。その首は、電車の動きに合わせて動いているようだった。その後も学生は学校からの帰りが遅くなる度、この男が立っているのを見たという。

木原浩勝・中山市朗著『新耳袋 第九夜』にある。筆者命名。

#【も】

## 毛瘡［もうそう］

写真にまつわる怪異。ある女優がビデオのジャケット撮影をした際のこと。その中の一枚に両手で自分を抱きしめているようなポーズをしたものがあったが、右の脇腹から髪の毛が一房生えている姿が写っていた。しかし、実際には何も生えていない。撮影はそのまま続けられたが、翌朝起きると、その女優の脇腹にかゆみがあった。あの毛が生えているところで、二、三日も経つとジクジク痛み始めた。その上腫れてきたため、医者に行かなければと出かける前にシャワーを浴びていたところ、その腫れがずるっとはじけ、膿《うみ》がどっと流れた。その膿が流れた後の排水溝に自分のものではない長い髪が何本か引っかかっていた。その後は跡が残ることもなく、きれいに治癒したという。

木原浩勝・中山市朗著『新耳袋 第七夜』にある。

## もくもくさん［もくもくさん］

ネット上で語られた怪異。2ちゃんねる（現5ちゃんねる）オカルト板に立てられたスレッド「∧∧∧山にまつわる怖い話Ｐａｒｔ４∧∧∧」にて二〇〇三年一二月八日に語られたもの。

それによれば、もくもくさんはトンネルの突貫工事の際に発生する現象で、反発力が高いマットレスのような柔らかさの目には見えない物質が現れ、ドリルの刃やダイナマイトの効果を弱めてしまう。それでも無理に工事を進めようとすると、必ず事故が起き、怪我《けが》人や死人が出るという。そのため、もくもくさんが現れた場合、皆作業を中止するようになった。工事関係者の間では、もくもくさんは事故を起こしているのではなく、その発生を警告してくれているというのが定説なのだという。

## モツ洗い［もつあらい］

ある学校の池に出現するという怪異。白いワンピースを着た女の姿をしているが、その池のそばまで来ると、ワンピースをたくし上げ、腹から内臓を出して洗い始めるという。

魔夜妖一・マーク矢崎治信・夜羽るか監修『うわさの怪談 恐怖の学校Special』にある。筆者命名。

## もっさん［もっさん］

ネット上で語られた怪異。2ちゃんねる（現5ちゃんねる）オカルト板に立てられ

た「死ぬ程洒落《しゃれ》にならない怖い話を集めてみない？ 269」にて二〇一一年六月一六日に書き込まれたもの。

それによれば、「もっさん」はある病院のカテーテル室に出現する謎の存在で、青い水玉模様のパジャマを着ていることは共通するものの、中年男性、青年、痩《や》せた女など様々な姿で現れるという。基本的には部屋の隅でうつむいて立っているだけで何もしゃべらず、動かない。気が付くと現れ、また気が付くといなくなっているという。写真には写らず、触ろうとすると消えるとも語られている。ただもっさんが現れた際に処置中の患者は必ず死亡するとされ、たとえ処置が上手くいっても予後が悪い方へ向かうのだという。

## 物憂げな女の掛け軸

［ものうげなおんなのかけじく］

ネット上で語られた怪異。2ちゃんねる（現5ちゃんねる）オカルト板に立てられたスレッド「∧∧∧山にまつわる怖い話Part12∧∧∧」にて二〇〇四年八月二六日に書き込まれたもの。

幼い頃、大分県の山村に住んでいた報告者は、ある日、山の頂上にある廃寺を友人たち何人かと探検することになった。その廃寺の造りは至って簡単で、中央に部屋があり、その周りをぐるりと廊下が通っている、というだけのものだった。部屋には埃《ほこり》まみれの床があるばかりだったが、壁に一枚、物憂げな表情の女性が描かれた掛け軸が掛かっていた。報告者らはそれを戦利品として持ち帰ることにした。しかし、簡単な構造の寺のはずなのに、いくら歩いても外に出られない。誰ともなく子どもたちは走り出したが、どんなに走っても出口は見えなかった。その時、掛け軸を持っていた子どもが悲鳴を上げ、それを放り出した。よく見ると、先ほどまで物憂げな顔をしていた女の口元が笑みを浮かべている。これを見た一番年長の少年が「掛け軸を元に戻そう」と提案し、子どもたちは怖がりながらも何とかその端っこをつまんで引き返し、部屋の壁に掛け直して再び廊下に出たところ、簡単に外に出ることができた。それ以降、子どもたちがこの廃寺に近付くことはなくなったという。

## ものかぶり

［ものかぶり］

ネット上で語られた怪異。2ちゃんねる（現5ちゃんねる）オカルト板に立てられたスレッド「∧∧∧山にまつわる怖い話Part5∧∧∧」にて、二〇〇三年・二月二三日に「雷鳥一号」というハンドルネームを使う人物によって書き込まれたもの。筆者命名。

それによれば、報告者の友人が遭遇したというもので、その友人がキャンプ中、夜中に鍋でラーメンを作ろうとしたところ、鍋が足を生やして歩き出した。よく目を凝らして見ると、猫のような小動物の足が見え、これが鍋を被《かぶ》って歩いているのだと分かった。そこで鍋を持ち上げてみたが、その下には何もおらず、鍋の中も空だった。

驚いていると、今度は登山帽が独りでに動き出した。やはりその隙間から小さな足が覗《のぞ》いていたため、慌てて帽子を取り押さえたが、やはりその下には何も見つからない。そして今度は上着が妙に膨らんだ状態で動き出したため、テントの外まで追ったが、そこには風に吹かれる上着だけが残っていたという。

## もののけの影［もののけのかげ］

ある水産大学に現れたという怪異。その大学の警備員だった男性が真夜中の構内を巡回していると、養殖の魚を飼っているいけすに何かが飛び込む音がした。以前からいけすの魚が盗まれることがあったため、犯人を突き止めてやろうといけすの端から端までまんべんなく照らしてみると、水面に大きな波紋が残っている。足下を見ると、その何者かが自ら上がって歩いた形跡があり、足跡が校舎に続いていたため、男性が追いかけたところ、足跡は校舎と校舎の間の狭い路地に逃げ込んでいた。

そこで懐中電灯で行き止まりとなっている路地の奥を照らすと、黒い人影がうずくまっていたため、出てくるように伝えたが、一向に動く様子がない。それならばと影に近付こうとすると、「ケェ〜」と奇声を発したかと思うと、影が立ち上がった。その姿は小学生ほどの大きさで、皮膚はヌルッとしており、真っ黒い顔に耳まで裂けた口があり、目は爛々《らんらん》と光り、異常に長い三本の指の間には薄い膜が張り、血管が浮き出ていた。怪物は校舎の壁と壁の間をジグザグに飛び跳ね、塀を飛び越えて向こう側の雑木林へ消えてしまったという。

木原浩勝・中山市朗著『新耳袋 第一夜』にある。

## ものはこそ［ものはこそ］

読んだり聞いたりすると呪われるという怪異。ネット上で語られたもので、2ちゃんねる（現5ちゃんねる）オカルト板に立てられた「山にまつわる怖い話」にて二〇〇三年四月一八日から二〇日にかけて語られたもの。

ある人が一人でキャンプをしていた際、テントの外で音がしたため、外をうかがうと、おかっぱ頭の和人形がテントの周りをとことこと回っていた。そして、「ものはこそ」と言葉を残し、人形は闇の中へと消えてしまった。この言葉は京都のある場所に関係があるが、もし意味が分からなければ呪いに関わって死んでしまう。しかし、他人に同じ話をすると呪いの力を薄めることができるという。

同スレッドでは当時から二〇年ほど前に話を聞いたと語られているため、八〇年代には存在していた話と思われる。「意味が分かると回避できる」という性質は「あぎょうさん」「ソウシナハノコ」「シナバ草」（いずれも『日本現代怪異事典』収録）のように、言葉遊びや逆さ言葉によって意味を解明すると話が全くのでたらめだったことが分かる怪談と似ているが、「ものはこそ」

がどういう意味なのかは不明。

　古語とすれば「こそ」は前にある語を強調する係助詞だが、普通「は」に続けて使うことはない。「ものはこそ」と言っているので、何らかの言葉の「もの」を「こそ」に置き換えるのかもしれないが、それにはヒントが少ない。もしかしたら元の話ではもっと情報があったのかもしれない。

# 【や】

## 山羊の首［やぎのくび］

動物にまつわる怪異。昭和四〇年代（一九六五～七四年）のこと。小手川という人物が自宅の畑のそばにある竹林でタケノコ掘りをしていたところ、不意に背後から「おい」という男の声が聞こえた。そのため小手川が振り返ると、胸元に何か白くて大きな塊を押し付けられた。それは山羊の首で、小手川は悲鳴を上げて放り投げたが、地面に落ちたはずの山羊の首は見つからず、首を渡してきた男の姿もどこにもなかったという。

郷内心瞳著『拝み屋異聞 弔い百物語』にある。名前が似た怪異に「牛の首」（『日本現代怪異事典』収録）があるが、「牛の首」は内容は分からないものの、とてつもなく恐ろしい「牛の首」という怪談がある、という話であるため、山羊の首とは内容が全く異なる。

## 焼けただれた手［やけただれたて］

飛行機事故にまつわる怪異。神奈川県に住むある女性が小学六年生の頃、風邪で近くの病院を訪れ、待合室で写真週刊誌を読んだ。そこには当時起きた飛行機事故のグラビア写真が掲載されており、現場で撮られたその写真には焼け爛《ただ》れ、手首から千切《ちぎ》れた女性の手が写されていた。女性はなぜかその写真に釘付けになり、長時間焼け爛れた手を見つめていた。数日後、女性は生まれて初めて金縛りに遭《あ》い、突然何者かに両手の手首を掴《つか》まれた。その何者かは女性を掴んだまま持ち上げようとしたため、必死に抵抗したが、力は強まるばかりで、まるで手首を引っこ抜こうとしているようだった。やがて「フーッフーッ」という何者かの息遣いが聞こえたが、抵抗しているうちにその声は弱々しくなり、手首を掴む力も急速に衰えていった。ようやく解放された女性は、ふと、数日前に病院の待合室で見たあの焼け爛れた手の写真を思い出した。

しかし、恐怖はそれだけでは終わらなかった。数年後、短大生になった彼女は、帰宅してトイレに入りドアを閉めようとした瞬間、あの焼け爛れた手が通り過ぎるのを目撃してしまった。女性は小学生の時に自分を襲ってきたのがあの手であったこと、そして、焼け爛れた手が未《いま》だ自分を狙っていることに気付き、怯《おび》えながら暮らすようになる。

その後、女性は銀行に採用され、社会人になったが、入行一年目の冬、同僚と草津へスキーに行った際、三度それは現れた。女性はスキーを滑っている途中、何でもない斜面で突然転び、立ち上がろうとした際、目の前を飛ぶあの手を見た。手は彼女以外には見えないようで、女性が叫んでも同僚たちは不思議そうな顔をするばかりであった。女性はその場を取り繕い、起き上がろうと左手でストックを摑み雪に突き刺して力を入れたところ、激痛が走った。左手を見ると、手首がもぎ取られたようにだらんと下に垂れていた。左手首を骨折したのだ。泣きながら女性が天を仰ぐと、晴天を背景にあの焼け爛れた手が勝ち誇ったようにぐるぐると輪を描いて飛び回っていた。その後、女性の骨折は癒えたが、彼女はあの焼け爛れた手に怯えながら暮らしている。もしまたあの手が現れれば、今度こそ自分の手が奪われるのだと確信しているのだ。

謎の情報研究班編『世にも妖しく恐ろしい話』にある。

## ヤジロベエ ［やじろべえ］

ある小学生の少年が遭遇したという怪異。その少年が友達と自宅でかくれんぼをしていた際のこと。鬼になった少年が家の中を探して友達を見つけていき、最後の一人となった。最後の一人の隠れ先は何となく見当がついていたため、見つけた他の友達たちと一緒に押し入れに向かい一気に戸を開けると、布団が入っているはずの上段に浴衣を着てニヤニヤ笑っているおじさんがいた。その姿は胸元までちゃんと見えているのに、両腕が半円形に曲がった太い竹で、両端には日に焼けた人の握り拳があり、着物は胸の辺りでスッパリと切られており、その中から真っ直ぐな竹の棒が伸びていた。まるで生きたヤジロベエなおじさんは笑いながら左右に揺れ出した。少年とそこにいた友達たちはびっくりして部屋から逃げ出し、しばらくその部屋に近付けないでいると、見つけていなかった友達がしびれを切らして自ら出てきたが、彼は押し入れには隠れていないと言う。それ以降、少年は自分の家でかくれんぼができなくなった。

木原浩勝著『九十九怪談 第二夜』にある。

## 奴ガクル ［やつがくる］

ネット上で語られた怪異。怪談投稿サイト「Alpha-Web こわい話」に二〇〇一年二月二七日に書き込まれた話に登場するもの。

投稿者が中学一年生の頃に親戚に誘われて肝試しをした際のこと。墓場の前まで来た時にガサガサという音が聞こえ、墓の階段を下りたところで今度は後ろからコツコツと足音が聞こえてきた。しかし、振り向いても誰もいない。不思議に思いながらも再び前に進もうとした瞬間、「奴ガクル」という声が聞こえたため、慌てて家に帰った。すると家で家族全員が首のない状態で死んでおり、「奴ガキタ」と書かれた紙が置かれていたという。

## 八ヶ岳の報告者［やつがだけのほうこくしゃ］

ネット上で語られた怪異。2ちゃんねる（現5ちゃんねる）オカルト板に立てられたスレッド「∧∧∧山にまつわる怖い話Part31∧∧∧」にて二〇〇六年一二月一五日に書き込まれたもの。

それによれば、報告者の小学生時代の担任教師が学生時代に経験した話だという。この男性は長野県から山梨県に跨《また》る八ヶ岳に学生時代何度も登っており、この山にある山小屋でバイトをしたこともあった。ある時、地元の学校に教師として採用が決まったため、その報告を兼ねて山小屋に赴いた。山小屋に入った途端、小屋の主人に「地元に戻って先生になるって?」と尋ねられた。話した覚えもなかったので驚いていると、その前に来た客が噂《うわさ》していたという。しかし、自分の近況を知る者のなかに山に登るような人間は思いつかず、意外に身近な人が山に登っているのかと思い、その時はあまり気にしなかった。

それから六年が経ち、久々に八ヶ岳に登った時のこと。当時男性には結婚を約束した恋人がおり、その報告も兼ねて山小屋に向かった。小屋に入り、主人との再会を喜んでいると、主人は「結婚するんだろ?今度嫁さんも連れて来い」と言った。男性は驚き、誰から聞いたのかと尋ねると、やはり客から聞いたのだという。だが、結婚のことはまだ男性と恋人しか知らないはずで、客の特徴を聞いても特定できなかったという。

その後、教師になった男性は、報告者ら教え子たちに「お化けでも何でも、気にかけてくれるのは有り難いことだ。悪いことはできないな」と笑って話したと語られている。

## ヤドカリくん［やどかりくん］

老爺《ろうや》のような皺《しわ》だらけの顔をしているが、体は痩《や》せ細った少年のようだとされる怪異。寂《さび》しがり屋でいつも遊んでくれる友達を探しているとされ、子どもたちが遊んでいるといつの間にか一緒に交ざっている。気に入った子どもがいるとその夢の中に現れて、その子どもに嫌なことがあったり、失敗したことがあると夢の中で全て解決してくれる。ヤドカリくんは夢の中で遊んでくれる友達には優しく、仲良くしていればその子どもの願いを聞いてくれるのだという。そして、その子どもが大きくなるといつの間にかいなくなり、また一緒に遊ぶ子どもを探す。しかし、ヤドカリくんと喧嘩《けんか》するなどして不仲になると、その子どもは次第にヤドカリくんのように痩せ細り、どんなに食べ物を食べても太れなくなる。これはヤドカリくんに栄養を吸い取られているためで、子どもが痩せ細るほどにヤドカリくんはふっくらしていき、やがて普通の子どものような姿になる。死ぬまで栄養を吸い取られた子どもは、皺だらけの老爺のような顔になり、最後にはミイラのような死体になるという。こうして宿主を殺したヤドカリくんは、新たな宿主を探しに行くのだと語られる。

魔夜妖一・幻咲麗・マーク矢崎治信監修『うわさの怪談Real』にある。

## 柳に絡み付く子ども
［やなぎにからみつくこども］

東京都のある中学校に七不思議の一つとして伝わる怪異。その中学校の校庭には柳の木があり、木の上部に小さな子どものようなものがたくさん絡み付いている。この子どもたちは人間と目が合うと一斉に笑うとされ、下から見ても見えないが、校舎の二階の特定の教室の窓から覗《のぞ》くと見えるとされる。

マイバースデイ編集部編『マジこわい!! 心霊体験大百科』にある。筆者命名。

## やなりが通る
［やなりがとおる］

ネット上で語られた怪異。2ちゃんねる（現5ちゃんねる）オカルト板に立てられた「死ぬ程洒落《しゃれ》にならない怖い話を集めてみない？ ３２４」スレッドにて二〇一四年一一月五日に語られたもの。

それによれば、報告者の出身地である九州のある田舎の地域では、子どもが夜に遊ぶのを戒めるための言葉として「夜に出歩くとやなりが通るよ」というものがあったという。この「やなり」はその地域の家々によって解釈が異なり、悪いものとする家もあれば、無害なものとする家もあったとされる。

報告者はこのやなりについて、地域特有の子どもを脅《おど》すための言葉であり、実際には存在しないものと考えていた。しかし、小学校低学年の頃、冬に午後五時を過ぎるまで友達と遊んでしまい、空が暗くなってしまった。街灯もほとんどないような田舎であったため、友達と明かりが見えない道を歩いていたところ、友達が「あれなに?」と右方向を指さした。報告者がそちらを見ると、遠くで青い物体が動いているのが見えた。犬が青い服でも着ているのかとさほど興味を抱かず、友達を急《せ》かそうとその袖を引っ張った時、いつの間にかその友達の背後に青い物体が移動していた。それはゆっくりと動いた後、自転車ほどの速度で左の方向へと消えて行った。報告者と友達は顔を見合わせ、走って友達の家に駆け込んだ。そこで友達の母親に今あったことを話すと、「やなりさんが通ったのー、あららー」と意見をされたため、あれが「やなり」だと分かったという。

音を立てながら家が揺れる現象や、それを引き起こすと考えられている妖怪のことを「家鳴《やなり》」と呼ぶことがあるが、この話に出てくる「やなり」は家の外に現れ、音も出さないことから「家鳴」とは性質が違うようだ。

## 家鳴力士
［やなりりきし］

家にまつわる怪異。ある家で、ひどい家鳴が発生した。それはまるで何かが家に繰り返し衝突してきているような鳴動だったという。家の主人が庭に飛び出すと、そこにあったのは、力士が彼の家につっぱりを繰り返している光景だった。家の主人はそれに激高し、力士に躍りかかったが、逆に後ろに向かって弾き返されてしまった。彼はそのまま朝まで意識を失ってしまったと語られている。

大迫純一著『あやかし通信『怪』』にある。筆者命名。その後、力士がどうなったのかについては触れられていない。

### 病田［やまいだ］

ネット上で語られた怪異。2ちゃんねる（現5ちゃんねる）オカルト板に立てられた「死ぬ程洒落《しゃれ》にならない怖い話を集めてみない？ 323」スレッドにて二〇一四年八月三〇日に語られたもの。

それによれば、山陰地方のある場所には米を作ると精神を病む田があり、その被害に遭《あ》うのは田の所有者の血縁者のうち、若者ばかりだという。ただし稲は必ず植えて、稲刈りをせず、枯れた稲を田に掻《か》き込まねばならないとされる。耕作したり所有すると病気になる田のことを病田といい、日本各地に伝承が残るが、この田に関しては稲を植えるまではやらねばならないが、これを米に加工する工程を踏むと病むという厄介な性質があるようだ。

### やまけらし様［やまけらしさま］

ネット上で語られた怪異。2ちゃんねる（現5ちゃんねる）のオカルト板に立てられた「不可解な体験、謎な話～enigma～ Part 65」スレッドにて、二〇一〇年一一月一〇日に書き込まれたもの。

報告者が学生時代、夜に自転車で山を越えて家に帰ろうとした時のこと。突然「もっもっもっ」という呻《うめ》き声のようなものが聞こえ、何かが背中に落ちてきた。報告者は恐怖から振り向くことができず、そのまま山道を自転車で上り続けた。その間も背中から「もっむっ」という声が聞こえていたが、何とか自転車を漕ぎ続けて峠の中腹の開けた場所に出た。そこで地面に足をつき、崖の方に目を向けると、セミロングの小さな女の子が立っていた。少女は六、七歳ぐらいで、白っぽいシャツにフード付きの上着、デニムスカートをはいている。こんな場所に少女がいるのは変だと考えた彼が訝《いぶか》しんでいると、少女は学生に近付いてきて、その太ももを埃《ほこり》を払うように叩《たた》いた。そして、「大丈夫だよ、安心して？」と笑うと、崖の向こうに走って行って消えてしまった。少女が去った後、背中の重みが消え、妙な声も聞こえなくなっていた。

報告者が家に帰り、そのことを祖母に話すと、葉がついたままの枝を持ってきて、その頭を二、三回払い、「お前が出会ったのはやまけらし様だ」と教えてくれた。それによればやまけらし様は山の神様の子どもで、全部で一二人おり、男性の背中に落ちてきたものを取ってくれたのだという。また背中にいた化け物は、向こうの世界に引っ張ろうとしたタチの悪いもので、そのままでは危なかったと語った。男性はお礼のため、かつて、やまけらし様に一二足の草鞋《わらじ》を供えたという風習になぞらえ、小児用のスニーカーを二足ずつ、小遣いの許す範囲で供えていくことにしたという。

　山の神の子どもが一二人であるといった伝承は各地にあり、一年に一二人、すなわちひと月に一人ずつ子を産むなどと語られる。そのため、一二月一二日など、一二が付く日は山の神の祭りの日とし、山仕事をしないという風習が残っている地域が現在も残っている。

## 山小屋の怪物 ［やまごやのかいぶつ］

ネット上で語られた怪異。筆者命名。２ちゃんねる（現５ちゃんねる）オカルト板に立てられた「死ぬ程洒落《しゃれ》にならない怖い話を集めてみない？ １１８」スレッドにて、二〇〇六年一月七日に書き込まれた話に登場する。

　それによれば、ある男子大学生（Ａとする）が登山サークルの活動に参加した際に遭遇したという。Ａは片思いをしていた女性が登山サークルだったことから活動に参加したが、いつもとは違う山小屋の環境でなかなか寝付けないでいた。そうしているうちに尿意を催し、小屋を出て林の中で用を足し戻ったところ、小屋の方から人の悲鳴や走り回る音が聞こえてきた。そこで急いで小屋まで走り、窓から中を覗《のぞ》くと、小屋の中を逃げ回るサークルのメンバーと、彼らを追い回す怪物の姿があった。その怪物は全身が真っ黒の毛で覆われ、目は金色に光り、赤い歯茎が剝《む》き出しになっていたという。Ａは気持ちを奮い立たせ、近くにあった棒を手に小屋に入ろうとしたが、扉に鍵がかかっているようで、入ることができない。そこで窓を割って入ろうとすると、小屋の中から窓を破って血まみれのサークルメンバーが飛び出してきた。サークルメンバーは「〇〇（Ａが片思いをしている女性の名前）が……」とうわごとのように繰り返している。そこで勇気を振り絞り、Ａは割れた窓に走ったが、いつの間にか喧噪《けんそう》は止んでおり、小屋の中には血液やばらばらに千切《ちぎ》れた手足が散乱していた。そして、怪物はその肉片と血だまりの真ん中にしゃがみ込み、犠牲者たちの肉を咀嚼《そしゃく》しているようだった。Ａはその様子を呆然《ぼうぜん》と見つめていたが、やがて怪物が振り返った。その姿は想像を絶するほど恐ろしく、Ａは思わず悲鳴を上げて逃げ出した。背後から怪物が追ってくる音が聞こえたが、Ａは止まることなく山を下り続け、山の麓に辿《たど》り着くことができた。

　Ａはすぐに警察を呼んだが、既に山小屋に怪物の姿はなく、Ａが片思いをしていた女性を除くサークルメンバー全員の死亡が確認された。その女性だけは、今も行方不明なのだという。

　同スレッドでは女性が行方不明になっていること、また犠牲者の一人が彼女の名前を繰り返していたことから、怪物の正体はＡが片思いしていた女性だったのではないかと考察されている。

## 山に屏風が立つ ［やまにびょうぶがたつ］

狐にまつわる怪異。一九八〇年頃、一人の女性が千葉県木更津《きさらづ》市《し》桜井にある山に初《はつ》茸《たけ》を獲りに行った時のこと。初茸が見つからず、山の奥へ奥へと進んでいたら日が暮れてきたため、帰ろうとした。すると四方を隙間なく竹で塞《ふさ》がれており、通れなくなっていた。これは「山に屏風が立つ」と呼ばれる現象で、狐に化かされて起きるという。どうにもならなくなった。女性は座って一服し、「おんあぼぎゃあべぇろしゃの、まかほだらぁ、まにはんどばんじばら、はらがりたや」とお経を繰り返した。そして再びタバコを吸ったところ、いつも使っている道が見えて無事帰ることができたという。

松谷みよ子編『狐をめぐる世間話』にある。九州地方に伝わる「塗壁」をはじめ、突然前に進めなくなる現象は各地に伝わるが、これは竹を使って物理的に道を塞いでくるようだ。

## 山の測量の女 ［やまのそくりょうのおんな］

ネット上で語られた怪異。2ちゃんねる（現5ちゃんねる）のオカルト板に立てられた「死ぬ程洒落《しゃれ》にならない怖い話を集めてみない？ 25」スレッドにて二〇〇三年二月四日に書き込まれたもの。

それによれば、報告者が仕事で山に測量に入った時のこと。通常、測量の際には最低三人で行くことになっているが、ある事情から後輩と二人で測量することになった。山は前日に降った雪で覆われていたため、また雪が降らないうちに終わらせてしまおうと急いで仕事を進めていると、遠くで作業している後輩の後ろに、白っぽい服で、黒髪の女の姿を見た。その時、後輩が報告者に向かって声をかけ、それが合図だったかのように女は斜面を下って行った。後輩は女の存在に気付いていなかったようで、報告者の話に青い顔をしていた。それからしばらくして、女は再び後輩の後ろに現れた。天候は吹雪で、視界は悪かったが、望遠鏡越しに女が後輩の後ろ髪を摑《つか》み、耳元で何かを囁《ささや》いているのが分かった。後輩は逃げようともせずじっとしている。そのうち、女が後輩から離れて斜面を下り始めると後輩もそれに続こうとしたため、報告者は慌てて彼に近付き、呼びかけた。しかし、振り返った彼は先ほどまでとは変わっていた。虚ろな目はあらぬ方向を向き、全く意味の分からない言葉を叫ぶ口は下顎が胸に付くほどに開かれ、頰は裂けて舌はだらりと下がっていた。それを見た報告者はあまりの恐ろしさに後輩を置いて急いで山を下り、警察に連絡した。捜査の結果、白い夏服に黒髪、そして目にひどい損傷のある女性の遺体が見つかったが、それは後輩に囁いていたあの女と同じだった。この女は遠く離れた町で行方不明になっていた人物だったという。後輩はそれ以降見つかることはなかったとされる。

この話は「死ぬ程洒落にならない怖い話

を集めてみない？13」スレッドにて二〇〇二年五月二日に書き込まれた「自己責任」と題される別の話と繋《つな》がっていると考えられることが多い。

「自己責任」は、ある中学生が近所の空き家に侵入したところ、何者かに憑依《ひょうい》され、全く別の存在に変わってしまったという話で、一緒にその家に侵入した中学生たちが次々とその何かに殺されたことが語られる。この何かは目が見えないが、自分のことを知っている者を執拗《しつよう》に追いかけ、憑《つ》き、殺してしまう。またこれと遭遇した際には後ろ髪を引っ張ろうとするため、後ろ髪を伸ばしてはならないと語られている。そしてこれに憑かれた場合、何らかの形で自ら目を傷付けるという。山の測量を書き込んだ人物もこの話を見て、もしかしたらと後ろ髪を剃ったと語っている。山に現れた女は「自己責任」で語られた何かに憑かれ、山を徘徊《はいかい》していたのかもしれない。

## ヤマ目【やまめ】

ネット上で語られた怪異。2ちゃんねる（現5ちゃんねる）オカルト板に立てられた「死ぬ程洒落《しゃれ》にならない怖い話を集めてみない？229」スレッドにて二〇〇九年一〇月一一日に語られたもの。

それによれば、報告者とその母親、弟の三人で、母親の実家があるG県から車で帰る途中、山の中を走っていた時のこと。カーブで車のライトが白い物体を照らした。直後、報告者の体内に何かが入ってくる感覚があり、寒気がすると酒に酔ったかのように視界が歪み、口がきけず体も動かなくなった。そのため、報告者は弟に助けを求めようと何とか目線だけを送っていると、弟が急に背中をそり返し「おおおおおーーーーーおお……!!」と、動物のように奇声を発した。直後、報告者の体が動くようになり、改めて弟を見ると、弟は獣のような匂いを発し、目を見開いて唾液を垂らしながら叫んでいたという。そのため、母親が車を停めて近くの民家に助けを求めたところ、「ヤマ目にやられたか！」という叫び声が聞こえた。報告者はその時点で意識を失い、目が覚めたのは三日後だった。

目を覚ました報告者が母親に弟の安否を問うと、母親は弟の存在自体を知らないような反応をする。結局、母親と弟は精神科病院に入院することになり、今も出てきていないという。この話では「ヤマ目」という表記になっているが、報告者が昏睡中、うわごとのように「あの女が入ってくる」と呟《つぶや》いていた、という証言があることから、「山女」と書いて「やまめ」と読むのではないかと推測される。

妖怪として語られる「山女」は「やまおんな」と読む場合が多く、他に「山娘」「山姫」などと呼ばれるものもいるが、基本的には山に現れる人間の女の姿をした妖怪とされる以外、共通点は少ない。話によっては山に迷い込んだ人間の女性が山女や山娘になる、という場合もある。

このヤマ目の場合はどのような姿をしていたのかは定かではないが、人間の体に入り込んで何らかの形で精神に異常をきたさせる行動をするものと考えられる。類似した現代の怪異に「ヤマノケ」（『日本現代怪異事典』収録）がいるが、こちらは姿がはっきりしており、女の姿はしていないものの、人間の女性に取り憑《つ》くという特性を持っている。

## 山盛り飯［やまもりめし］

ネット上で語られた怪異。2ちゃんねる（現5ちゃんねる）オカルト板に立てられた「死ぬ程洒落《しゃれ》にならない怖い話を集めてみない？　３０２」スレッドにて二〇一二年八月二三日に語られたもの。筆者命名。

それによれば、報告者が大学時代、登山サークルに所属していた際に遭遇した怪異だという。そのサークルには尾久（仮名）という何よりも山に登ることが好きな先輩がいたが、R山という山に登った際、箸が真っ直ぐ突き立てられた山盛りのどんぶり飯が大きな岩の上にぽつんと置かれていたという。その飯は他に登山者がいないにもかかわらず炊き立てのように湯気が立っていた。そして奇妙なことに、それ以来、尾久がR山に登ると決まって行く先にどんぶり飯が置いてあるようになり、一人で登っても、複数人で登っても同様の現象が起こった。しかし、尾久は山盛りの飯に手を付けたことがないとのことであったため、サークル内で尾久にどんぶり飯を食わせてみようということになり、尾久自身も乗り気だった。

登山開始から四時間後、尾久が「見つけた！」と声を上げ、報告者らサークルのメンバーが彼の言う方を見ると、確かにどんぶりに盛られた炊き立ての飯があった。尾久は「実ははじめて見た時から食いたかったんだよね」と言いながらどんぶりに近付き、「うおおー！　何だこれ？　超うめー！　マジうめー！　死ぬほどうめー！」などと叫んで米粒一つ残さず平らげてしまった。それから全員山を下り、皆で酒盛りをしたが、いつもは饒舌《じょうぜつ》な尾久はこの日に限ってはほとんどしゃべらず、心ここにあらずという様子だった。

翌朝、皆が起きる頃には尾久はいなくなっており、先に帰ったのだろうということになったが、翌日以降も見つかることなく、ついに行方不明と判断された。その後、彼の乗っていた車がR山の麓で見つかったが、登山用具は車に残されたままで、本人の姿はなかった。彼は今も発見されていないという。

## 闇の大魔王［やみのだいまおう］

ネット上で語られた怪異。2ちゃんねる（現5ちゃんねる）オカルト板に立てられた「死ぬ程洒落《しゃれ》にならない怖い話を集めてみない？　３１４」スレッドにて二〇一三年八月四日に語られたもの。

兵庫県のある病院の緊急治療室に事故の患者が運ばれてきた。患者は精神が倒錯していたため、最低限の処置をして落ち着くまで隔離部屋に入ってもらうことになった。患者はしばらく叫んでいたが、次第に「うあああ！　来るな！　来るなー！」というような言葉を発し始め、やがて「開けてくれ！　来るー！　来るー！　闇の大魔王が来るんだー！」と言いながら隔離部屋のドアを叩《たた》き始めた。看護師がドアを開けると、「闇の大魔王が来る！　ここには居たくない！　出してくれ！」と懇願されたという。

その後、患者が落ち着いたため、その件はそれで終わったはずだったが、数週間後、同じように暴れる患者が運ばれてきた。この患者も隔離部屋に入れられたが、同じように「闇の大魔王が来る！」と怯《おび》えていた。それからも隔離部屋に入れられた数名の患者が同じように「闇の大魔王」に怯えるという現象が起き、この隔離部屋に何かがあるのでは、と看護師たちの間で噂《うわさ》になった。しかし、何がいるのかは未《いま》だ不明だという。

# 【ゆ】

## 友愛霊［ゆうあいれい］

心霊にまつわる怪異。友情を大切にする霊で、これに憑《つ》かれた人間は友達が多くなるという。

マイバースデイ編集部編『恐怖!! 学校の幽霊』にある。「～霊」というように「霊」の前に単語を付けることで霊の種類を表すものについては**霊の種類**の項目を参照。

## ゆうかれいじ［ゆうかれいじ］

雨が降る夜に現れるという謎の存在。雨が一日降り続いた日の夜、一一時五三分四六秒に家のドアをノックする音が聞こえた場合、それは「ゆうかれいじ」という男の訪問であるという。ゆうかれいじは薄汚れたレインコートを纏《まと》った全身ずぶ濡れの男で、痩《や》せこけ、長い髪を肩まで伸ばしている。その前髪から覗《のぞ》く目には爛々《らんらん》とした異様な輝きがあり、もしこの男を家に入れてしまうと、次々と不幸が訪れるとされる。

魔夜妖一監修『ゾゾーッ！ こわい話1000』にある。

## 夕暮れかくれんぼ［ゆうぐれかくれんぼ］

かくれんぼにまつわる怪異。夕方の四時過ぎにかくれんぼをすると隠れた人間の一人が神隠しに遭《あ》う。その人物は友人からも忘れられてしまうという。

マイバースデイ編集部編『マジこわい!! 心霊体験大百科』にある。人間が謎の失踪を遂げることを神隠しに遭うというが、この場合、人間が失踪を遂げた末に他の人間から忘れられてしまうのか、それとも他の人間の記憶からいなくなることで存在しないような状態になってしまい、それを神隠しと比喩《ひゆ》しているのかは不明である。

## 友情の泉の魚喰い像［ゆうじょうのいずみのうおぐいぞう］

像にまつわる怪異。ある運動場にある「友情の泉」という泉には、籠を持った女性の像がある。この像は夜が明ける前に足下の泉にいるコイやフナを捕まえては、籠に入れて食べてしまう。そして朝になると残った魚を泉に戻す。そのため、泉の魚は少しずつ減っているのだという。

常光徹編著『みんなの学校の怪談 赤本』に兵庫県からの投稿として載る。筆者命名。

## 幽体離脱に負けた霊［ゆうたいりだつにまけたれい］

家に現れた幽霊。ある男性が部屋で休んでいると、突然胸が押し潰されるように息苦しくなって目が覚めた。妹か母がふざけて乗っかっているものだと思い、「人が気持ちよく眠っているのに、お前は！」と叫ぶと、眠っている自分の顔が見えた。どうやら幽体離脱をしてしまったらしく、男性の幽体は実体の足首の辺りで繋《つな》がり、自分を見下ろすように立っていた。しかし、そこにはもう一つ、実体の上に乗っかり、首を絞めている得体の知れない何かがいた。

意識がはっきりしていなかった男性は、その得体の知れない何かに怒りを感じ、「人が眠っているのに、貴様！　何様のつもりだ！」と叫び、その得体の知れないものの首を逆に絞め付け、さらに振り回した。するとその得体の知れない霊らしきものは何とも言えない恐ろしい形相《ぎょうそう》で振り返り、火の玉のようにゆらゆらと部屋の中を漂った後、消えてしまった。直後、男性は気が遠くなり、気が付いた時には元の体に戻っていたという。

フジテレビ「いきなりフライデーナイト」編『いきなり怖い話』にある。筆者命名。

## 夕張山地の獣［ゆうばりさんちのけもの］

ネット上で語られた怪異。2ちゃんねる（現5ちゃんねる）オカルト板に立てられたスレッド「∧∧山にまつわる怖い・不思議な話Ｐａｒｔ26∧∧」にて二〇〇六年五月五日に書き込まれたもの。

それによれば、報告者が北海道中央部に聳《そび》える夕張山地を自動車で走っていた際のこと。時刻は真夜中だったが、残雪の上に、子猫ぐらいの大きさで真っ白な体毛の、耳の長い生き物が見えた。見た目は兎に似ていたが、歩き方は猫に似ており、不思議に思っていると、今度はその獣が柴犬ぐらいの大きさに変わり、雪の上を走り始めた。報告者はしばらくこの獣と車で並走していたが、最後には虎ほどもの大きさになり、次第に半透明になって、岩から飛び降りると、どこかへ行ってしまったという。

## 幽霊階段［ゆうれいかいだん］

ある学校の七不思議のひとつとして伝わる怪異。その学校でグラウンドの第四コースを夜中二時に走ると、体育館の前に「幽霊階段」という階段が現れる。この階段の三段目まで登るとストンと下に落ちるという。

常光徹編著『みんなの学校の怪談 赤本』に広島県からの投稿として載る。

## 幽霊の血が残る壁［ゆうれいのちがのこるかべ］

恐山にまつわる怪異。青森県むつ市にある円通寺は恐山の本山とも伝えられている。この円通寺の本堂と位牌場の中間にある部屋に、「幽霊の血が残る壁」と呼ばれる壁がある。この壁にはべったりと血の跡のようなものがあり、これは恐山から飛んできた人魂がぶつかった際にできたのだと噂《うわさ》されている。血の跡は何度壁を塗り替えても決して消えなかったという。

おばけ友の会編『日本全国おばけマップ』にある。

## 幽霊屋台［ゆうれいやたい］

ラーメン屋にまつわる怪異。かつて東京都世田谷区及び杉並区の中央線沿いを中心に、夜な夜なチャルメラの音が響き渡ることがあった。目撃者によれば、どうも年を取った老婆がラーメン屋台を引いていたらしいが、神出鬼没で出没する場所は一定せず、噂《うわさ》では老婆は幽霊だとか、ラーメンは絶品だが、スープに使う出汁を人間の手首から取っているなどと語られた。その屋台は一年ほどで現れなくなった。しかし屋台を目撃した人間がいないにも関わらず、深夜になるとチャルメラの音だけが響くようになったという。

トーキョウ・ルーマーズ編『平成の都市伝説』にある。

## 雪だるまの絵［ゆきだるまのえ］

ある学校に伝わる怪異。その学校で一階から二階に行く階段の途中に雪だるまの絵が飾ってある。二階から一階に降りる際は雪だるまの絵を見てはいけない。見てしまった場合は階段で立ち止まり、「許してください」と五回言わねばならないという。逆に一階から二階に行く際には、雪だるまの絵を見なければならない。見ないと絵の中に閉じ込められてしまうという。

常光徹編著『みんなの学校の怪談 赤本』に兵庫県からの投稿として載る。

## 雪降童子［ゆきふりどうじ］

雪にまつわる怪異。ある少年が風呂上がりに廊下を歩きながら外を見ると、雪が降り始めていた。その寒空の下、人形のようにとても小さな子どもが庭の一番奥の松の木の下に立っていた。不思議に思った少年が母親を呼ぶと、その子どもはいなくなっていたが、母親は何か知っているようで、その子どもの身長を聞いた。少年が見かけは四、五歳だが、身長は膝より少し上くらいだったと話すと、今夜はかなり積もるわね、と言った。

翌朝、本当にかなりの雪が積もっており、改めて昨日の子どものことを母親に尋ねた。母親が言うには、あの子どもは大雪の前に庭のどこかに現れ、その後必ずその子どもの背丈くらい雪が積もるのだという。それならば、と少年が庭に出て確かめると、確かに一晩で膝より少し上くらいまで雪が積もっていた。そしてなぜかあの子どもがいた場所だけはくりぬいたように雪が積もらず、地面が見えていたという。

それから何年も経ったある日、庭の石灯籠のそばにその子どもが現れた。身長は一メートルほどで、それ以外の姿は昔と変わらなかった。その翌日、何年かぶりの大雪が降り、一メートルほど雪が積もったが、やはり、あの子どもがいた場所だけは雪が積もっていなかったという。

木原浩勝著『九十九怪談　第三夜』にある。筆者命名。

## 指相撲トイレ［ゆびずもうといれ］

ある学校に伝わる怪異。その学校の二階にある二年生用のトイレで、入口から一番手前の個室に入る際「ねえ、誰か指相撲しない？」と言うと、壁をメリメリと突き破って手が出てくるという。

常光徹編著『みんなの学校の怪談　赤本』に東京都からの投稿として載る。筆者命名。

## 夢がえし［ゆめがえし］

夢に現れる怪異。ヒヒのような見た目をしており、頭のてっぺんに一本角がある。善い行いをしている人間には良い夢を見せてくれるが、悪い行いをしている人間には悪夢を見せる。夢を自由に操ることができ、悪夢を見せられてもなお悪行を続ける人間には、悪夢と同じことを現実に引き起こすという。

怪談クラブ監修『キャーッ！　みんなの怪談』にある。道徳的な設定や夢を操る能力など、キャラクターとしての側面が強く、書籍用に創作された妖怪ではないかと思われる。

## 夢の女［ゆめのおんな］

ネット上で語られた怪異。2ちゃんねる（現5ちゃんねる）オカルト板に立てられた「不可解な体験、謎な話～enigma～ Part69」にて二〇一一年五月一六日に語られたもの。

それによれば、報告者は中学三年生の頃から、ショートヘアで白いワンピースを着た二〇代ぐらいの女性が、無表情で自分を見ているという夢を見るようになった。この女性の夢は当時は週に五回、現在でも月に二、三回見るが、現実世界では一切見覚えのない女性で、家族に聞いても誰も心当たりがなかったという。

高校生の頃、法事で親戚が集まった時、叔母から、たまに一瞬報告者の背後に女の姿が見えると告げられた。それは夢に出てくる女と似ているようであったが、話を聞いた母親により地元に住むホウニンという老婆の元に連れて行かれることになった。

ホウニンという人物は一種のシャーマンで、夢に出てくる女性は報告者に惚《ほ》れており、祓うことができない状態になっていると告げた。しかし、危害を加えるようなことはないから、あちらから去るのを待つしかないという。

それからしばらく経ち、大学生になった頃、報告者は夜中に友人たちとある峠に肝試しに行った。その峠は夜に通ると女が上から降って来てフロントガラス越しに睨《にら》み付けると噂《うわさ》されていたが、実際に通ってみたところ、後部座席の友人たちが後ろから女が追いかけてくると騒ぎ出した。その時は車のスピードを上げて何とか逃げたが、彼らの話によれば、女が長い髪をなびかせながら宙に浮いた状態で、頭から血を流しながらすごい形相《ぎょうそう》で追いかけてきたという。その晩、報告者は長髪の女が自分を睨み付けてくる夢を見た。女は顔が血まみれで、報告者は峠で追ってきた女だと確信する。報告者が動けずにいると、彼の横からいつも夢に現れるあの女性が出てきて、血だらけの女に近付くと思いっきりビンタをかました。それ以降、ショートヘアの女性は相変わらず夢に現れるが、峠の女の方が現れることはなかったという。

## 夢婆 [ゆめばあ]

ネット上で語られた怪異。2ちゃんねる（現5ちゃんねる）に立てられた「死ぬ程洒《しゃ》落《れ》にならない恐い話集めてみない？ 44」スレッドにて二〇〇三年七月一〇日に語られたもの。報告者によれば、夢婆は当時から一〇年以上前にラジオで聞いた話だという。その内容は以下のようなものだ。

ある日、山口という男子高校生がこんなことを話した。彼がまだ小さかった頃、夢の中に知らない老婆が何度も出てくるようになった。この老婆は紫色のスカーフを被《かぶ》り、指にはダイヤの指輪をいくつもはめ、黄色いカーディガンを羽織り、歯は全て金歯だったという。老婆は山口に向かって「私のかわいぃチェルシー、早く大きくなっておくれ」と言っていつもニタニタと笑っていた。その夢は成長するにつれて見なくなったが、山口は高校生になってまた夢の中でその老婆に出会ってしまう。老婆は山口に対しこう言った。

「大きくなったねぇ。もうすぐ迎えに行くよ」

山口は友人にその話をした後、夢ではなく現実でその老婆と遭遇してしまう。老婆は彼が電車を降りた駅におり、山口に醜《みにく》い笑顔を見せると、「明日迎えに行くよ。チェルシー……」と言った。老婆はそのまま人混みの中に消えて行ったが、山口は半狂乱になって家に帰り、老婆の夢のことを話したことのある友人に電話した。その翌日、山口は学校に行く途中に行方不明になってしまった。それからしばらくして、友人は大学に通い始め、同じ大学に通う天野という人物にこの話をした。すると天野は自分も同じ夢を見たといい、その夢の中で老婆は自分のことを「トム」と呼んでいると語った。この老婆も山口の場合と同じく、天野が子どもの頃から何度も夢に出てきて「私のかわいいトム。早く大きくなっておくれ」と語りかけているのだという。

## 夢見小僧［ゆめみこぞう］

人間が「自分は不幸だ」と感じた時に現れるという怪異。その人間に声をかけ、楽しかった時代をまるで現実のように夢で見せてくれる。さらに、その夢を見た人間は希望が湧き、生きる勇気をもらえるのだという。外見は小さな子どもで、元々は人間だったと言われている。夢見小僧はその存在を信じている人間の元にだけ現れる妖怪なのだという。

怪談クラブ監修『キャーッ！みんなの怪談』にある。明記はされていないが、容姿や行動などが明確に設定されていることから、書籍用に創作された妖怪だろう。

## 夢刃［ゆめやいば］

ネット上で語られた怪異。怪談投稿サイト「Alpha-Web こわい話」に二〇〇二年七月七日に投稿されたもの。筆者命名。

それによれば、投稿者が眠っていた際、不思議な夢を見たという。その夢は一メートルほどの細い糸に一〇センチ間隔で髪の毛が生え、糸の先に三〇センチほどの刀の刃が付いているものが足に向かって近付いて来る、というものだった。投稿者は逃げることもできず、刃が迫って来るのを見つめていたが、刀の刃はついに投稿者の左足に刺さり、その瞬間に目が覚めた。夢にもかかわらず刺された際にひどい痛みがあり、その痛みは一カ月も続いたという。

## 百合の小人［ゆりのこびと］

2ちゃんねる（現5ちゃんねる）のオカルト板に立てられた「不可解な体験、謎な話～enigma～ Part66」スレッドにて二〇一〇年一二月三〇日に語られたもの。

それによれば、報告者がまだ保育園に通っていた頃のこと。報告者はとても内向的な性格で、いつも特定の子どもにいじめられていたが、親は仕事で忙しく、相談しても構ってくれないという状況にあった。

そんなある日の夜中、ふと目が覚めて窓辺に行き、外の景色を眺めていると、月を隠していた雲が風で晴れ、しばらくしてつぼみだった百合の花が一斉に開花した。そしてその中から、リカちゃん人形ほどのサイズの小さく、しかし美しい女性が現れ、ふわりと浮いて報告者のいる部屋の窓の前まで来て、ガラスをコンコンと叩《たた》いた。女性は一糸纏《まと》わぬ姿をしており、報告者に向かって「寒いから、服貸してくれない？」

と気さくに話しかけた。報告者はいつも一人遊びで使っていたリカちゃん人形の着せ替え用の服をありったけ持ってくると、服のサイズはぴったりで、小人の女性も喜んでいたようだった。その日の記憶はそこまでで、気付けば窓に寄りかかるようにして眠ったまま朝を迎えた。周囲にはリカちゃん人形の服が散らばっていた。

以降、小人の女性はたびたび現れるようになり、報告者がいじめられていることを話すと、「そういう子は野生動物のようなものだから、すれ違う時に目を逸らしたりしてはダメ」などと的確なアドバイスをしてくれたり、お守りをくれたりした。このお守りはあがり性の報告者がお遊戯会で上手に歌ったり、合唱コンクールで歌ったりすることを可能にしてくれたという。

しかしある時、「いつまでも私が居たらダメよね。いつだって助けてあげたいけど、いつまでも一緒には居られないから」と告げ、その日を最後に現れなくなった。小人の女性に貸していた服は数年後にきれいに畳んだ状態で返ってきて、近くにはとてもおいしい金平糖《こんぺいとう》のようなお菓子が添えられていた。今でも本当に困った時には、いつもあの女性の周囲に漂っていた百合の花の香りがすることがあると語られている。

# 【よ】

## 溶解園児 ［ようかいえんじ］

橋にまつわる怪異。神奈川県の宮ヶ瀬湖に架かる虹の大橋を真夜中に渡ると、橋の真ん中を制服姿で歩く幼稚園児たちが現れる。彼らの顔は全て腐ってドロドロに溶けているという。その正体は、かつて宮ヶ瀬湖にバスが転落した際に犠牲になった園児たちで、いくら弔っても出現するのだという。

宝島社『最新「霊スポット」121怨霊地図 04年版 関東一都六県』にある。筆者命名。同様に虹の大橋を舞台にした怪異に

**虹の大橋の手**がある。

## ヨウコウ［ようこう］

ネット上で語られた怪異。2ちゃんねる（現5ちゃんねる）オカルト板に立てられた「死ぬ程洒落《しゃれ》にならない怖い話を集めてみない？ 43」スレッドにて二〇〇三年七月一日に書き込まれたもの。

それによれば、報告者が子どもの頃、福井県の某村の祖父母の家に遊びに行き、祖父の猟について行った際のこと。動物がいるような物音がして、祖父はしばらくそれを観察していたが、突然「やめれ！」と叫び、その何かに向かって銃を放ち、報告者を抱えて走り出した。報告者は何が起きているのか分からず、泣きそうになりながらも一体何から逃げているのかと後ろを振り返った。そこには毛のない赤い猿のような動物がおり、報告者らの方に向かって走って来ていた。祖父は走りながら猟銃の弾を込め、何度か赤い猿に向かって放ったが、効いている様子はなく、「ケタタタタタタ！」という鳴き声が聞こえていたという。また逃げている間、祖父は小声で「助けてくれ……この子だけでも……」と呟《つぶや》いていたと語られている。そのまま祖父は家に飛び込み、祖母に「ヨウコウじゃ！」と叫んだ。祖母は真っ青な顔で台所に飛んで行き、塩と酒を少年と祖父に浴びせかけた。

それから間もなくして祖父が亡くなり、祖母が「ヨウコウ」について話してくれた。それによればヨウコウは山の神だが人間にとって良い神ではなく、祖父は報告者の身代わりとなって死んでしまったのだという。

## よう子ちゃん［ようこちゃん］

ある学校の七不思議として伝わる怪異。その学校の体育館の窓に向かって「よう子ちゃーん」と呼ぶと「ハーイ」という返事が返ってくるという。

「ほんとにあった怖い話」編集部編『戦慄の恐怖体験』に大阪府からの投稿として載る。この名前を呼ぶと返事をするという話は「トイレの花子さん」（『日本現代怪異事典』収録）をはじめとするトイレに現れる少女の幽霊に多いが、ここではトイレではなく体育館の窓が舞台となっている。

## 浴槽の馬［よくそうのうま］

ある家に現れた怪異。一人の少年が友達の家に遊びに行った時のこと。かくれんぼをすることになり、その家の風呂場に隠れようと浴槽の蓋《ふた》を開けたところ、そこに小さな馬がいた。馬は猫ほどの大きさで、茶色い毛並みをしており、首をもたげて少年を見つめていた。驚いた少年が固まったまま馬を見つめ返していると、後ろから「見つけた！」という声がした。振り返ると、友達が立っており、浴槽を指さして「うちの馬が逃げるから、開けちゃだめだよ」と言った。少年が慌てて浴槽の蓋を閉じようとすると、既に馬はおらず、友達は浴槽を覗《のぞ》き込んで「あ～あ、逃げちゃった」とくすくす笑ったという。

木原浩勝著『九十九怪談 第一夜』にある。筆者命名。

## 吉田村［よしだむら］

謎の村にまつわる怪異。WEBサイト「オカルトマックス」などにある。宮城県のある山中に存在する廃村とされ、かつて一人の村人が村に呪いを仕掛け、村民全員が原因不明の病で亡くなった過去があると語られる。廃村となった後も家屋はそのまま残っており、悪霊の棲《す》み処《か》と化している。もし生きた人間が足を踏み入れた場合、村民たちの悪霊が集団で襲ってくるという。

ネット上で二〇〇〇年代後半頃に語られているのが見えるが、詳しい発生時期は不明。

この他、村からはゴリラの形をした山が見える、村の入口には「この先はあの世の入り口」と書かれた看板がある、携帯電話が圏外になる、といった要素が語られることが多い。村人は青白い顔をしており、部外者が来ると手を合わせて合掌するという不気味な行動を取る、鎌を片手に襲いかかってくるといった話もある。

話にある、一人の人間によって村人が殺され、悪霊の棲み処になったという部分は「杉沢村」（『日本現代怪異事典』収録）に、村人が鎌を持って襲ってくるといった部分は「犬鳴村」（『日本現代怪異事典』収録）に似ている。この二つの村の怪談は廃村にまつわる怪談の中でも特に有名なものであるため、それらの要素が取り入れられたのではないかと考えられる。

ちなみにゴリラの形をした山は宮城県に実在しており、宮城県仙台市青葉区作並にある鎌倉山がそれで、角度によってゴリラの横顔に見えることから「ゴリラ山」とも呼ばれている。

## よつんば［よつんば］

赤ん坊の姿をした怪異。兵庫県神戸市の裏六甲《うらろっこう》では「よつんば」と呼ばれる赤ん坊が出現し、時速一二〇キロでハイハイしながら走り屋を追いかけて来るという。

トーキョウ・ルーマーズ編『平成の都市伝説』にある。同じ兵庫県の六甲山や甲山《かぶとやま》では「四つ這《ば》い女」や「牛女」（いずれも『日本現代怪異事典』収録）など、四つ這いで追いかけて来る女の話があるが、赤ん坊の姿をしているのは珍しい。

## 四つん這いの女［よつんばいのおんな］

その名の通り四つん這いで動く女の姿をした怪異。この女と目が合うと魂を抜かれてしまうとされる。

絹華作『超スペシャル版 マジでビビる!! こわい話』にある。同書ではこの女が部屋のドアを叩《たた》き、ドアを開けさせようとする話が載せられている。

四つん這いで移動する女の怪は多く、「四つん這い女」（『日本現代怪異事典』収録）などがいる。

## 四つん這いの老婆［よつんばいのろうば］

北海道に出現したという怪異。ある夜、四人の若者が支笏湖《しこつこ》にドライブに行った時のこと。札幌支笏湖線の三つ目のカーブに差し掛かったところ、突然バックミラーに老婆が映った。そのため、車を止めて確認したが、老婆の姿はない。おかしいなと思い、車を発車させようとすると、フロントガラスのところに老婆が現れ、ガラスを叩《たた》いて「乗せてくれ」と言った。気味が悪くなり車を走らせると、その老婆は四つん這いのまま高速で走り出し、風のように車を追いかけて消えてしまったという。

合田一道著『北海道　幽霊の住所録』にある。同書には他にも室蘭市《むろらんし》の地球岬を走っていると、老婆が現れ、「乗せて下さい」と言うため、断って走り去ろうとすると、四つん這いになって走ってきた、という話が載せられている。

四つん這いになって高速移動する老婆は「四つん這い婆」「ターボババア」（いずれも『日本現代怪異事典』収録）など、いくつか例がある。

## 四人の女の顔［よにんのおんなのかお］

ある小学校に伝わる怪異。その学校の天井には四人の女の顔があるが、彼女らの悪口を言うと三日後に夢を見て、四人のうちの一人に「あなたはこの世に戻れません」と言われる。その時、もし「はい」と言うとこの世に戻れなくなり「いいえ」と答えるとこの世に戻れるという。

常光徹編著『みんなの学校の怪談　赤本』に千葉県からの投稿として載る。

## 蘇りのまな板［よみがえりのまないた］

ある家の台所にある古いまな板にまつわる怪異。そのまな板は長年使われていただけあって板の真ん中は凹み、その周りは黒ずんでいるが、載せたものが死ぬ寸前に戻るという不思議な力があり、例えばアジやエビを載せると一瞬だけ跳ね上がるなどしたという。ある時、この家の娘が人形をまな板に載せたことがあったが、その人形はゆっくりと起き上がり、そのまま床に落ちたと語られている。

木原浩勝著『九十九怪談　第二夜』にある。筆者命名。

## 蘇る少女［よみがえるしょうじょ］

ネット上で語られた怪異。2ちゃんねる（現5ちゃんねる）オカルト板に立てられた「死ぬ程洒落《しゃれ》にならない怖い話を集めてみない？ 244」にて二〇一〇年七月九日に語られたもの。

それによれば、報告者が祖父と話していた際、祖父が「わしは人を殺した。戦争中の話じゃなくて、最近の話だ」と告げた。詳しく聞くと、殺したのは名前を知らない小さな女の子で、沼に放り込んだという。理由を問うと、「自衛のため」と答えた。

祖父の話によれば、その女の子は頭や腕、足などを摑《つか》み、とにかく体を引っ張ってくるのだという。さらに同じ女の子を以前にも殺したことがあるのだと言った。直後、玄関の戸ががたがたと鳴った。祖父は「家に入ってきたか」と言うと、荒縄のような太い紐《ひも》を簞笥《たんす》から取り出し、壁の方で屈《かが》んだかと思うと、報告者には見えない何かを紐で絞めたという。しばらくして立ち上がった祖父の腕には先ほどまではなかった痣《あざ》があり、足首には手の形をした泥の跡があった。そして祖父は報告者に対し「今日は二人殺した」と告げたという。

## 四の鏡［よんのかがみ］

学校の怪談として伝わる怪異。ある小学校で四時四四分四四秒、四階の北の階段にある踊り場の鏡の前に立ち、四分待つと、行方不明になっていた生徒が鏡の中から出てくる。この生徒は「やっときた」とにやりと笑い、鏡の前に立っていた者はこの生徒の代わりに鏡の中に閉じ込められてしまう。閉じ込められた者は、次に同じことをする人間が来るのを鏡の中でじっと待たなければならないと語られている。

トーキョウ・ルーマーズ編『平成の都市伝説』にある。筆者命名。

## 四本腕の男［よんほんうでのおとこ］

北海道の石狩湾近くの湿地帯に現れたという怪異。ある男性二人がドライブでこの湿地帯に乗り入れ、タバコを吸っていた時のこと。「おうい！　助けてくれ！」という声に、フロントガラス越しに前方を見ると、上半身裸で肌が白い痩《や》せ細った男がこちらに向かって走って来る。しかもよく見るとその男には、高々と上げた両腕とは別に、腰の辺りにもう二本の腕が生えている。さらにその後ろからは、銃を携えた黒っぽい迷彩服の男たちが一〇人以上走って来ており、異様な状況に驚いた二人は、慌てて車をバックに走らせ逃げ出した。直後、四本腕の男が兵士たちに取り押さえられるのが見えたが、二人は止まることなくその場から逃げ出した。四本腕の男とあの兵士たちが何者なのかは今も不明であるという。

樋口明雄編著『続「超」怖い話』にある。

## 四メートルの平安人［よんめーとるのへいあんじん］

北海道で目撃された怪異。旭川市に住んでいたある人物が遭遇したという化け物で、顔は平安時代の女性のようであるが、背の高さが四メートルあったという。

合田一道著『北海道　幽霊の住所録』にある。平安貴族がいたはずのない北海道にこのような化け物が現れるのがなんだか面白い。同書によれば、この人物は他にも一〇〇人以上いる喪服の群れという怪異に遭遇しているらしい。

# 【ら】

## LINEわらし［らいんわらし］

スマートフォンにまつわる怪異。ある男児が友人たちとＬＩＮＥでグループを作り、互いにメッセージのやり取りを楽しんでいた。ある日、男児はグループの中に見知らぬ女の子の名前が加わっていることに気付いた。その女の子はよくメッセージを送ってきたため、男児はよく話をするようになり、仲良くなった。ある時、女の子が誰の知り合いなのかが気になり、グループに入っている友人たちに尋ねて回った。しかし、知り合いが誰もいないどころか、皆、口を揃《そろ》えてそんな女の子は知らないという。そこで男児が自分のスマートフォンを起動して確認すると、既にＬＩＮＥから女の子の名前が消えていた。それから女の子がＬＩＮＥの中に現れることはなかったという。

ウェッジホールディングス編『本当に怖い あなたのそばの 怖い話・怖い場所大事典』にある。ＬＩＮＥはＬＩＮＥ株式会社が提供するソーシャルネットワーキング。ＬＩＮＥわらしの名前は座敷わらしに由来するものと思われる。座敷わらしの話には、子どもたちが遊んでいるといつの間にか知らない子どもが紛れ込んでおり、その子どもが座敷わらしなのだ、という話がある。ＬＩＮＥわらしも、いつの間にかグループに加わっている素性の分からない子ども、という共通点から名付けられたのだろう。

## 落下影［らっかえい］

大学に現れたという怪異。大阪のある大学の校舎の四階に畳敷きの大部屋があり、申請すれば宿泊することができるようになっていた。ある日、五人の大学生がこの部屋に泊まったが、夜にその中の一人が、部屋の窓から見える校舎から、よく飛び降りがあるという話をした。そこで皆でその校舎に行くことになり、懐中電灯を携えて向かうと、地面に黒い跡が消えずに残っている。これが飛び降りの跡かと思いつつ、それを見ていても仕方がないので、帰ろうと五人が校舎に繋《つな》がる坂を下り始めた時に、どすんという重く潰れるような音がした。五人は一斉に振り返ったが、そこには何もなかった。不思議に思いながらも宿泊部屋に戻ると、先輩がどこに行っていたんだと尋ねるため、あの校舎が見える窓の方を指さした。その瞬間、部屋にいた全員があの校舎の屋上から黒い人影が落ちるのを見たという。

木原浩勝・中山市朗著『新耳袋 第七夜』にある。

## 乱気流の怪人［らんきりゅうのかいじん］

飛行機にまつわる怪異。ある少女が家族旅行で沖縄に向かっていた際のこと。彼女が乗っていた飛行機が乱気流に巻き込まれ、まるでジェットコースターに乗っているように揺れ出した。その際、少女は主翼の位置にある窓際の席に座っていたが、外を見ると、翼の先端に何かがいるのが見えた。それは黒いマントを羽織った人型の何かで、乱気流の中、翼の上に二本の足で立っていた。怖くなった少女が「お願いです、助けて下さい……」と何度も祈ると、突然「……気が変わった。生かしてやるよ……」という声が聞こえ、黒いマントの何者かは翼の上をピョンピョンと跳ねて消えてしまった。するとそれまでの悪天候は嘘のように晴れ、飛行機は無事に飛ぶことができたという。

宮崎敦司監修『本当に怖い話 MAX 死神降臨』にある。

# 【り】

## リアルダメージゲーム［りあるだめーじげーむ］

テレビゲームにまつわる怪異。あるテレビゲームのソフトメーカーに勤めている男性が、ソフト開発の仕事をしていた際のこと。入社一年にも満たない新人の彼は、先輩たちのアシスタント的な立ち位置で、開発中のゲームをプレイし、バグを発見する仕事をしていた。開発が佳境に入り、三日連続で会社に泊まり込みという状況で、一人で残業していたある日の深夜一時頃、体のあちこちに痛みが走った。それはゲーム内の主人公が敵と戦い、傷を負う度に痛んでいるようで、試しにわざと敵の攻撃を受けてみることにした。すると敵の剣が主人公の腕に当たった瞬間、肘から少し下の辺りに激痛が走った。男性は慌てて敵を倒すと、自身のシャツの袖をまくり上げた。信じられないことに、そこにはナイフで切られたような三センチほどの切り傷ができており、血が流れていた。傷は深く、縫った方が良いと思うほどだった。

病院に行かなければと考えていると、今度は足に激痛が走った。慌ててテレビ画面を見ると既に次の戦闘が始まっており、男性は何とか敵を倒してゲームの電源を切った。ほっとして改めて自分の体を見ると、体中がすっかり擦《す》り傷だらけで、まるで交通事故にでも遭《あ》ったかのような状態だったという。以降、男性は絶対に一人ではバグ取りの残業をしなくなったが、ゲーム自体も後に重大な欠陥が見つかり、お蔵入りになったと語られている。

テレビ朝日編『ミステリー体験ゾーン 本当にあった怖い話 第2集』に神奈川県

川崎市からの投稿として載る。筆者命名。

### 理科室の女［りかしつのおんな］

ネット上で語られた怪異。怪談投稿サイト「Alpha-Web こわい話」にて、二〇〇三年一〇月一七日に投稿されたもの。

ある学校の理科室に夜になると現れる女で、声をかけると包丁を持って襲いかかってくるとされる。ある時、化学科の教師がこの女と遭遇し、何とか逃げ切ったが、翌日警察が学校を調べたところ、誰も侵入した形跡はなかった。しかしそれ以来、教師や生徒が何度もこの女を目撃するようになったと語られている。

### リコちゃん［りこちゃん］

話を聞くと現れるという怪異。かつてリコちゃんという少女が友達と一緒にドライブに連れて行ってもらった際、車でチョコレートを半分にしている最中に交通事故に遭《あ》い、リコちゃんだけが死亡した。この話を聞いた人間の元にはリコちゃんがやってきて、あの世に道連れにするために迎えにくる。これを回避するためには三日以内にチョコレートを半分枕元に置いておかねばならない。

魔夜妖一・幻咲麗・マーク矢崎治信監修『うわさの怪談　闇』にある。

### リゾートバイトの化け物［りぞーとばいとのばけもの］

ネット上で語られた怪異。怪談投稿サイト「ホラーテラー」に、二〇〇九年八月四日から一八日にかけて書き込まれたもの。

ある海沿いの地域に伝わる、死者を蘇《よみがえ》らせる儀式によって生まれる化け物だという。その姿は水死体そのもので、自立して動くものの意思疎通はできず、奇声を上げ続ける。この化け物の正体は以下のように伝えられる。

その海沿いの地域の村では、多くの家が漁業を生業《なりわい》としており、子どもが生まれると物心がつく頃には船に乗せ、父親とともに海に出ることが多かった。海はそんな子どもたちの命を数多《あまた》奪ったため、いつしか母親が子どもにへその緒をお守りとして持たせる風習が生まれた。へその緒は母親と子どもの繋《つな》がりを示すものであり、子がどこにいようとも母の元に帰って来られるようにという意味が込められていたという。

それでも子どもの犠牲が減ることはなく、ある時、一人の女性の子どもが海に出たまま帰らなかった。だが、三年ほど経った頃、その女性は子どもが帰ってきたと涙を流して喜び、それを見た周囲の人々は、悲しみのあまりついに気が触れてしまったと憐《あわ》れんだ。それでも万が一、どこかに生きて流れ着いた子どもが帰ってきたのかもしれない、と考えた者もおり、その女性に子どもを見せてくれるよう頼むと、女性は「もう少ししたら見せられるようになるから待っていてくれ」などと言う。

それからしばらくして、この女性が子どもと一緒に歩いているのを見た者が現れた。そこで村人たちがお祝いをしようと女性の家を訪れると、女性は満面の笑みで子どもを引き寄せ、それを皆に見せた。その瞬間、村人たちは絶句した。そこにいたのは、全身が紫色に変色し、体は膨らみ、目は白目を剝《む》き、かろうじて見える黒目を左右別々の方向に向けた化け物で、口から泡を吐きながら、母親が話しかける度に奇声を上げていた。それはまるで生きた水死体だった。この異様な光景に村人たちはすぐに寺の住職を頼り、話を聞いた住職は女性を寺へと連れて行ったが、子どもから引き離された女性はひたすら子どもを返せと住職を罵《ののし》り、最後には住職を跳ね飛ばして寺を出て行ってしまった。それから女性の捜索が行われたが、母子の姿は見つからず、また、女性の家にはどこのものか分からない札がいたるところに貼り付けられ、腐った残飯が部屋の隅に放置されていた。

　これを見た村人たちは、同じ時期にこの女性と同じような言動をとる別の女性がいたことを思い出し、その者の家を訪れたが、その女性も同じように変わり果てた我が子に愛おしげに語り掛けていた。住職とその従者は女性を寺へ連れて行った。化け物はその後ろをついて来て、女性を縛って読経をしている最中に寺に現れた。そして女性のいる堂の周りを回り始めたが、二足歩行から次第に四足歩行に、そして這《は》うように動くようになり、四肢が消え、芋虫のような体になったかと思うと、最後にはへその緒が残っていたという。縛られていた女性は、完全に正気を失い、戻ることはなかった。

　その後、寺から逃げたもう一人の女性が死体となって見つかるが、その体は何者かに食い破られたように損壊していたものの、表情はとても幸せそうだった。女性の家は取り壊されることとなったが、そこにはあの化け物が成長する記録が日記となって残っていた。日記には、へその緒が成長し、手足が生え、床を這い始め、四つ足で歩くようになり、言葉を発し、最後は立ち上がるという変化が記されていたという。

　投稿者はこの地域へリゾートバイトに赴いた際、バイト先の旅館の女将がこのへその緒の儀式を現代になって行い、それに巻き込まれた人物であると語っている。そのため、怪談の名称としては「リゾートバイト」が使われている。

　この女将は子どものへその緒を自分で持っていたため、古くから伝わる方法とは異なる儀式を行ったようで、複数の化け物が出現した。また女将は投稿者らに自分の子どもを憑《つ》け、その肉を食わせて甦らせようとしたが、それが成功することはなかったという。女将は複数の化け物に憑かれたのか、エビのようにひたすら体を跳ね続けさせるという状態に陥ったというが、その後どうなったかは語られていない。

## リモコン隠し〔りもこんかくし〕

　家に現れる怪異。「妖怪リモコン隠し」など呼ばれる場合もある。その名の通りリモコン、特にテレビのリモコンを隠してしまう妖怪。「妖怪リモコン隠し」と呼ばれる場合も多い。この妖怪に隠されたリモコンは探しても見つからず、思いもよらぬところから発見される。

いつ頃から語られ始めたのかは不明だが、一般的に浸透している妖怪だと思われる。元々はリモコンがいつの間にかなくなっている、日常生活でよくある現象を妖怪の仕業に譬《たと》えたもので、リモコン隠しが実在しているものと考えている人間は極めて少ないと推測される。近年では妖怪や都市伝説を扱った児童書に登場したり、ゲーム『妖怪ウォッチ』シリーズに「りもこんかくし」という名のキャラクターが登場するなど、活躍の場を広げている。

## 龍王山の黒い人影 ［りゅうおうざんのくろいひとかげ］

ネット上で語られた怪異。2ちゃんねる（現5ちゃんねる）オカルト板に立てられたスレッド「∧∧山にまつわる怖い・不思議な話Part68∧∧」にて二〇一三年四月一八日に書き込まれたもの。

それによれば、報告者が子どもの頃、学校の遠足で奈良県の龍王山に登った時のこと。山頂の龍王山城跡まで登ったあたりで何人かの子どもたちが体調不良を訴えたため、予定を早めに切り上げて山を降りることになった。しかしその途中、一人の子どもが行方不明になり、捜索すると近くの森の中にポツンと立っていた。子どもたちは怖がり、早く降りようという話になったが、下山する際に報告者が城跡の方を見ると、黒い人影が二、三〇体ほど立ち、こちらを見ていたという。この影を目撃した子どもは、帰宅してから原因不明の高熱で倒れ、三日間寝込んだと語られている。

この龍王山城跡にはジャンジャン火という怪火が出現することでも知られており、これを目撃したり、体の周囲を回られたりすると死ぬ、数日間高熱を出すなどと伝えられている。その正体は龍王山城が落城した際、自害した城主やその家来たちの怨念などと言われている。

子どもたちが見た黒い影も、龍王山城のかつての城主らだったのだろうか。

## 龍宮まねき ［りゅうぐうまねき］

海に出現する妖怪。体は海亀のようだが、頭部は骸骨で尻尾は蛇という姿をしている。遊泳禁止の海で泳いでいる人間などを攫《さら》い、海底に連れて行ってしまう。また、運よく助かった場合でもその人間は老人のような姿に変わり果ててしまうという。

怪談クラブ監修『キャーッ！みんなの怪談』にある。明記はされていないが、容姿や行動などが明確に設定されていることから、書籍用に創作された妖怪の場合、「浦島太郎」の物語が元になっていると思われる。

## リュウゴ谷の大蛇 ［りゅうごだにのだいじゃ］

蛇にまつわる怪異。高知県にはリュウゴ谷と呼ばれる谷があるが、そこには大蛇が棲《す》みつき、よく地元の人々に目撃されていた。

一九五〇、一年頃、近くに住む女性がリュウゴ谷の橋を丸太ほどもある大蛇が渡っているのを見かけた。この女性はそれから熱を出して一〇日ほども寝込んだという。しかし、この目撃談を最後にして、大蛇はぷっつりと姿を消してしまったといわれている。

松谷みよ子著『現代民話考9　木霊・蛇・木の精霊・戦争と木』にある。

## 流星生首［りゅうせいなまくび］

夜空に現れた怪異。ある人物が星空を眺めていると、いくつもの流れ星が見えた。しかし、よく見るとそれらは全て生首で、その人物と目を合わせたまま消えていったという。

闇月麗編著『本当に怖い話　背すじもこおる恐怖体験99話』にある。筆者命名。

## りんご園の怪［りんごえんのかい］

山道に現れた怪異。ある少女が妹の眼病の治癒を祈願するため、山形県岸谷の観音様に母親とお参りに行ったときのこと。一本道の山道を延々と上って行くと、途中で白いペンキで塗られた鉄格子に囲まれ、升目状にきれいに整理して植えられているりんご園に出た。しかし、観音様へは一本道で、今までも何度か同じ道を来ていたが、一度もりんご園に出たことはなかった。また、あのように一直線に木を植えるような方法は通常りんご園では行わないはずであった。二人は一度山道を引き返しもう一度上ったが、やはりりんご園がある。そのためもう一度山道の入口に戻り、大きく息を吐いてから上り直すと、今度はりんご園は現れず、無事に観音様に着いたのだという。それ以降も何度か観音様に通ったが、一度もあのりんご園は現れなかった、と語られている。

木原浩勝・中山市朗著『新耳袋　第六夜』にある。

## りんちゃんメール［りんちゃんめーる］

チェーンメールにまつわる怪異。内容は「りんちゃん」という唯一の友達に好きな人を取られた女性が書いているという体裁を取る。この女性はりんちゃんに毎日好きな人のことを相談していたが、ある時交通事故に遭《あ》い、両足を失う。そのため、しばらく学校を休んでいたが、その間にりんちゃんは別の親友を見つけ、さらに女性が好きだった男性と恋人になっていた。女性はこれを許せず、誰かの足を奪ってその足を使ってりんちゃんを殺しに行くと宣言する。もしこのメールを見た場合、一二時間以内に二〇人にメールを回さないと、夜の〇時ちょうどにその人間の足を奪いに行くと告げる。メールには実際にメールを回さなかった人間の末路についても記されており、その被害者は両脚と目を奪われ、心臓がえぐり出され、手も半分失われていたという。

足を奪いに来る怪異は「カシマさん」「テケテケ」「サッちゃん」（いずれも『日本現代怪異事典』収録）など、「話を聞いた人間の元に現れるが、同じ話を一定人数にすれば出現を回避できる」というものが多い。これは「幸福の手紙」「不幸の手紙」（いずれも『日本現代怪異事典』収録）から発展した、不幸の回避のために拡散を強要するタイプの怪談だが、このメールの場合、これが口頭から電子メールへとさらなる進化を遂げている。先述したカシマさんやテケテケ、サッちゃんなどもチェーンメール化した例があるため、この類の怪異が時代に対応したものといえるだろう。

# 【る】

## ルーシー・モノストーン
[るーしー・ものすとーん]

ネット上で語られた怪異。怪談投稿サイト「Alpha-Web こわい話」に二〇〇一年九月八日に投稿されたもの。

それによれば、「ルーシー・モノストーン」という言葉を覚えていると、ある日不意に人を殺したくなるのだという。

この「ルーシー・モノストーン」という言葉については、大塚英志原作・田島昭宇作画の漫画『多重人格探偵サイコ』に同名のキャラクターが登場する。設定ではルーシーはロックミュージシャンであり、カルトの教祖であるとされ、本人は自殺したが、死後に彼にまつわる都市伝説が流布《るふ》し、伝説のロックスター兼テロリストとして扱われるようになったと語られる。作中でルーシーの曲を聞いた者が殺人者として目覚めるなどの描写があることから、それが元になって生まれた話だと思われる。そのキャラクターについては実在するモデルがいるという体裁のマーケティングが行われ、『ルーシー・モノストーンの真実』という本まで出版されている。しかし、それはあくまでマーケティング戦略の一種であり、ルーシー・モノストーンは実在しない架空の人物である。

## ルミ
[るみ]

ネット上で語られた怪異。怪談投稿サイト「Alpha-Web こわい話」にて、二〇〇二年九月三日に投稿されたもの。

アサミという女の子がおり、ルミという名前の人形をとても大切にしていた。毎日髪をブラシで梳《と》かしたり、洋服を着替えさせては洗濯してあげたり、学校での話を聞かせてあげたり、自分の妹のように可愛《かわい》がっていた。その頃、アサミの通う小学校のクラスでは怖い話が流行しており、みんなが知らない怖い話を知っている者は人気者になれた。

そんなある日、アサミは怖い夢を見た。それは学校で変質者にバラバラに切り刻まれ、花壇に植えられた女の子の話で、翌日、アサミはその話を学校でして人気者になった。

次の日、アサミはまた怖い夢を見た。それは学校の窓から首吊《くびつ》り死体がぶら下がってくる夢で、その話を学校でですると、またその日一日人気者になれた。

さらに翌日、アサミは誰も知らないはずの学校の七不思議の七つ目の話を夢で見て、また学校で話をした。やはりその日も人気者になれた。

次の夜、アサミはまた怖い夢を見たが、暑く寝苦しい夜だったため、途中で目が覚めてしまった。見ると彼女の胸の上にルミがいて、甲高《かんだか》い声でこう話していた。

「ソレデワタシハバラバラニサレテトイレニステラレチャッタノ……ア、オキチャッタ」

アサミに怖い夢を見させクラスの人気者にしていたのは、自分を大事にしてくれるアサミを思ってのルミの行動だったのだ。

人形の怪談は持ち主に復讐したり、無関係な人間を襲ったり、祟《たた》ったりするものが多い中、大事にされた恩を返すという意外と珍しい話である。

# 【れ】

## 霊界掲示板［れいかいけいじばん］

四時四四分にパソコンでインターネットに接続すると霊界掲示板に繋《つな》がる。もしこの掲示板にアクセスすると呪われるという。朝日新聞出版編『こわい話&ホラーゲームＢＯＯＫ』にある。

## 霊界チケット［れいかいちけっと］

霊界にまつわる怪異。部屋を暗くして窓とカーテンを閉め、ベッドに入り、耳栓とアイマスクを着ける。そのまま静かに横たわっていると、心臓の音が大きく聞こえるので、その音を数える。この訓練を続けていると金縛りに遭《あ》いやすくなり、さらに体と魂が離れやすくなる。すると自由に霊界に行けるようになるという。

　魔夜妖一監修『ゾゾーッ！ こわい話1000』にある。

### 霊界流し［れいかいながし］

　古い本の姿をした妖怪。本棚の目立たない場所にひっそりと隠れており、人間が来るのをじっと待つ。そして、誰かが手に取ると、その人間の未来の出来事を写し出し、的中させる。そのため、手に取った人間は一度読むと続きが知りたくなり、読み進めるうちに目が離せなくなる。そして最後には本から伸びてきた青い手に摑《つか》まれ、一瞬で霊界へと連れ去られるという。

　怪談クラブ監修『キャーッ！ みんなの怪談』にある。明記はされていないものの、同書でこの妖怪が紹介されているコーナーはイラストや妖怪のステータスなどが詳細に記されており、テレビゲームやアニメなどのキャラクターを紹介するような趣になっている。このため、霊界流しも書籍用に創作された妖怪たちを集めたものの一つではないかと考えられる。

### 礼儀正しい女［れいぎただしいおんな］

　家に現れた怪異。ある男性が妻とともに埼玉県K市に引っ越した夜のこと。新居で寝ていると体が動かなくなり、人影が男性の方へと近付いてきた。それは若い女で、顔を男性の耳元に近付けると「はじめまして」と呟《つぶや》いた。途端、体の自由は戻ったが、女の姿は消えていたという。

　木原浩勝・中山市朗著『新耳袋 第五夜』にある。筆者命名。

### 冷魂［れいこん］

　怪火にまつわる怪異。祭りの日に、ある男性と友人が参道を外れ、山道を歩いていた時のこと。祭りの音に交じり、かん、かんと音が響いてきたため、その音を追って森の中に入った。すると、奥の杉の木の下にスーツを着た女性がおり、彼女が右手を振り下ろす度、かん、かんという音がしていた。二人が何をしているのだろうと思って見ていると、向こうもこちらに気付いたらしく、顔を二人の方に向けた。なぜかその女が怒っていることが分かった。二人は全力で山の上に逃げ、やっと落ち着いた。

　時刻はまだ夜の八時で、二人はあの女が何をしていたのか、確かめようと考えた。そして、あの杉の木の方へ行き、女がいないことを確認して近付くと、そこにあったのは一点に何本も打ち込まれ、花のように広がった釘であった。友人が珍しそうにその釘に触ると、その途端に頭の上から青白く光る球体が現れ、友人の上にゆっくりと降りてきた。二人は慌てて山道を駆け降りたが、光球が追ってくる。二人はひたすら走り続け、どうにか男性の家まで辿《たど》り着くことができた。しかし、友人は血の気が引いて息が荒く、体は冷え切っているにもかかわらず、熱を出していた。

その熱は一週間ほどして下がったが、友人はひどくやつれていた。男性が何があったのかを尋ねると、友人はあの夜、逃げている時にあの光球が真後ろまで来たため、追い払おうとしているうちに、手が光球に触れたのだという。その光球は身の毛がよだつほど冷たかったと言うため、男性はあれは人の体温を盗むものだと思ったという。

木原浩勝・中山市朗著『新耳袋　第七夜』にある。

## れいこんさん［れいこんさん］

鏡に現れる怪異。自分の全身が映るほどの大きさの鏡を用意し、目を瞑《つむ》って「れいこんさん」と何度も唱える。すると何か気配を感じるため、すぐに目を開くと、鏡の中にぼんやりとおじいさんの姿が見える。

これがれいこんさんなのだという。

魔夜妖一・幻咲麗・マーク矢崎治信監修『うわさの怪談＋』にある。

## 霊集合アクション［れいしゅうごうあくしょん］

その名の通り霊を呼び集めるというアクション。両手を前に突き出し、右手を右回りに、左手を左回りに回す。これを五〇回行うと霊が集まって来るという。

魔夜妖一・幻咲麗・マーク矢崎治信監修『うわさの怪談＋』にある。

## 冷蔵庫の生首［れいぞうこのなまくび］

ネット上で広まる怪異。ある人物が冷蔵庫を開けると誰かの生首が入っていた、という話だが、この人物は冷蔵庫の生首を見間違い、思い違い、幻覚などと考え、何度も冷蔵庫のドアの開け閉めして、その度に驚愕するという内容になっている。

現在ネット上でたくさんコピペされたことによって広く知られるようになったが、元は2ちゃんねる（現5ちゃんねる）オカルト板に立てられた「死ぬ程洒落《しゃれ》にならない怖い話を集めてみない？　96」スレッドにて、二〇〇五年四月一三日に「もこ」という固定ハンドルネームを使う人物によって書き込まれたものが初出と思われる。この話では生首を目撃したのは「もこ」本人という体裁になっており、一人称も「もこ」として語られているが、現在は一人称を「私」と変えられているものが一般的。

冷蔵庫を開けると生首が現れるという場面はホラー映画でよく見られ、『13日の金曜日ＰＡＲＴ２』にはミイラ化した生首が入っているシーンがあるほか、『サンゲリア2』では生首のゾンビがいて、なぜか宙を飛んでくるというシーンがある。

## 霊の種類［れいのしゅるい］

現代において、霊は様々な種類がいると語られている。一定の場所に留まり続ける

「地縛霊」、人間を守護する「守護霊」、一定の場所に留まらず、徘徊《はいかい》を続ける「浮遊霊」、動物が死後、霊となる「動物霊」などがその代表だろう（それぞれの項目の詳細については『日本現代怪異事典』を参照）。

　この「〜霊」という単語は元々心霊主義や心霊科学と呼ばれるアメリカで生まれた思想が元になっている。この思想は、死後の霊魂の存続や、幽界、霊界といった霊魂が赴くべき上位の世界があるとするもので、地上に囚われ続ける霊を「Earthbound spirits」、他界から人間を守護するために遣わされる「Guardian spirits」といったものがおり、明治から昭和初期に活躍した日本の心霊主義者、浅野和三郎がこれらをそれぞれ「地縛の霊」「守護霊」といったふうに訳した。それが現在まで使われているということになる。「動物霊」や「背後霊」といった言葉もこの心霊主義で使われる言葉が元になっている。

　大きく分けて心霊主義・心霊科学に基づくものとそれらの影響を受けて後から生まれたものがある。例えば「地縛霊」や「守護霊」は七〇年代に起きたオカルトブームにおいて中岡俊哉やつのだじろうといった人物が自身の作品で心霊主義、心霊科学の用語を紹介し、先述した「地縛霊」や「守護霊」といった言葉も広まった。これとは別に、「浮遊霊」などの元々心霊主義にはない言葉も使われるようになった。こういった言葉は「属性を表す単語」＋「霊」で構成されており、本書に収録したものだと**強愛霊**、**執着霊**、**声霊**、**人気霊**、**美貌霊**、**水子霊**、**友愛霊**がある。こういった霊の種類はいくらでも作れるため、恐らく本書に収録した以外にも膨大な数があるし、今後も増えていくことだろう。

### 霊を呼ぶ鳥居［れいをよぶとりい］

　鳥居にまつわる怪異。群馬県の赤城山に繋《つな》がる国道には鳥居があるが、この鳥居には霊が両手でぶら下がっているという。しかも霊は一人ではなく、霊感がある者が早朝にこの場所を訪れると、鳥居にぶらさがるたくさんの霊を目撃するようだ。

　宝島社『最新「霊スポット」121怨霊地図　04年版　関東一都六県』にある。

### れんぎょさん［れんぎょさん］

　複数人で怖い話をしていると現れるという怪異。れんぎょさんはその中で最も怖がりな人間に取り憑《つ》く。取り憑かれた人間は意味不明な話を続けたり、独り言が多くなったりする。追い払うためには笑うと良いという。

　マイバースデイ編集部編『ゾゾ〜ッ！心霊体験大集合』にある。

# 【ろ】

## ローラースルーゴーゴーババア

［ろーらーするーごーごーばばあ］

老婆の怪異。ある喫茶店の前を車で時速六〇キロ以上出して走るとローラースルーゴーゴーババアが現れ、その車を追いかけるという。そのため、この喫茶店の前を通る車はゆっくり走るようになったそうだ。

ポプラ社編集部・渡辺節子編『映画「学校の怪談」によせられたこわーいうわさ』に愛知県名古屋市からの投稿として載る。

ローラースルーゴーゴー（ローラースルーGOGO）とはスケートボードに車輪が前に二つ、後ろに一つつき、前輪の間にハンドルが固定されている乗用玩具で、一九七四年に発売された。近年でいえばキックボードの姿に近い。

## ロクちゃん

［ろくちゃん］

人形にまつわる怪異。ある小学校のクラスで「いじめ」が問題になり、それを解決するため、担任の教師が生徒全員に「嫌いなもの」という題で作文を書かせた。そして皆の前でその作文を布の袋に入れると、持ってきていた人形の腹にその袋を詰め、縫い付けてしまった。教師はこの人形を「ロクちゃん」と呼び、「ロクちゃんはみんなの嫌いなものがいっぱい詰まっているの……だから、みんなの中に嫌いなものはもう残っていないはずよ。誰かをいじめたくなったり、悪い気持ちが出たらロクちゃんにぶつけるように……お友達にしてはだめよ」と説明した。以降、生徒たちは鬱憤《うっぷん》をロクちゃんにぶつけるようになり、ロクちゃんは殴られたり、踏まれたり、校舎から落とされるなどしてすぐにボロボロになったが、教師はその度に直して教室に置いた。

しかしある時から、学校の前を通るとロクちゃんが窓から顔を出している、夜中になるとロクちゃんが動き回るといった噂《うわさ》話が流れ始め、それはロクちゃんのいるクラスの外まで広まって行った。

ある時、勉強をしていた一人の生徒が、「弱虫……よわむし」とロクちゃんが囁《ささや》いたと言って、人形をカッターで切りつけるということがあった。彼はクラスで一番ロクちゃんを手荒く扱っていたが、その数日後、建設現場に転がったボールを取りに行った際にショベルカーの爪に引っ掛けられるという事故で死亡した。その亡骸《なきがら》は顔の皮が丸まって耳の裏側に寄って剥《む》けているという悲惨なものだったという。それから続けて二人の生徒が怪我《けが》をしたり入院したりしたため、ロクちゃんの呪いの噂が蔓延《まんえん》することになった。またこの頃には、子どもの力で持ち上げたり投げたりすることができたはずのロクちゃんが、どうしてか誰も持ち上げられないほど重くなり、布でできているにもかかわらず、ぶつかると痣《あざ》ができるなどの現象も起きていた。そうしたことからクラス全会一致でロクちゃんを燃やすことになったが、処分が決定するとロクちゃんを入れたロッカーが揺れ出したという。次の週、ロクちゃんは学校の焼却炉で燃やされたが、その際は肉の焦げる臭いが漂ったと語られている。

一〇年後、このクラスのクラス会が行われたが、クラスの半分ほどが妙な事故や怪我、事件に巻き込まれていることが判明した。また、クラス会の会場となった当時の教室を出る際に誰かが「ロクちゃーん」と呼ぶと、「はーい」という声が後ろから聞こえてきたという。

デルモンテ平山編著『「超」怖い話　彼岸都市』にある。

## 六甲山のスカイフィッシュ
[ろっこうざんのすかいふぃっしゅ]

山にまつわる怪異。兵庫県神戸市に聳《そび》える六甲山には、未確認動物の一種として知られるスカイフィッシュが出現する。

スカイフィッシュは白もしくは黒の棒状の謎の物体で、複数の羽を持つ場合もあるが、肉眼では捉えきれないほどの高速で飛行するため、主に写真や動画でその姿が確認される。六甲山のスカイフィッシュも同様で、肉眼では見ることができない。六甲山の中でも地獄谷に生息地があるとも言われている。

並木伸一郎著『未確認動物UMA大全』にある。

## 肋骨折り
[ろっこつおり]

ある学校の七不思議として伝わる怪異。その学校の体育館で大の字で寝ていると、肋骨が折れるという。

常光徹編著『みんなの学校の怪談　赤本』に東京都からの投稿として載る。筆者命名。

## 六本目のナイフ
[ろっぽんめのないふ]

ある学校に現れる怪異。その学校の図工室には五本のナイフがあるが、かつては六本目があり、そのナイフで人が刺し殺されて死亡した。その六本目のナイフは今も存在しており、夜九時に校舎にいる人間を刺し殺してしまうのだという。

「ほんとにあった怖い話」委員会編『ほんとにあったこわい話2』にある。

# 投稿される怪異

怪談が掲載されている書籍の中には、読者投稿、視聴者投稿をメインにしているものがあります。読者投稿の場合、その書籍のシリーズや雑誌を購入している人に向けて自身の知っている、もしくは体験した怪談の投稿を募集するもので、視聴者投稿の場合は主にテレビ番組やラジオ番組の視聴者に向け、自身の体験談や噂話、学校、職場に伝わる話などを含む、投稿者が知っている怪談を募集するものです。そういった点で、実際に怪異を体験した人物がいることを前提としており、著者が自ら取材し、その内容を整理して書き記す実話怪談とは少々異なります。

前者の場合、投稿の中から選ばれたものがそのシリーズの書籍や雑誌に掲載されることになり、後者の場合、同じように選ばれたものが番組内で紹介されたり、再現ドラマとして映像化されることが多いですが、時にその番組を元に書籍が発行され、投稿された怪談が掲載されたりします。この場合、番組内では紹介しきれなかったものも含めて掲載されていることが多く、またソフト化されていないなどの理由で確認が難しい、過去の番組で紹介された怪談もある程度知ることができます。ただし、番組内で放映されたものがそのまま書籍に落とし込まれているとは限らないため、注意が必要です。

こういった投稿された怪談を集めた書籍は、怪談本の一つのジャンルとして数多く発行されていますが、他の怪談本にはない特徴はなんといっても掲載されている怪異のバリエーションの豊富さです。投稿型であるゆえ、年代も住んでいる地域も職業もばらばらな様々な人々が語ることから、怪談の内容も多岐に渡るのです。

そのため、現代の怪異を調べる上でこういった資料はとても有用です。それに読んでいるだけでも楽しいです。ぜひ、何か一冊からでも読んでみるのはいかがでしょうか。

# 【わ】

## わかったさんのトイレ
［わかったさんのといれ］

ある学校に伝わる怪異。その学校には「わかったさんのトイレ」と呼ばれる女子トイレがある。その由来は個室に向かって「ごめんね」と言うと、小さな泣き声で「わかった……」と答えるからだという。

谷間夢路監修『学校であったコワ～イ話PART3』に広島県からの投稿として載る。

## 若戸大橋の幽霊
［わかとおおはしのゆうれい］

福岡県北九州市の洞海湾《どうかいわん》入口に架かる若戸大橋の真ん中に現れるという、白ブラウスにスカート姿の怪異。これは橋の上から飛び降り自殺をした女性の霊といわれ、全身びしょ濡れで、顔面がぐしゃぐしゃに潰れて血を流しているという。

室生忠著『恐怖と怪奇の幽霊体験』にある。

## 別れ話をする幽霊
［わかればなしをするゆうれい］

神奈川県三崎町油壺《あぶらつぼ》のある旅館に現れるという幽霊。この旅館の離れにアベック（カップル）の幽霊が出現し、別れ話をする。女の幽霊が「アンタ、自分の主張というものがないの!?」と言うと、男の幽霊はただ黙り込んでしまうという。

松永克広著『妖魔がさ迷う怨霊列島』にある。

## 私の歌を聞いて……
［わたしのうたをきいて……］

ネット上で語られた怪異。怪談投稿サイト「Alpha-Web　こわい話」に一九九九年六月二九日に投稿されたもの。

福島県のある小さな村の山道を車で走っていると、「私の歌を聞いて……私の歌を聞いて下さい……」という声が聞こえ、バックミラーに少女が現れる。少女は美しい声で「ひとりぼっちの山はさびしかろ、あそび相手がいないから　ふたりぼっちの山はたのしかろ、あそび相手がふえるから　遊んだ夜はかなしかろ、またひとりぼっちにもどるから」と歌うが、これを聞くと事故に遭《あ》ってしまうという。

## わたしのは、あさまかえしてえ
［わたしのは、あさまかえしてえ］

ネット上で語られた怪異。2ちゃんねる（現5ちゃんねる）オカルト板に立てられた「不可解な体験、謎な話～enigma～　Part64」

スレッドにて二〇一〇年一〇月三〇日に語られたもの。

それによれば、報告者が中学生の頃のこと。田舎で暮らしていた報告者は、風呂上がりに自室でくつろいでいた際、黒い虫が一匹、部屋の中を飛んでいるのに気が付いた。さほど珍しいことでもないため、近くにあった雑誌を丸めてその虫を叩《たた》き落としたが、その虫は今まで見たこともない姿をしていたという。体色は黒く、セミほどの大きさで、何百枚も重なっているであろう薄い透明な翅《はね》は小刻みに揺れており、背中に猫の目のようなものが一つついていて、ギョロギョロと動いていた。報告者は驚き、その虫をティッシュで何重にも包んだ後、窓から投げ捨て、暑いのを我慢して窓を閉め切って寝た。

翌日、報告者は雨が降る中を登校していたところ、小学校低学年ぐらいの子どもが小走りで駆け寄ってきて、隣を歩き始めたかと思うと「わたしのは、あさまかえしてえ」と二回、怒鳴り付けるように告げ、そのまま走り去った。子どもの顔は差していた傘に遮られ、見えなかったという。

その後、報告者は中学校に辿《たど》り着き、授業を受けていたが、今度は窓の外に今朝の子どもが現れた。報告者が気付いた瞬間、子どもの持っていた傘が吹き上げられ、顔が露《あらわ》になった。その子どもには目が一つしかなく、顔の真ん中についていた。直後、教室にいた他の生徒たちが突然、無表情で「わたしのは、あさまかえしてえ」と連呼し始めた。報告者はごめんなさいと叫びながら教室を飛び出し、職員室へと向かったが、職員室のドアが開かない。泣きながら力任せにドアを引っ張っていると、後ろに気配を感じて振り返った。そこにはあの子どもがおり、真っ黒な口を開けて「わたしのは、あさまかえしてえ……」と言った。報告者は気を失い、目を覚ました時には保健室にいた。職員室の前で倒れていたらしく、その日は早退することになった。その後、子どもが現れることはなかったという。

報告者はあの子どもは「私の母様返して」と言っていたのではないか、殺してしまった黒い虫があの子どもの母親だったのではないかと語っている。

## わたり ［わたり］

山にまつわる怪異。ある親子が新幹線に乗っていた際のこと。子どもが窓の外の山を眺めていると、人の姿をしたものが山頂から谷を跳び越え、別の山頂へと跳び移る姿が見えた。子どもは慌てて隣の席で寝ている母親を起こし、そのことを話すと、母親も目を丸くして窓の外を見ていた。その姿は山伏のようであったという。

木原浩勝・中山市朗著『新耳袋 第七夜』にある。

## ワッショイ幽霊 ［わっしょいゆうれい］

ネット上で語られた怪異。WEBサイト「怪談投稿」にて二〇〇二年八月一八日に掲載されたもの。筆者命名。

それによれば、ある人物の部屋に出現するという幽霊で、家主を金縛りにした後、「ワッショイ、ワッショイ」と言いながらひたすら家主の布団の周りを回り、何かを運ぶのだという。また、この幽霊は何度も部屋に現れており、近頃は「ラッセーラー、ラッセーラ」と掛け声が変わっていることも語られている。

## 笑う女 ［わらうおんな］

ネット上で語られた怪異。2ちゃんねる（現5ちゃんねる）オカルト板に立てられた「死ぬ程洒落《しゃれ》にならない怖い話を集めてみない？ 45」スレッドにて二〇〇三年七月一八日に書き込まれた話に登場する。

その話によれば、報告者が学生だった頃、友達のAの家で心霊特集の番組を見ていた時のこと。報告者はAを怖がらせるためのいたずらを思い付き、Aの左肩の上の一点を凝視すると「白目を剥《む》いて大口を開け、狂ったように笑っている女がいる」と告げた。その直後、タイミングよくテレビから「はははははははははははははははははははははは!!」と女の笑い声が聞こえた。それは心霊番組の再現VTRであったが、その声を聞いてすっかり怯《おび》えたAは家を飛び出してしまった。

信じ込んでしまっているAに報告者は、さっきのはいたずらであったことを告げ、お詫びに一週間昼食を奢《おご》ることで話が付いたが、翌日以降、Aの様子がおかしくなっていった。

学校に来なくなって三日後に報告者にかけてきた電話でAは、先日の出来事は本当に嘘だったのかと確認するように問う。何かあったのかとAに聞くと、夢の中に白目を剥き、顎が外れんばかりの大口開けながら狂ったように笑う女が現れ、その翌日、真夜中に目が覚めると、今度はその女が自分の横で寝ながら「アッアッ!! アッアッ!!」と笑っていたという。報告者はとりあえずAに明日学校に来るようにと促したが、翌日現れたAは意外にも笑顔を見せた。昨日の話はAの仕返しのいたずらだったのかと安堵《あんど》した報告者であったが、Aはあの女が「次はパパの所へ行くから」と言っていたと告げた。

その日、飲み会を終えて深夜二時頃に帰ってきた報告者は、すぐにベッドに潜《もぐ》り込み、午前五時頃に目を覚ました。すると窓の外から「アッアーッアッアッアッアーッ」という声が聞こえる。報告者は鳩か何かの声だろうと気にしなかった。だが、その声は止まらない。これでは眠れないと報告者が窓を開くと、目の前にある公園の入口に人影が立っていた。その人影は左右に揺れながら、重心が定まらない動きでこちらに近付いてくる。報告者は酔っ払いかと思い、窓を閉めたが、その直後「ッアッアッアッアッ」という声が窓のすぐ向こうで聞こえた。明け方だったこともあり、報告者は窓を開けて一言文句を言い、再び窓を閉めてベッドを振り返ると、いつの間にかそこに誰かがいた。それは真っ白なワンピースを着た女で、彼に背中を向けてベッドの上に座っていた。女は肩を震わせながら「ヒャッヒャッ」としゃっくりのような声を響かせていたが、体が報告者の方を向くにつれて「アッアッアッアッ」という、あの笑い声に変わっていった。振り向いたその顔は、白目を剝き、顎が外れた、報告者が作り出したあの化け物の姿そのものだった。女は報告者の方に近付くと、はっきりとこう囁《ささや》いた。

「わたしを作ってくれてありがとう」

以来、笑う女は報告者の元に現れていないという。

### 笑う自殺者［わらうじさつしゃ］

ある団地に現れたという怪異。その団地は二つの棟がエレベーター・シャフトで繋《つな》がれたH字型の構造をしていた。この団地は自殺の名所として知られていたが、ある時、一人の男性が建物の内側に面する通路を歩きながら、向かい側の棟を何の気なしに眺めていると、彼の目の前を何かが上から下へ通り過ぎた。それは真っ逆さまに落ちていく女だった。すれ違う際、男性は女と目が合ったが、女はその瞬間に笑った。男性は度肝を抜かれたものの、すぐに女が落ちて行った地面を見たが、そこに死体も何もなく、ただ赤いシミのようなものが残っていたという。

樋口明雄編著『続「超」怖い話』にある。このように死後も自殺を繰り返す霊の話は数多《あまた》に語られており、目が合った瞬間に笑ったという話も多い。この他、霊ではなく本当に自殺者がおり、その自殺の瞬間に居合わせた人間が自殺者と目が合い、自殺者が笑みを見せるというパターンもある。また、自殺の瞬間を偶然写真に捉えてしまい、見返すとカメラに向かって笑みを見せていた、というパターンもある。

### 笑うしゃれこうべ［わらうしゃれこうべ］

池に現れる怪異。神奈川県川崎市のある大学の敷地内では、戦時中人体実験が行われた施設があったと噂《うわさ》されている。そのためか、新しく校舎を建てた際、人骨が山のように出てきたという。そしてそこからほど近い場所にある小さな池では、真夜中に「ポチャン」という音がして、池の上を無数のしゃれこうべが浮遊し、高らかに笑うという。

宝島社『最新「霊スポット」１２１怨霊地図 04年版 関東一都六県』にある。筆者命名。

### 笑う幽霊［わらうゆうれい］

ある学校の教室に現れるという怪異。その教室では毎年、ある時期になると「笑う幽霊」と呼ばれる幽霊が出る。この幽霊は基本的に姿が見えないが、「クスクス」という笑い声が聞こえ、それが次第に大きくなっていく。ある少女がこれと遭遇した際、「お願い、やめて!」と叫ぶと笑い声は止んだが、「明日も待ってるわよ」という声が聞こえたと語られている。この幽霊を見た人物もいたが、それは女の姿をしており、笑い出すと大きく口が裂けていったという。

マイバースデイ編集部編『学校の恐怖伝説』にある。

### わらしぼっち［わらしぼっち］

小学校に出現するという怪異。少年の姿をした妖怪で、横と後ろの髪を刈り上げた頭に、短めの半ズボンという姿をしている。子どもが教室に一人でいたり、帰り道を辿《たど》っていると、いつの間にか後ろに現れ「あーそーぼー」と声をかけてくる。わらしぼっちとはすぐに親しくなれるが、何度も遊ぶうちに次第に顔付きが変わってきて、最後は本来の姿を現し、子どもを地獄に引き摺《ず》り込むという。これを避けるためには声をかけられた際に「友達と約束がある」と答えると良いという。

怪談クラブ監修『キャーッ！ みんなの怪談』に妖怪の一種として紹介されているもの。明記はされていないが、容姿や行動などが明確に設定されていることから、書籍用に創作された妖怪の可能性が高い。

### ワンの妖怪［わんのようかい］

ある学校に伝わる怪異。その学校の旧体育館に夜一二時に行き、一〇周回って真ん中でワンと言うと妖怪が出るという。

常光徹編著『みんなの学校の怪談 赤本』に広島県からの投稿として載る。相手に服従の意を示させるために「三回まわってワンと鳴け」といったことをさせる描写があるドラマや漫画などがあるが、こういった話から生まれた妖怪だろうか。

## 【ん】

### んー［んー］

ネット上で語られた怪異。2ちゃんねる（現5ちゃんねる）オカルト板に二〇〇七年二月一一日に書き込まれた体験談に登場する。

それによれば、報告者の自宅のリビングでは、時折女性の低い声で「ん～……ん～ん～……」という鼻歌が聞こえるという。この鼻歌は初めは耳を澄まさないと気付かないほど遠くから聞こえるが、放っておくとどんどん近付いて来る。時にはリビングを越え、報告者の部屋にまで入って来ることもあったという。鼻歌が聞こえた際には般若心経《はんにゃしんぎょう》の最後の部分を繰り返し唱えるとだんだん遠ざかって行くため、これで対処していた。しかしある日、好きなバンドのアルバムを買った報告者は、家に帰ってすぐにヘッドフォンをしてアルバムを聞いていた。一通り聞き終わり、ヘッドフォンを耳から外したところ、耳元で「んーーーーーーーーーーーーー」という声が響いたという。

# 五十音順索引

この索引は、本書収録の全怪異を五十音順に配列したものである。

## あ

## か

## 五十音順

## な

## は

## や

五十音順



## ら

# 類似怪異索引

この索引は、何らかの特徴的な共通点がある怪異を類似怪異としてまとめたものである。見出しは五十音順に配列してある。

# 属性別索引

この索引は、本書収録の怪異を属性別にまとめたものである。見出しは五十音順に配列してある。複数該当するものは重複して掲載している。

### 飲食物



### WEBサイト



### 牛



### 馬



### 占い・まじない



### 映像



### 液体・不定形



### 駅・鉄道



### SNSアカウント

## エレベーター



## 落武者



## 男



## 鬼



## お面



## 女

## 貝



## 絵画



## 怪現象

### 少年



### 植物



### 書籍



### 除霊



### 人体の一部

## 化け物・怪物・怪人

## ピエロ



## ビタミン剤



## 羊



## 人柱



## 火の玉・人魂

### 夢・悪夢



### 妖精



### 力士



### 龍



### 老婆

## 老爺

# 出没場所索引

この索引は、怪異と遭遇した場所をまとめたものである。見出しは五十音順に配列してある。複数該当するものは重複して掲載している。

## 家

## 特定の家系



## 特定の人間のところ

### 山小屋



### 山道

# 使用凶器索引

この索引は、怪異が第三者に危害を加えるために用いた凶器あるいは手段をまとめたものである。見出しは五十音順に配列してある。複数該当するものは重複して掲載している。

使用凶器

## 心理操作・身体操作



## 素手



## 砂



## 精神破壊



## 切断



## 窃盗



## 前兆・予兆



## 体当たり・おぶさり

# 都道府県別索引

この索引は、怪異が目撃された場所および怪異談の投稿者の居住地を都道府県別にまとめたものである。複数該当するものは重複して掲載している。

## 東京都

## 神奈川県



## 新潟県



## 富山県



## 石川県



## 福井県



## 北陸地方

# おわりに

本書を手に取っていただきありがとうございます。筆者としてまず感謝申し上げます。

本書の前作にあたる『日本現代怪異事典』は私にとって作家としてのデビュー作にあたる本です。同人誌から始まり、二〇一八年一月に商業誌として刊行されたため、それから約五年半が経ちました。こうしてその続編を世に出すことができたことはとても感慨深いものがあります。

その間に元号は平成を過ぎて令和へと変わり、新時代を迎えました。しかし、怪異たちはあの頃と変わらずこの世界を跋扈《ばっこ》しています。時代は変われども、人がそこにいる限り怪異たちもまた我々の前に姿を現してくれるのです。

口裂け女やトイレの花子さん、テケテケ、赤マント、八尺様、くねくね、きさらぎ駅など、有名な現代怪異は主に前作に収録しているため、今作は王道から外れた、珍しいものたちを中心に集めました。様々な書籍資料や閉鎖済みのＷＥＢサイトを巡り、まだ見ぬ怪異たちを探索していく作業はとても楽しいものでありました。

執筆にあたり編集を担当していただいた山口晶広様、前作に続き、今回もカバーイラストを担当して下さった裏逆どら様、執筆中に多くのご教示や応援を頂いた皆様に深くお礼申し上げます。

また、本書は先学の方々の著作を参考にさせていただいております。この場を借り、偉大な先人の方々に対する感謝を申し上げさせていただければと思います。

さて、前作と今作を合わせ、収録された現代怪異の数は二〇〇を少し超えたぐらいになります。しかしこれは戦後から令和に至るこの四半世紀以上の間語られてきた怪異たちのごく一部でしかありません。彼らは日々増え続けているうえ、過去に記録されたものを全て収集するのも至難の業でしょう。

それは逆に、まだまだ新たな出会いが待っている、ということを意味しています。それは怪異・妖怪と呼ばれるものたちと出会った幼少期から続いている、私にとっての楽しみでもあります。未知の怪しいものたちとの遭遇は、いくつになっても胸をときめかせるのです。

これからもまだまだ私は新たな怪異たちとの邂逅《かいこう》を求め、彼らの収集を続けて行くでしょう。近い未来、このシリーズの続きを書く機会に恵まれたとしたら、恐ろしく、愉快で、不思議な現代怪異たちとともに、また皆さまとお会いできればとても嬉しく思います。

二〇二三年五月

朝里　樹

- 水木しげる著『決定版 日本妖怪大全 妖怪・あの世・神様』2014年、講談社文庫
- 宮崎敦司監修『本当に怖い話 MAX 絶叫学園』2016年、新星出版社
- 宮崎敦司監修『本当に怖い話 MAX 死神降臨』2016年、新星出版社
- 宮崎敦司監修『本当に怖い話 MAX 呪詛怨嗟』2017年、新星出版社
- 六幻地蔵著『屍春期 先生と生徒の奇怪な体験』2019年、彩図社
- 室生忠著『都市妖怪物語 現代の不思議と恐怖』1989年、三一新書
- 室生忠著『恐怖と怪奇の幽霊体験 あなたは信じられるか!?』1990年、グリーンアロー出版社（現青泉社）
- 矢島誠編著『新・怪奇体験1』1995年、勁文社文庫21
- 矢島誠編著『新・怪奇体験2』1995年、勁文社文庫21
- 矢島誠編著『新・怪奇体験3』1996年、勁文社文庫21
- 矢島誠編著『新・怪奇体験4』1997年、勁文社文庫21
- 山本素石著『山棲みまんだら』2018年、ヤマケイ文庫
- 闇月麗編著『ミラクルきょうふ！本当に怖い話 背すじもこおる恐怖体験99話』2013年、西東社
- 湯本豪一編著『妖怪百物語絵巻』2003年、国書刊行会
- 湯本豪一編著『続・妖怪図巻』2006年、国書刊行会
- 吉田悠軌編著『ホラースポット探訪ナビ 日本全国のヤバイところに行ってきた！』2014年、学研プラス
- 吉田悠軌著『現代怪談考』2022年、晶文社
- 吉田悠軌選『ムー実話怪談「恐」選集』2018年、学研プラス
- 渡辺節子・岩倉千春編著『夢で田中にふりむくな ひとりでは読めない怖い話』1996年、ジャパンタイムズ

**【WEB サイト】**（最終閲覧2023.5）

- 「Alpha-Web こわい話（インターネットアーカイブ）」http://web.archive.org/web/20070603215546/http://www.alpha-web.ne.jp/fun/kowai/cont.htm
- 「うしみつのかね」http://raira314.web.fc2.com/
- 「逢魔が刻（インターネットアーカイブ）」http://web.archive.org/web/20010518235457/http://www5.big.or.jp/~mints
- 「怪談投稿（インターネットアーカイブ）」http://web.archive.org/web/20110826084541/http://homepage3.nifty.com/kaidan/ghost0.htm
- 「現代奇談（インターネットアーカイブ）」http://web.archive.org/web/20050328044119/http://osi.cool.ne.jp/
- 「Ghost Tail」http://www.ghosttail.com/
- 「5ちゃんねる」https://www2.5ch.net/5ch.html
- 「怖い話投稿　ホラーテラー（インターネットアーカイブ）」https://web.archive.org/web/20120423053208/http://horror-terror.com/
- 「樹海村：発見された本当の「隠れ里」とは――吉田悠軌の異類捜索記」https://note.com/shobunsha/n/n2125f6d56884
- 「都市伝説広場（インターネットアーカイブ）」https://web.archive.org/web/20210227190650/http://umaibo.net/
- 「2ちゃんねる」https://www.2ch.sc/

**【論文】**

- 勝田彩香（2013）「明治大正期のクリスマス受容 クリスマス・サンタクロースの諸表象」,『リテラシー史研究』6．pp.1-14，リテラシー史研究会

- 日本民話の会学校の怪談編集委員会編『学校の怪談16 100不思議通信スペシャル』1994年、ポプラ社
- 樋口明雄編著『続「超」怖い話』1993年、勁文社文庫21
- 百怪の会編『恐怖のネット怪談』2001年、同朋舎
- 平川陽一著『学校であったコワ〜イ話』1993年、日東書院本社
- 平川陽一著『山と村の怖い話』2017年、宝島社文庫
- 平野威馬雄著『お化けの住所録 いつ、どこで、どんなお化けが……』1975年、二見書房
- 平野威馬雄著『日本怪奇名所案内』1976年、二見書房
- フジテレビ「いきなりフライデーナイト」編『いきなり怖い話』1988年、フジテレビ出版
- ヘレン・ハーデカー著・塚原久美監訳・清水邦彦監修・猪瀬優理訳・前川健一訳『水子供養 商品としての儀式』2017年、明石書店
- ポプラ社編集部・渡辺節子編『映画「学校の怪談」によせられたこわーいうわさ』1996年、ポプラ社
- 堀真一郎文・きのくに子どもの村中学校わらじ組編・絵『中学生がまとめた山の村のこわい話』2021年、黎明書房
- 「ほんとにあった怖い話」委員会編・鶴田法男監修『ほんとにあった怖い話1』2014年、朝日新聞出版
- 「ほんとにあった怖い話」委員会編・鶴田法男監修『ほんとにあった怖い話2』2014年、朝日新聞出版
- 「ほんとにあった怖い話」委員会編・鶴田法男監修『ほんとにあった怖い話3』2014年、朝日新聞出版
- 「ほんとにあった怖い話」編集部編『戦慄の恐怖体験 ほんとにあった怖い話』1993年、朝日ソノラマ
- マーク・矢崎著『キューピッドさんの秘密 降霊術の不思議』1989年、二見書房
- マイバースデイ編集部編『わたしにささやく幽霊』1988年、実業之日本社
- マイバースデイ編集部編『わたしの知ってるおまじない1000』1989年、実業之日本社
- マイバースデイ編集部編『わたしの部屋に幽霊が… 恐怖体験集』1989年、実業之日本社
- マイバースデイ編集部編『恐怖!! 学校の幽霊 本当にあった恐い体験集』1997年、実業之日本社
- マイバースデイ編集部編『ゾゾ〜ッ! 心霊体験大集合』2003年、実業之日本社
- マイバースデイ編集部編『マジこわい!! 心霊体験大百科』2004年、実業之日本社
- 松谷みよ子編『狐をめぐる世間話』1993年、青弓社
- 松谷みよ子著『現代民話考3 偽汽車・船・自動車の笑いと怪談』2003年、ちくま文庫
- 松谷みよ子著『現代民話考5 死の知らせ・あの世へ行った話』2003年、ちくま文庫
- 松谷みよ子著『現代民話考6 銃後・思想弾圧・空襲・沖縄戦』2003年、ちくま文庫
- 松谷みよ子著『現代民話考8 ラジオ・テレビ局の笑いと怪談』2003年、ちくま文庫
- 松谷みよ子著『現代民話考9 木霊・蛇・木の精霊・戦争と木』2003年、ちくま文庫
- 松谷みよ子著『現代民話考11 狸・むじな』2004年、ちくま文庫
- 松永克広著『妖魔がさ迷う怨霊列島 血も凍る恐怖の幽霊体験報告書』1994年、グリーンアロー出版社(現青泉社)
- 松原タニシ著『事故物件怪談 恐い間取り』2018年、二見書房
- 松原タニシ著『事故物件怪談 恐い間取り2』2020年、二見書房
- 松山ひろし著『呪いの都市伝説 カシマさんを追う』2004年、アールズ出版
- 魔夜妖一監修『ゾゾーッ!こわい話1000』2017年、成美堂出版
- 魔夜妖一・幻咲麗・マーク矢崎治信監修『うわさの怪談+』2012年、成美堂出版
- 魔夜妖一・幻咲麗・マーク矢崎治信監修『うわさの怪談 Real』2012年、成美堂出版
- 魔夜妖一・幻咲麗・マーク矢崎治信監修『うわさの怪談 闇』2014年、成美堂出版
- 魔夜妖一・マーク矢崎治信・夜羽るか監修『うわさの怪談 恐怖の学校 Special』2014年、成美堂出版
- 魔夜妖一・マーク矢崎治信・夜羽るか監修『うわさの怪談 謎』2014年、成美堂出版
- 真宵魅鬼編著『マジこわ!本当にあった!? こわ〜い話』2014年、ナツメ社

- 郷内心瞳著『拝み屋異聞 弔い百物語』2020年、イカロス出版
- 後藤宏行著『死の海』2019年、洋泉社
- 小松和彦監修・常光徹・山田奨治・飯倉義之編『日本怪異妖怪大事典』2013年、東京堂出版
- 「怖い話」編集部編『私のいちばん怖い話 読者投稿6500通』2002年、竹書房
- 室秋沙耶美監修『本当に怖い話 MAX∞ 逢魔ヶ刻』2017年、新星出版社
- 室秋沙耶美監修『本当に怖い話 MAX∞ 地獄絵巻』2017年、新星出版社
- 室秋沙耶美監修『本当に怖い話 MAX∞ 悪夢地獄』2018年、新星出版社
- 室秋沙耶美監修『本当に怖い話 MAX∞ 悪霊君臨』2018年、新星出版社
- 室秋沙耶美監修『本当に怖い話 G-MAX 呪』2019年、新星出版社
- 実業之日本社編『ヤングセレクション ギャー！ 幽霊＆怪奇体験大集合』2005年、実業之日本社
- 実業之日本社編『ヤングセレクション 本当にこわい！ 学校の怪談スペシャル』2013年、実業之日本社
- 実業之日本社著『ビビる！ 都市伝説＆怪談スペシャル』2017年、実業之日本社
- 主婦の友インフォス情報社編『事故物件サイト・大島てるの絶対に借りてはいけない物件』2015年、主婦の友社
- 常紋トンネル工事殉難者追悼碑建設期成会編『トンネルの壁のなかから—常紋トンネル工事殉難者追悼碑完成記念誌—』1983年、常紋トンネル工事殉難者追悼碑建設期成会
- 高嶋聖峰著『恐怖の幽霊体験 霊があなたにも取り憑いている！』1991年、ワニ文庫
- 多田克己編・京極夏彦ほか文『竹原春泉 絵本百物語 桃山人夜話』1997年、国書刊行会
- 太刀川清校訂『百物語怪談集成』1987年、国書刊行会
- 田中康弘著『山怪 山人が語る不思議な話』2015年、山と溪谷社
- 田辺青蛙著『大阪怪談 人斬り』2022年、竹書房怪談文庫
- 谷間夢路監修『学校であったコワ〜イ話 PART3 恐怖体験全国コンクール傑作選』1995年、日東書院本社
- 陳純監修・東京アート社編『背すじも凍る「怖い話」ホントにこわーい怪談がいっぱい！』1994年、ビクターエンタテイメント
- 常光徹編著『みんなの学校の怪談 緑本』1995年、講談社KK文庫
- 常光徹編著『みんなの学校の怪談 赤本』1995年、講談社KK文庫
- TJ MOOK『最新「霊スポット」121 怨霊地図 04年版 関東一都六県』2004年、宝島社
- 寺井広樹著『鉄道にまつわる怪異譚』2022年、イカロス出版
- 寺井広樹・とよしま亜紀著『宮城の怖い話—杜の都に魔が巣食う—』2018年、TOブックス
- デルモンテ平山編著『新「超」怖い話 Q』1999年、ケイブンシャ文庫
- デルモンテ平山編著『「超」怖い話 彼岸都市』2000年、ケイブンシャ文庫
- テレビ朝日編『ミステリー体験ゾーン 本当にあった怖い話 第1集』1992年、二見書房
- テレビ朝日編『ミステリー体験ゾーン 本当にあった怖い話 第2集』1994年、二見書房
- テレビ朝日編『ミステリー体験ゾーン 本当にあった怖い話 第3集』1995年、二見書房
- トーキョウ・ルーマーズ編『平成の都市伝説』2003年、クラブハウス
- 鳥山石燕著・高田衛監修・稲田篤信・田中直日編『画図百鬼夜行』1992年、国書刊行会
- 中岡俊哉著『タナトロギー入門 霊魂は不滅である』1980年、祥伝社
- 中岡俊哉著『幽霊が出た！ 著名人の霊体験』1989年、二見書房
- 中岡俊哉編著『心霊写真で読む！ 学校の怪談』1994年、二見WAi WAi文庫
- 謎の情報研究班編『世にも妖しく恐ろしい話 100万都市に今も息づく恐怖伝説…』1994年、青春BEST文庫
- 並木伸一郎著『未確認動物UMA大全』2007年、学研プラス
- 日本随筆大成編輯部編『日本随筆大成 第1期19』1994年、吉川弘文館

# 参考資料


- 朝日新聞出版編『こわい話&ホラーゲームBOOK』2019年、朝日新聞出版
- ASIOS著『謎解き 超常現象Ⅲ』2012年、彩図社
- ASIOS・廣田龍平著『謎解き「都市伝説」』2022年、彩図社
- 安藤君平編著『「超」怖い話』1993年、勁文社文庫21
- 石田泰照編著『子供が喜ぶ 現代のこわい話』1975年、文教書院
- 伊藤龍平著『ネットロア ウェブ時代の「ハナシ」の伝承』2016年、青弓社
- 井原西鶴作・横山重校訂『好色一代女』1960年、岩波文庫
- ウィリアム・ホープ・ホジスン著・井辻朱美訳『夜の声』1985年、創元推理文庫
- エリック・デュシュマン編『隔週刊ミステリー・ゾーンDVDコレクション 2015年 1/21号』2015年、アシェット・コレクションズ・ジャパン
- 大迫純一著『あやかし通信『怪』』2002年、ハルキ・ホラー文庫
- 大島清昭著『現代幽霊論 妖怪・幽霊・地縛霊』2007年、岩田書院
- おばけ友の会編『日本全国おばけマップ ココに行けばきっと会える!?』1992年、大陸文庫
- 怪奇伝説探求倶楽部編 ムーSPECIAL『日本「祟り・呪い」地図』2012年、学研プラス
- 怪談クラブ監修『キャーッ! みんなの怪談』2020年、成美堂出版
- 学研ムック ムー謎シリーズ『恐怖の心霊ゾーン・ガイド 幽霊出没地帯ガイドブック』2002年、学研プラス
- 上村信太郎著『山の不可思議事件簿』2020年、ヤマケイ文庫
- 絹華作『恐怖! ホントにあった!? こわい話』2010年、ポプラ社
- 絹華作『恐怖150%!! 超こわい話スペシャル版』2012年、ポプラ社
- 絹華作『超スペシャル版 マジでビビる!! こわい話』2014年、ポプラ社
- 木原浩勝著『九十九怪談 第一夜』2010年、角川文庫
- 木原浩勝著『九十九怪談 第二夜』2011年、角川文庫
- 木原浩勝著『九十九怪談 第三夜』2012年、角川文庫
- 木原浩勝著『九十九怪談 第四夜』2013年、角川文庫
- 木原浩勝著『九十九怪談 第五夜』2014年、角川文庫
- 木原浩勝著『九十九怪談 第六夜』2015年、角川文庫
- 木原浩勝・中山市朗著『新耳袋 第一夜 現代百物語』2002年、角川文庫
- 木原浩勝・中山市朗著『新耳袋 第二夜 現代百物語』2002年、角川文庫
- 木原浩勝・中山市朗著『新耳袋 第三夜 現代百物語』2003年、角川文庫
- 木原浩勝・中山市朗著『新耳袋 第四夜 現代百物語』2003年、角川文庫
- 木原浩勝・中山市朗著『新耳袋 第五夜 現代百物語』2004年、角川文庫
- 木原浩勝・中山市朗著『新耳袋 第六夜 現代百物語』2004年、角川文庫
- 木原浩勝・中山市朗著『新耳袋 第七夜 現代百物語』2005年、角川文庫
- 木原浩勝・中山市朗著『新耳袋 第八夜 現代百物語』2006年、角川文庫
- 木原浩勝・中山市朗著『新耳袋 第九夜 現代百物語』2007年、角川文庫
- 木原浩勝・中山市朗著『新耳袋 第十夜 現代百物語』2008年、角川文庫
- 工藤隆雄著『新編 山のミステリー 異界としての山』2016年、山と渓谷社
- 久保孝夫著『女子高生が語る不思議な話』1997年、青森県文芸協会出版部
- 小池喜孝著『常紋トンネル 北辺に斃れたタコ労働者の碑』1977年、朝日新聞出版
- 合田一道著『北海道 幽霊の住所録 HBCへ寄せられた情報から』1991年、幻洋社
- 合田一道著『北海道おどろおどろ物語 北海道怪奇探訪』1995年、幻洋社

## 朝里 樹（あさざと・いつき）

怪異妖怪愛好家・作家。1990年、北海道に生まれる。2014年、法政大学文学部卒業。日本文学専攻。現在公務員として働く傍ら、在野で怪異・妖怪の収集・研究を行う。著書に『日本現代怪異事典』（笠間書院）、『日本のおかしな現代妖怪図鑑』（幻冬舎）、『日本現代怪異事典 副読本』（笠間書院）、『歴史人物怪異談事典』（幻冬舎）、『世界現代怪異事典』（笠間書院）、『つい、見たくなる怪異な世界』（三笠書房）、『山の怪異大事典』（宝島社）、『日本怪異妖怪事典 北海道』（笠間書院）、『21世紀日本怪異ガイド100』（星海社）、『玉藻前アンソロジー 殺之巻』『玉藻前アンソロジー 生之巻』（文学通信）、「放課後ゆ〜れい部の事件ファイル」シリーズ（集英社）ほか。

# 続・日本現代怪異事典

令和5年（2023）7月5日　初版第1刷発行

著者 ―――――― 朝里 樹

カバー・扉イラスト ――― 裏逆どら

発行者 ― 池田圭子

発行所 ― 笠間書院

〒101-0064　東京都千代田区神田猿楽町2-2-3
電話:03-3295-1331　FAX:03-3294-0996
https://kasamashoin.jp/
mail:info@kasamashoin.co.jp

ISBN 978-4-305-70983-7 C0539


アートディレクション ―― 細山田光宣
装幀・デザイン ――― 鎌内 文（細山田デザイン事務所）
本文組版 ――――― キャップス
印刷／製本 ――――― 大日本印刷

本書収録の事項には、現在の社会通念から見て不適切と思われる表現が含まれておりますが、史料的な価値を考慮し、当時のものをそのまま採用しております。ご了承ください。